The
Complete Works
of
Yu Wujin

俞 吾 金 全 集

第 8 卷

国外马克思主义
研究文集

俞吾金 著

北京师范大学出版集团
BEIJING NORMAL UNIVERSITY PUBLISHING GROUP
北京师范大学出版社

俞吾金教授简介

俞吾金教授是我国著名哲学家，1948年6月21日出生于浙江萧山，2014年10月31日因病去世。生前任复旦大学文科资深教授、哲学学院教授，兼任复旦大学学术委员会副主任暨人文学术委员会主任、复旦大学学位委员会副主席暨人文社会科学部主席、复旦大学国外马克思主义与国外思潮研究中心（985国家级基地）主任、复旦大学当代国外马克思主义研究中心（教育部重点研究基地）主任、复旦大学现代哲学研究所所长；担任教育部社会科学委员会委员、教育部哲学教学指导委员会副主任、国务院哲学学科评议组成员、全国外国哲学史学会常务理事、全国现代外国哲学学会副理事长等职；曾任德国法兰克福大学和美国哈佛大学访问教授、美国Fulbright高级讲座教授。俞吾金教授是全国哲学界首位长江学者特聘教授、全国优秀教师和国家级教学名师。俞吾金教授是我国八十年代以来在哲学领域最具影响力的学者之一，生前和身后出版了包括《意识形态论》《从康德到马克思》《重新理解马克思》《问题域的转换》《实践与自由》《被遮蔽的马克思》等在内的30部著作（包括合著），发表了400余篇学术论文，在哲学基础理论、马克思主义哲学、外国哲学、国外马克思主义、当代中国哲学文化和美学等诸多领域都有精深研究，取得了令人瞩目的成就，为深入推进当代中国哲学研究做出了杰出和重要的贡献。

本卷编校组

王凤才　葛欢欢　李明珠
刘　梦　刘诗成　胡洁琼

序　言

　　俞吾金教授是我国哲学界的著名学者，是我们这一代学人中的出类拔萃者。对我来说，他既是同学和同事，又是朋友和兄长。我们是恢复高考后首届考入复旦大学哲学系的，我们住同一个宿舍。在所有的同学中，俞吾金是一个好学深思的榜样，或者毋宁说，他在班上总是处在学与思的"先锋"位置上。他要求自己每天读 150 页的书，睡前一定要完成。一开始他还专注于向往已久的文学，一来是"文艺青年"的夙愿，一来是因为终于有机会沉浸到先前只是在梦中才能邂逅的书海中去了。每当他从图书馆背着书包最后回到宿舍时，大抵便是熄灯的前后，于是那摸黑夜谈的时光就几乎被文学占领了。先是莎士比亚和歌德，后来大多是巴尔扎克和狄更斯，最后便是托尔斯泰和陀斯妥耶夫斯基了。好在一屋子的室友都保留着不少的文学情怀，这情怀有了一个共鸣之地，以至于我们后来每天都很期待去分享这美好的时刻了。

　　但是不久以后，俞吾金便开始从文学转到哲学。我们的班主任老师，很欣赏俞吾金的才华，便找他谈了一次话，希望他在哲学上一展才华。不出所料，这个转向很快到来了。我们似乎突然发现他的言谈口吻开始颇有些智者派的风格了——这一步转得很合适也很顺畅，正如黑格尔所说，智者们就是教人熟悉思维，以代替"诗篇的知识"。还是在本科三年级，俞吾金就在《国内哲学动态》上发表了他的哲学论文《"蜡块说"小考》，这在班里乃至于系里都引起了不小的震动。不久以后，他便在同学中得了个"苏老师"（苏格拉底）的雅号。看来并非偶然，他在后来的研究中曾对智者派（特别是普罗泰戈拉）专门下过功夫，而且他的哲学作品中也长久地保持着敏锐的辩才与文学的冲动；同样并非偶然，后来复旦大学将"狮城舌战"（在新加坡举行的首届国际华语大专辩论赛）的总教练和领队的重任托付给他，结果是整个团队所向披靡并夺得了冠军奖杯。

本科毕业后我们一起考上了研究生，1984年底又一起留校任教，成了同事。过了两年，又一起考上了在职博士生，师从胡曲园先生，于是成为同学兼同事，后来又坐同一架飞机去哈佛访学。总之，自1978年进入复旦大学哲学系以来，我们是过从甚密的，这不仅是因为相处日久，更多的是由于志趣相投。这种相投并不是说在哲学上或文学上的意见完全一致，而是意味着时常有着共同的问题域，并能使有差别的观点在其中形成积极的和有意义的探索性对话。总的说来，他在学术思想上始终是一个生气勃勃地冲在前面的追问者和探索者；他又是一个犀利而有幽默感的人，所以同他的对话常能紧张而又愉悦地进行。

作为哲学学者，俞吾金主要在三个方面展开他长达30多年的研究工作，而他的学术贡献也集中地体现在这三个方面，即当代国外马克思主义、马克思哲学、西方哲学史。对他来说，这三个方面并不是彼此分离的三个领域，毋宁说倒是本质相关地联系起来的一个整体，并且共同服务于思想理论上的持续探索和不断深化。在我们刚进复旦时，还不知"西方马克思主义"为何物；而当我们攻读博士学位时，卢卡奇的《历史与阶级意识》已经是我们必须面对并有待消化的关键文本了。如果说，这部开端性的文本及其理论后承在很大程度上构成了与"梅林—普列汉诺夫正统"的对立，那么，系统地研究和探讨国外马克思主义的立场、观点和方法，就成为哲学研究（特别是马克思主义哲学研究）的一项重大任务了。俞吾金在这方面是走在前列的，他不仅系统地研究了卢卡奇、科尔施、葛兰西等人的重要哲学文献，而且很快又进入到法兰克福学派、存在主义的马克思主义、弗洛伊德主义的马克思主义、结构主义的马克思主义，等等。不久，哲学系组建了以俞吾金为首的当代国外马克思主义教研室，他和陈学明教授又共同主编了在国内哲学界影响深远的教材和文献系列，并有大量的论文、论著和译著问世，从而使复旦大学在这方面成为国内研究的重镇并处于领先地位。2000 年，教育部在复旦建立国内唯一的"当代国外马克思主义研究中心"（人文社会科学重点研究基地），俞吾金自此一直担任该基地的主任，直到 2014 年去世。他组织并领导了内容广泛的理论引进、不断深入的学术研究，以及愈益扩大和加深的国内外交流。如果说，40 年前人们对当代国外马克思主义还几乎一无所知，而今天中国的学术界已经能够非常切近地追踪到其前沿了，那么，这固然取决于学术界同仁的共同努力，但俞吾金却当之无愧地属于其中的居功至伟者之一。

当俞吾金负责组建当代国外马克思主义学科时，他曾很热情地邀请我加入团队，我也非常愿意进入到这个当时颇受震撼而又所知不多的新领域。但我所在的马克思主义哲学史教研室却执意不让我离开。于是他便对我说：这样也好，"副本"和"原本"都需要研究，你我各在一处，时常可以探讨，岂不相得益彰？看来他对于"原本"——马克思哲学本身——是情有独钟的。他完全不能满足于仅仅对当代国外马克思主义的各种文本、观点和内容的引进介绍，而是试图在哲学理论的根基上去深入地理解它们，并对之开展出卓有成效的批判性发挥和对话。为了使这样的发挥和对话成为可能，他需要在马克思哲学基础理论的研究方面获得持续不断的推进与深化。因此，俞吾金对当代国外马克思主义的探索总是伴随着他对马克思哲学本身的研究，前者在广度上的拓展与后者在深度上的推进是步调一致、相辅相成的。

在马克思哲学基础理论的研究领域，俞吾金的研究成果突出地体现在以下几个方面。第一，他明确主张马克思哲学的本质特征必须从其本体论的基础上去加以深入的把握。以往的理解方案往往是从近代认识论的角度提出问题，而真正的关键恰恰在于从本体论的层面去理解、阐述和重建马克思哲学的理论体系。我是很赞同他的这一基本观点的。因为马克思对近代哲学立足点的批判，乃是对"意识"之存在特性的批判，因而是一种真正的本体论批判："意识在任何时候都只能是被意识到了的存在，而人们的存在就是他们的现实生活过程。"这非常确切地意味着马克思哲学立足于"存在"——人们的现实生活过程——的基础之上，而把意识、认识等等理解为这一存在过程在观念形态上的表现。

因此，第二，就这样一种本体论立场来说，马克思哲学乃是一种"广义的历史唯物主义"。俞吾金认为，在这样的意义上，马克思哲学的本体论基础应当被把握为"实践—社会关系本体论"。它不仅批判地超越了以往的本体论（包括旧唯物主义的本体论）立场，而且恰恰构成马克思全部学说的决定性根基。因此，只有将马克思哲学理解为广义的历史唯物主义，才能真正把握马克思哲学变革的实质。

第三，马克思"实践"概念的意义不可能局限在认识论的范围内得到充分的把握，毋宁说，它在广义的历史唯物主义中首先是作为本体论原则来起作用的。在俞吾金看来，将实践理解为马克思认识论的基础与核心，相对于近代西方认识论无疑是一大进步；但如果将实践概念限制在认识论层面，就会忽视其根本而首要的本体论意义。对于马克思来说，至为关键的是，只有在实践的本体论层面上，人们的现实生活才会作为决定性的存在进入到哲学的把握中，从而，人们的劳动和交往，乃至于人们的全部社会生活和整个历史性行程，才会从根本上进入到哲学理论的视域中。

因此，第四，如果说广义的历史唯物主义构成马克思哲学的实质，那么这一哲学同时就意味着"意识形态批判"。因为在一般意识形态把思想、意识、观念等等看作是决定性原则的地方，唯物史观恰恰相反，要求将思想、意识、观念等等的本质性导回到人们的现实生活过程之中。

在此意义上，俞吾金把意识形态批判称为"元批判"，并因而将立足于实践的历史唯物主义叫做"实践诠释学"。所谓"元批判"，就是对规约人们的思考方式和范围的意识形态本身进行前提批判，而作为"实践诠释学"的历史唯物主义，则是在"元批判"的导向下去除意识形态之蔽，从而揭示真正的现实生活过程。我认为，上述这些重要观点不仅在当时是先进的和极具启发性的，而且直到今天，对于马克思哲学之实质的理解来说，依然是关乎根本的和意义深远的。

俞吾金的博士论文以《意识形态论》为题，我则提交了《历史唯物主义的主体概念》和他一起参加答辩。答辩主席是华东师范大学的冯契先生。冯先生不仅高度肯定了俞吾金对马克思意识形态批判理论的出色研究，而且用"长袖善舞"一词来评价这篇论文的特点。学术上要做到长袖善舞，是非常不易的：不仅要求涉猎广泛，而且要能握其枢机。俞吾金之所以能够臻此境地，是得益于他对哲学史的潜心研究；而在哲学史方面的长期探索，不仅极大地支持并深化了他的马克思哲学研究，而且使他成为著名的西方哲学史研究专家。

就与马哲相关的西哲研究而言，他专注于德国古典哲学，特别是康德、黑格尔哲学的研究。他很明确地主张：对马克思哲学的深入理解，一刻也离不开对德国观念论传统的积极把握；要完整地说明马克思的哲学革命及其重大意义，不仅要先行领会康德的"哥白尼式革命"，而且要深入把握由此而来并在黑格尔那里得到充分发展的历史性辩证法。他认为，作为康德哲学核心问题的因果性与自由的关系问题，在"按照自然律的因果性"和"由自由而来的因果性"的分析中，得到了积极的推进。黑格尔关于自由的理论可被视为对康德自由因果性概念的一种回应：为了使自由和自由因果性概念获得现实性，黑格尔试图引入辩证法以使自由因果性和自然因果性统一起来。在俞吾金看来，这里的关键在于"历史因果性"维度的引入——历史因果性是必然性的一个方面，也是必然性与自由相统一的关节点。因此，正是通过对黑格尔的精神现象学、法哲学和历史哲学等思想内容的批判性借鉴，马克思将目光转向人类社会发展中的历史因果性；但马克思又否定了黑格尔仅仅停留于单纯精神层面谈论自然因果性和历史因果性的哲学立场，要求将这两种因果性结合进现实的历史运动中，尤其是使之进入到对市民社会的解剖中。这个例子可以表明，对马克思哲学之不断深化的理解，需要在多大程度上深入到哲学史的领域之中。正如列宁曾经说过的那样：不读黑格尔的《逻辑学》，便无法真正理解马克思的《资本论》。

就西方哲学的整体研究而言，俞吾金的探讨可谓"细大不捐"，涉猎之广在当代中国学者中是罕见的。他不仅研究过古希腊哲学（特别是柏拉图和亚里士多德哲学），而且专题研究过智者派哲学、斯宾诺莎哲学和叔本华哲学等。除开非常集中地钻研德国古典哲学之外，他还更为宏观地考察了西方哲学在当代实现的"范式转换"。他将这一转换概括为"从传统知识论到实践生存论"的发展，并将其理解为西方哲学发展中的一条根本线索。为此他对海德格尔的哲学下了很大的功夫，不仅精详地考察了海德格尔的"存在论差异"和"世界"概念，而且深入地探讨了海德格尔的现代性批判及其意义。如果说，马克思的哲学变革乃是西方哲学范式转换中划时代的里程碑，那么，海德格尔的基础存在论便为说明这一转换提供了重要的思想材料。在这里，西方哲学史的研究再度与马克思哲学的研究贯通起来：俞吾金不仅以哲学的当代转向为基本视野考察整个西方哲学史，并在这一思想转向的框架中理解马克思的哲学变革，而且站在这一变革的立场上重新审视西方哲学，特别是德国古典哲学和当代西方哲学。就此而言，俞吾金在马哲和西哲的研究上可以说是齐头并进的，并且因此在这两个学术圈子中同时享有极高的声誉和地位。这样的一种研究方式固然可以看作是他本人的学术取向，但这种取向无疑深深地浸染着并且也成就着复旦大学哲学学术的独特氛围。在这样的氛围中，当代国外马克思主义的研究要立足于对马克思哲学本身的深入理解之上，而对马克思哲学理解的深化又有必要进入到哲学史研究的广大区域之中。

今年 10 月 31 日，是俞吾金离开我们 10 周年的纪念日。十年前我曾撰写的一则挽联是："哲人其萎乎，梁木倾颓；桃李方盛也，枝叶滋荣。"我们既痛惜一位学术大家的离去，更瞩望新一代学术星丛的冉冉升起。十年之后，《俞吾金全集》由北京师范大学出版社出版了——这是哲学学术界的一件大事，许多同仁和朋友付出了积极的努力和辛勤的劳动，我们对此怀着深深的感激之情。这样的感激之情不仅是因为这部全集的告竣，而且因为它还记录了我们这一代学者共同经历的学术探索道路。一代人有一代人的使命，俞吾金勤勉而又卓越地完成了他的使命：他将自己从事哲学的探索方式和研究风格贡献给了复旦哲学的学术共同体，使之成为这个共同体悠长传统的组成部分；他更将自己取得的学术成果作为思想、观点和理论播洒到广阔的研究领域，并因而成为进一步推进我国哲学学术的重要支点和不可能匆匆越过的必要环节。如果我们的读者不仅能够从中掌握理论观点和方法，而且能够在哲学与时代的关联中学到思想探索的勇气和路径，那么，这部全集的意义就更其深远了。

吴晓明

2024 年 6 月

主编的话

一

　　2014 年 7 月 16 日，俞吾金教授结束了一个学期的繁忙教学工作，暂时放下手头的著述，携夫人赴加拿大温哥华参加在弗雷泽大学举办的"法兰克福学派对资本主义的批判"的国际学术讨论会，并计划会议结束后自费在加拿大作短期旅游，放松心情。但在会议期间俞吾金教授突感不适，虽然他带病作完大会报告，但不幸的是，到医院检查后被告知脑部患了恶性肿瘤。于是，他不得不匆忙地结束行程，回国接受治疗。接下来三个月，虽然复旦大学华山医院组织了最强医疗团队精心救治，但病魔无情，回天无力。2014 年 10 月 31 日，在那个风雨交加的夜晚，俞吾金教授永远地离开了我们。

　　俞吾金教授的去世是复旦大学的巨大损失，也是中国哲学界的巨大损失。十年过去了，俞吾金教授从未被淡忘，他的著作和文章仍然被广泛阅读，他的谦谦君子之风、与人为善之举被亲朋好友广为谈论。但是，在今天这个急剧变化和危机重重的世界中，我们还是能够感到他的去世留下的思想空场。有时，面对社会的种种不合理现象和纷纭复杂的现实时，我们还是不禁会想：如果俞老师在世，他会做如何感想，又会做出什么样的批判和分析！

俞吾金教授的生命是短暂的，也是精彩的。与期颐天年的名家硕儒相比，他的学术生涯只有三十多年。但是，在这短短的三十多年中，他通过自己的勤奋和努力取得了耀眼的成就。

1983 年 6 月，俞吾金与复旦大学哲学系的六个硕士、博士生同学一起参加在广西桂林举行的"现代科学技术和认识论"全国学术讨论会，他们在会上所做的"关于认识论的几点意见"（后简称"十条提纲"）的报告，勇敢地对苏联哲学教科书体系做了反思和批判，为乍暖还寒的思想解放和新莺初啼的马克思主义哲学新的探索做出了贡献。1993 年，俞吾金教授作为教练和领队，带领复旦大学辩论队参加在新加坡举办的首届国际大专辩论赛并一举夺冠，在华人世界第一次展现了新时代中国大学生的风采。辩论赛的电视转播和他与王沪宁主编的《狮城舌战》《狮城舌战启示录》大大地推动了全国高校的辩论热，也让万千学子对复旦大学翘首以盼。1997 年，俞吾金教授又受复旦大学校长之托，带领复旦大学学生参加在瑞士圣加仑举办的第 27 届国际经济管理研讨会，在该次会议中，复旦大学的学生也有优异的表现。会后，俞吾金又主编了《跨越边界》一书，嘉惠以后参加的学子。

俞吾金教授 1995 年开始担任复旦大学哲学系主任，当时是国内最年轻的哲学系主任，其间，复旦大学哲学系大胆地进行教学和课程体系改革，取得了重要的成果，荣获第五届全国高等学校优秀教学成果一等奖，由他领衔的"西方哲学史"课程被评为全国精品课程。在复旦大学，俞吾金教授是最受欢迎的老师之一，他的课一座难求。他多次被评为最受欢迎的老师和研究生导师。由于教书育人的杰出贡献，2009 年他被评为上海市教学名师和全国优秀教师，2011 年被评为全国教学名师。

俞吾金教授一生最为突出的贡献无疑是其学术研究成果及其影响。他在研究生毕业后不久就出版的《思考与超越——哲学对话录》已显示了卓越的才华。在该书中，他旁征博引，运用文学故事或名言警句，以对话体的形式生动活泼地阐发思想。该书妙趣横生，清新脱俗，甫一面世就广受欢迎，成为沪上第一理论畅销书，并在当年的全国图书评比中获"金钥匙奖"。俞吾金教授的博士论文《意识形态论》一脱当时国内博士论文的谨小慎微的匠气，气度恢宏，新见迭出，展现了长袖善舞、擅长宏大主题的才华。论文出版后，先后获得上海市哲学社会科学优秀成果一等奖和国家教委首届人文社会科学优秀成果一等奖，成为青年学子做博士论文的楷模。

俞吾金教授天生具有领军才能，在他的领导下，复旦大学当代国外马克思主义研究中心 2000 年被评为教育部人文社会科学重点研究基地，他本人也长期担任基地主任，主编《当代国外马克思主义评论》《国外马克思主义研究报告》《国外马克思主义与国外思潮译丛》等，为马克思主义的国际交流建立了重要的平台。他长期担任复旦大学哲学学院的外国哲学学科学术带头人，参与主编《西方哲学通史》和《杜威全集》等重大项目，为复旦大学成为外国哲学研究重镇做出了突出贡献。

俞吾金教授的学术研究不囿一隅，他把西方哲学和马克思哲学结合起来，提出了许多重要的概念和命题，如"马克思是我们同时代人""马克思哲学是广义的历史唯物主义""马克思哲学的认识论是意识形态批判""从康德到马克思""西方哲学史的三次转向""实践诠释学""被遮蔽的马克思""问题域的转换"等，出版了一系列有影响的著作和文集。由于俞吾金教授在学术上的杰出贡献和影响力，他获得各种奖励和荣誉称号，他是全国哲学界首位"长江学者奖励计划"特聘教授，在钱伟长主编的"20 世纪中国知名科学家"哲学卷中，他是改革开放以来培养的哲学家中的唯一人选者。俞吾金教授在学界还留下许多传奇，其中之一是，虽然他去世已经十年了，但至今仍保持着《中国社会科学》发文最多的记录。

显然，俞吾金教授是改革开放后新一代学人中最有才华、成果最为丰硕、影响最大的学者之一。他之所以取得令人瞩目的成就，不仅得益于他的卓越才华和几十年如一日的勤奋努力，更重要的是缘于他的独立思考的批判精神和"为天地立心、为生民立命"的济世情怀。塞涅卡说："我们不应该像羊一样跟随我们前面的羊群——不是去我们应该去的地方，而是去它去的地方。"俞吾金教授就是本着这样的精神从事学术的。在他的第一本著作即《思考与超越》的开篇中，他就把帕斯卡的名言作为题记："人显然是为了思想而生的；这就是他全部的尊严和他全部的优异；并且他全部的义务就是要像他所应该的那样去思想。"俞吾金教授的学术思考无愧于此。俞吾金教授以高度的社会责任感从事学术研究。复旦大学的一位教授在哀悼他去世的博文中曾写道："曾有几次较深之谈话，感到他是一位勤奋的读书人，温和的学者，善于思考社会与人生，关注现在，更虑及未来。记得15年前曾听他说，在大变动的社会，理论要为长远建立秩序，有些论著要立即发表，有些则可以暂存书箧，留给未来。"这段话很好地刻画了俞吾金教授的人文和道德情怀。

正是出于这一强烈担当的济世情怀，俞吾金教授出版和发表了许多有时代穿透力的针砭时弊的文章，对改革开放以来的思想解放和文化启蒙起到了推动作用，为新时期中国哲学的发展做出了重要贡献。但是，也正因为如此，他的生命中也留下了很多遗憾。去世前两年，俞吾金教授在"耳顺之年话人生"一文中说："从我踏进哲学殿堂至今，30 多个年头已经过去了。虽然我尽自己的努力做了一些力所能及的事情，但人生匆匆，转眼已过耳顺之年，还有许多筹划中的事情没有完成。比如对康德提出的许多哲学问题的系统研究，对贝克莱、叔本华在外国哲学史上的地位的重新反思，对中国哲学的中道精神的重新阐释和对新启蒙的张扬，对马克思哲学体系的重构等。此外，我还有一系列的教案有待整理和出版。"想不到这些未完成的计划两年后尽成了永远的遗憾！

二

俞吾金教授去世后，学界同行在不同场合都表达了希望我们编辑和出版他的全集的殷切希望。其实，俞吾金教授去世后，应出版社之邀，我们再版了他的一些著作和出版了他的一些遗著。2016 年北京师范大学出版社出版了他的《哲学遐思录》《哲学随感录》《哲学随想录》三部随笔集，2017 年北京师范大学出版社出版了《从康德到马克思——千年之交的哲学沉思》新版，2018 年商务印书馆出版了他的遗作《新十批判书》未完成稿。但相对俞吾金教授发表和未发表的文献，这些只是挂一漏万，远不能满足人们的期望。我们之所以在俞吾金教授去世十年才出版他的全集，主要有两个方面的原因。一是俞吾金教授从没有完全离开我们，学界仍然像他健在时一样阅读他的文章和著作，吸收和借鉴他的观点，思考他提出的问题，因而无须赶着出版他的全集让他重新回到我们中间；二是想找个有纪念意义的时间出版他的全集。俞吾金教授去世后，我们一直在为出版他的全集做准备。我们一边收集资料，一边考虑体例框架。时间到了 2020 年，是时候正式开启这项工作了。我们于 2020 年 10 月成立了《俞吾金全集》编委会，组织了由他的学生组成的编辑和校对团队。经过数年努力，现已完成了《俞吾金全集》二十卷的编纂，即将在俞吾金教授逝世十周年之际出版。

俞吾金教授一生辛勤耕耘，留下 650 余万字的中文作品和十余万字的外文作品。《俞吾金全集》将俞吾金教授的全部作品分为三个部分：(1)生前出版的著作；(2)生前发表的中文文章；(3)外文文章和遗作。

俞吾金教授生前和身后出版的著作(包含合著)共三十部，大部分为文集。《俞吾金全集》保留了这些著作中体系较为完整的 7 本，包括《思考与超越——哲学对话录》《问题域外的问题——现代西方哲学方法论探要》《生存的困惑——西方哲学文化精神探要》《意识形态论》《毛泽东智慧》《邓小平：在历史的天平上》《问题域的转换——对马克思和黑格尔关系的当代解读》。其余著作则基于材料的属性全部还原为单篇文章，收入《俞吾金全集》的《马克思主义哲学研究文集（上、下）》《外国哲学研究文集（上、下）》以及《国外马克思主义研究文集（上、下）》等各卷中。这样的处理方式难免会留下许多遗憾，特别是俞吾金教授的一些被视为当代学术名著的文集（如《重新理解马克思》《从康德到马克思》《被遮蔽的马克思》《实践诠释学》《实践与自由》等）未能按原书形式收入到《俞吾金全集》之中。为了解决全集编纂上的逻辑自洽性以及避免不同卷次的文献交叠问题（这些交叠往往是由于原作根据的不同主题选择和组织材料而导致的），我们不得不忍痛割爱，将这些著作打散处理。

俞吾金教授生前发表了各类学术文章 400 余篇，我们根据主题将这些文章分别收入《马克思主义哲学研究文集（上、下）》《国外马克思主义哲学研究文集》《外国哲学研究文集（上、下）》《马克思主义中国化研究文集》《中国思想与文化研究》《哲学观与哲学教育论集》《散论集》（包括《读书治学》《社会时评》和《生活哲思》三卷）。在这些卷次的编纂过程中，我们除了使用知网、俞吾金教授生前结集出版的作品和在他的电脑中保存的材料外，还利用了图书馆和网络等渠道，查找那些散见于他人著作中的序言、论文集、刊物、报纸以及网页中的文章，尽量做到应收尽收。对于收集到的文献，如果内容基本重合，收入最早发表的文本；如主要内容和表达形式略有差异，则收入内容和形式上最完备者。在文集和散论集中，对发表的论文和文章，我们则按照时间顺序进行编排，以便更好地了解俞吾金教授的思想发展和心路历程。

除了已发表的中文著作和论文之外，俞吾金教授还留下了多篇已发表或未发表的外文文章，以及一系列未发表的讲课稿（有完整的目录，已完成的部分很成熟，完全是为未来出版准备的，可惜没有写完）。我们将这些外文论文收集在《外文文集》卷中，把未发表的讲稿收集在《遗作集》卷中。

三

　　《俞吾金全集》的编纂和出版受到了多方面的支持。俞吾金教授去世后不久，北京师范大学出版社就表达了想出版《俞吾金全集》的愿望，饶涛副总编辑专门来上海洽谈此事，承诺以最优惠的条件和最强的编辑团队完成这一工作，这一慷慨之举和拳拳之心让人感佩。为了高质量地完成全集的出版，出版社与我们多次沟通，付出了很多努力。对北京师范大学出版社饶涛副总编辑、祁传华主任和诸分卷的责编为《俞吾金全集》的辛勤付出，我们深表谢意。《俞吾金全集》的顺利出版，我们也要感谢俞吾金教授的学生赵青云，他多年前曾捐赠了一笔经费，用于支持俞吾金教授所在机构的学术活动。经同意，俞吾金教授去世后，这笔经费被转用于全集的材料收集和日常办公支出。《俞吾金全集》的出版也受到复旦大学和哲学学院的支持。俞吾金教授的同学和同事吴晓明教授一直关心全集的出版，并为全集写了充满感情和睿智的序言。复旦大学哲学学院原院长孙向晨也为全集的出版提供了支持。在此我们表示深深的感谢。

　　《俞吾金全集》的具体编辑工作是由俞吾金教授的许多学生承担的。编辑团队的成员都是在不同时期受教于俞吾金教授的学者，他们分散于全国各地高校，其中许多已是所在单位的教学和科研骨干，有自己的繁重任务要完成。但他们都自告奋勇地参与这项工作，把它视为自己的责任和荣誉，不计得失，任劳任怨，为这项工作的顺利完成付出自己的心血。

　　作为《俞吾金全集》的主编，我们深感责任重大，因而始终抱着敬畏之心和感恩之情来做这项工作。但限于水平和能力，《俞吾金全集》一定有许多不完善之处，在此敬请学界同仁批评指正。

汪行福　吴　猛

2024 年 6 月

目　录

1986年

葛兰西的文化观及其启示①

    20 世纪 40 年代，意大利先后整理、出版了葛兰西的遗著《狱中书信》和《狱中札记》。这两部著作的重见天日，使其作者获得了巨大的哀荣。意大利的百科全书这样写道："三十二本狱中札记构成了意大利文化的一个非常重要的贡献……狱中书信无论作为人性或文化的表达，都是杰出的。"②葛兰西的传记作家、意大利著名记者朱塞佩·费奥里在《致中国读者》中说："我的目的就是让大家生动地了解这位为当代世界文化做出了宝贵贡献的马克思主义哲学家。"③

    葛兰西的巨大影响远远超出了哲学与政治的范围，波及并覆盖到整个西方文化领域。这是因为，他的学说本质上是发达资本主义条件下的一种新的文化革命的理论，正如卡尔·博格斯敏锐地指出的那样，葛兰西的学说是"先进的资本主义社会中马克思主义的文化革命理论的一个广博

---

    ① 原载《复旦学报(社会科学版)》1986 年第 4 期。收录于《复旦学报》(社会科学版)编辑部：《断裂与继承——青年学者论传统文化与现代化》，上海人民出版社 1987 年版，第 314—333 页；《俞吾金集》，黑龙江教育出版社 1995 年版，第 373—391 页。——编者注

    ② [美]卡尔·马赞尼：《安东尼奥·葛兰西的开放的马克思主义》，1957 年英文版，第 5 页。(Carl Marzani ed. , *The Open Marxism of Antonio Gramsci* , New York：Cameron，1957，p. 5.——编者注)

    ③ [意]朱塞佩·费奥里：《葛兰西传》，吴高译，人民出版社 1983 年版，第 4 页。

的纲要"①。要准确地理解葛兰西，就必须深入他的文化理论，那里才是葛兰西学说的真正的藏宝处。

需要说明的是，葛兰西的文化观可作两种不同的理解：一为广义的理解，即文化这一概念包括意识形态诸形式和生活方式、风俗习惯、教养等；二为狭义的理解，即文化这一概念专指文学艺术，如诗歌、戏剧、小说、绘画、民间故事等诸形式。本文立足于广义的理解，凡在论述中涉及狭义的文化概念时，则一概称为"文学艺术"。本文要探讨如下问题：葛兰西的文化观是如何形成起来的？其要义和宗旨是什么？它对当代马克思主义的研究和文化研究提供了哪些有益的启示？

一、葛兰西文化观之成因

要了解任何人的文化观或其他观点，都必须深入他生活于其中的整个文化背景加以考察。这是当代人的普遍意识，也是葛兰西本人提出的一个特别的要求。在1918年发表于《人民呼声报》的一篇短论中，葛兰西写道："一个个体的观点是受制于他（这个个体的独特的历史）的特殊的文化背景的，在这一文化背景中，这一个体的观点才获得说明和意义。"②在探讨葛兰西文化观的成因时，我们也必须尊重他的这一要求。

当然，葛兰西的文化观并不是他呼吸于其中的文化背景的消极的分泌物。相反，他是他的文化背景积极的批判者、选择者和配置者。陶里亚蒂说过："安东尼奥·葛兰西是我国一个世纪历史的批判性觉悟的反

---

① ［美］卡尔·博格斯：《葛兰西的马克思主义》，1976年英文版，第20页。（Carl Boggs, *Gramsci's Marxism*, London: Pluto Press, 1976, p. 20. ——编者注）

② ［意］P. 卡瓦隆甘地、［意］P. 皮科：《青年葛兰西论历史，哲学和文化》，1975年英文版，第55页。（Pedro Cavalcanti and Paul Piccone ed. , *History, Philosophy and Culture in the Young Gramsci*, New York: Telos Press, 1975, p. 55. ——编者注）

映。"①这一见解尽管道出了葛兰西对意大利文化氛围的批判性检视，但却显得过于狭隘了。从时间上看，葛兰西文化批判的触角一直伸展到文艺复兴时期，甚至更早，从空间上看，也不限于意大利，而是扩展到德、法、俄等国的文化传统。也就是说，只有站在更宽阔的视界内，才能客观地揭示出葛兰西文化观的成因。

(一)意大利文化传统的熏陶

葛兰西虽然出生于当时在经济上、文化上十分落后的萨丁岛，但进入都灵大学文学系后，他获得了广泛涉猎欧洲各国文化典籍的机会。从歌德、诺瓦利斯到易卜生、大仲马、巴尔扎克、左拉、雨果、罗曼·罗兰等，葛兰西无不一一领略。当然，他体验更深的是意大利的文化传统。从但丁、薄伽丘，到马基雅维利，再到19世纪的民族解放英雄加里波第，一直到意大利新文化运动的首领克罗齐，都在葛兰西文化批判和文化继承的视野之内。

值得一提的是，葛兰西先后担任过《人民呼声报》、《前进报》（地方版）和《新秩序周刊》的编辑，尤其是《新秩序周刊》，按陶里亚蒂的说法，它是"属于本来面貌上的意大利文化发展主流的一部分"②。在10年编辑生涯中，葛兰西写下的文学评论、文化新闻和政论，足可汇编成15本到20本400页左右的书。《狱中札记》告诉我们，就是在监狱生活的极端恶劣的条件下，他仍孜孜不倦地开掘意大利文化遗产中的瑰宝。在一段时间里，他每天除了读报外，还要读完一本以上的书。③ 葛兰西不愧是欧洲文化传统，特别是意大利文化传统的伟大继承者。

对葛兰西影响尤深的是马基雅维利和克罗齐。马基雅维利是资产阶级政治学的奠基人。葛兰西认为，他的学说不仅有利于统治阶级，"而

---

① ［意］恩内斯托·拉焦尼埃里：《陶里亚蒂论葛兰西》，袁华清等译，人民出版社1983年版，第253页。

② 同上书，第240页。

③ ［意］安东尼奥·葛兰西：《狱中书信》，1975年英文版，第79页。（Antonio Gramsci, *Letters from Prison*, London: Johnathon Cape, 1975, p. 79. ——编者注）

且也使得由实践哲学所产生的政治趋于完善"①。葛兰西之所以把共产党称作"现代君主",就是因为受了马基雅维利的《君主论》的影响。博格斯指出:"按照葛兰西的观点,掌握政治本质并确认它的特殊范围的能力,乃是马基雅维利的伟大贡献。"②这种影响使葛兰西超越了单纯"文化人"或学者的陋见,使他的文化选择和配置具有政治实践的强烈倾向。至于克罗齐的影响,更是显而易见。葛兰西写道:"在本世纪初站在文化运动前列的是贝·克罗齐和朱·佛尔吐那托。"③克罗齐关于人的创造性和能动性的见解,关于对机械论、实证论的批评等都对青年葛兰西产生了影响。陶里亚蒂甚至认为,克罗齐的唯心论使他和葛兰西等人主编的《新秩序周刊》产生了"文化转折"④。当葛兰西成为一个成熟的马克思主义者时,他又严厉地批评了克罗齐的思辨唯心论和概念辩证法,甚至主张写一部《反克罗齐论》。⑤

　　总之,葛兰西接受了欧洲文化,特别是意大利文化中的民主的、积极向上的一面,并力图在实践活动中宣传、传播这些因素。这使他本人也成了意大利文化界的巨人,用意大利历史学家恩内斯托·拉焦尼埃里的话来说,葛兰西的形象成了当今意大利"文化和政治中的主旋律"⑥。

(二)马克思"实践哲学"的启迪

　　葛兰西主要是通过意大利第一个马克思主义者拉布里奥拉的宣传才接受马克思的学说的。⑦ 拉布里奥拉着重阐发了马克思的历史唯物主义

---

　　① [意]安东尼奥·葛兰西:《狱中札记》,葆煦译,人民出版社 1983 年版,第 109 页。
　　② [美]卡尔·博格斯:《葛兰西的马克思主义》,1976 年英文版,第 107 页。(Carl Boggs, *Gramsci's Marxism*, London: Pluto Press, 1976, p. 107. ——编者注)
　　③ [意]安东尼奥·葛兰西:《狱中札记》,葆煦译,人民出版社 1983 年版,第 349 页。
　　④ [意]恩内斯托·拉焦尼埃里:《陶里亚蒂论葛兰西》,袁华清等译,人民出版社 1983 年版,第 242 页。
　　⑤ [意]安东尼奥·葛兰西:《狱中札记》,葆煦译,人民出版社 1983 年版,第 57 页。
　　⑥ [意]恩内斯托·拉焦尼埃里:《陶里亚蒂论葛兰西》,袁华清等译,人民出版社 1983 年版,编者序第 3 页。
　　⑦ 《狱中书信》告诉我们,葛兰西入狱后才开始研读德文语法书,这至少表明,在入狱前,他还不能阅读马克思的德文原著。

学说，尖锐地批判了那种把马克思的学说歪曲为庸俗的经济决定论的错误倾向，"问题不在于只是发现和确定社会基础，然后把人变成已经不是由天意，而是由经济范畴操纵的傀儡"①。他主张恢复马克思历史理论的完整形象，强调历史主体——人的创造性，强调上层建筑的意识形态在历史过程中的巨大作用。这一批判性的见解对葛兰西的影响是决定性的。几乎可以说，葛兰西的大部分论文和著作都贯穿着对庸俗的经济决定论的批判。他断定："实践哲学在自己最流行的'经济主义'迷信形式中，在上层知识分子中间失掉了自己产生文化影响的很大一部分能力。"②在葛兰西看来，要保持并扩大这种影响，就必须把马克思的学说理解为一种综合的文化革命的理论。

一方面，他强调了马克思学说的文化总汇的性质："马克思主义采纳了全部以往的文化——文艺复兴和宗教改革、德国哲学、法国革命、加尔文主义与英国古典政治经济学、世俗的自由主义和作为全部现代生活观念基础的历史学说。"③另一方面，他强调了马克思学说在现代文化中的影响和作用："马克思主义已成了现代文化中的一股强大的力量，在某种程度上，它已经决定了一些思想潮流，并使它们在自己之中获得了丰富的营养。"④总之，根据葛兰西的见解，马克思主义的学说并不游离于人类文化之外，更不与人类文化处于绝对对立的状态之中，相反，它本身就是人类文化的一个有机组成部分。承认这一点，就必然承认实践活动的巨大作用，因为人类的全部文化，包括马克思主义学说在内，都是实践活动的产物。这样一来，葛兰西的文化观就获得了实践这一坚实的起点。这表明他的文化观完全摆脱了机械的经济决定论的约束，从

---

① ［意］安·拉布里奥拉：《关于历史唯物主义》，杨启潾等译，人民出版社 1984 年版，第 136—137 页。

② 同上书，第 139 页。

③ ［意］安东尼奥·葛兰西：《现代君主和其他著作》，1957 年英文版，第 86—87 页。(Antonio Gramsci, *The Modern Prince and Other Writings*, trans. Louis Marks, London：Lawrence & Wishart Ltd，1957，pp. 86-87. ——编者注)

④ 同上书，第 82 页。

而显得生机盎然。

(三)列宁学说和十月革命的影响

列宁学说对葛兰西文化观的形成是举足轻重的。正如陶里亚蒂所说："列宁主义在世界舞台上的出现和发展是作为思想家和政治活动家的葛兰西的整个演进的决定性因素。"①在 1917 年 11 月 24 日的《前进报》上，葛兰西发表了庆祝十月革命胜利的文章《反对〈资本论〉的革命》。他之所以这样称呼十月革命，在于强调列宁学说的创造性，列宁没有固守马克思从《资本论》中引申出来的关于社会主义革命只有在发达的资本主义社会才能实现的结论。葛兰西写道："事件是历史的真正的辩证法。"②十月革命超越了第二国际的修正主义者的庸俗的经济决定论，表明了人的实践活动、革命意识、文化因素的巨大作用，因为"每一场革命都由一种紧张的批判劳动所先行，由文化的扩散和观念的传播所先行"③。列宁学说不但显示了意识和文化的巨大作用，而且特别强调了领导权问题。葛兰西认为，这是列宁"对实践哲学所做出的最伟大的理论贡献"④。

综上所述，葛兰西从文化传统中汲取了民族的、民主的成分，从马克思和列宁的学说中汲取了实践、创造和领导权的理论。正是通过对文化背景的独特的选择和配置，葛兰西形成了富有自己特色的，以强调人的创造性为中心的文化观。

---

① ［意］恩内斯托·拉焦尼埃里：《陶里亚蒂论葛兰西》，袁华清等译，人民出版社 1983 年版，第 186 页。

② ［意］葛兰西：《政治著作选》(1921—1926)，1978 年英文版，第 15 页。(Antonio Gramsci, *Selections from Political Writings* 1921-1926, Quintin Hoare ed., London: Lawrence & Wishart Ltd, 1978, p. 15. ——编者注)

③ ［意］葛兰西：《政治著作选》(1910—1920)，1977 年英文版，第 12 页。(Antonio Gramsci, *Selections from Political Writings* 1910-1920, Quintin Hoare ed., London: Lawrence & Wishart Ltd, 1977, p. 12. ——编者注)

④ 同上书，第 51 页。

二、葛兰西文化观之要义

葛兰西关于文化问题的大量论述散见于他的札记、书信和短论中。本文不可能面面俱到地进行考察，只能择其要者加以阐述。

（一）文化的含义、特征与层次

葛兰西对文化的含义有自己独特的理解。他不同意普通人把文化看作一种百科全书式的知识，认为这种理解实际上把人降低为一个容器，把人的大脑降低为一本词典。"这种文化形式真正是有害的，尤其对无产阶级是有害的。"[①]拥有这种文化知识的人自以为比别人高明，实际上，这些东西并不是文化，而是 pedantry（卖弄学问）。

那么，真正的文化究竟是什么呢？葛兰西认为："文化是某种完全不同的东西。它是一个人内在的自我的组织和训练，它是对一个人自己人格的占有，它是对一种优越意识的征服，在达到这一征服的地方，理解一个人自己的历史价值，在生活中的作用，权利和责任才成为可能。"[②]在他看来，人首先是精神，也就是说，人是历史而不是自然的创造物。人获得文化和教养，目的并不是获得一种机械的知识，而是唤醒自我意识，明白自己在生活和历史中的地位与作用。正如朱塞佩·费奥里所说的："他（指葛兰西）认为，没有文化，无产阶级永远也不能认清自己的历史作用。"[③]基于这样的理解，葛兰西特别欣赏苏格拉底的"认识你自己"的格言，主张"认识你自己也就是成为你自己"。显然，葛兰西把文化理解为一种活生生的世界观，理解为一种永无休止的创造力。

---

① ［意］P. 卡瓦隆甘地、［意］P. 皮科：《青年葛兰西论历史，哲学和文化》，1975 年英文版，第 20 页。（Pedro Cavalcanti and Paul Piccone ed., *History*, *Philosophy and Culture in the Young Gramsci*, New York：Telos Press，1975，p. 20.——编者注）

② 同上书，第 21 页。

③ ［意］朱塞佩·费奥里：《葛兰西传》，吴高译，人民出版社 1983 年版，第 109 页。

而他所说的这种对自我价值和责任感的意识究竟是如何达到的呢？他告诉我们："在这里，文化意味着批判，它不是自发的、自然的进化。批判正确地表明了自我意识，而这正是诺瓦利斯赋予文化的宗旨。"①这就是说，在葛兰西的理解中，文化的基本特征是批判。比如，启蒙运动所进行的批判就是法国大革命的文化准备。同样，无产阶级的革命也必须以某种文化批判运动为先导。这表明，葛兰西的文化观不是学究式的文化观，而是一个革命者的文化观。

在葛兰西那里，文化体现为一个活动着的、多层次的结构。在这个结构中，居于最高层次的是世界文化或"一般的文化"。葛兰西认为，探讨文化问题，不能停留在表面上，不能光探讨文学，而要"深入地研究一般文化"②。世界文化并没有统一的模式，相反，它是千姿百态的，在不同的历史时期，体现为不同地域的文化思潮之间的相互影响、相互撞击。在《狱中札记》中，葛兰西考察了东西方文化的分离，叙述了古希腊罗马文化、阿拉伯文化、拉丁文化各自的特点和历史作用，分析了欧洲文化对美国文化的影响。在《狱中书信》中，葛兰西探讨了东方佛教对西方文明的巨大影响，剖视了黑人的音乐和舞蹈对欧洲文化的作用。③他对世界文化的倚重，显示了他的宽阔胸怀和视界。

居于第二层次的是民族文化。葛兰西认为，不同的民族总是表现出不同的文化特征。意大利有的学者主张，在文艺复兴时期，意大利的文化曾经统治了世界，而意大利的知识分子则有一种世界性的职能。葛兰西批评了这种妄自尊大的态度，认为这种态度源于对文化的民族特征缺乏认识。然而，肯定一个民族的文化特征，绝不意味着对其他民族的文化采取盲目排斥的、虚无主义的态度。举例说来，美国是一个历史短暂

---

① ［意］P. 卡瓦隆甘地、［意］P. 皮科：《青年葛兰西论历史，哲学和文化》，1975 年英文版，第 22 页。(Pedro Cavalcanti and Paul Piccone ed.，*History，Philosophy and Culture in the Young Gramsci*，New York：Telos Press，1975，p. 22. ——编者注)

② 同上书，第 249 页。

③ ［意］安东尼奥·葛兰西：《狱中书信》，1975 年英文版，第 123 页。(Antonio Gramsci，*Letters from Prison*，London：Johnathon Cape，1975，p. 123. ——编者注)

的国家，它之所以能形成自己的独特的文化，正是由于它反刍了欧洲的文化，"把不同民族出身的移民带来的不同类型文化，一起融合于民族单一文化的坩埚之中"①。当然，话又得说回来，吸收外来民族文化的长处，目的仍是发展以自己的民族特色为主干的文化。在这方面，俄国人派遣先进人物出国，"掌握西方更先进国家的文化和历史经验，同时并没有丧失本国文化最重要的特点，即没有和自己的人民断绝精神联系和历史联系"②。葛兰西强调文化的民族特征，是有深刻的现实意义的，其目的是克服当时意大利文化界普遍存在的狭隘的地方观念，从而提高人民群众，特别是无产阶级的文化意识。

居于第三层次上的是阶级文化。葛兰西认为，光阐明民族文化的存在是不够的，还须进一步指明："存在两种文化——统治者的文化和被统治者的文化。"③统治阶级为了维护自己的统治地位，力图凭借意识形态和教育的力量，把人民群众提高到"符合统治阶级利益的一定的文化和道德水平（或形式）"④上。而人民群众，尤其是无产阶级，必须摆脱统治阶级文化形式的影响，建立起自己的新的文化形式。葛兰西后来回忆和塔斯卡、特拉奇尼等人一起在《新秩序周刊》的工作时说："把我们联系起来的唯一感情……是对一种模糊的无产阶级文化产生的模糊的影响。"⑤在马克思和列宁学说的启迪下，葛兰西越来越清楚地认识到，无产阶级只有创造出自己的文化，才能彻底摆脱资产阶级文化的影响和束缚。

葛兰西对无产阶级新文化的探讨并没有停留在表面上，他进一步把它划分为党内少数知识分子的高级文化和无产阶级乃至广大人民群众的通俗文化。他特别严厉地批判了现代文化，尤其是唯心主义文化与人民

---

① ［意］安东尼奥·葛兰西：《狱中书信》，1975 年英文版，第 433 页。（Antonio Gramsci, *Letters from Prison*, London: Johnathon Cape, 1975, p. 433.——编者注）
② 同上书，第 432 页。
③ 同上书，第 107 页。
④ 同上书，第 217 页。
⑤ ［意］朱塞佩·费奥里：《葛兰西传》，吴高译，人民出版社 1983 年版，第 126 页。

文化之间的尖锐对立："现代文化，尤其是唯心主义的文化，不能创造出一个通俗的文化来，不能把一个道德和科学的内容提供给自己的教育大纲，这一大纲仍然是抽象的理论公式。它仍然是一种狭隘的知识分子贵族的文化。"①只有马克思主义才在这两种文化之间建立了紧密的联系："马克思主义使通俗文化和高级文化之间的关系辩证化，从而圆满地完成了整个精神的和道德的改革运动。"②在葛兰西看来，无产阶级的文化运动要获得进展，就必须坚决克服党内知识分子集团的高级文化和人民大众的通俗文化之间存在的脱节现象。这一见解具有重大的理论意义。

一言以蔽之，葛兰西所要建立的新文化，是奠立在实践哲学基础之上的"民族—人民文化"。它既体现了对民族文化传统的批判和继承，又体现了无产阶级的强烈的革命意识。

(二)文化与哲学、语言、文学艺术的多维关系

葛兰西把文化理解为意识形态和人们生活方式的综合，理解为一种具有创造性意识的世界观。他是在这一理解的基础上看待文化与哲学、语言、文学艺术的多维关系的。

首先，看文化与哲学的关系。葛兰西认为，"整个文化仅仅部分地反映在哲学史里面"③。他的意思是，哲学只是文化的一个组成部分。然而，哲学在文化中的地位是十分突出的，它是文化的主干。比如，德国古典哲学就是"那个时期最高的文化表现"④；而马克思主义哲学则是现代文化的主干。哲学的地位决定了它是文化改革的中坚力量。比如，马克思主义的哲学不仅继承了19世纪前半期的文化，而且"改造了时代的文化"⑤。

---

① ［意]安东尼奥·葛兰西：《现代君主和其他著作》，1957年英文版，第85页。(Antonio Gramsci, *The Modern Prince and Other Writings*, trans. Louis Marks, London: Lawrence & Wishart Ltd, 1957, p. 85. ——编者注）
② 同上书，第87页。
③ 同上书，第13页。
④ 同上书，第85页。
⑤ 同上书，第82页。

葛兰西的一个特别重要的见解是，哲学不能把自己看作凌驾于文化运动之上的东西，特别是不应把自己和人民群众的文化运动对立起来，割裂开来。哲学要真正成为人民大众的世界观和思想武器，就必须在自己和人民文化之间架设桥梁，"假如哪怕是一瞬间忘掉了必须同普通人保持文化上联系的话，就不可能做到这一点"①。

其次，看文化与语言的关系。葛兰西在都灵大学文学系专攻现代语言学专业，对语言学有深湛的造诣。在监狱中，他还孜孜不倦地致力于"一个比较语言学的研究"②。他从不把语言看作文化的单纯的工具和载体，认为一定的语言总是蕴含着一定的文化和世界观，语言绝不是文化的空洞外壳："如果每个人的语言都包含着世界观和文化的成分在内这种说法是对的的话，那么，根据语言可以判断讲话者的世界观的复杂性的大小这种说法也应该是对的了。"③

葛兰西肯定了民族语言和民族文化之间的不可分割的联系。比如，在意大利历史政治词汇中，有的解释民族历史和意大利文化传统的概念很难被译成外文，因为有些术语已成了特定的民族文化的专利品，很难为其他民族所接受和消化。所以葛兰西断言："研究所有这些用语的历史是具有不小的文化意义的。"④

然而，葛兰西非常坚决地把民族语言与方言区别开来。他认定，一个只会讲方言的人的观念一定是狭隘的，在文化素养上一定是落后的："假使不能经常有机会去研究许多外国的语言，以便了解各种不同的文化，那么，最低限度也必须很好地研究民族语言。一种伟大的文化，可以被译成其他民族文化的语言。任何其他伟大的文化，都可以被译成在

① ［意］安东尼奥·葛兰西：《现代君主和其他著作》，1957 年英文版，第 13 页。(Antonio Gramsci, *The Modern Prince and Other Writings*, trans. Louis Marks, London: Lawrence & Wishart Ltd, 1957, p. 13. ——编者注)
② ［意］安东尼奥·葛兰西：《狱中书信》，1975 年英文版，第 79 页。(Antonio Gramsci, *Letters from Prison*, London: Johnathon Cape, 1975, p. 79. ——编者注)
③ 同上书，第 7 页。
④ 同上书，第 278 页。

历史上发展的和丰富的伟大的民族语言。换句话说，用民族语言可以表现世界文化。用方言就做不到这一点。"①为此，葛兰西痛感在意大利扫除文盲、扫除方言的障碍，广泛开展文化运动的必要性："意大利文化十分迫切的任务之一是，包括那些最先进和最现代化的城市在内，都要取消地方观念。"②

最后，看文化与文学艺术的关系。与哲学一样，文学艺术也是"文化的历史的一部分和一方面"③。但是，文学艺术作品作为人们生活的反映，比哲学更直接地体现着文化综合体。因而，葛兰西特别反对人们把文学艺术和文化潮流、文化背景、文化运动割裂开来，单独地进行宣传或考察。比如，意大利有人提出"为新艺术而斗争"的口号，其目的是造就个别的新型的艺术家。但葛兰西坚持认为，艺术家是不能单单在艺术中造就的，因为艺术家和艺术作品本身都植根于生活中，植根于特定的文化氛围中。所以，他高瞻远瞩地提出了"为新文化而斗争"的口号。

当然，新文化的创造并不是一蹴而就的，它的出现也不是自发的，而是在与旧的传统文化的斗争中，在抛弃统治阶级的虚假的、伪造的文化的过程中发展起来的。正是基于这样的原因，葛兰西十分重视文学批评在新文化建设中的作用，主张人民群众必须形成一种普遍的"文化批判能力"或"批评意识"。

概括起来说，在葛兰西那里，文化是一个综合的、中心的概念，它具有一种广泛的联系作用和黏合作用，能把无产阶级革命运动的各个侧面黏合起来，以达到预定的目的。

(三)关于文化传播的思考

葛兰西非常重视文化传播的问题。他提出的一个根本性的见解是：

---

① ［意］安东尼奥·葛兰西：《狱中书信》，1975 年英文版，第 8 页。（Antonio Gramsci, *Letters from Prison*, London：Johnathon Cape, 1975, p. 8.——编者注）

② ［意］朱塞佩·费奥里：《葛兰西传》，吴高译，人民出版社 1983 年版，第 98 页。

③ 同上书，第 469 页。

"创建新的文化，并不只意味着独自去进行'独创的'发现。它也意味着——而且这一点特别重要——批判地传播已经发现的真理，即把它们所谓'社会化'，从而把它们变成实践活动的基础，变成人们协调一致和活动的要素，变成人们精神的和道德的结构的要素。"①葛兰西所谓"批判地传播"，也就是结合实际经验来传播，而不是教条式地照本宣科和盲目搬用。如果教条式地传播一种文化，就会把它变形、曲解为另一种东西。为了从中吸取经验教训，葛兰西主张研究传播史，看看"这些体系和流派是怎样产生的，是怎样传播的，为什么在传播时，它们会造成一定的争执，会采取一定的方向等"②。

那么，在文化传播的过程中，究竟哪些因素起着重要作用呢？葛兰西认为，"应该特别强调现代世界中政党在制定和传播世界观方面的重要性和意义"③。首先，因为政党的基本意向是实践活动，文化传播是其活动的不可或缺的一个方面；其次，文化传播不是少数几个人能够完成的，必须努力培养出新型的、既富有智力又与人民群众有密切联系的杰出人物，使他们发挥好媒介作用，以推进整个文化运动的健康发展；最后，在文化传播的过程中，要重复地进行宣传，这是影响人民思想的最有效的最富于教导意义的手段。

葛兰西的这些思想，对于当前方兴未艾的文化传播学的研究，特别是政治与文化传播关系问题的研究，是有一定启发意义的。

(四)文化领导权问题的凸显

葛兰西的重要理论贡献是，在列宁的学说和实践活动的启发下，提出了政治领导权和文化领导权的问题。他主张，一定阶级的政治领导权是与它的文化领导权紧密联系在一起的。比如，中世纪的教会文化是与封建阶级的政治领导权一致的，却与新兴的资产阶级相矛盾，"这种文化的目标不是建立新兴阶级的领导权，而相反的是阻止这个阶级取得领

---

① ［意］安东尼奥·葛兰西：《狱中札记》，葆煦译，人民出版社1983年版，第8页。
② 同上书，第10页。
③ 同上书，第17页。

导权"①。根据这样的历史经验，葛兰西自然而然地得出了如下结论，即争夺文化上的领导权是争夺政治上的领导权的基本前提。正如科拉柯夫斯基所指出的："无论如何，在葛兰西的学说中，这是一个重要的观点，即工人们只有在获得文化'领导权'之后，才能获得政治上的权力。"②

文化领导权的实质究竟是什么呢？葛兰西指出："在国家中起特别重要作用的是执行积极的教育职能的学校。但是在现实中为了达到这项目的还进行许多具有所谓局部性质的其他活动和创举，它们总在一起构成统治阶级政治的或文化的领导机关。"③由此，他得出结论说，文化领导权本质上是"教育的关系"。但这些教育机关都控制在统治阶级的手里，无产阶级要争得这种文化的、意识形态的领导权，唯一的方法就是建立无产阶级的文化组织和文化团体。在1917年12月8日的《前进报》上，葛兰西发表了一篇短文《朝着一个文化联系》，强调在英国和德国都已有工人阶级的强有力的文化组织，但在都灵，除了一些自发的文化联系之外，还没有通俗文化的组织。他强调，意大利工人阶级必须建立三大组织：党、劳动联盟和文化组织。④ 无论是葛兰西等人发起的"道德生活俱乐部"，还是创办文化刊物《新秩序周刊》或创建"工厂委员会"，其目的是通过团体活动的方式来争夺文化上的领导权。陶里亚蒂以兴奋的口吻追忆了这些文化组织的活动："在《新秩序周刊》和工厂委员会所促成的运动中，一个独树一帜的'狂飙运动'式的无产阶级文化运动与群众的革命激情和领导人清晰的政治思想结合起来了。通过这一运动，除

---

① ［意］安东尼奥·葛兰西：《狱中札记》，葆煦译，人民出版社1983年版，第223页。
② ［波兰］L. 科拉柯夫斯基：《马克思主义的主要潮流》第3卷，1978年英文版，第241页。（Leszek Kolakowski, *Main Currents of Marxism*, Volume 3, Oxford：Oxford University Press，1978，p. 241.——编者注）
③ ［意］安东尼奥·葛兰西：《狱中札记》，葆煦译，人民出版社1983年版，第217页。
④ ［意］P. 卡瓦隆甘地、［意］P. 皮科：《青年葛兰西论历史，哲学和文化》，1975年英文版，第98页。（Pedro Cavalcanti and Paul Piccone ed.，*History，Philosophy and Culture in the Young Gramsci*，New York：Telos Press，1975，p. 98.——编者注）

了纯粹政治问题外，有关我国历史、艺术、文学、无产阶级道德、教育和技术等涉及面更为广泛的问题也都被提出来加以讨论，并在群众中广泛传播。"①葛兰西关于文化领导权的见解，为发达资本主义国家中工人阶级革命提供了一个重要的思想武器。

三、葛兰西文化观之启示

上面，我们对葛兰西的文化观做了一个粗略的考察。现在，我们有条件来回答以下问题了：他的文化观究竟提供了哪些有益的启示？对此，本文提出如下不成熟的看法。

第一，这种文化观使我们对西方马克思主义的研究获得了一个新的透视点，即文化学的透视点。

如何看待西方马克思主义思潮？这个问题是有争议的。然而，国内外的大多数论者都认为，西方马克思主义是偏重于哲学的，因而较多地从哲学上去审视考察它。然而，葛兰西关于文化问题的许多有价值的论述却告诉我们，整个西方马克思主义思潮之所以能活跃于国际舞台上，并产生巨大的影响，恰恰在于这一思潮超越了单纯哲学的圈子，它本质上表现为一种广泛的社会文化运动。

文化问题的凸显是合乎思想史发展的逻辑的。第二国际的领导人把马克思主义的学说，特别是唯物史观曲解为一种单纯的经济决定论，从而造成了对整个上层建筑和文化—意识形态领域中的斗争的疏略。作为西方马克思主义创始人的卢卡奇，之所以把他的那本著名的论文集称为《历史与阶级意识》，是有深刻的寓意的。那就是要把"意识"的作用在历史发展的整个过程中凸显出来。这不光是卢卡奇的意思，也是包括葛兰

---

① ［意］恩内斯托·拉焦尼埃里：《陶里亚蒂论葛兰西》，袁华清等译，人民出版社1983年版，第28—29页。

西在内的大部分西方马克思主义者的普遍的自我意识。也就是说，整个西方马克思主义思潮的指针都摆向意识—文化这一端，以填补第二国际的思想家们所留下来的巨大的理论空隙，恢复马克思主义作为完整的世界观的真实的形象。英国《新左派评论》杂志的主编佩里·安德森敏锐地指出：西方马克思主义"注意的焦点是文化"①。比如，我们能把卢卡奇、葛兰西、阿多尔诺、本雅明、戈德曼、列斐伏尔、德拉-沃尔佩、萨特等人的影响仅仅归于哲学吗？实际上，他们对美学和文学艺术（小说、戏剧、诗歌）等都有精深的研究，而这种研究正是在重视文化问题这个总前提下发生的。这就是说，我们只有站在更广阔的文化学的地平线上来检视整个西方马克思主义的思潮，才能全面而准确地对它做出评价。

问题的另一面是，即使我们要正确地把握西方马克思主义者的哲学观，也必须诉诸文化学，把探索之锤伸入文化背景的深处。在这一点上，葛兰西也给我们提供了启发。比如，葛兰西在阐述"实践哲学"时，曾引入了亚里士多德在讨论悲剧时使用的术语 Katharsis（净化）。葛兰西认为，这一术语意味着人们从纯粹经济的、利己主义的因素向道德—政治的因素，向整个上层建筑过渡。他主张把这一术语看作"全部实践哲学的出发点"②。"净化"这一术语的引入，显示出葛兰西对"实践哲学"的文化学基础的独特的理解。一言以蔽之，文化学的观点和方法的输入，将有可能为我们深入地、全面地研究西方马克思主义思潮开辟新的视界和途径。

第二，葛兰西提出了马克思主义学说与整个人类文化传统，特别是与现代文化关系的重大理论课题。

葛兰西关于马克思主义的文化渊源的分析，关于马克思主义与现

---

① ［英］佩里·安德森：《西方马克思主义探讨》，高铦等译，人民出版社 1981 年版，第 97、123、79 页。

② ［意］安东尼奥·葛兰西：《狱中札记》，葆煦译，人民出版社 1983 年版，第 52 页。

代文化关系的剖视，都力图告诉人们，作为一个完整的世界观的马克思主义，不只是一种单纯的经济—政治学说，还是一种综合的文化革命的理论。换言之，马克思主义从不远离人类文明的大道，从不和人类文化的发展处于绝对的对立之中，相反，马克思主义本身是人类文化的一个结晶和汇合，同时，它又对当代文化的发展趋向产生了重大的影响。

葛兰西关于马克思主义与文化关系的论述尽管存在着某些偏谬的成分（我们在后面还要论及），但对发达资本主义国家中工人阶级的革命来说，无疑是一份引人注目的答卷，同时，对于工人阶级已获得胜利的社会主义社会来说，也有重要的借鉴意义。

只要我们深入地思考一下，就会发现，这个问题实际上关系到另一个重大的问题，即在社会主义的历史条件下，究竟如何学习和宣传、坚持和发展马克思主义？在我国，由于"左"倾思想的禁锢，人们往往把马克思主义与人类文化传统和现代文化的成果割裂开来，对立起来。其实，社会主义新文化的形成绝不能以文化上的虚无主义为前提；同样，学习和宣传、坚持和发展马克思主义也不能像"文化大革命"那样以否弃人类的优秀的文化传统为基础。

毫无疑义，马克思主义应当与形形色色的反动腐朽的文化思潮划清界限，应当牢固地确定自己在社会主义新文化建设中的核心的、主导的地位；并且采取正确的方法，把学习、宣传马克思主义同社会主义新文化的建设融为一体，善于通过无数的文化组织和团体，潜移默化地把马克思主义的基本原则和道理渗透到人民群众的日常生活中去，使马克思主义的学说真正成为社会主义新文化建设的灵魂，成为人们生活和行动的指南；否则，学习和宣传、坚持和发展马克思主义就会流于空谈，从而妨碍两个文明的建设。

第三，在文化建设和文化传播中要养成一种普遍的批评的意识。

贯穿葛西兰文化理论中的一个基本观点是：文化不是知识的堆积，而是一个新世界观的形成，是一种新的创造性的自我意识的获得。从这一基本观点出发，葛西兰特别重视在开展文化运动中培养人民群众的"文化的批判的能力"①。

强调这种文化批判的能力和批评意识的重要性，对繁荣我国当前的文化事业具有借鉴作用。无论对中国的文化传统也好，还是对西方的文化传统和当代西方的文化也好，我们都不能采取简单的"拿来主义"的态度，把它们作为知识的"贡品"杂陈在自己的脑袋之中。学习、传播文化成果的唯一正确的做法是：运用马克思主义的文化理论，用批判的眼光审视人类的全部文化遗产。当然，这里说的批判与"文化大革命"中的"大批判"，是完全不同的。这里所谓的批判，就是在马克思文化理论的指导下，在人类文化遗产与现有文化中获取能丰富并推进今天的社会主义新生活的有价值的东西。那种为学习文化而学习文化，把今天生活的需要置之不顾的态度正是文化上缺乏批判能力的典型表现。事实上，只有在人民群众中培植出一种普遍的批评意识，我们的文化建设才会健康地朝前发展。在这个意义上可以说，创造有利于"百家争鸣"的生动活泼的局面，加强文化建设中的评论工作或批评工作显得尤为重要。

第四，文化领导权理论的借鉴作用。

如前所述，葛兰西关于文化领导权的论述，不仅对发达资本主义国家的工人阶级革命具有巨大的理论意义，对社会主义社会的文化建设也提供了理论上的重要借鉴。在我国，随着经济改革的深入和文化生活的繁荣，加强意识形态和文化上的领导的问题也显得越来越突出。由于文化领导权本质上是一种教育关系，所以，要特别发挥各级学校的作用，要组织起各种健康的文化团体，成立各种读书会，办好各种文化刊物，推动以马克思学说为灵魂的、富有中国民族特色的社会主义文化运动的新高潮的到来。文化领导权的巩固必将进一步促进政治领导权的巩固，

----

① ［意］安东尼奥·葛兰西：《狱中札记》，葆煦译，人民出版社1983年版，第237页。

从而保证我国现代化建设的顺利进行。

尽管葛兰西的文化理论中也夹杂着一些偏谬的成分，比如，他关于人道主义和文艺复兴的错误观点；他对新文化表述得过于笼统和模糊；有时，他还过分夸大了新旧文化之间的对立；等等，但他留下的文化遗产还是十分丰富的，值得我们深入研究。

1988年

"西方马克思主义"概念的由来[①]

  目前国内哲学界流行的见解是,"西方马克思主义"这一概念最早是由法国哲学家梅洛-庞蒂在 1955 年发表的《辩证法的历险》一书中提出来的。此说似可商榷。

  其实,"西方马克思主义"这一概念最早是由卡尔·柯尔施提出来的。1923 年,柯尔施发表了《马克思主义和哲学》的长篇论文。这篇论文引起了激烈的争论,也招致了各种批评。1930 年,柯尔施重新发表了《马克思主义和哲学》一文,并附带发表了《〈马克思主义和哲学〉问题的现状——一个反批评》一文。

  正是在《反批评》中,柯尔施有两处提到了"西方马克思主义"的概念。当他谈到他自己、卢卡奇和其他西方共产主义者与俄国共产主义者在意识形态立场上的对立时,他专门作了一个注,在注中提到了马克思·魏纳在《社会》杂志上对施弗林的《苏联马克思主义》一文的分析,并指出,"必须记住,对俄国马克思主义和西方马克思主义这一批判性的比较来自今天在俄国掌权的这一

  ① 原载《探索与争鸣》1988 年第 1 期,作者笔名"宇文"。收录于俞吾金、陈学明:《国外马克思主义哲学流派》,"导论"(有所改动),复旦大学出版社 1990 年版,第 3 页;俞吾金、陈学明:《国外马克思主义哲学流派新编·西方马克思主义卷》上册,"导论"(有所改动),复旦大学出版社 2002 年版,第 2 页。——编者注

政党的一个政治对手"①。在这里，柯尔施提到了西方马克思主义的概念，并把它与另一个概念俄国马克思主义区别开来。在《反批评》中的另一处，柯尔施在谈到那种把辩证唯物主义的方法与其应用于哲学和科学中获得的实质性结果对立起来的倾向时说："这种做法在西方马克思主义中已经变得非常时髦了。"②这里的"西方马克思主义"的概念是在正文中提出来的，比前一处更为明确。

　　这就是说，根据我们目前所掌握的材料来看，"西方马克思主义"的概念最早是在 1930 年出现的，比梅洛-庞蒂的《辩证法的历险》足足早了 25 年。提供这一未受重视的新材料将有助于我们更全面地理解"西方马克思主义"思潮的发生、发展和变化过程。

---

① ［德］卡尔·柯尔施：《马克思主义和哲学》，1970 年英文版，第 120 页。（Karl Korsch，*Marxism and Philosophy*，New York：Monthly Review Press，1970，p. 120，note.——编者注）

② 同上书，第 134 页。

当代国外马克思主义哲学研究的新动向^①

第二次世界大战后，随着科学技术的飞速发展、资本主义社会的相对稳定和社会主义国家改革浪潮的兴起，当代国外马克思主义哲学的研究也脱离了传统的轨道，转向一些新的、重大的课题。这一转向主要表现在以下八个方面。

（1）从认识论、方法论的研究转向本体论的研究。20世纪二三十年代的马克思主义者通常从认识论、方法论的角度来理解并解释马克思主义的哲学理论。他们之所以偏重于马克思主义哲学的认识职能和方法职能，显然与当时革命斗争的实践需要有关。20世纪四五十年代以来，由于在资本主义国家和社会主义国家的发展中出现了许多意想不到的新问题，马克思主义的整个理论基础都面临着严峻的挑战。于是，一些思想敏锐的马克思主义者开始把注意力转向本体论，以便从根本上对马克思主义哲学做出新的说明，这尤其表现在卢卡奇晚年的巨著《社会存在本体论》中。

（2）从强调总体的至上性转向对个体与个性问题的探讨。战（本文专指第二次世界大战）前的

---

① 原载《文汇报》1988年7月14日。收录于俞吾金：《文化密码破译》，上海远东出版社1995年版，第242—245页。——编者注

马克思主义者由于较多地受到德国古典哲学，尤其是黑格尔哲学的影响，特别强调总体(整个社会)对个体(个人)的优先性。随着以个体为原则的存在主义思潮的兴起和发展，随着斯大林模式在理论上严重失误的明朗化，战后的马克思主义者深入批判了总体至上理论中蕴含着的极权主义思想，更多地注重对个性与个体问题的研究。这种新的研究方向，在 20 世纪 60 年代表现在南斯拉夫"实践派"和法国"存在主义的马克思主义"中。在 20 世纪七八十年代，对个体与个性问题的探讨突出地表现在苏联哲学中。

（3）从对思维与存在的同一性的研究转向对思维与存在的异质性的研究。战前的马克思主义哲学的研究，在很大程度上受到以费希特、谢林和黑格尔为代表的唯心主义的同一哲学的影响，因而对列宁所坚持的辩证唯物主义的反映论持反对态度，主张主体与客体的同一，主张用思维范畴去规范并说明现实生活。战后的马克思主义者由于看到了世界局势和现实生活的重大变化，看到了理论远远落后于实践，因而反对从思维中推论出存在，主张思维与存在的异质性，主张从存在或日常生活出发，形成新的理论思考的方向。意大利的"德拉-沃尔佩学派"开了这方面研究的先河。

（4）从主体性研究转向意识形态研究。战前的马克思主义哲学的研究都偏重于主体性问题，强调主体的知、情、意结构和实践活动在社会发展进程中的巨大推动作用。战后的不少马克思主义者有感于西方革命的屡屡失败，开始探索规约着主体性的更深层的问题——意识形态问题。这方面的探索尤其表现在法国结构主义的马克思主义者阿尔都塞和法兰克福学派的马尔库塞、哈贝马斯等人的学说中。

（5）从对人性的现实性维度的研究转向对人性的可能性维度的研究。战前的马克思主义者在探讨人性问题时，偏重于其现实性的层面，即偏重于从人所处的现实关系出发来思考人性问题。在强调个人自由、选择和主观意志的存在主义思潮的影响下，战后的马克思主义者更多地注意研究人性的可能性维度，他们认为，人是他前面的那个他，而不是他后面的那个他。对人性可能性维度的研究尤其表现在萨特的学说中。

(6)从对历史主义方法的重视转向对结构主义方法的重视。20世纪二三十年代的马克思主义者通常把马克思主义哲学的方法理解为历史主义的方法，意大利的葛兰西甚至把马克思主义理解为一种绝对的历史主义，随着结构主义思潮的兴起和发展，尤其是法国的阿尔都塞开了运用结构主义的方法研究马克思主义的先河以后，人们越来越重视对马克思的经济学著作中的结构分析方法的研究。

(7)从对马克思主义哲学的实践功能的研究转向对马克思主义哲学的解释功能的研究。战前的马克思主义者强调得较多的是马克思主义哲学的实践特征，认为旧哲学的本质特征是解释世界，马克思主义哲学的本质特征是改造世界，这当然是对的。但问题还有另一面，改造世界也蕴含着解释世界，不能忽视马克思主义哲学的解释功能。随着分析哲学和解释学的兴起和发展，战后的马克思主义者越来越重视对马克思主义哲学的解释功能的研究，在 G. A. 柯亨的分析派马克思主义和哈贝马斯的"批判的解释学"中，都可以发现马克思主义哲学研究中的语言学转向。

(8)从对西方工业社会的研究转向对东方亚细亚社会的研究。对于西方国家的马克思主义者来说，他们研究的重点始终是西方社会，这是毫无疑问的。但在战后，越来越多的理论家开始从事对东方社会的研究。一个令人困惑的问题是：按照《资本论》的结论，社会主义革命应在工业最发达的资本主义国家中首先取得胜利，但实际上，获得胜利的却是一系列工业落后的东方国家。这一问题以及20世纪70年代初首次以西文出版的马克思的民族学笔记引导人们深入地研究马克思关于"亚细亚生产方式"的理论，从而对社会形态发展的不同模式做出新的反思。在西方国家、苏联和中国，人们越来越关注对东方社会的特殊性的研究，以便对当代东方社会的性质及与西方社会的差异做出明智的判断。

1990年

《国外马克思主义哲学流派》导论[①]

一提到西方马克思主义，我们就不得不先对我国学术界当前正在争论的关于西方马克思主义这一概念能否成立的问题表明我们的态度。因为这是一个无法回避的问题，如果西方马克思主义的概念不能成立，那我们对它的探讨就是多余的了。

我们认为，这场争论的症结在于，有些学者把事实判断和价值判断混淆起来了。事实判断所要解答的问题是：西方马克思主义这一概念所指称的那股思潮究竟是否存在？价值判断所要解答的问题是：究竟如何评价西方马克思主义这一概念所指称的那股思潮？不能否认，这两种判断之间有着某种内在联系，但也不能不看到，这两种判断之间有着重大的区别。不能因为我们在事实上肯定它的存在，就必须在价值上也做出肯定的判断；反之，也不能因为我们在价值上想对它做出否定的判断，就干脆在事实上也不承认它的存在了。

我们的看法是，从事实判断上看，西方马克

---

① 本文为《国外马克思主义哲学流派新编·西方马克思主义卷》(俞吾金、陈学明著，复旦大学出版社 2002 年版)的导论(该书第 1—7 页)。本文初版见俞吾金、陈学明：《国外马克思主义哲学流派》，复旦大学出版社 1990 年版，第 3—11 页。——编者注

思主义这一思潮毫无疑问是存在的；从价值判断上看，问题比较复杂。我们认为，从当代马克思主义的众多流派来看，西方马克思主义是一股影响较为广泛的理论思潮。我们只要不带偏见地、深入地了解这一思潮，就会发现，它对社会主义社会所作的某些批评、对资本主义社会所作的批判的分析，都有不少合理之处；它通过对当代世界存在的一系列重大问题的探讨，在理论上丰富并发展了马克思主义。当我们自己在僵化的、不适应实际生活的哲学教科书体系的束缚下，在理论上一筹莫展、毫无创造的灵感时，我们有什么权利对它做出价值上的否定判断呢？在理论上难道能用褊狭的意识形态成见去取代科学的态度吗？按照我们的观点，从总体上也应对西方马克思主义的思潮做出符合实际情况的价值判断。当然，对其代表人物的具体的著作和观点则应予以具体分析，肯定其合理的、有价值的因素，否定其不合理的乃至错误的东西。

下面，让我们对西方马克思主义这一思潮的来龙去脉、社会历史背景、理论热点、发展趋向等作一个简要的分析和评论。

一、西方马克思主义概念的由来和发展

根据我们目前所掌握的材料可以断定，"西方马克思主义"这一概念最早出现在柯尔施于 1930 年重版的《马克思主义和哲学》一书的新增补的材料中，这个材料为《〈马克思主义和哲学〉问题的现状——一个反批评》。在这篇材料中，柯尔施提到了两种不同的马克思主义：一种是"俄国的马克思主义"（Russian Marxism），另一种是"西方马克思主义"（Western Marxism）。① 在柯尔施那里，这一概念的范围还是十分狭隘

---

① ［德］卡尔·柯尔施：《马克思主义和哲学》，1970 年英文版，第 120、134 页。(Karl Korsch, *Marxism and Philosophy*, New York: Monthly Review Press, 1970, p. 120, p. 134. ——编者注）

的，它主要指的是卢卡奇及柯尔施自己所代表的与俄国马克思主义不同的新马克思主义的倾向。1955 年，梅洛-庞蒂在《辩证法的历险》的第二章(标题为"'西方的'马克思主义")中，比较全面地分析了卢卡奇在《历史与阶级意识》一书中提出的基本观点，强调卢卡奇对马克思主义的解释代表了与列宁主义不同的新方向。除了卢卡奇之外，梅洛-庞蒂没有明确指出究竟还有哪些人是属于西方马克思主义这一思潮的，但从他的论述中可以看出，他把那些受《历史与阶级意识》影响、倾向于从人本主义和社会理论的角度来理解马克思主义的西方国家的马克思主义者(包括他自己)都归属到这一思潮之下。

在安德森于 1976 年初版的《西方马克思主义》一书中，"西方马克思主义"的概念获得了更宽泛的理解。他把卢卡奇、葛兰西、柯尔施、本雅明、霍克海默、阿多诺、马尔库塞、德拉-沃尔佩、科莱蒂、列斐伏尔、萨特、戈德曼、阿尔都塞等人都列入了西方马克思主义者的行列之中。这就是说，西方马克思主义的思潮，不光包括主要在卢卡奇和柯尔施的影响下形成起来的人本主义的马克思主义的倾向，而且包括在第二次世界大战后出现的、以德拉-沃尔佩和阿尔都塞为代表的科学主义的马克思主义的倾向。1977 年，由安德森担任主编的英国《新左派评论》杂志又编辑出版了《西方马克思主义：一个批判的阅读》的论文集，比较全面地评述了卢卡奇、葛兰西、法兰克福学派、萨特、德拉-沃尔佩和科莱蒂、阿尔都塞等人或学派的思想。

"西方马克思主义"这一概念在其发展中的不断充实和丰富化表明，它所指称的那股思潮在国际上已产生广泛的影响，它的存在已是人所共知的现实。尽管西方马克思主义的范围仍然是一个可以讨论的问题，但它的存在却是无可置疑的了。

二、西方马克思主义思潮形成和
发展的社会历史背景

西方马克思主义思潮的出现并不是偶然的，它实际上是对 20 世纪初以来发生的一系列重大的社会历史事件所提出的问题的一份答卷。

西方马克思主义是在总结俄国十月革命胜利后，中欧、西欧所爆发的一系列革命失败的经验教训的基础上产生的。卢卡奇的《历史与阶级意识》、柯尔施的《马克思主义和哲学》、葛兰西的《狱中札记》各自从不同的角度进行了总结。进入 20 世纪 30 年代后，西方马克思主义的发展又获得了新的动力。一方面，马克思的《1844 年经济学哲学手稿》于 1932 年首次以德文发表，从而在西方思想界掀起了轩然大波，西方马克思主义者孜孜以求地从该手稿中吸取精神养料；另一方面，在 20 世纪 20 年代末到 30 年代初的资本主义经济危机之后，西方工业国家的无产阶级革命不但没有取得显著的进展，反倒出现了法西斯主义的兴盛。如何解释这种奇特的历史现象呢？在这个时期中出版的赖希的《法西斯主义大众心理学》、布洛赫的《这个时代的遗产》、霍克海默的《独裁国家》、弗洛姆的《逃避自由》等著作都致力于对法西斯主义现象进行分析。在这些论著中，他们力图把马克思主义和精神分析方法结合起来，从而使西方马克思主义的发展走上新的轨道。到了 20 世纪 50 年代，新的冲击波又使西方马克思主义者陷入了困惑和思索之中。马尔库塞出版了《苏联的马克思主义》，萨特发表了《辩证理性批判》，弗洛姆撰写了《马克思关于人的概念》，对苏联模式的现象做出了独到的分析。特别是在《辩证理性批判》中，萨特提出了用存在主义的人学来补充马克思主义的口号，这又使西方马克思主义的发展出现了新的转折。另一个冲击波是通过潜移默化的方式发生作用的，那就是第二次世界大战后科学技术的飞速发展和资本主义社会的相对稳定。一方面，科学技术的发展通过实证主义思潮的媒介，在意大利形成了一个"新实证主义的马克思主义"派别；另一方面，它也激起了法兰克福学派的哲学家们的新的思考。在马尔库塞的《单向度的人》、哈贝马斯的《作为"意识形态"的技术与科学》和《晚期资本主义的合法化问题》中，以及在法国马克思主义者列斐伏尔的《日常生活批判》等著作中，我们都发现了这方面思考的轨迹。

到了 20 世纪 60 年代，西方马克思主义又面临着新的挑战。如果说，1968 年的"布拉格之春"在西方引起了巨大的震动，那么，1968 年巴黎爆发的"五月风暴"又使主张"历史是无主体的过程"的结构主义的马克思主义者阿尔都塞陷入了苦苦的思索之中。

同样，20 世纪 70 年代中期欧洲共产主义的兴起、80 年代初波兰工人的罢工等重大的社会历史事件都没有滑过西方马克思主义者的眼皮。西方马克思主义在其发展中之所以保持了顽强的生命力，之所以留下了一连串富于创发性和开拓性的理论著作，是因为它从不使自己与现实生活绝缘。

三、西方马克思主义的理论热点

如前所述，从总体上看，西方马克思主义蕴含着两种不同的，甚至对立的倾向：一种倾向致力于把马克思主义人本主义化，另一种倾向则致力于把马克思主义科学主义化。在第二次世界大战前，第一种倾向在西方马克思主义中独占鳌头；战后则出现了两种倾向互竞高下的多样化局面。在第一种倾向中，除了西方马克思主义的早期代表人物外，主要还有弗洛伊德主义的马克思主义和存在主义的马克思主义；在第二种倾向中，主要有新实证主义的马克思主义和结构主义的马克思主义。光从这些学派的名称上就可以看出，西方马克思主义不仅是在思考当代世界的重大现实问题中成长和发展起来的，而且也是在整个西方传统文化的熏陶下，特别是在现代、当代西方哲学流派的直接影响下发展起来的。

人们常常批评西方马克思主义者用各种资产阶级思潮去补充马克思主义，这种批评恰恰暴露出批评者的无知。把马克思主义与当代西方哲学的各种思潮结合起来，正表明研究者没有把马克思主义从人类文化发展的整个氛围中孤立出来；相反，那些热衷于把马克思主义与整个人类文化，特别是当代西方哲学对立起来的研究者究竟又为我们提供了哪些有分量的论著呢？

考虑到西方马克思主义思潮内部存在着不同的倾向，我们不能说西方马克思主义者有哪些共同的见解，而只能说他们从不同的角度出发，提出并思考了某些共同的问题，从而形成了西方马克思主义发展中的一些理论上的热点。

（一）重视对马克思主义哲学的研究

众所周知，马克思主义学说主要有三大组成部分：政治经济学、科学社会主义和哲学。比较起来，西方马克思主义者的研究重点始终落在哲学上。这在卢卡奇的《历史与阶级意识》中已见端倪，柯尔施的《马克思主义和哲学》更是直截了当地强调了哲学研究的极端重要性。法兰克福学派的马尔库塞、弗洛姆以及存在主义的马克思主义者列斐伏尔、萨特等人以《1844年经济学哲学手稿》为根据，论证马克思主义首先是一种哲学。西方马克思主义者重视对马克思主义哲学的研究，这并不等于说，他们对马克思主义学说中的其他部分视若无睹。事实上，好多学者，如柯尔施、哈贝马斯、阿尔都塞等对马克思的经济理论和科学社会主义的学说都有精深的研究，但不论研究什么问题，他们都要求有一种哲学的眼光。比如，阿尔都塞就要求人们用哲学的眼光去阅读《资本论》。正是由于重视对马克思主义哲学的研究，西方马克思主义者的著作大多具有深邃的理论眼光。

（二）重视对社会历史理论的研究

西方马克思主义者不仅重视对马克思主义哲学的研究，而且几乎都主张把马克思主义哲学理解为一种社会历史理论。在这方面，卢卡奇、柯尔施、葛兰西的著作开了先河，在西方马克思主义的后继者那里，这种倾向也表现得十分明显。法兰克福学派的成员把马克思主义哲学理解为社会批判理论；存在主义的马克思主义者则把人学作为哲学研究的基本出发点；在新实证主义的马克思主义者科莱蒂和结构主义的马克思主义者阿尔都塞那里，社会生产关系理论和社会生产关系再生产的理论则成了他们思考其他哲学问题的基本出发点。西方马克思主义者之所以把自己的理论思考的重点放在社会历史领域中，是因为他们确信，马克思主义哲学的划时代贡献正是发生在这个领域中。

(三)重视对物化或异化问题的研究

如果深入分析的话，就会发现，西方马克思主义者真正感兴趣的并不是一般的社会历史问题，而是在资本主义这一特殊的社会形态中存在的根本问题。这一问题就是资本主义社会普遍存在的物化或异化的现象。西方马克思主义者从不同的角度对这个问题进行了深入的探索。卢卡奇主要是从商品拜物教和物化的角度触及异化主题的；弗洛姆主要是从个性心理上所受到的压抑的角度来提出异化问题的；马尔库塞和哈贝马斯从科学技术的飞跃发展所带来的种种消极因素的角度来论述异化主题；列斐伏尔则致力于揭示日常生活中出现的各种异化现象。在科莱蒂、阿尔都塞后期思想的发展中，同样也表现出对异化问题的关注。从这里可以看出马克思的《1844 年经济学哲学手稿》所产生的巨大而深远的影响。

(四)重视对历史辩证法的研究

如何扬弃并克服资本主义社会的异化现象呢？西方马克思主义者一般诉诸马克思的辩证法。他们中间的不少人把马克思的辩证法理解为历史辩证法或主体—客体辩证法，而对恩格斯的自然辩证法则取否定态度。他们还进一步把历史辩证法的本质理解为总体性，认为异化在无产阶级群众的意识上造成的基本结果，是失去对资本主义社会的总体把握，因而只有总体性才能从根本上克服异化意识的局限性，使无产阶级群众获得自觉的阶级意识，从而在实践中致力于对资本主义社会的根本性的革命改造。

(五)重视对意识形态的研究

当西方马克思主义者运用历史辩证法的中心范畴——总体性去分析社会现实时,他们反对第二国际的庸俗的经济决定论者只从经济关系一维去分析社会现实的片面做法。他们认为,社会现实总体主要是由三大部分组成的,即经济关系、国家和政治制度、意识形态。在西方发达国家中,意识形态起着特别重要的作用。如果说,葛兰西把意识形态领导权置于政治领导权之前,那么,阿尔都塞就干脆把人称为"意识形态动物";如果说,弗洛姆把意识形态研究与无意识结合起来,从而大大深化了对主体性问题的研究,那么,哈贝马斯则把科学技术理解为意识形态,进一步深化了对资本主义社会的理解。

(六)重视对实践问题的研究

既然历史辩证法的主体是人,那么人的实践活动就成了历史辩证法的真正的承担者。在西方马克思主义中,无论是人本主义的马克思主义者,还是科学主义的马克思主义者都十分重视实践问题。特别是卢卡奇,十分重视对实践的基本形式——劳动问题的研究。卢卡奇把劳动理解为因果性和目的性的统一,从而从新的高度形成了社会存在本体论,赋予马克思主义哲学以新的表现形式。西方马克思主义的实践本体论对旧的物质本体论的扬弃是理所当然的,它体现了马克思主义作为实践唯物主义的真精神。

四、西方马克思主义的发展趋势

实践表明,西方马克思主义思潮在其发展中仍具有广阔的前景。一方面,当代世界面临的一些重大问题,如后工业社会问题、全球问题、生态问题等都成了它的新的研究对象;另一方面,把马克思主义与当代西方各种新思潮相融合的倾向仍在不断地扩张着,马克思主义与后结构主义、分析哲学和解释学的结合的趋向已明显地表现出来。此外,20

世纪 70 年代初，马克思晚年人类学笔记的发表，也在西方马克思主义者中引起了广泛的兴趣。西方马克思主义者不但重视对西方社会的研究，而且以同样的热情研究东方的亚细亚社会，以便深入认识东西方社会演化的不同路向。

从理论上看，卢卡奇晚年提出的社会存在本体论值得引起我们的高度重视。本体论研究的复兴是 20 世纪哲学发展中最引人注目的现象。在 20 世纪人本主义思潮的发展中，海德格尔的基本本体论产生了深远的影响，有趣的是，美国分析哲学家奎因也在 20 世纪 40 年代提出了"本体论承诺"的重要思想。本体论研究的复兴表明了哲学思考的深入。对于这个伟大的复杂时代来说，首先要解决的并不是方法问题、技巧问题，而是基础理论的更新问题，是本体论的根本转换的问题。在卢卡奇的社会存在本体论中，我们听到了新哲学降临的脚步声。尽管还有许多问题有待解决，但一条新的地平线已经展现在我们的面前了。

西方马克思主义的早期代表人物^①

  当代马克思主义的研究专家们一般认为，卢卡奇、柯尔施和葛兰西是西方马克思主义的早期代表人物。对这一见解人们可能提出两个疑问。第一个疑问是：卢卡奇是匈牙利人，为什么把他列为西方马克思主义的早期代表人物？这个问题是比较容易解答的。卢卡奇虽然是匈牙利人，但他长期在德国求学和生活，他的天才的、富于独创性的理论见解主要是在德国古典哲学大师和当代哲学大师的思想的熏陶下形成和发展起来的，他的不少理论著作是以德文的形式发表的，尤其是他于 1923 年以德文发表的《历史与阶级意识》被公认为是西方马克思主义的"圣经"，对西方马克思主义思潮的形成及其发展产生了重大的、深远的影响。因此，卢卡奇虽然从 20 世纪 30 年代起一直到逝世为止，主要工作、生活在苏联和匈牙利，人们仍然认为他是西方马克思主义的最重要的创始人。

  第二个可能提出的疑问是：为什么不把德国著名的乌托邦马克思主义者布洛赫列为西方马克

---

  ① 本文为《国外马克思主义哲学流派新编·西方马克思主义卷》(俞吾金、陈学明著，复旦大学出版社 2002 年版)第一章(第 9—126 页)。本文初版见俞吾金、陈学明：《国外马克思主义哲学流派》，复旦大学出版社 1990 年版，第 12—109 页。——编者注

思主义的早期代表人物？对这个问题的解答具有某种尝试的性质。诚然，作为一个德国人，布洛赫比卢卡奇更多地受到德国传统思想文化的影响，并且他在第一次世界大战期间已转向对马克思主义的研究，他的思想还对卢卡奇产生过深刻的影响，布洛赫甚至说："《历史与阶级意识》的好多内容是卢卡奇首创的，但也有一些内容和观点是我们共同见解的表述，这些见解实际上是我在《乌托邦的精神》中提出的。我们的见解的一致已经到了这样的程度，以致很难说，这是我的观点，这是你的观点。"①尽管如此，由于布洛赫思想具有浓厚的宗教神秘主义的气息，他对西方马克思主义的早期发展并未产生决定性的影响。他的一些主要著作是在第二次世界大战结束后，从美国回到民主德国莱比锡大学后陆续出版的。近几十年来，布洛赫的思想在西方引起了越来越多的重视，但西方的研究者们大多把他看作民主德国的最富独创性的马克思主义哲学家。因此，我们将他的思想放在《东欧新马克思主义卷》中进行讨论。

现在，让我们的思路重新回到西方马克思主义的三个早期代表人物的身上来。在俄国十月革命的鼓舞下，卢卡奇、柯尔施和葛兰西不仅以极大的热情各自投身到匈牙利、德国和意大利的共产主义运动中，并一度在党内担任了重要的领导职务，而且他们都善于及时总结革命失败的经验教训，并把它们上升到理论上，从而对马克思主义的学说做出了富有独创性的解释和发挥。以后的西方马克思主义者几乎都程度不同地从这三位先行者的理论著作中汲取灵感和启示。

那么，以卢卡奇、柯尔施和葛兰西为代表的西方马克思主义的早期思想究竟有哪些基本特征呢？

第一，重视对马克思主义的黑格尔主义来源的研究。如果说卢卡奇和柯尔施直接以黑格尔主义的眼光来看待马克思主义的话，那么葛兰西则主要通过意大利的新黑格尔主义者克罗齐的目光来理解马克思主义。

---

① ［英］W. 赫德森：《恩斯特·布洛赫的马克思主义哲学》，1982 年英文版，第 38 页。（W. Hudson, *The Marxist Philosophy of Ernst Bloch*, London: The Macmillan Press LTD., 1982, p. 38. ——编者注）

葛兰西还声称，他的学说中的一个主要概念"市民社会"就来自黑格尔。因此，他们三个人的学说也通常被一些西方学者归到"黑格尔主义的马克思主义"的范畴中。

第二，重视对马克思主义的革命实践原理的研究。卢卡奇认为，历史并不在我们之外，相反，它正是由我们的行为构成的，"渴望总体性"也就是要诉诸革命实践，推翻资产阶级的统治。柯尔施始终把革命实践视为马克思主义的主导性原理之一；葛兰西则把马克思主义称为"实践哲学"。但西方马克思主义的早期代表人物当时对实践概念的理解比较狭隘，基本上局限在革命斗争上（如卢卡奇曾否定科学实验是实践活动）。另外，他们的早期作品也未对实践的基本形式——劳动进行深入的探讨。

第三，重视对意识形态问题的研究。卢卡奇、柯尔施和葛兰西都激烈地反对第二国际的正统马克思主义者所鼓吹的"经济决定论"，从而都十分强调人的意志、阶级意识和意识形态的作用。卢卡奇强调无产阶级冲破物化意识的束缚，达到自觉的阶级意识的重要性；柯尔施把意识形态作为实在或社会总体的一个有机组成部分；葛兰西则提出了意识形态—文化领导权问题。

第四，重视马克思的社会历史理论。卢卡奇、柯尔施和葛兰西都主张，马克思主义本质上是一种社会历史理论。因而他们程度不同地对恩格斯的自然辩证法和苏联马克思主义者的以自然观为基础的唯物辩证法抱有异议。在他们看来，马克思主义作为一种革命的学说，其焦点始终集中在社会历史问题上。柯尔施说："马克思主义者虽然无条件地承认，对所有的历史和人的事件来说，外部自然具有发生上的优先性，但其主要兴趣只是在历史和社会生活的现象与相互关系中。"[①]葛兰西甚至把马克思主义称为"绝对的历史主义"。这种理论上的偏向为以后的时代留下

---

① ［德］卡尔·柯尔施：《关于马克思主义的三篇论文》，1972 年英文版，第 68 页。（Karl Korsch, *Three Essays on Marxism*, New York: Monthly Review Press, 1972, p. 68.——编者注）

了一些亟待解决的问题，如人与自然的关系、自然与社会的关系等问题。

第五，重视对马克思的方法论的研究。卢卡奇和柯尔施都把马克思主义方法的实质理解为"总体性"，葛兰西虽然没有使用这一概念，但其学说中处处闪耀着"总体性"的影子。他主张"阵地战"，其前提就是把西方资产阶级国家视为一个总体的防御系统，他的"领导权"理论不过是"总体性"概念在政治上的对应物。卢卡奇就明确表示，"渴望总体性"也就是渴望领导权。而对总体性的片面的倚重引发了新的问题，即究竟如何理解总体性与个体性的关系，如后来兴起的存在主义的马克思主义就强调个体性而拒斥总体性。

上面我们分析了早期西方马克思主义思潮的基本特征，下面我们逐一考察卢卡奇、柯尔施和葛兰西的主要思想。

一、卢卡奇

卢卡奇是匈牙利著名的哲学家、文学批评家和共产主义运动的领导者。他一生经历坎坷，著作丰富，思想深邃，是西方马克思主义者中最值得研究的重要人物之一。比如，帕金森在关于卢卡奇的传记中这样写道："卢卡奇被公认为是本世纪最重要的马克思主义评论家和哲学家之一。"[①]卢卡奇一生思想的演变大致可以划分为以下四个阶段。[②]

---

① ［英］G. H. R. 帕金森：《格奥尔格·卢卡奇》，翁绍军译，上海人民出版社 1999年版，第 1 页。

② ［美］R. A. 戈尔曼：《新马克思主义传记辞典》，1985 年英文版，第 67 页。(R. A. Gorman：*Biographical Dictionary of Neo-Marxism*，New York：Greenwood Press，1985，p. 67.——编者注) 汤姆·博托莫尔主编的《马克思主义思想辞典》则把卢卡奇的马克思主义思想的发展划分为五个阶段。见［英］汤姆·博托莫尔《马克思主义思想辞典》，1983年英文版，第 291—292 页。(Tom Bottomore，*A Dictionary of Marxist Thought*，Cambridge：Harvard University Press，1983，pp. 291-292.——编者注) 比较起来，戈尔曼的划分更全面，更合乎情理，故本书采用之。

1. 前马克思主义阶段(1885—1918)

卢卡奇出生在布达佩斯一个富有的犹太家庭，他的父亲是一位能干的银行家，1901 年被授予贵族称号。卢卡奇从小受到良好的教育，1902年从布达佩斯文科中学毕业后，进入布达佩斯大学学习法律和国民经济学，1906 年在科罗茨瓦获法学博士学位。此时，卢卡奇的兴趣渐渐转向文学艺术和哲学。1909 年，他从布达佩斯大学获得了哲学博士学位。其间，他数次赴德国柏林大学等处，从事哲学和文学艺术史的研究。从1912 年到 1917 年，他一直生活在德国海德堡。这使他不仅有机会深入地钻研了德国古典哲学大师的著作，领会了存在主义的先驱克尔凯郭尔和陀思妥耶夫斯基思想的真谛，而且和那些活着的著名大师——胡塞尔、马克斯·韦伯、席美尔、狄尔泰、李凯尔特、文德尔班、拉斯克、布洛赫等人的思想进行了广泛的接触。所有这些都为卢卡奇的创造性理论思维提供了坚实的基础。[①] 1914 年，卢卡奇在海德堡与叶莲娜·格拉本科结了婚。第一次世界大战爆发后，他密切注视国际局势的发展。在俄国"十月革命"的推动下，匈牙利也爆发了革命。1917 年，卢卡奇回到匈牙利。1918 年 11 月，匈牙利共产党成立。同年 12 月，卢卡奇加入了匈牙利共产党。从此以后，他的思想历程发生了重大的转折。

在这个时期，卢卡奇出版的主要著作有《心灵与形式》(1910)、《现代戏剧发展史》(1911)、《审美文化》(1913)、《小说理论》(1916)等。

2. 救世主式的"左"的马克思主义阶段(1919—1929)

匈牙利苏维埃共和国于 1919 年 3 月成立，同年 8 月失败。其间，卢卡奇担任了文化和教育方面的人民委员。他大胆起用新人，积极推进新文化的建设。革命失败后，他于 1919 年 10 月流亡到维也纳。当时的维也纳，汇集了来自波兰、匈牙利、意大利、法国、德国等国家的不少

---

①　卢卡奇自己指出，他在中学时期已开始读马克思的著作。1908 年，他研究了《资本论》，但他承认，他当时主要是通过席美尔和韦伯的"眼镜"去看马克思的著作的。［匈］格奥尔格·卢卡奇：《历史与阶级意识》，1971 年英文版，序言第 ix 页。(Georg Lukacs, *History and Class Consciousness*, Cambridge：MIT Press, 1971, p. ix. ——编者注)

政治流亡者，成了国际共产主义运动中极左思潮的一个中心。主要由波兰、匈牙利和奥地利的流亡者创办起来的刊物《共产主义》成了鼓吹"左"的马克思主义的喉舌，卢卡奇当时是这家刊物的主要领导人和撰稿人。列宁曾尖锐地批评了卢卡奇和《共产主义》杂志所坚持的这种救世主式的、"左"的马克思主义。这对卢卡奇的触动很大，促使他对列宁的思想进行透彻的研究。

1928年，卢卡奇化名"勃鲁姆"，替匈牙利共产党起草了著名的政治纲领——《勃鲁姆提纲》(Blum Theses)。这一提纲总结了匈牙利党内兰特劳一派在非法条件下开展党的工作的正确政策，主张匈牙利不能直接过渡到无产阶级专政的国家形式，而只能先建立起类似于列宁在1905年说的那种工农民主专政。这表明，卢卡奇正在逐步摆脱"左"的共产主义思潮的影响，回到对现实问题的冷静的思考上来。可是，《勃鲁姆提纲》一提出，就在匈牙利共产党内和共产国际内遭到了严厉的批判。卢卡奇为了继续留在党内，违心地做了自我批评。同时，他下决心离开政治舞台，对马克思主义的理论进行深入的研究。

在这个时期中，卢卡奇出版的主要著作是《历史与阶级意识》(1923)和《列宁：对他的思想的一致性的一个研究》(1924)。

3. 斯大林主义阶段(1930—1945)

1930—1931年，卢卡奇在莫斯科的马克思恩格斯研究院工作，认真研读了当时还未发表的马克思的重要的早期著作《1844年经济学哲学手稿》。这对他以后思想的发展产生了巨大的影响。正如他后来所说的："在阅读马克思手稿的过程中，《历史与阶级意识》中所有的唯心主义偏见都被扫到一边去了。"①之后，卢卡奇又回到柏林，从事文学批评方面的研究工作。1933年，希特勒执政后，他再度去莫斯科，一直待到第二

---

① ［匈］格奥尔格·卢卡奇：《历史与阶级意识》，1971年英文版，序言第 xxxvi 页。（Georg Lukacs, *History and Class Consciousness*, Cambridge：MIT Press, 1971, p. xxxvi. ——编者注）

次世界大战结束。卢卡奇与斯大林主义的关系是很微妙的。①

在这个时期中，他埋头进行理论研究，写下了大量手稿。主要有《青年黑格尔》②《歌德和他的时代》《托玛斯·曼》《存在主义还是马克思主义？》《理性的毁灭》等。在这些著作中，尤其可以看到列宁的哲学思想对他产生的重大影响。

4. 批评的、更新的马克思主义时期(1945—1971)

战后，卢卡奇回到匈牙利，在布达佩斯大学任哲学、美学教授，并当选为匈牙利科学院院士。卢卡奇在苏联写下的一些著作相继问世，他还积极参加政治上、文化上的活动，创办并主编了文化月刊《论坛》。1949年，他遭到党内意识形态专家的猛烈批评，主要被指责重新宣传早已在《勃鲁姆提纲》中提出的人民民主的观点。1953年，斯大林去世后，卢卡奇开始批判斯大林主义的错误。1956年10月，匈牙利发生政变，卢卡奇出任纳吉政府的文化部部长。纳吉政府失败后，他在罗马尼亚短期停留后于1957年夏回到匈牙利，直到1967年，他才被重新接纳为匈牙利社会主义工人党党员。1971年，卢卡奇死于癌症，享年86岁。在这段时期，他以批判的目光重新审视了自己的整个理论研究生涯，结合国际国内革命实践的经验教训，写出了两部创造性的巨著——《审美特性》(1963)和《社会存在本体论》(1971)。

卢卡奇逝世后，东西方国家都出现了重新研究、评价他的思想的热潮。在1981年纪念他逝世10周年和1985年纪念他诞辰100周年的活动中，匈牙利社会主义工人党和政府对他的实践活动和理论活动做出了高度的评价，特别赞扬了他在马克思主义理论研究方面做出的卓越贡献。

---

① 戈德曼主张把卢卡奇的思想划分为"前莫斯科时期"和"后莫斯科时期"，认为卢卡奇于1933年前写的著作都是有理论价值的。1933年后，他认同斯大林主义，此后发表的著作就没有多大的意义了。［美］M. 埃文斯：《吕西安·戈德曼思想入门》，1981年英文版，第14—15页。(Mary Evans, *Lucien Goldmann*: *An Introduction*, New York: Humanities Press, 1981, pp. 14-15. ——编者注)显然，这种把卢卡奇的思想截然分为两半，否定其思想发展连续性的见解是不正确的。

② 这部著作使卢卡奇从苏联科学院获得了哲学博士学位。

毫无疑问,卢卡奇是 20 世纪最有影响的思想家之一。我们下面主要介绍分析他的六部重要著作:《历史与阶级意识》《存在主义还是马克思主义?》《青年黑格尔》《理性的毁灭》《审美特征》《社会存在本体论》。这六部著作大致上勾勒出卢卡奇对马克思主义的创造性研究成果及他的哲学观所经历的变化。

(一)《历史与阶级意识》

《历史与阶级意识》是一本论文集,收入了卢卡奇从 1919 年到 1922 年写下的八篇论文。这些论文按目录排列如下:《什么是正统的马克思主义?》(1919)、《罗莎·卢森堡的马克思主义》(1921)、《阶级意识》(1920)、《物化和无产阶级意识》①、《历史唯物主义的功能》(1919)、《合法性和非法性》(1920)、《对罗莎·卢森堡的"俄国革命批判"的批判性考察》(1922)、《关于组织问题的一种方法论》(1922)。其中《物化和无产阶级意识》一文篇幅最大,在内容上也最为重要。

1968 年,《历史与阶级意识》出了第二版,收进了卢卡奇于 1967 年3 月写下的长篇"序言"中。在这一"序言"中,卢卡奇以批判的眼光重新审视了全书的基本观点,得出了一些与早期见解不同的结论。

《历史与阶级意识》主要论述到下面这些基本问题。

1. 马克思主义是一种社会理论

《历史与阶级意识》是青年卢卡奇结合当时的革命斗争的实践,系统地研究马克思主义学说的一个结晶。他对马克思主义的理解构成了全书思考的起点。

在"再版序言"中,他告诉我们,在当时写这本书时,他受到一种普遍流行的思想倾向的影响:"我指的是那种把马克思主义完全看作一种社会理论、社会哲学,从而忽视或否定它也是一种自然理论的倾向。"②

①　这篇论文未注明出版时间,说明它是《历史与阶级意识》一书中唯一的以前未被发表过的论文。据推断,它写于 1922 年。

②　[匈]格奥尔格·卢卡奇:《历史与阶级意识》,1971 年英文版,序言第 xvi 页。(Georg Lukacs, *History and Class Consciousness*, Cambridge: MIT Press, 1971, p. xvi.——编者注)

这一倾向成了当时卢卡奇思考并解答一切理论问题的前提。

从马克思主义是一种社会理论的基本见解出发，他引申出下述结论。

第一，恩格斯的自然辩证法是对辩证法理论的一种误解。在《什么是正统的马克思主义？》一文中，卢卡奇在谈到辩证法时指出："最为重要的是认识到，这种方法在这里仅限于历史和社会领域。从恩格斯对辩证法的说明中所产生的误解，主要可归于这样一个事实，即恩格斯追随黑格尔的错误引导，把这种方法扩展并应用到自然中。可是，辩证法的最为关键的决定因素是，主体和客体的交互作用，理论和实践的统一，现实中的历史性变化作为思想变化的根本原因构成范畴的基础，等等，这些因素在我们关于自然的知识中是没有的。"①

在卢卡奇看来，马克思主义既然是一种社会理论，马克思主义的辩证法就只能是一种旨在改变现实的"社会辩证法"（the dialectics of society）。至于"自然辩证法"（the dialectics of nature），它撇开人的主体性和社会活动去讨论自然界本身的运动发展规律，必然掩蔽马克思主义辩证法的实践本性和革命本性。

第二，自然是一个社会范畴。在否定恩格斯的自然辩证法理论的同时，卢卡奇又从马克思主义是一种社会理论的基本见解出发，对自然这一概念的含义，对自然与社会的关系做出了新的说明。在《历史与阶级意识》中，他反复重申，"自然是一个社会范畴"②。

这句话到底是什么意思呢？一方面，它强调，在任何给定的社会发展阶段，自然的形式、内容、范围和它的客观性都受到相应的社会条件的制约，受到人与自然关系的制约；另一方面，它也主张，人们关于自然的知识的增长本质上是一种社会现象，因而这方面的知识不应归属于自然辩证法，而应归属于社会辩证法。归根结底，人们对任何历史时期

① ［匈］格奥尔格·卢卡奇：《历史与阶级意识》，1971年英文版，第24页。（Georg Lukacs, *History and Class Consciousness*, Cambridge: MIT Press, 1971, p. 24. ——编者注）

② 同上书，第130、234页。

的自然的考察都是建基于一定的社会的经济结构之上的，因而问题的答案只能在历史唯物主义的领域内去寻找。

第三，"历史唯物主义只是资本主义社会的自我知识"①。在卢卡奇看来，马克思主义的历史唯物主义不能简单地照搬到对以前的社会形态的分析中去，它的最重要的功能是揭示资本主义社会的运动规律，以便指导无产阶级在革命斗争的实践中对资本主义社会进行彻底的改造。毋庸讳言，人们对自然的考察也不能满足于科学上的泛泛而论，而必须在资本主义社会的历史背景中，阐明人与自然关系的特殊含义。

从上面的论述可知，卢卡奇不仅把马克思主义归结为一种社会理论，而且进一步把它归结为分析资本主义社会的经济结构的特殊的社会理论。这一归结引导卢卡奇对资本主义社会的本质特征进行了深入的剖析，但也使他对自然及自然辩证法问题下了简单的断语。这些断语鲜明地暴露出卢卡奇这一时期理论的唯心主义倾向。在"再版序言"中，他对自己早年否定自然辩证法的见解进行了批评，并从一般本体论的角度强调了自然是社会，从而也是历史唯物主义理论的基本前提，重新认可了恩格斯的自然辩证法理论在马克思主义学说中的地位和作用。

2. 物化是资本主义社会的普遍现象

如前所述，既然卢卡奇把马克思主义视为主要是研究资本主义社会的社会理论，那么，他又是如何运用马克思主义的观点来分析资本主义社会的呢？

卢卡奇认为，在资本主义社会中，最重要、最基本的现象是"物化"（reification）。这个概念主要是在马克思关于"商品拜物教"观念的影响下提出来的，它最初出现于卢卡奇在1919年写的《什么是正统的马克思主义？》一文中。在该文中，当他叙述到资本主义经济形式的拜物教特征

---

① ［匈］格奥尔格·卢卡奇：《历史与阶级意识》，1971年英文版，第231页。（Georg Lukacs, *History and Class Consciousness*, Cambridge: MIT Press, 1971, p. 231.——编者注）

时，提到了"人的关系的物化"①。在1920年写的《阶级意识》一文中，他比较深入地论述了物化这一主题。他写道："无产阶级作为资本主义的产物，必然隶属于它的创造者的生存模式。这一生存模式就是非人性和物化。"②在这里，物化被看作资本主义生存方式的本质特征，卢卡奇还进一步探讨了"物化意识"(reified consciousness)的种种表现。在1922年写的《物化和无产阶级意识》一文中，卢卡奇全面地论述了物化问题。他在物化问题上的见解主要可以概括如下。

第一，物化是资本主义社会的普遍的、必然的现象。

卢卡奇在谈到物化问题时说："我们的目的是把物化理解为构成资本主义社会这一整体的一个普遍现象。"③又说："物化是生活在资本主义社会中的每一个人的必然的、直接的现实。"④这两段论述告诉我们，在资本主义社会中，物化既不是偶尔有之的现象，也不是针对无产阶级一个阶级而言的，物化是整个资本主义社会及生活于其中的人必然遭遇到的现实。

物化现象的普遍性和必然性是由资本主义社会特有的经济形式所决定的。资本主义社会表现为商品的巨大堆积，商品形式的奥秘在于，它把人们劳动的社会性质反映成劳动产品的物的性质，于是，人与人之间的关系采取物与物之间关系的虚幻的形式。换言之，人被物化了。人们突然发现自己面对着一个异己的物的世界，这个世界与自己相对峙并压抑着自己。商品拜物教正是在普遍的物化现象的基础上产生出来的，所以，卢卡奇说："商品拜物教是我们时代，即现代资本主义时代的特殊的问题。"⑤

第二，物化的具体表现。

人与人之间关系的物化具体表现在以下三个方面。首先，它使人屈

---

① ［匈］格奥尔格·卢卡奇：《历史与阶级意识》，1971年英文版，第6页。(Georg Lukacs, *History and Class Consciousness*, Cambridge：MIT Press, 1971, p. 6.——编者注)

② 同上书，第76页。

③ 同上书，第220页。

④ 同上书，第197页。

⑤ 同上书，第84页。

从于狭隘的分工范围，把整个社会生活分解为一块块碎片。在资本主义社会内，随着劳动分工和商品交换的发展，人们的职业愈益专门化，他们的生活也被局限在一个越来越小的圈子中，其结果是使人们的目光留恋于周围发生的局部的事情上，失去了对整个社会的理解力和批判力。正如卢卡奇所说："技能的专门化导致了对整体的每一个想象的破坏。"①其次，它使现实（活生生的历史过程）物化、僵硬化和机械化了。在资本主义社会里，人们对物（商品）的追求使他们的目光变得越来越近视，他们面对的现实似乎不是历史运动的过程，而是物和一个个孤立的事实的堆积。总之，过去支配现在，死的统治活的，人们拘执于眼前的物的关系，忽视了对前途和未来的思考。最后，它使无产阶级在劳动过程中客体化、对象化了，从而丧失了自己的主体性和创造性。在劳动中，劳动者成了转动着的机械系统的一个组成部分："当世界变得机械化的时候，它的主体，人也必然地被机械化了。"②

第三，物化意识的形成及其危害。

既然物化是资本主义社会存在的普遍的、必然的现象，这一现象也必然在人们的观念中反映出来，这就是卢卡奇说的"物化意识"或"物化思想"（reified thought）。

他说："物化意识必定会无希望地陷入粗糙的经验主义（crude empiricism）和抽象的乌托邦主义（abstract utopianism）这两个极端。"③所谓"粗糙的经验主义"，也就是说，意识成了它自己必须顺从而从来不能加以控制的客观法则的消极的观察者。在这里，物、事实、法则的力量被无限夸大了，人或主体则成了可有可无的东西。所谓"抽象的乌托邦主义"则滑向另一个极端：一方面，它不主张社会革命，而是寄希望于个人

①　[匈]格奥尔格·卢卡奇：《历史与阶级意识》，1971 年英文版，第 103 页。（Georg Lukacs, *History and Class Consciousness*, Cambridge: MIT Press, 1971, p. 103.——编者注）

②　同上书，第 38 页。

③　同上书，第 77 页。

伦理水平的提高来实现社会主义，其目光完全停留在个人和社会的局部现象上；另一方面，它无限夸大主体的力量，相信奇迹会改变一切。乍看上去，它似乎极端蔑视客观法则的力量，实际上，正是在客观法则的重压下，主体意识茫然失措地表现自己。这两个极端看起来是正相反对的，实际上，"它们经常是一起出现的，它们之间有一种内在的联系"①。

在"再版序言"中，卢卡奇回忆说，他当时是把物化作为异化（alienation）的同义词来使用的，然而，虽然两者密切相关，但从社会内涵和概念上来分析，都是不一致的。物化从属于客体化（objectification），它本身不过是一种中性的现象，比如，在任何实践活动中，都伴有客体化现象的发生。"只有当客体化的形式在社会中获得了使人的本质与他的存在相冲突的功能，只有当人的本性被压抑、变形和伤残时，我们才能谈到异化的客观的社会条件，谈到作为不可抗拒的结果的内在异化的全部主观标志。"②由于卢卡奇没有把异化与物化、客观化严格区别开来，所以，他既不可能揭示造成异化的根源，又不可能找到消除异化的道路。他的异化理论后来被唯心主义思想家海德格尔等利用，绝不是偶然的。

3. 渴望总体性

如何冲破物化意识的束缚，唤起无产阶级创造历史的主动性和巨大的热情呢？卢卡奇强调，在思维方法上，必须先有一个根本性的转折。这就是说，要回到马克思的方法上去。他认为，马克思的辩证方法的核心是"总体性"（totality）："总体性的范畴，整体对部分的无所不在的优先性，是马克思从黑格尔那里接受过来，而又卓越地把它转变为一个全新的科学的基础的方法论的实质。"③

----

① ［匈］格奥尔格·卢卡奇：《历史与阶级意识》，1971 年英文版，第 103 页。（Georg Lukacs, *History and Class Consciousness*, Cambridge：MIT Press, 1971, p. 103.——编者注）

② 同上书，序言第 xxiv 页。

③ 同上书，第 27 页。

卢卡奇的总体性理论的主要内容可以概括如下。

第一，总体性范畴是具体的，它是"现实的概念复制品"（the conceptual reproduction of reality）①。卢卡奇的这一见解主要来自黑格尔。他认为，黑格尔在《精神现象学》和《逻辑学》中倡导的是一种新的"具体概念的逻辑"，亦即"总体性的逻辑"（the logic of totality）②。

基于这样的见解，卢卡奇也常把总体性称作"具体的总体性"（concrete totality）。他说："具体的总体性是支配现实的范畴。"③这就告诉我们，卢卡奇的总体性范畴是专门用来指称社会现实，尤其是资本主义社会的社会现实的，绝不能站在社会现实之外去索解他的总体性范畴。所以，他说，总体性是"被视为一个过程的社会整体"④。

第二，总体并不排斥部分的多样性，但总体总是优先于部分。卢卡奇说："我们重申——总体性的范畴并不把它的各种要素归结为一个无差别的统一体。"⑤总体是具体的，而不是抽象的，因而它不但不排斥部分的多样性，反而以多样性为自己的前提。

如前所述，在物化意识的笼罩下，人们常常只见树木，不见森林；只见部分，不见总体。所以，重要的是强调总体的压倒一切的优先性："只有把社会生活的孤立的事实看作历史过程的各个方面，并把它们综合进一个总体的时候，事实的知识才有希望成为现实的知识。"⑥在卢卡奇看来，马克思的辩证法在科学中所实现的革命主要体现在对总体的优先性的强调上。正是凭借总体的方法，马克思穿破了物化意识的浓雾，洞见了资本主义社会的整个现实。

可是，在工人运动中产生的经济宿命论，作为物化意识的表现形式

---

① ［匈］格奥尔格·卢卡奇：《历史与阶级意识》，1971 年英文版，第 8 页。（Georg Lukacs, *History and Class Consciousness*, Cambridge: MIT Press, 1971, p. 8.——编者注）

② 同上书，第 142 页。

③ 同上书，第 10 页。

④ 同上书，第 22 页。

⑤ 同上书，第 12 页。

⑥ 同上书，第 8 页。

之一，却片面地强调社会现实（总体）中经济因素（部分）的优先性。卢卡奇认为，这种对经济因素，特别是对经济运动法则的片面强调，必然钝化无产阶级对整个资本主义社会现实的洞察力和批判力，消解无产阶级的革命性和主体性。因此，他这样写道："构成马克思主义和资产阶级思想之间的决定性区别的，不是历史解释中经济动机的优先性，而是总体性的观点。"①只有马克思的总体的方法才能使无产阶级超越单纯经济主义的视野，达到对资本主义社会的整体上的把握。

第三，总体性范畴所指称的现实是一个动态性的社会发展过程。如果说，物化意识力图把现实理解为一些不变的、孤立的、事实的堆积的话，那么，总体性的方法则强调现实是一个不断向前发展的过程："只有总体性的辩证的观念能够使我们把现实理解为一个社会过程。"②卢卡奇还进一步强调，历史过程并不在我们之外，恰恰相反，它正是由我们的行动构成的。人不是历史过程的消极旁观者，而是它的积极的参与者。正是在这个意义上，他说："保持对总体性的渴望，也就是说，行动在客观上要指向总体的转变。"③易言之，要用革命斗争来推动整个资本主义社会现实的改变。

第四，渴望总体性也就是渴望领导权。研究卢卡奇的不少论者都未深入探究他的总体理论与领导权（hegemony，又译为霸权）理论之间的内在联系。事实上，领导权的概念正是社会现实总体性的最高表现。无产阶级要从总体上把握资本主义社会，就必须对资产阶级的领导权，这一社会总体的化身获得清醒的批判意识，因为"资产阶级领导权确实包括了社会总体，它力图按自己的利益来组织整个社会"④。要言之，渴望总体性也就是渴望夺取资产阶级的领导权，以便从总体上改造资本主义

---

① ［匈］格奥尔格·卢卡奇：《历史与阶级意识》，1971年英文版，第27页。（Georg Lukacs, *History and Class Consciousness*, Cambridge: MIT Press, 1971, p. 27.——编者注）
② 同上书，第13页。
③ 同上书，第175页。
④ 同上书，第65页。

社会。

卢卡奇的总体理论对他同时代的和以后的西方马克思主义者产生了深远的影响。可是，在"再版前言"中，他却作了自我批评，认为把总体性的优先性凌驾于经济的优先性之上，是对马克思主义辩证法作的黑格尔式的曲解。确实，卢卡奇的总体理论，作为他的唯心主义的主客体辩证法的一个组成部分，也是黑格尔化的，因为它低估了个体的地位和作用。

4. 无产阶级：主体与客体的统一体

在明白了社会历史进程是一个有机的总体这一点之后，卢卡奇又进一步追问道：谁最有资格来充分地领悟这一总体呢？他回答说："现实仅仅作为一个总体时才能被理解和领悟，而仅仅只有一个本身是总体的主体才有能力加以领悟。"①这是不是说，存在着两个总体呢？其实并不，这是一而二，二而一的事情。作为社会历史进程的总体是唯一的，但从黑格尔的实体即主体的见解可知，它同时又是主体，它能自己认识自己，自己领悟自己。从被认识的角度去看社会，社会就是一个"被认识的总体"(the totality to be known)；从它能自己认识自己的角度去看，社会又可以说是一个"能认识的总体"(the knowable totality)。

那么，在社会历史进程内部，究竟由哪一个因子来充当大脑的作用，从而使总体获得对自己的认识和自我意识呢？这个因子是不是生活在社会中的"个人"呢？显然不是。卢卡奇说："从个人通往总体的道路是没有的。"②那些强调个人的主体性的人只能退回到康德那里去。那么，这个有资格领悟总体的因子到底是谁呢？卢卡奇写道："只有阶级才能积极地领悟社会现实并整个儿地把它加以转变。"③这里说的阶级也就是指无产阶级。

在卢卡奇看来，无产阶级是社会和历史演进过程中的"同一的主

---

① [匈]格奥尔格·卢卡奇：《历史与阶级意识》，1971年英文版，第39页。(Georg Lukacs, *History and Class Consciousness*, Cambridge: MIT Press, 1971, p. 39.——编者注)

② 同上书，第28页。

③ 同上书，第39页。

体—客体"(the identical subject-object)。说无产阶级是"客体",因为它是整个社会历史进程,特别是大工业生产的产物;说它是"主体",因为只有它才有资格充当整个社会现实的认识者和改变者。所以卢卡奇说:"这个同一的主体—客体,这个行动的主体,这个发生中的'我们',就是无产阶级。"①

可是,无产者的自发意识处在物化意识的重压下是不可能领悟社会现实总体的,只有自觉的"阶级意识"(class consciousness)才能领悟这个总体,并在实践中把它加以改变:"意识(无产阶级的实践的阶级意识)是构成那个变化过程的必要的、不可或缺的组成部分。"②也只有自觉的"阶级意识"才能真正使无产阶级成为"同一的主体—客体",肩负起认识并改造社会的重任。卢卡奇还强调,党是无产阶级阶级意识的真正的承担者。

在"再版序言"中,卢卡奇对自己早年提出的、把无产阶级理解为"同一的主体—客体"的见解进行了自我批评,认为这种表述方式还纯粹是黑格尔式的,"并不是克服唯心主义结构的唯物主义的产物"③。同样是肯定无产阶级的历史主动性,卢卡奇的论述同传统的马克思主义者的论述之间存在着很大的差距。传统的马克思主义者是从生产力和生产关系矛盾运动的必然规律、从无产阶级的经济地位出发来阐述无产阶级的历史使命的,而卢卡奇则是从人的自我意识和自我觉醒出发来加以论证的,这里充分体现出韦伯思想对他的影响。

5. 革命实践:社会现实的改变者

在《历史与阶级意识》中,实践概念占有中心的地位,它的主要含义如下。

第一,实践主要指的是无产阶级的革命斗争。卢卡奇认为,马克思

---

① [匈]格奥尔格·卢卡奇:《历史与阶级意识》,1971年英文版,第149页。(Georg Lukacs, *History and Class Consciousness*, Cambridge: MIT Press, 1971, p. 149.——编者注)

② 同上书,第204页。

③ 同上书,序言第 xxiii 页。

主义是一种社会革命的理论，因此，马克思所讲的实践亦即无产阶级的革命行动。他强调，无产阶级在达到自觉的阶级意识后，还必须诉诸行动，诉诸革命实践，以便从根本上改变社会现实。

正是基于这样的观点，卢卡奇对恩格斯在《路德维希·费尔巴哈和德国古典哲学的终结》一书中提出的"实践即实验和工业"的见解进行了非难。他写道："恩格斯的最深的误解在于他的关于工业和科学实验的行为构成辩证的、哲学意义的实践的信念。"①

第二，实践和理论统一在历史进程的转变中。卢卡奇说："一个总体化观点的破坏会中断理论和实践的统一。"②从总体的观点看来，历史发展进程及其他的转变体现在理论和实践的辩证关系中，因为历史活动是由人的目的性活动构成的，这些活动正是思维和存在、理论和实践的统一。

从这样的见解出发，卢卡奇抨击了反映论的观点，认为这一观点割裂了思维与存在、理论与实践的关系。事实上，思维与存在、理论与实践是社会历史进程的同等重要的侧面，不存在前者反映后者的问题。思维和理论并不是实在的消极的反映者，它们同样参与历史的创造，参与对实在中尚未产生的新东西的创造："当生成的真理处于需加以创造但还未诞生的将来时，当它作为新东西尚居留在将被实现（由于我们意识的帮助）的倾向性中时，思维是否反映的问题就显得毫无意义。实在的确是思维正确性的标准，但它还不存在，它正生成着，而要生成，就需要思维的参加。"③

第三，实践是总体的转变者。卢卡奇说："渴望总体性，也就是说，行动在客观上要朝着总体转变。"④在无产阶级的革命斗争中，判断一种实践活动是正确的还是错误的，全看它在总体的转变（夺取资产阶级国

---

① ［匈］格奥尔格·卢卡奇：《历史与阶级意识》，1971 年英文版，第 132 页。（Georg Lukacs, *History and Class Consciousness*, Cambridge：MIT Press, 1971, p. 132.——编者注）

② 同上书，第 39 页。

③ 同上书，第 204 页。

④ 同上书，第 175 页。

家领导权)的过程中所起的作用如何。物化意识的根本危害正在于掩蔽革命实践活动与总体转变之间的内在联系,从而把实践的目的局限在一些局部的、低层次的问题上。只有阶级意识才能把实践活动导向总体的转变,正是在这个意义上,卢卡奇说:"一种行动在功能上是正确或错误,归根结底取决于无产阶级阶级意识的发展。"①

在"再版序言"中,卢卡奇对早年的实践观进行了自我批评。一方面批评了它的狭隘性和激进性,认为它具有救世主式的乌托邦主义的倾向;另一方面又批评了它的宽泛性,认为它没有抓住实践的基本形式——劳动深入开掘下去。卢卡奇说:"我没有认识到,如果不以真正的实践为基础,不以作为其原始形式和模型的劳动为基础,过分夸张实践概念总会导致它的反面——重新陷入唯心主义的冥想之中。"②

综上所述,卢卡奇在《历史与阶级意识》中提出了这样一种"马克思主义":它以抽象的人作为历史的主体;以主体及由主体构成的客体之间的相互作用作为历史的根本动力;历史发展的目标是实现主体与客体的同一;无产阶级的历史地位不在于它是先进生产力的代表,而在于它是社会总体的代表,提供了主体和客体的同一;无产阶级和人类的解放的根本问题不在于推翻剥削制度,而在于把握"总体意识"以克服"物化意识"。这种"黑格尔式的马克思主义"的倾向,是与他在政治上早就被列宁批评过的极左倾向相一致的。在 20 世纪初的历史背景下,这种极左倾向是被当时欧洲革命的暂时失败而弄得沮丧不堪的小资产阶级狂热情绪的反映。

(二)《青年黑格尔》(1948)

这是卢卡奇一生哲学思想发展中的一部重要的著作。它是作者在苏联马克思恩格斯研究院工作期间写下的博士论文,完稿于 1938 年秋天。

---

① [匈]格奥尔格·卢卡奇:《历史与阶级意识》,1971 年英文版,第 199 页。(Georg Lukacs, *History and Class Consciousness*, Cambridge: MIT Press, 1971, p. 199.——编者注)

② 同上书,序言第 xviii 页。

由于第二次世界大战的爆发，这部书的手稿延至 1948 年才正式出版。在出版前，卢卡奇重新修改并校订了这份 10 年前写下的手稿。

这本书的写作并不是内心一时冲动的产物，而是作者对哲学史和哲学现状长期思索的结果。在"导论"中，卢卡奇开宗明义地指出："在马克思主义哲学史中，德国古典哲学的起源和发展史是一个重要的但尚未解决的难题。"①在德国古典哲学中，黑格尔的哲学不仅具有集大成的性质，而且与马克思主义学说的诞生有着直接的联系。

可是，在黑格尔逝世后，他的学说中的许多有价值的东西被埋没了。在叔本华和某些新康德主义者那里，黑格尔成了"一条死狗"，他的辩证法则成了神经错乱的胡说八道。20 世纪初，资本主义的发展进入帝国主义阶段，对黑格尔学说的研究又出现了复兴的局面，这主要表现在某些新康德主义者和新黑格尔主义者的著作中。然而，在卢卡奇看来，这种复兴一开始就带有两种不正确的倾向：一种倾向是"把德国古典哲学的整个发展归结到康德的水平上"②，实际上贬低了黑格尔哲学的历史地位，这尤其表现在新黑格尔主义者格洛克纳的著作中；另一种倾向是把黑格尔的学说，特别是他的辩证法思想神秘化、非理性化。这一倾向最典型地表现在另一位新黑格尔主义者克罗纳的著作中，其源头则是生命哲学的代表人物之一狄尔泰在 1906 年出版的那本《青年黑格尔》的小册子。

这样一来，问题的焦点就集中到对青年黑格尔及其辩证法思想的评价上。卢卡奇认为，所有这些思想家都忽视了青年黑格尔的经济思想，忽视了他的经济思想和辩证法思想之间的内在联系。而这正是黑格尔学说乃至整个德国古典哲学最伟大的理论贡献之所在。卢卡奇说，黑格尔"是试图认真地把握英国工业革命的唯一的德国思想家；也是在英国古典经济学的问题和哲学及辩证法之间建立联系的唯一的人"③。

---

① ［匈］格奥尔格·卢卡奇：《青年黑格尔》，1976 年英文版，第 xiv 页。（Georg Lukacs, *The Young Hegel*, Cambridge：MIT Press, 1976, p. xiv. ——编者注）

② 同上书，第 xvii 页。

③ 同上书，第 xvii 页。

卢卡奇之所以要写《青年黑格尔》这部著作，并把该书的副标题定为"对辩证法与经济学关系的研究"，目的正是揭示出黑格尔学说中这最有价值的一面，从而沿着马克思在《1844年经济学哲学手稿》中的思路，把整个德国古典哲学的研究提高到一个崭新的水平上。

《青年黑格尔》全书由四个部分构成，分别论述了青年黑格尔思想发展的四个不同的时期，每个时期都突出了青年黑格尔思考的中心问题。

1. "实证性"概念的提出

卢卡奇考察的青年黑格尔思想发展的第一个阶段是伯尔尼阶段（1793—1796）。他告诉我们："在黑格尔的伯尔尼时期的著作中，真正重要的中心问题是'实证的'宗教的问题，尤其是'实证的'基督教的问题。"①

黑格尔在这个时期经常使用的"实证性"（positivity）概念到底是什么意思呢？黑格尔说："一种实证的信仰是一个宗教命题的体系，这些命题之所以适合我们，因为它们是通过一个我们不能加以嘲弄的权威向我们讲授的。这一概念首先蕴含着一个宗教命题或真理的体系，这些命题或真理是独立于我们自己的见解之外的，但我们必须把它们认作真理加以把握，即使没有人理解它们，甚至没有人把它们作为真理，它们仍然是真理。人们经常说这些真理是客观真理，需要它们是因为它们会变成主观真理，变成我们的真理。"②

卢卡奇引证了黑格尔的这段重要的论述，强调在黑格尔那里，实证性的基本含义是"主体的道德自律的中止"③。也就是说，人作为主体丧失了自己的独立思考能力、意志自由和尊严，屈从于一种外在的强制的

① ［匈］格奥尔格·卢卡奇：《青年黑格尔》，1976年英文版，第18页。（Georg Lukacs, *The Young Hegel*, Cambridge：MIT Press, 1976, p.18.——编者注）

② ［德］H. 诺尔：《黑格尔早期神学著作》，1907年德文版，第233页。（Herman Nohl ed., *Hegels Theologische Jugendschriften*, Tübingen：Mohr, 1907, S.233.——编者注）

③ ［匈］格奥尔格·卢卡奇：《青年黑格尔》，1976年英文版，第18页。（Georg Lukacs, *The Young Hegel*, Cambridge：MIT Press, 1976, p.18.——编者注）

信仰。这种信仰作为一种客观的、不容违背的精神力量与主体相对峙。

在卢卡奇看来，黑格尔主要把实证性概念引入对宗教的分析批判。当然，黑格尔并没有把实证性作为一切宗教的一切历史形态所共有的特征。实证性本身也是一个历史概念，它主要是对于近代宗教而言的。古代宗教（如古希腊的宗教）并不把教义强加于人，因而是充分肯定人的自由和尊严的。黑格尔认为，这样的宗教并不具有实证性。随着财富的积累和贵族阶级的形成，随着古代社会民主精神的消退和个体自由的丧失，宗教也经历了根本性的蜕变。近代宗教的共同特征是实证性。教会的巨大势力和教义的独断性及对个人理性与自由的压抑，是实证的宗教的基本特征，这尤其表现在近代基督教中。

卢卡奇认为，青年黑格尔提出的实证性概念具有极为重要的理论意义和现实意义。首先，实证性作为一种僵死的、无生命的客观性与主体相对立，这里蕴含着主客体关系辩证法的萌芽。黑格尔把实证性概念引入对宗教，特别是对宗教道德的分析，这表明他的辩证法思想一开始就不是一种空洞的形式或游戏，而是具有丰富的社会历史内涵的。其次，近代宗教和道德观念所具有的实证性，近代人的自由和尊严的丧失并不是偶然的现象，而是人的社会行为发展的必然结果。正如卢卡奇所说的，"实证性绝不是某种从外部引入人类历史的东西"[1]。最后，黑格尔力图揭示出基督教的实证性形成过程中的社会历史条件的变化。伯尔尼时期的黑格尔还不能对社会经济生活进行系统的考察，但他对财富、战争、政治权力和社会制度的分析表明，他努力从现实生活本身出发来说明基督教实证性的起源。所以，卢卡奇说："从对早年黑格尔如此关键的实证性概念中可以看出唯物主义的优先性。"[2]

当然，卢卡奇也指出，在黑格尔那里，实证性是一个模糊不清的概念，它没有把"真正的客观性"（true objectivity）与"作为崇拜对象的客观

---

[1]　[匈]格奥尔格·卢卡奇：《青年黑格尔》，1976 年英文版，第 xiv 页。（Georg Lukacs, *The Young Hegel*, Cambridge：MIT Press, 1976, p. xiv. ——编者注）

[2]　同上书，第 77 页。

性"(the objectivity of fetish objects)严格区分开来。

2. 转向对"市民社会"的研究

在法兰克福时期(1797—1800),青年黑格尔的思想发生了较大的变化,他的理智的地平线大大地拓宽了。在伯尔尼时期,他的社会历史观主要建基于对法国革命的思考,在法兰克福时期,英国经济的发展也成了他的社会历史观的一个有机的组成部分。

这是不是意味着黑格尔已经放弃了对实证性问题的思考了呢?并不。卢卡奇写道:"'实证性'这个老问题作为一个中心问题在这里重新出现了,但比起伯尔尼时期来,它被给予更复杂、更矛盾和更富于历史感的处理。这个问题现在引导黑格尔更深入地去研究活跃在市民社会(civil society)中的主导力量,它导致了对经济问题的研究。"①具体地说来,就是对私有财产,后来则是对劳动问题的研究。

在青年黑格尔的思想历程中,实证性的问题始终占据着中心的位置,但在法兰克福时期,他思考这个问题的重点不再落到实证宗教的种种具体表现上,而是落到实证性产生的社会生活背景中,落到如何克服实证性的问题上。正是这些问题强迫他去研究市民社会,即研究人与社会的最基本的关系——经济关系。

可是,正如卢卡奇指出的,由于黑格尔的直接的学生中没有一个是真正对经济问题感兴趣的,因此,黑格尔在法兰克福时期研究市民社会和经济理论的第一手资料几乎都散佚了。根据罗申克朗茨的记载,黑格尔对经济问题的研究始于法兰克福时期,他最初感兴趣的是英国的经济问题,经常阅读这方面的报纸,并作了大量的笔记。然而,他的兴趣并没有局限在这里,他还热衷于对经济理论本身进行研究。黑格尔在这个时期形成的关于市民社会的本质、关于劳动及劳动分工、关于财产和税制等问题的见解表明,他受到了英国经济史学家斯图亚特经济理论的重

---

① [匈]格奥尔格·卢卡奇:《青年黑格尔》,1976 年英文版,第 99 页。(Georg Lukacs, *The Young Hegel*, Cambridge: MIT Press, 1976, p. 99.——编者注)

大影响，亚当·斯密的劳动理论也引起了他的高度重视。

黑格尔对市民社会的研究使他的哲学观发生了急剧的变化。在法兰克福初期，他提出了"爱"（love）的概念，试图用主观上的情感去克服僵死的、外在的实证性，重新创造出人与人之间、人与社会之间的活生生的关系。正如卢卡奇所说："黑格尔把爱认作生存的最高点，爱能克服世界上所有僵死的和'实证的'东西。"①在法兰克福后期，"爱"的概念逐步被"命运"（fate）的概念取代。黑格尔在对市民社会的解剖中逐步认识到，人们的经济生活及他们相互间的经济关系是一种不可违抗的"命运"。主观上的情感力量并不能克服作为无生命的客观力量的实证性，必须在客观性中区分出实证的客观性和非实证的客观性，努力用后者来扬弃和克服前者。这一想法进一步引导黑格尔去探索社会历史运动中蕴含着的种种客观的矛盾和冲突，同时，也开始与特别注重主观性的康德和费希特的哲学分道扬镳。在《基督教的精神和它的命运》（1799）一书中，黑格尔批判了康德的苍白无力的道德学说，在以后于耶拿发表的《费希特哲学体系与谢林哲学体系的差异》（1801）一书中，则进一步抨击了费希特的主观唯心主义思想。

这是一方面。另一方面是，对市民社会的剖析使黑格尔获得了一个从总体上来理解、把握资本主义社会的制高点。卢卡奇写道："我们不应忘记，黑格尔的思想在法兰克福时期不管走得多么远，他始终从总体上来理解资本主义社会的问题，并把这一社会理解为一个过程。"②正是这种总体性的视野，蕴含着对实证性的扬弃。总之，从哲学和经济学的角度出发研究市民社会的结果是，青年黑格尔的辩证法思想进一步深化了，并且获得了更丰富的现实感。

3. 对"劳动"问题的沉思

在耶拿第一时期（1801—1803），青年黑格尔是和谢林站在同一条战

---

① ［匈］格奥尔格·卢卡奇：《青年黑格尔》，1976 年英文版，第 121 页。（Georg Lukacs, *The Young Hegel*, Cambridge：MIT Press, 1976, p. 121.——编者注）

② 同上书，第 204 页。

壕里的，他们一起批判费希特的主观唯心主义，把客观唯心主义视为哲学发展的最高形式。然而，正如卢卡奇指出的，在这一批判的过程中，黑格尔与谢林分裂的种子已开始萌发了。谢林关注的是自然、艺术和宗教的问题，实际上他的思想成了当时德国浪漫主义思潮中的一个有机组成部分；黑格尔当然也关心这些问题，但他摆脱了浪漫主义的影响，他的目光比谢林更富于现实感。如前所述，早在法兰克福时期，他已开始致力于对经济问题的研究，并受到亚当·斯密的劳动理论的影响，在耶拿第一时期写下的《伦理体系》和《实在哲学》中，黑格尔深入地探讨了"劳动"(labor)这一实践活动的基本形式和政治经济学中的核心问题。卢卡奇指出，在经济学研究中，黑格尔是亚当·斯密的追随者，但他借助于哲学上的深厚的批判力，在不少见解上都超出了亚当·斯密。根据他的看法，黑格尔劳动理论的要点如下。

第一，劳动是人的自我创造活动。

如果从经济学的角度来看问题的话，人们的生活是由"需求"(need)、"劳动"和"享受"(enjoyment)这三大部分构成的。劳动是需求和享受之间的中介。黑格尔强调，人和动物之间的区别在于劳动。动物只是把对象吃掉，消灭掉，满足自己直接的欲望，人则通过劳动，利用并改变自然界来满足自己的需求。劳动是人的自我创造活动。一方面，劳动的对象只有在劳动中和通过劳动才能转变为他物，成为真正的人的对象；另一方面，也只有通过劳动，人才逐步脱离自然界和动物状态，把自己创造成为真正的人。卢卡奇说："劳动的辩证法使黑格尔认识到，人类只能通过劳动走向发展的道路，实现人的人性化和自然的社会化。"①

第二，劳动是因果性和目的性的统一。

德国古典哲学家都十分重视对目的性问题的研究。康德在《判断力

---

① ［匈］格奥尔格·卢卡奇：《青年黑格尔》，1976 年英文版，第 327 页。（Georg Lukacs, *The Young Hegel*, Cambridge：MIT Press，1976，p. 327.——编者注）

批判》中比较系统地探讨了这一概念，谢林也很重视它，但他们较多地在艺术、伦理的领域中考察它。卢卡奇认为，青年黑格尔的卓越贡献之一是把目的性的概念引入经济学，特别是劳动问题中，从而得出了不同凡响的结论。黑格尔发现，人的劳动都是有目的的，这尤其表现在人对工具的使用中。因为任何工具的制造和运用都蕴含着人的特定的目的。但这种目的并不是随心所欲的，它是以自然界的法则——因果律为基础的。劳动过程绝不能超越因果性的界限。所以，卢卡奇说："黑格尔对人的劳动过程的具体分析表明，因果性和目的性的二律背反实际上是一对辩证的矛盾，在这对矛盾中，支配着客观实在的复杂样态的法则，在运动中，在它自己不断再生产的过程中呈现出来。"①卢卡奇还进一步指出，在因果性和目的性统一的思想中，还蕴含着黑格尔后来加以发挥的必然与自由相统一的观点。

第三，劳动分工引发的社会问题。

黑格尔不仅探讨了劳动过程中主体和客体之间的辩证关系，而且敏锐地思考了资本主义大机器生产中劳动分工带来的社会问题。从积极方面看，劳动分工大大提高了劳动生产率，同样数量的大头针，原来需要一百个人制造，现在只要十个人就行了；分工和交换也使人们之间建立了普遍的联系，因为个人的劳动已得到全社会的承认。从消极方面看，黑格尔指出："劳动的价值是随着劳动生产率的提高而成反比例下降的。劳动就是这样绝对地变得越来越死气沉沉，它成为机器劳动，个人自己的技能受到极大的限制，而工厂工人的意识则下降到极其愚钝的水平。"②这样一来，在特定的经济关系中，劳动从人的自我创造蜕变为自我否定。黑格尔还分析了贫富两极的分化，指出："工厂、工场的存在

---

① ［匈］格奥尔格·卢卡奇：《青年黑格尔》，1976 年英文版，第 346 页。（Georg Lukacs, *The Young Hegel*, Cambridge：MIT Press, 1976, p. 346.——编者注）

② 《耶拿实在哲学》Ⅰ，1932 年德文版，第 239 页。（*Jenenser Realphilosophie I*：*Die Vorlesungen von 1803/1804*, J. Hoffmeister ed., Leipzig：F. Meiner, 1932, S. 239.——编者注）

正是以一个阶级的贫困为基础的。"①工人劳动的产物作为异己的对象与工人相对立，这里似乎又返回到黑格尔一直在思考的中心问题——"实证性"概念上去了。但是，黑格尔发现，这个模糊的概念已经不能表达他所要表达的东西了。于是，他采用了一个新的概念——异化。异化概念的提出进一步深化了黑格尔的辩证法思想。

4."异化"学说的形成

在耶拿第二时期（1803—1807），青年黑格尔的思想继续向前发展，并进而与谢林划清了界限。在1805—1806年的讲演中，黑格尔已摆脱了谢林的哲学术语，在1807年出版的《精神现象学》中，他的思想与谢林公开决裂了。

青年黑格尔之所以能在哲学上自成一家，正是他的深刻的辩证法思想使然。可是，卢卡奇强调，不能泛泛地理解黑格尔的辩证法，必须把它与他的经济思想合起来理解，只有这样才能真正把握他的辩证法思想所包含的丰富的社会历史内涵。卢卡奇说："在理解黑格尔的历史哲学时，最重要的一点是，辩证法的现象不是一般的生活的一种功能，而是社会和个人生活的资本主义的'外化'和异化的产物，也就是说，自我意识只能达到自己，并只能把自己看作这一异化中的客观实在的一个部分。"②卢卡奇的分析表明，黑格尔在耶拿第二时期的辩证法思想的核心是异化概念。

在《青年黑格尔》一书中，卢卡奇没有严格地区分 Entäusserung（外在化）和 Entfremdung（异化）这两个用语，认为它们都可被翻译成英语中的 alienation（异化）一词。③ 按照卢卡奇的看法，在《精神现象学》中，异化概念主要有三种含义。

①　《耶拿实在哲学》I，1932 年德文版，第 257 页。（*Jenenser Realphilosophie I*：*Die Vorlesungen von* 1803/1804，J. Hoffmeister ed.，Leipzig：F. Meiner，1932，S. 257. ——编者注）

②　［匈］格奥尔格・卢卡奇：《青年黑格尔》，1976 年英文版，第 497 页。（Georg Lukacs，*The Young Hegel*，Cambridge：MIT Press，1976，p. 497. ——编者注）

③　同上书，第 538 页。

第一，它牵涉到与人的劳动和其他经济或社会活动有关联的复杂的主体—客体关系，这实际上是社会及其发展的客观性的问题。黑格尔的成就是建立了主体性和客体性之间的辩证关系，从而超越了旧唯物主义撇开主体性来谈论客体性的形而上学的视界。

第二，它专指资本主义社会经济生活中出现的无限崇拜客观性、崇拜物的现象。卢卡奇认为，黑格尔在这个意义上使用的异化概念，与马克思后来在《资本论》中提出的"拜物教"（fetishism）概念具有类似的含义。当然，黑格尔并没有像马克思那样，从阶级冲突的角度来认识、分析这种现象，但他无疑看到了资本主义经济本身蕴含着的深刻的矛盾，看到了工人在劳动中的自我否定。正是这方面的卓越见解使青年黑格尔的思想成了现代人本主义思潮的一个发祥地。

第三，它被赋予广泛的哲学上的含义，与"物性"（thinghood）或"客体性"（objectivity）的意思相近。在这个意义上，黑格尔把自然和社会都看作精神异化的产物。问题是，他否认了自然在时间中的展开，只承认社会本身有历史发展，这显示出他的辩证法思想的某种不彻底性。

通过《青年黑格尔》一书的写作，卢卡奇不仅纠正了黑格尔研究中存在的种种偏向，提出了重估德国古典哲学遗产，特别是黑格尔哲学遗产的根本性问题，而且也极大地提高了自己的哲学素养。在《历史与阶级意识》中，虽然卢卡奇敏锐地提出了"物化"问题，但他当时还没有读过马克思的《1844年经济学哲学手稿》，也没有研究过青年黑格尔关于劳动与异化的思想，因此他关于"物化"的思考缺乏深厚的理论基础，在提法上也显得模糊不清。20世纪30年代初，当卢卡奇在莫斯科马克思恩格斯研究院参与马克思《1844年经济学哲学手稿》的整理时，由于认真研读《1844年经济学哲学手稿》，其思想发生了重大的变化。马克思的《1844年经济学哲学手稿》也是他研究青年黑格尔的触媒之一。

从这里我们可以发现卢卡奇思想发展的线索。《青年黑格尔》一书之所以对于卢卡奇来说具有特别重要的意义，是因为他从黑格尔和马克思这两个伟大的先行者那里自觉地接受了哲学研究与经济学研究联盟的思想。这一思想构成了卢卡奇以后理论研究中的基本态度，也成了他批判形形色色的现代西方哲学思潮的出发点。

(三)《存在主义还是马克思主义?》

从时间上看，这本书是在《青年黑格尔》之后出版的，其实，它也是作者在苏联停留时期逐步写成的。全书由以下四篇论文组成：《资产阶级哲学的危机》《从现象学到存在主义》《存在主义道德的破产》《列宁的认识论和现代哲学问题》。如果说，《青年黑格尔》是卢卡奇从马克思到黑格尔的一种理论追溯的话，那么，《存在主义还是马克思主义?》则是他对当代理论思潮，特别是存在主义思潮的一种批评性的反思。在这里作为指导思想的，不光是马克思主义的唯物史观，还有列宁在《唯物主义和经验批判主义》一书中所倡导的辩证唯物主义的基本见解，特别是列宁的反映论的思想。

正如作者在"序言"中反复重申的那样，《存在主义还是马克思主义?》一书并不打算对当代哲学思潮做出全面的、系统的检视，它的目的是辨明马克思主义与存在主义争论的焦点，指出当代哲学发展的根本出路之所在。

根据卢卡奇的看法，在当代哲学中，旧唯物主义已经被克服了，客观唯心主义则被以存在主义为代表的主观唯心主义取代，但主观唯心主义又由于失去对未来的估计而完全陷入悲观主义。这样，哲学上的论战就获得了新的形式，即在存在主义与辩证唯物主义之间展开了。卢卡奇说："在这样的历史条件下，产生了三类主要的问题。在认识论的领域里，对客观性的研究占主导地位；在道德方面，进行着拯救自由和人格的努力；最后，按照历史哲学的观点，在反对虚无主义的斗争中，需要对未来做出新的估计。"①从辩证唯物主义的立场出发，批评存在主义在这三大问题上的错误见解，构成《存在主义还是马克思主义?》一书的基

---

① [匈]格奥尔格·卢卡奇：《存在主义还是马克思主义?》，1961 年法文版，第 15 页。(Georg Lukacs, *Existentialisme ou Marxisme?*, E. Keleman ed., Paris: Nagel, 1961, p. 15.——编者注)

本内容。

1. 虚假的客观性

卢卡奇认为，西方哲学的发展在进入帝国主义阶段后，就陷入了深深的危机和不安之中，哲学失去了轨道。一方面，哲学把自然科学中的任何新发现都拉入唯心主义的怀抱；另一方面，法西斯主义的世界观正是在某些哲学流派的影响下形成和发展起来的。

从理论上看，资产阶级哲学的危机的基础潜伏在它的认识论中："从认识的观点看来，前一时期的主观唯心主义在帝国主义阶段仍然构成认识论的基础。"①卢卡奇认为，这种现象的出现并不是偶然的，知识分子（包括自然科学家）越来越远离物质生产劳动，因而他们通常抛弃了朴素实在论的立场而倒向主观唯心主义。当然，帝国主义时期的不少哲学流派虽然在认识论上坚持主观唯心主义的立场，但在方式上却起了很大的变化。它们反对认识上的形式主义，批评彻底的不可知论，提倡认识上的某种客观性。从外观上看来，这表现为一种严格的科学性，实际上，它们主张的仍然是"虚假的客观性"（La pseudo-objectivité），其具体表现如下。

第一，在唯物主义和唯心主义之外寻求"第三条道路"。在思维与存在关系的问题上，究竟思维是第一性的（唯心主义），还是存在是第一性的（唯物主义）？这是一个非此即彼的问题。但当代哲学中的不少流派却力图回避这一问题，这尤其表现在存在主义这一流派中："存在主义源于现象学本体论，代表了帝国主义阶段所固有的哲学上的'第三条道路'在当今的顶点及其最精巧的形式。"②

乍看起来，作为存在主义思潮的理论基础的现象学，经常谈论认识的客观性和意识的意向性，但细加分析，就会发现这种客观性完全是虚

---

① ［匈］格奥尔格·卢卡奇：《存在主义还是马克思主义？》，1961 年法文版，第 41 页。（Georg Lukacs, *Existentialisme ou Marxisme?*, E. Keleman ed., Paris: Nagel, 1961, p. 41.——编者注）

② 同上书，第 18 页。

假的："即使在属于这一派的最认真、最客观的人们中，由于这种方法在不知不觉间把所有社会因素统统排除掉，结果就把孤立化的个人的意识与物以及人的混沌状态对立起来。所以，能在这种混沌状态中创造出秩序的，只有进行思考的主观。归根结底，被认为已经超越了唯物主义和唯心主义的这个著名的'第三条道路'，以及同样著名的现象学的客观性，最终恰恰把我们拉回到新康德主义那里。"①

海德格尔的基本本体论似乎很注重客观性，其出发点"此在"（Dasein）看起来讲的是人的存在，实际上并不是存在的客观状态，而是人的意识存在的一种现象形式。所以，在卢卡奇看来，基础本体论是"披着假客观性外衣的肆无忌惮的主观主义"②。萨特虽然比海德格尔更重视人与自然之间的实践关系，但他往往通过人与自然界共在的证明方式，使自然界从属于人的意识。在讨论到社会问题，如劳动、阶级意识时，萨特认为它们不过是心理学方面的现象，并不具有本体论方面的意义。所以，卢卡奇嘲讽说："萨特不愿给劳动、阶级意识去掉括号。"③

由于对存在，特别是对存在中的社会实在部分取含糊态度，存在主义者所谈论的认识论中的客观性归根结底是虚假的。

第二，倡导直观和非理性主义。

卢卡奇说："帝国主义阶段的哲学把直观作为其客观方法的核心。"④直观之所以能取得这样优越的地位，是因为它是对前一时期中普遍流行的认识论上的形式主义的一种反拨。认识论上的形式主义习惯于对认识现象进行纯思辨的、非辩证的分析。可是，人的思维不可能永远停留在那些抽象的概念上，它要求把握客观的、具体的内容，于是，直观成了人们寻求认识中的客观性的一个工具。

---

① ［匈］格奥尔格·卢卡奇：《存在主义还是马克思主义?》，1961年法文版，第79页。（Georg Lukacs, *Existentialisme ou Marxisme?*, E. Keleman ed., Paris: Nagel, 1961, p. 79. ——编者注）

② 同上书，第94页。

③ 同上书，第81页。

④ 同上书，第55页。

卢卡奇认为，从心理学上看，直观只是科学认识方法的一部分，无非是作为潜意识的思维过程突然浮现到意识上来而已。但当代哲学家，特别是现象学和存在主义的哲学家把直观抬高为认识客观实在的唯一的方法和途径。这样做的结果是，他们非但没有找到真正的客观性，反而进一步清洗了前一时期认识论中的客观因素，达到了一种反科学、反理性的新的世界观："这种新的世界观首先集中全力来推翻理性的支配。这种倾向的先驱就是叔本华、克尔凯郭尔以及哲学浪漫主义。"①当代哲学中的非理性主义正是在片面强调直观的重要性的基础上形成起来的。

在当代哲学家的直观理论中，最能迷惑人的是胡塞尔的"本质直观"（Wesenschau）。卢卡奇说："本质直观是以体验上直接的东西为绝对的出发点，对其结构、条件不加分析就想达到终极的抽象的直观内容，这种做法可以轻易地取得完全科学的客观性的外表。"②实际上，它不过是一种逻辑神话，在完全撇开社会条件的情况下，是不可能真正获得客观的认识的。

那么，真正的认识论中的客观性又表现在哪里呢？卢卡奇写道："认识的客观性问题，只有依靠关于反映独立于主观而存在的外部世界的人们意识的辩证理论，才能获得解决。"③如果说，在《历史与阶级意识》中卢卡奇对反映论持反对态度的话，那么在这里，在深入地研究了马克思、恩格斯和列宁的哲学思想，特别是列宁的《唯物主义和经验批判主义》之后，卢卡奇毅然决然地站到了维护马克思主义的反映论的立场上。卢卡奇意识到，如果不干脆停止同当代形形色色的认识论的空洞的争论，那么就可能在争论中迷失方向。在卢卡奇看来，列宁对他同时代的各种错误的认识论的批判之所以具有极高的水平，是因为他"断然

---

① ［匈］格奥尔格·卢卡奇：《存在主义还是马克思主义？》，1961 年法文版，第 57 页。（Georg Lukacs, *Existentialisme ou Marxisme?*, E. Keleman ed., Paris: Nagel, 1961, p. 57.——编者注）

② 同上书，第 76 页。

③ 同上书，第 16 页。

排斥一切空洞的思辨而追溯到可以成为一切认识论基础的问题，即究竟存在是第一性的还是意识是第一性的问题"①。

卢卡奇认为，列宁的反映论才真正以科学的方式解决了认识论中的客观性问题。当然，列宁的反映论不同于旧唯物主义的机械的反映论，其具体表现是：一方面，列宁强调反映不是简单的、直接的、照镜子那样死板的动作，而是复杂的、两重化的、曲折的、有可能使幻想脱离生活的活动，人的认识活动只能无限地接近客观实在而不能完全达到它；另一方面，列宁把实践作为检验认识的标准，并对实践活动中的目的性问题进行了深入的考察。因而，卢卡奇强调，真正代表新时代认识理论的，不是现象学和存在主义，而是列宁学说。

2. 绝对的自由

在当代哲学，特别是存在主义哲学中凸显出来的另一个重大问题是道德领域中的自由问题。海德格尔认为，人容易沉沦在日常生活中，拘执于"在者"而丧失对生活本身的长远意义的思考。人要获得精神上的真正的自由，就应该为自己固有的死而生活。卢卡奇引用斯宾诺莎下面这段论述批评了海德格尔自由观中包含的消极倾向："自由的人考虑其他一切问题多于考虑死的问题。他的智慧不是关于死的考察，而是关于生的考察。"②萨特虽然在对待死的问题上不像海德格尔这样走极端，但他却就整个人的生存问题提出了一种"绝对自由"（La liberte absolute）的学说。

卢卡奇指出，萨特的自由观在冲击完全忽视个体作用的庸俗马克思主义的学说上是有积极意义的，但由于他把自由绝对化了，否弃了人的不自由的行为和任何形式的决定论，他就不知不觉地走到了另一个极端上，即倡导了一种关于自由的宿命论思想。所以，卢卡奇说："萨特关

---

① ［匈］格奥尔格·卢卡奇：《存在主义还是马克思主义?》，1961 年法文版，第 244 页。（Georg Lukacs, *Existentialisme ou Marxisme?*, E. Keleman ed., Paris: Nagel, 1961, p. 244. ——编者注）

② 同上书，第 95 页。

于自由概念的假设夺去了自由本身的全部意义。"①自由成了一种完全形式化的、虚构的东西。

萨特的自由观构成其伦理思想的核心,尽管它是一种虚设的东西,但由于它强调的是个人的绝对自由,因而获得了在法西斯主义的统治下感到屈辱和痛苦的人们的普遍拥护。人们看不到萨特自由观的根本弱点,从而把自由与必然、个人与社会抽象地对立起来。卢卡奇写道:"人的自由问题同时也是社会历史的问题。对于自由,如果不把它当作人们以形形色色的社会形态为中介而对自然界进行的斗争,并根据其历史的社会的发展过程来理解的话,它就不可能具有具体的内容,并将失去它同必然性的具体的辩证关系。"②在卢卡奇看来,真正的伦理学说应该协调自由与必然的关系,应该把自由置于主体无法选择的一定的客观社会历史条件的基础上加以说明。如果把自由的社会历史含义抽空了,脱离一切时空条件来讨论个体生存中的自由,那么就把自由变成了毫无意义的东西。

卢卡奇认为,存在着两种根本对立的自由概念:一种是存在主义的自由观,即把自由形式化、主观化;另一种是黑格尔和马克思所倡导的自由观,它强调自由的客观性和具体内容,特别着重于考察工人在劳动中发现的自由,指出这种自由才是被认识到的必然性的自由,才是真正的现实的自由。这两种对立的自由观是无法妥协起来的,只有沿着后一种自由观出发,才可能对社会生活做出科学的说明,才不至于在纯粹思辨中迷失了方向。

3. 虚无的神话

卢卡奇告诉我们,存在主义之所以获得如此大的成功,一个重要的原因在于它所制造的"虚无的神话"(Le Mythe Du Néant)。

---

① [匈]格奥尔格·卢卡奇:《存在主义还是马克思主义?》,1961 年法文版,第 105 页。(Georg Lukacs, *Existentialisme ou Marxisme?* , E. Keleman ed. , Paris: Nagel, 1961, p. 105. ——编者注)

② 同上书,第 172 页。

按照现象学的方法，客观实在性的问题被装进括号中而只考察精神活动及其意向性对象，这样一来，主体能够体验到的就只能是空虚，"于是，作为新的本体论的核心价值——虚无就会出现在我们的面前"①。海德格尔以现象学本体论作为自己的出发点，因而把虚无和存在看作同等重要的本体论范畴。在萨特那里，虚无并不是独立于存在之外的东西，而是与存在不可分离地联系在一起的。

存在主义者看不到人的存在的丰富多彩、它的意义和真正的内容，也看不到自己的存在与他人的存在及整个社会存在之间的无数深刻的、有目的性的关系，他生活在一个自我中心化的贫乏的世界中，生活在一种孤立的自我体验中，"一个人的经验越是成为纯粹属于他自己的，成为纯粹内心的，那么这种经验就将越发失去一切内容，而消失在虚无之中"②。存在主义者把虚无的神话扩展到人的全部生存过程之中，甚至断言，生存本身就是被抛到虚无的状态中的，因而人的生存成了纯粹偶然的、无意义的东西。也正是从这样一种基本见解出发，存在主义者强调，关于人的一切都是不可知的，他虽然承认科学的合法地位及科学知识的实用价值，但却主张，对于人和生存的现实关系这个重要的题目，任何科学都无法达到本质性的认识。在这里，虚无主义和非理性主义达到了某种意义上的合流。

卢卡奇认为，虚无是一个神话，而且是资本主义社会所创造的一个特定的神话。存在主义者对社会现实做出如此抽象化的、唯心主义的解释，正是无批判地服从于资本主义社会的基本现象——拜物教思想的必然结果。所谓拜物教，就是在资本主义经济结构中，人与人之间的关系表现为物与物之间的关系。人的关系被对象化和物化了，以致成了物件。这种虚假的物与物之间的关系被资本主义社会的意识形态强化，在

---

① ［匈］格奥尔格·卢卡奇：《存在主义还是马克思主义？》，1961 年法文版，第 88 页。（Georg Lukacs, *Existentialisme ou Marxisme?*, E. Keleman ed., Paris: Nagel, 1961, p. 88.——编者注）

② 同上书，第 83 页。

人的体验中，人的社会存在，人与人之间的客观关系反倒成了谜一样的东西。存在主义者面对着这个拜物教化了的、非人的社会，无力向前展望，也无力对这个社会的基础采取革命的态度，于是只能逃遁到主观世界中去，对现实和未来取虚无主义的态度。

按照卢卡奇的分析，拜物教思想不仅是存在主义的虚无主义态度的一个根本的来源，而且也是资本主义社会哲学总危机的一个根本来源。在这里，我们发现，物化、异化或拜物教，始终是卢卡奇关注的中心问题。

如何冲破拜物教思想的束缚呢？卢卡奇在列宁的认识理论中找到了答案。一方面，列宁继承了黑格尔和马克思的思想，强调了客观现实的总体性，指出要真正地认识事物，就必须把握、研究它的一切方面，一切联系和媒介，这就从根本上排除了资产阶级哲学家把客观现实片面化、虚无化的错误做法；另一方面，列宁紧紧围绕实践及劳动的问题来阐述其认识论见解，这就破除了那种纯粹从个人的主观体验出发的虚假的人道主义，形成了一种引导人类认识世界并改造世界的"战斗的人道主义"(humanisme combatif)，从而为恢复"人的总体性"(totalité humaine)指出了明确的道路。

《存在主义还是马克思主义?》一书由于受到当时苏联整个文化背景，尤其是斯大林的某些见解的影响，对西方哲学思潮的评价比较低，在批评的措辞上也比较激烈，有简单化的倾向。但我们也必须看到，由于卢卡奇深入地钻研了青年黑格尔和青年马克思的著作，认真学习了列宁的哲学著作，特别是《唯物主义和经验批判主义》一书，他对西方哲学思潮的批评在某些方面仍然是击中要害并具有说服力的。

(四)晚年卢卡奇思想探索

卢卡奇的一生是理论探索的一生。不少人重视他青年时期的作品，尤其是《历史与阶级意识》一书，而完全忽视他晚年时期的作品。不能否认，晚年卢卡奇的哲学重新返回到恩格斯的"自然辩证法"和列宁的"反映论"，这使他的思考在某些方面似乎显得比以前简单化了。与此同时，他的文风也开始变得冗长、重复、拖沓了，甚至变得喋喋不休，令人生厌。然而，在另一些方面，如在对非理性主义思潮渊源的追溯、对日常生活理论的反思和对社会存在本体论的探索上，晚年卢卡奇的思想仍然体现出高度的创造性。事实上，他提出的这些重大的理论问题，不仅对他的学生们，乃至对整个布达佩斯学派都产生了不可低估的影响，也为当代西方马克思主义的发展提供了宝贵的思想资源。下面，我们主要考察他晚年的三部重要的理论著作——《理性的毁灭》《审美特征》《社会存在本体论》——的思想轨迹。

1.《理性的毁灭》

如果说，《存在主义还是马克思主义?》一书侧重于对现代德国哲学中的显学——现象学和存在主义的非理性主义倾向的分析的话，那么，《理性的毁灭》一书则以更恢宏的眼光追寻非理性主义在德国哲学中的起源、演化及其在现代德国哲学中的种种表现。正如卢卡奇在该书"序言"中所指出的："我们的任务是揭露一切导致'国家社会主义世界观'的理智方面的准备工作，不管它们（表面上）距离希特勒主义可能有多么远，也不管它们（主观上）抱有这样的意图可能是多么少。"① 这就告诉我们，《理性的毁灭》一书的主旨是揭示希特勒的国家社会主义所蕴含的非理性主义在理论上，尤其是在哲学上的起因，以便对人类及其精神文化的发展起一种警示作用。

在卢卡奇看来，这方面的工作无疑具有开创性的意义，因为它很难借助于前人的著作来进行。K. 洛维特的新著《从黑格尔到尼采》(1939)虽然他学识渊博，为深入研究德国哲学的发展史开了头，但他把尼采作为自己的历史叙述的终点，说明他既忽视了现实生活中正在发生的重大事件，也看不到德国哲学演化中的一些根本性的倾向，而这些倾向将对德国人的精神世界和现实生活产生严重的影响。正是在这个意义上，卢

---

① ［匈］格奥尔格·卢卡奇:《理性的毁灭》，1980 年英文版，第 5 页。(Georg Lukacs, *Destruction of Reason*, London: Merlin Press, 1980, p. 5. ——编者注)

卡奇不无感慨地写道：“在这里，我们再次遭遇到一片晦暗，在这一晦暗中，所有的猫看起来都是灰色的。马克思主义的历史学家将会发现，当他们试图把握这一主题时，他们从这样的前期研究中得不到任何帮助。”①

《理性的毁灭》一书取材宏富，篇幅浩大（英译本达865页）。它表明，卢卡奇不仅详尽地占有了德国哲学发展史的材料，而且经过艰苦深入的研究，原创性地勾勒出德国非理性主义的演化史，从而从一个角度揭露并摧毁了希特勒主义的理论基础。卢卡奇的论述主要是沿着非理性主义诞生和发展的历史线索来展开的。本书论述到的主要问题如下。

（1）何谓“非理性主义”？

“非理性主义”（irrationalism）这个术语是一个名词，它源自形容词“非理性的”（irrational）。卢卡奇认为，在德国古典哲学家中，费希特在晚年的《知识学》（1804）一书中使用过“非理性的”这一术语。虽然后来的个别法西斯主义分子千方百计地试图把费希特的名字放进他们的理论先辈的名单中，但晚年费希特的思想除了对现代德国哲学家拉斯克（Lask）产生过某种程度的影响外，并没有对德国哲学的发展进程形成实质性的内驱力。甚至谢林也只是把“非理性的”理解为“非绝对”（non-absoluteness）的同义词，并在贬义上使用过这一术语。至于黑格尔，则仅仅是在数学的意义上使用过“非理性的”这一术语。

在论述“非理性的”这一术语时，卢卡奇似乎把它作为一个自明的概念进行叙述，并没有对它的含义做出明确的分析，并很快地跳到了“非理性主义”的概念上。他这样写道：“‘非理性主义’这一口号作为一种哲学思潮或一个哲学流派等的标记，是比较新的。据我所知，它首先出现在库诺·费舍（Kuno Fischer）的《费希特》一书中。在《哲学史》一书中，文德尔班也在题为‘非理性主义的形而上学’部分论述到谢林和叔本华。

---

① ［匈］格奥尔格·卢卡奇：《理性的毁灭》，1980年英文版，第16页。（Georg Lukacs, *Destruction of Reason*, London: Merlin Press, 1980, p.16.——编者注）

在拉斯克那里，这个术语甚至占据着更为重要的地位。尽管人们对这一广义的'非理性主义'的术语一开始就有批评性的保留，但在两次世界大战之间，这个词却成了一个普遍地得到认可的术语，而它所指称的这一哲学思潮的历史，正是我们这本书所要探索的主题。"①有趣的是，卢卡奇在这里也只是叙述了"非理性主义"这一术语出现的情况，也没有对它的含义做出明确的说明。在他的洋洋洒洒的论述中，我们能够捕捉到的不过是他对"非理性主义"的基本特征的描述。

非理性主义的第一个特征是：崇尚不可知主义的认识论，崇尚直观。卢卡奇写道："无论是哲学上的唯物主义还是客观的唯心主义，都对客观现实的可知觉性提出过要求，而一个不可知主义的认识论（an agnosticist epistemology）却拒绝对客观现实的可知觉性做出任何断言，并且承认只有非理性主义的直观（irrationalist intuition）才能通向这个领域。"②也就是说，非理性主义强调：理性是无法认识客观现实的，换言之，客观现实是不可知的，唯有通过非理性主义的直观才能对它加以把握，而这种直观并不是人人皆有的，它只为少数人所拥有。在这个意义上，非理性主义又可以称为"认识论的贵族主义"（epistemological aristocratism）③。正如卢卡奇所批评的，按照这种见解，"哲学知识就成了上帝挑选出来的、贵族式的拯救者们的特权"④。

非理性主义的第二个特征是：混淆认识论和心理学的界限，把认识问题等同于主观心理问题。在谈到黑格尔对雅可比的"直接知识"（immediate knowledge）所蕴含的主观唯心主义倾向的批评时，卢卡奇指出："现代非理性主义的最重要的特征之一是混淆认识论和心理学的界限。"⑤认识问题一旦被还原为主观心理，特别是非理性的心理因素的作

① ［匈］格奥尔格·卢卡奇：《理性的毁灭》，1980 年英文版，第 95—96 页。（Georg Lukacs, *Destruction of Reason*, London: Merlin Press, 1980, pp. 95-96.——编者注）

② 同上书，第 174 页。

③ 同上书，第 147 页。

④ 同上书，第 149 页。

⑤ 同上书，第 120 页。

用，理性和客观性在认识中的作用也就完全被取消了。

非理性主义的第三个特征是：随着现代社会中的阶级斗争形势的改变不断地变换着自己的形式。卢卡奇认为，现代的非理性主义萌发于资产阶级反对封建主义和专制君主制的斗争中，成形于资产阶级抵抗无产阶级的反动的自卫斗争中。为此，卢卡奇强调："本书通篇所要显示的是，这些阶级斗争的各个阶段的重大变化如何具体地规定着非理性主义发展的内容和形式、问题和答案，甚至它的整个外在形象。"①在这里，卢卡奇实际上揭示了哲学思潮的演化与现实生活之间的密切的关系。

非理性主义的第四个特征是：为了论证自己的合法性，具有强烈的寻根意识。非理性主义的支持者力图把哲学史归结为非理性主义与理性主义斗争的历史，并且千方百计地把哲学史上的一些伟大的学者曲解为非理性主义者。正如卢卡奇所说的："现代非理性主义的各种思潮开始把从赫拉克利特和亚里士多德到笛卡尔、维柯和黑格尔的整个哲学史都推到'生机主义者'或存在主义者的浓重的黑暗中。"②明白了非理性主义的这一重要的特征，我们在阅读它的代表人物的著作时就获得了某种解毒剂。从上述论述中，我们大致可以把握卢卡奇所批评的非理性主义的主要内涵。

（2）非理性主义的早期表现形式。

卢卡奇认为，非理性主义的最初的表现形式是谢林的"理智直观"（intellectual intuition）。为什么这样说呢？在这里，我们有必要简要地回顾一下历史。众所周知，"理智直观"的说法最早见于康德的著作中。在《纯粹理性批判》一书中，康德反复强调，对于普通人来说，直观只能是感性的，因而无法把握超验的理智存在物，即自在之物，唯有上帝才能进行理智直观，因而把握整个超验的世界。费希特否定了康德的不可知的自在之物，强调自我可以通过辩证的运动设定非我，力图把康德的

---

① ［匈］格奥尔格·卢卡奇：《理性的毁灭》，1980 年英文版，第 106 页。（Georg Lukacs, *Destruction of Reason*, London: Merlin Press, 1980, p. 106. ——编者注）

② 同上书，第 105 页。

具有二元论特征的认识论改造为贝克莱式的主观唯心主义的认识论。青年时期的谢林受到费希特的带有主观唯心主义倾向的辩证法思想的熏陶，但又受到意大利学者布鲁诺和荷兰学者斯宾诺莎的影响，从而在自然哲学的研究中形成了与费希特不同的客观唯心主义的新路向。这一新路向正是通过青年谢林对康德的理智直观的改造而显现出来的。作为这一改造的结果，一方面，谢林把理智直观从上帝那里取回来，交到了哲学家手里，从而扬弃了康德的自在之物的不可知性，肯定了哲学家可以通过理智的直观去把握超验的理智存在物的世界；另一方面，谢林的理智直观又表现出明显的非理性的、神秘主义的特征，试图不通过严密的论证，而只凭借思维的某种跳跃直接把握超验的对象。

为此，卢卡奇批评道："正如我们已经看到的，当青年谢林沿着自然辩证法的方向在一些个别性的问题上勇敢地进行冒险的时候，在方法论上却以理智直观的方式在辩证法的门口停住了，从而为现代非理性主义奠定了最初的形式。"①卢卡奇还进一步探讨了谢林的理智直观的两重性。"他的直观是双重的，因为我们发现：一方面，它是对直接给予的客观实在中显现出来的各种矛盾的辩证的超越，是一条通向知觉自在之物本质的道路，因而是通过纯粹知性的范畴，即通过启蒙运动的形而上学思维和康德、费希特的纯粹知性范畴，对那些显现出来的矛盾的认识论意义上的超越；另一方面，面对着那些与超越单纯的感性思维以达到合理性和严格的辩证法不可分离地联系在一起的、无限多的透视点和逻辑上的无穷的困难，他的直观又蕴含着一种对非理性主义的退却。"②

按照卢卡奇的看法，谢林的理智直观所蕴含的最初的非理性主义倾向正是在德国哲学试图离弃辩证法的过程中表现出来的。他不无遗憾地

---

① ［匈］格奥尔格·卢卡奇：《理性的毁灭》，1980 年英文版，第 170—171 页。(Georg Lukacs, *Destruction of Reason*, London: Merlin Press, 1980, pp. 170-171.——编者注)

② 同上书，第 143 页。

写道:"我们这里有一个非常典型的例子,它表明非理性主义如何从对这个时代明确地提出的辩证法问题的哲学上的逃避而产生出来的。"①谢林向非理性主义的退却是在不知不觉中发生的,但他以神秘主义的方式倡导的理智直观却对后来的叔本华、尼采、狄尔泰、胡塞尔等哲学家产生了重大的影响。卢卡奇还指出:"这种在辩证法的真正的领域的入口处产生的、偏离辩证法的非理性主义的结果,在谢林那里还有另一个对非理性主义的发展产生持久意义的主题——认识论的贵族主义。"②正如我们在前面已经指出过的,根据这种认识论的贵族主义,只有少数哲学家才拥有通过理智的直观去把握超验世界的特权。与青年时期的谢林比较起来,晚年谢林的非理性主义倾向表现得更为明显,因为他试图在哲学上为天启宗教做出辩护。然而,不管如何,谢林在非理性主义的方向上走得并不远,"他属于非理性主义的最初阶段,即半封建的复辟时期的理性主义"③。

在谢林之后,非理性主义在叔本华的哲学中得到了充分的表现。乍看起来,从谢林到叔本华似乎是一种回溯,因为叔本华的代表作《作为意志和表象的世界》问世于 1819 年,早在晚年谢林思想登场之前就出现了,但从非理性主义发展的内在理路来看,叔本华的非理性主义却代表了更高的发展阶段。为什么会出现这样的情况呢?卢卡奇告诉我们:"因为在叔本华那里,非理性主义的纯粹资产阶级的形式,不仅在德国哲学内,而且也在国际的范围内,第一次出现了。我们可以在谢林那里描绘出对其非理性主义的晚期形态具有重要意义的一整套观念。然而,就他的体系类型而言,他对帝国主义时期的非理性主义的历史影响绝不是根本性的。他晚期思想的影响在 1848 年后就消失了;唯有爱德华·冯·哈特曼(Eduard von Hartmann)和他的学派改头换面地贯彻了谢林

---

① [匈]格奥尔格·卢卡奇:《理性的毁灭》,1980 年英文版,第 145 页。(Georg Lukacs, *Destruction of Reason*, London: Merlin Press, 1980, p. 145.——编者注)

② 同上书,第 147 页。

③ 同上书,第 173 页。

所开创的那部分思想。"①

叔本华的非理性主义倾向主要表现在以下方面。第一，把康德的认识论改造为贝克莱式的、主观唯心主义的认识论。卢卡奇指出："这里的问题表明，叔本华试图'净化'康德向唯物主义的摇摆性，把康德的认识论归结为贝克莱的认识论，这不仅标志着一种彻底的主观唯心主义的奠基，而且还包含着一种努力，即从康德哲学中清除掉一切辩证的因素，代之以直观基础上的非理性主义和非理性主义的神秘主义。"②尽管叔本华与费希特有着类似的主观唯心主义的倾向，但他却对整个德国古典哲学的辩证法采取排斥的态度。第二，把理智直观看作一切认识活动的普遍原则。卢卡奇写道："正如我们已经知道的，谢林的理智直观是他把握与知觉现象有明显差异的自在之物的唯一方式，而叔本华则把它作为支配着每一种类型的知识的普遍原则。"③第三，认识论的贵族主义特征表现得更为严重。在卢卡奇看来，"叔本华不仅接受了谢林认识论的贵族主义的特征，而且以彻底的方式扩展了它"④。特别是在关于艺术问题的论述中，叔本华强调，只有少数天才才能达到对艺术作品的自由的观照。也正是在这个意义上，卢卡奇把叔本华的思想称为"严密的非理性主义"（rigorous irrationalism）⑤。

与叔本华同时代的另一位非理性主义的哲学家是丹麦的克尔凯郭尔，他的思想直到两次世界大战之间才开始流行。从理论渊源上看，他的非理性既传承了德国浪漫派的思想资源，又受益于晚年谢林在柏林大学的演讲。按照卢卡奇的看法，"克尔凯郭尔在非理性主义发展史上所充当的角色在于，他把建立一种主观主义的虚假辩证法的倾向推到了极端，以致在帝国主义时期他的思想再度盛行时，几乎不可能对他已经说

---

① ［匈］格奥尔格·卢卡奇：《理性的毁灭》，1980年英文版，第192页。（Georg Lukacs, *Destruction of Reason*, London: Merlin Press, 1980, p. 192.——编者注）
② 同上书，第217页。
③ 同上书，第224页。
④ 同上书，第231页。
⑤ 同上书，第231页。

过的东西做新的补充"①。

克尔凯郭尔对非理性主义思潮的推进主要表现在以下两个方面。第一，他坚决反对黑格尔的辩证法，提出了他自己的所谓"质的辩证法"（qualitative dialectic）。这种质的辩证法强调，事物的新质并不像黑格尔所说的那样，是在量变的基础上产生的，而是一种不可名状的、突如其来的跳跃。正如卢卡奇所评论的："他强调质的飞跃是'莫名其妙的突然性'，即它具有非理性的特征。由于这种飞跃与质的转化割裂开来，它的非理性主义的特征的出现也就具有某种必然性。"②就其实质而言，克尔凯郭尔的这种质的辩证法不但不是辩证法的新形式，反而是对辩证法的否定。尽管如此，卢卡奇认为，克尔凯郭尔的这种主观主义的虚假的辩证法在推进非理性主义思潮的发展中仍然起着不可低估的作用。正如卢卡奇所说的："这是克尔凯郭尔超越谢林和叔本华的最本质的步骤，也是对非理性主义后来的发展史产生重大影响的一步。"③第二，克尔凯郭尔十分重视抽掉了社会历史背景的孤独的个人行动，特别是个人在生活的某些时刻所做的非此即彼的选择。在卢卡奇看来，"这种准行动（quasi-activity）的观念是克尔凯郭尔在非理性主义发展史中超越叔本华的决定性的步骤"④。克尔凯郭尔这方面的学说在后来的存在主义思潮中获得了长足的发展。

综上所述，从谢林到克尔凯郭尔的道路构成了现代非理性主义发展的早期阶段。卢卡奇认为，在这个阶段中，非理性主义还能对同时代的唯心主义辩证法提出一些合理的批评意见，但在以后的发展中，非理性主义越来越丧失这方面的功能，沦为现实生活中的消极因素的辩护士。

---

① ［匈］格奥尔格·卢卡奇：《理性的毁灭》，1980 年英文版，第 250 页。（Georg Lukacs, *Destruction of Reason*, London: Merlin Press, 1980, p. 250. ——编者注）
② 同上书，第 252 页。
③ 同上书，第 252—253 页。
④ 同上书，第 291 页。

（3）帝国主义时期非理性主义的主要表现形式。

按照卢卡奇的看法，19 世纪末以来，欧洲资本主义国家进入了帝国主义的发展阶段。尼采是这个阶段的非理性主义的奠基人，而以狄尔泰为肇始人的生命哲学和受他影响的新黑格尔主义则体现为这个阶段的非理性主义的主要思潮。

首先，卢卡奇分析了尼采的非理性主义思想的起因和特征。他指出："尼采是从叔本华的理智结构中汲取其方法论的连贯性的原则的，他只是加以修改和扩充，使之适应这个时代和对手而已。"[①]尼采抛弃了叔本华关于表象和意志的二元论，用权力意志的神话取代了生存意志的神话。在卢卡奇看来，"决定尼采在现代非理性主义发展史上的特殊地位的部分原因是他出现的时代的历史状况，部分原因是他个人的不寻常的天赋"[②]。就前一个原因来说，虽然尼采在帝国主义时期到来之前就结束了自己的活动，但他毕竟目睹了德国帝国的建立和巴黎公社的失败，这使他的哲学有可能以预言的方式揭示出帝国主义时期的普遍心态和情绪。就后一个原因来说，尼采作为文化心理学家、美学家、语言学家和道德学家，以其独特的天赋、敏感和洞察力，以优美的、有吸引力的、诗化的文体，激起了知识分子绝望的、有时又有反叛情绪的非理性世界的波澜。

尼采的非理性主义的第一个特征是肯定生命、本能，把理性和理性主义理解为对生命的全盘否定。卢卡奇甚至认为，"尼采的非理性主义的生机论是对反动的、反民主的、反社会主义的帝国主义行动的公开号召"[③]。而在法国哲学家柏格森的生机论中却没有这样的因素，因为柏格森的非理性主义的主要矛头是指向自然科学知识的客观性的，而尼采的非理性主义则具有一种明确的政治上的意向。尼采的非理性主义的第

---

① ［匈］格奥尔格·卢卡奇：《理性的毁灭》，1980 年英文版，第 320 页。（Georg Lukacs, *Destruction of Reason*, London：Merlin Press, 1980, p. 320.——编者注）

② 同上书，第 314 页。

③ 同上书，第 27 页。

二个特征是试图建立利己主义的伦理学。这种伦理学主张不顾一切地维护自己的私利，并从自我的赤裸裸的利益出发，以实用主义的方式，全盘否定传统道德，重估一切价值。卢卡奇敏锐地揭露了这种伦理学形成的社会历史根源："尼采的伦理学和启蒙时期的法国道德学家等的联系在于，他们都在'资本主义的'个人的利己主义中觉察到社会生活的中心问题。"①就其实质而言，尼采的伦理学体现了一种强烈的非道德主义的倾向，而这种非道德主义正是他的非理性主义的必然结果。尼采的非理性主义的第三个特征是宗教上的无神论。乍看起来，无神论似乎应该是与理性主义一致的，但在尼采那里，这种无神论却具有特殊的含义。他强调"上帝死了"，只是为了建立一种利己主义的伦理学。在谈到尼采的无神论思想时，卢卡奇这样写道："尼采把宗教上的无神论带到了远远地超出叔本华的阶段，他在这种发展中占有一个特殊的地位。"②尼采的非理性主义的第四个特征是他的"永恒轮回"(eternal recurrence)的学说。卢卡奇认为，这种学说构成了尼采哲学的核心，它把假科学和放荡不羁的想象混合在一起，使尼采的许多解释者大伤脑筋。事实上，"当他赞美永恒轮回的哲学价值的时候，他主要赞美的正是永恒轮回所蕴含的虚无主义的、相对主义的和毫无前途的特征"③。在卢卡奇看来，尼采的影响是巨大的，他为整个帝国主义时期的非理性主义的发展奠定了基调。

其次，卢卡奇探讨了帝国主义时期以狄尔泰为肇始人的生命哲学的非理性主义学说。卢卡奇指出："在德国的整个帝国主义时期，生机论或生命哲学(Vitalism or Lebensphilosophie)是居于支配地位的意识形态。但是为了正确地评价它的影响的广度和深度，我们必须记住，生命哲学不像新康德主义或现象学那样，是一个学派或一个可以明确定

---

① ［匈］格奥尔格·卢卡奇：《理性的毁灭》，1980 年英文版，第 345 页。（Georg Lukacs, *Destruction of Reason*, London: Merlin Press, 1980, p. 345.——编者注）

② 同上书，第 359—360 页。

③ 同上书，第 392 页。

义的主题，而毋宁是一种渗透进或影响到几乎所有学派的普遍的倾向。"①

按照卢卡奇的分析，生命哲学的基本特征如下。第一，"生命哲学的本质在于把不可知论转变为神秘主义，把主观唯心主义转变为神话的虚假的客观性"②。因而它在帝国主义时期拥有广泛的影响。第二，"生命哲学的相对主义有效地颠覆了人们对历史进步的信仰，因而也颠覆了人们对德国彻底地民主化的可能和价值的信仰"③。生命哲学把生命的主观感受理解为判断历史进步与否的标尺，这实际上否定了历史发展的客观的规律；与此同时，它还主张存在着两极相反的原始现象，即活生生的东西与僵死的东西的对立，并从哲学上把民主制度曲解为机械的和僵化的东西，这就为帝国主义时期的集权化倾向提供了重要的思想基础。第三，"体验着的生命（experienced life）在生命哲学的认识论中的中心地位必然会培植起一种贵族式的感情。一种体验的哲学只能是直观的，而且有直观能力的人只能是有意识地被选拔出来的贵族的成员。……生命哲学原则上是一种贵族的认识论"④。也就是说，按照生命哲学的逻辑，只有少数天才式的人物才能通过体验和直观去发现真理，而芸芸众生至多不过是这些天才人物的追随者和盲从者。

在分析生命哲学的基本特征和功能的基础上，卢卡奇进一步剖析了作为帝国主义时期的生命哲学创始人的狄尔泰的非理性主义观点。卢卡奇认为，"在帝国主义的生命哲学中，威廉·狄尔泰是紧接着尼采的、最重要的、最有影响的先驱者"⑤。狄尔泰从认识论上为生命哲学进行论证，其出发点是：对世界的体验是认识的最终基础。正如卢卡奇所指

---

① ［匈］格奥尔格·卢卡奇：《理性的毁灭》，1980 年英文版，第 403 页。（Georg Lukacs, *Destruction of Reason*, London: Merlin Press, 1980, p. 403.——编者注）

② 同上书，第 414 页。

③ 同上书，第 415 页。

④ 同上书，第 415—416 页。

⑤ 同上书，第 417 页。

出的：“这样一来，非理性主义就占据了狄尔泰哲学的核心。”①然而，狄尔泰毕竟还不是第一次世界大战后意义上的非理性主义者，他虽然在精神科学的研究中强调体验、直观这些非理性因素的重要性，但非理性主义又是他从总体上努力加以克服的对象，因为他不相信在理性与生命、科学与直观之间存在着不可克服的对立。狄尔泰开创的生命哲学的观念在受尼采强烈影响的席美尔那里获得了更为宽广的意义。

随着第一次世界大战的爆发，生命哲学的内涵发生了决定性的改变。现在，“德意志精神”被作为活的东西与作为“僵死的东西”的西方民主国家对立起来；崇尚直观的非理性主义不仅在精神科学的范围内，而且在自然科学的范围内也被武断地宣布为真理。卢卡奇指出：“由于斯宾格勒以最激进的方式表达了这一转变，所以他的著作（《西方的没落》——引者）产生了强有力的、持久的影响。它是这个阶段的代表作，同时也是法西斯主义的哲学的真正的、直接的前奏。”②斯宾格勒以生命、血液、体验和直观来表述自己的生命哲学的思想，虽然他降低了战前的、学院化的生命哲学的理论含量，但却把生命哲学的基本思想通俗化了，使之成为法西斯主义易于接受的理论武器。

卢卡奇认为，在第一次世界大战后，马克斯·舍勒在生命哲学和非理性主义的发展中也发挥了重要的作用。他不仅是狄尔泰哲学的崇拜者，也是胡塞尔现象学的崇拜者。乍看起来，胡塞尔作为现象学的创始人，其目的是使哲学上升为严格意义的科学，因而其基本倾向应该是理性主义的，但众所周知，胡塞尔现象学方法的核心是“本质直观”，正是这种直观构筑起现象学通向非理性主义的道路，而在构筑这条道路的过程中，舍勒起着举足轻重的作用。正如卢卡奇所指出的：“胡塞尔方法的直观特征使舍勒十分接近生命哲学……我们甚至可以这样说，正是舍勒，运用现象学的直观精神，把现象学带到生命哲学的非理性主义的大

---

① ［匈］格奥尔格·卢卡奇：《理性的毁灭》，1980年英文版，第426页。（Georg Lukacs, *Destruction of Reason*, London：Merlin Press, 1980, p. 426.——编者注）

② 同上书，第461页。

潮中去了。"①换言之，到了舍勒的身上，现象学的非理性主义的倾向才第一次公开地表现出来。在卢卡奇看来，现象学的非理性主义并不是被舍勒附加上去或制造出来的，而是本来就内在于现象学的。除了"本质直观"的观念外，胡塞尔的另一些重要的观念也蕴含着非理性主义的倾向。比如，卢卡奇认为，胡塞尔在其现象学还原方法中主张把现实"存入括号中"（setting in parentheses），就是"主观唯心主义的非理性主义的任意性"②。再如，卢卡奇强调，胡塞尔虽然十分重视形式逻辑的作用，然而，"形式逻辑在方法论中的重要地位并没有排除非理性主义"③。相反，非理性主义的产生与形式逻辑在把握世界时的局限性是分不开的。舍勒的作用不过是使隐藏在现象学内部的非理性主义公开化了。

如果说，对现实不满的情绪，在舍勒那里还有所缓和的话，那么，到海德格尔那里则公开地爆发出来了。卢卡奇写道："由于海德格尔，现象学一时占据了德国知识分子世界观兴趣的中心。但是，现在它已经变成了帝国主义时期个人主义痛苦挣扎的意识形态。"④海德格尔存在主义的"生存"（Existenz）概念取代了生命哲学的"生命"（Leben）概念。存在主义不仅否认了生命哲学所讴歌的"活的东西"，而且处处体现出孤独、悲观和绝望的情绪，但存在主义并没有突破生命哲学的总的框架，它不过是给非理性主义披上了一件悲观主义的外衣。在卢卡奇看来，海德格尔对客观性的要求比舍勒更明显，但实际上，他的本体论的主观主义和神秘主义的特征比舍勒更突出。"正因为这样，海德格尔的本体论越是

---

① ［匈］格奥尔格·卢卡奇：《理性的毁灭》，1980 年英文版，第 476—477 页。(Georg Lukacs, *Destruction of Reason*, London：Merlin Press, 1980, pp. 476-477.——编者注)

② 同上书，第 483 页。

③ 同上书，第 480 页。

④ 同上书，第 489 页。

展示它的真正的本质，就越显出非理性主义的倾向。"①与海德格尔同时代的雅斯贝尔斯的生存哲学也继承了生命哲学的非理性主义的路线。卢卡奇认为，虽然雅斯贝尔斯纯粹出于私人的原因，没有像海德格尔那样作为法西斯分子公开出场，并在第二次世界大战后力图把自己打扮成一个反法西斯主义者，但这种差别丝毫改变不了基本事实，"就他们的哲学的实质而言，他们两个人都为法西斯的非理性主义铺平了道路"②。

生命哲学在其演化的道路上，最后蜕变为以克拉格斯（Klages）、荣格尔（Jünger）、鲍姆莱尔（Bäumler）、玻姆（Böhm）、克利克（Krieck）、罗森贝格（Rosenberg）等人为代表的法西斯主义理论家。卢卡奇评论道："在向法西斯主义的转变中，生命哲学产生出几个好战的思想家，他们的作品以社会和政治的术语来说明生与死的对立，这些作品对理性的毁灭具有社会的特征。"③

最后，卢卡奇分析了德国新黑格尔主义的非理性主义倾向。德国新黑格尔主义的复兴是以晚年狄尔泰的著作《青年黑格尔》为起始点的。在卢卡奇看来，狄尔泰从生命哲学的立场出发曲解了青年黑格尔的思想，"他使黑格尔直接接近帝国主义时期的非理性主义的'生命哲学'，而这一哲学的最重要的创始人正是狄尔泰本人。可以确定的是，他把'生命哲学'塞进了青年黑格尔的思想中，断定青年黑格尔有一个'神秘的泛神论'时期。狄尔泰认为，在这个时期，黑格尔代表了生命哲学：'他以生命的概念规定了全部实在的特征'"④。在某种意义上，狄尔泰对青年黑格尔的解释奠定了第一次世界大战后新黑格尔主义复兴的基本倾向。新黑格尔主义的代表人物克罗纳在《从康德到黑格尔》（1921—1924）一书

---

① ［匈］格奥尔格·卢卡奇：《理性的毁灭》，1980 年英文版，第 505 页。（Georg Lukacs, *Destruction of Reason*, London: Merlin Press, 1980, p. 505. ——编者注）

② 同上书，第 522 页。

③ 同上书，第 527 页。

④ 同上书，第 554 页。

中，甚至连青年黑格尔和晚年黑格尔的区分也不做，就笼统地把黑格尔称为非理性主义者。他这样写道："黑格尔无疑是一位哲学史上所知道的最伟大的非理性主义者。在他以前，还没有哪位思想家能够像他那样如此强烈地使概念非理性化，像他那样通过概念如此深刻地阐明了非理性主义。……黑格尔是非理性主义者，因为他使思维中的非理性物发挥了效力，因为他使思维本身非理性化了……他是非理性主义者，因为他是辩证法家，因为辩证法本来就是按照理性的方式产生出来的作为一种方法的非理性主义——因为辩证的思维就是理性—非理性的思维。"①卢卡奇引证了克罗纳的这段论述，认为这是新黑格尔主义向非理性主义的生命哲学转变的一个明证，因为新黑格尔主义者不但把黑格尔的主要观念非理性主义化了，甚至也把他的辩证法非理性主义化了。在卢卡奇看来，这个被复兴了的黑格尔已不再是原来意义上的真正的黑格尔了。

上面是卢卡奇对现代德国哲学从尼采和以狄尔泰为肇始人的生命哲学向法西斯主义演化的轨迹所做的一个简略的考察。正如卢卡奇所申明的，他并不想把尼采、狄尔泰写成法西斯主义的自觉的先驱者，事实上，这样写也是不符合历史发展的真情的。对于卢卡奇来说，重要的不是对哲学家的主观意图做心理分析，重要的是考察哲学思想发展的客观辩证法。值得注意的是，卢卡奇对德国帝国主义时期的非理性主义思潮的分析并没有局限在哲学的领域里，他分析了非理性主义是如何在斐迪南·托尼斯（Ferdinand Tönnies）、马克斯·韦伯、阿尔弗莱特·韦伯（Alfred Weber）、卡尔·施密特（Carl Schmitt）等社会学家的著作中表现出来的；也分析了哥比诺（Gobineau）、张伯伦（H. S. Chamberlain）的种族主义和龚普洛维奇（Gumplowicz）等人的社会达尔文主义所蕴含的非理性主义是如何对法西斯主义的世界观的形成发生决定性影响的。总之，卢卡奇对德国帝国主义时期的非理性主义的描绘是全方位的，也是发人

---

① 张世英：《新黑格尔主义论著选辑》上卷，商务印书馆 1997 年版，第 574 页。

深省的。

(4)第二次世界大战后非理性主义发展的新态势。

在《理性的毁灭》的"后记"——"论战后的非理性主义"中,卢卡奇以敏锐的眼光分析了"战后非理性主义"(post-war irrationalism)发展的新态势。

首先,卢卡奇指出,"实用主义"(pragmatism)已经成了非理性主义的新的表现形式。早在第一次世界大战以前,实用主义已经在讲英语的国家,尤其是美国产生了重要的影响。卢卡奇在《理性的毁灭》的"序言"中这样写道:"在实用主义的拥戴者中,我在这里只简要地讨论其最杰出的代表——威廉·詹姆士。就其哲学本质而言,实用主义在结论上虽然走得并不远,但其非理性主义远比克罗齐的思想要彻底。詹姆士为性质完全不同的公众提供了非理性主义作为世界观的代用品。"①如果说克罗齐的非理性主义主要表现在他对黑格尔的辩证法的拒斥的话,那么詹姆士的实用主义则直截了当地把有用的东西理解为真理,从而使非理性主义直接对公众产生了巨大的影响。在第二次世界大战后,实用主义的非理性主义的本质以更鲜明的方式表现出来。在美、英等国的努力下,反法西斯主义的联盟很快地瓦解了,代之而起的则是反对共产主义的"十字军东征"。事实上,在卢卡奇看来,实用主义的信徒们以某种方式继承了法西斯主义反对共产主义的非理性主义路线。

其次,卢卡奇认为,以维特根斯坦为代表的语义哲学也是战后非理性主义的变种之一。维特根斯坦在《逻辑哲学论》中强调,语言分析涉及的只是科学的问题,但还完全没有触及生活问题。生活本身是神秘的,它只能被显示出来,而不能被说出来。在卢卡奇看来,维特根斯坦的这一见解表明,生活问题是无法从理性的角度加以说明的,"因此,在这

---

① [匈]格奥尔格·卢卡奇:《理性的毁灭》,1980 年英文版,第 20 页。(Georg Lukacs, *Destruction of Reason*, London: Merlin Press, 1980, p. 20. ——编者注)

种'严格科学的'、直接的辩护中，非理性主义从每一个毛孔中流露出来"①。乍看起来，以维特根斯坦为代表的语义哲学十分重视理性和语言分析的哲学，实际上，这一哲学真正重视的仍然是生活世界的非理性的、神秘主义的特征。

最后，卢卡奇强调，存在主义思潮在战后的复兴也是非理性主义复活的一个重要的标志。一方面，海德格尔不但竭力为自己在 20 世纪 30 年代中与纳粹的关系进行开脱，对纳粹在第二次世界大战中的一系列暴行保持沉默，而且继续坚持这样的观点，即理性是思想的最顽固的敌手；另一方面，在存在主义的先驱——克尔凯郭尔的影响下，存在主义思潮的另一位重要的代表人物雅斯贝尔斯也处处表达出对理性的软弱无能的绝望，从而对战后非理性主义的蔓延起了推波助澜的作用。

在卢卡奇看来，只有马克思主义才是理性和理性主义传统的积极的捍卫者。事实上，也只有维护理性的尊严，整个人类社会才能沿着健康的轨道向前发展。《理性的毁灭》这部重要的著作体现出作为马克思主义者的卢卡奇对现实问题的关注和思索，也充分反映出他在理论上的独创性，然而，从学理上看，这部著作又有着浓厚的意识形态的气息，缺乏深入细致的理论分析。

2.《审美特性》(1963)

众所周知，文艺和美学理论是卢卡奇一生探索的重要主题之一。晚年卢卡奇更是倾注了大量的心血来研究这一主题，计划在马克思主义反映论的基础上，建立一个庞大的美学体系。这一计划中的体系的第一部分是《审美特性》，第二部分是《艺术作品和审美态度》，第三部分是《作为社会历史现象的艺术》。由于卢卡奇后来转向对社会存在本体论的研究，他只完成了整个计划的第一部分，即《审美特性》，而第二部分和第

---

① ［匈］格奥尔格·卢卡奇：《理性的毁灭》，1980 年英文版，第 784 页。(Georg Lukacs, *Destruction of Reason*, trans. Peter Palmer, London: Merlin Press, 1980, p. 784.——编者注)

三部分均未完成。①

《审美特性》也是大部头的著作，全书除导言外，有正文十六章，总共约 1700 页。在某种意义上，这是一部哲学著作。这不仅因为，卢卡奇坚持这样的见解，即"美学始终是一个哲学的学科"（eine philosophische Disziplin）②，因而始终从哲学出发去理解并阐述审美问题；而且还因为，在他计划建立的庞大的美学体系中，《审美特性》作为第一部分，其使命就是为卢卡奇试图建立的新美学理论奠定基础。为此，他在该书的导言中这样写道："放在我们面前的这部著作，在其质和量上具有决定性意义的部分，是对现实审美反映的特殊本质的探索。按照本书的意图，这一探索是以哲学的方式进行的……"③因此，我们在评述这部著作时，主要的着眼点是卢卡奇引入美学研究中的基本的哲学观点，换言之，我们所探索的也就是体现在他的美学理论中的基础性的哲学观念。

卢卡奇还强调，为了在美学研究中准确地提出问题并解答问题，他决定以辩证唯物主义所蕴含的丰富的辩证法思想作为自己的出发点。为此，他区分了两种不同的方法：一种是"定义的方法"（die Methode der Definition）；另一种是"规定的方法"（die Methode der Bestimungen）。④在卢卡奇看来，前一种方法是将某种孤立的、局部性的因素理解为全局性的、终极性的东西，这必定会导致对各种现象，尤其是审美现象的本

① 晚年卢卡奇在一次关于自己生平的谈话中，与记者有如下一段对话：

记者：在这个时期，您除了《美学》还撰写什么？

卢卡奇：我为《本体论》的写作做准备。实际上，《美学》是《本体论》的准备阶段，因为在那部著作中，审美已被看作存在，尤其是社会存在的一个环节。

见［匈］伊斯特万·艾尔希：《格奥尔格·卢卡奇：生平记录》，1983 年英文版，第 135 页。（Istvan Eorsi, *Record of a Life: An Autobiographical Sketch*, London: Verso Books, 1983, p. 135.——编者注）

② ［匈］格奥尔格·卢卡奇：《审美特性》第 2 卷，1987 年德文版，第 6 页。（Georg Lukacs, *Die Eigenart des Asthetischen*（Band 2）, Berlin, Weimar: Aufbau-Verlag, 1987, S. 6.——编者注）

③ ［匈］格奥尔格·卢卡奇：《审美特性》第 1 卷，1987 年德文版，第 17 页。（Georg Lukacs, *Die Eigenart des Asthetischen*（Band 1）, Berlin, Weimar: Aufbau-Verlag, 1987, S. 17.——编者注）

④ 同上书，第 23—24 页。

质特性的曲解，从而陷入机械论的立场；后一种方法则奠基于辩证法，意识到每一个现象都不能被孤立地看待，因为每一个现象都处在无限丰富的、具体的联系中。与定义不同，规定既有确定性的一面，又有不确定性的一面，它只是引导我们逐步接近事物真理的阶梯。

在《审美特性》一书中，卢卡奇主要论述了下面这些问题。

第一，日常生活是一切审美活动和科学思维的基础。

卢卡奇认为，无论是传统的认识论研究，还是美学研究，都忽略了日常生活这一根本性的基础和出发点。这种忽略的代价是：人们或者满足于主观唯心主义的呓语，或者停留在抽象的、无谓的争论中。美学研究要告别这种窘迫的情形，就必须把日常生活作为全部研究的起点。在《审美特性》的导言中，卢卡奇开宗明义地写道："弄清楚审美态度在人的全部活动及人对外部世界的各种反应中所处的地位，弄清楚由此而产生的审美想象、范畴建构（它们的结构形式等）与对客观现实的其他反映方式之间的关系，是绝对必要的。通过对这些关系的公正的考察，大致可以得出这样的印象：人们在日常生活（Alltagsleben）中的态度是始源性的，虽然日常生活这一领域对于了解更高的和更复杂的反映方式来说是十分重要的，但它并没有受到详尽的探索。……人们的日常态度（Alltagsverhalten）既是每个人活动的起点，同时也是其终点。换言之，如果把日常生活看作一条大河，那么从这条大河中分出了科学和艺术这两条支流，它们是对现实的更高的感受形式和再现形式，它们相互区别并构成了相应的特殊的目标，从而在源于社会生活的需要中达到了它们的纯粹的形式——特性（Eigenart），通过对人们生活的作用和影响，它们又重新注入日常生活的大河。"[1]在卢卡奇看来，不管人们实际上是否意识到这一点，日常生活总是人们从事一切其他活动，如科学研究活动、审美活动等的起点；同时，人们在从事其他活动时产生的结果也会反过来

---

① ［匈］格奥尔格·卢卡奇：《审美特性》第 1 卷，1987 年德文版，第 7—8 页。(Georg Lukacs, *Die Eigenart des Asthetischen* (*Band 1*), Berlin, Weimar: Aufbau-Verlag, 1987, S. 7-8. ——编者注)

影响他们的日常生活，从而使日常生活发生变化。然而，日常生活是不可能被其他活动取代的，它总是处于基础的层面上，制约着人们对一切其他活动的兴趣、进程、结果和发生影响的范围。

卢卡奇认为，日常生活主要是由日常劳动、日常语言、日常思维和传统习俗等诸多因素组成的。如果说，日常劳动是人们的生存活动，日常语言和日常思维是人们交流思想的工具的话，那么，传统习俗也是日常生活的一个不可或缺的组成部分。没有传统习俗，日常生活就无法顺利地进行，人们的思维也无法迅速地对外部世界做出反应。在卢卡奇看来，日常生活的最本质的特征是"直接性"（Unmittelbarkeit）。所谓"直接性"，也就是在日常生活中自然而然地表现出来的倾向。卢卡奇写道："这里提到的日常生活和日常思维的直接性的特性最清楚不过地表现在这一领域的自发的唯物主义的方式中。"①正是这种自发的唯物主义的方式构成了日常思维的本质特征："这种自发性的优点和弱点可以从另一个角度清楚地说明日常思维的特性。其优点在于，没有任何一种唯心主义的、唯我论的世界观能够阻止这种日常生活和日常思维中的自发性的作用。当人们在十字路口躲避汽车或等待汽车通过时，没有一个异想天开的贝克莱信徒会有这样的感觉，即这种感觉只与他自己的表象有关，而与关于独立现实的意识无关。这种'存在就是被感知'的观念会在直接行动着的人的日常生活中消失得干干净净。这种自发的唯物主义的弱点在于，它是相当软弱的，可以说根本不具有世界观意义上的融贯性。"②在这里，卢卡奇既肯定了日常生活和日常思维的自发性和丰富性，又批判了其朴素性和肤浅性。一方面，他阐明了日常生活、日常思维与科学思维、审美活动之间的密切关系；另一方面，他也揭示了它们之间存在的重大差别。就后一方面而言，日常思维流于琐碎和浅薄，它既不能以科学的方式

---

① ［匈］格奥尔格・卢卡奇：《审美特性》第 1 卷，1987 年德文版，第 39 页。（Georg Lukacs, *Die Eigenart des Asthetischen*（*Band 1*），Berlin，Weimar：Aufbau-Verlag，1987，S. 39.——编者注）

② 同上书，第 41 页。

准确地反映客观现实，也不能以审美的方式，艺术地反映外部世界。

综上所述，审美活动和科学思维都以日常生活作为自己的基础，一旦撇开这个基础，也就成了无源之水、无本之木。反之，审美活动和科学思维都从不同的角度出发，改造和提升了日常生活和日常思维，从而丰富了人类的精神生活。

第二，审美活动的本质及其特性。

什么是审美活动的本质？在卢卡奇之前，有不少美学家思考了这一问题。19 世纪德国著名的美学家维舍尔（F. T. Vischer，又译为费舍尔）就把审美活动理解为主体想象力的创造活动。卢卡奇不同意这种主观唯心主义式的审美理论，他在马克思主义的辩证唯物主义学说，特别是列宁的反映论的影响下，把审美活动的本质理解为人对外部世界的一种特殊的反映形式，从而独具匠心地提出了"审美反映"（ästhetische Widerspiegelung）的新概念。这一新概念表明，审美活动绝不是主体的任意的想象和创造，而是对外部世界的一种反映。① 卢卡奇强调，他这里所说的"反映"既不是机械唯物主义者所主张的照相式的复制或摹写，也不是主观唯心主义者所主张的、经过主观错觉曲解的外部世界的图像，而是对外部世界的一种能动的反映："辩证唯物主义把世界的物质统一性视为颠扑不破的事实，因而每一种反映都是对统一的现实的反映。……真正的反映产生于人和外部世界的相互作用中，毫无疑问，不是从这种相互作用中产生出来的选择和配置必定是主观上的错觉或曲解，在许多情况下都是如此。"②在卢卡奇看来，意识对外部世界的反映

① 正如 G. 里希特海姆在《卢卡奇》一书中所说的："如果说《审美特性》仍不失为一部重要的著作，那么这并非由于它在篇幅上长得令人可怕，而是因为它在一种淡化了的形式中，保留了一种卢卡奇 30 年前就在一篇论 19 世纪中期德国黑格尔主义者维舍尔的文章中阐述过的观点的某些成分。对卢卡奇来说，真正要紧的问题是从他所谓的'反映'（Widerspiegelung）这个角度去解释（艺术）创造过程。"[英]盖欧尔格·里希特海姆：《卢卡奇》，王少军、晓莎译，中国社会科学出版社 1989 年版，第 195 页。

② ［匈］格奥尔格·卢卡奇：《审美特性》第 1 卷，1987 年德文版，第 30 页。（Georg Lukacs, *Die Eigenart des Asthetischen*（*Band* 1），Berlin，Weimar：Aufbau-Verlag，1987，S. 30.——编者注）

形式不管如何多样，但有一点是共同的，即它们所反映的都是同一个外部世界。正是这一点，决定了不同的反映形式之间的内在的联系。然而，按照卢卡奇的看法，更重要的是要探索不同的反映形式之间存在的差别。不进行这方面的探索，也就无法把审美反映形式与其他反映形式区分开来，从而阐明审美反映的特性。那么，审美反映形式与其他的反映形式之间存在着哪些重要的差别呢？

首先，审美反映形式与日常生活中的反映形式之间存在着重大的差别。卢卡奇写道："科学反映和审美反映的纯粹性，一方面与日常生活的复杂的、混合的形式之间存在着明显的界限，同时，另一方面又不断地消除着这些界限，因为这两种不同的反映形式是从日常生活的需要中形成起来的，并且必须回答日常生活提出的各种问题，而这两种反映形式的许多成果又与日常生活的表现形式混合在一起，使这两种形式显得更概括，更有特色，更丰富，更深刻等，从而使日常生活不断地向更高的水平发展。"①这就告诉我们，一方面，审美反映与日常生活中的日常思维所蕴含的反映形式之间存在着根本性的差别。后一种反映形式是自发的、混杂的、肤浅的，在这种反映形式中，外部世界以凌乱的、缺乏系统性的方式呈现在主体之前；而前一种反映形式则专门从审美这一纯粹的角度出发来把握外部世界，从而使外部世界在主体的感官中呈现出特殊的色彩。另一方面，尽管审美反映在内容上是纯粹的，但在日常生活中，由于进行日常思维和审美反映的是同一个主体，所以，审美反映和日常思维所蕴含的反映形式又是不可截然两分地混合在一起的。在这个意义上，它们之间的界限不断地被消解，但又以更高的形式不断地被重建，从而不但使日常生活和日常思维变得越来越丰富多彩，也使审美反映变得越来越精致，人们在艺术上的创造也达到越来越高的水平。

其次，审美反映形式与科学反映形式之间也存在着重大的差别。卢

---

① ［匈］格奥尔格·卢卡奇：《审美特性》第 1 卷，1987 年德文版，第 29 页。（Georg Lukacs, *Die Eigenart des Asthetischen*（*Band* 1），Berlin, Weimar：Aufbau-Verlag, 1987, S. 29.——编者注）

卡奇认为，无论是科学反映，还是艺术的或审美的反映，它们都是由于日常生活的需要并在日常生活的推动下产生并发展起来的，然而，它们之间又存在着重大的差别。不但它们反映外部世界的方式不同，而且它们反作用于外部世界的方式也是不同的。在这里，关键性的差别涉及卢卡奇所引入的两个新概念，即"拟人化"（Anthropomorphisieren）和"非拟人化"（Desanthropomorphisieren）。这两个概念究竟是什么意思？卢卡奇写道："拟人化和非拟人化的区别正是在这里——究竟是从客观现实出发，把现实本身的内容、范畴等提升到意识中，还是从内部向外部，从人向自然的一种投射。"①正是这两个概念在审美反映和科学反映之间划出了本质性的界限。

按照卢卡奇的看法，"审美原理事实上具有一种拟人化的特性"②。也就是说，审美反映并不像科学反映一样，致力于把外部世界的客观内容准确地提升到意识中，而是努力把自己的情绪、趣味和价值观念投射到外部世界中去。那么，这是不是等于说，审美反映是一种纯粹主观的行为呢？审美反映与卢卡奇前面所批判的维舍尔的观念，即把审美理解为主观想象和创造的唯心主义观点又存在着什么区别呢？卢卡奇指出："我们已经看到，我们越是把审美反映的本质特征具体化，就越清楚地认识到，美学中的拟人化原理——也只有在美学中——绝不是一种主观化，甚至也不是在宗教中所体现出来的、社会必然性意义上的主观化，而是一种独特的客观性，这种客观性与作为审美对象和主体的人类不可分离地联系在一起。"③卢卡奇这里的论述使我们联想起康德在《判断力批判》中的见解，即审美判断作为反思判断与认识论意义上的规定的判断的差别正在于：前者体现为"主观的普遍有效性"，后者则体现为"客

① ［匈］格奥尔格·卢卡奇：《审美特性》第1卷，1987年德文版，第200页。（Georg Lukacs, *Die Eigenart des Asthetischen*（*Band* 1），Berlin，Weimar：Aufbau-Verlag，1987，S. 200.——编者注）

② 同上书，第198页。

③ 同上书，第266页。

观的普遍有效性"。卢卡奇虽然不赞成维舍尔把审美反映理解为主体性的纯粹的创造，或许可以说，也正是在这个意义上，他不使用"审美创造"的概念，而别出心裁地提出了"审美反映"的新概念，但他还是清醒地意识到，审美作为一种"拟人化"的现象，无论如何是审美者的内部世界向外部世界的一种投射，因此，在任何审美活动中，主体方面都起着不可或缺的作用。然而，主观方面的因素又不是以任意的方式发生作用的，如果真是这样的任意性在审美反映中起作用的话，审美反映和日常思维中的反映之间就不存在什么差异了。事实上，"审美反映"中的"反映"这个词就暗示我们，审美活动不是主观上的任意的创造，而是对外部世界的一种反映。在卢卡奇看来，正是这一点决定着审美活动本身的客观性，而康德所说的"主观的普遍有效性"归根到底是以外部世界存在的客观性作为担保的。于是，通过"审美反映"和"拟人化"这两个概念，卢卡奇既强调了审美活动的客观性，又充分肯定了审美活动中必定蕴含的主观方面的、投射性的因素。

那么，科学反映的特性又是什么呢？卢卡奇在论述古代哲学的时候指出："如果人们分析从泰勒斯到德谟克利特和伊壁鸠鲁所达到的方法论的基础，就可以得出两个基本的结论。第一，要真正科学地把握客观现实，只有通过与人格化的（personifizierenden）、拟人化的直观方式的彻底决裂才有可能。对现实的科学的反映形式，不论是就认识的对象还是就主体而言，都是非拟人化的。……关于非拟人化的问题还要指出的第二点是，非拟人化的实现是与哲学唯物主义意识的形成同步的。"[①]在这里，卢卡奇以十分确定的口气告诉我们，与审美反映相反，科学反映的特性乃是"非拟人化"。那么，"非拟人化"的本质特征又是什么呢？卢卡奇写道："无论科学对现实的把握扩展到哪里，都会出现与科学的目标相一致的同质化（Homogenisierung）。"这里所说的"同质化"也就是

---

① ［匈］格奥尔格·卢卡奇：《审美特性》第 1 卷，1987 年德文版，第 134—135 页。(Georg Lukacs, *Die Eigenart des Asthetischen*（*Band* 1），Berlin, Weimar：Aufbau-Verlag, 1987，S. 134-135. ——编者注）

抹掉感性、差异性和多样性的外观，追求整齐划一的表现形式。这种"同质性"不但在数学中得到了典型的表现，而且也渗透在其他一切科学，包括社会科学中。也可以说，这种"同质化"正是"非拟人化"的必然结果，它与审美反映对感性、多样性和差异性的尊重正好构成鲜明的对立。

从哲学史上看，这种"非拟人化"的反映的倾向是与哲学唯物主义的兴起同步的。事实上，早在古希腊爱奥尼亚学派哲学家的自然哲学的思想中，"非拟人化"的倾向就已经存在了，但在柏拉图那里却出现了某种后退，即向"拟人化"倾向的退却，正如卢卡奇所指出的："这种由柏拉图开始的、世界观向拟人化的退却几乎决定了欧洲科学思维近千年之久的命运。并差不多把古代已取得的实际成绩完全遗忘了。"①对传统观念中的"拟人化"倾向的新的冲击始于文艺复兴时代。在这一过程中，培根等哲学家发挥了极其重要的作用。然而，与此同时，在近代哲学中，又出现了一种新的、向"拟人化"退却的现象："近代的倒退倾向表现为一种认识论领域的主观唯心主义。这种倒退的意义在于——由于不可能提出一种具体的、拟人化的世界图像与科学的、非拟人化的世界图像相对立，而不阻碍科学本身的进一步发展——这种主观主义'批判地'否认了人认识客观现实的知识上的需求。科学只能在现象世界进行支配和统治，根本不能对存在者自在存在的世界、对客观现实得出任何结论。这种主观化的哲学唯心主义倒向对客观世界图像的赤裸裸的认识论禁令的立场上去了。"②明眼人一看就知道，卢卡奇在这里批判的实际上是康德哲学。这充分表明，科学反映的"非拟人化"的倾向总是与哲学唯物主义的、自发的、"非拟人化"的倾向结伴，而哲学上的唯心主义思潮又总是通过对"拟人化"的倒退与科学反映相对峙。

---

① ［匈］格奥尔格·卢卡奇：《审美特性》第 1 卷，1987 年德文版，第 143 页。（Georg Lukacs, *Die Eigenart des Asthetischen*（*Band* 1），Berlin, Weimar：Aufbau-Verlag, 1987, S. 143.——编者注）

② 同上书，第 153—154 页。

最后，审美反映的"拟人化"倾向与宗教的"拟人化"倾向之间也存在着重大的差别。卢卡奇写道："从色诺芬尼到费尔巴哈的唯物主义哲学都认为，每一种宗教——从最原始的泛灵论到近代的宗教无神论都具有拟人化的特征。但宗教意义上的'拟人化'与审美反映意义上的'拟人化'究竟存在着什么根本性的差异呢？卢卡奇认为，在古代社会，科学反映、审美反映和宗教态度都以未分化的形式混合在巫术中，在这样的状况下，都以"拟人化"作为自己的特征的审美态度与宗教态度之间还很难区分开来。然而，在人类社会的发展中，这些态度逐步分离，从而审美态度与宗教态度之间的差别也十分清楚地显现出来。卢卡奇指出："与宗教创造的形象相对立的是，艺术创造的形象并不像宗教关于自己所做的断言一样，具有客观现实性的特征，艺术的最深刻的、客观的意图就是达到对此岸世界的拟人化的、以人为中心的映像。"①这就告诉我们，在审美的(亦即艺术的)和宗教的"拟人化"观点之间确实存在着重大的差异：一方面，宗教态度寄希望于超验的彼岸世界，而审美反映则源自现实的此岸世界；另一方面，宗教态度强调自己的创造物具有客观现实性，而审美态度则并不这样看待自己的创造物，它只是把它们理解为外部世界的映像，而非外部世界本身。总之，审美反映是感性的、多样的，它既不同于科学反映的"同质性"，也不同于宗教态度的彼岸性，这也正是审美反映和艺术得以存在的理由。

第三，艺术的起源及其历史命运。

在《审美特性》一书中，卢卡奇既探讨了艺术美的问题，也探讨了自然美的问题。这部著作的整个第十五章就是讨论自然美的。在这一点上，与完全轻视自然美的黑格尔比较起来，卢卡奇的美学观显得更为全面，更为系统。然而，卢卡奇研究美学问题的重点仍然放在艺术上，因为实际上他把艺术理解为人追求自由和解放的最重要的媒介。卢卡奇对

---

① ［匈］格奥尔格·卢卡奇：《审美特性》第 1 卷，1987 年德文版，第 126—127 页。(Georg Lukacs, *Die Eigenart des Asthetischen* (*Band* 1), Berlin, Weimar: Aufbau-Verlag, 1987, S. 126-127. ——编者注)

艺术问题的思考也是以他前面提出的日常生活的理论和审美反映的理论作为自己的出发点的。他的思考主要集中在以下两个问题上。

第一个问题是艺术的起源。卢卡奇认为，这个问题正是审美发生学所要关注的核心问题。他提出的新见解是——艺术起源于"模仿"（Mimesis 或 Nachahmung）。什么是"模仿"呢？他回答道："模仿也就是把对现实的一种现象的反映移到自己的实践中。"①在他看来，每一种高等动物都具有模仿的本能，换言之，模仿是每一种高等动物生存中的一个基本的事实。那么，模仿的实质又是什么呢？他认为，其实质就是承认艺术乃是对外部世界的反映。在某种意义上可以说，卢卡奇的模仿论是从他的审美反映理论中引申出来的一个必然的结果。值得注意的是，卢卡奇强调了模仿是在"实践"中展开的，那么这里说的"实践"又是指原始人的什么活动呢？在他看来，指的就是原始人的巫术活动："人们能够说，模仿艺术形象产生的最原始、最贴近的冲动只是来自巫术表演圈，其意图是通过模仿对世界的事件产生影响。"②原始人对自己所进行的巫术活动是十分认真的，因为他们确信这种活动与自己的全部生活息息相关，且能对现实世界发生真实的影响。在卢卡奇看来，人们的审美活动、审美态度和审美范畴也都是在巫术活动中形成和发展起来的。

第二个问题是艺术和审美中的"反拜物化"（Entfetischisierung）的问题。卢卡奇写道："我们在这里提出了审美反拜物化的使命。"③他在这里说的"拜物化"和"反拜物化"究竟是什么意思呢？在卢卡奇看来，"拜物化"并不是古已有之的，比如，在荷马的神的世界里就不存在着这种"拜物化"。真正的"拜物化"指的是在资本主义社会中，随着科学技术和分工的发展，异化和物化普遍地渗透到人们的日常生活和日常思维中，

---

① ［匈］格奥尔格·卢卡奇：《审美特性》第 1 卷，1987 年德文版，第 329 页。（Georg Lukacs, *Die Eigenart des Ästhetischen*（Band 1），Berlin, Weimar：Aufbau-Verlag, 1987, S. 329. ——编者注）

② 同上书，第 355 页。

③ 同上书，第 705 页。

物的主体化和人的物化成为日益严重的现象。艺术和审美也受到了这种"拜物化"倾向的影响，从而既失去了从总体上批判资本主义社会的能力，也日益陷入媚俗化、颓废化的窘境。在卢卡奇看来，真正的艺术和审美既是对日常生活核心的揭示，又是对它的"拜物化"倾向的批判。所谓"反拜物化"，也就是使艺术和审美重新成为人追求自由和解放的媒介。卢卡奇在《审美特性》第十章的第一节"人是内核还是外壳"（Der Mensch als Kern oder Schale）中引述歌德的诗句——"这个自然之核，难道就不在人的心中？"时写道："人们能够对歌德诗句的意义做这样的概括，人作为内核的存在（das Kern-Sein）与对世界的反拜物化的眼光是同时建立起来的，而人作为外壳的存在（das Schale-Sein）与自身屈从于拜物化的偏见也是同时建立起来的。"①在这里，卢卡奇无非是借用歌德的诗告诉我们，真正的艺术和审美为了确保自己的自由的地位，换言之，艺术家和审美者为了确保自己的独立的地位，就必须与把人视为"外壳"的倾向展开不懈的斗争。这正是真正的艺术和审美的批判、治疗的作用之所在。卢卡奇还进一步强调，马克思的辩证唯物主义能够帮助我们克服当代艺术和审美中出现的种种"拜物化"的倾向。

综上所述，《审美特性》不失为卢卡奇晚年的一部重要的著作。正是在这部著作中，卢卡奇试图从马克思主义的反映论的立场出发，建立起自己的新的审美观和艺术观。应该说，卢卡奇在这方面的功绩，特别是在倡导对马克思主义的美学观念进行研究方面的功绩是不可抹杀的。然而，这部著作也像他后期的其他著作一样，存在着不足之处：一是作者对著作中出现的基本概念的含义缺乏明确的界定，全书在叙述上也比较凌乱，存在着大量的重复；二是作者对当代艺术的积极价值缺乏认识；三是作者对审美反映的"拟人化"及科学反映的"非拟人化"各自的作用和界限没有明晰的说明。

---

① ［匈］格奥尔格·卢卡奇：《审美特性》第 1 卷，1987 年德文版，第 754 页。（Georg Lukacs，*Die Eigenart des Asthetischen*（*Band* 1），Berlin，Weimar：Aufbau-Verlag，1987，S. 754.——编者注）

3.《社会存在本体论》(1971)

这是卢卡奇晚年撰写的最后一部著作，也是他一生哲学思考的一个总结。全书篇幅浩大，共八章，计 1459 页。这部巨著问世后，引起了不同的反响。苏联科学院哲学研究所梅斯里夫钦科主编的《当代国外马克思列宁主义哲学》认为，它"在辩证唯物主义和历史唯物主义范畴的研究中占有特殊的地位"①。英国学者帕金森则强调，卢卡奇的《社会存在本体论》"尽管有时用了新术语，但思想却几乎仍是旧的，因为它们绝大部分依然未跳出经典马克思主义的框子。很难看出这样一部作品能在哲学发展中为马克思主义（如其作者所希望的那样）提供生命力"②。有趣的是，卢卡奇的学生，如赫勒、马库斯（G. Markus）等采取的态度是：肯定卢卡奇的早期著作《历史与阶级意识》，而对其晚年的《社会存在本体论》则取批判的，甚至否定的态度。赫勒在《卢卡奇晚期哲学》一文中，怀着复杂的心情，把这部著作看作失败之作，但同时又强调："它不是一个完全的失败，它仍然是 20 世纪一个最重要的知识分子思想的产物。"③

对这部著作的评价堪谓见仁见智，迥然各异，但我们认为，无论如何，这部著作是晚年卢卡奇在理论上做出的一个新的探索，这从这部著作的书名就可以看出来。至少可以说，在卢卡奇以前，没有人使用过"社会存在本体论"这个术语，也没有人从这个角度出发去理解整个马克思主义哲学，而晚年卢卡奇之所以中止美学新体系的建构，放弃《伦理学》的写作，把全部精力集中到对《社会存在本体论》的写作上，这至少表明他自己强烈地意识到这部著作的重要性。这部著作的主要内容如下。

---

① ［苏联］A. Г. 梅斯里夫钦科：《当代国外马克思列宁主义哲学》上卷，中共中央编译局研究室译，社会科学文献出版社 1986 年版，第 61 页。

② ［英］G. H. R. 帕金森：《格奥尔格·卢卡奇》，翁绍军译，上海人民出版社 1999 年版，第 232 页。

③ ［匈］阿格妮丝·赫勒：《重新评价卢卡奇》，1983 年英文版，第 190 页。（Agnes Heller ed., *Lukacs Reappraised*, New York: Columbia University Press, 1983, p. 190.——编者注）

（1）存在的含义与类型。

卢卡奇认为，在传统的本体论研究中，"存在的本质性的东西"完全被淡化了，甚至完全消失不见了。在当代本体论的研究中，要恢复这种东西，就必须从日常生活出发来探索存在问题。"如果不到人们的日常生活的最简单的事实中去寻找对社会存在进行本体论考察的第一出发点，这种考察根本上是不可能的。为了揭示这种最原始状态的事实，我们必须提醒人们记起一个常常被遗忘的平凡的道理，即人们只能追猎一只存在的兔子，只能采集一颗存在着的草莓等。"①这就告诉我们，"存在的本质性的东西"也就是在日常生活中显现出来的个别事物。在卢卡奇看来，关于本体论问题的任何思考一旦失去个别事物存在这一基本的前提，必然会因主观主义而自行瓦解。

然而，人们在日常生活中感受到的一切是否都是真实的存在呢？卢卡奇的答案是否定的。他认为，即使在日常生活中，现实的存在也常常会以颠倒的方式显现出来。之所以会形成这样的情况，是因为人类生存的一个基本事实，即人类永远不可能在完全正确地理解了外部世界后才行动。在这个意义上可以说，人类的行为永远是尝试性的：一方面，外部世界是无限复杂的，有时候现实的存在的显现与它的本质是不相吻合的；另一方面，人们的认识能力也存在着种种局限性。有时候会从草率的类比出发去看待并描绘存在，还有的时候，人们会把自己意识到的存在的一些环节与存在本身混淆起来。所以卢卡奇说："人们固然必须从直接的日常生活出发，但同时又必须超越这种直接性，才能把握住真正自在的存在。"②那么，怎么做才能超越这种直接性呢？卢卡奇强调，人们必须不断地对自己在把握存在时所使用的思维方式进行批判性的考察，以达到正确地观察事物的方式。然而，思维方式并不是孤立的，它

---

① ［匈］格奥尔格·卢卡奇：《社会存在本体论》第 1 卷，1984 年德文版，第 9 页。
(Georg Lukacs, *Zur Ontologie des gesellschaftlichen Seins*（*Band* 1），München：
Luchterhand Verlag, 1984, S. 9.——编者注)

② 同上书，第 9—10 页。

又涉及意识形态，"我们这里说的意识形态既可以促使人们接近存在，又可以促使人们睽离存在"①。特别是在社会发生重大的危机或转折的时候，意识形态会成为一种巨大的精神力量，对人们的观察方式和思维方式产生巨大的影响，所以，"当人们从理论上研究存在的问题时，这类意识形态对这一问题的提出和解决都会产生影响"②。

在卢卡奇看来，由于上述种种因素的影响，人们在考察存在问题时，远离真正的存在的现象是屡见不鲜的。从哲学史上看，中世纪关于"上帝存在的本体论证明"的争论就不要去说了，康德的抽象的"自在之物"、黑格尔的以主客体的同一性为基本特征的"逻辑化的历史本体论"，以及当代存在主义和新实证主义哲学家关于存在问题的种种学说，都是误解乃至曲解存在问题的具体表现。比如，卡尔纳普作为新实证主义者可以说，当工程师们在测量一座高山时，他们在哲学上对这座高山的存在性质取何种态度，对他们的测量结果是毫无影响的。听起来这个说法是很正确的，但是，"即使是在高度发展的技术控制时代，人们也只能测量现实地存在着的山岭，即使人们把这种存在说成是纯粹经验的，因而在科学理论方面是没有意义的，但也丝毫不能从本质上改变这一事实"③。从科学史上看，古希腊哲学家毕达哥拉斯关于把数的东西当作存在的真正的实存方式的理论、以"地心说"为特征的托勒密的天文学说都曾对古代、中世纪乃至近代以来人们的思维方式产生过重大的影响。从宗教发展史上看，宗教意识形态对人们的思维方式的影响尤其巨大，它总是以颠倒的方式展现出存在的世界，使人们与存在的真理失之交臂。所以卢卡奇说："为了能够接近真正的存在，人们必须克服巨大的社会障碍。"④那么，人们的认识如何才能通达真正的存在呢？卢卡奇认

①　[匈]格奥尔格·卢卡奇：《社会存在本体论》第 1 卷，1984 年德文版，第 10 页。(Georg Lukacs, *Zur Ontologie des gesellschaftlichen Seins（Band 1）*, München: Luchterhand Verlag, 1984, S. 10.——编者注)

②　同上书，第 10 页。

③　同上书，第 11 页。

④　同上书，第 12 页。

为，人们只有把对日常生活的实践的体验与对现实性的科学的把握正确地结合起来，接近真正的存在才是可能的。

从上面的论述可以看出，卢卡奇讨论存在问题，与黑格尔、海德格尔、萨特这类哲学家完全不同。他既不考察"存在"概念演化的历史，也不分析这一概念的内涵，更不说明"存在"与"存在物"之间的区别和联系。显然，他主要是从日常生活的自然语言出发来谈论存在问题的。关于"存在"他说了许多话，可是没有一句是关于存在本身的。也就是说，"存在"概念在他那里只具有指称的功能，即用它来指称自在地存在着的个别事物，如兔子、草莓、高山等。所以，卢卡奇在这里谈论的不是"存在"概念，而实际上是"存在物"的概念。毋庸讳言，在下面关于存在类型的讨论中，他真正涉及的也只是"存在物"的类型问题。

卢卡奇告诉我们，"存在"（Sein）可以划分为三大类型：一是"无机自然"（anorganische Natur），二是"有机自然"（organische Natur），三是"社会"（Gesellschaft）。那么，存在的这三大类型的关系又是如何的呢？卢卡奇写道："三大类型的存在是同时并存的，它们也总是同时对人的存在和实践发生影响。这里必须坚持的是，既要认识每一种存在方式的特性，又要认识这种存在方式同其他存在方式之间的具体联系、相互作用和相互关系等，从而为我们的世界观奠定正确的本体论基础。"[①]这段论述为我们理解三大存在类型之间的关系提供了一个总纲，但从内容上看，还不够具体。在具体分析它们的关系之前，还必须注意到下面这些术语，即卢卡奇经常把"无机自然"和"有机自然"合称为"自然存在"（das Natursein），把"社会"称为"社会存在"（das gesellschaftliche Sein）。与"自然存在"相对应的是"自然本体论"（Ontologie des Naturseins）或"一般本体论"（die allgemeine Ontologie）；而与"社会存在"相对应的则是"社会存在本体论"（Ontologie des gesellschaftlichen Seins）。下面，我们对三大

---

① ［匈］格奥尔格·卢卡奇：《社会存在本体论》第 1 卷，1984 年德文版，第 13 页。（Georg Lukacs, *Zur Ontologie des gesellschaftlichen Seins*（*Band* 1），München：Luchterhand Verlag, 1984，S. 13.——编者注）

存在类型之间的关系进行具体的考察。

第一，这三大类型虽然是同时并存的，但按照卢卡奇的看法，从结构上看，无机自然是有机自然的基础，无机自然和有机自然又是社会的基础。换言之，自然存在是社会存在的基础。卢卡奇写道："生命领域的存在也是无法扬弃地以无机自然为基础的，正像社会存在以整个自然存在为基础一样。"①在卢卡奇看来，存在主义哲学家总是把社会存在与自然存在对立起来，把后者看作附带性的东西，这就使他们无法正确地把握存在的总体图景。

第二，从历史学的或发生学的眼光来看，从无机自然的发展中产生出有机自然，再从有机自然的发展中产生出人类社会，这是一个不可逆的过程。所以，卢卡奇说："根本的问题在于，要把三大存在方式的归根到底的统一、它们在这一统一体内部的结构差异以及它们在世界的巨大的不可逆过程中的先后次序理解为从本体论上进行自我思考的核心"②。然而，卢卡奇又强调，不应该曲解这种不可逆性，把低级的存在类型对较高级的存在类型的约束力绝对化。旧唯物主义者把适应于无机自然界的因果律无条件地推广到其他存在类型中，社会达尔文主义者、弗洛伊德主义者把有机自然变化的规律无条件地运用到人类社会中，都是错误的。

第三，三大存在类型在"合类性"（Gattungsmäβigkeit）问题上有区别。卢卡奇认为，在无机世界中，不存在任何关于合类性意识的最弱小的萌芽，所以在这个存在领域里，我们只能谈论客观上可确认的（无声的）、不变的合类性。在有机自然中，涉及的虽然是有机体的生灭和再生产的问题，但在这个领域中起作用的仍然是无声的合类性。然而，与无机自然不同的是，有机自然的合类性是可以变化的，不过这样的变化

---

① ［匈］格奥尔格·卢卡奇：《社会存在本体论》第 1 卷，1984 年德文版，第 129 页。(Georg Lukacs, *Zur Ontologie des gesellschaftlichen Seins（Band* 1），München：Luchterhand Verlag, 1984, S. 129.——编者注)

② 同上书，第 26 页。

不是有机体个体自觉地加以实现的，而是在环境变化的长期作用下缓慢地进行的。与这两种存在类型不同的是，在社会存在领域中，这种无声的合类性被克服了。卢卡奇认为，这一过程的完成具有不可估量的重要性。社会存在领域中的合类性与自然存在领域中的合类性有着本质的区别，因为这种合类性是人的合类性，是人的全部社会关系的总和。当然，人的合类性也会变化，但这种变化与有机自然的合类性的变化不同，它源于人的自觉的历史活动。按照马克思的观点，人类自古至今乃至实现共产主义社会的全部历史，不过是人的合类性的史前史，而"真正的人的合类性仅仅在于，个人要把自己发展成人格，进而把从人格向类的提升作为这种发展的特殊任务，并以此作为衡量自己人格实现的尺度。只有自觉地使自己的人格需要向类与个体的统一的目标发展，真正地和完全地克服无声性的最后残余，才能作为完美的人格而成为人类历史的积极的主体"①。

第四，就自然存在与社会存在的最根本的区别而言，前者是无目的性可言的（那种关于自然的浅薄的目的论的观念完全是人臆造出来的），而后者则是以人的实践活动的目的性为基础的。卢卡奇写道："整个社会存在，就其基本的本体论特征而言，是建筑在人类实践的目的性设定的基础上的。"②社会存在的其他特征都与目的性息息相关。

在论述卢卡奇关于自然存在与社会存在的关系时，我们还应当注意到他下面的三个见解。一是把社会存在称作"第二自然"（die zweite Natur）。他这样写道："如果我们从本体论上来考察这个问题，很快就会明白，整个第二自然是人类自己完成的对第一自然的改造。对于生活在第

① ［匈］格奥尔格·卢卡奇：《社会存在本体论》第 1 卷，1984 年德文版，第 72 页。(Georg Lukacs, *Zur Ontologie des gesellschaftlichen Seins*（Band 1），München：Luchterhand Verlag, 1984，s. 72. ——编者注）

② ［匈］格奥尔格·卢卡奇：《社会存在本体论》第 2 卷，1986 年德文版，第 309 页。(Georg Lukacs, *Zur Ontologie des gesellschaftlichen Seins*（Band 2），München：Luchterhand Verlag, 1986，S. 309. ——编者注）

二自然中的人来说，第二自然是作为他自己的合类性生产而与他相对应的。"①第二自然与第一自然的区别在于，第一自然不是人类创造的，第二自然才是人类创造的，但第二自然并不是人类凭空创造的，而是在第一自然的基础上创造出来的。卢卡奇之所以使用"第一自然"和"第二自然"的提法，一方面是为了说明第二自然对第一自然的依赖作用，另一方面是为了以更形象的方式来说明社会存在作为第二自然与自然存在作为第一自然之间的区别。二是对"自然辩证法"（die Dialektik in der Natur)的态度。在《历史与阶级意识》这部早期著作中，卢卡奇对恩格斯的自然辩证法取否定的态度，晚年卢卡奇从本体论上重新检视了这个问题，认为自然辩证法是不应该被否定的。他说："这本书的基本的本体论错误是我只承认在社会中的存在才是真正的存在，由于自然辩证法被否认，马克思主义从无机自然推出有机自然，再从有机自然通过劳动范畴推出社会的那种普遍性就消失了。"②所以，晚年卢卡奇重新肯定自然辩证法，以便为其社会存在本体论提供一个一般本体论的前提。也就是说，社会存在本体论是以社会存在作为研究对象的，而一般本体论（或自然本体论、自然辩证法）则是以自然存在作为研究对象的。正是在这个意义上，卢卡奇写道："当我们和马克思一起把我们自己的社会存在方式的历史理解为一种不可逆的过程时，所有那些被人们称为自然辩证法的东西就显现为这种不可逆过程的前史。"③三是关于"自然限制的退却"（ein Zurückweichen der Naturschranken）的问题。卢卡奇认为，随着人类社会的发展，随着人类对自然的改造活动的深入，自然存在就其广

---

① ［匈］格奥尔格·卢卡奇：《社会存在本体论》第 2 卷，1986 年德文版，第 206 页。(Georg Lukacs, *Zur Ontologie des gesellschaftlichen Seins* (*Band 1*)，München：Luchterhand Verlag，1986，S. 206. ——编者注)

② ［匈］伊斯特万·艾尔希：《格奥尔格·卢卡奇：生平记录》，1983 年英文版，第 77 页。(Istvan Eorsi, *Record of a Life：An Autobiographical Sketch*，London：Verso Books，1983，p. 77. ——编者注)

③ ［匈］格奥尔格·卢卡奇：《社会存在本体论》第 1 卷，1984 年德文版，第 214 页。(Georg Lukacs, *Zur Ontologie des gesellschaftlichen Seins* (*Band 1*)，München：Luchterhand Verlag，1984，S. 214. ——编者注)

度和深度而言不断地被社会化，但自然存在不会消失，自然存在对社会存在的限制也不会消失。卢卡奇在谈到马克思关于人成为人的过程将导致自然限制的退却时，这样写道："重要的是必须强调指出，这里谈的是自然限制的退却，而不是自然限制的消失，而且从来也没有人说过人类会完全扬弃这些限制。"①卢卡奇通过"自然限制的退却"的概念，既肯定了社会存在的重要性，又表明了其局限性，即社会存在永远是以自然存在为基础的。

（2）社会存在的基本问题和主要特征。

这里说的社会存在的基本问题指的是社会存在与意识的关系问题。卢卡奇这样写道："意识是社会存在这一特定存在方式的产物，它在这种存在方式中起着极为重要的作用。但是，存在的绝大部分，即我们称为自然界的部分，它的运动、作用等等，完全不依赖于是否存在着一种能够感觉到这些规定性、联系和过程等并由此而引申出各种结论的意识。……在社会存在中，由于人的目的性活动对它的特殊对象性所起的规定作用，意识就扮演了一个十分重要的角色，但绝不能由此而认为，无论是在有机界、无机界，还是社会存在中，对象性、过程等等与意识有某种存在上的依赖关系。"②这段重要的论述具有以下四层含义：第一，意识是社会存在的产物，但意识作为产物并不在社会存在之外，它本身就是社会存在的一个不可或缺的组成部分，并在其中发挥着极其重要的作用。第二，作为社会存在基础的自然存在，它的运动、作用等等，完全是不依赖于意识而存在的。第三，虽然人的社会活动引起了自然界的变化，甚至重大的变化，但这丝毫不能改变本体论上的一个基本事实，即自然存在是不依赖于意识而独立存在的。任何把只适用于社会存在的范畴关系运用到自然存在中去的做法都会在本体论意义上歪曲存

---

① ［匈］格奥尔格·卢卡奇：《社会存在本体论》第 1 卷，1984 年德文版，第 13 页。(Georg Lukacs, *Zur Ontologie des gesellschaftlichen Seins*（*Band* 1），München：Luchterhand Verlag，1984，S. 131.——编者注）

② 同上书，第 211—212 页。

在，并制造出关于自然存在的种种神话来。第四，尽管社会存在蕴含着意识，但是社会存在的总体变化也是不以某个人或某些人的主观意识为转移的。

众所周知，关于社会存在与意识关系问题的探讨必然会涉及马克思关于"不是人们的意识决定着人们的存在，相反是人们的社会存在决定着人们的意识"的著名论述。卢卡奇又是怎样看待马克思的这一论述的呢？他认为，在这段论述中，马克思只是从一般的意义上提到社会存在对意识的决定作用，并没有强调意识本身也蕴含在社会存在中。所以，这段话常常引起从第二国际到斯大林时期的庸俗唯物主义者的误解，仿佛马克思本人把社会存在与意识分离开来并对立起来了。其实，正如卢卡奇所指出的："社会存在与意识的形而上学的对立，与马克思的本体论完全是相冲突的，在马克思的本体论中，每一种社会存在都与意识的行为（选择的确定）不可分割地联系在一起。"①马克思强调的仅仅是作为整体的社会存在相对于意识部分而言在本体论上的优先性，因为现代生物学已经证明，意识只是物质发展到一定阶段的产物。从有机体对环境的物理的、化学的反应到人的意识的形成经历了漫长的历史发展，意识只是到社会存在的阶段上才成为可能。而即使在社会存在的阶段上，人的存在的生产和再生产对于意识而言，在本体论上也具有优先的地位。在卢卡奇看来，要确立真正的社会存在本体论，不但不能像庸俗唯物主义者那样，把社会存在与意识对立起来，而且必须清醒地认识到，意识是社会存在的一个有机的组成部分。从本体论上看，社会存在可以分为两个异质的环节：存在及其在意识中的反映，而"这种二元性正是社会存在的基本事实"②。事实上，人类正是凭借着这种二元性才从动物界

---

① ［匈］格奥尔格·卢卡奇：《社会存在本体论》第 1 卷，1984 年德文版，第 675 页。(Georg Lukacs, *Zur Ontologie des gesellschaftlichen Seins* (*Band* 1), München：Luchterhand Verlag，1984，S. 675.——编者注)

② ［匈］格奥尔格·卢卡奇：《社会存在本体论》第 2 卷，1986 年德文版，第 30 页。(Georg Lukacs, *Zur Ontologie des gesellschaftlichen Seins* (*Band* 2), München：Luchterhand Verlag，1986，S. 30.——编者注)

脱颖而出的。卢卡奇认为，要认识这种二元性，最好的办法是考察人的实践活动："社会存在作为人类对其环境的积极的响应，首要地和无法扬弃地以实践为基础。所以，只有从这种实践的真实的存在的性质出发，对其前提、本质和后果等等进行本体论考察，才能把握这种存在的所有现实的、相关的标志。当然，这并不意味着从理论上忽视前面已论述过的、对各种存在类型以及它们依次产生的过程进行历史的考察。恰恰相反，正是实践在社会存在中拥有的本体论意义上的核心地位，成了考察从有机自然的存在领域里对周围事物的单纯消极的适应方式到社会存在的这一过程的钥匙。"①按照卢卡奇的观点，既然人类的实践活动是社会存在的基础和核心，而实践作为人的有意识、有目的的活动，是主观见之于客观的活动，所以通过对实践的前提、本质和后果的分析，也就能理解并把握社会存在的这种二元性。为了深入地论述社会存在的本质，卢卡奇的分析没有停留在实践概念上，他进一步强调，劳动乃是"第一实践"（die erste Praxis）。恰恰是伴随着劳动，在社会存在中出现了先前的无机自然和有机自然都不具有的新的质的范畴，即目的性："正是马克思的劳动理论，即把劳动理解为有目的的、创造性的存在物的唯一的生存方式的理论，第一次确定了社会存在的特性。"②人类的意识和语言正是在劳动的过程中产生和发展起来的。所以，卢卡奇指出，人不是像存在主义者所说的，是被抛掷到这个世界上来的，人是在劳动中创造出来的。劳动不仅使人从自然存在中脱颖而出，而且也促成了存在的新的类型，即社会存在。卢卡奇认为，在这方面，恩格斯关于劳动在人类诞生的过程中所起的根本作用的论述具有极为重要的理论意义。

从上面的分析可以看出，卢卡奇不仅阐明了社会存在的基本问题，

---

① ［匈］格奥尔格·卢卡奇：《社会存在本体论》第 1 卷，1984 年德文版，第 37 页。（Georg Lukacs，*Zur Ontologie des gesellschaftlichen Seins*（*Band* 1），München：Luchterhand Verlag，1984，S. 37.——编者注）

② ［匈］格奥尔格·卢卡奇：《社会存在本体论》第 2 卷，1986 年德文版，第 25 页。（Georg Lukacs，*Zur Ontologie des gesellschaftlichen Seins*（*Band* 2），München：Luchterhand Verlag，1986，S. 25.——编者注）

即内在于社会存在的那种二元性，而且通过对实践概念，特别是劳动概念的论述，为我们扬弃这一基本问题所蕴含的对立，从而把握整个社会存在指明了方向。下面，我们再来探讨社会存在的基本特征。卢卡奇认为，社会存在具有如下三个基本特征。

其一是目的性（Teleologie）。

按照卢卡奇的看法，在自然存在中，只有纯粹的因果关系而没有任何类型的目的关系；在社会存在中才有因果性和目的性的统一，而这种统一集中体现在作为社会存在的基本事实的实践，尤其是劳动之中。卢卡奇写道："正是劳动把目的性和因果性之间的、以二元论为基础的、统一的相互关系引入存在之中，而在劳动产生之前，自然界只有因果过程。所以，这一由两个方面构成的复合体仅仅存在于劳动及其社会结果中，存在于社会实践中。于是，改造现实的目的性设定的模式就成了一切人类社会实践的本体论基础。"①从哲学史上看，最早对生产劳动的目的性特征做出思考的是亚里士多德，但亚氏在这方面的用力并不多，因为更吸引他的是在有机物的存在方式中表现出来的令人惊奇的合目的性。康德把有机生命规定为"无目的的合目的性"，从而天才地描述了有机存在领域的本体论本质，摧毁了当时流行的肤浅的宗教目的论。然而，由于康德停留在以主体的静观为特征的认识论上，忽视了劳动的作用，忽视了劳动作为人的生存实践活动对人的认识活动的深刻影响，因而不可能从本体论上阐明目的性概念在人类实践活动中的前提性的地位和作用。黑格尔虽然高度重视目的性概念在劳动中的作用，但一方面，他把人类的劳动理解为抽象的精神劳动，另一方面，他把目的性概念扩展为一个普遍性的原则，如在自然哲学中，目的性是机械性和化学性的真理，这就把它神秘化了，模糊了它的本质及它在社会存在本体论中的特殊的意义。

---

① ［匈］格奥尔格·卢卡奇：《社会存在本体论》第 1 卷，1984 年德文版，第 14—15页。（Georg Lukacs, *Zur Ontologie des gesellschaftlichen Seins*（*Band* 1），München：Luchterhand Verlag, 1984, S. 14-15.——编者注）

卢卡奇认为，马克思的卓越贡献在于，除了人类实践和劳动外，他否认任何目的性的存在。在阐述目的性概念在劳动中的地位时，卢卡奇反复引证了马克思下面这段论述："劳动过程结束时得到的结果，在这个过程开始时就已经在劳动者的表象中存在着，即已经观念地存在着。他不仅使自然物发生形式变化，同时他还在自然物中实现自己的目的，这个目的是他所知道的，是作为规律决定着他的活动的方式和方法的，他必须使他的意志服从这个目的。"①卢卡奇认为，尽管马克思把目的性概念限制在人类实践和劳动的领域里，但这一概念的重要性并没有因此而丧失，"相反，目的性的意义倒是由于我们必定会认识到下列事实而增长了：社会存在作为人们所知道的最高的存在形式，只是由于目的性的东西在其内部发生作用，才能作为独特的结构，从其赖以为生存基础的有机生命的存在阶段中产生出来，成为一种新的独立的存在类型。只有当我们认识到，社会存在的产生、它对自己的基础的超越以及获得自己的独立，都是以劳动，即不断实现自己目的论设定为基础的，我们才能合理地谈论社会存在"②。在卢卡奇看来，正是通过实践，尤其是劳动所蕴含的目的性设定，社会存在才成为可能。而理解这一点，就必须超越传统的、静观的认识论眼光，站到社会存在本体论的立场上来。

　　其二是历史性（Historizität/Geschichtlichkeit）。

　　在《社会存在本体论》一书中，卢卡奇多次引证了马克思下面这段论述："我们仅仅知道一门唯一的科学，即历史科学。历史可以从两方面来考察，可以把它划分为自然史和人类史。但这两方面是密切相连的；只要有人存在，自然史和人类史就彼此相互制约。"③在卢卡奇看来，自然史和人类史分别涵盖了自然存在和社会存在。既然存在必然展现为历

---

① 《马克思恩格斯全集》第 23 卷，人民出版社 1972 年版，第 202 页。

② ［匈］格奥尔格·卢卡奇：《社会存在本体论》第 2 卷，1986 年德文版，第 17 页。(Georg Lukacs, *Zur Ontologie des gesellschaftlichen Seins* (*Band 2*), München: Luchterhand Verlag, 1986, S. 17. ——编者注)

③ 《马克思恩格斯全集》第 3 卷，人民出版社 1960 年版，第 20 页。

史，历史性就成了一切存在的本质特征："马克思关于历史性是每一种存在的基础，也是每一种关于存在的正确意识的基础的论述，是一个富于创新意识的命题。我们会多次重复这个命题。但只有把它与范畴（作为每一个存在者原初的对象性的必然产物）的合乎存在性与实践、与奠基于选择性的决断（作为社会存在的必要前提）的目的性设定紧密地联系起来，才能理解它的具体内容。"①这就告诉我们，虽然历史性是每一种存在的本质特征，但人们关于历史性的意识却是在社会存在，特别是作为社会存在核心的实践活动，即目的性活动的基础上形成并发展起来的。在这个意义上可以说，没有目的性意识，也就不会有历史性意识。既然存在物总是处在历史的发展中，所以范畴作为存在物的观念形式，也是历史地变化着的。换言之，历史性也是一切范畴的本质特征。因此，卢卡奇指出："一种真正的历史性不可能只有内容的变化，而处于完全不变的形式和范畴中。正是这种内容的变化必然作用于形式，首先在范畴体系内引起一定功能的改变，甚至在一定程度上造成决定性的变化——新范畴的产生与老范畴的消失。客观现实的历史性产生了范畴学说的特定的历史性。"②按照卢卡奇的看法，黑格尔和海德格尔都是对历史性问题有深刻认识的哲学家，但是黑格尔只承认社会存在具有历史性，不承认自然存在也具有历史性；海德格尔则由于拒斥现实的历史而把历史性降低为"向死而生"（Das Sein zum Tode）的特征，这就从根本上把历史性概念的内涵贫乏化了。卢卡奇认为，只有像马克思那样，把以现实历史为基础的历史性理解为一切存在，尤其是社会存在的本质特征，才能从本体论上对客观现实做出正确的说明。

其三是总体性（Totalität）。

在卢卡奇一生哲学思想的演化中，总体性是一个一以贯之的概念。

---

① ［匈］格奥尔格·卢卡奇：《社会存在本体论》第1卷，1984年德文版，第242页。（Georg Lukacs, *Zur Ontologie des gesellschaftlichen Seins*（*Band* 1），München：Luchterhand Verlag, 1984, S. 242.——编者注）

② 同上书，第322页。

在《历史与阶级意识》中，他把总体性理解为马克思辩证法的核心："总体性的范畴，整体对部分的无所不在的优先性是马克思从黑格尔那里接受过来，而又卓越地把它转变为一个全新的科学基础的方法论的实质。"①青年卢卡奇之所以从方法论上提出总体性的问题，目的是扬弃作为资本主义社会的普遍现象的、只见局部不见全体的"物化意识"（reified consciousness）。在《社会存在本体论》中，他已不再从方法论，而是从本体论上来提出总体性问题。在论述这个问题时，他像青年时期一样回到了黑格尔那里。他强调，黑格尔最早从本体论上理解了总体性范畴的意义，这尤其表现在黑格尔在《精神现象学》中提出的关于"真实的东西是整体"（das Wahre ist das Ganze）的著名的论断中。在黑格尔看来，总体性范畴展示的乃是逻辑理念的整体结构，而这一整体结构外化为现实世界。尽管黑格尔暗示出整体与部分之间的辩证关系，但由于黑格尔哲学的唯心主义的性质及它在过程化观念上的不彻底性，他的总体性范畴并不适合于新本体论。

在卢卡奇看来，马克思的重要贡献在于，他从历史唯物主义的基本见解出发，把总体性理解为存在的本质特征："只有凭借马克思的新的本体论的方法，才可能把存在的全部过程理解为历史，而在过去，与当时的客观历史特征相适应的，只是在把握细节过程中所取得的重要成就，但却不可能形成一种总体观念，更不可能把这样的观念贯彻到底。"②在马克思看来，总体性范畴在内涵上是相对的。就全部存在而言，存在就是总体，自然存在和社会存在是部分；但当人们单独地把自然存在或社会存在作为考察的对象时，也可以把它们各自都理解为总体。卢卡奇指出："由于马克思研究了社会存在，对他来说，总体性范

---

① ［匈］格奥尔格·卢卡奇：《历史与阶级意识》，1971 年英文本，第 27 页。（Georg Lukacs，*History and Class Consciousness*，Cambridge：MIT Press，1971，p. 27. ——编者注）

② ［匈］格奥尔格·卢卡奇：《社会存在本体论》第 1 卷，1984 年德文版，第 228 页。（Georg Lukacs，*Zur Ontologie des gesellschaftlichen Seins*（*Band* 1），München：Luchterhand Verlag，1984，S. 228. ——编者注）

畴在本体论上的这种中心地位比起对自然的哲学研究来说，要直接得多。"①事实上，马克思从青年时期起就已经把社会理解为总体，把人的活动与环境理解为两个环节，并把人的本质理解为一切社会关系的总和。

卢卡奇认为，马克思的上述见解都是对社会存在本体论的伟大贡献。而卢卡奇在阐述社会存在的总体性特征时，则从自己所处的历史条件出发，更多地强调要把社会存在理解为意识与实践的总和。他写道："意识与实践在起源和作用方面的不可分割的联系是关于社会存在的最重要、最客观的存在规定之一。哲学经常将客观现实与思维的世界图式分离开来加以把握，实际上它们是具有历史本质的最终过程中的两个不可分离的环节。"②也正是从这样的见解出发，卢卡奇反对盲目实践，尤其是盲目的革命实践，高度重视意识和意识形态批判的问题。

（3）社会存在本体论的基本特征。

在《社会存在本体论》中，卢卡奇反复强调，他所倡导的社会存在本体论既与历史上的形形色色的本体论不同，也与当代流行的存在主义的本体论不同，它具有如下的特征。

其一是派生性。

在存在主义那里，社会存在本体论是基本本体论，而这种表述方式已经蕴含着对自然的本体论特征的否定。换言之，自然逸出了存在主义者的视野。卢卡奇不同意存在主义者的观点，他强调，"社会存在本体论是以一般本体论为前提的"③。如前所述，一般本体论也就是自然存在本体论。这就是说，社会存在本体论并不是始源性的，而是从一般本体论中派生出来的。启蒙学者在反对中世纪的、以神学目的论为特征的

---

① ［匈］格奥尔格·卢卡奇：《社会存在本体论》第 1 卷，1984 年德文版，第 579 页。（Georg Lukacs, *Zur Ontologie des gesellschaftlichen Seins*（*Band* 1），München：Luchterhand Verlag，1984，s. 579.——编者注）

② 同上书，第 323 页。

③ 同上书，第 326 页。

本体论时，试图建立一种自然与社会相统一的本体论。卢卡奇认为：
"在这一构想的背后是这样一个伟大的思想——社会存在本体论只能建
立在自然存在本体论的基础之上。"①当然，肯定社会存在本体论的派生
性并不意味着否认这两种本体论之间存在着的差异，否认自然存在与社
会存在之间存在着的差异。启蒙学者的偏失就在于否认这样的差异。按
照卢卡奇的观点，既要看到社会存在本体论是奠基于一般本体论之上
的，又要看到，这两种本体论之间存在着重大的差异：前者探讨的是以
人的实践活动为基础和核心的社会现实，后者探讨的则是自然界自身的
辩证运动。正是在这个意义上，一般本体论也可以被称为"自然辩
证法"。

其二是实践性。

卢卡奇认为，在社会存在本体论中，实践起着基础和核心的作用，
而马克思在《关于费尔巴哈的提纲》一文中，对实践的这种作用做了最精
辟的论述："马克思指出认识与实践不可分离，社会实践是每一真正有
效的认识关系的存在前提，正如它不仅是一般社会存在的重要环节，而
且也是促进社会存在内在的和外在的自我发展及其持续过程的重要环
节。"②卢卡奇在《社会存在本体论》中一再引证马克思关于社会实践的一
句名言：他们没有意识到这一点，但是他们这样做了。这句名言表明，
虽然人们并不是在每一个实践活动中都是自觉的，或者人们并没有认识
到实践的重要性，但实践的这种核心作用始终存在着，"如果不从思维
上科学地把握社会存在，而在进行这种把握时，必须以存在为依据，必
须以从理论上澄清人的实践（最广义的）为出发点，那就不可能形成任何
有客观依据的、可靠的本体论"③。也正是在这样的意义上，卢卡奇把

---

① ［匈］格奥尔格·卢卡奇：《社会存在本体论》第 1 卷，1984 年德文版，第 472 页。
(Georg Lukacs, *Zur Ontologie des gesellschaftlichen Seins* (*Band 1*)，München：
Luchterhand Verlag，1984，s. 472.——编者注)

② 同上书，第 34 页。

③ 同上书，第 27 页。

社会存在本体论称作"社会实践本体论"（die Ontologie der gesellschaftlichen Praxis）。

其三是价值性。

卢卡奇在深入探讨作为"第一实践"的劳动与价值、时间与自由的关系时，论述了社会存在本体论的价值特征，从而也论证了马克思主义哲学的革命性的理论基础。卢卡奇认为，价值（Wert）是不能从自然给定的对象中直接引申出来的，价值是一种社会关系，是社会存在的本质特征之一："每一种真正的价值都是我们称为实践的那种社会存在基础复合体中的一个重要的环节。"①那么，价值又是如何在社会实践中体现出来的呢？卢卡奇认为，这个问题具有广阔的探讨空间，但就目前而论，只要指出下面这一点就够了，即"价值不是高度发展的人的精神的产物，而是最简单的劳动所必不可少的存在要素"②。按照马克思的观点，在以商品生产为根本目的的社会形式中，商品的价值取决于社会必要劳动时间。也就是说，价值是通过社会必要劳动时间来度量的，而人的自由又是在与社会必要劳动时间相对峙的闲暇时间的基础上展开的。这样一来，马克思也就指出了一条通向自由王国的现实的道路。正如卢卡奇所说的："在这里，马克思把自由王国（das Reich der Freiheit）与闲暇时间（die Muße）联系起来。他这样做的目的无非是指出，只有通过生产力的发展才有可能缩短社会必要劳动时间（die gesellschaftlich notwendige Arbeitszeit），而社会必要劳动时间的缩短又是增加闲暇时间的基本条件。"③所以社会主义者把缩短工作日作为自己的第一个革命行动就是顺

---

① ［匈］格奥尔格·卢卡奇：《社会存在本体论》第 2 卷，1984 年德文版，第 83 页。(Georg Lukacs, *Zur Ontologie des gesellschaftlichen Seins（Band 2）*, München：Luchterhand Verlag, 1984，s. 83. ——编者注)

② ［匈］格奥尔格·卢卡奇：《社会存在本体论》第 1 卷，1984 年德文版，第 308 页。(Georg Lukacs, *Zur Ontologie des gesellschaftlichen Seins（Band 1）*, München：Luchterhand Verlag, 1984，s. 308. ——编者注)

③ ［匈］格奥尔格·卢卡奇：《社会存在本体论》第 2 卷，1986 年德文版，第 153 页。(Georg Lukacs, *Zur Ontologie des gesellschaftlichen Seins（Band 2）*, München：Luchterhand Verlag, 1986，s. 153. ——编者注)

理成章的了。从这里我们很容易看出，价值、时间、自由这样的概念，并不像在传统哲学中那样，只是一些抽象的形而上学的概念，在社会存在本体论中，它们是与人的实践活动，尤其是劳动紧密联系在一起的。

其四是批判性。

在《社会存在本体论》中，卢卡奇反复强调，社会存在本体论是批判的，而这种批判性主要表现在以下两个方面。一是对以逻辑、认识论和方法论为主导的思想结构的批判。卢卡奇写道："这里必须指出的是，对逻辑的、认识论的、方法论的等等思想结构的批判具有决定性的重要意义。"①由于黑格尔把存在问题全面地逻辑化了，所以他不可能在本体论上坚持这种批判，而恩格斯对黑格尔的批判由于未触及这一根本性的问题，所以也把这方面的理论清算延搁下来了，而"马克思早在《关于费尔巴哈的提纲》中，就已完整地提出了这种本体论批判的原则"②。二是对其他本体论学说的批判。卢卡奇认为，从对逻辑、认识论和方法论的批判进入本体论的视野，虽然是观念上的一种重要的跃迁，但本体论考察的这种出发点还不能保证考察者一定能洞见存在的本质。只有从马克思的本体论批判出发，排除掉其他本体论学说的各种错误的观点，才能真正地回归存在本身："马克思所作的批判乃是一种本体论的批判。这种批判的出发点是，社会存在作为人类对其周围环境的积极适应，主要地和无法扬弃地以实践为基础。"③也就是说，只有坚持从社会实践出发，才能回归到真正的存在并把握其本质特征。在这里，我们看到了社会存在本体论的实践性与批判性之间的密切关系。

通过上面的整体上的考察，我们发现，《社会存在本体论》一书具有重要的理论价值。首先，它开拓出本体论研究的新的方向；其次，它打

---

① ［匈］格奥尔格·卢卡奇：《社会存在本体论》第 1 卷，1984 年德文版，第 125 页。(Georg Lukacs, *Zur Ontologie des gesellschaftlichen Seins* (*Band* 1), München: Luchterhand Verlag, 1984, s. 125.——编者注)

② 同上书，第 37 页。

③ 同上书，第 37 页。

开了马克思主义哲学研究的新的领域，揭示了马克思哲学革命的实质之所在；最后，它提出了一系列哲学研究的前沿性问题，如"实践""第一实践""第一自然和第二自然""合类性""意识形态""异化和物化"等问题，极大地丰富了 20 世纪哲学思考的内涵。然而，这部著作也暴露出卢卡奇哲学的理论弱点：第一，他把自然本体论作为社会存在本体论的基础，表明他的哲学思想仍未摆脱朴素实在论的影响；第二，所有基本概念的含义都缺乏严格的界定，甚至对"存在"和"存在物"这样的概念也不加以区分；第三，作者虽然重视历史性的作用，但却把历史性和历史主义混为一谈。值得庆幸的是，当我们认识到这一切的时候，也就从理论上超越了卢卡奇，从而为从事本体论问题上的新的思考奠定了基础。

二、戈德曼的哲学思想

吕西安·戈德曼，出生于罗马尼亚的首都布加勒斯特。他在本地的大学完成了法学方面的学业，20 世纪 30 年代流亡到维也纳、巴黎等地，继续就学。他从青年时期起就已经熟悉卢卡奇的早期著作，如《灵魂与形式》《小说理论》《历史与阶级意识》等。正如梅扎罗斯（Istvan Mèszaros）所指出的："这些著作对戈德曼的思想产生了深刻而持久的影响。"[1]在第二次世界大战中，他被德国占领军关进集中营，后来逃到瑞士，成了著名心理学家皮亚杰的助手，深受皮亚杰的"发生认识论"（genetic epistemology）的启发，并以其博士论文《伊曼努尔·康德》在苏黎士大学获得了第一个博士学位（这篇博士论文于 1945 年初版，1971 年重版）。1945 年，他返回巴黎，在国家科学研究中心从事研究工作。在 20 世纪 50 年代，他出版了第二篇博士论文《隐蔽的上帝》（1955 年初版，1967 年

---

① ［英］汤姆·博托莫尔：《马克思主义思想辞典》，1983 年英文版，第 193 页。(Tom Bottomore, *A Dictionary of Marxist Thought*, Cambridge: Harvard University Press, 1983, p. 193. ——编者注)

再版），不久他当选为巴黎高级研究实验学校的负责人。1961 年他应邀到比利时布鲁塞尔的一家研究所工作。他对 1968 年巴黎爆发的"五月风暴"采取同情的态度，1970 年他在巴黎逝世。

戈德曼的思想除了受到青年卢卡奇和皮亚杰的影响外，还传承了帕斯卡尔、康德、黑格尔、马克思的哲学思想，在 20 世纪 60 年代还受到马尔库塞的"有机体化的（总体化的）资本主义"（organized capitalism）学说的启发。20 世纪五六十年代，当结构主义在法国成为主导性哲学思潮时，戈德曼为了表示与结构主义的差异，"把自己的方法命名为'发生学的结构主义'（genetic structuralism），以便坚持其学说的历史维度"①。除了我们在上面提到的两篇博士论文外，戈德曼还出版了如下著作：《人文科学和哲学》（1952 年初版，1966 年、1969 年再版）、《辩证法研究》（1958）、《小说社会学》（1964 年初版，1975 年再版）、《卢卡奇和海德格尔》（1973）、《文学社会学中的方法》（1980）等等。

戈德曼虽然不是卢卡奇亲传的弟子，但他是第二次世界大战后青年卢卡奇思想的最早的、最富有创见的阐发者之一，他也是最早在马克思的学说中寻找结构主义倾向的西方马克思主义者。无疑，他的哲学思想对法国乃至欧洲的马克思主义者，特别是结构主义的马克思主义者产生了重大的影响，而他的富有创发性的悲剧世界观的理论也成了西方马克思主义美学思想的一道亮丽的风景线。下面，我们主要从哲学的视角分析卢卡奇的两部重要著作——《隐蔽的上帝》和《卢卡奇和海德格尔》。

（一）《隐蔽的上帝》

这部著作的副标题是"对帕斯卡尔《思想录》和拉辛戏剧中的悲剧世界观的研究"，它的正标题《隐蔽的上帝》也是在讨论悲剧问题时引申出来的。这就给人一个印象，这部著作似乎主要是一部文学或美学著作。但实际上并不如此，正如作者自己在书中开宗明义地指出的："这部著

---

① ［英］汤姆·博托莫尔：《马克思主义思想辞典》，1983 年英文版，第 193 页。（Tom Bottomore, *A Dictionary of Marxist Thought*, Cambridge：Harvard University Press，1983，p. 193.——编者注）

作的研究是整个哲学上的劳作的一部分。"①事实上，戈德曼也完全是从哲学的高度出发来探讨悲剧世界观的。

这部著作共分四个部分。第一部分"悲剧世界观"，探讨了"整体"（das Ganze）与"部分"（der Teil）之间的辩证关系；论述了悲剧的三个要素——"上帝"（der Gott）、"世界"（die Welt）和"人"（der Mensch）。第二部分"社会基础和精神基础"，探索了哲学、文学著作、作者的"世界观"（Weltanschauung）和他所从属或代表的"社会阶级"（soziale Klassen）之间的内在联系，阐述了17世纪法国的悲剧世界观与天主教中的"詹森派"（Jansenismus）之间的思想联系。第三部分"帕斯卡尔"，以帕斯卡尔的悲剧世界观为核心，追溯了他的思想发展的脉络，论述了他的认识论、道德、美学和宗教学说。第四部分"拉辛"（Racine），通过对其九部戏剧作品的解析，阐述了其悲剧世界观。可以说，这部著作的第一、第二部分乃是基础理论部分，戈德曼在这里系统地阐发了自己的哲学观念和悲剧思想；第三、第四部分则以自己的哲学观念和悲剧思想解析了17世纪哲学和文学作品中的两个重要的个案——帕斯卡尔的《思想录》和拉辛的戏剧作品。《隐蔽的上帝》的主要哲学观念如下。

1. 关于整体和部分关系的辩证法

戈德曼把黑格尔、马克思和卢卡奇称为"伟大的辩证法思想家"，强调他们的辩证法思想的共同落脚点都是整体与部分的关系。他的这一见解明显地受到卢卡奇的《历史与阶级意识》一书的影响，但戈德曼经过自己的研究，尤其是对马克思的《1857—1858年经济学手稿》的研究，对马克思的辩证法思想获得了自己的理解。

在《1857—1858年经济学手稿》中，马克思这样写道："资产阶级社会是历史上最发达的和最复杂的生产组织。因此，那些表现它的各种关系的范畴以及对于它的结构的理解，同时也能使我们透视一切已经覆灭

---

① ［法］吕西安·戈德曼：《隐蔽的上帝》，1985年德文版，第17页。（L. Goldmann, *Der verborgene Gott*, Berlin: Suhrkamp Verlag, 1985. s. 17. ——编者注）

的社会形式的结构和生产关系。资产阶级社会借这些社会形式的残片和因素建立起来，其中一部分是还未克服的遗物，继续在这里存留着，一部分原来只是征兆的东西，发展到具有充分意义，等等。"①在戈德曼看来，马克思的这段论述表明，资产阶级社会是一个有机的、结构性的整体，只有了解它的整体，才能把握它的"残片和因素"。戈德曼还引证了马克思在这部手稿中的另一段重要的论述："生产也不只是特殊的生产，而始终是一定的社会体即社会的主体在或广或窄的由各生产部门组成的总体（Totalität）中活动着。"也就是说，生产也可以被看作一个整体，但在资产阶级社会这个大整体中，它又下降为部分。戈德曼评价道："在引述这几行文字的内容时，本来也可以叙述一下辩证方法中一系列最重要的思想，遗憾的是，我们在这里不能这么做。"②戈德曼这里所说的、辩证方法中的"最重要的思想"也就是整体与部分之间的辩证关系。

戈德曼还引证了马克思在《雇佣劳动与资本》中的另一段重要的论述："黑人就是黑人。只有在一定的关系下，他才成为奴隶。纺纱机是纺棉花的机器。只有在一定的关系下，它才成为资本。脱离了这种关系，它也就不是资本了，就像黄金本身并不是货币，砂糖并不是砂糖的价格一样。"③在马克思看来，黑人、纺纱机、黄金、砂糖各自都是孤立的、个别的事实，只有把他（它）们放在资产阶级社会的整体关系中加以透视时，他（它）们的真正的本质才会显露出来。戈德曼为此而发挥道："对于研究者来说，个别事实的意义既不依赖于它们直接的感性的方面——人们不应该忘记，对于历史学家来说，经验性的被给予物是某种抽象的东西——也不依赖于支配着个别事实的一般规律，而是依赖于它与它所在的社会的和宇宙的整体之间的关系。"④这样一来，对整体性的

---

① 《马克思恩格斯全集》第 46 卷上册，人民出版社 1979 年版，第 43 页。

② ［法］吕西安·戈德曼：《隐蔽的上帝》，1985 年德文版，第 356 页。（L. Goldmann, *Der verborgene Gott*, Berlin: Suhrkamp Verlag, 1985. s. 356.——编者注）

③ 《马克思恩格斯选集》第 1 卷，人民出版社 1995 年版，第 344 页。

④ ［法］吕西安·戈德曼：《隐蔽的上帝》，1985 年德文版，第 354 页。（L. Goldmann, *Der verborgene Gott*, Berlin: Suhrkamp Verlag, 1985. s. 354.——编者注）

倚重，对于戈德曼来说，就成了辩证法的最核心的内容。

戈德曼以无比肯定的口吻写道："我们已经说过，每一种辩证的思想（以及每一种悲剧的思想，在这一点上两者并不存在差异）的中心的、占支配地位的范畴，就是总体性；这在个人、人类共同体和世界三个领域里都是适合的，而每一种非辩证思想的本质方面就是以自觉的或虚妄的方式认可部分性和片面性。"①必须指出，戈德曼在这里谈论的"整体性"或"总体性"，不是感性直观意义上的整体性或总体性，而是思维再造意义上的整体性或总体性。他区分了两种不同的方法：第一种方法是从经验主义角度出发的、从个别到一般的抽象的方法，即我们通过对具体事物或现象的研究，引申出普遍性的结论来。这种方法对于实证科学来说是必要的，但这种方法还未建立起整体与部分之间的辩证关系。"第二种方法是从抽象到具体，也就是从部分到整体和从整体到部分，因为对各种单一事实的抽象认识，要通过对它们与它们所从属的总体之间的关系的研究，才能变得具体化，而对各种相对整体的抽象认识，则要通过对它们的内在结构、各部分的功能和相互之间的关系的研究，才能变得具体化。"②戈德曼推崇的是第二种方法，他强调人文科学必须采用这种"从抽象到具体"的方法进行研究。这里仍然体现出马克思的《1857—1858 年经济学手稿》对他的深刻影响。

正是出于这样的考虑，戈德曼把"世界观"（Weltanschauung）的概念放到他的哲学思想和文学批评的核心位置上。什么是世界观呢？戈德曼认为，世界观并不是直接的经验材料，相反，它是理解人的思想和作品中不可或缺的、整体性的概念系统。但是，这种概念系统又不应该被理解为纯粹形而上学的或纯粹思辨性质的东西，世界观与人们的现实生活是紧密联系在一起的，"一种世界观正是使一个群体（最通常的情况是一个社会阶级）的成员统一起来并使他们与其他群体相对抗的全部意向、

---

① ［法］吕西安·戈德曼：《隐蔽的上帝》，1985 年德文版，第 316 页。（L. Goldmann, *Der verborgene Gott*, Berlin: Suhrkamp Verlag, 1985. s. 316. ——编者注）

② 同上书，第 355 页。

感情和表象的总和"①。在他看来,凡是伟大的哲学和文学艺术作品都是世界观的体现。世界观是集体意识现象,而集体意识在思想家或诗人的意识中能达到感觉与概念上最清晰的高度。尽管具体的历史情况纷繁复杂,千变万化,但各种世界观仍然表现出其相对稳定性。之所以如此,是因为哲学和文学艺术始终表达了被移植到重大问题背景上的历史情况,而这些重大问题正体现在人与人、人与世界的关系中。由于存在着不同价值取向的世界观,所以世界观可以划分为不同的类型,对世界观进行类型学研究是十分必要的,但是,"世界观类型学(die Typologie der Weltanschauungen)几乎还处在草创的阶段,把这门学科建立起来是哲学史和艺术史研究的主要任务,而它一旦被建立起来,将是对一切哲学人类学的重大贡献"②。

以世界观的剖析和以整体与部分的互动关系为核心,戈德曼建立了解读一切人文科学的文本的方法。他把这一方法划分为三个阶段:第一个是"文本—世界观"(Text-Weltanschauung)分析阶段;第二个是"世界观—群体的全部精神生活和情感生活,即群体的意识和心理生活"(Weltanschauung-gesamtes, geistiges und affektives Leben der Gruppe:Bewusstsein und psychisches leben der Gruppe)分析阶段;第三个是"世界观—群体的经济的和社会的生活"(Weltanschauung-ökonomisches und soziales Leben)分析阶段。③ 也就是说,在研究中先考察文本本身,并把文本理解为作者行为和生命中的一个有机的组成部分,再把作者的文本乃至他的整体行为和他所从属的群体的世界观勾连起来进行考察;接着探究这个群体的全部精神生活及其这种生活与作者的精神生活之间的内在关系;最后,分析工作再深入作者所属的群体的经济、社会生活,揭示出这种客观的经济、社会生活与群体和作者的精神世界之间的相互关

---

① [法]吕西安·戈德曼:《隐蔽的上帝》,1985 年德文版,第 21 页。(L. Goldmann, *Der verborgene Gott*, Berlin:Suhrkamp Verlag, 1985. s. 21.——编者注)

② 同上书,第 40 页。

③ 同上书,第 147 页。

系。在戈德曼看来，这三个阶段都是在贯彻这种辩证的研究方法中所不可缺少的，当然，以这种方式从事研究会涉及大量的工作，是非常艰苦的，但为了准确地理解作品和社会，真正的人文科学方面的研究工作必须以这种方式来展开："对于我们来说，辩证的方法完全是人文科学的科学方法，其任务是逐步达到现象的本质，这种本质既规定了现象的整体的结构，也规定了各个部分的意义。此外，这种本质不是别的，正是这种结构和意义的统一体（因为每一种结构都有意义，而每一种意义都从属于结构）。"①显然，戈德曼认为，他的研究方法对整个人文科学有普遍性的意义。

2. 从理性主义到悲剧世界观再到辩证思想

正是从自己的研究方法出发，戈德曼对文艺复兴，尤其是启蒙时期以来的哲学、文学观念的发展做出了自己的解释。

戈德曼认为，理性主义是文艺复兴，尤其是启蒙运动以来的主导性观念。这种观念在继承奥古斯丁传统的时候，又改变了这一传统，把虔诚的信仰变成了缜密的理性。理性主义具有如下特征。

其一，以有理性的个人和无限空间的概念取代了传统哲学思想中的人类共同体和整体宇宙的观念。戈德曼写道："这种以自我为特征的理性主义在探讨人的问题的范围内只承认单一的个人，对于这些个人来说，共在的其他人只是他们思维和行为的对象；理性主义使自然世界也发生了同样的变形。在人的范围内，它已经毁坏了共同体这种表现形式，而以无数理性的、平等的、可以相互替换的个人取而代之。在自然的范围内，理性主义也毁坏了有秩序的宇宙的观念，而以无限的、无特征的空间取而代之，这些空间的各个部分完全相同，并且可以相互替换。"②理性主义所崇尚的这种"单一的个人"，在笛卡尔和费希特的"自我"、莱布尼茨的既没有门也没有窗的单子、在经济学家的"经济人"等

---

① ［法］吕西安·戈德曼：《隐蔽的上帝》，1985 年德文版，第 249 页。（L. Goldmann, *Der verborgene Gott*, Berlin: Suhrkamp Verlag, 1985. s. 249.——编者注）

② 同上书，第 54 页。

概念中得到了充分的体现。随着这样的个体的兴起，传统社会的、总体上的精神价值和情感价值解体了，代之而起的则是个人主义、自由主义和利己主义。同样，在被打碎的、均质的空间中，传统观念中的总体宇宙也随之消失了，而上帝也随之沉默了。

其二，理性主义具有非道德、非宗教的倾向。正如戈德曼所指出的："在理性科学的空间中，上帝不再说话，因为为了建立这样的空间，人必须抛弃一切真正的伦理规范。"①当然，乍看起来，理性主义者也信奉和谈论上帝，但他们心目中的上帝只是理性和秩序的象征，"只是对于人们来说，这个上帝再也没有人格上的实在性；他至多只能确保单子之间或理性与外部世界之间的和谐一致。他不再是人们的指路人，不再是人们谈话的伴侣；它变成了一种普遍的法则，这种法则确保人们有权利摆脱外界的控制，确保人们可以受到自己的理性和力量的引导，不过这种法则也使人单独地去面对物和物化的、沉默的人的世界"②。也就是说，在理性主义泛滥之处，传统的道德和宗教都衰微了。

按照戈德曼的看法，理性确实是生活中的一个重要的因素，也是人理所当然地为之而自豪的因素，但理性并不等于整个人，理性也不能取代人的全部生活，更不能取消道德和宗教的存在。正是在这样的背景下，悲剧意识和悲剧世界观应运而生。它的作用就是在精神上恢复道德和宗教的力量，恢复人的共同体。正如戈德曼所说的："悲剧思想的中心问题在于，在这个最终不可逆转的、取代了亚里士多德—托马斯的宇宙的理性空间中，是否还有什么途径和希望可以恢复超个人的道德价值；人是否还能重新发现上帝，或重新找到对于我们来说是同义词而又不那么意识形态化的共同体和宇宙。显而易见，这个问题只有辩证思想才能同时从科学和道德这两个方面加以解决。"③

---

① ［法］吕西安·戈德曼：《隐蔽的上帝》，1985 年德文版，第 59 页。（L. Goldmann, *Der verborgene Gott*, Berlin: Suhrkamp Verlag, 1985. s. 59. ——编者注）
② 同上书，第 61—62 页。
③ 同上书，第 60 页。

那么，什么是悲剧呢？戈德曼写道："人们可以给悲剧下这样一个定义，它是一个充满着令人焦虑的问题，而人们又无法找到答案的宇宙。……悲剧是一种瞬间的表达，在这个瞬间中，最高的价值、古典人文主义本身、人与世界的统一遭到了威胁，人们因此而敏锐地认识到了它的重要性。"①正如我们在前面已经指出的那样，戈德曼认为，悲剧是由上帝、人和世界这三个要素组成的，这三个因素是相互依赖的，缺一个也不行。悲剧世界观具有如下特征。

其一，它体现出人与人、人与社会关系的危机："如同一切其他形式的悲剧意识和悲剧创作一样，十七八世纪的悲剧也体现了人与人之间的关系的危机，或者说得更确切一些，体现了某些人类的群体与宇宙的或社会的世界之间关系的危机。"②理性主义则缺乏这样的危机意识，而这种扎根于人的生活的危机意识只能通过悲剧才能得到淋漓尽致的表现。

其二，悲剧中的上帝是"隐蔽的上帝"（der verborgene Gott）。正如戈德曼所说的："上帝的声音不再直接对人发出了。这是悲剧思想的一个比较本质的特征。帕斯卡尔写道：Vere tu es Deus absconditus，亦即隐蔽的上帝。"③在戈德曼看来，上帝是悲剧得以成立的三大要素之一，上帝存在着，但他又不能显现自己。人一看到上帝，听到上帝的声音，悲剧也就被超越了。所以，"对于悲剧意识来说，上帝仅仅是一个隐蔽的实在，悲剧意识只是由于这一实在才存在的"④。那么，为什么上帝是"隐蔽的"呢？因为在理性主义的世界中，理性占据着统治地位，于是，上帝被迫退居幕后，但上帝对于悲剧来说又是不可或缺的，只能在冥冥中发生作用。这种矛盾的情况正如戈德曼所说的："一个始终缺席，

①　［法］吕西安·戈德曼：《隐蔽的上帝》，1985 年德文版，第 69 页。（L. Goldmann, *Der verborgene Gott*, Berlin: Suhrkamp Verlag, 1985. s. 69. ——编者注）
②　同上书，第 76 页。
③　同上书，第 60 页。
④　同上书，第 115 页。

但又以当下化的方式存在着的上帝，这就是悲剧的核心。"①

其三，悲剧缺乏未来这一时间维度。戈德曼这样写道："从内在特征来看，悲剧思想完全是非历史性的，因为它缺乏的正是历史的最重要的时间维度——未来。悲剧思想是以对未来的这种绝对的、彻底的拒斥为特征的，它只有一个时间维度——现在。"②一方面，悲剧思想发现世界的祛魅和理性化是不可避免的；另一方面，它又把未来的时间维度封闭起来了，这样一来，悲剧只是从否定的方面揭示了理性主义世界的内在矛盾，但却不能为人们指出一条真正有价值的生活道路。在戈德曼看来，正是这一点决定了悲剧意识只具有过渡性的特征："悲剧观点是从理性主义向辩证法的过渡。"③

现在我们再来看辩证思想。戈德曼认为，虽然辩证思想和悲剧意识一样重视整体性，重视作为部分的个人与作为整体的世界之间的关系，但辩证思想仍然在以下三个方面远远地超越了悲剧意识。第一，在对理性主义的态度方面，虽然悲剧作家批判理性主义忽略了道德和宗教，忽略了人的共同体，但他们实际上对理性主义的主导性观念采取认同的态度，而"辩证思想则与悲剧观念相反，虽然它承认人类的成就具有相对的价值，但它仍然拒绝笛卡尔主义的理性主义所主张的逻辑的、线性的秩序"④。第二，在对整体性的态度方面，悲剧意识崇尚的只是静观的态度，而辩证思想则主张，"总体性的范畴首先包含着理论和实践相结合的要求"⑤。也就是说，辩证思想不光要认识世界，而且也要改造世界。戈德曼认为，马克思的辩证法思想正是这方面的典范，"在马克思那里，重建事实和价值、思想和行动之间的统一性的要求开始活跃起来，即使人们承认在研究中把它们分开是必要的。在马克思主义的认识

---

① ［法］吕西安·戈德曼：《隐蔽的上帝》，1985 年德文版，第 62 页。（L. Goldmann, *Der verborgene Gott*, Berlin: Suhrkamp Verlag, 1985. s. 62.——编者注）
② 同上书，第 58 页。
③ 同上书，第 263 页。
④ 同上书，第 329 页。
⑤ 同上书，第 374 页。

论文献中，尤其是在马克思的《关于费尔巴哈的提纲》和卢卡奇的《历史与阶级意识》中，这种要求显得特别有力"①。总之，戈德曼认为，从理性主义必然会发展到悲剧意识，而悲剧意识又会进一步过渡为辩证思想。虽然悲剧意识已经被超越了，但它在人类思想史上依然拥有自己独特的地位和作用。

3. 帕斯卡尔的《思想录》及其哲学贡献

戈德曼认为，帕斯卡尔是哲学史上一位极为重要的思想家，他的《思想录》也是近代哲学史上的一座丰碑，但他的地位和作用却没有引起应有的重视。之所以出现这样的情况，是因为当时的理性主义者和经验主义者的显赫地位和影响遮蔽了帕斯卡尔应有的地位。其实，正如我们上面所论述的，帕斯卡尔的思想是 17 世纪的异类，是对理性主义和经验主义的超越，他的《思想录》所蕴含的悲剧意识正是从理性主义通向辩证思想的桥梁。在戈德曼看来，《思想录》的主要贡献如下。

其一，对辩证认识论的贡献。戈德曼写道："帕斯卡尔给我们留下的重要印象是，他自觉而明确地论述了辩证认识论（dialektische Erkenntnistheorie）的另外两个基本观点：a）关于个别实在的一切有根据的认识都以下面的方法为前提，即不是从特殊到普遍，而是从部分到整体，再从整体返回到部分；b）人没有能力达到绝对有根据的认识，这可以从其本体论的情况中得到解释，即人作为认识的主体本来就是整体中不可分割的一部分，而整体又规定着现象和个别存在物的意义。"②

戈德曼主要引证了《思想录》第 72 节中的两段话来论证帕斯卡尔对以整体性为特征的辩证法的贡献。一段话是："如果人首先肯研究自己，那么他会看出他是多么地不可能再向前进。部分又怎么能认识全体呢？可是，也许他会希望至少能认识与他有着比例关系的那些部分了吧。但是世界的各部分又全都是这样地彼此相关系着和相联系着，以致我确信

---

① ［法］吕西安·戈德曼：《隐蔽的上帝》，1985 年德文版，第 374—375 页。（L. Goldmann, *Der verborgene Gott*, Berlin: Suhrkamp Verlag, 1985. s. 374-375.——编者注）

② 同上书，第 357—358 页。

没有某一部分或者没有全体，便不可能认识另一部分。"①另一段话是："既然一切事物都是造成因与被造者，是支援者与受援者，是原手与转手，并且一切都是由一条自然的而又不可察觉的纽带——它把最遥远的东西和最不相同的东西都联系在一起——所联结起来的；所以我认为不可能只认识部分而不认识全体，同样也不可能只认识全体而不具体地认识各个部分。"②事实上，帕斯卡尔还在《思想录》的其他地方讨论过作为部分的"脚"与作为整体的人的"生命"之间的辩证关系。这些讨论表明，帕斯卡尔确实对部分和整体的辩证关系有着自己独特的理解，"但是，直到晚年，帕斯卡尔才认识到自己生活的意义，而在这以前的很长一段时间里，他的生活的意义都是同样的，那就是：追求总体性（die Suche nach der Totalität）"③。

按照戈德曼的看法，他对整体性的倚重不仅表现在他的哲学观念中，也表现在他的悲剧意识中，而在他的悲剧意识中，他对"隐蔽的上帝"的肯定，正是对整体性追求的一个突出的标志："上帝就是最完整意义上的总体性，它就是对立的两个极端以及在中间分开两个极端的东西。"④也就是说，在悲剧的三大要素中，上帝既是人和世界的统一者，又是人和世界发生分裂的背景。总之，帕斯卡尔在哲学上追求的总体性也就是他在宗教上信仰的、隐蔽的上帝。

其二，对实践哲学的贡献。戈德曼写道："有三种因素随着帕斯卡尔的思想进入了实践哲学（die praktische Philosophie），这些因素就是冒险（das Risiko）、失败的危险（die Gefahr des Scheiterns）和对成功的希望（die Hoffnung auf Erfolg）。这些因素对人的生活中的每一个行动来说都是本质性的，不管个人的意志或思想具有何种独立性的力量，如果不考

① ［法］帕斯卡尔：《思想录——论宗教和其他主题的思想》，何兆武译，商务印书馆1985年版，第34页。

② 同上书，第34页。

③ ［法］吕西安·戈德曼：《隐蔽的上帝》，1985年德文版，第277页。（L. Goldmann, *Der verborgene Gott*, Berlin: Suhrkamp Verlag, 1985. s.277——编者注）

④ 同上书，第282页。

虑这些因素，就无法理解具体现实中的人类境况。"①这就是说，帕斯卡尔不像理性主义者那样，满足于对抽象的认识问题的讨论，他更关注的是人的实践、人的境况和人的命运。所以他的思想不但启发了马克思，也启发了当代存在主义者。在戈德曼看来，帕斯卡尔特别对辩证思想做出了重要的贡献，"但是由于他的思想本质上具有静止的、悲剧性的和悖论式的特点，因而它最终又与辩证法相分离"②。

综上所述，《隐蔽的上帝》一书体现了戈德曼在卢卡奇的影响下对哲学和文学理论问题的独特思考，他对 17 世纪的悲剧思想的研究，对于我们从总体上了解那个时代的状况具有重要意义，他对帕斯卡尔辩证思想的研究也加深了我们对黑格尔和马克思的辩证法思想的认识。

(二)《卢卡奇和海德格尔》

早在 1945 年的时候，戈德曼就开始研究卢卡奇的早期著作与海德格尔的早期著作之间的关系了。在这个意义上可以说，这部著作乃是他数十年思考的一个结晶。必须指出的是，这部著作的副标题是"朝着一种新的哲学"。它隐含着这样一种想法，即戈德曼把卢卡奇和海德格尔的哲学理解为最有代表性的、具有共同倾向的新哲学。

《卢卡奇和海德格尔》一书由三个部分组成。第一部分"卢卡奇和海德格尔导论"，是作者从 1970 年 8 月开始撰写的，论述了卢卡奇和海德格尔哲学诞生的背景以及他们的思想的异同；第二部分"在 1967—1968 学术年中的讲座"，是作者在巴黎高级师范学院所做的讲座，作者运用比较研究的方法，论述了卢卡奇和海德格尔早期著作中的一些基本概念；第三部分"存在和辩证法"，发表于 1960 年出版的《哲学研究》杂志，由于其内容和本书所要探讨的问题密切相关，所以作者也把它收入本书。由于全书是由不同年代所写下的不同部分组成的，所以在结构上比较松散，有些地方的观点甚至出现了重复。但从总体上看，它仍然是戈

---

① ［法］吕西安·戈德曼：《隐蔽的上帝》，1985 年德文版，第 450 页。(L. Goldmann, *Der verborgene Gott*, Berlin：Suhrkamp Verlag，1985. s. 450.——编者注)
② 同上书，第 294 页。

德曼研究当代哲学的一个重要成果，它为我们深入地研究海德格尔和卢卡奇的思想联系奠定了基础。这部著作的主要见解如下。

1. 两个哲学传统之间的对话

众所周知，卢卡奇哲学和海德格尔哲学代表着两个完全不同的传统。如果说，卢卡奇是马克思主义哲学传统的继承者，那么，海德格尔则是大学哲学或学院化哲学传统的继承者。按照戈德曼的看法，在 20 世纪初，西方哲学出现了重大的变化，而"这一变化沿着两个不同的方向展开：一方面是现象学的诞生，而从现象学中又产生了存在主义；另一方面，与现象学和存在主义相对的是辩证的马克思主义（dialectical Marxism）的诞生，而与这种马克思主义相伴随的则是卢卡奇和卢卡奇学派"①。

在戈德曼看来，卢卡奇哲学与海德格尔哲学之间确实存在着明显的差别，而这些差别主要表现在以下三个方面。其一，对主体概念理解上的差别。戈德曼写道："这些差别中的最基本的差别在于，对于海德格尔来说，这个历史的主体是个人（individual），而追随黑格尔和马克思的权威传统的卢卡奇却把历史想象为超个人的主体（trans-individual subject），特别是社会阶级的行动。"②戈德曼之所以把这个差别看作最基本的差别，是因为其他两个差别正是在这个差别的基础上产生出来的。其二，对历史的意义理解上的差别。戈德曼指出："一方面，对于卢卡奇来说，历史是所有人行动的结果，它是在全球性的'矢量'作用下被构成的，因而可以被纳入进步（progress）或者反动（reaction）、知识或自由的增长或者衰败的范围内。另一方面，对于海德格尔来说，进步的概念已经失去了意义，历史只有两个维度——本真性（authenticity）和非本真性（inauthenticity）。"③如果说，卢卡奇按照马克思的理论把历史理解为不

---

① ［法］吕西安·戈德曼：《卢卡奇和海德格尔》，1980 年英文版，第 2 页。（Lucien Goldmann, *Lukacs and Heidegger*, London: Routledge and Kegan Paul, 1980, p. 2. ——编者注）

② 同上书，第 8 页。

③ 同上书，第 8 页。

同社会阶级相互冲突的结果，那么，海德格尔则认为，只有那些伟大的个人才具有"本真性"，而普通民众的生活则代表了一种"非本真性"。其三，对历史的创造者理解上的差别。戈德曼认为，"在海德格尔那里，只有某些伟大的个人才是历史的创造者，只有他们的行为才能避免实证主义者的科学，而这一科学包含着自然科学、社会学和以非本真的方式生活着的群众的心理学的整个范围。相反，对于卢卡奇来说，既然历史是所有人行动的结果，那么，实证主义者的科学和哲学科学之间的界限，并不在对创造者的理解和对自然的、社会世界的其余部分知识的理解之间，而是在物理—化学的科学和人文科学之间，不过对于后者来说，如果它不是哲学的知识，也就不可能成为科学的知识"①。尽管卢卡奇和海德格尔都批判实证主义，但前者仍然肯定实证科学在一定范围内的作用，而后者则把自己的哲学与实证科学尖锐地对立起来。

正是因为在卢卡奇和海德格尔的哲学之间存在着一些重要的差别，再加上两位哲学家在术语上的差别，即卢卡奇的术语适应于普通的民众，而海德格尔的术语则适合于大学里的听众，所以，人们习惯于把他们的思想尖锐地对立起来。戈德曼并不赞成这种流行的见解，他独具慧眼地指出，在卢卡奇和海德格尔的思想之间存在着一些共同点，存在着某种隐秘的联系，而这种联系又与他们各自所从属的传统之间的联系息息相关。正如戈德曼所说的，"与表面现象不同，无论是马克思主义哲学，还是大学哲学，两者作为同一个全球社会的不同扇面的表现，从来就不是完全分离的。尽管两者之间存在着偏见与敌意，但实际上它们是相互沟通的"②。正是基于这样的考虑，戈德曼力图在两个不同的传统和两位不同的哲学家之间建立对话关系。

戈德曼认为，"卢卡奇和海德格尔之间的最基本的联结点是：对黑

---

① ［法］吕西安·戈德曼：《卢卡奇和海德格尔》，1980 年英文版，第 9 页。（Lucien Goldmann, *Lukacs and Heidegger*, London：Routledge and Kegan Paul, 1980, p. 9. ——编者注）

② 同上书，第 2 页。

格尔传统的继承，对先验主体性的拒斥，把作为世界一部分的人理解为与世界不可分离地联系在一起的观念，把人在宇宙中的地位的界限理解为历史性的观念"①。他不厌其烦地列举了卢卡奇在《心灵与形式》《历史与阶级意识》中的见解，与海德格尔在《存在与时间》中的相关的见解进行比较。尽管他也看到了，卢卡奇和海德格尔继承黑格尔传统的出发点是不同的，批判先验主体性和强调历史性的角度也是不同的，但他坚持认为，他们各自以不同的术语表达了新的、与传统的哲学观念存在着明显的断裂关系的、在内容上有许多共同之处的哲学理念。戈德曼还指出了卢卡奇与海德格尔在政治上的类似倾向："众所周知，他们各自在对历史的意义所做的全球性分析的基础上，关联到一种政治上的专政，而他们所追随的两个不同的和对立的专政具有类似的结构。"②戈德曼在这里说的"两个不同的和对立的专政"是指卢卡奇追随的斯大林主义和海德格尔追随的纳粹主义。虽然他们的追随都以失败而告终，但有一点是共同的，即他们都看到了哲学与政治之间的内在联系。

总之，按照戈德曼的看法，在卢卡奇和海德格尔之间开展对话是必要的，因为这种对话能使我们比较清醒地意识到萌动在 20 世纪哲学中的新的哲学发展趋向。

2. "物化"（reification）、"当下上手状态"（Zuhandenheit）与"实践"（Praxis）

众所周知，卢卡奇的《历史与阶级意识》出版于 1923 年，而海德格尔的《存在与时间》出版于 1927 年，其中的时间差是 4 年。那么，海德格尔有没有对卢卡奇的观点做出回应呢？戈德曼的答复是肯定的。在《存在与时间》中，海德格尔力图把自己的哲学思想与其他三位哲学家的思想区分开来。一是舍勒的人类学思想，二是狄尔泰的生命哲学，三是

---

① ［法］吕西安·戈德曼：《卢卡奇和海德格尔》，1980 年英文版，第 7 页。（Lucien Goldmann, *Lukacs and Heidegger*, London: Routledge and Kegan Paul, 1980, p. 7. ——编者注）

② 同上书，第 16 页。

卢卡奇关于意识的物化观念。海德格尔点了舍勒和狄尔泰的名，却没有点卢卡奇的名，但戈德曼认为，"这似乎是完全确定的，在《存在与时间》中，有两个段落涉及卢卡奇"①。

戈德曼提到的、海德格尔关于卢卡奇的物化理论的第一段论述是："任何主体性的观念，只要它不是奠基于基础本体论，就会陷入本体论的错误中，即使其努力方向是在存在者的层面上（因而也是在科学的层面上）维护它，以反对'心灵的实体'和'意识的物化'。"②在海德格尔看来，卢卡奇仅仅在"存在者的层面上"（on the ontic level）批判物化，尤其是意识的物化，而这是没有用的，物化的问题必须放到"本体论的层面上"（on the ontological level）加以检讨。当然，海德格尔这里强调的"本体论"不是以主客两分为特征的传统本体论，而是指自己所倡导的"基础本体论"（a fundamental ontology）。这种本体论强调的是"存在"（Being）和"存在者"（being）之间的差异，前者关涉到本体论，而后者关涉到实证科学。海德格尔认为，只有从基础本体论出发，才能把握物化的本质，而卢卡奇只是在存在者的层面上，即在实证科学的层面上批判物化。

戈德曼提到的、海德格尔关于卢卡奇的物化理论的第二段论述是："物化意味着什么？它的起源是什么？为什么存在首先被理解为被给予的东西，即现成在手（Vorhanden），而不是从工具性上，即当下上手（Zuhanden）得到理解，这两者哪个更接近存在？为什么物化继续占据支配的地位？"③海德格尔的这段论述出现在《存在与时间》的结论部分，所以戈德曼有充分的理由认为，"这段文字的地位赋予物化问题以特别的重要性，它表明物化是海德格尔探讨的核心问题"④。值得注意的是，在这段重要的论述中，海德格尔已不再局限于对卢卡奇的批评，而是从

---

① ［法］吕西安·戈德曼：《卢卡奇和海德格尔》，1980 年英文版，第 27 页。（Lucien Goldmann, *Lukacs and Heidegger*, London: Routledge and Kegan Paul, 1980, p. 27. ——编者注）

② 同上书，第 27 页。

③ 同上书，第 28 页。

④ 同上书，第 28 页。

自己的哲学理论出发，指出物化也就是"现成在手"的状态，在这种状态中，一切存在者，乃至作为存在者整体的世界都是现成地被给予的。只要人们停留在这种状态中，他们就不可能真正地去关切并询问存在的意义问题。毋庸讳言，在海德格尔的术语系统中，与"现成在手"状态相对待的则是"当下上手"状态，后一种状态在人们与工具打交道的过程中得到了充分的体现，而人正是在实践活动，尤其是生产劳动中才与工具打交道。

从对意识的物化的考察到当下上手状态，自然而然地引申出实践问题。一谈到实践概念，戈德曼就充分肯定了马克思在这方面做出的卓越贡献。他引证了马克思在《关于费尔巴哈的提纲》一文中写下的那段重要的论述："从前的一切唯物主义（包括费尔巴哈的唯物主义）的主要缺点是：对对象、现实、感性，只是从客体的或者直观的形式去理解，而不是把它们当作感性的人的活动，当作实践去理解，不是从主体方面去理解。"①在戈德曼看来，费尔巴哈忘记了直观也是一种活动，是一种知觉的活动，事实上并不存在与主体相分离的、作为纯粹的直观对象的客体。换言之，世界不是直观的对象，而是主体自己构建起来的。在海德格尔那里，此在打交道的对象都处在当下上手的工具状态中，他说的"榔头"就是一个典型的例子。也就是说，海德格尔通过对当下上手（状态）这一概念的使用，实际上与马克思、卢卡奇的思想传统之间保持着某种亲缘关系。正如戈德曼所指出的："在海德格尔的立场和《关于费尔巴哈的提纲》所主张的意识总是关联到实践的观念之间，并不存在根本性的差异。"②当然，马克思和卢卡奇所使用的实践概念与海德格尔所使用的当下上手的概念比较起来，还是存在着一定的差别的：一方面，海德格尔关注的实践活动是个体性的，而马克思和卢卡奇关注的实践活动则是集体性的；另一方面，海德格尔认为，只有少数伟大人物的决断和

---

① 《马克思恩格斯选集》第 1 卷，人民出版社 1995 年版，第 54 页。

② ［法］吕西安·戈德曼：《卢卡奇和海德格尔》，1980 年英文版，第 37 页。（Lucien Goldmann, *Lukacs and Heidegger*, London: Routledge and Kegan Paul, 1980, p. 37. ——编者注）

实践活动才具有本真性，而人民群众的实践活动则是非本真的。与此不同，在马克思和卢卡奇看来，所有人的实践活动都参与了对历史的构建，而人民群众的实践活动则起着根本性的作用。正是在这个意义上，戈德曼指出："在海德格尔的个体性的此在和卢卡奇的集体主体之间，我们发现了对立的透视点，而正是这种对立使当下上手和实践概念的意义出现了差异。"①

从对卢卡奇和海德格尔著作中出现的三个重要概念——物化、当下上手状态和实践的考察中可以发现，尽管两位思想家有着不同的思考角度，也使用了不同的哲学术语，但他们的总的思考方向是一致的。事实上，没有这种惊人的一致性，物化概念也就不可能成为《历史与阶级意识》和《存在与时间》的共同的、核心的概念。遗憾的是，海德格尔的许多研究者都忽视了海德格尔与卢卡奇之间的这种思想关联。

3. 总体性(totality)、存在(being)和历史(history)

如前所述，在卢卡奇的《历史与阶级意识》一书中，物化概念起着核心的作用，但比这个概念更为重要的却是总体性的概念。因为按照卢卡奇的看法，分工和物化必然导致个人意识的狭隘化和阶级意识的退化，唯有恢复黑格尔和马克思所倡导的总体性辩证法，人们才能超越个人的局限性，认清整个资本主义社会的本质。在卢卡奇那里，总体性表现为奠基于人的活动的社会历史整体，表现为主体、客体的统一，表现为实践活动和理论活动的统一。戈德曼认为，与卢卡奇的这一概念相一致的是海德格尔的存在概念："海德格尔告诉我们，在卢卡奇的总体性范畴中，已经可以发现存在的范畴。存在并不是最普遍的、最空洞的范畴或概念，事实上，它不是一个概念，而是此在加以询问的一个基本的实在，其特征是时间性的、富有意义的和历史性的。"②在卢卡奇看来，只有超越物化意识，达到对资本主义社会现实的总体性把握，作为集体主

---

① ［法］吕西安·戈德曼：《卢卡奇和海德格尔》，1980 年英文版，第 39 页。（Lucien Goldmann, *Lukacs and Heidegger*, London: Routledge and Kegan Paul, 1980, p. 39. ——编者注）

② 同上书，第 40 页。

体的无产阶级才能真正地认识存在的意义；而对于海德格尔来说，只有超越存在者的状态和非本真的生存状态，立足于基础本体论的立场上，存在的意义才会向此在显露出来。

在戈德曼看来，无论是卢卡奇的总体性，还是海德格尔的存在，都是与历史和历史性不可分离地联系在一起的。他写道："卢卡奇把历史与集体主体联系起来，而并不像《存在与时间》一样，把历史限定在伟大人物的身上。在《历史与阶级意识》中，特殊的历史现象，作为形式，在一个确定的层面上表现为整个人类的共同体参与其中的普遍的实在。"①事实上，卢卡奇把自己的论文集的标题确定为《历史与阶级意识》，正表明他对历史的高度重视。当然，在他那里，历史并不是一个严格的概念，他也没有像海德格尔那样，把经验意义上的历史和历史意识奠基于存在的先验的历史性之上，更没有深入地去思考历史性与时间性之间的先天的关系。戈德曼认为，海德格尔虽然强调了他的基础本体论的先验性，但他和卢卡奇一样，高度重视经验意义上的历史："就《存在与时间》而言，历史是本质性的，而存在和本真性的意义只能在历史的计划中被发现。"②如果说，总体性和历史构成《历史与阶级意识》的主导思想，那么，存在和历史则构成了《存在与时间》的主导性观念。

戈德曼并不否认卢卡奇的总体性概念与海德格尔的存在概念之间的差异——前者着眼于总体和部分之间的辩证关系，后者则强调存在与存在者、本真性与非本真性之间的差异——"尽管如此，要把这两种哲学想象为相互之间没有关联的却是困难的。就这两种哲学的关系这一主题而言，至少卢卡奇对海德格尔的影响应该在评论中被提到，而这一影响是通过拉斯克的间接关系，在一个特殊的社会背景中发生的"③。

---

① ［法］吕西安·戈德曼：《卢卡奇和海德格尔》，1980 年英文版，第 41 页。（Lucien Goldmann, *Lukacs and Heidegger*, London：Routledge and Kegan Paul, 1980，p. 41.——编者注）

② 同上书，第 48 页。

③ 同上书，第 51 页。

4. "主体—客体"(subject-object)、"此在"(Dasein)和"共在"(Mitsein)

如前所述，在《历史与阶级意识》一书中，主体—客体关系起着十分重要的作用。一方面，总体性是由主体—客体关系建构而成的；另一方面，主体又通过对客体的认识和改造，内在地推动着总体性的发展。戈德曼准确地指出："对于卢卡奇来说，问题并不是否认客体或否认主体，他否认的是把主体和客体对立起来的倾向。"①也就是说，卢卡奇并没有全盘否定传统哲学，尤其是近代哲学关于主体和客体问题的讨论，他否定的只有一点，即把主体与客体割裂开来并对立起来的倾向。在他看来，每一个历史现象，作为人的实践活动，总是行动和思想的统一，主体和客体的统一。"对于卢卡奇来说，这种主体和客体的统一，如同总体范畴一样，构成了马克思思想的本质。"②正如我们在前面早已指出过的那样，在卢卡奇那里，主体是以"集体主体"(collective subject)的方式出现的，而这一集体主体就是现实生活中的无产阶级。

在某种意义上，海德格尔的思想比卢卡奇更为激进。在他看来，主体与客体的关系乃是传统哲学，特别是近代哲学的最大的弊端，他甚至把近代哲学称为"主体形而上学"。为了从传统哲学的基本思路中走出来，他以此在的概念取代了主体—客体的提法，而此在作为"在世之在"，是与世界不可分离地一同显现出来的。在他那里，先天性的此在乃是经验生活中的个人主体的基础。当然，像此在这样的形而上学式的概念是不可能在马克思主义哲学中出现的。正如戈德曼所说的："很难想象，一本马克思主义的著作中的'人'和'主体'的概念会被'此在'取代。"③为了说明此在和"他者"(others)之间的关系，海德格尔又创制了

---

① ［法］吕西安·戈德曼：《卢卡奇和海德格尔》，1980 年英文版，第 68 页。（Lucien Goldmann, *Lukacs and Heidegger*, London：Routledge and Kegan Paul, 1980, p. 68. ——编者注）

② 同上书，第 69 页。

③ 同上书，第 11 页。

共在的概念，表明此在总是先天地与他者关联在一起，以此作为阐释经验生活中的人类共同体的哲学基础。在这里，我们可以看出他和卢卡奇思想发展的不同的路向。卢卡奇真正关注的是集体主体，他认为个人是永远无法把握资本主义社会这一巨大的整体的；相反，海德格尔虽然赋予共在以重要的意义，但他的全部哲学的出发点始终是与经验生活中的个人相对应的此在。

综上所述，在当代社会生活和哲学文化的错综复杂的背景下，卢卡奇与海德格尔的思想既表现出不同的发展路向和历史诉求，又存在着一些根本性的共同点和连接点，正是这些共同点和连接点显示出哲学发展的新的动向，值得我们深长思之。

三、柯尔施

柯尔施与卢卡奇一样，是西方马克思主义运动的早期代表人物之一。柯尔施的思想也在很大程度上受到德国古典哲学传统，尤其是黑格尔的影响。因此，他在一些基本见解上与卢卡奇比较接近。区别在于，卢卡奇终生抱着对马克思主义的强烈信念，在晚年还提出了"复兴马克思主义"的口号，柯尔施则从1926年被德国共产党开除后，思想日渐消沉，晚年实际上已脱离马克思主义。柯尔施一生的经历大致上可以划分为以下三个阶段。

第一，求学、反战与最初的政治活动时期(1886—1919)。

柯尔施出生于汉堡附近的土托斯推托的一个银行官员的家中。不久，举家迁到迈宁根，他在那里上了中学。毕业后，先后在慕尼黑、柏林、日内瓦和耶拿等地就学，主要学习法学、经济学和哲学。青年时期的柯尔施虽然还不是一个马克思主义者，但他思想十分活跃，积极参加了"自由学生运动"这一组织，致力于建立大学知识界与社会运动之间的联系。他还担任了《耶拿大学学报》的编辑，发表了关于法律改革、土地改革、教育改革和妇女解放等内容的文章。1910 年，他在耶拿大学获得法学博士学位，他的博士论文是关于认罪中的证词责任问题，一年后在柏林正式出版。

1912 年，柯尔拖到英国伦敦从事博士后研究活动，在那里加入了费边社。费边社对工人运动的重视，对工人阶级的实践意志和民主要求的尊重，对柯尔施一生的思想产生了不可低估的影响。在英国停留期间，他为德国的几家杂志写了不少介绍英国法律、教育和文化生活等方面情况的文章。

1914 年，第一次世界大战爆发，柯尔施回到了德国。应征入伍后，由于他反对战争，从预备队军官被降职为下士。在战争中，尽管他从未拿过武器，但却两次受了伤，并被授予铁十字勋章。1919 年，他成了耶拿大学的讲师。

战争标志着柯尔施积极的政治生涯的开始。1917 年，他加入了"独立的德国社会民主党"(USPD)，它是从官方的"德国社会民主党"(SPD)中分化出来的左派组织。1918 年 11 月，他还积极参加了该派领导的革命。1919 年 3 月，他出版了《什么是社会化?》一书，主张用社会主义公社取代资本主义私人经济，其思想已接近马克思主义。

第二，参加德国共产党时期(1920—1926)。

1920 年，当 USPD 再度分裂时，柯尔施与其中的大多数成员都加入了"德国共产党"(KPD)。不过，他对列宁提出的加入共产国际的二十一点条件持保留态度。

柯尔施入党后，面临着革命的衰落和资本主义的重新稳固的形势，他努力从理论上总结革命斗争的经验教训。1922 年，他写成了《工厂委员会的劳动法》一书，强调工厂委员会是无产阶级革命斗争的中坚力量。同年，他还为党内同志写了三本阐发马克思主义基本思想的宣传性小册子:《唯物史观原理》《马克思主义的精华》和《〈哥达纲领批判〉导言》。

所有这些论著都为柯尔施 1923 年发表的《马克思主义和哲学》的长篇论文奠定了基础。《马克思主义和哲学》的发表意味着他的悲剧性命运的开始。德国社会民主党、德国共产党和第三国际都公开对这部著作表示敌意，因为它不仅抨击了第二国际的思想路线，而且对马克思主义的实质及其发展提出了与列宁不同的见解。但当时的柯尔施在政治活动方面仍然是十分活跃的。1923年他被选入图林根议会，同年10月，被任命为图林根政府（在群众运动中建立起来的工人政府）中的司法部部长。

　　1923年10月的汉堡起义失败后，KPD遭到取缔，丧失了50%的成员。这时，马斯洛夫和库诺·费舍的左翼派在党内取得了领导地位，他们的思想路线正与柯尔施合拍。于是，当时已成了耶拿大学法学教授的柯尔施又成了KPD的主要发言人之一，并担任了它的理论杂志《国际》的编辑和驻德国议会的共产党代表。后一个职位一直保持到1928年。但是，后来柯尔施又渐渐地与他们发生了矛盾。1925年2月，柯尔施的《国际》杂志的编辑职务被撤销，从那时起，他就与马斯洛夫等处在对立的地位上。

　　1925年7月，台尔曼被选为KPD的领导人，柯尔施激烈地反对台尔曼的政策。1926年3月，在《共产主义政治》杂志周围，形成了一个以"坚定的左派"著称的柯尔施—卡茨集团，这是KPD内的第一个宗派组织。1926年4月，柯尔施被开除出党。

　　第三，退出政治生涯和迁居他国时期（1926—1961）。

　　柯尔施被开除出党后，不久又与卡茨发生分裂，1926年9月，"坚定的左派"又进一步分裂。1928年，《共产主义政治》杂志停刊。从此以后，柯尔施退出了政治活动，专注于马克思主义理论的研究工作。1929年，柯尔施发表了《唯物主义历史观》的长篇论文，系统地批判了考茨基的《唯物主义历史观》一书中的基本观点；1930年，柯尔施重新出版了《马克思主义和哲学》，并在书后增加了《〈马克思主义和哲学〉问题的现状——一个反批评》一文，对列宁的哲学思想提出了公开的批评。

　　1933年希特勒上台后，柯尔施先迁居丹麦，1936年又迁至美国。1943—1945年在图拉纳大学教社会学，1945—1950年在纽约国际社会研究所工作。20世纪50年代初期，柯尔施在悲观与孤独中抛弃了马克思主义。50 年代后期，他又对苏联和中国的马克思主义理论产生了兴趣。1961 年，他病逝于马萨诸塞州的柏尔蒙。在此期间，柯尔施在马克思主义理论研究中最重要的论著是《关于马克思主义的三篇论文》（1932—1937）和《卡尔·马克思》（1938）。

下面，我们将简要地论述柯尔施在《马克思主义和哲学》《关于马克思主义的三篇论文》和《卡尔·马克思》中的基本见解。

（一）《马克思主义和哲学》

《马克思主义和哲学》一书主要是由以下两个部分组成的，即 1923 年发表在《社会主义和工人运动史文库》上的长篇论文《马克思主义和哲学》和 1930 年增补上去的《〈马克思主义和哲学〉问题的现状——一个反批评》（以下简称《反批评》）。《反批评》是柯尔施对《马克思主义和哲学》一文发表 7 年来所遭遇到的各种批评意见的反驳，也是他这些年来进行新的哲学思考的结晶，是我们把握柯尔施哲学思想发展的一把重要的钥匙。近几十年来出版的以《马克思主义和哲学》为书名的不同版本或文本的著作，还相继收入了柯尔施的其他一些文章，如《〈哥达纲领批判〉导言》（1922）、《第一国际的马克思主义》（1924）等等。

《马克思主义和哲学》是柯尔施最富于原创性的著作，正如 P. 古德所说："柯尔施的最有创造性的贡献无疑是《马克思主义和哲学》。"① 下面，我们分析这本书的基本观点。

1. 作为思考起点的国家问题

柯尔施撰写这部著作的动因应当到当时的历史条件中去寻求。如前所述，20 世纪 20 年代初，德国无产阶级的革命斗争遭到了巨大的挫折，未能像俄国无产阶级一样掌握国家政权。柯尔施这部著作在相当程度上是为总结革命失败的经验教训而写。所以，他首先关注的是革命转变与国家问题。他写道："马克思主义理论的危机最清楚不过地表现在社会革命

---

① ［英］汤姆·博托莫尔：《马克思主义思想辞典》，1983 年英文版，第 263 页。(Tom Bottomore, *A Dictionary of Marxist Thought*, Cambridge: Harvard University Press, 1983, p. 263. ——编者注)

对国家的态度上。"①这一重大的问题在 1848 年第一次无产阶级革命失败后，甚至在 1871 年法国巴黎公社失败后，从未在实践中被认真地对待过。

第一次世界大战爆发后，国家问题重新成了一个迫在眉睫的问题。十月革命爆发前，俄国革命的领导者十分重视国家问题，列宁写下了论国家问题的专门著作，从而领导无产阶级取得了十月革命的伟大胜利。

可是，第二国际的所谓正统的马克思主义者却"没有能耐处理好国家和无产阶级革命的关系问题"②。一个根本的原因是他们缺乏思想上、理论上的准备。换一种说法，就是他们背弃了马克思主义的革命精神，在一些错误的资产阶级思潮的吸引下，丧失了对国家问题的判断力。当时，对第二国际领袖产生重大影响的思潮和理论是：第一，进化论，把这一思潮搬到社会生活领域中，必然否定革命，不是去推翻而是去依靠资产阶级的国家；第二，科学主义，用科学主义的目光去解释马克思主义，必然否定马克思主义的实践功能，否认它和无产阶级革命运动之间的血肉联系，从而完全忽视了国家问题在革命关键时刻的重大意义；第三，经济决定论，这种理论否定了无产阶级在革命斗争中的主体作用，实际上解除了无产阶级的精神武器，使他们看不到夺取资产阶级领导权的极端必要性。

在柯尔施看来，不确立正确的国家理论，就不能领导无产阶级夺取革命斗争的胜利，而要正确地把握国家理论，又需要廓清理论上的迷雾，真正回到马克思主义的哲学见解上去。所以，柯尔施认为，马克思主义和国家的关系与马克思主义和哲学的关系是两个相互平行的重大的问题。③

2. 马克思主义和哲学的关系

在《马克思主义和哲学》一书中，柯尔施开宗明义地说："直到最近，

---

① ［德］卡尔·柯尔施：《马克思主义和哲学》，1970 年英文版，第 53 页。（Karl Korsch, *Marxism and Philosophy*, New York: Monthly Review Press, 1970, p. 53.——编者注）

② 同上书，第 65 页。

③ 同上书，第 52 页。

资产阶级思想家和马克思主义思想家都还完全没有理解这一事实，即马克思主义与哲学的关系成了一个非常重要的理论和实践问题。"①

　　柯尔施提出这个问题是有充分理由的。从客观上看，当时马克思的一些哲学著作和手稿还没有发表，在人们的心目中，马克思更多的是一个经济学家和社会学家。在库诺·费舍九卷本的《新哲学史》中，只有两行谈到马克思；朗格的《唯物主义史》仅仅在一些脚注中提到马克思，称他为"活着的最伟大的政治经济学史专家"；余柏威关于哲学史的著作中也只有两页提到马克思、恩格斯的生平和学说。第二国际的正统的马克思主义者亦步亦趋地认为马克思主义学说中没有哲学思想，主张用狄慈根、马赫、康德、叔本华等哲学家或新康德主义、文化哲学等哲学流派的思想去补充马克思，力图把马克思主义曲解为一种脱离革命斗争实际的伦理学说或抽象的非辩证的实证科学，这样一来，实际上否定了马克思主义学说的革命精神。即使有些马克思主义者注意到了马克思和恩格斯的哲学思想，但也偏狭地把他们的思想理解为认识论和方法论，从而失去了对马克思主义的哲学思想的总体上的理解和把握。革命失败后，人们愈益认识到理论准备的重要性，认识到恢复马克思的理论传统的急迫性。针对当时党内特别缺乏马克思主义哲学修养的问题，柯尔施强调说："对马克思主义和哲学问题的新的探讨也成了这一恢复的一个重要组成部分。"②那么，柯尔施又是如何从哲学上来理解整个马克思主义学说的呢？

　　3. 总体性理论

　　人们通常认为，总体性理论是卢卡奇的学说，特别是他的《历史与阶级意识》中的主题，其实，在柯尔施的《马克思主义和哲学》中，这一概念也起着非常重要的作用。撇开这一概念，就无法索解柯尔施的哲学

_____

　　①　[德]卡尔·柯尔施：《马克思主义和哲学》，1970 年英文版，第 29 页。（Karl Korsch, *Marxism and Philosophy*, New York：Monthly Review Press，1970，p. 29.——编者注）

　　②　同上书，第 68 页。

思想，也无法把握他对马克思主义的独特的理解。

柯尔施认为，"实在"（reality）或"社会"（society）是由三个方面构成的。一是"经济"（economy），它是唯一真正客观的和非意识形态的实在。按照马克思的历史唯物主义理论，法的和政治的上层建筑及与之相适应的社会意识都是在一定的社会经济结构的基础上形成并发展起来的。二是"法和国家"（law and the state），它们并不全是真实的，因为它们为意识形态所覆盖。三是"纯粹的意识形态"（pure ideology），它既不是客观的，总的说来也不是真实的，正如恩格斯所说，意识形态是一种虚假的意识，它是社会生活的一种扭曲的反映。

庸俗的马克思主义者只看到实在的三个方面，没有把它们理解为一个总体。柯尔施指出，马克思对资本主义社会的批判"从来都是对资本主义社会整体的批判，因而也是对这一社会的所有意识形式的批判"[1]。柯尔施对实在或社会的这一理解，是我们考察他的整个思想的基本出发点，正如有的学者所指出的："《马克思主义和哲学》的基本假定是把社会作为一个总体加以说明，在这一不可分解的整体中，每一要素都支持并反映其他的要素。"[2]

在对实在或社会总体的理解中，柯尔施特别强调意识形态问题："在这里需要解决的关键问题是，要探讨在一般情况下，意识与它的对象是如何发生关系的。"[3]他解释道，不能把意识都归结为意识形态，意识形态只是一种虚假的意识，但它在人们的社会生活中却起着重要的作用。柯尔施之所以要把意识形态在社会总体中的重要作用凸显出来，一

---

① ［德］卡尔·柯尔施：《马克思主义和哲学》，1970 年英文版，第 85 页。（Karl Korsch，*Marxism and Philosophy*，New York：Monthly Review Press，1970，p. 85.——编者注）

② ［美］R. A. 戈尔曼：《新马克思主义传记辞典》，1985 年英文版，第 237 页。（R. A. Gorman，*Biographical Dictionary of Neo-Marxism*，New York：Greenwood Press，1985，p. 237.——编者注）

③ ［德］卡尔·柯尔施：《马克思主义和哲学》，1970 年英文版，第 83 页。（Karl Korsch，*Marxism and Philosophy*，New York：Monthly Review Press，1970，p. 83.——编者注）

是对第二国际的领袖们偏重社会历史进程，忽视无产阶级阶级意识作用的倾向的一个反拨；二是为了解决他正在思考的一个中心问题，即国家问题。依照他的看法，在西欧各国中，国家的一个重要职能是意识形态方面的，这必然使意识形态问题在无产阶级夺取国家政权的斗争中凸显出来。

柯尔施认为，第二国际的正统的马克思主义者从来不把马克思主义理解为一个总的体系，他们千方百计地肢解马克思主义，把它理解为一堆原理的总和，使它变成对于无产阶级革命来说无用的东西。实际上，马克思主义的革命实质正体现在对实在或社会的总体的把握上，所以它"应被看作并理解为一个活的总体的社会发展的理论，或者说得更确切一些，应被理解并实践为一个活的总体的社会革命理论"①。

柯尔施之所以把马克思主义称为"一个活的总体的社会革命理论"，是因为马克思主义学说不光是经济学、政治学和意识形态方面的知识，而且也是历史过程和不断地构成革命实践的活的统一的自觉的社会行动。革命实践是使马克思主义对实在的总体的把握不趋于僵化的根本前提。在这个意义上可以说，马克思主义的学说，从总体上看，体现为理论和实践的统一。第二国际的正统马克思主义者的一个根本失误是把理论与实践割裂开来，从而与 19 世纪后半叶的许多资产阶级学者一样，把马克思主义理解为一种纯理论的东西，理解为一些各自分离的知识分支的总和。柯尔施说："毫无疑问，马克思理论的后期发展从来不是'纯粹理论的'研究的产物；它总是对以各种方式重新唤起的、最近的阶级斗争的实践经验的理论反思。"②

柯尔施关于理论与实践统一的思想，是在其总体性理论的基础上提出来的，因此，他不主张实践决定理论、理论指导实践这类说法，而主张把两者都看作马克思主义理论总体的侧面。这一想法与卢卡奇在《历

---

① ［德］卡尔·柯尔施：《马克思主义和哲学》，1970 年英文版，第 57 页。（Karl Korsch, *Marxism and Philosophy*, New York: Monthly Review Press, 1970, p. 57.——编者注）

② 同上书，第 116—117 页。

史与阶级意识》中的见解是比较接近的。

柯尔施的总体性理论，强调社会是一个总体，强调理论与实践的统一，是正确的，但与此同时，他否认经济基础对于上层建筑的首要性地位、实践对于理论的决定作用，这显然具有很大的片面性。

4. 马克思主义发展三阶段论

从总体性理论出发，柯尔施把马克思主义的发展划分为以下三个阶段。

第一阶段为 1843—1848 年。这一阶段以马克思的《黑格尔法哲学批判》为起点，以《共产党宣言》作为结束的标志。在这一阶段中，马克思主义学说完全表现为一个活的总体的社会革命理论，它并没有被分解为经济的、政治的和精神的各种因素或各个知识的分支，甚至在分门别类地对待上述各因素时，仍然保持着理论上的总体性和完整性。柯尔施说："作为社会革命理论的马克思早年和青年时期的理论形式的最好例子是《共产党宣言》。"[1]因为该宣言体现出马克思主义学说的完整性。

第二阶段为 1848—1900 年。这一阶段始于巴黎无产阶级 1848 年 6 月的流血斗争，终于 19 世纪末。这一阶段虽然经历了第一国际的建立和解散、巴黎公社起义、第二国际的建立等一系列重大的事件，但总的说来，工人运动处于低落阶段，马克思主义的创始人更注重理论研究，并且在见解上更趋于成熟。柯尔施写道："从后期的观点看，马克思和恩格斯的马克思主义，作为科学社会主义，仍然是一个综合的社会革命理论的整体。区别仅仅在于，在后来的阶段中，这一整体的各个组成部分，即它的经济的、政治的和意识形态的因素，科学理论和社会实践，被进一步划分开来。我们能够用马克思的一个表达来说，它的自然联系的脐带被粉碎了。可是，在马克思和恩格斯的著作中，从来不会产生一种用以取代整体性的独立的诸要素的多样性。"[2]

---

① ［德］卡尔·柯尔施：《马克思主义和哲学》，1970 年英文版，第 57 页。（Karl Korsch, *Marxism and Philosophy*, New York：Monthly Review Press, 1970, p. 57. ——编者注）

② 同上书，第 59 页。

但是，在马克思主义的追随者，尤其是在第二国际的正统的马克思主义者那里，马克思主义学说的这种总体特征却被破坏了。一方面，理论与实践的统一被分离开来；另一方面，经济、政治和意识形态等诸要素也被分解开来。于是，一个统一的社会革命的理论被肢解为对资产阶级经济秩序、国家、教育制度、宗教、艺术和科学的分门别类的批判。这些批判只具有改良的性质，不可能引导出摧毁资产阶级整个统治的革命实践活动。由于马克思主义学说的整体性遭到破坏，它必然陷入危机之中。

　　第三阶段为 1900 年至一个不确定的将来。在这个阶段中，出现了回到马克思主义真正学说上去的口号，但在第二国际领导人那里，它不过是一个幌子，只有在列宁和卢森堡那里，才具有现实的意义，因为它们力图从革命实践的新的需要出发来阐发马克思主义，从而恢复以理论和实践的统一为根本特征的马克思的社会革命的学说。柯尔施说："事件本身把无产阶级专政作为一个实践问题提到了议事日程上，当列宁在决定性的时刻把同样的问题提到议事日程上来时，较早地表明了，在革命的马克思主义内部，理论与实践的内在联系已经被有意识地建立起来了。"①

　　然而，柯尔施认为，一方面由于列宁本人观点的不彻底性（如他的反映论低估了理论本身的创造作用，损害了他对理论和实践的统一性的理解），另一方面，由于同时代的许多其他的马克思主义者缺乏哲学上的修养，因而众多理论并不能回到马克思主义学说的真精神中去。为此，柯尔施大声疾呼："马克思的科学理论必须再次回到他作为《共产党宣言》的作者所赞成的东西那里去，不是作为一个单纯的回复，而是作为一个辩证的发展，一个把所有社会领域综合为一个总体的社会革命理论那里去。"②

---

　　① 〔德〕卡尔·柯尔施：《马克思主义和哲学》，1970 年英文版，第 68 页。（Karl Korsch, *Marxism and Philosophy*, New York: Monthly Review Press, 1970, p. 68.——编者注）

　　② 同上书，第 70 页。

由此可见，柯尔施的马克思主义发展三阶段论完全是以其总体性理论为依据的。从马克思主义学说的总体性，到这种总体性在第二国际领导人那里遭到破坏，再到这种总体性的恢复和发展，这就是柯尔施划分三阶段的理论出发点。由于他的总体性理论本身具有片面性，所以他的马克思主义发展三阶段论不可能真正正确地揭示马克思主义的客观发展过程。

5.《反批评》对列宁哲学思想的非难

如果说，柯尔施在 1923 年写《马克思主义和哲学》的长篇论文时，基本上还是列宁思想的拥护者的话，那么，在 1930 年的《反批评》中，他已完全站到与列宁对立的立场上。他说："'列宁主义'理论在理论上不能回答现时期国际阶级斗争的实际需要。所以，构成其理论的意识形态基础的唯物主义哲学不能构成适应今天需要的革命无产阶级的哲学。"①

柯尔施说："列宁非常认真地想成为一个马克思主义者，但他仍然是一个黑格尔主义者。"②为什么这么说呢？因为列宁把从黑格尔的唯心主义辩证法到马克思的唯物主义辩证法的发展理解为"唯物主义的颠倒"，并进而把这一"颠倒"理解为用物质的绝对去取代精神的绝对，这使他并未真正脱离黑格尔的立场。

柯尔施在谈到马克思和恩格斯的辩证唯物主义学说时写道："列宁及其追随者以一种倒退的方式修正了它，即用知识中的主体与客体之间的关系的最狭隘的认识论的或'知识学'的问题取代了它。"③在谈到列宁关于存在与意识关系的大量论述时，柯尔施又发挥说："列宁总是从一个抽象的认识论的立场上来阐述这些关系。他从不在意识的社会—历史

---

① ［德］卡尔·柯尔施：《马克思主义和哲学》，1970 年英文版，第 130 页。（Karl Korsch, *Marxism and Philosophy*, New York：Monthly Review Press, 1970, p. 130. ——编者注）

② 同上书，第 130 页。

③ 同上书，第 133 页。

形式的同样的平面上来分析知识，从不把它作为一种历史的现象，作为任何既定时代社会经济基础的意识形态方面的'上层建筑'来加以探讨。"①

　　在柯尔施看来，由于列宁以抽象认识论的目光来理解马克思主义，所以他的学说对于始终瞩目于历史过程并力图使它发生革命变化的无产阶级来说，是不合适的。柯尔施的上述见解显然是错误的，事实上，列宁对社会历史进程具有深刻的洞察力，列宁从不以学究的方式来谈论哲学问题，他强调马克思主义哲学的认识功能，目的正是为无产阶级改造世界提供思想武器。

　　柯尔施说："列宁及其追随者片面地把辩证法转移到客体上，即自然和历史上，他们把知识仅仅描绘为客观存在在主观意识中的被动的反映和反射。在这样做的过程中，他们破坏了存在和意识之间的辩证关系，一个必然的结果是，也破坏了理论和实践的辩证关系。"②柯尔施还认为，由于这种意识和存在、理论和实践的分离，列宁学说成了一种二元论。柯尔施对列宁反映论的批评同样是站不住脚的。事实上，列宁并不赞成旧唯物主义的镜子式的反映论，列宁之所以采用反映论这一概念，目的是强调意识与存在的异质性，从而从根本上摆脱德国唯心主义的同一哲学的影响。在西方马克思主义的早期代表人物中，只有卢卡奇后来真正领会了列宁反映论的真谛。

　　柯尔施认为，列宁的唯物主义哲学在割裂理论和实践关系的同时，又把实践与党的实际工作和利益紧密联系或等同起来，从而使自己的学说成了凌驾于一切（包括科学发现在内）之上的最高司法权威。这样一来，在苏联就形成了"意识形态专政"（ideological dictatorship）。特别在列宁逝世后，这种意识形态的专政不仅在国内达到登峰造极的地步，甚

---

　　① ［德］卡尔·柯尔施：《马克思主义和哲学》，1970 年英文版，第 134 页。（Karl Korsch, *Marxism and Philosophy*, New York：Monthly Review Press, 1970, p. 134.——编者注）

　　② 同上书，第 132—133 页。

至被推广到国外，粗暴地干涉兄弟党的理论和实践活动。柯尔施认为，真正的马克思主义意义上的专政有三个特点：（1）它是无产阶级的专政，而不是对无产阶级的专政；（2）它是一个阶级的专政，而不是一个党的领导的专政；（3）最重要的是，它是革命的、进步的专政，其目的是为大多数人创造更多的自由："社会主义，就其目的和手段而言，都是一场实现自由的斗争。"①

总的说来，柯尔施对列宁的批评是缺乏说服力的，十月革命的胜利表明，列宁是一个真正的伟大的马克思主义者。当然，柯尔施的某些批评，尤其是对列宁去世后苏联出现的愈益严重的意识形态专政的批评是发人深省的。历史发展进程表明，柯尔施的某些担忧绝不是空穴来风。至少在这个意义上，《马克思主义和哲学》也不失为 20 世纪初以来马克思主义运动的一份宝贵的文献。

(二)《关于马克思主义的三篇论文》

柯尔施的这本小册子是由纽约的月刊评论出版社编纂起来的，初版于 1971 年；1972 年再版时，前面增加了保尔·布赖纳斯（Paul Breines）所写的"导言"，简要地介绍了柯尔施的生平、著作和基本思想。这本小册子收进了柯尔施以下三篇论文：《〈资本论〉导论》(1932)，以德文发表在柯尔施编辑的马克思的《资本论》前面；《为什么我是一个马克思主义者》(1935)，以英文发表于美国《现代季刊》；《马克思主义的基本原理：一个再阐述》(1937)，以英文发表于美国的《马克思主义季刊》上。如果说柯尔施在第一篇论文中从总体上阐述了对马克思主义的看法的话，那么在第二、第三篇论文中则论述了他对马克思主义基本原理的理解。

柯尔施在第一篇论文中指出："如果我们今天仍以我们习惯的学术范畴来思考的话，那么马克思的《资本论》似乎更多的是一种历史的和社

---

① ［德］卡尔·柯尔施：《马克思主义和哲学》，1970 年英文版，第 144 页。（Karl Korsch, *Marxism and Philosophy*, New York：Monthly Review Press，1970，p. 144. ——编者注）

会学的理论，而不是一种经济理论。"①与以前一样，柯尔施把马克思主义看作一种关于社会发展和社会革命的总体性理论。他认为，达尔文的研究涉及一个狭隘意义上的自然史，而马克思的研究则涉及一个实践的社会—历史的发展。社会历史过程作为一个活生生的总体，不光是人们已体验到的，而且正是他们自己所创造的。社会史与自然史的这一本质的差异，构成了我们理解马克思主义基本原理的出发点。

假如我们把柯尔施在第二、第三篇论文中的见解综合起来的话，可以发现，他把马克思主义的基本原理归纳为以下四点。

第一，"历史具体性原理"。

柯尔施说："马克思总是根据确定的历史时代来理解一切社会事物。他批判所有的资产阶级的社会理论家的范畴，在这些范畴中，具体的特征已经被抹去了。"②这就是说，马克思主义学说中的所有的命题都与一定的社会历史内涵相联系，绝不能割裂这种联系，把马克思主义变成单纯的、泛泛的理论说教。

根据柯尔施的看法，历史具体性的原理充分体现在马克思对资本的各种不同的历史形态的分析中。马克思认为，从历史上看，资本起初到处是以货币形式，作为商人资本和高利贷资本的方式出现的。在近代资本主义社会中，产业资本占据了重要的地位。从资本主义生产与再生产的角度看，资本可分为货币资本、生产资本和商品资本；从资本的有机构成的角度看，又可分为固定资本与流动资本，流动资本又可细分为不变流动资本和可变流动资本；从流通的角度看，商人资本又可细分为商品经营资本和货币经营资本；从利润分配的角度看，又有生息资本这种特殊的形态。显然，不认识资本的各种不同的历史形态，要掌握资本主义社会的实质及其运动规律是不可能的。

---

① ［德］卡尔·柯尔施：《关于马克思主义的三篇论文》，1972 年英文版，第 41 页。（Karl Korsch, *Three Essays on Marxism*, New York: Monthly Review Press, 1972, p. 41.——编者注）

② 同上书，第 16 页。

柯尔施总结道："马克思的所有的经济学的术语，与古典资产阶级经济学家的术语相反，都牵涉到一个生产的具体的历史时代。"①他还强调，历史具体性原理不光是一种重要的社会学分析和研究的方法，而且是马克思进行学术争论和批评的重要武器。比如，在《共产党宣言》中，马克思针对资产阶级提出的共产主义要废除一切财产的责难回答道，共产主义的一个显著的特点并不是一般地取消财产，而是要取消资产阶级的财产。同样，针对资产阶级提出的另一些责难，如共产主义要消灭家庭、取消祖国、破坏文化、取消自由和个性等责难，马克思都运用历史具体性的原理，机智地予以驳斥。

第二，"批判的原理"。

柯尔施说："马克思主义的理论既不构成一门实证的唯物主义的哲学，也不构成一门实证的科学。它自始至终是对现存社会的理论的和实践的批判。"②当然，柯尔施解释道，人们对"批判"（critique）这个词必须获得正确的理解，它是 19 世纪革命（1848 年革命）前 40 年中所有的左派黑格尔主义者（包括马克思和恩格斯在内）常用的一个概念，不应当把它与当代使用的一个术语 criticism 的含义混淆起来。柯尔施说："'critique'不能仅仅被理解为观念意义上的批判，还是物质上的批判。"③从对象的角度来看，它包含着一个经验的探讨，具有自然科学的准确性；从主体的角度来看，它要说明个体的潜在的愿望、直觉和要求是如何发展成导致革命实践的阶级力量的。

柯尔施指出，马克思和恩格斯于 1848 年前写的几乎所有著作都充满了批判的倾向，而这种倾向仍然活跃在马克思的后期著作中。比如，马克思的巨著《资本论》的副标题就是"政治经济学批判"。遗憾的是，第

---

① ［德］卡尔·柯尔施：《关于马克思主义的三篇论文》，1972 年英文版，第 21 页。（Karl Korsch, *Three Essays on Marxism*, New York: Monthly Review Press, 1972, p. 21.——编者注）

② 同上书，第 65 页。

③ 同上书，第 65 页。

二国际的正统的马克思主义者"不是忘记就是否定了马克思主义中批判的优先性"①。他们仅仅强调的是马克思主义的科学性，尤其在经济学的领域中是如此。比如，奥地利的马克思主义者希法亭在其著名的《金融资本》一书中，把马克思的经济理论描绘为整个经济学发展中的一个阶段，完全否定了马克思的经济理论的实践方面的内涵和社会主义的目的。

柯尔施认为，这种对马克思主义的肤浅的假科学的说明也表现在伯恩施坦、考茨基的著作中。法国工联主义的领导人索雷尔和俄国共产主义的领导人列宁虽然力图保留或恢复马克思主义的某些革命的教义，但是"工联主义者索雷尔和共产主义者列宁都没有利用原先的马克思的'批判'的充分力量和影响"②。柯尔施还批评说，列宁把马克思关于哲学和经济学的命题简单地划分为对于无产阶级来说是"有用的"或"有害的"命题，从而对今天苏联的马克思主义的发展产生了有害的影响等。柯尔施把列宁和索雷尔平列在一起，这表明他的见解具有相当的偏颇性，但他对苏联马克思主义研究中出现的简单化倾向的批评仍是有积极意义的。

第三，"革命变化的原理"。

柯尔施说："古典资产阶级经济学家关注现存的资产阶级社会。他们天真地认为，社会基本关系具有真正的自然法的永远不变的特征，由于这个原因，他们不能够科学地意识到或探讨除了实际上已具备的社会形式外的任何东西。"③也就是说，资产阶级经济学家把资本主义社会的基本经济关系理解为永恒不变的东西，因此，他们竭力否定资本主义的危机及其所面临的革命转变（向社会主义转变）。

这种以引入不变的自然法来研究各种社会问题的倾向也在资产阶级

---

① ［德］卡尔·柯尔施：《关于马克思主义的三篇论文》，1972 年英文版，第 66 页。（Karl Korsch, *Three Essays on Marxism*, New York: Monthly Review Press, 1972, p. 66.——编者注）

② 同上书，第 67 页。

③ 同上书，第 32 页。

社会理论家的著作中得到了普遍的表现。这些理论家在探讨资本主义以外的社会形态时，实际上谈论着的主题仍然是资本主义社会："当他们讲到一般的'社会'时，在这所谓一般社会的形象中，尽管有某种细微的变化，我们仍能发现现代资本主义社会的那些人所共知的特征。"①

柯尔施说："马克思的社会科学从根本上看是与古典资产阶级理论的所有这些传统概念正相对立的。"②毫无疑问，马克思的主要兴趣集中在社会问题上；如果不泛泛而论的话，那么其兴趣集中在对资本主义社会的研究中；如果再进一步加以限定的话，那么其兴趣集中在资本主义社会的衰亡和危机问题上："它的主题不是肯定状态中的现存的资本主义社会，而是正在衰落的资本主义社会，这种衰落的倾向正在它的崩溃和解体中表现出来。"③马克思通过对资本主义社会的系统的深入研究，发现了资本主义社会经济运动的规律，揭示了它必然陷入的危机，必然在无产阶级的革命中被更高的社会形态取代。诚然，柯尔施指出，马克思也在一定程度上接受了进化论思想的影响，但在马克思的学说中，占主导地位的始终是革命转变的原理。正是从这一基本见解出发，马克思对实践问题特别关注。

第四，"革命实践的原理"。

马克思并没有停留在对资本主义社会的批判上，他号召无产阶级诉诸革命实践，诉诸推翻资产阶级统治的革命斗争。正如柯尔施所说："马克思主义的根本目的不是对现存世界的思辨的赞赏，而是积极的转变（实践的转变）。"④马克思主义的理论并不是出自单纯的理论兴趣的、脱离实际的一种客观知识，它直接是无产阶级行动的指南。

马克思主义的实践原理与唯物辩证法的思想紧密联系在一起。黑格

---

① ［德］卡尔·柯尔施：《关于马克思主义的三篇论文》，1972年英文版，第32页。（Karl Korsch, *Three Essays on Marxism*, New York：Monthly Review Press，1972，p. 32.——编者注）

② 同上书，第33页。

③ 同上书，第61页。

④ 同上书，第61页。

尔虽然是系统地表述了辩证法思想的第一个哲学家，但他的唯心主义辩证法最终导致与现存世界的妥协。马克思从唯物主义立场出发改造了黑格尔的辩证法，使辩证法成了无产阶级革命实践的武器。也正是依赖于唯物主义的辩证法，马克思主义才从根本上粉碎了那种提倡单纯改良主义的进化论思想。正统的马克思主义者，尤其是考茨基曾深受进化论思想的影响，从而给国际工人运动带来了巨大的损害。柯尔施强调马克思主义学说中的实践原理，目的正是恢复马克思主义的真精神。

综上所述，柯尔施在《关于马克思主义的三篇论文》中所阐述的基本思想，尤其是关于马克思主义不是实证的而是批判的思想，对整个法兰克福学派的思想主题——社会批判理论的形成和发展产生了重大的影响。他对马克思主义基本原理的概括，具有一种强烈的倾向，即把革命性与科学性对立起来，又强调前者而贬低后者。这一个倾向，给以后的对马克思主义的解释，造成了某种不良的后果。

(三)《卡尔·马克思》(1938)

西方马克思主义的研究者一般都认为，除了《马克思主义和哲学》外，《卡尔·马克思》是柯尔施的一部十分重要的著作。全书由三大部分构成：第一部分论述马克思的社会思想；第二部分论述马克思的政治经济学思想；第三部分论述马克思的历史唯物主义思想。

1. 马克思的社会理论

在这一部分，柯尔施开宗明义地提出了下面的问题：马克思主义和近代社会学教义的关系究竟如何？他回答说，如果把社会学看作由孔德开创的一门新的学问的话，那么就会发现，马克思主义与它之间缺乏任何密切的联系，"马克思和恩格斯以其热切的愿望扩充、增加关于社会的知识，但并没有注意那种从表面上看起来似乎是新的社会研究方法的名称和内容"①。这就是说，马克思和恩格斯虽然没有像孔德那样提出

---

① ［德］卡尔·柯尔施：《卡尔·马克思》，1963年英文版，第17页。(Karl Korsch, *Karl Marx*, New York: Monthly Review Press, 1963, p.17. ——编者注)

"社会学"这样的新概念，但他们却创立了一整套研究社会的新理论。

这一新理论的基本原理也就是柯尔施在《关于马克思主义的三篇论文》中阐述过的"历史具体性原理""批判的原理""革命变化的原理"和"革命实践的原理"。所不同的是，一方面，他以更成熟、更系统的方式阐述了这些原理；另一方面，他又补充了新的一节，专门讨论马克思著作中表现出来的"概括的新类型"（a new generalization），把它视为马克思进行社会研究的一种根本方法。下面，我们主要探讨柯尔施关于马克思的概括理论所做的论述。

柯尔施说，马克思关于历史具体性的原理涉及一般理论在实际中如何运用的问题，但问题还有另外的一面，即如何从实际中概括出一般理论的问题。这里牵涉到的是抽象与具体的关系问题。马克思形成自己的概括理论的出发点也是黑格尔。黑格尔主张，哲学研究的是具体的东西，不是抽象的东西，他提出了"真理是具体的"这一著名的论点，要求把一般、特殊、个别这三者辩证地统一起来。但是在黑格尔那里，具体性并不是与可感觉的东西的具体性相一致的。对于他来说，事实的知识不是目的而仅仅是手段，他之所以接受关于自然和历史的经验知识，不过是因为要为自己的唯心主义的宇宙体系的建立提供基础。总之，黑格尔概括理论中的具体性不过是来自其唯心主义哲学的思辨的具体性。这种具体性常常以曲解经验事实为前提。

与黑格尔相反，马克思的概括理论则是从社会现实的具体性出发，从中概括出一般的理论，从而把理论活动与实际生活紧密地统一起来。柯尔施说："马克思是创建一个合理的概括类型的第一人，这一类型不同于迄今为止仍然为形形色色的社会、历史和哲学思想学派所运用的传统的概念生成的程序，它更接近于近来被实验科学家发明的建设性程序。"①对于马克思说来，概念的具体性与经验事实的具体性并不是相互

① ［德］卡尔·柯尔施：《卡尔·马克思》，1963年英文版，第75页。（Karl Korsch, *Karl Marx*, New York: Monthly Review Press, 1963, p.75.——编者注）

对立的两个领域，每一个普遍的东西，即每一个概念都保留着现存的资本主义社会的具体性的一个特殊的方面。

柯尔施认为，资产阶级的社会学家按照他们的概括方式获得的知识并不能帮助他们把握社会运动和发展的真正现实，而马克思的新颖的概括理论使他得以深刻地洞察社会现实，并把它上升、抽象为一般的理论。柯尔施说："通过对资本主义社会这一特殊历史形态的分析，马克思达到了一种远远超过那种特殊形态的社会发展的一般知识。"①

总之，马克思的新颖的概括理论和历史具体性的原理是互补的，它们构成了马克思主义学说中最基本的东西。

2. 马克思的政治经济学理论

如前所述，早在大学生活期间，柯尔施就已对经济学怀着浓厚的兴趣。他虽然很重视研究马克思的哲学思想，可对马克思的经济学思想也怀着同样的研究热情，因为他认识到，构成马克思主义理论大厦的基石的正是马克思的经济学思想："马克思对资本主义社会的唯物主义探讨从一开始就奠基于对政治经济学的极端重要性的认识。"②

马克思认为，政治经济学是资产阶级的科学。当资产阶级还是革命的、上进的阶级时，政治经济学常常起到对本阶级进行启蒙的作用。在资产阶级成为统治阶级，无产阶级成为一股新兴的社会力量的时候，出于对无产阶级进行启蒙的需要，必须对政治经济学进行批判。柯尔施说："马克思对政治经济学的探讨从一开始就是作为对社会的一个批判的和革命的研究者，而不是作为一个经济学家而出现的。"③因而，马克思对政治经济学的批判并不纠缠在一些具体的、枝节性的问题上，而是直接审视其理论前提和一些基本的问题。从前提上看，资产阶级经济学家把自然法导入政治经济学中，从而把它理解为一门绝对的无时间性的

---

① ［德］卡尔·柯尔施：《卡尔·马克思》，1963 年英文版，第 78 页。（Karl Korsch, *Karl Marx*, New York：Monthly Review Press，1963，p. 78.——编者注）
② 同上书，第 89 页。
③ 同上书，第 110 页。

科学。马克思政治经济学批判的伟大功绩是否定了上述前提，把政治经济学转变为一门历史性的、受社会制约的科学。柯尔施把这一前提上的变化称为"哥白尼转折"①。这一转折的精神也贯穿到马克思对下面这些政治经济学的基本问题的分析和批判之中。

（1）劳动。柯尔施说，正如《利维坦》只是霍布斯政治著作的名义上的标题一样，《资本论》也仅仅是马克思的新经济理论的名义上的主题，"它的真正的主题是劳动，是受资本控制的当代经济形式中的劳动，也是通过无产阶级的革命斗争，直接发展到一个新的社会的和社会主义条件下的劳动"②。英国古典经济学家对劳动问题曾做过深入的研究，亚当·斯密从对劳动的具体形式的考察出发，上升到对一般劳动的分析，但是在他那里，这两种不同形式的劳动仍然相互纠缠在一起，从而妨碍他对一般劳动或抽象劳动进行单独的研究；大卫·李嘉图发展了亚当·斯密的思想，正确地把劳动的抽象形式定义为生产交换价值的劳动，但同时他又错误地把劳动称作物质财富或使用价值的唯一来源。这一错误的见解也为一些庸俗的社会学家所坚持。其实，如果劳动正是财富的唯一源泉的话，那么又如何解释在资本主义社会中，整天都在从事劳动的人们几乎完全丧失了对社会财富的支配权？

马克思认为，政治经济学要真正地把握劳动的实质，就要把生产某种使用价值的具体的劳动与凝结在商品中的抽象劳动严格地区分开来。柯尔施认为，马克思通过对两种不同形式的劳动的差异和统一性的研究，确立了科学的价值观，揭示了剩余价值的秘密。这样一来，政治经济学不再是一门商品的科学，一门被片面地理解的劳动的科学，"它成了社会劳动的直接的科学"③。它探讨劳动的过程、要素及其发展，探讨劳动在资本主义社会中的特殊表现形态。马克思对资产阶级政治经济

① ［德］卡尔·柯尔施：《卡尔·马克思》，1963 年英文版，第 156 页。（Karl Korsch, *Karl Marx*, New York：Monthly Review Press，1963，p. 156.——编者注）

② 同上书，第 128 页。

③ 同上书，第 128 页。

学的劳动观的批判，是他全部批判活动的一个基本的出发点。

（2）价值法则。价值法则之于商品生产，犹如引力法则之于物质实体，起着十分重要的作用。古典经济学家，如亚当·斯密把价值法则比喻为"一只不可见的手"，它在冥冥中操纵着现代社会的经济生活。然而，这绝不等于说，价值法则是一种不变的自然律，作为社会法则，它仅仅在下面这一点上与自然律相一致，即它是不以人们的主观意志和目的为转移的。作为社会法则，它只能在确定的历史时代和环境中发挥作用。

柯尔施认为，马克思不仅在批判德国古典经济学的基础上形成了科学的劳动价值论，而且特别强调价值法则的具体的社会历史内涵。价值法则并不是在理想状态下得以实现的，而是在资本主义生产和交换的摩擦、损失、动荡、危机和崩溃中得以实现的。这样一来，马克思就揭去了笼罩在价值法则上的神秘面纱，特别是通过剩余价值学说使人们清楚地认识到资本主义社会的本质。

（3）商品拜物教。众所周知，马克思在《资本论》第1卷中提出了"商品拜物教"问题。柯尔施认为，"对'商品的拜物教特征及其秘密'的探索不啻是马克思的《政治经济学批判》的核心，而且同时是《资本论》的经济理论的精华，也是对整个唯物主义的社会科学理论的和历史的观点的最明晰、最正确的定义"①。商品拜物教是资本主义社会的一种普遍的现象，其根本特征是人与人之间的关系以物与物的关系的方式表现出来。在《1844年经济学哲学手稿》中，马克思探讨了异化劳动的问题，其中也涉及人的自我异化的问题，这里已蕴含着人的关系物化的问题。但是，柯尔施认为，马克思的异化概念更多地具有哲学上的特征；相反，商品拜物教的提法则具有更多的科学性，因为它是在马克思对资本主义社会的经济生活进行深入研究的基础上提出来的。马克思不仅揭示了商品拜

---

① ［德］卡尔·柯尔施：《卡尔·马克思》，1963年英文版，第136页。（Karl Korsch, *Karl Marx*, New York: Monthly Review Press, 1963, p.136.——编者注）

物教的实质，而且告诉我们，只有通过无产阶级的革命斗争达到劳动的直接的社会组织，才能最终消除商品拜物教的现象。

3. 马克思的历史理论

柯尔施认为，在马克思的社会理论和经济理论中贯穿着一种基本的方法，那就是历史唯物主义的方法。历史唯物主义不能奠基在费尔巴哈的自然主义的唯物主义的基础上，它主要是在批判黑格尔的唯心史观的基础上逐步形成和发展起来的。马克思的历史唯物主义理论，主要涉及以下关系。

（1）自然与社会。柯尔施确信，马克思虽然承认"外部自然界的优先性"，但他并没有像18世纪的某些唯物主义者一样，从外在于社会历史发展的自然因素，如气候、人种、人的身体的和精神的力量、人的生存斗争等之中引申出社会问题的答案，而是从已被历史和社会进程，特别是被物质生产的发展进程改变了的自然的基础上来探讨社会问题。在这个意义上，柯尔施批评了普列汉诺夫的"地理环境决定论"，认为它是对马克思的历史唯物主义学说的一种曲解。

柯尔施指出："自然在成为'社会的'的过程中，在不同的时代具有不同的历史特征。"①马克思在《德意志意识形态》中就已强调，人周围的感性世界并不是始终如一的东西，而是工业和社会状况的产物，是人们活动的结果。有些感性对象也只是由于社会的发展，由于工业和商业的发展才提供出来的。马克思还举了樱桃树的例子来说明这个问题。柯尔施转述了马克思的上述思想，强调了马克思历史唯物主义理论中的一个基本观点，即不能脱离人和社会，单独地去考察纯粹的自然，重要的是研究自然是如何在人的活动的推动下发生变化的。

（2）生产力和生产关系。生产力和生产关系，是马克思历史唯物主义中的一对基本的范畴。柯尔施说："按照马克思的看法，社会革命发

---

① ［德］卡尔·柯尔施：《卡尔·马克思》，1963年英文版，第191页。（Karl Korsch, *Karl Marx*, New York: Monthly Review Press, 1963, p. 191.——编者注）

展的驱动力量是内在于一个既定时代的社会经济结构的潜在的生产力。"①在马克思那里，生产力这个术语像其他新创立的术语一样，并不是按先验的方法被定义的，而是按经验的方法被定义的；它不是关系到一般的社会学，而是关系到生产的具体的方式；不是独断的，而是批判的；不是从预先假定的和谐的观点出发的，而是从阶级对立的观点出发的；不是出于理论上思考的目的，而是出于革命实践的需要。如果说生产力是人们从事物质生产的能力的话，那么生产关系则是人们在生产活动中结成的一定的关系。马克思主要探讨了资本主义社会中随着生产力的发展，生产力与生产关系必然陷入的矛盾，从而论证了无产阶级社会革命的必然性。

由于引入了生产力与生产关系的矛盾关系，整个物质生产就被理解为一个过程。柯尔施说："物质生产这个动态的概念本身，把马克思的社会革命理论同所有其他的革命理论区别开来。"②资产阶级的社会学家归根结底用静态的目光去看待整个社会的基础。对于他们来说，在一个给定的社会历史时期，物质生产方式是一个封闭的体系，一个不变的东西。在它之内，物质生产得以实现，因而他们不能洞见社会革命的深层基础。

（3）经济基础和上层建筑。如何理解社会存在与社会意识的关系？如何看待社会的经济结构与政治的、法的上层建筑之间的关系？在什么样的确定的形式中，社会生活的各个领域中的物质联系得以实现？这些问题都是马克思的历史唯物主义所着力探讨的基本问题。

柯尔施认为，在经济基础和上层建筑的关系这个中心问题上，马克思和恩格斯当时把探讨的重点放在从作为基础的经济事实中引申出的政治观念、法权观念上，但马克思的一些追随者或反对者却把马克思主义理解为单纯的经济决定论，似乎马克思主义的创始人根本不重视上层建筑和意识形态对经济关系的反作用。恩格斯在晚年已意识到这种对马克

---

① ［德］卡尔·柯尔施：《卡尔·马克思》，1963 年英文版，第 198 页。（Karl Korsch, *Karl Marx*, New York：Monthly Review Press, 1963, p. 198.——编者注）

② 同上书，第 208 页。

思主义的历史唯物主义的基本观点的曲解，他在致约·布洛赫和梅林的信中已批评了这种把经济关系作为唯一决定因素的错误的见解，强调了经济基础和上层建筑之间的活生生的辩证的关系。

在《卡尔·马克思》第三部分的"结论"中，柯尔施总结说，马克思对社会研究的最重要贡献有以下五点：①把社会生活过程的所有现象都归结为经济状况；②把经济学本身看作社会科学；③从历史上把一切社会现象视为由物质生产力的发展和被社会阶级斗争实现的革命过程；④正确地定义了经济与政治之间的关系；⑤把所有的精神现象都归结为一定社会历史时期的社会意识的一定形式。柯尔施还强调说："历史唯物主义在其主要倾向上不再是哲学的方法，而是一个经验的和科学的方法。"①乍看起来，这一见解似乎是与《马克思主义和哲学》中的基本观点相冲突的，其实，时代已经不同了。当柯尔施撰写《卡尔·马克思》一书时，马克思的哲学思想已引起人们的普遍重视。在这样的历史条件下，柯尔施觉得，重要的不再是泛泛地谈论马克思的哲学思想，而是强调马克思主义的学说在研究社会问题上的可应用性，引导人们对实际生活做出更多的探索。

四、葛兰西

葛兰西是与卢卡奇、柯尔施齐名的西方马克思主义的早期代表人物。第二次世界大战后，意大利出版了葛兰西的两部遗著《狱中书信》和《狱中札记》。这两部遗著使作者获得了巨大的哀荣。西方不少学者认为，葛兰西创立了一整套适合于西方发达资本主义国家的新的马克思主义的理论，制定了社会革命的新策略，代表了 20 世纪以来马克思主义

---

① ［德］卡尔·柯尔施：《卡尔·马克思》，1963 年英文版，第 230 页。（Karl Korsch, *Karl Marx*, New York: Monthly Review Press，1963，p. 230. ——编者注）

的发展中一股最富于独创性的新潮流。有人甚至称葛兰西的学说为"葛兰西主义",足见其影响之巨大、深远。葛兰西不仅成了西方马克思主义的研究者们的经常的话题,而且被公认为从 20 世纪 70 年代中期开始兴起的"欧洲共产主义"的思想奠基人。

葛兰西深受新黑格尔主义者克罗齐的影响,这使他的思想与卢卡奇、柯尔施一样,有一条黑格尔主义之根,但不同的是,卢卡奇和柯尔施虽然一度参加过本国的革命斗争,但他们都是大学教授,葛兰西甚至连大学都没有正式毕业,他始终被卷在意大利政治斗争和革命斗争的漩涡中,这使他的学说更富于实践特征,更具有政治气息,因而也更易造成广泛的影响。

葛兰西的短暂而坎坷的一生大致上可以分为以下三个阶段。

(1)早年教育与初期革命活动阶段(1891—1920)。

葛兰西出生于意大利南部撒丁岛的阿莱士村。他的父亲在该村的土地登记处工作,家境比较清苦。葛兰西是七个孩子中的一个,生下来时体质就十分虚弱,后来,由于营养不良等原因,又成了驼背。葛兰西在十分艰苦的条件下在当地读完了小学和中学。

1911 年,葛兰西通过考试获得了阿尔贝托基金会的奖学金,从而进入了都灵大学文学系的现代语言学专业进一步深造。在大学读书期间,他结识了陶里亚蒂、塔斯卡等进步学生,并受到克罗齐思想的重大影响。1913 年,他加入了"意大利社会党"(PSI)。由于他患有严重的神经衰弱症和其他疾病,不久后,他的大学生活实际上被中断了。意大利加入第一次世界大战后,陶里亚蒂、塔斯卡等人都应征入伍。从 1916 年起,葛兰西在都灵版的《前进报》报社中担任编辑工作,他在《前进报》和《人民呼声报》上发表了大量文章,渐渐地产生了声誉。

1919 年,陶里亚蒂、塔斯卡等人服役回来后,葛兰西与他们进行了多次讨论,在俄国十月革命的强烈影响下,他们不满足意大利社会党的改良主义倾向,决定摆脱其束缚,创办一个能自由地讨论问题的新刊物,那就是著名的《新秩序》周刊。1919 年 5 月 1 日,《新秩序》创刊号正式出版，这份周刊主要译介苏联革命和建设的情况，对都灵的工人运动产生了深刻的影响。

（2）创建与领导意大利共产党阶段（1920—1926）。

1920 年 10 月，意大利社会党中的共产主义派别的代表人物波尔边加、葛兰西等人在米兰召开了会议，发表宣言，主张把意大利社会党改造为意大利共产党。1921 年 1 月 21 日，"意大利共产党"（PCI）正式成立，葛兰西成了意大利共产党第一届中央委员会委员，以波尔边加为首的左翼派在党内占统治地位。1922—1924 年，葛兰西先后在莫斯科和维也纳为共产国际工作。

1924 年 4 月，意大利举行了议会选举，法西斯分子获得了多数票，共产党人虽然处于少数派的行列，但也有 19 名代表（包括葛兰西在内）被选入议会。有了议员豁免权，葛兰西公开返回意大利，同年 8 月，他被任命为意大利共产党总书记。当时，波尔边加派在意大利共产党内部仍然拥有相当大的势力。直到 1926 年 1 月在里昂召开的意大利共产党代表大会上，这一宗派团体才被彻底击败，葛兰西的思想路线终于获得了意大利共产党大多数党员的支持和拥戴。

（3）狱中生活和写作阶段（1926—1937）。

1926 年，在意大利接连发生了几起行刺墨索里尼的事件。意大利法西斯以这些事件为借口，取消了最后一点自由，包括取消了议员豁免权。同年 11 月 8 日，法西斯分子逮捕了葛兰西，他先被流放到西西里海滨的乌斯蒂卡岛，后又被移往米兰的圣·维托雷监狱。1928 年 5 月 11 日，他被转移到罗马的特别法庭。不久，特别法庭对包括葛兰西在内的 22 名革命者进行了审讯，葛兰西被加上了"煽动内乱"等罪名，判处监禁 20 年 4 个月零 5 天。检察长气势汹汹地说，"我们要使这颗脑袋二十年不能工作"[1]。结果适得其反，从 1929 年 2 月起，葛兰西克服了

---

① ［波兰］L. 科拉柯夫斯基：《马克思主义的主要潮流》第 3 卷，1978 年英文版，第 228 页。（Leszek Kolakowski, *Main Currents of Marxism Vol*. 3, Oxford：Oxford University Press，1978，p. 228. ——编者注）

病痛的折磨，开始写作《狱中札记》，他的脑袋不但没有停止工作，反而以异乎寻常的热情和毅力投入了工作。由于国际上进步舆论的强大压力，意大利法西斯当局不得不对葛兰西做了减刑至 1937 年 4 月 21 日的判决。1937 年 4 月 27 日，在刑满后刚一周，葛兰西病死在医院中，年仅 46 岁。葛兰西的不屈不挠的高贵人格获得了人们的景仰，他在狱中思维的结晶《狱中札记》使他进入了不朽者的行列。

葛兰西生前发表过大量文章，但却没有出版过一部著作。他的著作都是他死后经他人编纂、整理出版的，尤其是《狱中札记》已被译成多种文字。现已被译成英文、在西方国家广为流传的主要著作是：《青年葛兰西论历史、哲学和文化》（P. 卡瓦隆甘地等编，1975）、《政治著作选》（Q. 霍尔选编，分两卷出版，1977—1978）、《狱中书信选》（L. 劳纳选编，1975）、《狱中札记选》（Q. 霍尔编，1971）、《现代君主和其他著作》（葛兰西学院选编，1957）等。上述著作大多是从不同角度进行选编的，因此，有些内容是相互重复的。我们下面主要考察葛兰西在青年时期的三篇重要论文和成熟时期的《狱中札记》中的基本思想。

（一）《反对〈资本论〉的革命》

葛兰西青年时期在报纸和刊物上发表的文章可谓汗牛充栋，内容涉及哲学、历史、政治、文化、艺术等诸多领域。对他青年时期的思想进行全面介绍并不是本文的目的，本书主要介绍他早年关于马克思主义和工人运动的创造性见解。

第一篇文章为《反对〈资本论〉的革命》，发表在 1917 年 11 月 24 日的《前进报》上。

在这篇论文中，葛兰西称俄国十月革命为"反对卡尔·马克思的《资本论》的革命"①。为什么呢？因为按照《资本论》的结论，在俄国这样的资本主义经济还不发达的国家里要获得无产阶级革命的胜利是不可能

----

① ［意］P. 卡瓦隆甘地、［意］P. 皮科：《青年葛兰西论历史，哲学和文化》，1975 年英文版，第 123 页。(Pedro Cavalcanti and Paul Piccone ed., *History*, *Philosophy and Culture in the Young Gramsci*, New York：Telos Press，1975，p. 123.——编者注)

的。在俄国，似乎先得创造条件发展资本主义，逐步达到类似于西方的文明，然后是无产阶级力量的增大，阶级冲突的尖锐化，最后才谈得上革命。但是，事件本身的发展已超越了马克思的见解："布尔什维克驳斥了卡尔·马克思，他们以明确的行动和成功的结果证实，历史唯物主义的法则并不像人们将认为或已经认为的那样是一成不变的。"[①]

葛兰西认为，事件超越了马克思当时的结论，这并不是马克思的错。马克思已经预见了能够预见的东西，但他无法预见欧洲战争及这场战争会持续多久。十月革命的胜利虽然否定了《资本论》的某些结论，但却恢复了马克思主义的真精神：马克思主义从不把人看作无理性的经济事实，而是把人看作历史中的至高无上的因素。

但是，葛兰西又说："人是懒惰的。他们需要把自己组织起来，先是从形式上联系或联合起来，然后在思想上和愿望上更密切地结合起来。"[②]十月革命前俄国的历史条件是比较有利于把革命力量组织起来的，因为人们在战争中遭受了巨大的饥饿、痛苦和死亡的威胁，他们的愿望很容易统一起来，投入革命斗争。

总之，在这篇文章中，葛兰西十分强调革命意志在十月革命中的作用，并把它与第二国际的经济决定论尖锐地对立起来，这体现了德国和意大利的唯心主义哲学对他早年思想的重大影响。

第二篇文章为《我们的马克思》，发表在 1918 年 5 月 4 日的《人民呼声报》上。

这篇文章是葛兰西为纪念马克思诞辰一百周年写的，它主要阐述了下面的观点。

第一，马克思主义和非马克思主义者的分野。

在文章的一开头，他就提出了"我们是马克思主义者吗?"的问题，

---

① ［意］P. 卡瓦隆甘地、［意］P. 皮科：《青年葛兰西论历史，哲学和文化》，1975 年英文版，第 123 页。(Pedro Cavalcanti and Paul Piccone ed. ，*History*，*Philosophy and Culture in the Young Gramsci*，New York：Telos Press，1975，p. 123.——编者注)

② 同上书，第 124 页。

他回答说，马克思并不是救世主，并没有提出一些超时空的、绝对不可讨论的准则或绝对命令要人们去接受。如果一定要说马克思留下了什么绝对命令或准则的话，那就是《共产党宣言》中"全世界无产者联合起来"的口号。这个口号实际上提出了一个工人阶级如何组织起来的问题。葛兰西说："组织起来的责任，为组织和联合起来的需要所进行的宣传运动应该是把马克思主义者和非马克思主义者区分开来的要素。"①显然，葛兰西当时之所以把组织问题作为马克思主义学说中的一个基本问题提出来，正是出于当时意大利革命斗争的需要，尤其是出于把工人运动组织起来的需要。

第二，马克思主义的根本使命是改变世界。

葛兰西说，马克思是伟大的，他的著作是极为丰富的，这并不是因为他从无中创造了有，并不是因为他从自己的想象出发，达到了对历史的创造性的洞见，而是因为他参加了当时的革命斗争的实践，他写下了许许多多当时未出版的残篇、手稿，他的思想是逐步成熟起来、逐步系统化的。所以，葛兰西强调说："马克思并不仅仅是一个学者，他是一个行动的人。他在行动中和在思想中一样伟大和富有，他的著作不但改变了思想，而且改变了世界。"②要成为一个真正的马克思主义者，就要无条件地投入革命斗争的实践。

第三，马克思的主要贡献是在历史观上。

葛兰西写道："马克思意味着一个到意识统治着的人类历史中去的智慧的入口。"③与马克思同时代的两个大思想家托马斯·卡莱尔和赫伯特·斯宾塞，也都研究人在历史中的功能问题，但他们并没有指出一条正确的道路。卡莱尔片面强调英雄和伟大个人在历史上的作用，从而把

①　[意]P. 卡瓦隆甘地、[意]P. 皮科：《青年葛兰西论历史，哲学和文化》，1975 年英文版，第 9 页。(Pedro Cavalcanti and Paul Piccone ed., *History*, *Philosophy and Culture in the Young Gramsci*, New York：Telos Press，1975，p. 9.——编者注)

②　同上书，第 9 页。

③　同上书，第 9 页。

整个历史研究引向神秘，引向想象力支配着的地方；斯宾塞以进化论的眼光来审视人类社会和历史，于是，人成了服从抽象的自然法则的社会有机体中的一个原子，这同样不能揭示出人在历史中的真正的地位和作用。

马克思既不是一个神秘主义者，也不是一个有形而上学气息的实证主义者，马克思是一个历史学家，一个历史的真正的解释者。马克思也承认，在历史领域中，精神、观念、意识指导着个人和团体的活动，但是它们并不是人们任意虚构出来的东西，并不是社会学家的随意想象，"它们的本质在经济中，在实践活动中，在生产和交换的制度和关系中。历史作为正在发生着的东西纯粹是实践的（经济的和道德的）活动"①。一个概念不是在其与纯粹真理或纯粹人性（作为人的一般的伦理目的）的逻辑一致性中得以实现的，它应当在经济生活的现实中得到证实或否证。所以，葛兰西强调说，为了正确地理解一个国家、一个社会、一个团体的历史目标，最重要的是了解这个国家或社会的生产和交换的制度或关系。

从马克思的唯物主义的历史观出发，葛兰西批评了意志主义的观点，认为意志主义这个词是无意义的，因为它意味着意志的任意性和不受约束性。"意志在马克思思想的意义上，意味着对结果的某种意识，这种意识倒过来意味着对人们自己的力量和在行动中表现这一力量的方式有一个正确的观念。"②对于无产阶级来说，重要的是整个阶级意志的一致性。

上述观点表明，葛兰西正在越来越深入地理解并把握马克思的唯物史观的基本精神，并结合意大利革命斗争的实际，形成自己的思想。

第三篇文章题为《工会和委员会》，葛兰西以这个标题发表了两篇文

---

① ［意］P. 卡瓦隆甘地、［意］P. 皮科：《青年葛兰西论历史，哲学和文化》，1975 年英文版，第 10 页。(Pedro Cavalcanti and Paul Piccone ed., *History, Philosophy and Culture in the Young Gramsci*, New York: Telos Press, 1975, p. 10.——编者注)

② 同上书，第 12 页。

章：一篇刊登于《新秩序》周刊 1919 年 10 月 11 日，另一篇刊登于《新秩序》周刊 1919 年 6 月 12 日。下面，我们综合介绍这两篇文章的基本观点。

在葛兰西早期的革命活动中，特别是他在《新秩序》周刊工作期间，力图通过"工厂委员会"（Factory Council）的新形式把工人组织起来。这样一来，就必然涉及这一新形式与意大利社会党在工厂里的基本组织"工会"（Trade Union）的关系问题。葛兰西的上述两篇文章正是在这样的历史背景下写的。

葛兰西指出，西欧国家中的工会组织不同于苏联的工会组织，它本质上是竞争性的，不具有共产主义的特征；它只能培养出有技术的官僚，不能成为激进的社会革命的工具，不能构成无产阶级权力的基础；它不是把工人看作生产过程的主人，而仅仅把他们看作挣工资的人；它不但不能培养工人的自觉的阶级意识，反而在工人中倡导了一种不利于团结的利己主义的精神。一言以蔽之，西方的工会是以承认资本主义制度为前提的，它不可能为无产阶级的革命和专政提供基础。

可是，无产阶级专政只能在某种组织形式中得以实现，所以葛兰西寄希望于工厂委员会，他说："工厂委员会是这一类组织的核心。"①工厂委员会与工会不同，它才真正是工人阶级根本利益的维护者，它力图把工人参与的整个生产过程统一起来，使工人成为生产和管理的真正的主人。工厂委员会具有以下特征。

第一，它"是对产业合法性的否定"②。

何谓"产业合法性"呢？那就是工会通过与雇主的谈判使雇主承认工会为工人办事的合法性，特别是确保工人和雇主之间签订的合同的顺利实现。葛兰西认为，"产业合法性"是工人阶级争得的一个胜利，它在一

---

① ［意］安东尼奥·葛兰西：《政治著作选》（1910—1920），1977 年英文版，第 100 页。（Antonio Gramsci, *Selections from Political Writings 1910-1920*, Quintin Hoare ed., London: Lawrence & Wishart Ltd, 1977, p. 100. ——编者注）

② 同上书，第 266 页。

定程度上改善工人生活的条件，但归根结底，这种合法性是一种妥协，它并不能使工人真正成为工厂的主人。否定"产业合法性"的目的是引导工人阶级掌握产业领导权，超越工会号召工人尊重合法性，按合法性办事的那种狭隘的肤浅的眼光。

第二，它"在任何时候都倾向于唤起阶级战争"①。工会按其官僚主义的形式，总是倾向于避免阶级战争的爆发，千方百计地通过妥协的办法熄灭工人阶级的革命热情；反之，工厂委员会由于其革命的自发性，总是力图把工人阶级对资产阶级的反抗引向成熟的政治斗争，使工人群众在革命斗争中得到真正的锻炼和提高。

第三，它"是无产阶级国家的模型"②。

葛兰西强调，工厂委员会不仅是工人的一种组织，而且是一个阶级，一种社会制度。它力图把工人按劳动过程组织起来，逐步实现整个工人阶级的统一。在这一过程中，工厂委员会将成为今后建立的无产阶级领导的新型国家的萌芽和基础："内在于无产阶级国家组织中的所有问题也都内在于委员会的组织中。"③今后，市民的概念将让位于同志的概念，每个人都有自己的岗位，都努力发挥自己的作用，甚至连落后的工人也不例外。通过工厂委员会这一伟大的学校，工人阶级将被训练为未来的统治阶级。

葛兰西关于工厂委员会的许多论述构成了他青年时期革命思想的一个核心的组成部分。但是，1919—1920年都灵工人起义的失败使他认识到，没有一个革命政党的领导，工人阶级是不可能真正获得解放的。之后，无论是在思想上还是在实践上，葛兰西的注意力都转向党的建设问题。当然，葛兰西并没有抛弃他早年关于工厂委员会的许多有价值的见

---

① ［意］安东尼奥·葛兰西：《政治著作选》(1910—1920)，1977年英文版，第266页。(Antonio Gramsci, *Selections from Political Writings* 1910-1920, Quintin Hoare ed., London: Lawrence & Wishart Ltd, 1977, p.266. ——编者注)

② 同上书，第100页。

③ 同上书，第100页。

解，《狱中札记》表明，贯穿在这些见解中的基本信念——工人民主和工人自治的信念，在一个更博大的思想体系中得到了再现。

(二)《狱中札记》(1929—1935)

在狱中关押的极为艰苦的条件下，葛兰西以一个革命者的巨大毅力，克服了种种疾病的折磨，写下了32本笔记共2848页的《狱中札记》。《狱中札记》在写作的过程中遇到的问题是：一方面，缺乏必要的参考资料，作者只能以非凡的记忆力进行工作；另一方面，为了应付监狱当局的检查，不得不避免使用一些通用的马克思主义的术语，用一些特定的术语来取代它们，如用"实践哲学"取代马克思主义，用"现代君主"取代共产党，用"社会集团"取代阶级等，这大大增加了表述上的困难，也给读者的理解造成了一定的困难。尽管如此，《狱中札记》仍不失为20世纪以来马克思主义发展中的一部伟大的文献。

《狱中札记》内容非常丰富，大致上可以分为三大部分：第一部分论述意大利的历史和文化，兼及知识分子问题和教育问题；第二部分论述政治问题，涉及马基雅维利和马克思的政治理论、政党问题及国家和市民社会的关系问题等；第三部分论述实践哲学，既涉及对一般哲学的看法问题，也涉及对马克思主义哲学的看法问题。

下面，我们介绍葛兰西在《狱中札记》中的基本的哲学观点。

1. 实践哲学的来源、实质和基本特征

如前所述，在《狱中札记》中，葛兰西常常用"实践哲学"(the philosophy of praxis)这一概念来表示马克思主义。其实，这种表示方法并不是一个单纯的形式问题，它本身也表明了葛兰西对马克思主义的独特的理解。

(1) 实践哲学的来源及它与现代文化的关系。葛兰西没有把实践哲学与人类文化的发展对立起来，他指出："实践哲学是以所有以前的文化为前提的——文艺复兴和宗教改革，德国哲学和法国革命，加尔文主义和英国古典经济学，世俗的自由主义和作为全部现代生活观念基础的历史主义。"①有人断言，实践哲学主要是在19世纪前半期文化发展的基础上形成起来的，而这种文化的代表则是德国古典哲学、英国古典经济学和法国的政治著作与实践。葛兰西认为，就实践哲学的主要来源而言，上述说法是有道理的，但他进一步强调了两点：①实践哲学并不是上述三大来源的机械的总和，应该说实践哲学综合地改造了这三种运动，而且在这种新的综合中，不论我们去研究其中的哪一种因素——理论的、经济的或政治的，我们都会在它们之中的任何一种里找到这三种运动中的每一种运动作为基本因素；②由于德国的哲学语言与法国革命的政治语言实质上是一致的，所以，"在某种意义上，可以这样说，实践哲学等于黑格尔加大卫·李嘉图"②。

葛兰西不仅探讨了实践哲学的文化来源，而且进一步探讨了实践哲学与现代文化的关系问题，指出实践哲学本身倒过来又成了现代文化思潮的源泉："实践哲学已经成了现代文化的一个'要素'。它在一定程度上决定了某些文化思潮或使它们富有成效。"③但是，第二国际的正统派马克思主义者或者根本看不到，或者忽视了现代各种文化思潮与实践哲学之间的融合。

葛兰西指出，在这种融合的过程中，实践哲学受到了双重的修正：一方面，它的某些因素成了克罗齐、金蒂莱、柏格森、实用主义等唯心主义思潮的组成部分；另一方面，有些人用机械的、形而上学的目光去看待实践哲学，从而把它与旧唯物主义等同起来。在这些人中间，也包括正统派马克思主义者，特别是布哈林。葛兰西强调，尤其是那些自称为马克思信徒的人把实践哲学曲解为一种最坏意义上的意识形态，即一个永恒的和绝对真理的教条主义体系。在这种情况下，亟须认真反思实

---

① ［意］安东尼奥·葛兰西：《狱中札记选》，1971年英文版，第395页。（Antonio Gramsci, *Selections from the Prison Notebooks*, London: International Publishers Co, 1971, p. 395.——编者注）

② 同上书，第400页。

③ 同上书，第388页。

践哲学与整个人类文化(包括现代文化)相互影响的辩证关系,完整地、正确地理解实践哲学的创始人赋予实践哲学的真正含义。

(2)实践哲学的实质。让我们先来看看葛兰西的哲学观。他很严肃地提出了下面的问题:"哲学是什么?它是一种纯粹感受的活动,还是至多是一种整理的活动,或者是一种绝对创造性的活动?必须先给'感受的''整理的'和'创造性的'这些用语下定义。"①"感受的"(receptive)指确信有一个外部的绝对不能改变的世界存在着;"整理的"(ordering)从含义上接近于"感受的",它虽然也承认思想活动的作用,但这种活动是有限的和微不足道的;"创造性的"(creative)也许表明外部世界是由思想创造的,这样就可能陷入唯我论。"为了一方面避免唯我论,而另一方面避免已经蕴含在把思维理解为感受的或整理的活动本身中的机械论的观点,必须以'历史的'方式提出问题,并把'意志'(归根结底等同于实践的或政治的活动)作为哲学的基础。但这种意志必须是合理的,而不是任意的,其实现必须符合客观历史必然性。"②

在这里,葛兰西明确地指出,哲学的基础是实践活动,而实践活动必须以历史必然性为前提,这实际上已论述到实践哲学的主题。在葛兰西看来,实践哲学是既避免了唯我论,又充分发挥了创造性的伟大哲学。那么,究竟什么是实践哲学呢?葛兰西说:"实践哲学是绝对的'历史主义',是思想的绝对的尘世化和世俗化,是历史的绝对的人道主义。必须按照这种方式来描绘这种新的世界观的线索。"③

在葛兰西看来,实践哲学主要以人的基本的实践活动作为考察对象。把马克思主义归结为实践哲学,这是不是包含着对外部物质世界的否定呢?并不。葛兰西说:"一定的人的社会以一定的物的社会为前提,

---

① [意]安东尼奥·葛兰西:《狱中札记选》,1971年英文版,第345页。(Antonio Gramsci, *Selections from the Prison Notebooks*, London:International Publishers Co,1971, p. 345. ——编者注)
② 同上书,第345页。
③ 同上书,第465页。

而人的社会只有存在着一定的物的社会才是可能的，这也是一个常识。"①这表明，葛兰西并不否定外部世界的存在，他强调的是，实践哲学与旧的机械的唯物主义不同，它赋予外部物质世界以新的含义。

在批评布哈林的物质观时，葛兰西指出，物质既不可以按照自然科学（物理、化学、力学等）赋予它的意义去理解，也不可以按照旧唯物主义赋予它的意义去理解，按照实践哲学的见解，它的属性"只能在它们成为生产的'经济要素'的范围内来考察"②。在讨论外部世界的实在性的问题时，葛兰西批评了旧唯物主义把外部世界的实在性与客观性理解为与人相分离的东西，他发挥说："我们知道实在仅仅因为它与人有关，既然人是历史的生成物，知识和实在也是历史的生成物，那么，客观性也不过是历史的生成物等。"③

在葛兰西看来，承认人的实践活动，也就是承认了外部世界的实在性和规律性，因为任何实践活动都是以此为基础的。马克思在《关于费尔巴哈的提纲》中曾经说过："从前的一切唯物主义（包括费尔巴哈的唯物主义）的主要缺点是：对对象、现实、感性，只是从客体的或者直观的形式去理解，而不是把它们当作感性的人的活动，当作实践去理解，不是从主体方面去理解。"④

《狱中札记》多次提到马克思的这份提纲，这表明葛兰西深入地领会了马克思主义哲学的基本精神。问题在于，葛兰西未能深入钻研马克思的经济思想，因而他未对实践的基本形式——劳动（包括异化劳动等）做出详尽的探讨。

（3）实践哲学的基本特征。根据《狱中札记》中的论述，实践哲学大致具有以下五个基本特征。

---

① ［意］安东尼奥·葛兰西：《狱中札记选》，1971 年英文版，第 353 页。（Antonio Gramsci, *Selections from the Prison Notebooks*, London：International Publishers Co, 1971, p.353.——编者注）

② 同上书，第 465 页。

③ 同上书，第 446 页。

④ 《马克思恩格斯选集》第 1 卷，人民出版社 1995 年版，第 54 页。

其一，强调理论与实践的统一。葛兰西认为，所有的哲学都关心理论和实践的关系问题，实践哲学更是关注这个问题，并在历史唯物主义的基础上把两者辩证地统一起来。然而，实践哲学关于理论与实践统一的观点却遭到了两方面的曲解，一方面，机械论的残余依然存在，因为在谈到理论时，把它作为实践的"附加物"或"补充物"，作为实践的仆从；另一方面，在克罗齐这样的唯心主义者那里，实践成了一个空洞的口号，似乎一切都只是发生在精神世界中。葛兰西反对这两种错误倾向，主张以批判的方式把理论与实践统一起来："把理论与实践统一起来是一种批判的行动，通过这种行动证明实践是合理的和必要的，理论是现实的和合理的。"①批判的行动旨在消解把理论或实践绝对化的意向，从而真正揭示出两者之间的辩证运动。

其二，强调马克思的辩证法是历史辩证法。葛兰西说，"马克思从未用过'唯物辩证法'这个公式，而是称它为同'神秘的'辩证法对立的'合理的'辩证法，他给'合理的'这一术语以非常正确的意义"②。为什么葛兰西不同意"唯物辩证法"这一表述方式呢？他认为，黑格尔逝世后，他的历史辩证法在克罗齐那里成了一种空洞的概念辩证法。与此相似的是，马克思的辩证法在布哈林等人那里，也成了一种与社会历史内涵相分离的唯物辩证法，特别是在布哈林的那本关于历史唯物主义的小册子中，"历史辩证法为因果律和对规则性、正常性和统一性的探索所取代"③。葛兰西也反对另一种倾向，即卢卡奇否定自然辩证法把人和自然对立起来的看法，他说："如果人类历史也应该被看作自然史（也依

---

① ［意］安东尼奥·葛兰西：《狱中札记选》，1971 年英文版，第 365 页。（Antonio Gramsci, *Selections from the Prison Notebooks*, London: International Publishers Co, 1971, p. 365.——编者注）

② 同上书，第 456—457 页。

③ 同上书，第 437 页。

靠科学史），怎么能够把辩证法同自然割裂开来呢?"①从根本上说，葛兰西与卢卡奇一样，把马克思的辩证法理解为历史辩证法，不同的是，他主张把自然辩证法理解为人类改造自然的辩证法，从而使之归属于历史辩证法。可见，葛兰西反对、否定自然辩证法，并不是要肯定自然界的客观的辩证过程，而是要把自然辩证法纳入历史辩证法之中。

其三，强调实践哲学的批判性。葛兰西说，如果一个人的世界观不是批判的，它就可能是一些相互矛盾的、杂乱的观点的堆积。"所以，批判自己的世界观，意味着使它取得一致性，把它提高到世界上最先进的思想水平。"②这也意味着批判以前所有的哲学，因为它们不同程度地对公众的世界观产生了影响。

实践哲学在其产生的初期，对传统文化，尤其是黑格尔的哲学思想进行了深入的批判，马克思的新世界观正是在批判中形成并发展起来的。葛兰西认为，强调实践哲学的批判性正是为了引导人民群众确立普遍的"批评意识"和"文化批判能力"，从而使以实践哲学为基础的新文化的建设和传播充满活力。

其四，强调实践哲学与政治不可分离。葛兰西认为，人生活在社会中，其世界观总是自觉不自觉地归属于一定的政治团体，"这样看来，哲学不能同政治分离；进言之，对世界观的选择和批判也是一个政治问题"③。实践哲学致力于工人阶级的解放，因而尤其重视哲学与政治的联系。"在这个意义上可以说，真正的哲学家正是而且不能不是政治家"④，他们在理论研究的同时，积极地参与政治活动，参与对周围世界的革命改造。

其五，强调实践哲学改造意识形态的特征。在《狱中札记》中，葛兰

① [意]安东尼奥·葛兰西：《狱中札记选》，1971年英文版，第448页。（Antonio Gramsci, *Selections from the Prison Notebooks*, London：International Publishers Co, 1971, p. 448.——编者注）

② 同上书，第324页。

③ 同上书，第327页。

④ 同上书，第352页。

西提到了亚里士多德在关于悲剧的学说中所使用的"卡塔尔希斯"(Ka-tharsis，意谓"净化")这一术语，认为它可以表明从纯粹经济的或感情的—利己主义的因素向道德—政治的因素，向整个上层建筑的过渡："据我看，卡塔尔希斯这一环节的确立，是全部实践哲学的出发点。"①

为什么葛兰西特别重视这一术语呢？他的目的是想表明，实践哲学并不单纯地停留在经济斗争上，他更重视上层建筑，尤其是意识形态领域里的斗争。他认为，"意识形态"这一概念在 18 世纪法国唯物主义那里，是感觉论的一个方面，其最初的意思是"观念的科学"，后来，渐渐地转义为"观念的体系"，按照实践哲学的看法，它成了上层建筑的一个组成部分。葛兰西说，"从历史上看，实践哲学在反对意识形态时代表了一种明显的进步"②。葛兰西关于意识形态领导权的理论正是在这些见解的基础上引申出来的。

综上所述，把实践看成马克思主义哲学的精髓，强调马克思主义哲学的实践性，正是葛兰西的实践哲学的特色。不管人们对此做何评价，有一点必须肯定：它同传统的辩证唯物主义与历史唯物主义的思想体系的分歧是鲜明的。

2. 经济基础、上层建筑和市民社会的理论

人们通常认为，葛兰西对历史唯物主义理论的一个卓越贡献表现在他所提出的领导权的问题上。这当然是无可厚非的。问题在于，他的领导权理论的提出并不是孤立的，而是建基于他对经济基础、上层建筑和市民社会关系的独特的理解上的。不了解这些关系，是不可能真正懂得他的领导权理论的。

葛兰西说，"在哲学中，统一的中心是实践，也就是人的意志(上层建筑)与经济基础之间的关系。在政治中，统一的中心是国家与市民社

---

① ［意］安东尼奥·葛兰西：《狱中札记选》，1971 年英文版，第 367 页。(Antonio Gramsci, *Selections from the Prison Notebooks*，London：International Publishers Co，1971，p. 367. ——编者注)

② 同上书，第 376 页。

会的关系"①。这些概念的关系到底如何呢？关键在于，我们一定要了解"市民社会"(civil society)这一概念在葛兰西学说中的独特的含义。应当承认，在《狱中札记》中，"市民社会"是个十分模糊的概念。在有些场合下，它指的是经济关系，具有与经济结构相类似的含义，在另一些场合下，它又从属于上层建筑，有时与国家概念并列，有时又包含在国家概念之中。我们这里讨论的是葛兰西把"市民社会"归属于上层建筑的这一主要倾向。

马克思曾经说过："这种物质生活关系的总体，黑格尔学 18 世纪的英国人和法国人的榜样，称之为'市民社会'，而市民社会的解剖则应该求之于政治经济学。"②在这段话中，马克思明确地把"市民社会"归到经济基础的范围内，但葛兰西却提出了与马克思不同的见解："目前我们能做的是确定上层建筑的两个主要层面：一个能够被称作'市民社会'，即通常被称作'民间的'社会组织的集合体；另一个则是'政治社会'(political society)或'国家'。一方面，这两个层面在统治集团通过社会执行'领导权'职能时是一致的；另一方面，统治集团的'直接的统治'或命令是通过国家和'司法的'政府来执行的。"③葛兰西的上述见解可以如图 1 所示：

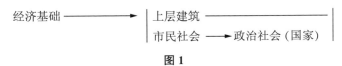

经济基础 ⟶ 上层建筑 ⟶
市民社会 ⟶ 政治社会（国家）

图 1

在上述见解中，葛兰西主要强调了市民社会与政治社会的一致性，那么，这两者的主要区别在哪里呢？他告诉我们，政治社会代表暴力，

① ［意］安东尼奥·葛兰西：《狱中札记选》，1971 年英文版，第 402—403 页。(Antonio Gramsci, *Selections from the Prison Notebooks*，London：International Publishers Co，1971，pp. 402-403.——编者注)

② 马克思：《政治经济学批判》，人民出版社 1955 年版，第Ⅱ页。

③ ［意］安东尼奥·葛兰西：《狱中札记选》，1971 年英文版，第 12 页。(Antonio Gramsci, *Selections from the Prison Notebooks*，London：International Publishers Co，1971，p. 12.——编者注)

作为专政的工具，它被用来控制人民群众，使他们与既定的经济关系保持一致，它的执行机构是法庭、监狱、军队等等；市民社会则代表舆论，它通过民间的社会组织起作用，在这些组织中，最重要的是政党、工会、教会和学校，另外还包括各种意识形态—文化的组织，如报刊和各种学术文化团体等。正如泰克西埃（Jacques Texier）所说："'市民社会'是一个进行旨在获得整个社会的舆论的意识形态—文化的或伦理政治的活动的地方。"①

在弄明白市民社会概念的特定含义后，我们再来考察它在经济基础和上层建筑的关系中所起的作用。按照马克思的观点，经济基础是基本的，上层建筑只是第二性的，起从属的作用。葛兰西则反对把两者的关系理解为决定和被决定的关系，他更强调的是上层建筑，特别是市民社会对经济基础的反作用，尽管可以把此看作对第二国际的正统的马克思主义者的经济决定论的一种理论上的反拨，但无疑，葛兰西是拨过了头的，他的观点最终导向了唯心主义。另外，葛兰西的上述见解也隐含着他对西方社会上层建筑结构的独特的理解。在西方资本主义国家中，上层建筑中的市民社会（意识形态文化方面）起着比政治社会更重要的作用。资产阶级的统治不光是靠军队和暴力来维持的，在相当程度上是靠他们广为宣传，从而被人民大众普遍接受的世界观来维持的。这就把整个市民社会，把意识形态文化问题凸显出来了。仅就这一点而论，不但不能把葛兰西的见解简单地斥责为唯心主义，恰恰相反，它表明了葛兰西没有用教条主义的态度来对待马克思主义，而是立足于西方社会的特定的历史条件来丰富和发展马克思主义学说。

3. 关于领导权理论

葛兰西关于"领导权"（hegemony）的论述最早出现于 1926 年他所写的《关于南方问题的笔记》中。他在该文中写道："都灵的共产主义者十

---

① ［英］C. 穆福：《葛兰西和马克思主义理论》，1979 年英文版，第 69 页。（Chantal Mouffe, *Gramsci and Marxist Theory*, London: Routledge & Kegan Paul Books, 1979, p. 69. ——编者注）

分具体地给自己提出了'无产阶级的领导权'问题，那正是无产阶级专政和工人国家的社会基础。"①在《狱中札记》中，他比较系统地论述了领导权理论。

葛兰西认为，存在着两种不同的领导权：一种是"文化上的领导权"（cultural hegemony）；另一种是"政治上的领导权"（political hegemony）。前者是对应于市民社会而言的，后者则是对应于政治社会（国家）而言的。归根结底，这两种领导权都掌握在经济上占支配地位的社会集团的手中，因而它们的独立性仅仅是一种外观而已。在东方专制国家，比如在俄国，政治领导权比起文化领导权来，起着更为重要的作用，但在西方，情形正好相反，文化领导权起着更为根本的作用。葛兰西这样写道："在俄国，国家就是一切，市民社会是初生的和凝结的；在西方，国家和市民社会有一个适当的关系，当国家不稳定的时候，市民社会的坚固的结构立即就显露出来了。国家仅仅是一条外部的壕沟，在它后面耸立着一个强有力的堡垒和土木工程系统，不用说，在不同的国家里，这些堡垒和土木工程的多少不同，因而有必要对每个国家的情况做出正确的调查。"②正是从西方社会的特定条件出发，葛兰西提出了与列宁不同的领导权理论，把问题的焦点集中到市民社会的领导权，即文化领导权上。

基于这样的思考，葛兰西提出，在西方国家，掌握市民社会的领导权是掌握政治社会领导权的先决条件。他说："一个社会集团在取得政府权力之前能够而且必须行使'领导权'（这确实是取得这样一种权力的主要条件之一）；以后当它行使权力时，它成了统治者，但即使它牢牢

---

① ［意］安东尼奥·葛兰西：《现代君主和其他著作》，1957 年英文版，第 30 页。（Antonio Gramsci，*The Modern Prince and Other Writings*，London：International Publishers，1957，p. 30.——编者注）

② ［意］安东尼奥·葛兰西：《狱中札记选》，1971 年英文版，第 238 页。（Antonio Gramsci，*Selections from the Prison Notebooks*，London：International Publishers Co，1971，p. 238.——编者注）

地掌握了权力，它仍然必须继续'领导'。"①这就是说，无产阶级革命的直接目标并不是夺取国家领导权，而是先在市民社会的各个领域中逐步破坏资产阶级在文化、意识形态上的领导权，由无产阶级来取而代之，先进行预演，然后才有可能在适当的时候顺利地掌握国家权力。而无产阶级即使在上升为统治阶级之后，仍然要十分重视对整个市民社会的领导。无疑，葛兰西的上述见解对西方国家的革命具有重要的指导意义，正如科拉柯夫斯基所说："无论如何，在葛兰西的学说中，这是一个重要的论点，即工人们只有在获得文化'领导权'之后，才能获得政治上的权力。"②

众所周知，政治领导权的本质是暴力，那么，文化领导权的本质又是什么呢？葛兰西说："发挥积极的教育功能的学校和发挥约束与消极功能的法庭，是最重要的国家的行为，但实际上，为了达到同样的目的，还有许多其他的所谓民间的活动和创举，它们合在一起构成统治阶级的政治的和文化的领导权的工具。"③可见，文化领导权主要体现为教育关系。但一般说来，教育机关都是控制在统治阶级手中的，无产阶级要争得文化和意识形态上的领导权，唯一的办法是建立无产阶级自己的文化组织和文化团体。早在1917年12月8日发表于《前进报》的《朝着一个文化联系》中，葛兰西就强调，意大利工人阶级必须建立三大组织：党、劳动联盟和文化组织。④ 在《狱中札记》中，他更是花了大量的篇幅

---

① ［意］安东尼奥·葛兰西：《狱中札记选》，1971年英文版，第57—58页。（Antonio Gramsci，*Selections from the Prison Notebooks*，London：International Publishers Co，1971，pp. 57-58.——编者注）

② ［波兰］科拉柯夫斯基：《马克思主义的主要潮流》第3卷，1978年英文版，第241页。（Leszek Kolakowski，*Main Currents of Marxism Vol.3*，Oxford：Oxford University Press，1978，p. 241.——编者注）

③ ［意］安东尼奥·葛兰西：《狱中札记选》，1971年英文版，第258页。（Antonio Gramsci，*Selections from the Prison Notebooks*，London：International Publishers Co，1971，p. 258.——编者注）

④ ［意］P. 卡瓦隆甘地、［意］P. 皮科：《青年葛兰西论历史，哲学和文化》，1975年英文版，第98页。（Pedro Cavalcanti and Paul Piccone ed.，*History，Philosophy and Culture in the Young Gramsci*，New York：Telos Press，1975，p. 98.——编者注）

来论述这一问题。

如前所述，文化领导权也就是对整个市民社会的领导权。这一领导权应该由什么组织去争得呢？在早期，他比较重视的是工厂委员会，在《狱中札记》中，他强调得更多的则是"现代君主"（政党）的巨大作用。

葛兰西说："现代君主，虚构的君主，不可能是一个真正的人，一个具体的个体。它只能是社会的一个组织，一个复杂的要素，在它之中，一个已经被承认并且在某种程度上在行动中已经被确定下来的集体意志开始获得具体的形式。这个在历史发展中产生出来的组织就是政党，它是最初的细胞，其中集中了力图成为普遍的和总体的集体意志的一些萌芽。"①现代君主不仅在政治斗争上起着举足轻重的作用，而且也十分重视精神、道德乃至整个意识形态上的改革问题，重视新世界观和新文化的传播问题。因为现代君主有自己严密的组织，有一大批职业革命家和知识分子集团，所以，它是夺取市民社会领导权，逐步达到工人阶级在文化—意识形态上的领导地位的最重要的组织。

4. 新的革命战略：以阵地战取代运动战

在论述了领导权问题后，葛兰西自然要进一步解决下面这个问题：革命者应当运用怎样的战略来夺取领导权，特别是文化领导权呢？在《狱中札记》中，他引入了西方军事史上的术语"运动战"（war of movement）和"阵地战"（war of position）来说明政治斗争中的战略。

什么是"运动战"呢？运动战就是面对面地、直接地向敌人发动进攻，政治上的运动战就是直接发动革命夺取资产阶级国家的领导权；什么是"阵地战"呢？阵地战不是主动出击，而是坚守自己的阵地，并逐步扩大，以逐渐夺取敌人的阵地。在政治含义上，阵地战是指在资产阶级政权未陷入危机的稳定时期无产阶级革命所采取的战略。

葛兰西说："政治上的斗争从'运动战'转到'阵地战'的问题在当今

① ［意］安东尼奥·葛兰西：《狱中札记选》，1971 年英文版，第 129 页。（Antonio Gramsci, *Selections from the Prison Notebooks*, London：International Publishers Co, 1971，p. 129.——编者注）

的时刻确实需要被考虑。"①在当代，政治上的运动战发生在从 1917 年 3 月到 1921 年 3 月这段时间里，随后，占主导地位的就是阵地战了。葛兰西关于阵地战的设想也是在其市民社会理论的基础上提出来的。他说："在政治这门艺术和科学中，至少在最发达国家的情况下，'市民社会'已变成一个非常复杂的结构，一个抵挡直接经济要素的灾难性的'入侵'（危机、萧条等等）的结构。市民社会的上层建筑像现代战争中的战壕体系。在战争中有时会发生这样的情形：一场猛烈的炮火攻击似乎已经摧毁了敌人的整个防御体系，而事实上，只是破坏了它的外表；在攻击者前进和进攻时，会发现自己面对着一条仍然有效的防御线。"②按照葛兰西的分析，在西方发达国家中，市民社会成了统治阶级整个防御系统中最坚固的堡垒。在这样的情况下，运动战显然是不适用了，因为革命者无法用闪电般的出击去破坏统治阶级对整个市民社会的领导权，相反，只能通过阵地战的方法，先在市民社会中逐个地夺取新阵地，在掌握意识形态文化领导权的基础上，最后夺取国家的领导权。葛兰西的革命战略思想也在西方产生了重大的影响。

---

① ［意］安东尼奥·葛兰西：《狱中札记选》，1971 年英文版，第 110 页。（Antonio Gramsci, *Selections from the Prison Notebooks*, London：International Publishers Co, 1971，p. 110.——编者注）

② 同上书，第 235 页。

新实证主义的马克思主义[①]

在第二次世界大战前,把马克思主义人本主义化的思潮几乎独占了西方马克思主义的舞台。在战后,情况起了变化,出现了一股与之相对立的思潮,即把马克思主义科学主义化的思潮。这一思潮主要反映在两个新的不同的流派中:一是意大利的德拉-沃尔佩学派,亦即我们在本章中要加以讨论的新实证主义的马克思主义;二是法国的阿尔都塞学派,亦即结构主义的马克思主义,我们将放在后面加以讨论。

新实证主义的马克思主义是德拉-沃尔佩学派研究马克思主义学说的产物,它大致上兴起于 1956 年苏共二十大之后,衰落于 1965 年德拉-沃尔佩退休之后。严格说起来,德拉-沃尔佩学派并不是一个学派,甚至连一个学术团体都算不上。正如戈尔曼所说:"所谓德拉-沃尔佩学派仅仅是几个对德拉-沃尔佩的观点有兴趣并加以发展的人,它并不是一个有组织的团体。"[②]德拉-沃

---

① 本文为《国外马克思主义哲学流派新编·西方马克思主义卷》(俞吾金、陈学明著,复旦大学出版社 2002 年版)第四章(该书第 349—384 页)。本文初版见俞吾金、陈学明:《国外马克思主义哲学流派》,复旦大学出版社 1990 年版,第 326—371 页。文字有改动。——编者注

② [美]R. A. 戈尔曼:《新马克思主义传记辞典》,1985 年英文版,第 114 页。(R. A. Gorman, *Biographical Dictionary of Neo-Marxism*, New York: Greenwood Press, 1985, p. 114. ——编者注)

尔佩在《逻辑是一门实证科学》(1950)和《卢梭与马克思》(1957)两书中提出的基本见解构成新实证主义的马克思主义的理论基础。德拉-沃尔佩以意大利共产党的期刊《社会》为中心，培养出许多弟子，如 M. 罗西、科莱蒂、V. 切罗尼等。其中最有才华的是科莱蒂。由于德拉-沃尔佩学派的理论观点与意大利共产党领导不同，1962 年，这个学派被谴责为意大利共产党党内的"分裂主义者"；《社会》杂志也被解散了。同时，以 C. 卢波里尼、V. 吉拉塔纳和 N. 巴达罗尼为首的另一些意大利的马克思主义者在《再生》杂志上挑起了与德拉-沃尔佩学派的论战。在这场论战中，德拉-沃尔佩学派已呈现衰落的趋向。1964 年，科莱蒂退出了意大利共产党，1965 年德拉-沃尔佩退休，这个学派大致上也就散伙了。V. 切罗尼等继续留在党内，从事政治理论研究，科莱蒂则单独一人在党外与德拉-沃尔佩保持思想上的联系。从 20 世纪 60 年代后期起，科莱蒂的思想也起了一些变化，进一步修正了他的老师的学说。

德拉-沃尔佩学派虽然不复存在了，但它所倡导的新实证主义的马克思主义却在西方产生了广泛而深远的影响。新实证主义的马克思主义的主要特征如下。

第一，它不像西方马克思主义的早期代表人物那样，竭力主张把对马克思主义的研究与具体的革命实践结合起来。它主张，研究马克思主义，就必须下苦功，以科学的精神，认认真真地阅读马克思主义的原著，从而把握马克思主义的真精神。科莱蒂在与英国《新左派评论》主编佩里·安德森的一次谈话中回顾说："我从与德拉-沃尔佩的著作的联系中学到的一个基本的训诫是，对奠基于直接知识之上的马克思主义的著作需要有一种绝对认真的关系，要对他的原文做真正的研究。"[1]德拉-沃尔佩的著作，通常大段地引证马克思的原著，给人一种忠实于马克思主义原文的印象。人们通常认为，新实证主义的马克思主义是以科学的方

---

[1] 《新左派评论》：《西方马克思主义》，1977 年英文版，第 321 页。（NLR ed.，*Western Marxism：A Critical Reader*，London：Verso Books，1977，p. 321.——编者注）

式研究马克思主义的结果。

第二，对马克思主义学说，特别是辩证法的理解，不像西方马克思主义的早期代表人物或苏联模式的马克思主义一样在黑格尔的辩证法思想中寻找马克思的辩证法思想的来源，它强调马克思对黑格尔辩证法的深入的、透彻的批判，强调马克思的辩证法作为科学的形态与黑格尔的辩证法相对立。总之，它强调的是两种辩证法之间的非连续性而不是连续性。

第三，它不像西方马克思主义的早期代表人物一样主要从人本主义（也包括历史主义）的角度来阐释马克思主义，而是主张，马克思主义体现为人本主义和科学主义的统一，体现为历史和科学的内在逻辑的统一。马克思主义被定义为"道德的伽利略主义"，这表明在人本主义和科学主义的统一中，它仍然倾向于把科学主义作为马克思主义的根本特征。

第四，它与西方马克思主义的早期代表人物不同，他们几乎都批判第二国际正统的马克思主义所主张的机械的决定论，强调人的意志的巨大作用。它力图恢复马克思的历史决定论的权威，主张历史唯物主义是一门具有科学精确性和预见性的学问。这一主张也使它对以波普尔为代表的实证主义思潮对马克思的历史决定论的批判持激烈的否定态度。

总之，在西方马克思主义的发展中，新实证主义的马克思主义被西方公认为富有独创性的思潮。下面，我们主要介绍这一思潮最著名的代表人物德拉-沃尔佩和科莱蒂的思想。

一、德拉-沃尔佩的《卢梭与马克思》

德拉-沃尔佩出生于意大利波伦亚附近的伊莫拉。他在第一次世界大战中担任过意军的下级军官，1920 年毕业于博洛尼亚大学，先在本地的一所高级中学教历史和哲学，1929 年回到博洛尼亚大学任现代哲学史讲师。经过几度竞争，他于 1938 年获得了梅西纳大学教育系哲学史教授的职位。在那里，他有时还教美学和法国文学。从 20 世纪 20 年代起，他在哲学上研究的焦点是批判地调和金蒂莱的唯心主义、实在主义与克罗齐的历史主义。20 世纪 30 年代，他致力于对休谟的研究。从 20 世纪 40 年代起，他又对法国的哲学家，尤其是卢梭的政治思想进行了深入的研究。这一研究又诱发了他对马克思的政治思想和哲学思想的浓厚兴趣。

1944 年，他在西西里加入了意大利共产党。他起先致力于对马克思的早期著作《1844 年经济学哲学手稿》和《黑格尔法哲学批判》的翻译和研究工作，并撰写了《关于人类解放的马克思主义理论》(1945)、《共产主义自由》(1946)和《关于实证人道主义的理论》(1947)等论文，阐述了马克思上述两部著作中的基本思想。

1950 年，德拉-沃尔佩出版了《逻辑是一门实证科学》一书，把马克思的哲学传统追溯到休谟、伽利略和亚里士多德，否定了马克思与黑格尔之间的思想联系，认为这种虚假联系是像卢卡奇、葛兰西这样的人通过左翼黑格尔派的媒介建立起来的，而实际上，马克思断然拒绝了黑格尔的唯心主义的形而上学。从逻辑上看，黑格尔颠倒本末，用抽象去解释特殊，其结论根本不能得到科学的证明。作为科学批判的马克思主义，把黑格尔的颠倒重新颠倒过来，马克思主义是非教条主义、非形而上学的，是面向事实的，是对资产阶级神话的一个总体上的批判。这本书的出版，意味着新实证主义的马克思主义的理论基础的奠定。但它在刚出版时并未引起理论界的重视。

1956 年匈牙利事变发生后，意大利共产党内部的教授党员大部分退了党，德拉-沃尔佩是留在党内的少数教授之一。意大利共产党为了改变自己的形象，实行了比较开明的文化政策，德拉-沃尔佩和科莱蒂等人相继被吸收到意大利共产党的主要文化刊物《社会》杂志编辑部工作。1957 年，德拉-沃尔佩出版了《卢梭与马克思》一书，这是他最负盛名的马克思主义研究专著。我们将在下面详细介绍。在德拉-沃尔佩的主持下，《社会》杂志渐渐地变得激进起来，在理论上提出了一些与意大利共产党领导有分歧的见解，并在进步青年中获得了不少追随者。1962年，意大利共产党领导下令解散了《社会》杂志编辑部。

从此以后，德拉-沃尔佩潜心于理论研究。1960年，他出版了美学专著《趣味批判》，他在该书的"序言"中声称："我在本书中的目的是对历史唯物主义的美学做一个系统的探讨，并进而提出一种对诗和艺术的一般的、有条理的社会—逻辑读解法。"①1965年，德拉-沃尔佩从梅西纳大学退休。1967年他出版了《当代思想批判》一书，其中也包含着对阿尔都塞的结构主义的马克思主义的批评。

德拉-沃尔佩去世后，他的学说引起了更多人的关注和研究。1972—1973年，他的著作的六卷本全集在罗马被整理出版。正如约翰·弗雷泽所评价的："尽管德拉-沃尔佩的著作在讲英语的国家中还鲜为人知，但是他无疑是第一次世界大战后意大利最有影响和最富创造性的马克思主义哲学家。"②

《卢梭与马克思》一书，与卢卡奇的《历史与阶级意识》一样是论文集。这本书1957—1964年连续出了四版，在意大利理论界产生了广泛而又持久的影响。1957年初版时，它包括三篇论文，即《对卢梭的抽象的人的批判》(1957)、《在现代民主发展中的平等的自由或活着的卢梭》(1954)和《社会主义与自由》(1956)，并附有一份论述马克思从1843年到1859年的方法论著作的材料，为《经济学和道德科学的一般唯物主义方法》(1955—1957)；1962年出第三版时，增加了《澄清》(1961)一文，就前面两版中阐述的理论见解做进一步的解释。在1964年出第四版时，它又增加了四个附录：《关于社会主义合法性的更多的论述》(1964)、《孟德斯鸠、伏尔泰和卢梭的人道主义》(1962)、《马克思主义对卢梭的

---

① ［意］G. 德拉-沃尔佩：《趣味批判》，1978年英文版，第11页。(Galvano Della-Volpe, *Critique of Taste*, London：Verso Books，1978，p. 11.——编者注)

② ［意］G. 德拉-沃尔佩：《卢梭与马克思》，1978年英文版，第7页。(Galvano Della-Volpe, *Rousseau and Marx*, London：Verso Books，1978，p. 7.——编者注)

批判》（1963）、《我们和宪法》（1962）。

从内容上看，这部著作可以分为两大部分：一部分是政治论文，主要阐述自由、民主、平等、法和人道主义等问题，其要旨则是阐述卢梭的政治见解与马克思创立的科学社会主义学说的内在联系及本质差异，尤其是阐述卢梭的自由观在当代社会生活中的重大现实意义；另一部分是哲学论文，集中在《经济学和道德科学的一般唯物主义方法》的材料之下，比较系统地阐述了马克思的辩证法的实质和基本公式，说明了马克思的辩证法与黑格尔的辩证法的根本差异。下面，分两部分来探讨德拉-沃尔佩的学说。

（一）社会主义与自由

德拉-沃尔佩的政治思想的焦点是个体的自由问题，他把这个问题看作正在为社会主义事业而奋斗的西方民主国家所面临的一个重大课题。他说："今天，存在着社会主义的世界体系及随之而来的和平竞赛的可能性，这一现实指出了通向社会主义的不同的民族道路。为了清楚地表明我们在这方面的看法，似乎比以往更有必要重新思考社会主义和自由（及民主）的关系问题。"①德拉-沃尔佩对自由问题的探讨是循着下面的思路展开的。

1. 卢梭的"平等的自由"观的当代意义

德拉-沃尔佩认为，马克思的社会政治思想与法国唯物主义哲学家，尤其与卢梭有着直接的联系。比如，他在论述马克思的《黑格尔法哲学批判》一书时，就称它为"一部完全充满了典型的卢梭人民主权思想的著作"②。但他又强调，研究者们更多地追溯马克思学说的黑格尔主义的根源，因而必然忽略马克思与卢梭思想之间的内在联系。为什么呢？因为黑格尔反对卢梭的政治思想，特别是他的人民主权的思想，所以卢梭思想的有价值的一面就显得蔽而不明了。

---

① ［意］G. 德拉-沃尔佩：《卢梭与马克思》，1978 年英文版，第 71 页。（Galvano Della-Volpe, *Rousseau and Marx*, London：Verso Books, 1978, p. 71.——编者注）

② 同上书，第 144 页。

在德拉-沃尔佩看来，导致上述结果还有一个根本原因，那就是马克思和恩格斯本人没有正确地看待他们和卢梭之间的关系问题。他这样写道："在我看来，有充分证据表明，科学社会主义的创立者们对自己在历史上受惠于卢梭这一点的认识是混乱的。"①

德拉-沃尔佩引证了马克思的《哥达纲领批判》和列宁的《国家与革命》中关于资产阶级法权问题的论述。这里涉及一个"平等权利"的问题。马克思认为，在共产主义的第一阶段中，虽然人剥削人的现象已经被消灭了，但还不能做到真正的公正和平等。因为生产者的权利是按照同一尺度——劳动来计量的，而不同的人的天赋和体力是不同的，其结果是，权利本身对于不同的人来说仍然是不平等的。马克思说："要避免所有这些弊病，权利就不应当是平等的，而应当是不平等的。"②

按照德拉-沃尔佩的看法，马克思的上述见解早在卢梭 1755 年出版的《论人类不平等的起源和基础》一书中已经得出了。他引证了卢梭下面的论述："我认为在人类中有两种不平等：一种，我把它叫作自然的或生理上的不平等，因为它是基于自然，由年龄、健康、体力以及智慧或心灵的性质的不同而产生的；另一种可以称为精神上或政治上的不平等，因为它起始于一种协议，是由于人们的同意而设定的，或者至少它的存在是为大家所认可的。第二种不平等包括某一些人由于损害别人而得以享受的各种特权，譬如，比别人更富足、更显赫、更有权势，或者甚至叫别人服从他们。"③

卢梭这里谈的第一种不平等也正是马克思在《哥达纲领批判》中所讨论的。卢梭也希望能实现一种充分认可每个人的才能和贡献的不平等基础上的平等。德拉-沃尔佩认为，马克思继承了卢梭的遗产，扬弃了他

---

① ［意］G. 德拉-沃尔佩：《卢梭与马克思》，1978 年英文版，第 149 页。（Galvano Della-Volpe, *Rousseau and Marx*, London：Verso Books, 1978, p. 149.——编者注）

② 《马克思恩格斯全集》第 19 卷，人民出版社 1963 年版，第 22 页。

③ ［意］G. 德拉-沃尔佩：《卢梭与马克思》，1978 年英文版，第 139 页。（Galvano Della-Volpe, *Rousseau and Marx*, London：Verso Books, 1978, p. 139.——编者注）

的资产阶级人道主义和道德主义关于抽象的人的说教，但马克思却未能对卢梭的贡献做出合理的评价，相反，他把卢梭看成二流的社会批评家，一个自然法的崇拜者。

同样的，德拉-沃尔佩强调，恩格斯对卢梭的态度虽然不如马克思那样自相矛盾，但也有不妥之处。在《反杜林论》中，恩格斯虽然正确地把卢梭的社会契约在实践中的表现看作资产阶级民主共和国，但他对卢梭关于平等与不平等的观念的评价，一方面提得太高了，以致抹杀了马克思和卢梭在历史方法上的根本差异；另一方面又忽略了对卢梭提出的第一种不平等的研究，而简单地用黑格尔的"否定之否定"的公式去说明卢梭的平等观。德拉-沃尔佩认为，这"暴露了恩格斯的历史唯物主义的辩证法观念中严重的黑格尔主义的残余"①。

2. 现代自由和民主的"两个灵魂"

在卢梭和马克思的启发下，德拉-沃尔佩提出了现代自由和民主具有"两个灵魂"的著名见解。他说："现代自由和民主的两个方面或两个灵魂是：一个是公民的（政治的）自由［civil（political）liberty］，它是由国会的或政治的民主所建立的，在理论上是由洛克、孟德斯鸠、康德、洪堡和康斯坦特提出的；另一个是平等的（社会的）自由［egalitarian（social）liberty］，它是由社会主义民主所创立的，在理论上首先是由卢梭提出的，后来，马克思、恩格斯和列宁或多或少地做了论述。"②

从上可知，所谓"两个灵魂"也就是"两种自由"。公民的自由或政治的自由，也可称为资产阶级的自由。从历史上看，它是一种把"市民社会"（由个体生产者组成的阶级社会）中所有成员的个人自由联合起来的自由。它是个体经济创造的自由和权利、生产资料上的所有权的保证、人身保护权及宗教信仰和出版自由等的集合体。公民自由还包括法和政治上的一些手段，如国家的分权，把立法权作为代表国家的权力，使资

---

① ［意］G. 德拉-沃尔佩：《卢梭与马克思》，1978 年英文版，第 149 页。（Galvano Della-Volpe, *Rousseau and Marx*, London：Verso Books, 1978, p. 149.——编者注）

② 同上书，第 109 页。

产阶级的自由国家议会化，等等。平等的自由或社会的自由，意味着每个人有权要求他的个人的能力得到社会的承认，它是一种社会的公平，即更大、更有效的自由，大多数人的自由。德拉-沃尔佩为了论证平等的自由，特意引证了卢梭在《一个隐居者的梦想》中的一句话："我认为天才必备的条件是有最可靠的生活保障而不陷入贫困。"①同时强调他为我们提出了保证一切社会成员的体力和智力获得自由发展和运用的〔社会〕存在。总之，与公民的自由相比，平等的自由是一种最普遍意义上的认可每个人的才能和潜力，从而也认可他的全部人格的自由。

德拉-沃尔佩认为，平等的自由是卢梭率先提出的，但在他那里，由于社会历史条件的限制和他的唯理主义的、人道主义—道德主义的（以及阶级合作）方法的影响，这种自由仍表现为一种不成熟的、多少带有猜测性的东西。马克思、恩格斯和列宁引入了历史唯物主义的阶级斗争的方法之后，关于平等的自由的说法才获得了科学的理论基础。德拉-沃尔佩引证了列宁在《国家与革命》中的一段论述："民主意味着平等。很明显，如果把平等正确地理解为消灭阶级，那么无产阶级争取平等的斗争以及平等的口号就具有极伟大的意义。但是，民主仅仅意味着形式上的平等。一旦社会全体成员在占有生产资料方面的平等即劳动平等、工资平等实现以后，在人类面前就会不可避免地立即产生一个问题：要更进一步，从形式上的平等进到事实上的平等，即实现'各尽所能，按需分配'的原则。"②

德拉-沃尔佩认为，列宁的上述结论是十分重要的，因为他精辟地论述了两种不同的平等之间的关系问题。德拉-沃尔佩还指出，马克思、恩格斯和列宁所论及的平等的自由，正在苏维埃十月革命诞生的第一个社会主义国家中成熟起来。

---

① ［意］G. 德拉-沃尔佩：《卢梭与马克思》，1978 年英文版，第 72 页。（Galvano Della-Volpe，*Rousseau and Marx*，London：Verso Books，1978，p. 72. ——编者注）

② 《列宁全集》第 31 卷，人民出版社 1985 年版，第 95 页。

3. 公民的自由和社会主义的道路

德拉-沃尔佩关于现代民主和自由的两个灵魂的论述表明，他不仅十分重视卢梭提出的平等的自由的观念，而且也十分重视洛克、孟德斯鸠等人提出的公民的自由的观念。他认为，在资产阶级获取领导权之后，公民的自由仍然具有重大的现实作用。

一方面，在社会主义国家中，由于还保留着资产阶级的法权的残余，公民的自由仍是整个自由观念中的一个不可或缺的方面。德拉-沃尔佩说："苏联社会主义国家或社会主义法律中的平等的民主辩证地复兴了公民的自由。"①为什么这么说呢？因为苏联的宪法依然承认个人的私有财产不容侵犯，承认个人有宗教信仰的自由，承认公民有结社、集会、出版等方面的自由。所有这些自由本质上都属于公民的自由的范围。

另一方面，在西方资产阶级国家中，公民的自由之所以仍然起着重要的作用，是因为无产阶级不能凭空去实现社会主义的道路，它必须巧妙地利用资产阶级的自由和民主，特别是利用资产阶级的议会来达到自己的目的。德拉-沃尔佩说："在欧洲大多数群众政党的政治斗争中，需要新的富有成果的渐进主义创造各种通向社会主义的民族道路。例如，认为资产阶级议会有新的用途，可以作为实现民主的结构性改革及反垄断改革的工具等。"②德拉-沃尔佩还引证了列宁关于"只有去当资产阶级议会的议员，才能从现实的历史条件出发，进行反对资产阶级社会和议会制的斗争"③的论述，表示要充分利用公民的自由进行革命斗争，走出一条与苏联不同的通向社会主义的新道路。

德拉-沃尔佩上述对自由的论述，尽管包含着真知灼见，但亦有许多错误之处。例如，他对马克思的自由观与卢梭的自由观相互关系的论述，以及他对"公民的自由"的作用的分析。

---

① ［意］G. 德拉-沃尔佩：《卢梭与马克思》，1978 年英文版，第 73 页。（Galvano Della-Volpe, *Rousseau and Marx*, London：Verso Books，1978，p. 73.——编者注）

② 同上书，第 73 页。

③ 《列宁全集》第 39 卷，人民出版社 1986 年版，第 242 页。

（二）马克思的"科学的辩证法"

如前所述，德拉-沃尔佩关于马克思辩证法思想的探讨都集中在《经济学和道德科学的一般唯物主义方法》这篇材料中。这篇材料又是由以下三篇论文构成的：《马克思遗著：1843—1844 年的哲学著作》（1955）、《论〈哲学的贫困〉（1847）》（1956）和《论〈政治经济学批判〉的"导论"（1857）和"序言"（1859）》（1957）。

如同德拉-沃尔佩在前面论述了两种不同的平等观一样，他在这里又论述了两种不同的辩证法：一种是"先天的辩证法"（a priori dialectic），通常也称为"思辨的辩证法""形而上学的辩证法"或"神秘主义的辩证法"，这是黑格尔所坚持的；另一种是"科学的辩证法"（scientific dialectic），有时也称为"分析的辩证法"，这是马克思所坚持的。这两种辩证法的关系如何呢？我们且看德拉-沃尔佩的论述。

1. 伽利略的科学的实验方法和启示

如前所述，德拉-沃尔佩对经验论哲学，尤其是休谟的哲学进行过深入的研究，这一研究使他十分重视自然科学的经验方法，特别是伽利略的实验方法。这方面的兴趣成了他形成自己"新实证主义的马克思主义"的思想源头之一。

他认为，伽利略的科学的实验方法提供的最大启示是，他重视感性的经验知识，尤其重视通过严格的实验而获得的知识，并始终不遗余力地批判科学领域中的先验主义。德拉-沃尔佩引证了伽利略在其名著《关于托勒密和哥白尼两大世界体系的对话》中对经院式的天文学家辛普里丘的先验主义方法的批判。伽利略借用萨尔维阿蒂的话说："这个家伙在思考时，总是使一个个事物服务于他的目的，而不是一步步地调整自己的目的去适应事物。"①也就是说，辛普里丘不是从实际事物出发引申出自己的见解，而是把自己的意图先验地加于外在事物上。

---

① ［意］G. 德拉-沃尔佩：《卢梭与马克思》，1978 年英文版，第 165 页。（Galvano Della-Volpe, *Rousseau and Marx*, London：Verso Books, 1978, p. 165.——编者注）

德拉-沃尔佩接着又指出，这种先验主义的思考方法是源远流长的，一直可以追溯到柏拉图。亚里士多德就批判过柏拉图对经验的种属进行先验的分类的做法，伽利略对他那个时代的经院物理学家们的种种先验的论据的批判正是继承了亚里士多德的经验主义的传统。德拉-沃尔佩还强调，从伽利略一直到当代的科学巨匠爱因斯坦，都或多或少地拒斥了柏拉图的先验主义。诉诸经验，诉诸事实，诉诸实验，正是现代实验科学的唯物主义的逻辑和方法。

德拉-沃尔佩认为，马克思继承了伽利略的科学的实验方法的传统，同时又融进了他自己对社会历史的经验知识，从而以前所未有的彻底的态度批判了黑格尔辩证法的先验主义倾向。

2. 马克思对黑格尔的先验的辩证法的批判

德拉-沃尔佩认为，马克思最初论述哲学方法论的是他的两部遗著，即《黑格尔法哲学批判》和《1844 年经济学哲学手稿》（本文以下简称《手稿》）。他与一般的西方研究者不同，把马克思的前一部著作看得比后一部著作更重要。科莱蒂对这一点看得很明白，他说："对于德拉-沃尔佩来说，马克思早年的《黑格尔法哲学批判》是一个中心的出发点。"①

为什么德拉-沃尔佩特别重视马克思的这部早期著作呢？他自己告诉我们说："之所以说《黑格尔法哲学批判》是最重要的文本，是因为它以批判黑格尔逻辑学（通过批判黑格尔的伦理法哲学）的方式，包含着新的哲学方法的最一般的前提。凭借这一批判，马克思揭示了先验唯心主义的以及一般思辨的辩证法的'神秘性'。这些神秘性就是黑格尔哲学的基本的逻辑矛盾或实质性的（不仅仅是形式上的）同义反复，这些矛盾和重复来自黑格尔辩证法的概念结构的一般的（先验的）特征。与此同时，马克思建立了与之相对立的革命的'科学的辩证法'。"②德拉-沃尔佩认

---

① 《新左派评论》：《西方马克思主义》，1977 年英文版，第 322 页。（NLR edited, *Western Marxism：A Critical Reader*，London：Verso Books，1977，p. 322.——编者注）

② ［意］G. 德拉-沃尔佩：《卢梭与马克思》，1978 年英文版，第 162 页。（Galvano Della-Volpe, *Rousseau and Marx*，London：Verso Books，1978，p. 162.——编者注）

为，《手稿》也是在最后部分才表现出对哲学的兴趣，才致力于批判黑格尔的哲学，而且这种批判只有同《黑格尔法哲学批判》结合起来才能被理解。

那么，马克思在《黑格尔法哲学批判》中又是如何批判黑格尔的先验的辩证法的呢？德拉-沃尔佩特别引证了马克思对黑格尔把家庭和市民社会看作国家的概念领域的逻辑泛神论的神秘主义观点的批判。马克思说："理念变成了独立的主体，而家庭和市民社会对国家的现实关系变成了理念所具有的想像的内部活动。实际上，家庭和市民社会是国家的前提，它们才是真正的活动者；而思辨的思维却把这一切头足倒置。如果理念变为独立的主体，那末现实的主体（市民社会、家庭、'情势、任性等等'）在这里就会变成和它们自身不同的、非现实的、理念的客观要素。"①

德拉-沃尔佩认为，马克思的这一段论述非常清楚地揭示了黑格尔的先验的辩证法的要害。这种辩证法先把现实归结为理念，接着又把理念认作真正的现实和活动的主体，而真正外在于人的观念的现实反倒成了宾词，成了逻辑范畴的真正的仆从。但是，值得注意的是，先验辩证法仍以颠倒和扭曲的方式包含着现实中的某种经验内容，全部问题在于，需要通过唯物主义的改造，使现实的经验内容真正获得主体的地位。

在《手稿》中，马克思进一步揭示了先验的辩证法的神秘性。德拉-沃尔佩援引了马克思下面这段论述："现实的人和现实的自然界不过成为这个隐秘的、非现实的人和这个非现实的自然界的宾词、象征。因此，主词和宾词之间的关系被绝对地相互颠倒了：这就是神秘的主体—客体，或笼罩在客体上的主体性。"②德拉-沃尔佩还谈到，马克思在《手稿》中把黑格尔的学说称为"非批判的实证主义"，从而从根本上否定了

---

① 《马克思恩格斯全集》第 1 卷，人民出版社 1956 年版，第 250—251 页。

② 《马克思恩格斯全集》第 42 卷，人民出版社 1979 年版，第 176 页。

先验的辩证法对现实生活的批判性，把它斥为神秘主义的、在现有形态上完全无用的东西。

在《哲学的贫困》中，马克思无情地揭露了蒲鲁东经济学探讨方法的黑格尔根源。德拉-沃尔佩引证了马克思下面这段论述："正如我们通过抽象把一切事物变成逻辑范畴一样，我们只要抽去各种各样的运动的一切特征，就可得到抽象形态的运动，纯粹形式上的运动，运动的纯粹逻辑公式。既然我们把逻辑范畴看做一切事物的实体，那末也就不难设想，我们在运动的逻辑公式中已找到了一种绝对方法，它不仅说明每一个事物，而且本身就包含每个事物的运动。"①德拉-沃尔佩认为，在这段论述中，马克思以更明确的语言指出了先验辩证法的实质——赋予观念以实体的实在性，简言之，使观念实体化。

通过上面的论述，德拉-沃尔佩力图表明这样的意思，即只有充分认识马克思批判黑格尔的先验的辩证法的实质，才能真正理解和把握马克思的科学的辩证法。

3. 科学辩证法的公式："具体—抽象—具体"

德拉-沃尔佩认真地分析了马克思的科学的辩证法的形成过程。他引证了马克思在《黑格尔法哲学批判》中的一段十分重要的话："对现代国家制度的真正哲学的批判，不仅要揭露这种制度中实际存在的矛盾，而且要解释这些矛盾；真正哲学的批判要理解这些矛盾的根源和必然性，从它们的特殊意义上来把握它们。但是，这种理解不在于像黑格尔所想像的那样到处去寻找逻辑概念的规定，而在于把握特殊对象的特殊逻辑。"②

在德拉-沃尔佩看来，这段话是马克思的科学辩证法的最初表述。它从一开始就与黑格尔的先验辩证法截然有别，不是使思维起止于不确定的逻辑范畴，而是明确地主张"把握特殊对象的特殊的逻辑"。

---

① 《马克思恩格斯全集》第 4 卷，人民出版社 1995 年版，第 141 页。
② 《马克思恩格斯全集》第 1 卷，人民出版社 1956 年版，第 359 页。

在《手稿》中，马克思又提出了科学的辩证法的另一个基本要求，即"历史本身是自然史的即自然界成为人这一过程的一个现实部分。自然科学往后将包括关于人的科学，正象关于人的科学包括自然科学一样：这将是一门科学"①。德拉-沃尔佩在援引了马克思的上述论断之后指出，科学的辩证法体现为人类史和自然史的统一，体现为各门科学知识的统一，体现为伽利略主义和马克思主义的统一。也正是在这个意义上，他把马克思主义称为"道德的伽利略主义"（moral Galileanism）②。

在《哲学的贫困》中，马克思进一步强调了在经济学研究中运用科学的辩证法的基本要求，即不是把经济范畴看作永恒的观念，而是把它看作历史的、与物质生产的一定发展阶段相适应的生产关系的理论表现。以上所做的一切都为马克思在《〈政治经济学批判〉导言》中提出科学辩证法的公式准备了条件。

在《〈政治经济学批判〉导言》中，马克思提出了"从抽象上升到具体"的方法，并强调这一方法只是用思维来掌握具体并把它当作一个精神上的具体再现出来的方式。马克思在这里实际上涉及两种具体：一种是作为感性杂多的具体，另一种是思维具体。德拉-沃尔佩根据马克思这方面的论述，主张把马克思的科学的辩证法的公式表达为："具体（concrete）—抽象（abstract）—具体。"他这样写道："正确的方法能够被表述为一个从具体或实在到观念的抽象，然后再回到前者去的循环运动。"③

如果我们分析一下这个循环运动的话，就会发现，思维的起点和终点都是"具体"，由于两头"具体"的限制，中间的"抽象"就不可能是任意的，它表现为"确定的抽象"（determininate abstraction），有时也被称为"历史的抽象"。由于这一抽象是从具体的历史条件出发的，因而必然是

① 《马克思恩格斯全集》第 42 卷，人民出版社 1979 年版，第 128 页。
② ［意］G. 德拉-沃尔佩：《卢梭与马克思》，1978 年英文版，第 201 页。（Galvano Della-Volpe, *Rousseau and Marx*, London：Verso Books, 1978, p. 201. ——编者注）
③ 同上书，第 191 页。

唯物主义的。所以，戈尔曼说，"德拉-沃尔佩的确定的抽象的理论是唯物主义和历史主义的"①。反之，由于黑格尔的先验的辩证法是从思辨的观念出发的，经过具体现实而折回到思辨的观念中，而思辨的观念又没有对现实的特殊性做出合理的概括，这样一来，他进行抽象思维的起点和终点都消散在一片模糊的、不确定的观念中，而真正的现实仍然在其视野之外。德拉-沃尔佩批评这种抽象为"不确定的抽象"（indeterminate abstraction）。他写道："科学的辩证法是一种确定的或历史的抽象，它是经过批判从思辨的辩证法或一般的辩证法中分解出来的。正如我们已经知道的，后一种辩证法是先验的、不确定的抽象，因而是错误的、神秘化的和无结果的，它实际上以同义反复为结果。"②

德拉-沃尔佩还从马克思《手稿》中提出的自然科学和人的科学的统一的角度出发，强调科学辩证法的"具体—抽象—具体"的循环同样也可以被看作物质和理性、归纳和演绎之间的循环，它适合于一切科学，是一切科学的唯一的方法和逻辑。

从德拉-沃尔佩对马克思辩证法所做的冗长论述中，可以看出，尽管他为使马克思辩证法免遭黑格尔唯心主义的污染，保持严格的科学性所做的努力是可取的，但是，他把马克思的辩证法与黑格尔的辩证法截然对立起来，沿着新实证主义的路线去"捍卫"马克思的辩证法，最后竟把马克思的辩证法融解在具体—抽象—具体这样的公式中，则是错误的。

二、科莱蒂

科莱蒂是德拉-沃尔佩的学生中最有才华的一个，是西方公认的新

---

① ［美］R. A. 戈尔曼：《新马克思主义传记辞典》，1985 年英文版，第 115 页。(R. A. Gorman, *Biographical Dictionary of Neo-Marxism*, New York: Greenwood Press, 1985, p. 115.——编者注)

② ［意］G. 德拉-沃尔佩：《卢梭与马克思》，1978 年英文版，第 199—200 页。(Galvano Della-Volpe, *Rousseau and Marx*, London: Verso Books, 1978, pp. 199-200.——编者注)

实证主义的马克思主义的另一名杰出的代表。他不仅从理论上进一步丰富并系统化了德拉-沃尔佩的学说，而且从 20 世纪 60 年代后期起，针对马克思主义学说在当代世界所遭遇到的种种问题和困难，提出了不少新的富有创发性的见解。尽管西方对他的见解毁誉参半，褒贬不一，但都公认他是当代马克思主义发展中的一位重要人物。在某种意义上，了解科莱蒂思想的发展历程也就是了解新实证主义的马克思主义的发展历程。

科莱蒂出生于罗马一个银行官员的家庭里。关于他早年的情况，我们所知甚少。[①] 但有一点是可以肯定的，他的思想很早就受到意大利著名的新黑格尔主义者克罗齐和金蒂莱的影响。他在后来的一次谈话中回忆说："我的知识的来源与我同时代的所有的意大利的知识分子一样，在法西斯主义统治的最后几年中，其出发点都是克罗齐和金蒂莱的新唯心论哲学。"[②]他于 1949 年所写的博士论文就是论述克罗齐的逻辑学的。

1950 年，科莱蒂参加了意大利共产党。但他表示，他倾向于意大利共产党，并不是读葛兰西著作的结果，而是读列宁的《唯物主义和经验批判主义》的结果。另外，还受到朝鲜战争的影响，这一战争的爆发使共产主义与资本主义两大世界的界限非常分明。尽管科莱蒂当时对斯大林主义已抱有反感，但在非此即彼的选择中，他仍然选择了前者。

从 1957 年至 1962 年，他在意大利共产党创办的《社会》杂志中任编辑工作，从而受到他的老师德拉-沃尔佩很大的影响。从 1958 年起，他先后担任了罗马大学讲师、高级讲师和教授的职务，主要从事哲学理论

---

① 也许是由于语言的间隔造成的困难吧，近 10 年来(20 世纪 80 年代)关于西方马克思主义的论著仍然很少提到科莱蒂，当然也就更少论及他的生平了。如科拉柯夫斯基 1978 年出版的《马克思主义的主要潮流》第 3 卷只有一处提到科莱蒂。又如戈尔曼主编的《新马克思主义传记辞典》虽然有科莱蒂的条目，但却对他的生平一笔带过。此外，博托莫尔主编的《马克思主义思想词典》则根本未提及科莱蒂。

② 《新左派评论》：《西方马克思主义》，1977 年英文版，第 315 页。（NLR edited, *Western Marxism*：*A Critical Reader*，London：Verso Books，1977，p. 315. ——编者注）

的教学和研究工作。1962年，《社会》杂志编辑部被解散后，科莱蒂与意大利共产党领导之间的思想上和理论上的分歧进一步加剧。1964年，赫鲁晓夫下台后，他对社会主义民主的希望也随之幻灭，于是，退出了意大利共产党，潜心从事哲学理论研究和著述工作。

1969年，科莱蒂出版了他的哲学专著《马克思主义和黑格尔》，同年，又出版了《意识形态和社会》的论文集。1974年，英国《新左派评论》杂志发表了该杂志主编佩里·安德森与科莱蒂的谈话录，即《一个政治的和哲学的访问录》。戈尔曼认为，这一访问录表明，科莱蒂的思想与马克思主义的分歧已明朗化。① 1975年，《新左派评论》又发表了科莱蒂的论文《矛盾和对立：马克思主义和辩证法》，这使科莱蒂的学说在英、法两国的马克思主义者中产生了广泛的影响。同年，科莱蒂又出版了《政治哲学札记》一书。1980年，他又出版了《中止意识形态》一书。按照安德森的看法，科莱蒂渐渐地成了马克思主义的敌人和传统的自由主义的拥护者。②

下面，我们主要探讨科莱蒂在《马克思主义和黑格尔》《意识形态和社会》及《一个政治的和哲学的访问录》中的基本见解。

(一)《马克思主义和黑格尔》(1969)

科莱蒂的《马克思主义和黑格尔》自1973年被译成英文后，在西方学术界引起了强烈的反响。正如这本书的书名所表明的那样，作者触及了自西方马克思主义产生以来最核心的一个问题，即马克思的学说和黑格尔的学说的关系问题。在意大利，这个问题是由德拉-沃尔佩率先提出来的，但思考得更深入、更系统、更细致的却是科莱蒂。这本书的主要内容可以归结为以下几个问题。

---

① [美]R.A.戈尔曼：《新马克思主义传记辞典》，1985年英文版，第99页。(R. A. Gorman, *Biographical Dictionary of Neo-Marxism*, New York: Greenwood Press, 1985, p. 99. ——编者注)

② [英]佩里·安德森：《历史唯物主义的轨道》，1984年英文版，第28—29页。(Perry Anderson, *In the Tracks of Historical Materialism*, Chicago: University of Chicago Press, 1983. pp. 28-29. ——编者注)

1. 黑格尔的"物质辩证法"

科莱蒂认为，辩证唯物主义是恩格斯、普列汉诺夫和列宁所坚持的哲学见解。西方马克思主义的开创者卢卡奇、柯尔施等人虽然批评过恩格斯、列宁等人的某些哲学观点，但却从未对辩证唯物主义这一概念的实质及其来源做过深入的检视，相反，在自己的论著中还经常借用这一概念，这就造成了不少理论上的混乱。要弄清楚辩证唯物主义的真实含义，就必须了解它与黑格尔的辩证法的关系。

那么，什么是黑格尔的辩证法呢？科莱蒂给了它一个新名词，即"物质辩证法"（dialectic of matter），并强调，黑格尔是历史上第一个物质辩证法家，以后出现的关于物质世界的辩证法都不过是他的辩证法的机械的抄本。物质辩证法的基本含义究竟是什么呢？科莱蒂说："物质辩证法的要义如下——有限的是无限的，实在的是合乎理性的。换言之，规定者或实在的对象，这个唯一的'这一个'不再存在，存在的是理性、观念、对立面的逻辑的包含物，是与那一个不可分离的这一个。另一方面，存在一旦被归结为思想，思想倒过来就成了存在物，即获得存在并在一个实在的对象中具体化为对立面的逻辑统一体。"[1]

这段话包含着三层意思。第一层意思，物质辩证法取消了个别有限实体的独立存在，或者换句话说，把本来外在于无限（观念）的有限实体变成了内在于无限的从属性的东西。科莱蒂以大量的篇幅引证了黑格尔《逻辑学》中的原话。按照黑格尔的观点，万物都是有限的，有限物存在的真理就是它的终结，有限物不仅会变化，而且它不再存在，真正的存在物是无限，是观念，是逻各斯。有限物总是此时此地的，无限则是超越一切时空条件的，后者是前者的基础和本质。科莱蒂这样概括黑格尔的见解："'真正的'有限并不是外在于无限的有限，而是内在于无限的有限，事实上，有限在观念之中。'实在'并不是那些外在于思想的物，

---

[1]　[意]L. 科莱蒂：《马克思主义和黑格尔》，1973 年英文版，第 20 页。（Lucio Colletti, *Marxism and Hegel*, London：New Left Books，1973，p. 20.——编者注）

而是被思想渗透的物，亦即这些物不再是物，而只是'逻辑的对象'或观念的环节。这种否定，这种对物质的'消除'，正是在从'外在'到'内在'的过渡中。"①所谓"有限是无限的"，就是通过把外在于无限的有限过渡到内在于无限的有限的方式，消除了有限个体的存在，从而也取消了物质的存在。这样一来，唯一存在的就是观念和思想了。

第二层意思，思想和观念是唯一客观实在的东西。黑格尔通过对有限个体的清除，把整个物质世界都消除掉了，于是，吞噬了有限物的思想和观念倒过来成了真正实在的东西，正如科莱蒂所分析的："为了把握存在，人们必须把握思想、观念；物是不存在的，存在的仅仅是理性。"②

第三层意思，既然思想和观念成了客观实在的世界，于是，思想和观念所固有的逻辑矛盾被投射出来，成了世界万物所固有的、内在的矛盾。科莱蒂以嘲讽的口吻说："实在的对象被消解在它的逻辑矛盾中，这是第一个运动；在第二个运动中，逻辑矛盾又倒过来成了客观的和实在的。哲学家现在成了一个彻头彻尾的基督徒。"③

以上就是科莱蒂揭示的黑格尔的物质辩证法的基本内容。那么，黑格尔试图通过物质辩证法来达到怎样的目的呢？科莱蒂回答道："正是通过物质辩证法这一工具，黑格尔使'哲学'变得连贯一致，从而完成了绝对唯心主义。后来，物质辩证法恰好被恩格斯、普列汉诺夫和列宁的辩证唯物主义接受。"④科莱蒂还进一步指出，黑格尔的物质辩证法通过对物质的消除，最后目的是证明上帝的存在："黑格尔思想中的'物质辩证法'的意义和功能，用他自己的话来说，就是'它确实构成了所有宗教意识的一个本质的环节'。"⑤

---

① ［意］L. 科莱蒂：《马克思主义和黑格尔》，1973 年英文版，第 16 页。（Lucio Colletti, *Marxism and Hegel*, London: New Left Books, 1973, p. 16.——编者注）
② 同上书，第 18 页。
③ 同上书，第 20 页。
④ 同上书，第 14 页。
⑤ 同上书，第 27 页。

现在我们要进一步问，为什么科莱蒂把恩格斯、普列汉诺夫和列宁的辩证唯物主义理解为黑格尔的物质辩证法的原封不动的抄本呢？他甚至这样写道："'唯物辩证法'在其严格的意义上，就是黑格尔自己的物质辩证法。"①

科莱蒂把恩格斯阐述物质世界辩证法的重要著作《反杜林论》与黑格尔的《逻辑学》进行了比较。他引证了恩格斯下面这段论述："当我们把事物看作静止而没有生命的，各自独立、相互并列或先后相继的时候，我们在事物中确实碰不到任何矛盾。但是一当我们从事物的运动、变化、生命和相互作用方面去考察事物时，情形就完全不同了。在这里我们立即陷入了矛盾。运动本身就是矛盾，甚至简单的机械位移之所以能够实现，也只是因为物体在同一瞬间既在一个地方又在另一个地方，既在同一个地方又不在同一个地方。这种矛盾的连续产生和同时解决正好就是运动。"②

科莱蒂认为，恩格斯的上述论断与黑格尔《逻辑学》中把观念内在的逻辑矛盾外化为整个物质世界的内在矛盾的见解是完全吻合的。他还举例说，黑格尔在《逻辑学》中认为某物之所以是有生命的，只是因为它自身包含着矛盾，或者只是因为它是它自身而同时又是对自身的否定。在《反杜林论》中可以找到类似的论断。恩格斯说："生命首先正是在于生物在每一瞬间是它自身，同时又是别的东西。所以，生命也是存在于物体和过程本身中的不断地自行产生并自行解决的矛盾；矛盾一停止，生命也就停止，死亡就到来。"③科莱蒂随之发挥道："在人们的期待中，两个应被发现是彼此完全对立的作者——唯心主义者黑格尔和唯物主义者恩格斯，两种似乎应当完全不同的观念，却以相同的方式去定义实在

---

① ［意］L. 科莱蒂：《马克思主义和黑格尔》，1973 年英文版，第 103 页。（Lucio Colletti, *Marxism and Hegel*, London：New Left Books, 1973, p. 103.——编者注）

② 同上书，第 132 页。

③ 同上书，第 133 页。

和在他们看来似乎是抽象的、缺乏实在的东西。"①接着，科莱蒂又谈到列宁。列宁在阅读黑格尔的《逻辑学》时做了大量的摘录。这些摘录表明，列宁充分肯定了黑格尔关于事物之中包含着矛盾，矛盾是一切运动和生命力的根源的思想，并试图唯物主义地去阅读黑格尔。科莱蒂发挥说："正如人们所看到的，列宁对［《逻辑学》］这些页的'阅读'，是建立在一个根本的误解之上的。他正是在黑格尔否定物质的地方，试图'唯物主义地'去读黑格尔。"②

通过上面的分析，科莱蒂确信，以恩格斯、列宁为代表的辩证唯物主义几乎原封不动地搬用了黑格尔的物质辩证法，从而犯了一个解释上的错误。这是"一个迄今已存在几乎一个世纪的理论马克思主义的基础上的错误"③。于是，科莱蒂得出了这样的结论："物质辩证法在所有方面都是与'辩证唯物主义'的辩证法相一致的。"④

科莱蒂还从另一个角度分析了黑格尔的物质辩证法与恩格斯的辩证唯物主义之间的内在联系。如前所述，黑格尔的物质辩证法的基本特征是取消物质，取消有限个体，因而它自然地带有一种怀疑主义的倾向。这种倾向一方面表现在对外部世界的否定上；另一方面又表现在对常识和科学的否定上。黑格尔正是通过内含于物质辩证法中的怀疑主义的作用来完成自己的绝对唯心主义的，对于他来说，真正可靠的知识是关于绝对观念的知识。这样一来，根据科莱蒂的看法，他又以某种方式退回到康德所批判过的旧形而上学那里去了。

按照科莱蒂的看法，恩格斯也以同样的方式接受了黑格尔辩证法中的怀疑主义因素。在《反杜林论》等著作中，恩格斯一方面对常识和科学（尤其是17、18世纪的经验自然科学）持否定的态度；另一方面又主张，

---

① ［意］L. 科莱蒂：《马克思主义和黑格尔》，1973 年英文版，第 23 页。（Lucio Colletti, *Marxism and Hegel*, London: New Left Books, 1973, p. 23. ——编者注）

② 同上书，第 25 页。

③ 同上书，第 27 页。

④ 同上书，第 51 页。

由于认识了物质世界本身的辩证法，我们又回到了希腊哲学的伟大创立者的观点，即整个自然界都处在无休止的运动和变化之中。科莱蒂分析道："事实上，恩格斯如此执着地加以追求的东西，不能从科学中，而只能从非批判地恢复了的黑格尔的旧的'自然哲学'中被找到。归根结底，他所要的并不是科学（适合我们的知识的唯一形式）从纠缠着它的任何残余的思辨羁绊中解放出来，而正好相反，而是把旧的形而上学嫁接到科学上。"①

科莱蒂指出，卢卡奇开创的西方马克思主义虽然在某些见解上与恩格斯、普列汉诺夫、列宁有分歧，但是，"在'辩证唯物主义'的阵营中，卢卡奇是强调黑格尔和马克思之间有直接联系的主张的主要维护者"②。在《历史与阶级意识》中，卢卡奇虽然提出了"物化"这一重要的课题，但由于他无批判地接受了黑格尔的物质辩证法的基本见解，因而他是沿着否定唯物主义、否定科学的思想路线来批判资本主义社会的"物化"现象的，这就使他的整个思考迷失了方向。科莱蒂说："如果这一分析是正确的，那么，'辩证唯物主义'和'西方马克思主义'之间的差异就会显露出新的含义，即它与其说是唯物主义模式的马克思主义和作为'实践哲学'的马克思主义之间的差别，毋宁说是同一个黑格尔传统的两个对立的和掺和了大量异物的分支之间的差别。"③

科莱蒂由此得出结论说，如果马克思主义者克服了对黑格尔的迷恋，重新回到马克思本人的唯物主义，回到康德思想中已显露出来的唯物主义，才能坚持正确的哲学观点。

2. 思维与存在的异质性

科莱蒂认为，沿着黑格尔的物质辩证法继续向前追溯，就会发现，黑格尔哲学的真正基础是思维与存在的同一性：一方面，实在的过程被

---

① ［意］L. 科莱蒂：《马克思主义和黑格尔》，1973 年英文版，第 44 页。（Lucio Colletti, *Marxism and Hegel*, London: New Left Books, 1973, p. 44.——编者注）

② 同上书，第 57 页。

③ 同上书，第 194—195 页。

归结为单纯的逻辑过程；另一方面，观念和逻辑的东西倒过来又成了实在的主体和基质。所以，他认为，回到真正的唯物主义立场上来的第一步是承认思维和存在的异质性，从而从根本上切断把实在归结为观念，倒过来又把观念视为实在主体的唯心主义之路。他写道："这是一个真正的、基本的两难问题，或者是思维和存在的同一性，或者是思维和存在的异质性（the heterogeneity of thought and being），这个选择把独断主义和批判的唯物主义区分开来了。"①

思维与存在异质性的基本含义是：实在是一个独立发展的过程，它存在于观念之外、思维之外、逻辑之外。实在的过程不能被归结为逻辑的过程；反之，逻辑上可能的东西也并不就是实在中可能的东西。科莱蒂认为，从哲学史上看，有两条对立的思想路线：一条路线是肯定思维和存在的同一性，这是由大陆唯理论（特别是斯宾诺莎的学说）和黑格尔所坚持的；另一条路线是肯定思维与存在的异质性，这是英国经验论（特别是休谟的学说）和康德所坚持的。在康德之后，黑格尔重新恢复斯宾诺莎的传统，按照科莱蒂的看法，这是明显的向旧形而上学和独断论的一种倒退。

科莱蒂认为，在比较严格的意义上，批判的唯物主义的立场始于康德。康德的这一基本立场正是在批判大陆唯理论派（尤其是莱布尼茨）的过程中形成起来的。

如果说康德对独断论的形而上学进行了猛烈的批判的话，那么，马克思则对黑格尔主义——这一旧形而上学在新的历史条件下的恢复——进行了深入的批判。在科莱蒂看来，马克思对黑格尔的批判同样是以否弃思维与存在的唯心主义的统一，强调思维与存在的异质性为特征的。

首先，马克思批判黑格尔的辩证法是一种头足倒置的辩证法，主张把它重新颠倒过来，以便发现其"神秘外壳"中的"合理内核"。科莱蒂认

---

① ［意］L. 科莱蒂：《马克思主义和黑格尔》，1973 年英文版，第 97 页。（Lucio Colletti, *Marxism and Hegel*, London：New Left Books，1973，p. 97.——编者注）

为，马克思说的"合理内核"就是黑格尔关于理性的理论本身，这种理论系统化并深化了古希腊时期埃利亚主义的精神，揭示了理性本身的内在冲突；"神秘外壳"则是黑格尔把理性实体化了，从而把理性本身的矛盾带到了实在之中。其次，科莱蒂指出："马克思对政治经济学方法的全部批判都有赖于现实中的对立不能还原为逻辑上的对立这一点。"①这就是说，实在有自己发展变化的法则，不能独断主义地把逻辑的法则强加于实在之上（信奉黑格尔主义的蒲鲁东是这方面的典型人物）。那么，如何用唯物主义的方法来研究经济学呢？科莱蒂认为，马克思的一个重要创造是提出了从抽象到具体的研究方法。马克思明白，具体的东西作为思想综合的产物，绝不能作为研究的出发点，而只能作为归宿。"与黑格尔相反，马克思坚持实在的过程和逻辑的过程是平列的。从抽象到具体的过渡是思想适应于实在的唯一的办法；绝不能把它同具体本身产生的途径混淆起来。"②最后，正是从思维与存在的异质性出发，马克思很早就摆脱了黑格尔思辨哲学的影响，从事对资本主义社会现实的研究，并提出了异化这一重大课题。在某种意义上，异化这一社会现象的发现，倒过来确证了思维与存在的异质性。人们按自己的理性创造的合理的世界竟成了压抑自己的异己物，这本身就表明了实在在理性之外，是与思维完全不同质的另一种东西。科莱蒂指出，恩格斯、普列汉诺夫和列宁信奉黑格尔的唯心主义的思维和存在同一说，因此，他们在解释马克思的学说时，把马克思的异化理论完全给埋葬掉了。科莱蒂甚至认为，迄今为止，所有信奉辩证唯物主义的人在这一点上都不能例外。③

科莱蒂在评价列宁的学说时，并没有采取简单否定的态度。他写道："在《唯物主义和经验批判主义》中，有一个对唯物主义的清楚的论述，因此也有一个对思维与存在异质性的清楚的论述，缺少的是关于理

---

① ［意］L. 科莱蒂：《马克思主义和黑格尔》，1973 年英文版，第 137 页。（Lucio Colletti, *Marxism and Hegel*, London: New Left Books, 1973, p. 137.——编者注）

② 同上书，第 121 页。

③ 同上书，第 178 页。

性的理论，即关于概念和科学法则的理论（这本书中提出的反映论具有隐喻的、想象性的特征，可以说，它肯定是一种'原始'水平的唯物主义）。反之，在列宁论述辩证矛盾的地方，比如在《哲学笔记》中，以牺牲实在与逻辑的异质性为代价，就像在恩格斯的《自然辩证法》中一样，'辩证法'确实是富有的，但'物质'却是可怜的，以致这些著作成了无意识的唯心主义的形而上学。"①

为什么科莱蒂要把列宁的《唯物主义和经验批判主义》与《哲学笔记》对立起来呢？因为他认为，在前一本著作中，列宁充分肯定了康德哲学思想中的唯物主义倾向。

科莱蒂认为，在《哲学笔记》中，列宁原来的立场完全被抛弃了，他总是赞同黑格尔而反对康德，赞同思维与存在的同一性而抛弃了思维与存在的异质性，这使他未能真正地把握马克思主义哲学的精神实质。最后，科莱蒂总结道："为了成为唯物主义的一种形式，'辩证唯物主义'必须肯定思维与存在的异质性。"②

3. 无矛盾原理

科莱蒂说："实际上，唯物主义没有无矛盾原理（the principle of non-contradiction）是不可想象的；反之，'物质辩证法'则是对这一原理的一个否定。对于前者来说，特殊的对象是判断的根据，特殊的对象是外在的或不可还原为逻辑的普遍性的（人们只需要想到康德就行了）。可是，对于后者来说，只有当有限除了它自己外还有一个作为它的本质和基础的'他者'时，对立才是真实的，只有当有限本身不存在，而仅仅作为观念上的有限或思想之内的有限存在时，它才是'真实的'。"③

这段话阐述了无矛盾原理对唯物主义的极端重要性，但它的真正含义是什么，我们仍然不甚了了。要了解它，需要探讨哲学史，特别是要

---

① ［意］L. 科莱蒂：《马克思主义和黑格尔》，1973 年英文版，第 104—105 页。(Lucio Colletti, *Marxism and Hegel*, London: New Left Books, 1973, pp. 104-105. ——编者注)

② 同上书，第 104 页。

③ 同上书，第 192 页。

回到康德那里去。科莱蒂引证了康德在《纯粹理性批判》中的一段重要论述："实在（作为纯粹的论断）在逻辑上从来不会发生相互冲突，这一原理就概念关系而言，完全是一个真实的命题，但就自然……而言却是无意义的。因为真正的冲突确实发生在自然中；如 A−B＝O，就是联结在同一个主体中的两个实在相互消除的结果。自然中一切障碍及反作用的过程使这类现象不断地显现于我们的眼前，因其依据力的作用，因此必须被称为实在的现象。普通力学确实能以先验的规律指示出这类冲突的经验条件，因为普通力学按照不同力的方向来说明这种对立，而这种条件完全为实在的先验概念所忽略。"①

康德的上述思想的要义如下：人们在观念上描述实在，在逻辑上应当保持一致，概念之间，思想之间应当遵循形式逻辑的基本规律，不应当相互冲突，相互对立。要言之，在思维的一致性上应该做到无矛盾。但康德又强调，不能因为逻辑上的无冲突就推论出实在本身也是无冲突的。他举了 A−B＝O 及力学中作用力与反作用力的冲突来说明实在中是存在冲突的。科莱蒂说："对于康德来说，无矛盾原理纯粹是一个理性的原理；思想本身的一致性并不就是思想与实在的一致性。因此，从思维上不存在逻辑矛盾不应该推论出实在中不存在对立的结论。"②

科莱蒂认为，康德的上述见解隐含着对莱布尼茨的独断论形而上学的批判。与康德一样，莱布尼茨也强调思维应当遵循无矛盾原理，亦即遵循形式逻辑的同一律，但他却做出了错误的推论：因为思维应该是无矛盾的，所以实在本身也是无冲突、无对立的。

按照科莱蒂的论述，康德的无矛盾原理还包含着另一层含义，即他虽然承认实在中有冲突，但他没有把这种冲突说成"矛盾"（contradiction），而说成"真正的对立"（real opposition）。逻辑上应该是无矛盾的，

---

① ［德］伊曼努尔·康德：《纯粹理性批判》，1929 年英文本，284 页。（Imanuel Kant, *Critique of Pure Reason*, London: Macmillan & Co. Ltd, 1929, p. 284. ——编者注）

② ［意］L. 科莱蒂：《马克思主义和黑格尔》，1973 年英文版，第 100 页。（Lucio Colletti, *Marxism and Hegel*, London: New Left Books, 1973, p. 100. ——编者注）

但如果违背了思维规则，也会产生逻辑上的对立，但这种对立完全不同于实在中的对立。科莱蒂说："在批判莱布尼茨和所有的旧形而上学造成的逻辑的—本体论的混淆时，康德的一个最基本的结论是，实在中的对立是某种不同于逻辑上的对立的东西。"①

现在再来看黑格尔的见解。科莱蒂认为，黑格尔批判了形式逻辑，当然也就批判了无矛盾原理，他强调理性、逻辑、观念上都充满了辩证的矛盾，并由此而推论出实在中也存在着辩证的矛盾。在前一点上，黑格尔与莱布尼茨、康德不同，即他强调观念本身的内在矛盾，他们则强调观念本身的一致性；在后一点上，就把逻辑上的存在推向本体论上的存在而言，他与莱布尼茨是一致的，区别在于：莱布尼茨从逻辑上的无矛盾推论出实在中的无冲突，黑格尔则从逻辑上的辩证矛盾推论出实在中的辩证矛盾。

毫无疑问，科莱蒂是站在康德一边的。他认为，无矛盾的原理正是唯物主义、科学和常识所遵循的思维原理。科莱蒂还认为，马克思继承了康德这方面的思想，马克思对黑格尔物质辩证法批判的归宿是重新恢复无矛盾原理："如果我们的解释是正确的话，打破'神秘外壳'从而'倒转'辩证法（我们在这里不得不再次使用这些被滥用的隐喻）就只能是恢复同一性和无矛盾原理，换言之，就是恢复唯物主义的观点。"②马克思在政治经济学批判中反复重申的见解也是：实在中的对立不能还原为逻辑上的对立。

但是，科莱蒂认为，在恩格斯那里，问题起了变化。对于黑格尔来说，科学代表了无矛盾原理，因而他设立了一种纯粹形而上学的辩证逻辑与之相对立，"可是，对于恩格斯来说，科学的无矛盾却是形而上学的一种形式，而唯心主义或形而上学的逻辑并不是新'科学'的逻辑"③。也就是说，恩格斯把科学的思维作为形而上学的东西加以排斥，这样一

---

① ［意］L. 科莱蒂：《马克思主义和黑格尔》，1973 年英文版，第 98 页。（Lucio Colletti, *Marxism and Hegel*, London：New Left Books, 1973, p. 98. ——编者注）

② 同上书，第 48 页。

③ 同上书，第 40 页。

来，他就与黑格尔一样站到反对无矛盾原理的立场上去了。科莱蒂还指出："列宁在《哲学笔记》中无批判地追随黑格尔，接受了他破坏理智、破坏无矛盾原理的做法。"①

由上可知，科莱蒂关于无矛盾的原理的论述，目的是要否定黑格尔的矛盾学说，恢复科学和常识的形式逻辑的、知性的思维。他的批判在抑制黑格尔从逻辑本体论推出实在本体论的意义上来说是有价值的，但他把唯物主义与辩证法僵硬地对立起来却是不可取的。况且，马克思并不像科莱蒂形容的那样，只承认实在中的对立，他特别深刻地揭示了资本主义社会内部的矛盾冲突。

4. 社会生产关系理论

在上面几个问题的讨论中，科莱蒂虽然处处表现出自己理论上的创造性，但他承认，他的许多见解都得益于德拉-沃尔佩，他特别提到，德拉-沃尔佩的《逻辑是一门实证科学》是第二次世界大战后欧洲马克思主义所奉献出来的一部最重要的著作。可是，他又不满意德拉-沃尔佩对马克思主义的讨论停留在逻辑—方法论或逻辑—认识论的层面上。他主张，要彻底摒弃黑格尔的唯心主义立场，深入把握马克思主义的真精神，就要把整个问题框架从逻辑和思维的层面上拖下来，转到现实之中，转到对马克思的历史唯物主义的核心问题——"社会生产关系"(social relation of production)理论的探讨上。科莱蒂是按照下面的思路来讨论这个问题的。

他首先批评了那种把马克思主义归结为单纯认识论的见解，指出："在任何根本的意义上，马克思主义至少不是一种认识论，在马克思的著作中，反映论几乎完全是不重要的，重要的是把认识论作为一个出发点，以便富有独创性地撇开整个思辨传统去理解像'社会生产关系'这样的概念是如何从古典哲学的发展和转变中产生出来的。"②

---

① ［意］L. 科莱蒂：《马克思主义和黑格尔》，1973 年英文版，第 162 页。(Lucio Colletti, *Marxism and Hegel*, London：New Left Books，1973，p. 162.——编者注)

② 同上书，第 199 页。

在科莱蒂看来，把握马克思主义的认识论本身并不是目的，真正的目的是通过认识论把握其学说的精髓——社会生产关系理论。科莱蒂论证道，一讨论到认识论，必然涉及认识的主体——人。但是，恩格斯在《路德维希·费尔巴哈和德国古典哲学的终结》中曾有过一段经典性的论述："对于已经从自然界和历史中被驱逐出去的哲学来说，要是还留下什么的话，那就只留下一个纯粹思想的领域：关于思维过程本身的规律的学说，即逻辑和辩证法。"①科莱蒂分析说，恩格斯的这段话是辩证唯物主义的传家宝，无数次地被人们引用，似乎纯粹的思维能够取代思维着的人；似乎关于思维的论证不需要被转变为关于人的社会性或历史性的论证；似乎思维完全能以自身作为对象似的。基于这样的理解，辩证法就被归结为外部世界和人类思维运动的一般规律的科学。科莱蒂说："既然认识的主体不再是人本身，而是思维与存在的同一或'原初的同一'。那么，卢卡奇在《历史与阶级意识》中所做的评论就是正确的——恩格斯甚至没有提到最重要的相互作用，即主体和客体在历史进程中的辩证关系，更不用说给它以应有的显著地位了。"②

要探讨人的本质和地位，仍然需要回到康德那里去。康德从《纯粹理性批判》中引出的最深刻的教训是，既然思维不是一个自我包容的实体，那么认识论就必须补充一门作为自然存在物的人的科学，这也就是康德说的"人类学"。康德懂得，要揭示人的本质，必须阐明因果性和目的性的关系，但他对劳动和生产活动的概念完全是陌生的，因此他看不到这一点，即正是在人的劳动中，因果性和目的性才获得真正的统一。光从审美的角度来讨论这两者的统一无论如何是不够的。更何况，即使要对人的历史地变化着的审美心理进行深入的探究，也需诉诸对人的基本实践活动——劳动的分析。

黑格尔的《精神现象学》的伟大之处在于把人的自我创造看作一个过

---

① 《马克思恩格斯全集》第21卷，人民出版社1965年版，第352页。

② ［意］L. 科莱蒂：《马克思主义和黑格尔》，1973年英文版，第218页。（Lucio Colletti, *Marxism and Hegel*, London: New Left Books, 1973, p. 218. ——编者注）

程，他抓住了劳动的本质，把对象性的人、真正的因而是现实的人理解为他自己劳动的结果。但黑格尔看到的只是劳动的积极方面，而没有看到劳动的消极的方面，而且归根结底，他所承认的唯一劳动是抽象的精神的劳动。因此，他仍然不能揭示出人的真正的本质。

在黑格尔之后，费尔巴哈作为人本主义哲学家，十分强调人在哲学中的地位，但是，一方面，他的唯物主义具有直观的特点，他不能从感性活动的角度去看待周围世界，因而也从来没有成功地把因果性和目的性统一起来过；另一方面，在他那里，人依然是个自然的人，抽象的人，他没能从社会联系的角度来考察人。科莱蒂特意引证了马克思批判费尔巴哈的一段论述："当费尔巴哈是一个唯物主义者的时候，历史在他的视野之外；当他去探讨历史的时候，他决不是一个唯物主义者。在他那里，唯物主义和历史是彼此完全脱离的。"①所以，在科莱蒂看来，费尔巴哈虽然恢复了人在哲学中的地位，但他同样不能把握人的本质，只有马克思的社会生产关系理论才科学地阐明了人的本质。

科莱蒂说："历史唯物主义在'社会生产关系'概念中达到了顶点，而这个概念又在《1844 年经济学哲学手稿》中，在作为'类的自然存在'（generic natural being）的人的概念中达到了第一次的和决定性的认真的表述。"②这就告诉我们，在马克思那里，社会生产关系概念的提出是有一个过程的。

那么，说人是一个"类的自然存在"究竟是什么意思呢？科莱蒂说，这里有两层含义：第一，说人是一个"自然的存在"，也就是说人是自然的一部分，因而人是他所依赖的并受其限制的其他客观自然存在中的一个客观的存在，人在其自身之外有其存在的根据；第二，人是一个思维的存在，也就是说，把人同其他一切自然存在区别开来并构成其特殊本质的，并不是一个物，即自然本身的一个种，而是思维，亦即一般概

---

① 《马克思恩格斯全集》第 3 卷，人民出版社 1960 年版，第 51 页。

② ［意］L. 科莱蒂：《马克思主义和黑格尔》，1973 年英文版，第 233—234 页。（Lucio Colletti, *Marxism and Hegel*, London: New Left Books, 1973, pp. 233-234.——编者注）

念，是一切物中所共有的最普遍的东西。

那么，从人是一个"类的自然存在"的概念又怎么过渡到"社会生产关系"概念去的呢？科莱蒂认为，人作为自然存在物似乎和其他自然存在没有什么区别，这里的根本点在于人是"类的自然存在"，"类"是人的特殊要素，它就是观念、理性和合理的总体性。在"类"这个概念中已经蕴含着人与其他自然存在及人与人之间的普遍关系。这种关系在人的生产劳动中必然实现为社会生产关系。

（二）《意识形态和社会》（1969）

科莱蒂的另一部重要著作《意识形态和社会》是意大利文初版时的书名，该书英译本出版于 1972 年，书名被改为《从卢梭到列宁》，副标题是"意识形态和社会研究"。我们在这里仍然取科莱蒂原来的书名。

《意识形态和社会》是一本论文集，全书共分四大部分，由七篇论文构成。第一部分的两篇论文是《作为社会学的马克思主义》（1959）、《伯恩施坦和第二国际的马克思主义》（1968）；第二部分的一篇论文是《从黑格尔到马尔库塞》（1968）；第三部分的两篇论文是《作为"市民社会"批评家的卢梭》（1968）、《孟德维尔、卢梭和施密斯》（这篇论文以前未发表过）；第四部分的两篇论文是《列宁的〈国家与革命〉》（1967）、《马克思主义：科学还是革命？》（1969）。下面我们论述科莱蒂在本书中的基本思想。

1. 马克思的社会研究方法

科莱蒂认为，马克思的《资本论》不光是一部经济学著作，同时也是政治、哲学和社会学的著作，甚至"马克思青年时期的著作，即所谓'哲学的'著作已显露出对社会的探索或社会学的探索"①。马克思通过对资本主义社会的深入探究，形成了自己一整套独特的社会研究方法。然而，科莱蒂指出，在马克思逝世后，由于资本主义社会本身的发展出现

---

① ［意］L. 科莱蒂：《从卢梭到列宁》，1972 年英文版，第 32 页。（Lucio Colletti, *From Rousseau to Lenin*，New York：Monthly Review Press, 1972, p. 32. ——编者注）

了许多新的情况，也由于恩格斯对马克思的社会理论的某些不适当的理解和解释，直接对第二国际的一些理论家，如伯恩施坦、考茨基等人产生了影响，从而在许多方面歪曲了马克思的社会理论，尤其是社会研究方法。科莱蒂通过对各种错误见解的批评，力图恢复马克思社会理论的本来面貌。他认为，马克思的社会研究方法具有如下基本特征。

第一，马克思研究的是"这一个社会"。在马克思之前或与马克思同时代的一些经济学家，总是习惯于把"一般社会"（society in general）作为自己研究的对象。比如，著名的社会学家斯宾塞就喜欢谈论"一般社会的本质""社会的目的和本质"，并主张通过某种方式把社会组织起来，以某种"人的本质"来说明人的某种需要等。科莱蒂认为，这样的研究方法完全是形而上学的方法，并不能向我们提供关于社会本身的科学知识。他强调，马克思与他之前热衷于讨论"一般"社会的所有经济学家不同，他关注的仅仅是一个社会，现代资本主义社会。他声称已探讨了这一个社会（this society）而不是其他社会的发展规律。换言之，《资本论》不是对社会本身的研究，不是对"一般的"抽象社会的研究，而是对这一特殊社会的研究。马克思从不满足于从意识形态的层面上泛泛地谈论一般社会，他深入地解剖了资本主义社会这一特殊的社会形态，并揭示了它运动的特殊规律。科莱蒂认为，恩格斯把马克思和达尔文并列起来，认为后者发现了生物界进化的规律，前者则发现了人类历史的演化规律，这实际上已把马克思的研究误解为对一般社会的研究。这种误解容易不加分析地对其他社会形态做出先验主义式的结论。

第二，总体方法。科莱蒂认为，马克思的《资本论》是从总体上研究资本主义社会的范例。马克思把资本主义社会理解为一个有机的整体，"这个整体是一个总体（a totality），但是是一个确定的总体；它是各种要素的综合，是一个统一体，但是是各种异质的部分组成的统一体"①。

---

① ［意］L. 科莱蒂：《从卢梭到列宁》，1972 年英文版，第 14 页。（Lucio Colletti, *From Rousseau to Lenin*, New York：Monthly Review Press，1972，p. 14. ——编者注）

马克思逝世后，这一方法渐渐地被遗忘了。科莱蒂指出，恩格斯晚年做了"过分看重经济方面"的自我批评。事实上，光从经济的一维去研究社会的倾向已在拉法格、考茨基等人的著作中反映出来。作为这种研究倾向的一个反拨，社会学家韦伯更注重对不同社会形态的"精神类型"的研究，尤其是他提出了"资本主义精神"这一著名的概念。科莱蒂认为，这两种倾向各执一端，失之偏颇。既然资本主义社会是一个有机的整体，那就应当使用总体方法，把生产和分配、生产关系和社会关系、经济基础和意识形态—政治层面及上层建筑结合起来研究。

第三，事实判断和价值判断的结合。科莱蒂认为，第二国际的马克思主义者由于受到自然科学研究方法和实证主义新康德主义学说的影响，常把"事实判断"（factual judgements）和"价值判断"（value judgements）对立起来，这尤其表现在奥地利的马克思主义者希法亭的观点中。希法亭在《金融资本》一书中指出，在政治学研究中，归根结底起作用的是价值判断，因此这方面的研究不属于科学探讨的范围。政治学要进入科学的行列，就只能客观地描述研究对象的因果性，希法亭说，"按照马克思主义的观点，一个科学的政治学任务是发现各阶级意志的决定者；因而只有当政治学描述因果联系时，它才是科学的。按照这样的理解，马克思主义的政治学是排除'价值判断'的"①。

在科莱蒂看来，把事实判断和价值判断分离开来是对马克思的社会政治学说及其研究方法的一种曲解。毫无疑问，马克思对资本主义社会的研究是尊重事实、尊重科学的，但这些研究及其结论同时又是价值判断，是服务于无产阶级革命实践的理论需要的。唯其是符合事实的，才是科学的，也唯其是科学的，才能指导无产阶级的革命实践。所以科莱蒂说："把科学和政治、知识和改变世界联系起来是正确的，这正是马克思在历史道德的领域里所从事的工作。"②

---

① ［意］L. 科莱蒂：《从卢梭到列宁》，1972 年英文版，第 74 页。（Lucio Colletti, *From Rousseau to Lenin*, New York：Monthly Review Press，1972，p. 74. ——编者注）

② 同上书，第 76 页。

第四，因果性和目的性的统一。科莱蒂认为，马克思的社会研究，处处体现出因果性分析和目的性分析的统一。费尔巴哈的直观的唯物主义重因果性轻目的性，必然忽视人的实践活动的作用。马克思在《关于费尔巴哈的提纲》一文中强调的环境的改变和人的活动的一致，正体现了因果性和目的性的统一。科莱蒂还认为，马克思并不从哲学上泛泛地谈论因果性和目的性的关系问题，而是把两者统一在劳动过程中，这尤其体现在《资本论》中关于蜜蜂和建筑师的著名的比喻中。

但是，科莱蒂又批评恩格斯过分看重经济因素的作用，他关于自由是"对必然的认识"的见解也忽略了主体的创建作用。科莱蒂说，按照这种见解，"自由成了被决定的意识"①。恩格斯这方面的思想也影响到普列汉诺夫。普列汉诺夫在解释历史时，就把人看作既定的社会现象的结果，这就忽视了人的目的性在历史上的作用。科莱蒂为此批评道："普列汉诺夫不能把目的性和因果性联系起来。"②在科莱蒂看来，只有像马克思那样坚持目的性和因果性的统一，才能正确地认识整个资本主义社会。

第五，逻辑方法与历史方法的统一。科莱蒂根据马克思在《政治经济学批判》"导言"中的论述，指出："科学的方法不是历史编年史的方法，而是逻辑—历史方法（the logical-historical method）。"③他引证了马克思的下述论断："把经济范畴按它们在历史上起决定作用的先后次序来安排是不行的，错误的……问题不在于各种经济关系在不同社会形式的相继更替的序列中在历史上占有什么地位，更不在于它们在'观念上'（蒲鲁东）（在历史运动的一个模糊表象中）的次序。而在于它们在现代资产阶级社会内部的结构。"④科莱蒂认为，马克思的论断表明，只有把经

---

① ［意］L. 科莱蒂：《从卢梭到列宁》，1972 年英文版，第 69 页。（Lucio Colletti, *From Rousseau to Lenin*, New York: Monthly Review Press, 1972, p. 69.——编者注）

② 同上书，第 68 页。

③ 同上书，第 28 页。

④ 《马克思恩格斯全集》第 12 卷，人民出版社 1962 年版，第 758 页。

验方法和抽象思维紧密结合起来，才能把握资本主义社会的实质。

2. 对马尔库塞的革命观的批判

科莱蒂又说，由于恩格斯把黑格尔哲学的内在矛盾理解为革命的辩证法和保守的体系之间的矛盾，并把科学、常识与旧形而上学等同起来，这样一来，黑格尔物质辩证法中破坏有限的思想在辩证唯物主义那里成了对科学与常识的否定。这一思想也对卢卡奇发生了影响。在《历史与阶级意识》中，他实际上把科学技术看作物化的根源。科莱蒂发挥说："马尔库塞哲学的核心正在这里。科学就是压抑，承认物存在于我们之外就是'物化'。"①这也正是从《理性与革命》到《单向度的人》的主题思想。

科莱蒂说，马尔库塞区别了两种不同的思想：一为"实证思想"（positive thought），即知性、科学和常识，它们遵循的是无矛盾原理；二为"否定的思想"（negative thought），那是理性的否定科学。马尔库塞把这两种思想对立起来，赞成后者，否定前者，在理性和革命之间建立了同盟，并由此提出了著名的"大拒绝"（Great Refusal）的口号，主张全面否定现存的资本主义社会，强调技术是物化的主要媒介，文明和恐怖不可分离等。对于马尔库塞来说，异化与拜物教不是资本主义社会的雇佣劳动的产物，而是科学技术发展的产物。因此，在科莱蒂看来，马尔库塞的"大拒绝"的革命口号的实质是对科学的否定："直截了当地说，马尔库塞立场的真正方向是所谓'对科学的批判'。"②

科莱蒂还分析说，正是从这样的所谓"革命"的立场出发，马尔库塞鼓吹了"马克思主义已经过时"的论调。比如，在《单向度的人》中，马尔库塞这样写道："经典马克思主义的理论把从资本主义到社会主义的转变看作一个政治革命——无产阶级破坏资本主义的政治机关而保留其技术机关，并使之社会主义化。在这一革命中有一个连续性，即技术的合

---

① ［意］L. 科莱蒂：《从卢梭到列宁》，1972 年英文版，第 134 页。（Lucio Colletti, *From Rousseau to Lenin*，New York：Monthly Review Press，1972，p. 134.——编者注）

② 同上书，第 131 页。

理性，它不受非理性的限制和破坏，在新社会中得以继续并不断地完善自己。"①在马尔库塞看来，今天社会的罪恶之根是在技术机关上。这样一来，马尔库塞就把马克思的革命观转变为一种完全不同的新的"革命"观。科莱蒂分析说，马尔库塞"革命"观的理论根源正是黑格尔的物质辩证法："今天，马尔库塞哲学的'社会功能'的根子正是下面这个主题，即破坏有限，取消世界。"②

3. 卢梭——马克思政治思想的真正来源

科莱蒂认为，卢卡奇、马尔库塞等人由于受到黑格尔的影响，在很大程度上误解了马克思的政治思想和革命思想。要真正了解马克思，还须揭示马克思和卢梭思想之间的内在联系。在这方面，德拉-沃尔佩进行了开创性的工作，但他的注意力主要集中在平等观上。科莱蒂认为，可以从更开阔的视域中，尤其是从卢梭对市民社会的批判中来深入思考马克思与卢梭之间的思想联系。

在卢梭生活的时代，基督教在人们的生活中仍占有非常突出的地位。科莱蒂认为，卢梭把政治问题提到了首位，从而使人们的生活观念发生了深刻的转变。他批评了基督教的"原罪说"，主张罪恶源于人性，人的拯救要诉诸政治而不是诉诸宗教，人的赎罪要依靠人自己而不是上帝。

卢梭的"自然状态"说是他的政治思想的基本出发点。他认为，人最初生活在一种和谐的自然状态中，后来，随着技术的发展，人开始建造自己的任务，并建立了家庭。接着，特别是由于金属耕具的发明，劳动分工的发展，私有财产逐步积累起来。人反对人的战争也开始了。为了保证全体社会成员的安全，人们订立了各种契约进行限制，由此产生了法、国家等。所有这些关系在市民社会中都获得了最典型的表现。

---

① [意]L. 科莱蒂：《从卢梭到列宁》，1972 年英文版，第 135 页。（Lucio Colletti, *From Rousseau to Lenin*, New York：Monthly Review Press，1972，p. 135. ——编者注）

② 同上书，第 120 页。

康德和亚当·斯密对市民社会都抱着一种赞扬的态度，肯定了它的财富、竞争、权力和商品化等。卢梭则与他们不同，对市民社会进行了猛烈的抨击："从现在起我们必须提防被别人看出我们的真相；在哪里两个人有共同的利益，哪里就可能有十万个人反对他们，而唯一成功的方法就是欺骗或完全地使他们毁灭。这就是暴力和背叛的不幸的来源，在恐怖的驱迫下，每个人都声称是为他人的幸运和声誉而工作，而实际上则不惜牺牲他人，使自己凌驾于他人之上。"①接着，科莱蒂又引证了马克思在《1844年经济学哲学手稿》中的一段论述："每个人都千方百计在别人身上唤起某种新的需要，以便迫使他作出新的牺牲，使他处于一种新的依赖地位，诱使他追求新的享受方式，从而陷入经济上的破产。每个人都力图创造出一种支配他人的、异己的本质力量，以便从这里面找到他自己的利己需要的满足。因此，随着对象的数量的增长，压制人的异己本质的王国也在扩展，而每一个新产品都是产生相互欺骗和相互掠夺的新的潜在力量。"②

科莱蒂认为，马克思的批判无意中回到了卢梭那里。另外，卢梭关于人民主权的政治思想也对马克思产生了重大影响，这尤其表现在《论犹太人问题》《黑格尔法哲学批判》等论著中。科莱蒂甚至认为，在严格意义的政治理论上，马克思和列宁除了分析国家消亡的经济基础外，"没有在卢梭的思想上增加任何东西"③。科莱蒂的这一见解显然低估了马克思政治思想的划时代的意义。

4. 马克思主义：科学与革命的统一

马克思主义究竟是科学还是革命（或意识形态）？这一直是一个有争议的问题。比较流行的观点是只强调马克思主义的科学性，认为《资本

---

① ［意］L.科莱蒂：《从卢梭到列宁》，1972年英文版，第161页。（Lucio Colletti, *From Rousseau to Lenin*, New York：Monthly Review Press, 1972, p.161.——编者注）

② 《马克思恩格斯全集》第42卷，人民出版社1979年版，第132页。

③ ［意］L.科莱蒂：《从卢梭到列宁》，1972年英文版，第185页。（Lucio Colletti, *From Rousseau to Lenin*, New York：Monthly Review Press, 1972, p.185.——编者注）

论》客观地揭示了资本主义社会发展的规律，只做出事实判断，不涉及具有主观选择倾向的价值判断。科莱蒂认为："显然，这种观点没有为科学和阶级意识、科学和意识形态之间的联系留下任何余地，更不用说科学的'党派性'了。"①这样一来，社会发展规律被看作像星体运动一样展示在人们面前的客观规律。这种物理主义的见解尤其表现在一些马克思主义的经济学家那里。

科莱蒂认为，毫无疑问，马克思主义必须是一门科学，如果不是科学，就不会有科学社会主义，而只有对救世主的渴望和宗教式的希望。所以，要批判资本主义，必须以现实为据，但资本家眼光中的现实是与马克思眼光中的现实不同的。马克思是从工人阶级的观点出发来分析现实的，"正如马克思主义是一门科学一样，它也是革命的意识形态"②。工人阶级不是自发的产物，而是历史活动的产物，其自觉的阶级意识只能从《资本论》中获得。如果否定了马克思主义的革命性，把它当作"纯科学"来谈论，那就再也不能把握它的真精神了。

5. 列宁国家学说的真谛

科莱蒂说，列宁关于国家问题的论述集中出现在《国家与革命》这部著作中。可是，一些人通常把这本书的主题理解为暴力革命，并把革命简化为它的最基本的外部特征：占领冬宫等。正是基于这种普遍的、肤浅的理解，斯大林模式的统治才获得成功。

科莱蒂认为，人们恰恰忘记了列宁在《国家与革命》中的下述重要论断："问题的本质在于——是保存旧的国家机器呢，还是把它破坏。"③列宁在这里批评的并不是改良主义，并不是那些不希望夺取政权的人，而是那些希望夺取政权，而又不希望破坏旧的国家的人。科莱蒂说："《国家与革命》的真正基本的主题在这里——破坏资产阶级国家机器不

---

① ［意］L. 科莱蒂：《从卢梭到列宁》，1972 年英文版，第 230 页。（Lucio Colletti, *From Rousseau to Lenin*, New York：Monthly Review Press, 1972, p. 230. ——编者注）

② 同上书，第 236 页。

③ 同上书，第 220—221 页。

是焚烧内务部，内务部并不是障碍。这类事情是可能发生的，但并不是关键。革命的关键是消除使工人阶级与政权相分离的隔膜，工人阶级获得解放，自己决定自己，政权直接转到人民手中。"①在科莱蒂看来，特别需要强调的是，社会主义革命并不在于把官僚主义机器从一些人手里转到另一些人手里，而是要从一种类型的政权走向另一种类型的政权。重要的是社会主义民主，是劳动群众的自我管理。

(三)《一个政治的和哲学的访问录》(1974)

这篇访问录是《新左派评论》杂志主编佩里·安德森与科莱蒂之间的一次谈话的记录，它广泛地涉及各种各样的主题，如科莱蒂本人的思想经历，德拉-沃尔佩学派的兴衰，对马克思主义的新的看法，对阿尔都塞、托洛茨基、葛兰西等人的评价等。下面，我们介绍科莱蒂在这篇访问录中的主要思想。

1. 对德拉-沃尔佩学派的反省

科莱蒂认为，德拉-沃尔佩学派开创了重新解释马克思主义的崭新方向，但它本身也存在一些弱点。

第一，德拉-沃尔佩把马克思的《黑格尔法哲学批判》作为重新解释马克思的出发点，这是富有启发的，但这仅仅是理解马克思的开始，重要的是研究马克思的《资本论》，德拉-沃尔佩仅仅停留在马克思早期的方法论著作上显然是不够的。

第二，德拉-沃尔佩把自然科学的方法和人的科学的方法统一起来，把马克思主义称为"道德的伽利略主义"是值得讨论的。科莱蒂一方面指出，"马克思不能简单地等同于伽利略"②；另一方面，在自然科学与社会科学的关系上有两种不同的见解：一种是强调它们的同质性，德拉-沃尔佩就是这样看的；另一种是坚持它们的异质性，狄尔泰、文德尔班、李凯尔特、克罗齐、柏格森、卢卡奇强调科学的方法是无法统一

---

① 列宁：《国家与革命》，人民出版社 1970 年版，第 103 页。

② 《新左派评论》：《西方马克思主义》，1977 年英文版，第 337 页。（NLR ed., *Western Marxism*：*A Critical Reader*，London：Verso Books，1977，p. 337. ——编者注）

的。科莱蒂认为，这两种知识形式中应当有一种是真正的科学，但究竟是哪一种他没有表态，他表示自己不准备解决这个难题。

第三，德拉-沃尔佩从康德思想出发，把资本和雇佣劳动之间的关系理解为"真正的对立"。科莱蒂表示，他将来可能写一部著作，专门讨论马克思关于资本主义矛盾的论述，该书将采取与德拉-沃尔佩不同的立场，以表明"马克思的资本主义矛盾的概念与康德的'真正的对立'的概念是不同的"[1]。

第四，德拉-沃尔佩学派对马克思著作的研究是十分认真的，但有理论化、学院化，从而脱离实际的倾向。科莱蒂批评说："这个真正的基本的事实是理论的马克思主义与实际的工人阶级运动的分离。"[2]

2. 对马克思主义的新评价

在这篇访问录中，科莱蒂对马克思主义的评价，在某些方面坚持并深化了以前的观点，在另一些方面则提出了自己的新的看法。

第一，"马克思主义缺少一个真正的政治理论"[3]。科莱蒂认为，马克思讨论国家与政治革命的著作并不多，主要是《黑格尔法哲学批判》《论犹太人问题》和《法兰西内战》。"这些著作都重复了卢梭早已发现的主题。"[4]在列宁的著作中，论述得较多的是党、党派性、民族问题等，列宁的论述总是密切地关系到特殊的历史事件，很少推论到普遍的政治问题上。这就造成了一个悖论，推进了政治运动的马克思主义本身却缺乏政治理论。科莱蒂分析说，之所以产生这种现象，是因为马克思和列宁都把向社会主义转化和实现共产主义看作非常快的、贴近的过程，从而忽视了对政治理论的深入研究。

---

① 《新左派评论》:《西方马克思主义》，1977 年英文版，第 337 页。（NLR ed., *Western Marxism：A Critical Reader*，London：Verso Books，1977，p. 337.——编者注）

② 同上书，第 348 页。

③ 同上书，第 331 页。

④ 同上书，第 331 页。

第二，"在马克思对辩证法的批评中也有一个不确定的混乱的领域"①。在以前的著作中，科莱蒂总是把马克思与恩格斯对立起来，维护前者而批评后者。在这篇访问录中，他除了批评恩格斯的自然辩证法是"浪漫主义的自然哲学"外，进一步对马克思本人进行了批评，认为马克思关于辩证法的见解有不少模糊之处，他打算专门花时间来研究这个问题。

第三，"马克思主义今天在危机中"②。一方面，在西方国家中，马克思主义的研究出现了脱离实际的学院化倾向；另一方面，在革命已经发生的东方国家，由于资本主义发展水平的落后，还不能建成真正意义上的社会主义社会。虽然创造了不少实践经验，但并不具有真正的马克思主义的性质。"西方和东方的这一分离已经把马克思主义投进一个长长的危机中。"③然而，科莱蒂指出，有不少马克思主义者，包括那些很优秀的人物，竟然还不承认马克思主义所面临的危机。东西方马克思主义者通常的特点是用原则反对事实。在这种情况下，要复兴马克思主义，"真正的任务应该是研究为什么历史会采取与《资本论》的预见不同的历史进程"④。在这个意义上，科莱蒂强调，现在需要的不是像他的《马克思主义和黑格尔》这样的著作，需要的是像希法亭的《金融资本》、卢森堡的《资本积累论》和列宁的《帝国主义论》这样的研究现实中的新情况的著作。

3. 康德：通向正确认识论的道路

科莱蒂说："我力图重新评价康德对认识论的贡献，以反对黑格尔的合法性。"⑤康德对认识论的第一个贡献是批判关于上帝存在的本体论证明，否认存在是思想的属性。科莱蒂认为："正是这一立场为任何唯

---

① 《新左派评论》：《西方马克思主义》，1977 年英文版，第 329 页。（NLR ed., *Western Marxism：A Critical Reader*, London：Verso Books，1977，p. 329. ——编者注）

② 同上书，第 350 页。

③ 同上书，第 351 页。

④ 同上书，第 350 页。

⑤ 同上书，第 325 页。

物主义的知识论提供了一个根本的出发点，并维护了科学，反对形而上学。"①黑格尔晚年则重新肯定了关于上帝存在的本体论证明，从而表明了他的唯心主义立场的彻底性；康德对认识论的第二个贡献是提出了"物自体"概念。科莱蒂认为马克思没有发现这一概念的真正含义，一些马克思主义者则把这一概念看作不可知论的同义词。其实，"物自体之所以是不可知的，是因为它代表了旧形而上学的虚假知识"②。这是"物自体"概念的主要含义。康德提出这个概念就是为了防止认识论退回到旧的独断论形而上学那里去。科莱蒂由此得出结论说，从认识论角度看，康德是能够使我们获益的唯一伟大的思想家。

4. 对阿尔都塞的批评

科莱蒂与阿尔都塞有过通信往来，但两人思想有很大的分歧。科莱蒂认为，阿尔都塞是个天分很高的人，可是他的思想给人的印象是枯燥而无生气的。首先，阿尔都塞没有像德拉-沃尔佩那样认真地阅读马克思的文本，他得出结论时有简单化的倾向。科莱蒂借用英国著名的马克思主义者霍布斯鲍姆的话说，"《阅读〈资本论〉》实际上不能帮助任何人读《资本论》"③。其次，科莱蒂批评阿尔都塞力图拯救辩证唯物主义，至少在名义上要加以拯救，其实，这是应予拒斥的经院式的形而上学。再次，阿尔都塞把历史理解为"无主体的过程"是复活了黑格尔的观点，黑格尔认为历史的主体并不是人，而是逻各斯。就人而言，黑格尔也提倡了一种无主体论，科莱蒂反驳说，如果这个说法能够成立，"那就意味着历史不再是任何人寻求解放的场所了"④。最后，阿尔都塞直到最近才承认"异化"这个主题，这与他对斯大林主义的同情是分不开的。总之，在科莱蒂看来，阿尔都塞的学说已经失去了他的活力，很快就会被时代遗忘。

---

① 《新左派评论》：《西方马克思主义》，1977 年英文版，第 325 页。（NLR ed.，*Western Marxism：A Critical Reader*，London：Verso Books，1977，p. 325.——编者注）
② 同上书，第 326 页。
③ 同上书，第 333 页。
④ 同上书，第 334 页。

结构主义的马克思主义①

正如 G. 塞本在《法兰克福学派》一文中所指出的："第二次世界大战后，在法国和意大利出现了马克思思想的新学派（阿尔都塞、德拉-沃尔佩）。"②这两派作为把马克思主义人道主义化的思潮的一个反题，都强调马克思主义的科学性，但在做法上又有所不同。

德拉-沃尔佩创立的新实证主义的马克思主义主张马克思继承并复兴了伽利略的科学传统，德拉-沃尔佩甚至把马克思主义称为"道德的伽利略主义"；而在阿尔都塞开创的结构主义的马克思主义思潮中，马克思又俨然成了一个结构主义者。比较起来，结构主义的马克思主义在西方各国拥有更大的影响，这与 20 世纪初以来结构主义学说的兴起并逐渐风靡世界有着密切的联系。

法国哲学家阿尔都塞是公认的结构主义的马克思主义的奠基人，其代表作《保卫马克思》和《阅读〈资本论〉》则是这一思潮的经典著作。20

---

① 本文为《国外马克思主义哲学流派新编·西方马克思主义卷》（俞吾金、陈学明著，复旦大学出版社 2002 年版）第六章（该书第 449—500 页）。本文初版见俞吾金、陈学明著：《国外马克思主义哲学流派》，复旦大学出版社 1990 年版，第 457—496 页。文字有改动。——编者注

② 《新左派评论》：《西方马克思主义》，1977 年英文版，第 83 页。（NLR ed.，*Western Marxism：A Critical Reader*，London：Verso Books，1977，p. 83.——编者注）

世纪 60 年代，在法国思想的舞台上，结构主义的马克思主义曾盛极一时，并风靡西方及拉美的一些国家。阿尔都塞有许多学生，其中比较出名的有普兰查斯（Nicos Poulantzas）、A. 格罗克斯曼、巴里巴尔等。1968 年巴黎"五月风暴"后，这一思潮开始走下坡路。从 20 世纪 70 年代起，阿尔都塞多次呼吁马克思主义陷入了危机之中，他的学生 A. 格罗克斯曼等则转而鼓吹反马克思主义、反社会主义的所谓"新哲学"。到 70 年代中期以后，结构主义的马克思主义也就基本上解体了。

其实，阿尔都塞的学说从产生之日起就是充满争论的。英国哲学家 E. P. 汤普森在《理论的贫困》的小册子中，把阿尔都塞的学说称为"表现为理论范式的斯大林主义"①。波兰哲学家 A. 沙夫在《结构主义与马克思主义》一书中全面批评了阿尔都塞的思想。尽管如此，结构主义的马克思主义仍以其对马克思主义的独特的解释而引起研究者们的高度重视。

结构主义的马克思主义具有以下基本特征。

第一，对人道主义取批判态度。在某种意义上，结构主义的马克思主义的兴起正是对以萨特、梅洛-庞蒂为代表的存在主义的马克思主义的一种反动。存在主义的马克思主义致力于把马克思主义人道化，特别重视对马克思青年时期的著作，焦点是《1844 年经济学哲学手稿》的研究。结构主义的马克思主义则反其道而行之，肯定成熟时期的马克思的思想，而把青年马克思的学说作为前科学的东西加以否定。这样一来，就把马克思主义与人道主义对立起来了。事实上，阿尔都塞把马克思主义称为"理论上的反人道主义"，强调马克思成熟时期的科学结论正是在批判人道主义的基础上获得的。

第二，重视对意识形态问题的研究。结构主义的马克思主义十分重视马克思的《德意志意识形态》一书中的基本见解，深入地接受了意识形

---

① ［美］S. 史密斯：《读阿尔都塞》，1984 年英文版，第 19 页。（Steven Smith, *Reading Althusser: An Essay on Structural Marxism*, Ithaca, NY: Cornell University Press，1984，p. 19. ——编者注）

态的机制、作用及与人的实践活动和科学认识活动的关系，从而在相当程度上深化了对现实的思考和对主体性问题的探索。

第三，强调在马克思的著作中，共时性的、结构的分析方法比历时性的、历史的分析方法更为重要。从结构的分析方法出发，注重的是事物或思想内部各要素之间的相互关系及它们在发展过程中的不连续性和中断性，亦即结构性的转换。

第四，轻视经验，注重理论。在阿尔都塞看来，经验在性质上是属于意识形态的，只有理论思维才真正是通向科学认识的道路。他把理论与经验对立起来，必然结果是轻视感性实践活动，但在理论思维上，特别是在阅读上，却创造了一整套解读马克思原著的新方法。

在结构主义的马克思主义学派中，我们将比较系统地探讨阿尔都塞的基本思想和普兰查斯的主要观点。

一、阿尔都塞

阿尔都塞出生于阿尔及利亚首都阿尔及尔近郊的比曼德利小镇上，父亲是银行经理。1924—1930 年，他在阿尔及尔上小学；1930—1936年在法国马赛等地上中学，毕业后进入巴黎高等师范学院预科班学习，1939 年通过考试升入该校文学院学习。当时，正值希特勒法西斯入侵法国，阿尔都塞应征入伍，随军驻守布列塔尼半岛。1940 年 6 月不幸被捕，关押在德国的一个集中营内。1945 年 5 月重获自由后，他又回到巴黎高等师范学院，导师是著名哲学家和科学史家巴什拉（Gaston Bachelard）。1948 年，阿尔都塞发表了《黑格尔哲学中内容的概念》的博士论文，以后一直留在该校任教。

阿尔都塞于 1948 年正式参加法国共产党。入党后不久，他便与法国共产党领导的思想路线不合。从 20 世纪 60 年代初开始，阿尔都塞在列维-斯特劳斯、拉康等人的影响下，用结构主义方法解释马克思主义经典著作，相继发表了一系列的论文和著作，尤其是 1965 年发表的《保卫马克思》和《读〈资本论〉》这两部著作使他赢得了广泛的声誉。1966 年 12 月，英国《泰晤士报》文学副刊介绍了他的情况后，他被公认为结构主义的马克思主义的杰出代表。阿尔都塞还在法国共产党内部组织学习小组，研读马克思主义的经典著作，抨击法国共产党的意识形态，并对中国的"文化大革命"寄予厚望。后来法国共产党开除了阿尔都塞的不少追随者，他虽然对此保持缄默，但仍然坚持自己的政治和理论见解。

1968 年的五月风暴后，阿尔都塞开始进一步反省自己的思想，从 20 世纪 70 年代起，他不断呼吁马克思主义陷入了危机之中。他的悲观情绪随中国"文化大革命"的结束而加剧。1980 年 11 月 16 日，阿尔都塞因精神病发作，掐死了他的妻子，被送进精神病院监护，1990 年 10 月 22 日在巴黎逝世。

阿尔都塞的主要著作有：《孟德斯鸠、卢梭、马克思：政治和历史》(1959)、《保卫马克思》(1965)、《读〈资本论〉》(1965)、《列宁和哲学》(1971)、《自我批评材料》(1974)等。

(一)《孟德斯鸠、卢梭、马克思：政治和历史》(1959)

本书分为三大部分：第一部分讨论孟德斯鸠的法的思想；第二部分讨论卢梭的社会契约的思想；第三部分讨论马克思与黑格尔的关系。全书的中心线索是围绕这些人物的政治和历史的见解展开的。

1. 孟德斯鸠的政治思想

阿尔都塞开宗明义地说："关于孟德斯鸠我并不打算说出任何新的东西，任何似乎是新的东西都不过是对一个著名文本的反思或对一个以前存在的反思的反思。"[①]他指出，孟德斯鸠被人们公认为政治科学的奠基人，但人们却不明白他的政治思想与同时代的或以前的一些政治家的思想的根本差别，从而也不能真正理解他通过法的研究在政治领域里实

---

① ［法］路易·阿尔都塞：《孟德斯鸠、卢梭、马克思：政治和历史》，1982 年英文版，第 13 页。(L. Althusser, *Montesquieu, Rousseau, Marx: Politics and History*, London: Verso Books, 1982, p. 13. ——编者注)

现的伟大变革。

阿尔都塞认为，孟德斯鸠明确表示，他的《法的精神》的研究对象是地球上所有国家的法律、风俗习惯和生活方式。"正是这一对象把他与他以前的想使政治成为一门科学的所有的学者区别开来。"①阿尔都塞这里说的孟德斯鸠以前的学者主要指霍布斯、斯宾诺莎等人。这里分歧的要点在对待"自然法"（natural law）的态度上。

包括霍布斯、斯宾诺莎在内的 17—18 世纪的几乎所有的政治理论家都信奉自然法的理论及与此相关的社会契约论。他们思考的共同问题是：社会是怎么起源的？解答它的共同途径是：自然状态与社会契约。霍布斯和斯宾诺莎把自然状态理解为战争状态，洛克理解为和平状态，卢梭则理解为孤立隔绝的状态。社会契约则被他们理解为脱离自然状态进入现存社会的必然途径。在阿尔都塞看来，这些政治理论家的共同特点是不重视对现存社会的事实的研究，满足于用幻想去虚构历史。孟德斯鸠的《法的精神》则抛开了他们的问题域，专注于对各国的实证法的研究。用阿尔都塞的话来说，这就是"他只知道事实"②。只有孟德斯鸠才真正使政治成了一门科学。

在《法的精神》中，孟德斯鸠主要探讨了共和、君主、专制三种政治制度，他认为每种制度都有自己的本质和原则。本质指它由之而构成的东西，原则指推动人们去行动的热情。比如，君主制国家的本质是由单个人立法来统治人民，它的原则是荣誉。阿尔都塞说："十分清楚，在国家这个动态的而又富于生命力的总体中，本质和原则是绝对地相互依赖的。"③在他看来，孟德斯鸠把国家看作由本质和原则构成的总体，这正是其政治学说中辩证法思想的重要表现。在《法的精神》中，处处都体

---

① ［法］路易·阿尔都塞：《孟德斯鸠、卢梭、马克思：政治和历史》，1982 年英文版，第 19 页。（L. Althusser, *Montesquieu, Rousseau, Marx: Politics and History*, London: Verso Books, 1982, p. 19.——编者注）
② 同上书，第 29 页。
③ 同上书，第 51 页。

现出从总体上来分析法和制度的新的方法。阿尔都塞说："曾经给予总体范畴以极大关注的黑格尔很清楚自己的老师是谁，他对孟德斯鸠的这一天才的发现表示了自己的敬意。"①

2. 卢梭政治思想的内在冲突

阿尔都塞认为，如同一些伟大的思想家都有自己独特的研究对象一样，卢梭的研究对象则是社会契约。正是这一对象划定了卢梭政治思想的独特的"问题框架"（problematic）。总的说来，卢梭的思想没有超出传统的自然法理论，但他的学说充斥着一些深刻的矛盾，能引起人们的思考。

第一个矛盾涉及 alienation 这个概念。卢梭在两种意义上使用这一概念：一是"疏远"；二是"转让"。卢梭认为，人最初生活在自然状态中，在发展中达到了一个临界点——战争状态。在这种状态中，人与人之间的疏远达到了顶点。正如阿尔都塞指出的："人们被迫进入战争状态，即相互疏远。"②卢梭随之得出结论，人们为了不在战争中灭亡，必须改变自己的生存方式，订立社会契约。但社会契约的关键是全体人民转让自己的自由，服从一个团体或一位君王。阿尔都塞指出，在这里，卢梭陷入了矛盾之中，即"总的转让（Total alienation）是对总的疏远状态（state of total alienation）的解决"③。所以，这个解决本身也需要一个解决。

第二个矛盾涉及社会契约的双方——个人和团体的关系问题。任何契约的基本前提是交换，但在卢梭的社会契约中，"个人奉献出了一切，但都没有在交换中获得任何东西"④。这里的悖论是：以双方的交换为前提的契约在本质上不过是单方面权利的让渡。

第三个矛盾涉及特殊意志和一般意志的关系问题。卢梭一方面肯

---

① ［法］路易·阿尔都塞：《孟德斯鸠、卢梭、马克思：政治和历史》，1982 年英文版，第 48 页。（L. Althusser, *Montesquieu, Rousseau, Marx: Politics and History*, London: Verso Books, 1982, p. 48.——编者注）

② 同上书，第 122 页。

③ 同上书，第 127 页。

④ 同上书，第 140 页。

定，一般意志是在特殊意志的基础上产生的，社会契约的实质就在于两种意志的一致；但另一方面他又肯定，特殊意志有自己的特殊利益的追求，常与一般意志处于对立的状态中。阿尔都塞认为，这是卢梭陷入的又一个悖论。

第四个矛盾涉及卢梭研究问题的整个思维方式。一方面，他沿着意识形态的框子来思考问题：法→公众意见→生活方式和道德→特殊意志；另一方面，他又倒过来从财产、穷人和富人的对立等经济现实出发去说明法。正如阿尔都塞指出的："我们处在一个循环之中。"①

总的说来，卢梭的思想是比较深刻的，但社会契约的思想仍然是在当时的意识形态条件下产生出来的神话。

3. 马克思与黑格尔的理论联系

在第三部分中，阿尔都塞以非常简要的语言论述了他对马克思主义的总的看法及它与德国古典哲学，尤其是与黑格尔的哲学理论的联系。阿尔都塞后来提出的不少观点在这里已见端倪。

第一，马克思打开了历史新大陆。阿尔都塞认为，从科学史上看，有三块科学的大陆：一是古希腊人打开的数学大陆，在此基础上形成了柏拉图哲学；二是伽利略打开的物理学大陆，在此基础上形成了笛卡尔哲学；三是马克思打开的历史学大陆，在此基础上形成了以改造世界为根本特征的马克思主义哲学，即辩证唯物主义。

在阿尔都塞看来，"马克思所发现的历史科学的基础是当代历史中最重大的理论事件"②。说马克思打开了历史的新大陆只是一个比喻，并不意味着前人从未涉足过历史的领域，而是表明在马克思的历史观与前人的历史观之间有"一个认识论上的断裂"（an epistemological rupture）③。

---

① ［法］路易·阿尔都塞：《孟德斯鸠、卢梭、马克思：政治和历史》，1982 年英文版，第 159 页。（L. Althusser, *Montesquieu, Rousseau, Marx: Politics and History*, London: Verso Books, 1982, p. 159.——编者注）

② 同上书，第 166 页。

③ 同上书，第 166 页。

第二，马克思主义的理论来源。阿尔都塞在阐述马克思主义的形成过程时，特别强调马克思所继承的黑格尔哲学在严格的意义上并不是指黑格尔的神秘主义的辩证法，而是指经过马克思改造的合理的辩证法："其结果是，在《资本论》中起作用的辩证法不再是黑格尔的辩证法，而是一种完全不同的辩证法。"①

第三，马克思与费尔巴哈理论的人本主义的决裂。阿尔都塞认为，在马克思主义理论的形成史上，"关键的环节是与费尔巴哈决裂"②。这一决裂十分清楚地表现在马克思的《关于费尔巴哈的提纲》一文中。马克思是如何实现这一决裂的呢？在阿尔都塞看来，他是依靠重新引入黑格尔的思想，尤其是《精神现象学》中的历史辩证法来扬弃费尔巴哈的理论人道主义的。这一人道主义的基本公式是"人—自然—感性"。显然，依靠这个简单的公式是不可能克服德国古典唯心主义哲学的。只有充分地消化并改造黑格尔的辩证法思想，扬弃费尔巴哈的直观唯物主义立场，才能真正超出德国古典哲学的视界。

第四，马克思的历史过程理论。阿尔都塞说："对于黑格尔来说，历史确实是一个异化的过程，但这个过程没有人作为它的主体。"③因为在黑格尔那里，历史并不是人的异化，而是精神的异化，所以历史被看作无主体的异化的过程。如果一定要说有主体的话，那么唯一的主体就是内含目的性的过程本身。阿尔都塞接着说："去掉目的性，那里还剩下马克思已经继承过来的哲学范畴，即无主体过程（a process without a subject）的范畴。"④在他看来，马克思的过程概念正是通过批判的方式从黑格尔那里获取过来的，《资本论》就把资本主义社会理解为一个无主体的过程。马克思的创新之处在于，他强调了历史过程与生产关系及其他

---

① ［法］路易·阿尔都塞：《孟德斯鸠、卢梭、马克思：政治和历史》，1982 年英文版，第 173 页。（L. Althusser, *Montesquieu*, *Rousseau*, *Marx*: *Politics and History*, London: Verso Books，1982，p. 173.——编者注）

② 同上书，第 176 页。

③ 同上书，第 182 页。

④ 同上书，第 185 页。

关系(政治关系、意识形态关系)的不可分离性。

像卢卡奇等人那样，一笔抹杀黑格尔哲学与马克思辩证法的区别，当然不可取，但阿尔都塞全盘否定两者之间的联系，则是从一个极端走向另一个极端，也有片面性。

(二)《保卫马克思》(1965)

本书是阿尔都塞的成名作，1965—1973 年连续十次再版，轰动了法国整个理论界。目前，此书已有英、日、德、意、西、汉等多种文字的译本，具有世界性的影响。

《保卫马克思》是一本论文集，由以下八篇论文组成：《费尔巴哈的〈哲学宣言〉》(1960)、《论青年马克思》(1961)、《矛盾与多元决定》(1962)、《皮科罗剧团，贝尔多拉西和布莱希特》(1962)、《卡尔·马克思的〈1844 年手稿〉》(1963)、《关于唯物辩证法》(1963)、《马克思主义和人道主义》(1964)、《关于"真正人道主义"的补记》(1965)。

阿尔都塞为什么要出版这部著作呢？他在《今天》(序言)中回答了这个问题。一方面，斯大林的教条主义对法国共产党产生了严重的影响，哲学家们在哲学和政治之间画等号，用阶级分析这一简单化的做法去裁决一切问题；另一方面，在 1956 年之后，人道主义的呼声日益高涨，于是，在法国共产党内部又出现了用人道主义去解释一切(包括马克思主义)的倾向。阿尔都塞认为，法国的理论传统比较薄弱，尤其对马克思的著作缺乏真正深入的刻苦研究，因此，在各种思潮和倾向的冲击下，法国在理论上陷入了无所适从的混乱状态。"历史把我们推进了理论的死胡同，为了从中脱身，我们必须探讨马克思的哲学思想。"在阿尔都塞看来，马克思的著作本身就是科学，但人们却把它当作一般意识形态来看待，因而必须起来保卫马克思，恢复作为科学的马克思主义的本来面貌。《保卫马克思》主要论述了下面这些问题。

1."意识形态"与"科学"

"意识形态"(ideology)和"科学"(science)是贯穿《保卫马克思》全书的两个基本概念。

什么是意识形态？阿尔都塞说："一个意识形态是具有自己的逻辑和严格性的表象（意象、神话、观念或概念）体系，它在给定的社会中历史地存在并起作用。"①意识形态是人类社会存在并发展的一个不可或缺的方面，人类社会把意识形态作为自己呼吸的空气和历史生活的必要成分而分泌出来。它具有如下特征。

第一，意识形态的普遍性。意识形态作为社会生活的基本结构是普遍的、无所不在的。这里的普遍性有两种含义。一是任何个人出生之后，都不可避免地要落入意识形态的襁褓之中。阿尔都塞认为，费尔巴哈的悲剧是最终未能突破意识形态的包围，马克思虽然"在诞生时被包裹在一块巨大的意识形态的襁褓中，但他成功地从中解脱出来了"②。二是意识形态不会消失，任何社会形式都不能没有它，"历史唯物主义不能设想共产主义社会可以没有意识形态"③。当然，在共产主义社会内，意识形态的形式和功能将发生变化，但它始终是存在的。

第二，意识形态的主要功能表现在实践方面。阿尔都塞说："意识形态作为表象体系之所以不同于科学，是因为在意识形态中，实践—社会的职能比理论的职能（认识的职能）重要得多。"④这就是说，人们为了生活在一个既定的社会中，总得与该社会的意识形态认同，如果他完全不懂得这种意识形态，他就无法从事任何实践活动，建立任何社会联系。意识形态并不像科学一样启发人们去思考，但它在冥冥中规约着人们的思考方向。

第三，意识形态以神话的方式体现着世界。阿尔都塞认为："一个社会或一个时代的意识形态无非是该社会或该时代的自我意识，即在自我意识的意象中包含、寻求并自发地找到其形式的直接素材，而这种自

---

① ［法］路易·阿尔都塞：《保卫马克思》，1977 年英文版，第 231 页。（L. Althusser, *For Marx*, trans. Ben Brewster, London: Verso Books, 1977, p. 231.——编者注）
② 同上书，第 74 页。
③ 同上书，第 232 页。
④ 同上书，第 231 页。

我意识又透过其自身的神话体现着世界的总体。"①所谓神话，也就是通过幻想的、颠倒的关系反映着现实世界。在阶级社会中，占统治地位的意识形态是统治阶级的意识形态。比如，当上升时期的资产阶级宣扬平等、自由和理性的人道主义时，它并不是为所有的人争权利，它解放人的目的无非是剥削人。如果人们天真地以意识形态的眼光去看待整个世界，那么他看到的只能是神话的世界、幻想的世界，而不是真实的世界。

第四，意识形态的强制性。意识形态并不是供人们自由选择的东西，它是强加在人们身上的，是人们必须接受的赠品。阿尔都塞说："意识形态是个表象体系，但这些表象在大多数情况下与'意识'毫无关系；它们在多数情况下是意象，有时是概念。它们首先作为结构而强加于绝大多数人，因而不通过人们的'意识'。它们作为被感知、被接受和被忍受的文化客体，通过一个为人们所不知道的过程而作用于人。"②人们正是在意识形态这种无意识中，才能变更他们同世界的体验关系，并取得被人们称为"意识"的这种特殊无意识的新形式。

那么，在阿尔都塞那里，科学这个概念到底又是什么意思呢？他写道："马克思的立场和他对意识形态的全部批判都意味着，科学（是对现实的认识）就其含义而言是同意识形态的决裂，科学建立在另一个基地之上，科学是以新问题为出发点而形成起来的，科学就现实提出的问题不同于意识形态的问题，或者也可以说，科学以不同于意识形态的方式确定自己的对象。"③这就是说，意识形态是就幻想中的现实提出问题，而科学则是就真正的现实提出问题。科学具有如下特征。

第一，科学是在抛弃意识形态问题框架的前提下形成起来的。阿尔都塞说："谁如果要达到科学，就要有一个条件，即要抛弃意识形态以

---

① ［法］路易·阿尔都塞：《保卫马克思》，1977 年英文版，第 144 页。(L. Althusser, *For Marx*, trans. Ben Brewster, London：Verso Books, 1977，p. 144.——编者注)
② 同上书，第 233 页。
③ 同上书，第 78 页。

能接触到实在的那个领域，即要抛弃自己的意识形态问题框架（它的基本概念的有机前提及它的大部分基本概念），从而'改弦易辙'，在一个全新的科学的问题框架中确立新的理论活动。"①人们通常用"颠倒"这个词来比喻马克思对哲学意识形态，特别是黑格尔哲学的批判，阿尔都塞认为这种比喻是不合适的，科学并不是把意识形态的问题框架倒过来，这样一来，科学仍然停留在意识形态的基础上，也就是说，它本身还不可能是科学。科学建立在一个新的地基上，它有自己独特的问题框架和思考范围。

第二，科学是反经验主义的。阿尔都塞认为，马克思在《〈政治经济学批判〉导言》中早已指出，一切科学的认识都是从抽象和一般开始的，而不是从具体的实在的东西出发的。马克思的"抽象—具体"这个公式"同所谓概念由正确的抽象产生、概念的产生要从具体的水果出发、概念的产生是通过对水果个性的抽象而得出水果的本质这个经验主义公式没有任何关系"②。

第三，科学只有在与意识形态的不懈斗争中才能获得生存和发展。如前所述，科学是在彻底否弃意识形态问题框架的前提下形成的，但科学形成后仍处在意识形态氛围之中，意识形态如浓雾一样包裹着科学，污染并曲解科学。所以，科学只有清醒地、持之以恒地与意识形态斗争，才能保持自己的独立地位，"科学只是在不断摆脱那些窥伺、袭击和缠绕它的意识形态的条件下，才能成为在历史的必然中自由的科学"③。

在阿尔都塞看来，科学与意识形态之间横着一条鸿沟。从意识形态到科学必须经历一种质的飞跃。马克思的科学理论正是在与意识形态决裂的前提下形成起来的。

---

① ［法］路易·阿尔都塞：《保卫马克思》，1977 年英文版，第 192—193 页。（L. Althusser, *For Marx*, trans. Ben Brewster, London：Verso Books, 1977, pp. 192-193.——编者注）
② 同上书，第 190 页。
③ 同上书，第 170 页。

2."认识论断裂"和"问题框架"

正如阿尔都塞自己所承认的，"认识论断裂"（epistemological break）和"问题框架（problematic）这两个概念都不是他自己创造的，而是分别从巴什拉和马丁（Jacques Martin）那里借用过来的。①

什么是认识论断裂呢？阿尔都塞说："任何科学的理论实践总是同它史前的、意识形态的理论实践划清界限，这种区分的表现形式是理论上和历史上的'质的中断'，用巴什拉的话来说就是'认识论断裂'。"②显然，阿尔都塞引入这一概念的目的是要说明意识形态与科学之间的界限及在发展中的非连续性。那么，断裂的标志是什么呢？要讲清楚这个问题，就必须要牵涉到问题框架的概念。

问题框架又是什么意思呢？阿尔都塞解答说，它包含着两层意思：(1)问题框架是个整体性的概念，它不是着眼于思想家著作中的某一个问题，而是着眼于其整个问题体系或问题群落，着眼于这些问题之间的内在联系；(2)一个问题框架中往往包含着许多具体的问题。问题框架规约着具体问题的内容及提问方向，但它本身却不是对这些具体问题的答复，它要回答的是时代向思想家提出的真正问题。如果内含于一个思想家著作内部的问题框架不能解答时代提出的真正问题，这就表明，他的问题框架仍然落在意识形态之内，他的思想没有与意识形态决裂。他自以为自己的著作在陈述事实，实际上却是在歪曲事实，而问题框架具有如下的特征。

第一，它是思想的方式、思想的特定的结构。阿尔都塞强调，决定思想的特征和本质的不是思想的素材，而是思想方式，是思想与对象所保持的某种关系，"问题框架并不是作为总体的思想的抽象，而是一个思想以及这一思想所可能包括的各种思想的特定的具体结构"③。比如，

---

① ［法］路易·阿尔都塞：《保卫马克思》，1977 年英文版，第 32 页。(L. Althusser, *For Marx*, trans. Ben Brewster, London：Verso Books, 1977, p. 32.——编者注)

② 同上书，第 167—168 页。

③ 同上书，第 68 页。

费尔巴哈的人本学观念(异化和人本主义)不仅是其宗教思想的问题框架,也是其政治、历史、经济思想的问题框架。判定一个思想家的某部著作的性质,归根结底取决于我们对他的问题框架的掌握,因为问题框架是各种组成成分(具体问题)的前提,只有从它出发,组成成分才是真正可理解的。

第二,问题框架躲在思想的深处。问题框架并不是一目了然可以见到的,它是思想的内在整体。在一般情况下,一个思想家总是在问题框架的范围内思考,而并不思考问题框架本身。对于他来说,问题框架已进入无意识的心理层面了。阿尔都塞说:"一般说来,问题框架并不是一目了然的,它隐藏在思想的深处,在思想的深处起作用,往往需要不顾思想的否认和反抗,才能把问题框架从思想深处挖掘出来。"①

在了解了认识论断裂和问题框架这两个概念的各自含义之后,现在我们有条件来探讨它们两者之间的联系了。阿尔都塞写道:"认识论断裂标志着由前科学的问题框架转变到科学的问题框架。"②这就是说,在分析一个理论和思想的发展时,重要的不是阐明其思想的连续性,重要的是判别出是否有认识论断裂,即是否有问题框架的根本性转变。如有,就要进一步判定断裂的确切位置。这样一来,阿尔都塞关于意识形态与科学相区别的理论就获得了具体的制定方式和标准。

3. 马克思思想发展四阶段论

阿尔都塞把他的结构主义方法及上面提出的一整套术语运用到对马克思著作的研究中,得出了如下的结论:"在马克思的著作中,确实有一个'认识论断裂';按照马克思本人的说法,这一断裂的位置就在他生前没有发表过的、用于批判他过去的哲学(意识形态)信仰的那部著作《德意志意识形态》。总共只有几段话的《关于费尔巴哈的提纲》是这个断裂的前岸;在这里,新的理论信仰以必定是不平衡的和暧昧的概念与公

---

① [法]路易·阿尔都塞:《保卫马克思》,1977 年英文版,第 69 页。(L. Althusser, *For Marx*, trans. Ben Brewster, London: Verso Books, 1977, p. 69.——编者注)

② 同上书,第 32—33 页。

式的形式，开始从旧信仰和旧术语中显露出来。"①这一断裂的双重成果是作为历史科学的历史唯物主义和作为新哲学的辩证唯物主义。前者是后者的理论前提。

阿尔都塞认为，总的看来，认识论断裂把马克思的思想分成两大阶段，即意识形态阶段（1845年断裂前）和科学阶段（1845年断裂后）。在前一阶段，马克思的思想还未突破意识形态的氛围，其思想是不成熟的、前科学的；在后一阶段，马克思的思想抛弃了意识形态的问题框架，在现实的基础上，形成了自己的科学理论的独特的问题框架。如果分析得细致一点的话，马克思思想的发展可以划分为以下四个阶段。

第一阶段：青年时期的著作（1840—1844），包括马克思的博士论文、《1844年经济学哲学手稿》和《神圣家族》。在这一阶段中，马克思先采纳了康德、费希特的问题框架，因而谈论得较多的是理性和自由。后来，他又接受了费尔巴哈的问题框架，因而谈论得较多的是异化和人本主义。阿尔都塞认为，青年马克思从来不是黑格尔派，他始终与黑格尔保持着一段距离，他先是康德和费希特派，后是费尔巴哈派。

第二阶段：断裂时期的著作（1845），即《关于费尔巴哈的提纲》和《德意志意识形态》。在这两部著作中，首次出现了马克思的新的问题框架，但它还不是很规范的，它是以强烈的论战和批判的方式出现的。前一部著作可以比喻为思想的闪电，其中还有好多谜没有解开；后一部著作也有不少理解上的困难，新术语和旧概念混合在一起，增加了阅读上的困难，但在马克思的思想发展史上，这两部著作的重要性是无与伦比的。

第三阶段：成长时期的著作（1845—1857），这是马克思撰写《资本论》初稿前的那个阶段，包括《哲学的贫困》《共产党宣言》《工资、价格和利润》等著作。事实上，马克思必须进行长期的正面的理论思考和理论

---

① ［法］路易·阿尔都塞：《保卫马克思》，1977年英文版，第33页。（L. Althusser, *For Marx*, trans. Ben Brewster, London：Verso Books, 1977, p. 33. ——编者注）

创造，才能够确立一整套适合于新的问题框架的概念和术语。

第四阶段：成熟时期的著作(1857—1883)，主要代表是《资本论》和《哥达纲领批判》。在这一阶段中，马克思与德国哲学意识形态完全分离，新的问题框架由假设转变为科学，马克思系统地表述了自己的科学理论。

阿尔都塞关于把马克思思想发展划分为四个阶段的提法所遭到的主要责难是，他以与存在主义的马克思主义和现象学马克思主义相反的方式把青年时期的马克思和成熟时期的马克思对立起来了。

4. 马克思主义与人本主义的关系问题

阿尔都塞上述划分中的一个最值得注意的结果，是把以异化和人本主义为主题的《1844年经济学哲学手稿》划入马克思思想的意识形态的、前科学的阶段。这里直接关涉到一个如何看待马克思主义和人本主义关系的问题。

阿尔都塞写道："就理论的严格意义而言，人们可以和应该公开地提出关于马克思的理论反人本主义(Marx's theoretical antihumanism)的问题；而且人们可以和应该在其中找到认识人类世界(肯定的)及其实践的复杂的绝对可能性的条件(否定的)。必须把人的哲学神话打得粉碎；在此绝对条件下，才能对人类世界有所认识。引证马克思的话来复活任何种类的人类学和人本主义在理论上始终是徒劳的。而在实践中，它只能建立起马克思以前的意识形态大厦，阻碍真实历史的发展，并可能把历史引进到死胡同中去。"①这段论述说出了阿尔都塞对马克思主义与人本主义关系的总的看法。如果深入进行分析的话，我们可以把他的看法归结为以下三个问题。

第一，人本主义的本质是意识形态。阿尔都塞强调："最重要的是认识到，人本主义的本质是一种意识形态。"②人本主义包含着两个相互

---

① ［法］路易·阿尔都塞：《保卫马克思》，1977年英文版，第229—230页。(L. Althusser, *For Marx*, trans. Ben Brewster, London: Verso Books, 1977, pp. 229-230. ——编者注)

② 同上书，第231页。

补充的基本规定：(1)存在着一种普遍的人的本质；(2)这种本质是"孤立的个体"的属性。以往的资产阶级哲学认识论、历史观、政治经济学、伦理学和美学等都自觉地和不自觉地建筑在这两条基本规定之上。

第二，马克思与人本主义思潮的决裂。阿尔都塞认为，马克思同一切哲学人类学或人本主义的决裂绝不是次要的细节，它和马克思的科学发现浑然一体。自从 1845 年起，马克思就与这种把一切历史和政治问题归结为人的本质的人本主义思潮决裂了。这一决裂表现在以下三个方面：(1)制定出建立在崭新概念基础上的历史理论和政治理论，这些新概念包括社会形态、生产力、生产关系、上层建筑、意识形态、经济及其他特殊的决定因素等；(2)彻底批判任何哲学人本主义的理论要求；(3)确定人本主义为意识形态。阿尔都塞认为，这三个环节是紧密地联系在一起的。没有与人本主义问题框架的决裂，马克思的科学的历史和政治理论是不可能产生出来的。

第三，"人本主义社会主义"并不是严格的科学用语。在 1956 年之后，"人本主义—社会主义"(humanism-socialism)的口号到处流行。它的基本内容是尊重个人人格、个人自由发展等。阿尔都塞认为，这一口号的出现是有一定积极意义的，它实际上是为了解决某些确实存在的历史的、经济的、政治的和意识形态的新问题。况且，马克思虽然否认人本主义是科学理论，但他并不取消人本主义的历史存在。无论在马克思以前或以后，人的哲学在实在世界中还是经常出现的。"承认人本主义的必要性不仅仅是出于思辨的目的。马克思主义正是在这一基础上才能建立起对各种意识形态的政策：宗教、伦理、艺术、哲学、法学，以及在其中占首位的人道主义。"①但从马克思主义理论上来分析，把"人本主义"与"社会主义"并列在一起是不科学的。阿尔都塞认为，马克思主义哲学的前提就是否认人本主义是科学理论，这个前提是无论如何不能

---

① ［法］路易·阿尔都塞：《保卫马克思》，1977 年英文版，第 231 页。(L. Althusser, *For Marx*, trans. Ben Brewster, London: Verso Books, 1977, p. 231.——编者注)

抛弃的。要言之，"人本主义—社会主义"只是马克思主义在新的历史条件下采取的一种政策，它本身并不是科学理论。

应当肯定，阿尔都塞关于马克思主义与人本主义相互关系的论述，对于驳斥把马克思主义人道主义化的错误论调，起到了一定的积极作用。但必须指出，由于阿尔都塞的指导思想并不是马克思主义，而是结构主义，所以他的论述具有很大的片面性。关键在于，他是按照结构主义的观点，用意识形态与科学的对立来论证人本主义与马克思主义的对立的。

5. "理论实践"

马克思是如何通过认识论断裂从意识形态达到科学的呢？阿尔都塞认为，在这一飞跃的过程中，"理论实践"（theoretical practice）起着决定性的作用。理论实践是阿尔都塞提出的新概念。要明白这个概念的含义，得先从他关于实践的看法说起。

在阿尔都塞看来，实践指通过一定形式的劳动，使用一定的生产资料，把一定的原料加工为一定产品的过程。实践共有四种形式：一是"经济实践"（economic practice），即把一定的原料加工为日常生活用品；二是"政治实践"（political practice），如马克思主义政党根据历史唯物主义的科学原理，把旧的社会关系改造为新的社会关系；三是"意识形态实践"（ideological practice），意识形态表现为宗教、政治、伦理、法律或艺术，都在加工自己的对象，即人的意识；四是"理论实践"，即通过对意识形态的加工和改造，创建科学理论的实践活动。

理论实践有广义、狭义之分。广义的理论实践包括意识形态实践在内，狭义的理论实践则专指抛弃意识形态，创建新学科的活动。在《保卫马克思》一书中，阿尔都塞讨论的主要是狭义的理论实践。他认为，理论实践的"加工原料"要看具体情况而定。如果属于一门新兴科学，可能具有浓厚的意识形态特征，如果属于一门业已建立或已经很发达的科学，就是一些已经形成的科学概念。理论实践的"生产资料"就是理论概念和概念使用方法。"马克思在他的理论实践和科学研究中用以把他的

'材料'加工成为认识的方法，正是马克思的辩证法。"①

但是，阿尔都塞又认为，马克思的辩证法在《资本论》中存在着，不过它是以实践状态存在着，马克思没有给我们留下理论状态的辩证法。他原计划写一部论辩证法的书，但一直没有动笔，因为他抽不出时间。阿尔都塞强调，在另一些领域中也存在着类似的情况："在认识史、科学史、意识形态史、哲学史、艺术史等方面，马克思主义的理论实践大部分还有待开创。"②在这方面，马克思为我们指明了道路，但并未解决所有问题。

那么，理论实践又是通过怎样的过程得以实现的呢？阿尔都塞认为，是通过"抽象—具体"的途径来实现的。Gl 是被加工的原料，G2 是生产资料，G3 是加工后的产物。Gl 是抽象的，G3 作为理论实践的产物则是具体的。阿尔都塞说："把 G1 加工成 G3，即由'抽象'转化到'具体'（这里暂且把 G1 和 G3 的根本差别略过不谈），这一工作只涉及理论实践的过程，即完全发生在'认识'中。"③显然，阿尔都塞的上述见解都是在马克思《〈政治经济学批判〉导言》的基础上发挥出来的。

6."总体"与"多元决定"

如前所述，理论实践的过程体现为从抽象向具体的转换。具体作为多样性规定的统一总是表现为一个有机的整体，即"总体"（totality）。当然，这里说的是思维的总体。但思维的总体归根结底是与实在的总体相对应的。这样，阿尔都塞就把我们带到一个新的问题上，即究竟如何看待实在的总体？

他说："'总体'这一概念今天应用得十分宽泛，人们用这个词几乎可以毫无障碍地从黑格尔谈到马克思，从格式塔心理学谈到萨特。词还

---

① ［法］路易·阿尔都塞：《保卫马克思》，1977 年英文版，第 174 页。（L. Althusser, *For Marx*, trans. Ben Brewster, London: Verso Books, 1977, p. 174. ——编者注）

② 同上书，第 169 页。

③ 同上书，第 185 页。

是同一个，但概念却因不同的著者而起了变化，有时甚至彻底地变了。"①在他看来，黑格尔的总体和马克思的总体就有根本的区别。黑格尔的社会总体是一个简单的统一体，在这个统一体内部虽然也有多样性，如市民社会、国家、宗教、哲学等，但它们都可以还原为总体中的简单本原，即精神，它们不过是精神在异化中的具体表现。要言之，黑格尔的总体并没有复杂的结构，它的多样性纯粹是外表上的，在这样的总体中，每个决定性的成分都不过是总体的部分。

在马克思那里，情形就起了变化。"马克思讲的统一性是复杂整体的统一性，复杂整体的组织方式和构成方式恰恰就在于它是一个统一体。这是断言，复杂整体只有两种多环节主导结构的统一性。"②阿尔都塞认为，马克思虽然强调，归根结底决定性的因素是经济，但马克思并不像黑格尔把精神作为一切现象的本原那样，把经济作为一切现象的本源，马克思看到了政治、经济、意识形态各种要素的并存，他相对地突出了经济要素的重要性，但并不主张把所有其他的要素都还原为经济要素。"假如人们匆忙地把复杂整体的有结构的统一性和总体的简单统一性等同起来，假如人们把复杂整体仅仅当作唯一的、原始的和简单的本质或实体的简单发展，那么，在最好的情况下，人们会从马克思倒退到黑格尔，在最糟的情况下，则从马克思倒退到海克尔。"③

阿尔都塞接着指出，如果承认马克思的总体观，即总体是一个有多环节主导结构的统一体的话，那就必然引申出"多元决定"（overdetermination）的结论。阿尔都塞的多元决定的见解主要来自毛泽东的《矛盾论》。《矛盾论》考察了复杂过程中多种矛盾的并存及相互关系。在多种矛盾的并存中，又可抉出一个主要矛盾，而主要矛盾的性质又取决于矛盾的主要方面等。所谓多元决定，也就是肯定具有复杂结构的总体中各

---

① ［法］路易·阿尔都塞：《保卫马克思》，1977 年英文版，第 203 页。（L. Althusser, *For Marx*, trans. Ben Brewster, London：Verso Books，1977，p. 203.——编者注）

② 同上书，第 202 页。

③ 同上书，第 202 页。

种矛盾的并存及相互作用。肯定主导性的矛盾并不等于排斥非主导性的矛盾，况且它们的地位是可以相互转化的。

阿尔都塞写道："矛盾在不再具有单一含义之后，它的定义、作用和本质就得到了严格的规定；根据有结构的复杂整体赋予矛盾的职能，矛盾从此就有了复杂的、有结构的和不平衡的规定性。请读者原谅我使用了这一长串修饰词，不过我承认，我更喜欢用一个较短的词，即多元决定。"①在黑格尔那里，所有其他的矛盾都可还原为单一的精神内部的矛盾，在马克思那里，这些矛盾是并存的、不可还原的。多元决定正是马克思的矛盾学说异于黑格尔的矛盾学说的地方。阿尔都塞强调，恩格斯所批评的经济主义曲解了马克思关于手推磨、水力磨和蒸汽磨的名言，力图把所有的矛盾都还原为经济矛盾，这样就走到与黑格尔相反的另一个极端上去了，即也否定了矛盾的多元决定。

阿尔都塞把这种"多元决定论"强加给马克思是毫无根据的。众所周知，马克思的矛盾观是在两点论基础上的重点论，马克思的历史观是唯物主义的一元论。这种"多元决定论"的错误是把决定作用和相互作用、一元论和结构论截然分割开来，绝对对立起来。

（三）《读〈资本论〉》（1965）

这部著作是阿尔都塞与他的学生巴里巴尔合写的。全书共分三部分：第一部分《从〈资本论〉到马克思的哲学》和第二部分《〈资本论〉的对象》均为阿尔都塞所写，占了全书篇幅的大半部分，第三部分《关于历史唯物主义的基本概念》为巴里巴尔所撰。我们主要探讨阿尔都塞在第一、第二部分中阐述的基本见解。阿尔都塞在《保卫马克思》一书中论述到的主要见解在本书中都涉及了，且采用了更加缜密、更加系统的方式。我们在这里不打算重复介绍前面已介绍过的那些观点，而力图把阿尔都塞在《读〈资本论〉》一书中形成的新见解阐发出来。

---

① ［法］路易·阿尔都塞：《保卫马克思》，1977 年英文版，第 209 页。（L. Althusser, *For Marx*, trans. Ben Brewster, London：Verso Books，1977，p. 209.——编者注）

1. 症候阅读法

阿尔都塞的《读〈资本论〉》倡导了一整套阅读"文本"（text）的方法，这种方法他称为症候阅读法。显然，这一阅读方法是在精神分析学家的影响下提出来的。精神分析学家在治疗精神病患者时，通常让病人自由地谈话，通过对其谈话中出现的各种症候，如失言、遗忘、沉默、语言的中断、思想的空隙等的分析，揭示其深层心理（通常是无意识域）中的秘密。阿尔都塞的症候阅读法在方式上与其相仿，在对象和目的上则与其不同。它的对象是文本，尤其是马克思的著作，它的目的是发掘出潜藏在文本深处的问题框架。

在《读〈资本论〉》中，除了症候阅读法外，阿尔都塞还提到多种阅读方法，如"无罪阅读"（innocent reading）、"有罪阅读"（guilty reading）、"哲学的阅读"（philosophical reading）、"批判的阅读"（critical reading）、"认识论的阅读"（epistemological reading）、"直接的阅读"（immediate reading）、"表现的阅读"（expressive reading）、"科学的阅读"（scientific reading）等。这些方法有的是对立的，有的则是同一种方法的不同称呼。在这些阅读方法中，阿尔都塞论述的主要是以下三种。

第一种是直接的阅读。这种方法只注意字面行文，不探究文本的深层含义，所以阿尔都塞说："我们必须抛弃这种直接洞见和直接阅读的镜子式的神话，把知识视作一种生产。"[①]这就是说，阅读本身并不是对文本的一种直观的反应，而应该是一种刨根究底的艰苦工作，是一种创造。

第二种是表现的阅读。这是黑格尔式的阅读方法，它建基于"表现的总体"，即总体的单一的本质表现在它的各个部分或各种现象中，因而表现的阅读主张，在读解任何文本时，都能直接洞见其思想的底蕴。这种阅读方法忽视了文本本身的复杂性，极易导致对它们的意义的

---

① ［法］路易·阿尔都塞：《读〈资本论〉》，1970 年英文版，第 24 页。（L. Althusser, *Reading Capital*, New York: New Left Books, 1970, p. 24. ——编者注）

误断。

第三种就是阿尔都塞竭力主张的症候阅读法。他写道："我建议，我们不应该用直接阅读的方法来对待马克思的文本，而必须采取症候阅读法来对待它们，以便在话语的表面的连续性中辨认出缺失、空白和严格性上的疏忽，在马克思的话语中，这些东西并没有说出来，它们是沉默的，但它们在他的话语本身中浮升出来。"①这里说的"缺失""空白""严格性上的疏忽"等都是症候。阿尔都塞主张通过对这些症候的觉察来揭示文本深处的问题框架。

他认为，作为阅读对象的文本，初看起来是单一的，但用结构主义的方法一分析，呈现在读者面前的就有两个不同层面的文本。"第一文本"(the first text)指概念之间、句子之间、段落之间、章节之间的表面上的联系和结构。在阅读中，熟悉第一文本无疑是必要的，但更重要的是去解读"第二文本"(the second text)，如前所述，它是语言中的缺失、空白、疏漏等，这是一种不可见的话语。这些话语之间的内在联系和结构便是隐藏在文本深处的问题框架。

在阿尔都塞看来，一个给定的问题框架具有一个与之相适应的视界。在这个特定的视界中，只有某些问题是可见的，另一些问题，即超越问题框架本身的问题则是不可见的。比如，当化学史上还盛行"燃素说"的时候，氧气在燃烧中的决定性作用对于当时的化学家的文本来说是不可见的。同样，剩余价值问题对于古典经济学家来说也是不可见的。所以阿尔都塞说："任何问题或对象只有位于某个范围或视界之内，即位于一个给定理论学科的理论问题框架的确定的结构领域中才是可见的。"②当读者在阅读文本时，如果他本人赖以进行思考的问题框架和被阅读的文本的问题框架是一致的，那么他就只能洞察到那些在这一问题框架中是可见的东西，而对不可见的东西则会一晃而过，造成失察。因

---

① ［法］路易·阿尔都塞：《读〈资本论〉》，1970 年英文版，第 143 页。(L. Althusser, *Reading Capital*, New York：New Left Books, 1970, p. 143. ——编者注)

② 同上书，第 25 页。

此，阿尔都塞强调说：“要看见那些不可见的东西，要看见那些失察的东西，要在充斥着的话语中辨认出缺乏的东西，在充满文字的文本中发现空白的地方，我们需要某种完全不同于直接注视的方式；我们需要的是一种新的注视，即有根据的注视，它是由‘视界的变化’对正在起作用的视野的思考而产生出来的，马克思把它描绘为‘问题框架的转换’（transformation of the problematic）。”①这就是说，读者首先要置身于新的问题框架中，然后辅以症候阅读法，才能把不可见的东西转化为可见的东西，真正做到对原文的创造性的解读。

2. 马克思对古典经济学著作的解读

在阿尔都塞看来，症候阅读法也正是马克思解读英国古典经济学著作的一种方法。举例说，马克思对亚当·斯密和大卫·李嘉图著作的阅读就是一种双重的阅读。在第一重解读中（以亚当·斯密为例），马克思通过自己的话语来阅读斯密的话语。“事实上，这种阅读是回顾性的理论上的阅读，在这一阅读中，斯密不能看见或理解的东西只以完全疏漏的方式显现出来。”②这些疏漏相互关联，涉及斯密乃至整个古典经济学派的一个根本性的失察，那就是没有把可变资本和不变资本区分开来。马克思通过自己的话语，见到了对于斯密来说不可见的东西。

第二重阅读与第一重阅读完全不同。后者仍然停留在对存在与空缺、洞察与失察的二元的观察上，还没有把它们有机地结合起来；前者不满足于把斯密著作中可见的和不可见的东西、洞察和失察的东西简单地并列起来，它要揭示出可见的东西本身蕴含着的不可见的东西，洞察本身蕴含着的失察。阿尔都塞说：“古典政治经济学看不见的东西，不是它没有看见的东西，而是它看见的东西；不是它缺乏的东西，而是它并不缺乏的东西；不是它疏漏的东西，而是它并没有疏漏的东西。”③

---

① ［法］路易·阿尔都塞：《读〈资本论〉》，1970年英文版，第27页。（L. Althusser, *Reading Capital*, New York: New Left Books, 1970, p. 27.——编者注）

② 同上书，第18页。

③ 同上书，第21页。

在古典经济学家的文本中，"什么是劳动的价值？"是一个基本的问题。在他们的回答中，存在着两个空白或缺失：劳动（　）的价值相当于维持和再生产劳动（　）所必需的商品的价值。马克思使我们看到了这一回答中的两个空白，但是，马克思使我们看到的并不是这些文本没有说的东西，而是已经说出来的东西，这里的沉默正是古典文本自己的话语。上面的回答是一个充满了文字的句子，但如果我们提出下面的问题："劳动是如何维持的？"和"劳动的再生产是什么？"，上述句子中的空白就显露出来了，因为劳动是劳动者的行为，它是通过劳动者来维持的；同样，劳动的再生产的提法也是不妥的，劳动本身是一个连续的过程，无所谓再生产的问题，再生产的是劳动力本身。

正是在这样解读的基础上，马克思提出了一个与古典文本不同的问题，即"什么是劳动力的价值？"他的回答是："劳动（力）的价值相当于维持和再生产劳动（力）所必需的商品的价值。"这样，古典文本的空白就被填补起来了，这表明马克思已经转到一个全新的问题框架中。阿尔都塞说："马克思能够看到斯密的注视所回避的东西，因为他已经拥有一个新的视界，这一新的视界是从新的回答中产生出来的，是无意识地从旧的问题框架那里产生出来的。"①

3. 阿尔都塞对《资本论》的解读

阿尔都塞认为，马克思读古典经济学著作实际上采用了症候阅读法，而他则采用同样的方法来读马克思的《资本论》。阿尔都塞的具体做法如下。

第一，要在阅读中把握《资本论》的新的问题框架。阿尔都塞认为，阅读《资本论》，特别要留心它的副标题："政治经济学批判。"显然，这里的"批判"并不意味着纠正政治经济学的某些具体的见解，填补某些空

---

① ［法］路易·阿尔都塞：《读〈资本论〉》，1970 年英文版，第 28 页。(L. Althusser, *Reading Capital*, New York：New Left Books, 1970, p. 28. ——编者注)

白或裂痕，而是意味着"要用一个新的问题框架和新的对象与它对立起来"①。

第二，要把科学的解读和哲学的解读结合起来。阿尔都塞认为，在《资本论》中，有两种不同的但又密切联系在一起的话语：一种是科学的话语；另一种是哲学的话语。"如果没有马克思哲学的帮助，那是不可能读懂《资本论》的。"②也就是说，不能光从科学的角度去读《资本论》，必须坚持双重的阅读，一是从科学解读到哲学解读；二是从哲学解读到科学解读，如此往返以深化对《资本论》的理解。

第三，要正确掌握《资本论》中所使用的术语的意义。阿尔都塞引证了恩格斯在 1886 年写的《资本论》第 1 卷的"英文版序言"中的一段话："可是，有一个困难是我们无法为读者解除的。这就是——某些术语的应用，不仅同它们在日常生活中的含义不同，而且和它们在普通政治经济学中的含义也不同。但这是不可避免的。一门科学提出的每一种新见解，都包含着这门科学的术语的革命。"③阿尔都塞随之发挥说，每一个术语都不是孤立的，它总是从属于一定的观念体系；古典政治经济学被限制在它的观念体系和它所使用的术语的范围内；马克思对古典经济学的革命性改造必然伴随着术语上的革命，而这一革命的最关键的特征就在于引入了"剩余价值"这一术语。不弄懂马克思所使用的术语的含义，是不可能读懂《资本论》的。

第四，要读与《资本论》密切相关的其他文本。《资本论》并不是一部孤立的著作，它的写作几乎耗费了马克思一生的精力。因此，要弄清《资本论》的基本见解的来龙去脉，既要读马克思的另一些著作，如《1844 年经济学哲学手稿》《哲学的贫困》《工资、价格和利润》等，而且要读恩格斯的《反杜林论》和《自然辩证法》、列宁的《唯物主义和经验批判

---

① ［法］路易·阿尔都塞：《读〈资本论〉》，1970 年英文版，第 158 页。(L. Althusser, *Reading Capital*, New York: New Left Books, 1970, p. 158. ——编者注)

② 同上书，第 75 页。

③ 马克思：《资本论》第 1 卷，人民出版社 1975 年版，第 34 页。

主义》与《哲学笔记》等。通过对《资本论》的阅读，阿尔都塞得出了这样的结论，即马克思主义既不是历史主义也不是人本主义。

4."结构总体性"与"结构因果观"

在《保卫马克思》一书中，关于总体问题主要是在《矛盾与多元决定》一文中讨论的，在《读〈资本论〉》中，阿尔都塞在强调马克思主义的反历史主义的特征时，用更规范的结构主义语言讨论了这一问题。

阿尔都塞认为，存在着两种不同的总体性：一种是"表现的总体性"（expressive totality），"在这种总体性中，每一部分都通过总体而存在，都是对它属于其中的整体的直接表现"①。这种总体性正是黑格尔所主张的，因为你把一切部分和现象都还原为单一的精神本原；另一种是"结构的总体性"（structural totality），在这种总体性中各部分相互发生作用，但不能还原为某一本质。阿尔都塞认为，这实际上正是马克思所倡导的总体性，在阅读《哲学的贫困》《政治经济学批判》和《资本论》等著作时，人们一再发现马克思把整个资本主义社会视为结构性总体。

分别与这两种总体性相适应的有两种不同的因果观：一种是"表现因果性"（expressive causality），人们在分析各种现象时，都追溯到单一的本原，把本原看作"因"，把现象看作"果"，这正是莱布尼茨、黑格尔等人所主张的；另一种是"结构因果性"（structural causality），把因果性理解为总体内部各要素之间的相互关系，这里不存在单一的"因"，各要素都可能成为"因"，这正是马克思所主张的因果观。从这样的因果观出发，必然导出"多元决定"的结论来。

（四）《列宁和哲学》（1971）

这部著作与《保卫马克思》一样是论文集。全书的正文部分包括六篇论文：《哲学是革命的武器》（1968）、《列宁和哲学》（1968）、《〈资本论〉第一卷序言》（1969）、《马克思与黑格尔的关系》（1968）、《列宁在黑格尔

---

① ［法］路易·阿尔都塞：《读〈资本论〉》，1970 年英文版，第 17 页。（L. Althusser, *Reading Capital*, New York: New Left Books，1970，p. 17.——编者注）

面前》(1969)、《意识形态和意识形态国家机器》(1969)；附录部分包括三篇论文：《弗洛伊德和拉康》(1964)、《一封论艺术的信——答达斯普尔》(1966)、《抽象画画家克勒莫尼尼》(1966)。阿尔都塞在前言中表示，在这本论文集中，《列宁和哲学》《〈资本论〉第一卷序言》及《意识形态和意识形态国家机器》比较集中地反映出自己的一些新想法。下面，我们主要分析阿尔都塞在这些论文中的基本思想。

1. 关于《资本论》的新思考

阿尔都塞认为，《资本论》是马克思的最伟大的一部著作，对马克思伟大理论贡献的判断不应该根据他的早期著作，也不应该根据他的《德意志意识形态》或《1857—1858 年经济学手稿》，甚至不能根据《〈政治经济学批判〉导言》，因为在阿尔都塞看来，马克思关于生产关系和生产力适应与不适应的讨论仍然沿用了黑格尔的模棱两可的术语，所以只能根据《资本论》进行判断。

在肯定了《资本论》在马克思主义学说中的根本性地位之后，阿尔都塞又就如何读《资本论》的问题提出了以下三点建议：(1)要记住《资本论》是一部理论著作，它的对象是资本主义生产方式的机制；(2)不要把《资本论》看作一部历史学家和经济学家所理解"具体的"历史书或"经验的"政治经济学，而是要把它看作一部分析资本主义生产方式的理论著作；(3)在读《资本论》时，如果碰到理论上的困难，就要采取必要的步骤，不要匆忙地一掠而过，而要回过头来，重新阅读，直到弄懂为止。①

阿尔都塞还分析说，《资本论》的读者，大致可以划分为以下五种人：(1)直接在物质商品的生产中受雇的雇佣劳动者；(2)白领工人、中等和较高级的工作人员、工程师、从事研究的工人和教师等；(3)城乡手工业者；(4)自由职业人员；(5)学校和大学里的学生。这五种人归属

---

① ［法］路易·阿尔都塞：《列宁和哲学》，1971 年英文版，第 73 页。(L. Althusser, *Lenin and Philosophy and Other Essays*, London：Verso Books, 1971, p. 73.——编者注)

结构主义的马克思主义 · 261

于两大类：一类是雇佣劳动者中间的读者；另一类是知识分子读者。前一类人由于受到工作情况和阶级斗争的影响，比较容易对《资本论》做出正确的理解；反之，后一类人由于受意识形态的影响比较严重，容易曲解甚至否定《资本论》的理论价值。但不管对于哪一类人来说，阅读《资本论》第1卷都会碰到理论上的一些困难。

为此，阿尔都塞提出了解决阅读问题的新措施。他主张按照下列次序去读《资本论》第1卷：第二部分（"货币转化为资本"）→第三部分（"绝对剩余价值的生产"）→第四部分（"相对剩余价值的生产"）→第六部分（"工资"）→第七部分（"资本的积累过程"）→第八部分（"所谓原始积累"）→第五部分（"绝对剩余价值和相对剩余价值的生产"）→第一部分（"商品和货币"）。① 阿尔都塞断言，谁如果按照上述次序去读《资本论》第1卷，一定会有收益。为什么要从第二部分开始呢？因为从第二部分开始可以直接进入《资本论》第1卷的心脏——剩余价值理论。

在确定了阅读次序后，阿尔都塞又说："在读《资本论》第1卷时，还存在着构成阅读障碍的第二类困难。这些困难是从马克思语言中的残存物，甚至是从马克思思想中的黑格尔的影响中产生的。"②在阿尔都塞看来，他过去强调马克思和黑格尔在思想上的差别是对的，大致确定1845年为马克思与意识形态（包括黑格尔的哲学）决裂的时期也是对的，但他又承认，他过去对决裂的过程理解得太突然、太短暂了。在马克思的思想发展中，有些具有决定性意义的新东西确实已在1845年显露出来，然而，马克思系统地形成自己的新观念，并彻底地摆脱黑格尔学说的影响毕竟需要一个很长的过程。

阿尔都塞为此做出了新的论断，即不仅发表于1859年的《〈政治经济学批判〉导言》和《1857—1858年经济学手稿》受到黑格尔思想的很深的

---

① ［法］路易·阿尔都塞：《列宁和哲学》，1971年英文版，第88页。（L. Althusser, *Lenin and Philosophy and Other Essays*，London：Verso Books，1971，p. 88.——编者注）第八部分的结构安排与1975年版《资本论》不同。

② 同上书，第93页。

影响，因为马克思在 1858 年以惊叹的心情重读了黑格尔的《逻辑学》；而且"当《资本论》第 1 卷(1867)出版时，黑格尔影响的痕迹仍然保留着。直到马克思出版《哥达纲领批判》(1875)和写下关于瓦格纳的政治经济学教科书的笔记(1882)时，他才从总体上确定无疑地排除了黑格尔影响的任何痕迹"①。

2. 列宁在马克思主义哲学发展史上的重要地位

在《列宁和哲学》这篇论文中，阿尔都塞一开头就谈到了马克思主义哲学在其发展中远远落后于历史科学的情况。他举例说，恩格斯的《反杜林论》与马克思的《关于费尔巴哈的提纲》相隔 30 年。如何解释这种现象呢？阿尔都塞回答说："我们的落后不过是我们的错误的另一种说法，因为我们在哲学上误解了列宁与哲学的关系问题。"②不少人由于看到列宁强调哲学与政治的关系而对他的哲学观取简单否定的态度。阿尔都塞认为，必须充分认识列宁关于哲学的基本见解的重大意义。

第一，列宁的重要的哲学论点。阿尔都塞认为："列宁在许多方面都使自己适合于 18 世纪经验主义的理论空间。"③在经验主义问题框架的影响下，列宁提出了以下三个基本的哲学论点。(1)哲学不是科学，哲学范畴不同于科学的概念。比如，列宁认为物质的哲学范畴与物质的科学概念不同，所谓"物理学的危机"不过是把这两者混淆起来的结果。根据阿尔都塞的看法，列宁在哲学与科学之间做出的区分是反对一切经验主义、实证主义、心理主义和自然主义的有力武器。这里似乎有一个悖论：列宁经常以经验主义方式思考和表达问题，而他做出的上述区别却是反经验主义的。(2)哲学与科学之间有一种特殊的联系，这种联系被唯物主义者所说的客观性表述。列宁在《唯物主义和经验批判主义》中强调自然科学家往往自发地具有唯物主义的立场，列宁还像恩格斯一样

---

① ［法］路易·阿尔都塞：《列宁和哲学》，1971 年英文版，第 93 页。(L. Althusser, *Lenin and Philosophy and Other Essays*, London：Verso Books, 1971, p. 93.——编者注)

② 同上书，第 46 页。

③ 同上书，第 47 页。

肯定，随着自然科学的划时代的发现，唯物主义必将改变自己的形式。这表明了科学与哲学在科学实践基础上的客观联系。(3)哲学史是唯物主义和唯心主义的斗争史。阿尔都塞认为，列宁的这一见解表明："在科学有一个对象的意义上，哲学严格地说来是没有对象的。"①因为哲学史不过是两种倾向的不断重复，似乎什么事情也没有发生过。

根据阿尔都塞的看法，列宁的上述见解虽然很极端，但它们在内容上具有深刻的一致性，而恩格斯"经常热衷于把各种观点并列起来，而不是设法在它们的统一关系中去思考它们"②。

第二，列宁与哲学实践。阿尔都塞认为，列宁在《唯物主义和经验批判主义》一书中提出了"哲学实践"（philosophical practice）的问题。他引证了列宁关于相对真理与绝对真理的关系既确定又不确定的论述；又引证了列宁关于实践标准既确定又不确定的论述，然后指出："列宁确实把哲学实践的最终本质定义为对理论领域的一个介入。这一介入采取了双重的形式：在确定的范畴的构成上，它是理论的；在这些范畴的功能上它是实践的。"③这就是说，它的作用在于划定正确观念与错误观念之间的界限，意识形态与科学的界限。在这里，列宁论述的正是哲学实践的问题，因为哲学实践的功能也正是要划出这样的界限。阿尔都塞说："无论如何，我能够说，列宁为我们提供了某些我们能从其本质上思考哲学实践的特殊形式的东西；同时在反省上也给了包含在古典哲学的重要文本中的许多公式一个意义。"④

第三，哲学中的党派性。阿尔都塞指出，许多人都把列宁的这一论述看作政治口号，而他则认为，这是概念而不是口号。列宁把哲学与政治联系起来，这正表明了他对哲学的实践功能的独特理解。阿尔都塞

---

① ［法］路易·阿尔都塞：《列宁和哲学》，1971年英文版，第56页。(L. Althusser, *Lenin and Philosophy and Other Essays*, London: Verso Books, 1971, p. 56.——编者注)
② 同上书，第58页。
③ 同上书，第61页。
④ 同上书，第63页。

说："我们现在能够提出下面的命题，即哲学是政治的某种继续（在某一领域中关于某一现实）。"①

3. 论国家与意识形态

阿尔都塞认为，根据马克思的看法，生产条件的再生产问题是人类得以维持自己生存的最根本的问题。在这个问题中，生产关系的再生产具有特别重要的意义。阿尔都塞主张，必须从再生产的观点出发来透视国家和意识形态问题。

先看国家问题。阿尔都塞认为，马克思主义经典作家在《共产党宣言》《路易·波拿巴的雾月十八日》《国家与革命》等著作中，一再把国家称作"国家机器"（State Apparatus），即阶级统治的机关。统治阶级依靠它来维持整个社会的再生产。这确实阐明了国家在阶级斗争中的一个根本性的职能。但阿尔都塞认为，"国家机器"的提法，具有隐喻的性质，因而仍属于科学的不成熟的表达形式——"描述理论"（Descriptive Theory），如果坚持这种理论就有可能阻碍国家理论本身的发展。阿尔都塞主张把关于国家的描述理论进一步发展到"关于对象本身的理论"（Theory as Such），从而真正对国家问题做出科学的全面的说明。

阿尔都塞说："让我首先来澄清一个重要的观点，国家（和它在它的机器中的存在）除了作为国家权力的一个职能外是没有意义的。"②这就是说，国家的镇压职能只是国家权力的一个职能，不能把它与国家权力的全部职能等同起来。掌握并维持国家权力乃是政治斗争的最高目的，不能仅仅满足于"国家机器"这种隐喻的提法。

阿尔都塞表示，他要把某种别的东西补充到马克思的国家理论中去，这种东西是什么呢？这里我们已经涉及他所阐述的另一个中心问题，即意识形态问题。阿尔都塞写道："为了推进国家理论，不可避免地既要考虑到国家权力和国家机器的区别，又要考虑到另一种现实。这

---

① ［法］路易·阿尔都塞：《列宁和哲学》，1971 年英文版，第 65 页。（L. Althusser, *Lenin and Philosophy and Other Essays*, London：Verso Books, 1971, p. 65. ——编者注）

② 同上书，第 140 页。

种现实从国家作为(镇压的)机器的角度来看是清楚的，但又不能同它混淆起来。我将用'意识形态国家机器'(Ideological State Apparatuses)这一概念来称呼这一现实。"①

什么是"意识形态国家机器"(以下按阿尔都塞的方式简称为 ISAs)呢？它包括以下的内容：宗教的 ISA(不同的教会系统)、教育的 ISA(公立和私立'学校'的各种系统)、家庭的 ISA、法的 ISA、政治的 ISA(包括不同党派的政治制度)、工会的 ISA、交往的 ISA(新闻出版、电台电视等)、文化的 ISA(史学艺术和体育运动等)。② 国家机器与 ISAs 的区别在于：前者是单一的，后者则具有多样性；另外，前者完全属于公共的领域，后者则属于民间的领域，工会、学校、教会、党派、文化团体等都是民间的。此外，前者依靠暴力发挥作用，后者则依靠意识形态发挥作用。

阿尔都塞强调了 ISAs 领导权的重要性："据我所知，没有一个在 ISAs 中并在它之上发挥作用的领导权，任何阶级都不可能在长时间内掌握国家权力。"③ISAs 是确保生产关系的再生产得以进行的基本条件，因为生产关系的再生产也就是资本主义剥削关系的再生产，它必须由意识形态来论证其合理性。阿尔都塞还指出，家庭和学校的教育在当今已取代了教会的作用，在 ISA 中起着最为重要的作用。

为了进一步弄明白 ISAs 的性质，阿尔都塞主张对意识形态进行一番深入的探讨。他给意识形态下了这样的定义："意识形态是支配个人和社会团体的思想观念和表象的体系。"④它具有如下特征。

第一，"意识形态没有历史"⑤。阿尔都塞认为，各种具体的意识形式是有历史的，但一般的意识形态却是没有历史的。因为按照《德意志

---

① ［法］路易·阿尔都塞：《列宁和哲学》，1971 年英文版，第 142 页。(L. Althusser, *Lenin and Philosophy and Other Essays*, London: Verso Books, 1971, p. 142. ——编者注)

② 同上书，第 143 页。

③ 同上书，第 146 页。

④ 同上书，第 158 页。

⑤ 同上书，第 159 页。

意识形态》中的见解，意识形态是纯粹的幻想，是梦，是虚无，实在是外在于它的。在这个意义上它是没有历史的。

第二，"意识形态代表了个体与它们的真实的生存条件之间的想象关系"①。

第三，"意识形态有一个物质存在"②。也就是说，意识形态虽然是制造幻想的，但无论如何，它得以一定的物质存在（如教堂、印刷机等）为前提。

第四，"意识形态把个体转变为主体"③。意识形态通过教育等途径进入个体，使个体成了一个有见解能行动的主体。然而真正的主体却是意识形态，因为它始终支配着人的观念。所以，阿尔都塞说："人本质上是一个意识形态动物。"④

综上所述，阿尔都塞的新思考在于，特别强调意识形态在国家中的地位和作用，这些见解继承并发展了葛兰西的思想。

(五)《自我批评材料》(1974)

这是一本篇幅不大的小册子，全书分为两部分：第一部分题为"自我批评材料"(1972)；第二部分题为"论青年马克思的演变"(1970)。这本小册子是阿尔都塞对自己从 1960 年以来所发表的一系列论著的基本观点的反省，也是他对外界批评的一个答复。总的说来，阿尔都塞认为自己坚持马克思主义科学与资产阶级意识形态的根本区别的见解是正确的，但又承认，他的论著中存在着一种"理论主义"的错误倾向。这种倾向在一定程度上贬低了马克思主义和资产阶级意识形态的性质，似乎它只是个理论思辨的问题。由于这种贬低，阶级斗争几乎在思辨理性主义的舞台上消失了。在本书中，阿尔都塞主要论述了下面这些

---

① ［法］路易·阿尔都塞：《列宁和哲学》，1971 年英文版，第 162 页。（L. Althusser, *Lenin and Philosophy and Other Essays*, London: Verso Books, 1971, p. 162.——编者注）

② 同上书，第 165 页。

③ 同上书，第 170 页。

④ 同上书，第 171 页。

问题。

1. 关于"认识论断裂"

认为在马克思思想发展中存在着一个"认识论断裂",乃是阿尔都塞论著中的一个中心观点。雅恩莱维批评关于断裂的提法是"凭空捏造",阿尔都塞回答说:"在这个问题上,很遗憾,我是寸步不让的。我们应该明确指出,在马克思理论思想的形成过程中,的确存在着一个'断裂',这个断裂不但不等于零,而且对整个工人运动史具有重要的意义。"①

阿尔都塞申辩说,在马克思的《1844年经济学哲学手稿》中,人的本质、异化和异化劳动是三个基本概念,《德意志意识形态》在表述上虽然是模糊的,但已出现了三个新的基本概念:生产力、生产关系、生产方式。可见,1845年确是马克思思想转变的关节点。关于"断裂"的事实不但不应抹杀,反而要把它突出出来。

2. 关于"科学和意识形态"

阿尔都塞认为,他的一个重要失误在于,当阐述"断裂"问题时,他没有把它表述为谬误和真理的对立或无知和认识的对立,而是糟糕地采用了意识形态与科学相对立的提法。实际上,在《德意志意识形态》中,"意识形态以同一个名称起着两种不同的作用,它一方面是个哲学范畴(幻觉、谬误),另一方面又是个科学概念(上层建筑的一个领域)"②。阿尔都塞认为,在马克思那里出现这种含混的用法是可以理解的,"而我却把意识形态这个含混的概念抬上了谬误和真理相对立的理性主义舞台,这就实际上把意识形态贬低为谬误,反过来又把谬误称作意识形态,并且在理性主义的舞台上开演了一出冒牌马克思主义的戏剧"③。

3. 关于"结构主义"

人们对阿尔都塞学说的最通常的批评就是指责它为结构主义。阿尔

---

① 〔法〕路易·阿尔都塞:《保卫马克思》,顾良译,商务印书馆1984年版,第219页。

② 同上书,第230页。

③ 同上书,第230—231页。

都塞以嘲讽的口气描绘了这种现象:"各国的和各种名目的社会民主党人纷纷用'结构主义'这口棺材把我们庄严地送进土里,并且以马克思主义的名义——当然是他们的马克思主义——把我们埋葬起来。……作为一次下葬,事情真是办得十分隆重。不过,它的情况却相当特殊:几年时间已经过去,葬礼却始终还在进行。"①阿尔都塞承认,他采用了某些结构主义的术语,在某些方面,与结构主义的"调情"可能超过了限度,但他的学说毕竟不同于结构主义,特别与结构主义的形式主义倾向是相对立的。

4. 关于斯宾诺莎

阿尔都塞说:"我们不是结构主义者,但我们给人的印象却似乎是结构主义者;为什么会产生这样奇怪的误会,使批评家们写了连篇累牍的文章?我们现在可以把原因说清楚。问题就在于我们对斯宾诺莎怀有特别强烈的感情,而这种感情又特别容易引起误解。"②

为什么阿尔都塞对斯宾诺莎怀有那么大的兴趣呢?他告诉我们,他是为了理解马克思和黑格尔的关系而绕道去研究斯宾诺莎的。斯宾诺莎使我们发现,主体和目的之间的秘密联系是黑格尔辩证法"神秘化"的原因。③ 同时,斯宾诺莎关于因果关系、整体和部分关系的论述也使阿尔都塞找到了理解马克思的方位物。除此之外,斯宾诺莎关于意识形态的某些初步论述则启发了阿尔都塞,并使他的学说获得了某种结构主义的外观。

5. 关于哲学的倾向

阿尔都塞写道:"我当时说,根本的问题在于马克思主义的哲学问题。我至今坚持这个想法。"④但他承认,把哲学定义为"理论实践的理论"是不妥的,具有明显的思辨主义的倾向;由于过高地估计了哲学的

---

① [法]路易·阿尔都塞:《保卫马克思》,顾良译,商务印书馆 1984 年版,第237 页。
② 同上书,第 240 页。
③ 同上书,第 245 页。
④ 同上书,第 257 页。

理论作用，从而低估了它在阶级斗争中的政治作用。阿尔都塞认为，在《列宁和哲学》一书中，他已经认识并纠正了这种偏向。

(六)"一个批判的忏悔"：晚年阿尔都塞的生活和思想

阿尔都塞作为法国著名的结构主义的马克思主义哲学家，20世纪六七十年代，他在国际上的声誉如日中天。可是，一进入80年代，他的命运就急转直下，发生了惊人的变故。然而，国内学术界对晚期阿尔都塞的生活和思想几乎缺乏任何了解。本文通过对阿尔都塞的自传性作品《来日方长》(1985，作者自译为《未来永远会持续下去》)的解读，试图揭开掩蔽着晚年阿尔都塞生活和思想的重重帷幕。

1980年11月16日是法国理论界感到震惊的日子，也是阿尔都塞学术生命的一个重要转折点。这天上午八点或九点，他突然从他所住的巴黎高等师范学院的房间里跑到外面的院子里，大声叫喊："我的妻子死了，我的妻子死了。"住在高等师范学院的医生埃梯纳(Êtienne)受到了召唤，当他进入阿尔都塞的房间，发现他的妻子海伦娜(Hélène)确实已经死去的时候，阿尔都塞在边上不停地叫喊着："我杀死了我的妻子，我扼死了她，我杀了她。"他处在一种可怕的激动和混乱的状态中。很久以来，埃梯纳医生就熟悉阿尔都塞，知道他的精神长期以来一直处于不稳定的状态之下。在咨询了一些相关的机构以后，埃梯纳医生立即把阿尔都塞送往圣安娜精神病院。所以，当警察赶到的时候，阿尔都塞已经被救护车送往医院了。

一开始，警察并没有发现他的妻子有被扼杀的痕迹，也没有发现房间里发生过暴力的现象，因而以为阿尔都塞被他妻子的突然死亡所震惊，以致在绝望中陷入幻觉，认为自己应该对妻子的死亡负责。但在第二天进行尸检后发现，海伦娜的气管被暴力卡断，阿尔都塞确实扼死了他的妻子。于是，地方法院试图以"故意谋杀"罪起诉阿尔都塞，但圣安娜精神病院告诉法官，阿尔都塞的精神已经崩溃，他无法理解任何司法程序。在接受精神病院的报告两个月后，法官宣布阿尔都塞被免予起诉。

在圣安娜精神病院住了三年后，阿尔都塞于1983年搬到巴黎北部独自居住。这里远离高等师范学院所在的拉丁区。他的一些忠实的朋友经常访问他，并以各种方式帮助他。他经常阅读一些书籍，接受他的学生所安排的一些访谈，特别关心人们对他所做的各种评论。他写下了第二部自传《来日方长》(*The Future Lasts foreve*r，1985)①。他在陷于绝望之中的时候，常常穿着褴褛的服装，在巴黎北部的街道上走来走去。当他高声叫喊"我是伟大的阿尔都塞"(Je suis le grand Althusser)时，行人们吃惊地看着他。1990 年 10 月 22 日，这位富有独创性的思想家死于心脏病，享年 72 岁。② 由于从 1980 年 11 月起他已退出学术界，所以人们通常把他的死亡称作"路易·阿尔都塞的第二次死亡"(the second death of Louis Althusser)③。

《来日方长》这部自传的原稿是由 323 张印着"高等师范学院信笺"的 A4 打印纸组成的。从原初的手稿可以看出，这部自传的书名是由阿尔都塞自己确定的，下面还有一个被他自己划掉的副标题"一个谋杀犯的简史"(*Brief History of A Murderer*)；手稿还保留着另一个已经被划掉的书名《从黑暗到黎明》(*From Darkness to Dawn*)。手稿的行与行之间、页边和背面上写满了修改或增补的句子，作者还以罗马数字给自己的手稿编了号，总共 23 节。目前的书稿正是按照阿尔都塞自己的编排方式出版的。在这部极为重要的自传中，阿尔都塞主要叙述了如下问题。

1. 他如何杀死妻子海伦娜

在《来日方长》这部自传的第一节中，阿尔都塞重新回忆起他杀死妻子的那一幕。他坦然承认，他永远无法忘记谋杀发生的那一天，即 1980

---

① 他还写过另外一部自传《事实》(*The Facts*，1976)。考虑到晚年阿尔都塞的思想更集中地反映在他杀死妻子后撰写的《来日方长》这部自传中，所以我们在这里主要考察这部自传。阿尔都塞这两部自传的编纂者科佩(Olivier Corpet)认为，前一部自传体现了喜剧式的叙事风格，后一部自传则体现了悲剧式的叙事风格。参见[法]阿尔都塞：《来日方长》，1993 年英文版，第 8 页。(L. Althusser, *The Future Lasts Forever*, New York：New Press, 1993, p. 8.——编者注)

② [法]路易·阿尔都塞：《来日方长》，1993 年英文版，第 vii 页。(L. Althusser, *The Future Lasts Forever*, New York：New Press, 1993, p. vii.——编者注)

③ 同上书，第 xiv 页。

年 11 月 16 日。他认为，当时事件发生时的许多细节，已经通过他遭受的痛苦，永远镌刻在他的脑海里。他记得，那天正好是星期天，上午九点左右，他穿着睡衣突然醒过来了。11 月的灰色光线通过床头的、高高的窗户照射进来，窗户上挂着破旧的红帘子，在阳光的照射下似乎在燃烧。海伦娜也穿着睡衣背对着他躺在床上。她的臀部靠在床边上，双腿垂落在地毯上。阿尔都塞跪在地毯上，斜靠着她的身体，按摩着她的头颈。事实上，他常常按摩她的头颈和背部。作为战俘，他早就学会了这种按摩的技术。"但是，这一次，我正在按摩她的头颈的前面部分，我把双手的拇指紧压在她胸骨顶端的空陷处，压紧后，两个拇指再慢慢地各自朝左右的耳朵方向移动。在耳朵尖上，肌肉显得很硬。我继续把手掌联成'V'字形对她进行按摩。我的前臂的肌肉开始感到非常疲劳；我意识到，当我正在按摩的时候，常常会发生这样的情形。海伦娜的面部是平静的、安宁的；她的双眼张开着，瞪视着天花板。突然，我被恐怖击倒了。她瞪视着的眼睛一动也不动，而我注意到，她的舌尖正以古怪的、缓慢的方式在牙齿和嘴唇间显露出来。不用说，我以前看见过许多尸体，但在我的生活中，从来没有面对过已经被扼死的某个人的脸，而我明白，她已经被扼死了。但怎么会这样？我站起来，大声叫喊起来：'我已经扼死了海伦娜！'"①

在慌乱中间，阿尔都塞冲出自己的房间，下楼向院子里奔去，去找他所熟悉的医生埃梯纳。由于是星期日，院子里静悄悄的，人们大多还在梦境中。他发疯般地敲打着医生的门，当门终于打开的时候，他对穿着睡衣的医生说，他已经扼死了海伦娜，但医生无论如何不相信他说的话，口里只是喃喃地重复着："这不可能。"阿尔都塞不得不抓住医生上衣的领子，把他拉到自己的房间里。医生检查了海伦娜的身体后，说："没有办法了，太迟了。"阿尔都塞问他，还能不能救活海伦娜，医生回

---

① ［法］路易·阿尔都塞：《来日方长》，1993 年英文版，第 16 页。（L. Althusser, *The Future Lasts Forever*, New York: New Press, 1993, p. 16. ——编者注）

答道："不。"①医生要阿尔都塞等一会儿。阿尔都塞心里明白，医生将会给学校、医院、警察局等处打电话，处理这件事。他全身颤抖地等在一边。他在注视着长长的、破旧的、紧紧地擦着床的底部的窗帘时，不禁想起了他的老朋友马丁。1964年8月的一天，马丁在十六区的一间小小的卧室中死去了，他也伸展着肢体躺在床上。人们发现他的时候，他已经死了好几天了。在他的胸膛上，放着一枝长茎的、鲜红的玫瑰花。想到这里，阿尔都塞情不自禁地从窗帘上扯下一块布条，把它对角地（从右肩到左胸）覆盖到海伦娜的胸膛上。

不久，医生回来了。阿尔都塞的思想已经陷入混乱之中，他仿佛觉得医生给他做了注射。随后，他跟着医生走过自己的办公室，那里，有人正在搬动他从高等师范学院图书馆里借来的书。"埃梯纳谈起了医院。我没入了黑暗之中。在圣安娜医院我'醒'了，但我不能确定是什么时候。"②

从上面阿尔都塞自己所做的陈述中，我们很难说他是故意杀死他妻子的。事实上，从1946年起，他们已经是密不可分的伴侣了。阿尔都塞承认，他在1940—1945年成为德国人的战俘的时候已经学会了按摩，而且长期以来一直为她进行按摩，但为什么在这一次按摩中，却扼死了她？是不是他的思想这一刻正处在不清醒的状态中？至少我们从他自己的叙述中无法做出确定性的判断。

为阿尔都塞的《来日方长》一书撰写"导论"的道格拉斯·约翰逊（Douglas Johnson）曾经指出，在海伦娜事件刚发生后不久，阿尔都塞在政治上和理论上的论敌曾对法院施加压力，强调阿尔都塞必须被逮捕，必须对自己杀妻的行为承担法律责任。但事实上，在很久以前，阿尔都塞确实已患有精神上的疾病。在1947年他已经接受电击治疗，20世纪50年代，他都不断地处在医疗关注和分析之下。他经常在走廊上叫住

---

① ［法］路易·阿尔都塞：《来日方长》，1993年英文版，第16页。（L. Althusser, *The Future Lasts Forever*, New York：New Press，1993，p. 16.——编者注）

② 同上书，第17页。

学生，问他们他是谁，并告诉他们，他已经忘记了自己的名字。学生们常常把他的这种做法理解为一种游戏。确实，他的记忆时常出现惊人的失误。比如，他编辑和翻译的费尔巴哈的一些作品在1960年出版后，他竟完全忘记了他做过这方面的工作。他对弗洛伊德和拉康的作品的兴趣也从一个侧面反映出他对心理治疗的依赖。

约翰逊还认为，对于阿尔都塞来说，"除了他的母亲和妹妹，海伦娜是他生活中的最重要的女人。他整个地依赖于海伦娜，无论是他的健康、他的教学工作，还是他的论著的出版和他的朋友圈，都是如此"①。尽管阿尔都塞本人加以否认，但不少人认为，海伦娜经常修改他的论著，有时甚至增加一部分内容或删掉一些章节等。1978年，当阿尔都塞应约翰逊的邀请，在伦敦的讨论班上做报告时，他每天要给法国的海伦娜打两次电话，并把讲课的录音带寄给她。既然他如此地求助于海伦娜，为什么要杀死她呢？在约翰逊看来，还是要从他的精神疾病方面找原因。事实上，每次阿尔都塞与他妻子通话后，接着就给精神病医生打电话。约翰逊当时并不知道，他和他的妻子都在同一个精神病医生那里接受治疗。由于阿尔都塞在讲学期间住在约翰逊的屋子里，约翰逊第一次发现，他竟是一个梦游患者(a sleep-walker)，他晚上经常起来走动，甚至进入约翰逊和他的妻子的卧室，并察看电话记录，但第二天早晨对自己的行为却一无所知。以前确实发生过这样的事情，即一个梦游患者在梦游中扼死了自己的敌人，醒来时却发现，原来被杀死的竟是自己的妻子。那么，阿尔都塞是否也陷入了同样的错觉之中呢？

人们也谈到了其他的可能性。一种说法是海伦娜准备离开阿尔都塞，阿尔都塞怀着愤怒、害怕和嫉妒的情绪杀害了她；另一种说法是阿尔都塞正在服用的药物产生了破坏性的效果，当海伦娜的朋友们发现她有危险时，她并没有及时向朋友们求助。实际上，在《来日方长》这部自

---

① ［法］路易·阿尔都塞：《来日方长》，1993年英文版，第 x 页。（L. Althusser, *The Future Lasts Forever*, New York：New Press，1993，p. x. ——编者注）

传中，阿尔都塞也若明若暗地叙述了可供猜测的可能性。在约翰逊看来，人们已经知道阿尔都塞是如何杀死他的妻子的，阿尔都塞的自述也印证了这一点，但人们也许永远无法确定，他为什么要杀死自己的妻子；也无法确定，在悲剧发生的时候，阿尔都塞的大脑是不是清醒的。人们经常说起，阿尔都塞的悲剧也就是阿尔都塞主义的悲剧。但约翰逊并不同意以这种简单的方式来评价阿尔都塞其人及其著作，他以同情的口吻写道：“阿尔都塞的晚年处在难以忍受的悲伤之中。他的自传作为一个受害者的自我描述，是非常生动的。”①

2. 他为什么要撰写这部自传

在《来日方长》这部自传的扉页上，阿尔都塞这样写道：“人们认为，我已经从那个关于我不适宜为自己进行辩护的宣判中得到了好处，但我并没有做出保持沉默的选择，我决定把我已经做过的事情公布于众，这也许会引起人们的震惊。我并没有从这个宣判中获益，我宁愿当时出现在法庭上并回答各种指控。”②也就是说，在阿尔都塞看来，当时法庭对他做出的免予起诉的决定，实际上对他并不是有利的。为什么阿尔都塞会这么认为呢？

在《自传》的第二节中，阿尔都塞集中地解答了这个问题。他承认，在这个可怕的事件发生以后很久，他才了解到，认为他不适宜出庭辩护的决定是由圣安娜医院的三位专家在海伦娜死后的第二周做出的，而他最亲密的两位朋友并不希望阿尔都塞这样做。事实上，在宣布这一决定之前，警察局也没有征询过阿尔都塞本人的意见。阿尔都塞写道：“事实上，我被剥夺了所有的选择，我是一个官方程序的受害者，我无法逃避它，因此不得不服从它。”③他又充满悲愤地指出：“当任何个人被宣布为不适宜为自己辩护时，他就注定被弃置在寂静的墓石下（beneath a

---

① ［法］路易·阿尔都塞：《来日方长》，1993 年英文版，第 xvii 页。（L. Althusser, *The Future Lasts Forever*, New York: New Press, 1993, p. xvii.——编者注）

② 同上书，第 13 页。

③ 同上书，第 18 页。

tombstone of silence）。"①他认为，这一不适宜进行自我辩护的决定源自法国 1838 年颁布的《刑法》第 64 条。这一条款区分了两种犯罪的行为：一是犯罪主体是正常的，具有责任能力的；二是犯罪主体是有精神障碍或处在别人的胁迫之下的，亦即不具有责任能力的。在第二种情况下，罪犯就会失去在法庭上进行自我辩护的机会，他不能以自己的名义来陈述任何东西，或许他被关进了精神病医院。总之，他突然丧失了一个公民所应有的权利，在公众的视野里消失了。阿尔都塞认为，这样的情况是不公平的。在通常的情况下，一个人犯了罪，法庭会给他判刑，如 2 年，5 年，20 年，甚至死刑。当他被监禁的时候，他确信自己正在"偿还欠社会的债务"。一旦"债务"偿清了，他也就获得了自由，可以重新开始自己的新生活了。然而，一旦一个谋杀犯被诊断为精神错乱，他就可能被无限期地囚禁在精神病医院里。而在这样的情况下，如果他不自杀，那就永远生活在寂静和孤独的深渊里，没有人会去访问他，"他慢慢地成了活死人或既不是死人，也不是活人的中间的一个（he slowly becomes one of the living dead or，rather，neither dead nor alive）"②。除了极少数亲密的朋友会去看望他并表示关怀外，他的生命和生活已经失去了任何标记。医院外面倾听不到他的任何声音。总之，对于整个社会来说，他已经失踪了。

阿尔都塞不无气愤地写道："如果我讲到这种古怪的情况，那是因为我已经经历了它，而且在某种意义上我还在经历它。尽管我离开精神病医院已经两年了，对于以前听到过我的公众来说，我仍然是一个失踪的人（a missing person）。我既没有活着，也没有死去，尽管我还没有被埋葬，但我是'无躯体的'（bodiless），我只不过是失踪了，那就是福柯

①　［法］路易·阿尔都塞：《来日方长》，1993 年英文版，第 18—19 页。（L. Althusser，*The Future Lasts Forever*，New York：New Press，1993，pp. 18-19.——编者注）
②　同上书，第 22 页。

对疯狂所下的精彩的定义。"①当一个正常的罪犯死去的时候，他也就被埋葬了，而作为一个精神错乱的谋杀犯，他不但失踪了，而且还得冒险再度出现在社会生活和公众的面前，从而陷入恐惧和心神不宁之中。因为公众并不了解他的精神状态是否从根本上好转了，是否他还会进行谋杀。而他的亲密的朋友则担心他的疾病是否会复发，从而不得不重新回到医院里面去。所有这些因素都左右着他从医院里出来以后的生活，并给他的新生活罩上了一层阴影。他觉得自己仍然生活在孤独无助和极度的痛苦之中。

阿尔都塞之所以决定写这部自传，就是为了从这种由医学和法学联盟的、每个人都有可能成为其对象的、可怕的意识形态的暴力下摆脱出来，使自己能过真正的人的生活。他无限悲愤地呼喊："所有我要做的事情，就是举起这块墓石，而正是那个宣判把我埋葬在这块墓石之下，而它已经窒息了我的生活。我要把这样的事实告诉每一个人，即我能支配自己的生活。"②阿尔都塞坦然承认，当他还被软禁在医院里的时候，他已经就这一谋杀事件咨询过许多朋友；从医院里出来后，他又咨询了许多专家，并阅读了国内外大量报道他的妻子被谋杀情况的文章；他把自己能够找到的、这方面的信息尽可能地搜集起来，并决定以撰写自传的方式为自己做出辩护。当他从医院出来时，许多朋友劝他保持沉默，不要让这件谋杀案在社会上或法学界再度引起争论。但阿尔都塞认为，他不应该接受这样的劝告，他必须有勇气做出"一个批判的忏悔"（a critical confession）③。阿尔都塞写道："哎，我不是卢梭。但是在计划写我自己和我已经经历过的、现在仍然还在经历的种种戏剧式的事件的时候，我经常想到他的前所未有的勇气。"④他决定像卢梭一样，坦诚地说

① ［法］路易·阿尔都塞：《来日方长》，1993 年英文版，第 23 页。（L. Althusser, *The Future Lasts Forever*, New York: New Press, 1993, p. 23.——编者注）

② 同上书，第 28 页。

③ 同上书，第 29 页。

④ 同上书，第 29 页。

出自己所想和所做的事情。正是在这个意义上，他否认《来日方长》是一部自传，他提醒读者说："请注意，我下面所说的并不是日记，并不是我的回忆，并不是一个自传。我决心舍弃一切其他的东西，只记住那些帮助我构成生活的富有激情的经历；而我认为，我的生活不但我自己已经看到了，而且其他人可能也已经看到了。"①

按照阿尔都塞的看法，他谋杀海伦娜后，精神病医院、法院、警察局、学术界联合起来所做的一切，都表明它们是"意识形态的国家机器"（the Ideological State Apparatuses）的组成部分。他指出："我习惯于把这些称作意识形态的国家机器，我很惊奇，假如我不涉及意识形态的国家机器的话，我就无法说明在我身上发生的和所有的事情。"②在这个意义上，或许我们可以说，《来日方长》这部著作既是阿尔都塞做出的"一个批判的忏悔"，也是他对"意识形态的国家机器"的批判的继续。

3. 这部自传包括哪些实质性的内容

毋庸讳言，这部自传在内容上是非常丰富的。阿尔都塞对一些生活细节、自然景色和内心心理活动的描写十分生动，这似乎与他崇尚科学的、结构主义的倾向形成鲜明的对照。在这里，我们不可能把这部自传中讲到的一切都毫无遗漏地陈述出来。我们关注的是那些在理解阿尔都塞的生活和思想中具有实质性意义的内容。

第一，这部自传揭示了幼年阿尔都塞心中珍藏的秘密。阿尔都塞的母亲在婚前爱上的是男友路易（Louis），但路易在战争中牺牲了，他的弟弟查理（Charles）取代了他哥哥的位置。他们结婚以后，生出了阿尔都塞。为了纪念路易，阿尔都塞被取名为"路易"。他在自传中这样写道："我的父亲选择这个名字是为了纪念在凡尔登空战中牺牲的兄长路易，而我的母亲之所以选择这个名字则是为了记住她早就爱上的，而且在她

---

① ［法］路易·阿尔都塞：《来日方长》，1993 年英文版，第 29 页。（L. Althusser, *The Future Lasts Forever*, New York：New Press, 1993, p. 29.——编者注）

② 同上书，第 30 页。

的整个一生中从未停止过对他的热爱的路易。"①从很小的时候起，阿尔都塞就感受到母亲对他的百般呵护，但当他懂事以后，渐渐发觉，母亲真正倾其全心爱着的是"另一个路易"（the other Louis）："无论如何，从最早的童年时期起，我就记住了一个男人的名字，一个死去了的男人的名字。他是我母亲曾经爱过的人，也始终活在她的心灵中。"②阿尔都塞理解了母亲的爱和痛苦，他努力按照母亲对自己的期望去学习和工作："我是好的，甚至太好了；我是单纯的，甚至太单纯了，就像我母亲希望我的那样。我可以坦率地说，在从小时候直到 29 岁这段漫长的时间里，我整个儿变得单纯了，实现了我母亲的愿望。"③在母亲的心目中，已经死去的路易是一个单纯而完美的偶像，母亲正是按照这个偶像来教育和培养她的儿子的。她使自己的儿子变得听话，腼腆，不结交任何朋友，专心于自己的学业，以至于后来考入巴黎高等师范学院，并成了一个知名的哲学家。也正是在这个意义上，阿尔都塞不无遗憾地说："我是一个被塑造出来的哲学家"（I was an established philosopher）。"④从阿尔都塞这方面的自述可以看出，他的性格中具有强烈的依赖性和封闭性。他说的"从小时候直到 29 岁"，包括他被关押在德国人的战俘营时期。也就是说，直到他于 1945 年离开战俘营，1946 年认识海伦娜的时候，他才从母亲观念的影响下走出来，但在某种意义上，海伦娜又成了他的母亲的某种替代物。海伦娜比阿尔都塞大八岁，他们能够成为伴侣，或许也能在一定程度上印证他心理上的这种严重的依赖性。阿尔都塞也把自己这方面的感受上升为一种理论上的思考。他写道："家庭是最有力的意识形态国家机器，这是一个无法抗拒的事实。"⑤

　　第二，这部自传告诉我们，对阿尔都塞影响极大的是他在里昂求学

---

① ［法］路易·阿尔都塞：《来日方长》，1993 年英文版，第 39 页。（L. Althusser, *The Future Lasts Forever*, New York: New Press, 1993, p. 39.——编者注）

② 同上书，第 54 页。

③ 同上书，第 57 页。

④ 同上书，第 57 页。

⑤ 同上书，第 105 页。

时的老师让·吉通（Jean Guitton）。由于父亲工作的调动，阿尔都塞跟随父亲到了里昂继续求学，为今后参加巴黎高等师范学院的入学考试做准备。他兴奋地写道："使我感到惊奇的第一个教师是让·吉通。他30岁，刚刚从巴黎高等师范学院毕业，一个巨大的脑袋（像罗马的'圆屋顶'）长在瘦小软弱的躯体上。"①他不但充满智慧，而且为人真诚，也正是在他的引导下，阿尔都塞开始记日记，并学会了如何撰写学术论文。他充满感情地写道："作为一个受人尊敬的教师，即使让·吉通不是一个伟大的哲学家，但他确实教会了我两种真正的学院的美德，这两种美德后来在我的成功中起着巨大的作用——第一种美德是，当你写作的时候，应当努力追求最大可能的明晰性（the greatest possible clarity）；第二种美德是，构造和阐述关于任何论文主题（包括先天的和好像依靠纯粹推演的主题）的论证的艺术（通常也称为技巧）应该是连贯的和可信的（coherent and convincing）。如果说，我在进入巴黎高等师范学院的竞争性考试及后来在争取学衔的哲学考试中取得了成功，本质上都应该归功于他。"②1939年7—8月，阿尔都塞已经通过了巴黎高等师范学院的入学考试，本来应当在同年9月进入高等师范学院学习，但第二次世界大战的爆发改变了一切，直到6年后，即1945年10月，他才跨进了巴黎高等师范学院的大门。阿尔都塞这方面的自述确实也可以在他的著作的严谨风格中得到印证。

第三，这部自传也披露了阿尔都塞在第二次世界大战中的经历和感受。他被征召入伍后，一直处于受训练的阶段。1940年5月，空军征召飞行员，由于阿尔都塞的伯伯死于空战，他很害怕担任飞行员，假装生病，逃过了一劫。但不久以后，德国军队占领了法国，他们统统成了战俘。德国人先骗他们说，在一周以后就可以获得自由；接着一周变成了一个月，德国人恐吓他们，如果逃跑，就要对他们的家属进行报复，其

---

① ［法］路易·阿尔都塞：《来日方长》，1993年英文版，第91页。（L. Althusser, *The Future Lasts Forever*, New York：New Press, 1993, p. 91.——编者注）

② 同上书，第93—94页。

实，当时有成千上万个机会可以轻易地逃跑，但他们居然都没有逃跑；三个月后，他们被押送到德国北部，成了集中营中的战俘，并一直被关押到 1945 年战争结束。在集中营里，阿尔都塞的编号是 70670，干着从货车上卸煤这样繁重的体力劳动。有一段时间，他被委派到集中营的医院里，成了一个注射专家。由于他学会了一些德语，不久就成了主要的护士。在集中营里，阿尔都塞对可能遭遇的饥饿感到恐惧，每天他都把一片面包和少量的布丁藏到床垫下。后来，他发现，这些被藏起来的食品都变质了。终于，他对集中营的生活渐渐地变得适应了。他甚至认为，与外面的残酷环境相比，集中营使他感到安全、舒适，就像在家里一样："事实上，我不得不承认，作为一个战俘，我开始感到完全像在家里一样（我是真正的舒适的，因为在德国卫兵的保护下，在带刺的铁丝网背后，我确实感到安全）。"①所以，在长达 6 年的关押期中，阿尔都塞从未认真地考虑过逃跑的问题。他还告诉我们："正是在集中营中，我第一次从一个路过这里的巴黎律师那里听到了马克思主义。我也熟悉了一个孤单的共产主义者。"②阿尔都塞这里说的"一个孤单的共产主义者"名叫科莱吉（Pierre Courregès），他是在阿尔都塞被关押的最后一个月来到集中营的。他的活动改变了整个集中营中的气氛，以致阿尔都塞这样写道："科莱吉是一个令人惊奇的人，他给我上了共产主义的第一堂实践课。"③终于，英国人把他们从战俘营中解放出来了，阿尔都塞回到了巴黎。阿尔都塞的这些自述之所以重要，是因为通过它们，我们不仅加深了对他的性格的了解，而且也明白了他与马克思主义之间的渊源关系。

第四，这部自传也披露了阿尔都塞对自己和海伦娜关系的看法。1946 年 12 月，在巴黎，通过一个朋友的介绍，阿尔都塞认识了海伦娜。

---

① ［法］路易·阿尔都塞：《来日方长》，1993 年英文版，第 107 页。（L. Althusser, *The Future Lasts Forever*, New York: New Press, 1993, p. 107.——编者注）

② 同上书，第 110 页。

③ 同上书，第 111 页。

她出生在巴黎第十八区的一个犹太人的家庭里。在她 13 岁的时候，她的父母已经因患癌症而先后去世，在一些朋友的影响下，她于 20 世纪 30 年代加入了共产党。1946 年年底，当阿尔都塞认识她的时候，她正处于最窘迫的情况下。由于战争，一方面，她几乎失去了所有的朋友；另一方面，她从 1939 年起，就已经与共产党失去了任何联系。阿尔都塞写道："可以这样想象我们的会面。我们两个都是极端孤独的人，我们都处在绝望的深渊中。在完全偶然的情况下，我们会见了，认识到我们相似的精神状态，我们同样的痛苦、苦难、孤独和极度渴望的期待。"①对于阿尔都塞来说，当时年近 30，他还从未和女性建立真正的恋爱关系；而对于海伦娜来说，她已经 38 岁，在生活中历尽沧桑，甚至连谋生的工作也没有。按照阿尔都塞的叙述，海伦娜主动向他进攻，他们很快有了第一次性关系，但阿尔都塞突然陷入了极度的痛苦和焦虑之中，并被送入了圣安娜精神病医院。在那里，他遭到了电击治疗，几乎陷入绝望之中。由于海伦娜的多方活动，他才得以脱离医院。两人再度坠入爱河，建立了长达 30 多年的伴侣关系。由于阿尔都塞的父亲不赞成儿子的婚姻，他们直到他父亲去世后的第二年才正式结婚。这一爱情并没有使阿尔都塞完全摆脱精神疾病的折磨。② 事实上，在他作为哲学家的声誉达到最高点的 1965 年（在这一年里，他出版了《保卫马克思》和《读〈资本论〉》），他一直在接受心理医生的治疗。阿尔都塞出名后，不少年轻的女性追逐他，以致海伦娜从 20 世纪 70 年代中期起也开始求助于心理医生。有一次，阿尔都塞当着海伦娜的面，对一个来访的年轻女孩动手动脚，并和她一起下海游泳，几乎淹死在海里。极度痛苦和担忧

①　[法]路易·阿尔都塞：《来日方长》，1993 年英文版，第 116—117 页。（L. Althusser, *The Future Lasts Forever*, New York: New Press, 1993, pp. 116-117.——编者注）

②　阿尔都塞并不承认海伦娜在学术上对自己有重大的影响。他写道："她的判断，一方面，缺乏哲学和政治理论方面的必要的能力，比如，她并不熟悉《资本论》；另一方面，她也缺乏党和政治行动方面的经验。"[法]路易·阿尔都塞：《来日方长》，1993 年英文版，第 120 页。（L. Althusser, *The Future Lasts Forever*, New York: New Press, 1993, p. 120.——编者注）

的海伦娜骂他："你真卑鄙！我们之间的一切都结束了！我再也不想见到你！我再也不能忍受和你生活在一起！你是一个胆小鬼、一个杂种、一个没用的家伙！"①虽然在阿尔都塞的乞求下她回到了家中，但他们精神上的伤痕进一步加深了。

从1979年年底起，阿尔都塞的病情变得越来越严重，他不得不数次住院治疗。他这样写道："不知怎么搞的，我陷入了半意识的状态中，有时甚至陷入了完全无意识的、极度混乱的状态中。我不再能够控制我的身体的运动，不断地跌跤并呕吐。我讲话的声音是含混的，经常用的是这个词，意谓的是另一个词，我也不再能追随知觉或把不同的知觉连贯起来。更不用说，我也不能写了，我说出来的东西也是语无伦次的。此外，我一直处在可怕的梦魇中，当我清醒的时候，它们会持续很长的时间。事实上，我'生活'在清醒状态的梦境中，也就是说，我按照梦的逻辑来行动，误以为梦的幻象就是现实。当我清醒的时候，我不能够区别梦的幻象和简单的现实。"②当他住在医院里进行治疗的时候，海伦娜是孤独的，而当阿尔都塞的许多朋友打电话来询问时，她在极度疲劳的情况下还不得不一一作答，但人们却从不试图去关心她和了解她。在日复一日的痛苦的折磨下，她滋生了自杀的念头，也想到了各种自杀的方式。而在这种可怕的精神状态下，他们又断绝了与外界的联系。一方面，他们不接任何电话；另一方面，来访者按门铃时他们也不开门。正如阿尔都塞所描写的："我们两个一起关在我们自己的私人的地狱（our own private Hell）里。我们不再接电话，也不再对门铃做出反应。"③本来，悲剧也许是可以避免的，因为医生建议阿尔都塞于1980年11月13日或14日住院治疗，但海伦娜请求医生延缓三天，而悲剧是在16日早晨发生的。

---

① ［法］路易·阿尔都塞：《来日方长》，1993年英文版，第157页。（L. Althusser, *The Future Lasts Forever*, New York: New Press, 1993, p. 157. ——编者注）
② 同上书，第249—250页。
③ 同上书，第252页。

第五，这部自传也披露了阿尔都塞在理论传承和研究上的一些真实的想法。阿尔都塞强调，在他的学术生涯中，他从来没有离开过巴黎高等师范学院，直到他于1980年11月16日杀死妻子，其后他再也没有回过巴黎高等师范学院，但从自传中可以看出，他担任过高等师范学院的校务秘书，处理过很多学术事务，他对这所学校是很有感情的。下面，选择出其学术见解和学术活动中的一些重要的片断，以飨读者。

其一，阿尔都塞对自己的哲学知识的论定。他写道："实际上，我的哲学文本知识是相当有限的。我对笛卡尔和马勒伯朗士很熟悉，对斯宾诺莎有一点了解，对亚里士多德、智者派和斯多葛派完全不了解，对柏拉图和帕斯卡尔知道得很多，对康德完全不了解，对黑格尔有点了解，最后对我正在研究的马克思著作的一些段落有点了解。"[①]这段话说得很谦虚，但在相当程度上也反映出阿尔都塞哲学知识结构的贫乏。事实上，他也坦然承认，他在理论研究上的长处是具有另一种特殊的天赋，即一方面，他具有"某种直觉的能力"（certain intuitive powers），能够撇开枝节，迅速洞见理论问题的症结之所在；另一方面，他又具有"一种洞见各种联系的确定的能力或建立理论上的反对意见的能力（a definite ability for seeing connections, or a capacity for establishing theoretical oppositions）"[②]。正是这两方面的能力弥补了他哲学知识上的某种不足，使他一度在法国理论舞台上扮演了重要的角色。

其二，阿尔都塞强调："哲学家过的是孤独的生活（The philosopher leads a lonely life）。"[③]笛卡尔、康德、克尔凯郭尔、维特根斯坦都是如此。"哪怕我被朋友们所包围，我像世界上其他任何哲学家一样，在办公室里仍然是孤独的；我孤独地与我的思想、我的要求和我的超常的勇

---

① ［法］路易·阿尔都塞：《来日方长》，1993年英文版，第165—166页。（L. Althusser, *The Future Lasts Forever*, New York: New Press, 1993, pp. 165-166.——编者注）

② 同上书，第166页。

③ 同上书，第173页。

敢在一起。"①阿尔都塞的这一见解启示我们,凡在思想上具有原创性的人必定是孤独的。事实上,孤独正是不屈从任何他人的见解的一种确证。但这种关于孤独的自觉的意识是否也促使阿尔都塞的性格进一步封闭化,那就不得而知了。

其三,阿尔都塞坦然承认,自己与海德格尔之间存在着某种思想联系。在谈到自己对逻辑实证主义和英国分析哲学的忽视时,阿尔都塞笔锋一转,写道:"虽然有点晚,我已经读了海德格尔致让·波弗勒(Jean Beaufret)的《关于人道主义的通信》,它影响了我在马克思的研究中关于理论上的反人道主义的论证。"②这表明,在阿尔都塞的思想传承中,不光有取自巴什拉的科学主义方面的成分,也有取自海德格尔的大陆形而上学方面的思想资源。

其四,阿尔都塞认为,法国人并没有真正地理解黑格尔。在他看来,无论是巴什拉,还是萨特;无论是科耶夫,还是伊波利特,都没有真正地理解黑格尔。有鉴于此,他写道:"至少在法国,关于黑格尔的每一样东西还不得不被理解、被解释。"③我们并不认为,阿尔都塞的这一评论是完全正当的。其实,阿尔都塞和被他批评的那些法国学者的差异只在于:他是从马克思和黑格尔之间存在着"认识论断裂"的角度出发去理解黑格尔的,而其他学者则是从马克思和黑格尔的理论联系的角度出发去理解黑格尔的。换言之,双方都具有片面的真理性。

其五,阿尔都塞以自己独特的眼光评论了法国的现象学研究。在法国理论界,流传着一个广为人知的神话,即法国社会学家雷蒙·阿隆(Raymond Aron)从德国回来后,向他的好朋友萨特介绍了德国的现象学,于是萨特开始研究胡塞尔和早期海德格尔,从而引发了法国的现象学热。阿尔都塞认为,事实上,萨特和胡塞尔、海德格尔之间几乎没有

---

① [法]路易·阿尔都塞:《来日方长》,1993 年英文版,第 173 页。(L. Althusser, *The Future Lasts Forever*, New York: New Press, 1993, p. 173. ——编者注)

② 同上书,第 176 页。

③ 同上书,第 177 页。

什么真正的理论联系，萨特继承的主要是笛卡尔的传统。按照阿尔都塞的看法，在法国，真正对现象学有研究的是梅洛-庞蒂，他认真地探讨了胡塞尔的晚期著作，尤其是《经验与判断》《关于时间意识的讲座》等。在巴黎高等师范学院的讲座中，梅洛-庞蒂对胡塞尔的现象学做出了卓越的解释。①

其六，阿尔都塞在自传中叙述了他走向马克思主义的漫长的道路。阿尔都塞早年是天主教的信徒，这种信仰一直保持到 1947 年。在一些朋友的诱导下，他阅读了费尔巴哈的重要著作《基督教的本质》，并花大量的时间来翻译这部著作。他指出："我的成功极大地归功于对他的著作的深入的阅读。"②正是费尔巴哈打开了他的眼界，不但帮助他从对天主教的信仰中摆脱出来，而且也引发了他对马克思的早期著作，乃至马克思的整个思想的兴趣。在对马克思思想的系统研究中，阿尔都塞发现了马克思思想发展中的"认识论断裂"，并通过对马克思思想成熟时期的著作《资本论》的阅读，从结构主义的视角出发，提出了一系列石破天惊的观点，从而在当代马克思的研究中自成一家之言。

综上所述，《来日方长》既是阿尔都塞晚年的"一个批判的忏悔"，也是一部重要的理论著作。忽略了它，我们便无法对他的思想获得完整的理解。

二、普兰查斯政治哲学观念片论

普兰查斯是西方结构主义的马克思主义阵营中一个重要人物，但多年来，我国理论界对他的政治哲学理论缺乏系统的、深入的研究。普兰查斯的一生虽然十分短促，但他结合当时的历史条件，运用"结构主义

---

① ［法］路易·阿尔都塞：《来日方长》，1993 年英文版，第 178 页。（L. Althusser, *The Future Lasts Forever*, New York：New Press, 1993, p. 178.——编者注）

② 同上书，第 207 页。

的马克思主义"的方法，深入地研究了资本主义和社会主义的政治理论，尤其是阶级、国家、权力、专政、意识形态等问题，先后出版了《政治权力和社会阶级》(1973)、《法西斯主义与专政》(1974)、《当代资本主义中的阶级》(1974)、《专政的危机》(1975)、《国家、权力和社会主义》(1978)等重要著作。普兰查斯的思想既深受卢卡奇的影响，又深得阿尔都塞的要旨，他自己的思考也处处体现出不同凡响的原创性。下面，我们以普兰查斯的代表性著作《当代资本主义中的阶级》作为分析的个案，对他的政治哲学观念进行初步的探讨。

这部著作实际上是由三篇论文组成的：第一篇论文论述"资本主义的国际化和民族国家"；第二篇论文论述"资产阶级：它们的矛盾以及它们同国家的关系"；第三篇论文论述"小资产阶级的传统和今天"。在这部著作的"序言"中，普兰查斯强调，这部著作并没有直接地探讨在资本主义的剥削中居于底层的工人阶级，"这部著作所涉及的这些阶级在马克思的理论中都是相对地遭到忽视的。而我认为，与以往比较起来，今天的革命战略的一个本质的组成部分在于很好地了解敌人，以便能够建立正确的联盟"①。但这并不等于说他不关注工人阶级的现状，事实上普兰查斯认为，他是以间接的方式在研究工人阶级，因为无论是在阐述资产阶级的内在矛盾的时候，还是在叙述与工人阶级的地位和处境十分接近的小资产阶级的历史和现状的时候，都是以工人阶级的存在作为参照系的。也就是说，虽然这部著作着重研究的是资产阶级和小资产阶级，然而普兰查斯真正关注的仍然是工人阶级和社会主义的历史命运。

1. 对马克思阶级理论的结构主义诠释

在这部著作的"导论"中，普兰查斯开宗明义地指出："这些介绍性论述的目的并不是系统地描述马克思主义的社会阶级理论，而是把它作为在下面所从事的具体分析的一种准备；这本书中的发展线索是把理论

---

① ［希腊］N. 普兰查斯：《当代资本主义中的阶级》，1975 年英文版，第 9 页。(Nicos Poulantzas, *Classes in Contemporary Capitalism*, London：New Left Books, 1975, p. 9.——编者注)

分析(theoretical analysis)非常紧密地同具体的分析(concrete analysis)联系起来，按照后者所需要的节奏来介绍前者。"①

首先，普兰查斯从自己的视角出发，对马克思主义的社会阶级理论做出了独特的解释。他认为，阶级是社会行动者构成的群体，它们主要是按照它们在生产过程，即经济领域中的实际地位来确定的。社会行动者的经济地位在决定社会阶级时起着决定性的作用，但绝不能下结论说，这是决定社会阶级的唯一因素。"马克思主义认为，在生产方式和社会形态中，经济的地位确实有着决定性的作用；但是，政治和意识形态(上层建筑)也有着非常重要的作用。事实上，不论什么时候，马克思、恩格斯、列宁和毛泽东在分析社会阶级时，都摆脱了单纯的经济标准(economic criteria)的界限，他们都十分明确地涉及政治和意识形态的标准(political and ideological criteria)。"②普兰查斯还进一步指出，马克思主义并没有用单纯理论的、静观的态度去看待社会阶级的存在，它强调，"社会阶级同阶级实践，即阶级斗争是一致的，它们唯有通过相互之间的对立才能被定义"③。普兰查斯在这里说的"相互之间的对立"不光是指不同阶级在经济生活中的、不以自己的意志为转移的真实的地位，也指他们在政治的、意识形态方面的实际关系。

基于上述分析，普兰查斯引申出了自己关于社会阶级的定义："或许可以这样说，一个社会阶级是根据它在社会实践总体(the ensemble of social practice)中的地位，即根据它在社会总体劳动分工(the social division of labour as a whole)中的地位来加以定义的。这一总体包含着政治的和意识形态的关系。在这个意义上，社会阶级是这样一个概念，它指示出社会劳动分工(社会关系和社会实践)内部的结果。因此，这一地位

---

① ［希腊］N. 普兰查斯：《当代资本主义中的阶级》，1975 年英文版，第 13 页。(Nicos Poulantzas, *Classes in Contemporary Capitalism*, London：New Left Books, 1975, p. 13.——编者注)

② 同上书，第 14 页。

③ 同上书，第 14 页。

是与我称为阶级的结构决定（the structural determination of class）一致的，也就是说，是与结构所决定的阶级实践内部的存在一致的。这里说的结构指的是生产关系、政治和意识形态的支配或从属关系。阶级仅仅存在于阶级斗争中（classes exist only in the class struggle）。"①从这个关于社会阶级的新的定义中，我们可以看出，普兰查斯作为"结构主义的马克思主义"者提出了如下新见解。第一，肯定阶级是由它在"社会实践总体"中的地位来决定的，而它的实际地位是不以自己的主观意志为转移的。第二，提出了"阶级的结构决定"的重要概念。我们从中可以看出，普兰查斯没有停留在卢卡奇式的"总体"概念上，而是进一步主张用结构主义的眼光来审视这一总体内部的结构关系。第三，强调阶级仅仅存在于阶级斗争中，"这一阶级的结构决定仅仅作为阶级斗争而存在，无论如何，我们必须把它同每一个特殊事态中的阶级立场（class position in each specific conjuncture）区分开来"②。在这里，特别值得注意的是，普兰查斯不主张把阶级的确定归因于某些团体在特殊的历史事态中的"阶级立场"，而主张在阶级斗争的总体实践中为每一个社会阶级定位。为什么呢？因为在许多场合下，一个社会阶级有可能采取与自己的利益不一致的阶级立场，"这方面的典型的例子是工人贵族群体，在某些事态中，它采取的实际上是资产阶级的阶级立场"③。当然，正如普兰查斯所强调的，这并不意味着，它就成了资产阶级的一部分，从其阶级的结构决定的角度看，它仍然是工人阶级的一部分，按照列宁的说法，是工人阶级中的一个阶层。"换言之，它的阶级决定不能被归结为它的阶级立场。"④

其次，普兰查斯考察了社会阶级与国家机器之间的关系。他写道：

---

① ［希腊］N. 普兰查斯：《当代资本主义中的阶级》，1975 年英文版，第 14 页。（Nicos Poulantzas, *Classes in Contemporary Capitalism*, London：New Left Books，1975，p.14.——编者注）

② 同上书，第 14 页。

③ 同上书，第 15 页。

④ 同上书，第 15 页。

"现在，我们可以提出机器的问题，尤其是国家部门和机器(the branches and apparatuses of state)的问题，以及它们与社会阶级的关系问题。"①他强调，他在这部著作中主要探讨的是国家机器在社会阶级的生存和再生产过程中的作用。为了深入地探讨这一问题，普兰查斯先对"国家机器"这个概念的内涵做了明确的界定。

他在谈到国家机器时，这样写道："这些机器一方面包括严格意义上的压迫性国家机器(repressive state apparatus in the strict sense)和它的部门——军队、警察、监狱、法院系统、内务部；另一方面也包括意识形态国家机器(the ideological state apparatus)——教育机器，宗教机器(各种教会)，信息机器(无线电、电视和新闻系统)，文化机器(电影院、剧院和出版系统)，阶级合作的工会机器及资产阶级和小资产阶级的政党等，在某种意义上，至少是在资本主义的生产模式中，也包含着家庭。但是，正如存在着国家机器一样，就下面这一术语的最严格的意义而言，也存在着经济机器，'商业'或'工厂'作为人们占有自然的一种中心事业，物质化和具体化了它们在与政治的—意识形态的关系相结合的经济关系。"②

在这里，值得注意的是：第一，普兰查斯把"国家机器"与"经济机器"区分开来；第二，他进一步推进了葛兰西和阿尔都塞关于国家和国家机器的理论，特别是把国家机器划分为"严格意义上的压迫性国家机器"和"意识形态国家机器"，并在这一划分的基础上重新反思它和社会阶级之间的关系，从而把这种关系丰富化了。普兰查斯指出："社会阶级和它们的再生产仅仅以它们与国家机器和经济机器的关系的方式存在着；这些机器并不只是作为附件'附加到'阶级斗争上去的，它们在阶级斗争中充当了一种构成性作用。"③他甚至认为，国家机器本身就是社会

---

① [希腊]N. 普兰查斯：《当代资本主义中的阶级》，1975 年英文版，第 24 页。(Nicos Poulantzas, *Classes in Contemporary Capitalism*, London：New Left Books, 1975, p. 24.——编者注)

② 同上书，第 25 页。

③ 同上书，第 25 页。

阶级关系的物质化和浓缩化。

最后，普兰查斯论述了国家机器在社会阶级的扩大再生产中的作用。在他看来，国家机器，包括作为意识形态机器的学校在内，并不创造阶级分工，但它们对阶级分工产生影响，也对社会阶级的扩大再生产产生影响。为了阐明这种影响，他先对"社会阶级的扩大再生产"（extended reproduction of social classes）的概念做了如下的说明："社会阶级（社会关系的扩大再生产）涉及两个相互之间不能孤立地存在的方面。一方面，存在着一个被行动者们占有的地位（the places）的扩大再生产的问题。这些地位标志着阶级的结构决定，即标志着一种方式，在这种方式中，结构（生产关系、政治和意识形态的支配和从属的关系）决定在阶级实践中发生了作用。另一方面，存在着行动者们自身（the agents themselves）对这些地位的再生产和分配的问题。"①就第一方面而言，当国家机器对意识形态和政治关系进行再生产时，"也就进入对这些社会阶级的地位的定义的再生产"。② 就第二个方面，即行动者们的再生产而言，"意识形态的国家机器，尤其是教育机器，在行动者们的再生产中，在对他们的训练、控制和分配中，起着决定性的、非常特殊的作用"③。这就启示我们，不能仅仅从经济的，甚至单纯的生产领域里来理解社会阶级的扩大再生产的问题，而应当结合国家机器和上层建筑的作用来理解这种扩大再生产。

2. 资本主义关系的国际化和民族国家的作用

普兰查斯认为，资本主义关系的国际化、帝国主义在近阶段的新发展，以及发生在帝国主义的大都市中的阶级斗争的白热化，对革命战略提出了一系列重要的问题：如何理解不同的帝国主义的社会形态（美国、

---

① ［希腊］N. 普兰查斯：《当代资本主义中的阶级》，1975 年英文版，第 28 页。(Nicos Poulantzas, *Classes in Contemporary Capitalism*, London：New Left Books, 1975, p. 28.——编者注)

② 同上书，第 29 页。

③ 同上书，第 33 页。

欧洲和日本)之间的新的关系？如何看待这些不同的社会形态的国家机器的作用？今天，在帝国主义大都市的背景下，民族国家是否还有可能存在？这些民族国家与资本的国际化或跨国公司之间究竟是什么关系？民族国家的职能究竟发生了哪些相应的变化？这些问题都以十分尖锐的方式提了出来，不得不引起革命者，特别是欧洲的革命者的深入思考。普兰查斯在提到这些问题时，这样写道："它们的重要性是决定性的，因为十分清楚，当代国家作为任何革命战略都绕不过去的主题，只能在它与现代阶段的帝国主义和在大都市区域中的作用的关系中被研究。"①

　　普兰查斯认为，"资本在国际范围内的集中和经济帝国的构成，滥觞于帝国主义时代开始的时候"②。资本主义一旦发展到帝国主义的阶段，其基本特征就是经济生活从自由竞争走向垄断，就是资本向国外的输出。这些特点通过跨国公司的大量涌现及劳动分工和剥削的国际化而表现出来。普兰查斯进而指出："资本的国际化是在美国资本占有决定性地位的情况下发生的。"③以 1968 年的生产性的工业资本为例，55％的资金为属于美国的跨国公司所拥有，英国资本所占的比例是 20％，而其余的资本则是由日本和欧洲提供的。从总体上看，在世界上 50 家最大的跨国公司中，有 40 家左右是美国的。值得注意的是，欧洲资本通常和美国的资本结合在一起。以欧洲经济共同体为例，在 1962—1968 年的经济合作中，除了欧洲国家之外的第三国的资本绝大部分以直接或间接的方式来自美国。这样一来，对于欧洲的民族国家来说，就形成了"本土资本"(indigenous capital)与"外来的帝国主义的资本"(foreign imperialist capital)之间的差别，也形成了"民族资产阶级"(the national bourgeoisie)和"买办资产阶级"(the comprador bourgeoisie)之间的差别。

----

　　① ［希腊］N. 普兰查斯：《当代资本主义中的阶级》，1975 年英文版，第 38 页。(Nicos Poulantzas, *Classes in Contemporary Capitalism*, London: New Left Books, 1975, p. 38.——编者注)
　　② 同上书，第 58 页。
　　③ 同上书，第 60 页。

普兰查斯认为，资本的国际化，国际化的大都市的涌现，尤其是美国跨国公司的资本"霸权"（hegemony）的形成，对欧洲民族国家的生存和发展产生了重大的影响。无法回避的一个事实是：在帝国主义大都市的背景下，民族国家继续存在着，并且适应了这种变化着的新的经济格局。这既表明，不能把民族国家仅仅理解为统治阶级的手段或工具，也应看到与资本的国际化平行发展的另一个倾向，即民族国家的"跨民族化"（supra-nationalization）倾向。在这种新的态势下，欧洲民族国家的新的任务是什么呢？普兰查斯这样写道："国家的任务是维持被划分为阶级的社会形态的统一性和连续性。它认可并合法化统治阶级和集团的利益，反对这一社会形态中的其他阶级利益，这集中地体现了在世界阶级矛盾背景中的整个社会形态中的阶级矛盾。"①具体地说，在社会生产、社会阶级和社会关系扩大再生产的过程中，民族国家一方面要干预社会阶级的各种位置的再生产；另一方面也要在行动者之间分配这些位置，并训练他们适应这些位置。"就教育机器、再训练这个方面来看，欧洲民族国家的作用就是再生产建筑在美国和欧洲的关系之上的劳动分工的新形式。"②而在这样的背景下，工人阶级的生存和发展的状况也发生了重大的变化。由于生产和劳动分工的国际化，不同国家的工人阶级之间存在的可能冲突和团结也上升为一个重要的课题，从而与此相关的共产党和工会的建设宗旨和策略的问题也随之凸显出来了。

普兰查斯不无担忧地指出："无疑地，从一方面看，'强国家'（权威的警察国家）的特殊形式或多或少地在整个欧洲被建立起来；从另一方面看，一个法西斯化的可能进程的条件的积累，既体现出这些社会形式中的阶级斗争，也体现出它们在新的依赖结构中的地位。"③他深刻地启

---

① ［希腊］N. 普兰查斯：《当代资本主义中的阶级》，1975 年英文版，第 78 页。(Nicos Poulantzas, *Classes in Contemporary Capitalism*, London: New Left Books, 1975, p. 78.——编者注)

② 同上书，第 83 页。

③ 同上书，第 84 页。

示我们，应该在资本的国际化，特别是在美国和欧洲关系的背景下去认识欧洲民族国家功能的变化。

3. 资产阶级内部的矛盾及与国家的关系

众所周知，普兰查斯接受了列宁的观点，把资本主义的发展分为两大阶段：一个是"竞争的资本主义阶段"（the stage of competitive capitalism），即早期资本主义自由竞争时期；另一个是"垄断的资本主义阶段"（the stage of monopoly capitalism），即帝国主义时期。

在竞争的资本主义阶段，资产阶级主要是由以下三个部分组成的，即"工业资产阶级"（industrial bourgeoisie）、"银行资产阶级"（banking bourgeoisie）和"商业资产阶级"（commercial bourgeoisie）。① 这三个部分之间既有密切的联系，又有相互之间的矛盾和冲突，而在这个时期，占支配地位的则是生产资本的模式，也就是说，工业资产阶级的作用是基本的。事实上，马克思对资本主义的批判主要是围绕生产资本来展开的，也正是通过对生产劳动过程中的资本的运用的分析，马克思揭示了剩余价值的起源。普兰查斯还指出，与竞争的资本主义阶段相适应的国家的重要功能是平衡社会各阶级，也包括资产阶级的不同部分之间的利益关系，在这个意义上可以说，"国家不是自为地存在着的工具性的实体，不是一个物，而是不同力量之间平衡的集中表现"②。

在垄断资本主义，即帝国主义时期，一些资本联合成巨大的垄断资本；国家对生产过程，乃至整个经济生活的干预也大大地强化了。在这种情况下，究竟如何看待资产阶级内部的矛盾呢？普兰查斯写道："这个问题直接可以回溯到垄断资本主义阶段的金融资本（finance capital）的构成，这种金融资本主要是工业资本和银行资本'合并'过程的一个产

① ［希腊］N. 普兰查斯：《当代资本主义中的阶级》，1975 年英文版，第 98 页。（Nicos Poulantzas, *Classes in Contemporary Capitalism*, London：New Left Books，1975，p. 98.——编者注）

② 同上书，第 98 页。

物，而这一合并又从属于商业资本，从而导致了垄断的产生。"①也就是说，在垄断资本主义这一新的发展阶段中，工业资本和银行资本合并成金融资本，而金融资本又与商业资本相结合，从而形成了垄断资本。与这种资本的新的结合方式相适应，资产阶级内部的矛盾也发生了微妙的变化，通过以下三种方式表现出来。

一是垄断资本（monopoly capital）内部的矛盾。普兰查斯指出，它们具有以下三种不同的形式。其一，"工业垄断之间的矛盾"②。这一矛盾通过不同的工业资本的集团对市场的控制、对公共财政和国家帮助的争取、对最能盈利的部门的投资的争取等方式表现出来。其二，"银行垄断之间的矛盾"③。这涉及不同的银行集团对货币市场的控制，以最快和最有利的方式对他们所具有的货币资本进行交易，在金融投机的蛋糕中分得最大的部分等。其三，涉及由工业资本、银行资本组成的金融资本和商业资本在瓜分巨额垄断利润时的矛盾。

二是垄断资本和非垄断资本（non-monopoly capital）之间的矛盾。一方面，普兰查斯强调，这两种资本之间存在着相互依赖的关系。非垄断资本力图依附于垄断资本以获得经济上的后盾并参与对垄断利润的分割；反之，非垄断资本的存在也为垄断资本的发展提供了种种有利的因素，如为垄断资本的扩张提供了现实的可能性；新技术的开发也可以先在非垄断性企业进行试验，即使遇到风险，垄断性企业也可以最大程度地减少自己的风险；非垄断性的企业也能为垄断性的企业提供较廉价的劳动力和技术方面的训练等。另一方面，这两种资本之间也存在着尖锐的矛盾。与垄断资本比较起来，非垄断资本常常得不到国家的帮助，而市场本身也基本上处于垄断资本的控制之下，如果经营不善，非垄断资

---

① ［希腊］N. 普兰查斯：《当代资本主义中的阶级》，1975 年英文版，第 107 页。（Nicos Poulantzas, *Classes in Contemporary Capitalism*, London: New Left Books, 1975, p. 107.——编者注）

② 同上书，第 137 页。

③ 同上书，第 138 页。

本就可能成为垄断资本兼并的对象。为了争得应有的地位、利益和独立性，非垄断资本的代言人也积极地参与政治和意识形态方面的活动，对垄断资本可能获得的超额利润进行限制。"在这种激烈斗争的背景中，垄断资本和非垄断资本经常渴望得到大众阶层的支持，以便反对对手的各种图谋。"①

三是非垄断资本内部的矛盾。一方面，不同的非垄断资本之间力图联合起来，以对抗垄断资本对超额垄断利润的攫取；另一方面，由于非垄断资本对垄断资本的某种依附性，不同的垄断资本之间及垄断资本和非垄断资本之间的矛盾也常常通过非垄断资本之间的矛盾而表现出来。

在考察垄断资本主义阶段资产阶级内部矛盾的基础上，普兰查斯又论述了当代国家和资产阶级之间的关系。在他看来，虽然当代资本主义是以垄断为基本特征的，但并不能把当代国家简单地理解为"国家垄断资本主义"。事实上，在与垄断资本主义的关系中，当代国家具有某种"相对的自主性"（relative autonomy），"这种相对的自主性无论是在资产阶级和工人阶级这一主要矛盾中，还是在垄断资本自身内部的斗争和矛盾中（在这里，这一矛盾对于我们来说具有特别重要的意义）都得到了显示"②。在他看来，这种相对的自主性在国家的干预活动中得到了充分的体现。当然，这种干预并不只是经济意义的，也蕴含着政治意义和意识形态的意义。当代国家的使命就是不断地把当代资本主义社会的社会阶级关系重新生产出来。

4. 小资产阶级的传统与现状

在普兰查斯关于社会阶级的理论中，小资产阶级问题具有特殊的重要性。他指出："小资产阶级的问题不仅居于关于当前帝国主义大都市中的阶级结构的讨论的中心，而且也居于关于受统治的、依附性的'边

---

① ［希腊］N. 普兰查斯：《当代资本主义中的阶级》，1975 年英文版，第 148 页。(Nicos Poulantzas, *Classes in Contemporary Capitalism*, London: New Left Books, 1975, p. 148.——编者注)

② 同上书，第 158 页。

缘'形态讨论的中心，这一形态通过各种对边缘问题的分析而显现出来。这个问题确实是马克思主义的社会阶级理论的一个关键性的方面。"①他之所以在书中不厌其烦地强调这个问题的重要性，是因为在工人阶级和资产阶级的矛盾中，介于两者之间的小资产阶级对于欧洲工人阶级的革命战略来说，具有根本上的重要性。换言之，不能正确地认识垄断资本主义时期的小资产阶级的现实状况，也就无法建立真正合理的革命战略，从而必然会导致新的革命活动的失败。

首先，普兰查斯区分了小资产阶级的两个不同的类型。一是"传统的小资产阶级"（the traditional petty bourgeoisie），主要是由那些具有小规模的生产和所有权的、独立的手工业者和商人组成的。在这种以传统的家庭为主要载体的、小规模的生产活动和贸易活动中，并不存在剩余价值和剥削。正如普兰查斯所指出的："这种小资产阶级并不属于资本主义的生产模式，而属于简单的商品形式，从历史上看，那是从封建的模式向资本主义的模式转化中出现的一种形式。"②二是"新的小资产阶级"（the new petty bourgeoisie），主要是由那些不像工人一样直接参加生产劳动的"白领"，即挣工资的群体，如管理者、技术人员、办公室和服务性机构的雇员、商业和银行的雇员等构成的。与历史上的"传统的小资产阶级"不同，"新的小资产阶级"处于垄断资本主义这一总体背景之下，它的现状和特征也只能通过这一总体的背景来认识。在这一总体背景下，虽然"新的小资产阶级"的成员没有直接参加生产劳动，但他们也出卖自己的劳动力，因而是受资本剥削的。从他们的劳动性质来看，也可以区分为两类：一类是"脑力劳动"（mental labour）；另一类是"体力劳动"（manual labour）。但与工人阶级相比，其成员更多地倾向于脑力劳动，特别是那些在政府部门、管理部门工作的成员更是如此。

---

① ［希腊］N. 普兰查斯：《当代资本主义中的阶级》，1975 年英文版，第 193 页。（Nicos Poulantzas, *Classes in Contemporary Capitalism*, London：New Left Books, 1975, p. 193.——编者注）

② 同上书，第 285—286 页。

其次，普兰查斯分析了"新的小资产阶级"的意识形态特征。他写道："如果我们要重视新的小资产阶级的阶级确定性，就可以把下面的特征规定为它的主要意识形态的特征。"①第一个特征是：反对资本主义，但又不主张革命，而是非常强烈地抱有改良的幻想。第二个特征是：对其成员所从属的资本主义的政治和意识形态的关系有挑战的热情，但强烈地倾向于通过参与现政权而不是革命的方式来重新安排这些关系。第三个特征是：试图改变其成员的生活和工作的条件，但仍然沉湎于资本主义社会关于自己的神话中，不愿诉诸革命的行动。第四，受到"权力拜物教"(power fetishism)很大的影响，崇拜国家权力。第五，观念比较激进，行动上也易走极端，尤其它的左翼更是如此，但其理念超不出资产阶级的意识形态，也与工人阶级的集体行动方式存在着重大的差异。

最后，普兰查斯分析了"新的小资产阶级"向无产阶级分化的可能性。在他看来，在"新的小资产阶级"阵营中，有三部分人具有向无产阶级分化的可能性。第一部分包括商业部门中低水准的劳动者（如商店的服务员），服务部门和国家机器的雇员，饭店、咖啡馆、剧院、电影院、医院里的勤杂工等。② 第二部分是公共的和私人的官僚化部门中的、地位较低的副手、办事员、各种类型的"办公室工作者"(office workers)等。第三部分是直接卷入生产劳动过程的技术人员和低级的工程师等。普兰查斯强调："在某种意义上，新的小资产阶级向无产阶级的分化取决于资产阶级和工人阶级在力量上的平衡。"③在他看来，只有深入研究垄断资本主义时期的阶级关系，加强工人阶级和新的小资产阶级之间的联盟，才能为成功的社会革命奠定基础。

---

① ［希腊］N. 普兰查斯：《当代资本主义中的阶级》，1975 年英文版，第 290 页。(Nicos Poulantzas, *Classes in Contemporary Capitalism*, London: New Left Books, 1975, p. 290.——编者注)

② 同上书，第 316 页。

③ 同上书，第 334 页。

民主德国的乌托邦哲学①

　　近几十年来，在西方国家中，乌托邦问题引起了越来越多的哲学家、社会学家和文学家的兴趣和关注。这股思潮的兴起与民主德国的马克思主义哲学家布洛赫的名字是分不开的。著名哲学家弗洛姆和 M. 库恩策在《寄希望于具体的乌托邦》一文中指出："同围绕乌托邦的各种各样的讨论相联系，布洛赫的观点越来越明显地成了注意的中心。如果他确实被许多人认为是乌托邦的现代思想家，那么这绝不会令人感到惊奇。"②南斯拉夫哲学家戈施科里奇在《恩斯特·布洛赫——乌托邦和希望的思想家》一文中写道："布洛赫是一个十分独立的思想家，他的最独创之处也是他的最深刻之处。他首先在 20 世纪的哲学中恢复了乌托邦这个名词的尊严，指出了马克思思想的人道主义核心。"③

　　布洛赫的乌托邦哲学虽然没有在民主德国形成一个学派，但他的学说的影响却遍及西欧、东欧各国，甚至延伸到拉丁美洲的一些国家中。20世纪 50 年代后期，布洛赫在民主德国曾受到批

---

　　①　本文为《国外马克思主义哲学流派》(俞吾金、陈学明著，复旦大学出版社 1990 年版)第二部第一章(该书第 505—529 页)。——编者注
　　②　联邦德国《马克思主义论丛》1985 年第 4 期。
　　③　南斯拉夫《社会主义在世界上》1985 年第 51 期。

判。他去世后，他的思想在民主德国理论界产生了广泛的影响。1985年，民主德国《魏玛评论》4月号刊载了为布洛赫恢复名誉的文章，肯定他的著作是德国的"思想遗产"，是"具有创造力的德国语言文化的一种见证"。人们高兴地看到，民主德国理论界正在出现一个"布洛赫研究热"。随着资本主义社会矛盾和危机的加深，随着社会主义社会发展中各种新问题的产生，马克思主义哲学中面向未来的一维愈益引起人们的重视，而布洛赫的乌托邦哲学正体现了对这一维的深入开掘。他在《希望的原理》中批评马克思主义的一些追随者忽视对未来问题的研究时写道："只有如马克思主义一样把未来的视域带入知识，把过去作为进入未来的前厅（ante-room），才能给予实在以真实的维度。"①布洛赫对马克思主义的解释尽管充满了神秘主义的色彩，但他思想的独创性却是不容抹杀的。可以预计，在不远的将来，布洛赫的乌托邦哲学将成为各国理论家们的热门话题。

布洛赫

　　布洛赫活到了92岁的高龄，几乎经历了从19世纪末到20世纪70年代的一切重大的历史事件，他是20世纪最博学的马克思主义学者之一，其研究领域涉及哲学、政治、宗教、逻辑、心理学、法学、音乐、文学艺术批评、量子力学、工业设计、妇女运动等，并用德语写下了大量论著和手稿，被公认为具有马克思主义倾向的德国思辨哲学的最后一个代表。布洛赫的一生经历丰富，可以划分为以下五个阶段。

　　1. 哲学基本思想的形成（1895—1918）

　　布洛赫诞生在德国莱茵河畔的工业城市路德维希港，父亲是巴伐利

---

　　① 转引自［英］W. 赫德森《恩斯特·布洛赫的马克思主义哲学》，1982年英文版，第159页。（W. Hudson, *The Marxist Philosophy of Ernst Bloch*, London: The Macmillan Press LTD. , 1982，p. 159. ——编者注）

亚铁路职员。他还在中学读书时，就与哈特曼、李普斯、冯特、文德尔班和马赫等人通信，当时他的主要兴趣是哲学、音乐、心理学和物理学。17岁那年，他写下了手稿《力和它的本质》，力图阐述生命的秘密。在路德维希港，他一方面看到了资本主义的罪恶和无产阶级的贫困生活，另一方面又在曼海姆城堡中系统地阅读了从康德到黑格尔这些德国古典哲学大师的著作，谢林的《神话哲学和启示》给他留下了深刻的印象。同时，他还熟悉了马克思、恩格斯、倍倍尔和卢森堡的著作。他在进入大学前，几乎已成了一个自立门户的哲学家。

1905年，布洛赫到慕尼黑上大学，就学于李普斯，并通过李普斯的介绍熟悉了胡塞尔和马克斯·舍勒。1907年，布洛赫在维尔茨堡学哲学、物理和音乐，他接触的一个犹太朋友使他对希伯莱神秘哲学产生了浓厚的兴趣。在22岁时，他写下了一篇《论"尚未"范畴》的手稿。这篇手稿主张，人具有一种期待意识，它使人获得关于未来可能性的种种知识。这篇手稿中的基本思想成了布洛赫毕生思考的一个确定不移的方向。在他的导师——著名的实验心理学家屈尔佩的指导下，完成了《关于李凯尔特和现代认识理论的批判的探讨》的博士论文，该论文于1909年在路德维希港出版。

1908—1911年，布洛赫在柏林跟随生命哲学家席美尔学习，并结识了卢卡奇，进行了频繁的学术交流。1912年，布洛赫来到了海德堡，结识了维贝尔和雅斯贝尔斯。1914年第一次世界大战爆发后，他居住到伊萨尔河谷的绿森林里，开始写《乌托邦精神》，1917年移居瑞士，在那里完成了该书的写作。当时，布洛赫已是马克思主义的坚定的信仰者。1918年，《乌托邦的精神》在慕尼黑问世，这部著作奠定了他一生哲学探讨的基本主题。

2. 政治上和文学上的尝试(1919—1933)

1919年，布洛赫从瑞士回到德国，1921年出版了《革命神学家托马斯·闵采尔》，用半是共产主义，半是千年至福说的观点研究了闵采尔的神学思想，力图阐发作为社会革命家的马克思与作为宗教革命家的闵采尔之间的某些共同的东西。1923 年，经过修改的《乌托邦的精神》的第二版问世，比较系统地阐发了他的乌托邦哲学。同年，他的批判文集《穿过荒漠》出版，批判了资产阶级文化的市侩主义和虚无主义。1924—1926 年，布洛赫去意大利、法国等地旅行，与本雅明、阿多诺等人结识，交流了文学上和哲学上的不同见解。1930 年，布洛赫的重要文学著作《足迹》出版，倡导了一种新的寓言文学，力图探索人们日常生活中的种种幻想。

3. 抨击法西斯主义（1933—1949）

1933 年希特勒上台后，布洛赫到苏黎世避难，1935 年在那里出版了新著《这个时代的遗产》，对法西斯主义的兴起这一现象做了文化上、心理上、社会学上的分析，这一分析本质上也是对整个资本主义文化的批判。这时候，布洛赫已成为一个成熟的马克思主义者，他同情和支持苏联的斯大林主义，支持反法西斯战线，但并没有加入德国共产党。他认为，德国共产党在理论上很贫乏，缺乏切实可行的理想，从而对希特勒的兴起负有责任。1938—1949 年，布洛赫流亡美国，先后生活在纽约、马萨诸塞等地。他很少关心美国发生的事情，专注于德国形势的变化。一方面，他为墨西哥出版的《自由德国》撰稿，抨击法西斯主义；另一方面，他潜心进行理论研究，写下了《希望的原理》《主体—客体：对黑格尔的解释》等手稿。

4. 学院式的马克思主义（1949—1961）

1949 年，布洛赫接受了民主德国的邀请，回到莱比锡大学任教。1951 年出版了《主体—客体：对黑格尔的解释》一书，这部著作对黑格尔的哲学遗产做了高度的评价。1952 年，他与他的优秀学生哈里希（Wolfgang Harich）成了《德国哲学杂志》的编辑。1954 年和 1955 年，他的长达 1800 页的巨著《希望的原理》第一、第二卷先后出版。这时，布洛赫被公认为民主德国最杰出的哲学家，他获得了国家奖章，并成了德国科学院院士。

然而，布洛赫和民主德国当局的矛盾已经在酝酿着。他的乌托邦哲学及对马克思主义的独特的解释被当局视为异端邪说，他对所谓庸俗马克思主义和机械唯物主义的批评，使民主德国当局感到不快。1956 年，苏共二十大召开后，布洛赫才对斯大林主义的实质有了全面的认识。于是，他提出了苏联不是社会主义的唯一模式的想法，主张清除教条主义，允许不同国家搞不同类型的社会主义。他还公开要求对民主德国的社会主义进行政治和哲学的改造。布洛赫为此而受到了批判。1957 年，民主德国开展了反"修正主义"的运动，哈里希被判刑 10 年，布洛赫的其他学生齐姆、海尔特维希、劳伦兹和茨维伦兹不是被拘禁，就是被迫逃往西方。《德国哲学杂志》被其他理论家所控制，所有涉及布洛赫和哈里希的东西均从刊物上被删除。布洛赫被剥夺出版自由并被禁止与他以前的学生联系。在莱比锡召开的关于他的哲学讨论会上，他被宣布为非理性主义者和泛神论者，而不是马克思主义者。

不久以后，这场批判布洛赫的运动就停止了。1959 年，《希望的原理》第三卷出版，1960 年，他论闵采尔的著作被允许重版。然而，他的思想仍然受到种种约束。

5. 人道的社会主义(1961—1977)

1961 年，当柏林墙竖起来的时候，布洛赫正在西德图宾根大学访问，他向西德政府提出了政治避难的要求。图宾根大学聘他为客座教授。现在，他的立场有了重大转变，他猛烈地抨击斯大林模式，提倡人道的社会主义，还主张马克思主义与基督教对话。他与南斯拉夫的"实践派"建立了密切的联系，1968 年，他与马尔库塞一起参加了南斯拉夫的"科尔丘拉(Korcula)夏令学园"，1969 年被萨格勒布(Zagreb)大学授予荣誉博士学位，1975 年，又接受了法国巴黎大会授予的荣誉博士学位。1977 年，布洛赫在图宾根去世。

在西德的 10 多年中，他出版了下面的著作：《天赋权利与人的尊严》(1961)、《哲学中的基本问题》(1961)、《图宾根哲学导论》(1963—1964)、《基督教中的无神论》(1968)、《关于客观化想象的哲学论文》(1969)、《唯物主义问题》(1972)等大量著作。

1985 年，在纪念布洛赫诞辰一百周年时，又出版了他的《莱比锡讲演录》（共四卷）和《书信选集》。在德国，布洛赫成了与海德格尔齐名的重要思想家。下面我们介绍他的几部重要的哲学著作。

（一）《乌托邦的精神》（1918）

这部著作是布洛赫早期乌托邦思想的一个总结。我们可以通过它，了解其早期思想。

1. 对各种哲学的、宗教的和神秘主义的思潮的融合

这部著作以乌托邦思想为中心，融合了各种哲学的、宗教的和神秘主义的思潮。

首先，《乌托邦精神》体现了传统的乌托邦主义、犹太神秘主义、诺斯替教义、救世主义和末世学的影响，这部著作开初也被叫作《末世的人》，尽管布洛赫试图创立一种新的现代乌托邦主义，但正如有些批评家所指出的，《乌托邦的精神》从根本上说仍然是"理论的救世主义的体系"。

其次，《乌托邦的精神》广泛吸收了历史上的一些哲学家的思想。在康德的哲学中，布洛赫发现了一个希望的形而上学的基础。在《一个精神预言者的梦》中，康德认为所有人的思想都倾向于对将来的希望。[①]布洛赫试图通过揭示康德本人学说中的伦理形而上学的办法来克服康德对形而上学的敌视和反对，并主张把实践理性的先验准则与现实生活联系起来，从而为乌托邦哲学的建立扫清地基。布洛赫虽然对黑格尔的泛逻辑主义取批判的态度，但他接受了黑格尔历史哲学中的过程的思想，特别是黑格尔关于主体外化出客体，然后主客达到统一的思想。布洛赫主张，主体在发展中需要把自己抛进外部世界中，然后克服对于它来说是不充分的对象化，达到内在与外在的统一，于是整个世界就成了"灵

---

① ［德］恩斯特·布洛赫：《乌托邦的精神》，见《布洛赫全集》第 3 卷，1964 年德文版，第 235 页。［Ernst Bloch, *Geist der Utopie*（*Bearbeitete Neuauflage in der Fassung von 1923*），*Gesamtausgabe*，Band 3，Frankfurt am Main：Suhrkamp Verlag，1964，s. 235. ——编者注］

魂"的世界。① 布洛赫还采纳了谢林晚期的神秘主义的内在哲学,根据这种哲学,每个人都生活在"此刻"(the moment)的黑暗的容器中,人们只是活着,但无法体验它。在《乌托邦的精神》的 1918 年版中,有一章题为"论内在性的形而上学",在 1923 年版中,这一章的标题被改为"论我们的黑暗的形而上学"。布洛赫力图把自我在此刻的黑暗及认识难题作为认识世界的难题本身,从而也成为乌托邦哲学的基本难题。② 此外,布洛赫虽然不同意叔本华把意志与理性对立起来的见解,但又赞同他把康德的物自体理解为意志;布洛赫还吸取了尼采的行动主义的观点和丹麦的神秘主义哲学家克尔凯郭尔关于在生存中理解自己的思想,作为他创建乌托邦形而上学的理论依据。

再次,《乌托邦的精神》还从与布洛赫同时代的许多哲学家那里吸取了灵感。布洛赫拒斥了胡塞尔的唯心主义观点,但接受了他的意向性理论,并把它运用到对将来的各种可能性的设想上去。他批判了他的老师屈尔佩的批判的实在主义的学说,这一学说把实在仅仅理解为眼前和当下的东西,他倡导一种新的实在主义,主张把对实在的理解扩充到将来,扩充到尚未存在的东西上去;他采纳了梅农的对象理论,在《乌托邦的精神》中提出了一种新的对象逻辑,主张把未完成的对象乃至整个未完成的世界作为认识的对象。③ 同时,他也有所批判地接受了文德尔班关于灵魂是一个谜,它充满了潜在的可能性的见解,和法依欣格(Hans Vaihinger)的《仿佛哲学》(1911)中关于意识能动地虚构现实的思想。在某种意义上,布洛赫的《乌托邦的精神》是整个西方文化的结晶。

---

① [德]恩斯特·布洛赫:《乌托邦的精神》,见《布洛赫全集》第 3 卷,1964 年德文版,第 280—294 页。[Ernst Bloch, *Geist der Utopie* (*Bearbeitete Neuauflage in der Fassung von 1923*), *Gesamtausgabe*, Band 3, Frankfurt am Main: Suhrkamp Verlag, 1964, ss. 280-294. ——编者注]

② 同上书,第 256—262 页。

③ [德]恩斯特·布洛赫:《乌托邦的精神》,见《布洛赫全集》第 16 卷,1964 年德文版,第 388 页。[Ernst Bloch, *Geist der Utopie* (*Bearbeitete Neuauflage in der Fassung von 1923*), *Gesamtausgabe*, Band 16, Frankfurt am Main: Suhrkamp Verlag, 1964, s. 388. ——编者注]

最后，《乌托邦的精神》的主旨并不是论述布洛赫心目中的某个乌托邦，而是对乌托邦精神在当代世界的可行性进行理论上的论证。特别是在尼采的启发下，他看到了资本主义生活和文化的市侩气与伪善性，觉得人们生活在一个人性受到压抑的不完善的、冷酷的世界之中，由于缺乏乌托邦的意识，人们被封闭在"此刻"的黑暗之中，失去了与世界抗争，使世界革命化的力量。乌托邦哲学的基本精神就是唤醒沉睡着的自我，使自我从面向未来中吸取力量，从而在其实践活动中使世界革命化。

2."乌托邦心理学""乌托邦认识论"与"乌托邦逻辑学"

在《乌托邦的精神》中，布洛赫引入了一个他早年提出的新范畴 noch nicht（英译为 not yet）。在德语中，noch 作为副词，可解释为"还""仍然"或"尚"，nicht 作为副词可解释为"无"或"没有"。这两个副词合在一起可解释为"尚未""还不是""还没有"等。"尚未"范畴是布洛赫全部乌托邦哲学的一个基本的中心范畴。"尚未"可以指现在不存在而将来可能存在的东西，也可以指现在部分存在将来可能比较完整地存在的东西。用这样的观念去看待世界，世界就是一个尚未定型、尚未完成的过程，它不可能被封闭在现在，而是向各种可能性敞开，向未来敞开；用同样的观念去看待人，人也体现为一个尚未完成的过程。布洛赫强调，人本质上不是生活在过去或现在，而是生活在将来。人并不站在终点上，他总是处在到某处去的路上。换言之，人处在"前历史"中，他几乎还没有开始成为人。总之，不能用任何固定的本质去规范人，他是不断地沿着自己的地平线向前移动的、趋向将来的活生生的东西。① 不用说，人与世界的关系也处在这种永远敞开的过程中。

在《乌托邦的精神》中，"尚未"范畴被应用到心理学的分析上，从而

---

① ［德］恩斯特·布洛赫：《乌托邦的精神》，见《布洛赫全集》第 16 卷，1964 年德文版，第 66—87 页。［Ernst Bloch, *Geist der Utopie（Bearbeitete Neuauflage in der Fassung von* 1923）, *Gesamtausgabe*, *Band* 16, Frankfurt am Main：Suhrkamp Verlag, 1964, ss. 66-87. ——编者注］

形成了布洛赫独有的"乌托邦心理学"。根据这种心理学，使人具有一种期待意识，这种意识提供给人关于向真正的可能性发展的尚未意识的知识，这种意识在人的整个意识中起着"前意识"的作用，但它又不同于弗洛伊德的"无意识"，它不是在意识的底部，而是在意识的高处，它在生存着的人的"此刻"的黑暗中发挥作用，它不是一种回顾过去的意识，而是一种渴求未来的意识。

布洛赫还把"尚未"范畴应用到认识论中，从而形成了一种新的"乌托邦认识论"。按照这种认识论，世界是不能用静态的认识理论加以描述的，世界体现为一个未完成的过程，因而从认识论上看，必须把世界理解为"一个旅程"，同时，既然世界是未定型的东西，人的认识的根本任务就是构想合理的乌托邦蓝图，使世界按照这一蓝图的方向去生成，去变化。这样一来，布洛赫的认识论就突破了法国传统认识论的框架，它的基本任务是获取尚未意识到的知识；同时，它也超越了机械唯物主义的视界，充分肯定了想象的创造性作用。[①]

有趣的是，布洛赫还把"尚未"范畴引进到逻辑学中，从而形成了独特的"乌托邦逻辑学"。传统的形式逻辑的基本公式是：S（主词）is（是）P（谓词），即 S 是 P，布洛赫的新逻辑的基本公式是，S is（是）not yet P，即 S 还不是 P。这一基本公式早在布洛赫出版于 1909 年的博士论文中已经出现，在《乌托邦的精神》中得到了更系统的发挥。在布洛赫看来，"S 是 P"的公式使人用静态的目光看待事物，使人专注于对事物现状的研究；反之，"S 还不是 P"的公式则使人注目于事物的发展、潜在力量和种种可能性。

由于心理学、认识论和逻辑学上的这些变革，布洛赫在《乌托邦的精神》中倡导的那种乌托邦哲学成了一种独立的理论而脱颖而出。那么，

---

① ［德］恩斯特·布洛赫：《乌托邦的精神》，见《布洛赫全集》第 16 卷，1964 年德文版，第 339 页。［Ernst Bloch, *Geist der Utopie* (*Bearbeitete Neuauflage in der Fassung von 1923*), *Gesamtausgabe*, Band 16, Frankfurt am Main: Suhrkamp Verlag, 1964, s. 339.——编者注］

在布洛赫的乌托邦哲学中，主体到底是谁呢？从他的论述中可以看出，这个主体就是"我"（I）或"我们"（we），用神秘主义或宗教的语言来表达，就是"灵魂"（the soul）。为什么呢？因为在他看来，每样东西都得由"我"来决定，而不是由经验主义者目光中的当下的外部世界来决定。当事实消失的时候，主体不得不通过创造性的想象去寻求真理。① 总之，只有人才是乌托邦的主体，也只有人而不是外部世界才是乌托邦的尺度。②

3. 对马克思主义的解释和阐发

值得注意的是，在《乌托邦的精神》中，布洛赫对马克思主义学说进行了解释和阐发。在题为"马克思的死及其启示"一章中，他从激进的民主主义者的立场出发，分析了德国的经济问题和社会问题，认识到对于社会主义运动的任何进一步的发展来说，马克思主义的贡献都是决定性的。他还用陀思妥耶夫斯基和共产主义的神秘主义的语言颂扬了俄国布尔什维克的革命。③ 然而，他又坚持，在马克思主义的学说中，缺少乌托邦的精神，因此，必须把乌托邦的一维补充到马克思的学说中去。

从布洛赫的这部早期著作可以看出，作为他的哲学起点的是神秘主义，他不但以此为出发点建立自己的"乌托邦哲学"，而且还解释马克思主义。

（二）《主体—客体：对黑格尔的解释》（1951）

这是布洛赫在美国开始撰写，后来在民主德国出版的一部重要的哲学论著。在这部著作中，他对黑格尔的主要著作《精神现象学》《逻辑学》《自然哲学》《历史哲学讲演录》《宗教哲学讲演录》《哲学史讲演录》《法哲学原理》等逐一进行了分析，并论述了谢林、克尔凯郭尔、费尔巴哈、马克思与黑格尔之间的关系。最后，他运用自己的希望哲学与乌托邦哲学对黑格尔学说的得失做出了独特的解释。

---

① ［德］恩斯特·布洛赫：《乌托邦的精神》，见《布洛赫全集》第16卷，1964年德文版，第9页。［Ernst Bloch, *Geist der Utopie (Bearbeitete Neuauflage in der Fassung von 1923)*, *Gesamtausgabe*, Band 16, Frankfurt am Main: Suhrkamp Verlag, 1964, s. 9.——编者注］

② 同上书，第268页。

③ 同上书，第227页。

1. 论黑格尔哲学的中心思想

如前所述，作为乌托邦哲学的倡导者，布洛赫一方面强调作为主体的人在认识活动和历史活动中的能动性和创造性；另一方面又强调把一切（世界、人和意识）都视为一个未完成的过程。这两个基本要求也成了他审视全部哲学史的尺度。他把历史上的哲学家分为两大类型：一类是坚持静止的、机械的思维方式的哲学家，如埃利亚派、斯多葛派、德谟克利特、洛克、法国唯物主义者等；另一类是过程思想家，如亚里士多德、普罗提诺、库萨的尼古拉、波墨、莱布尼茨等。他认为，黑格尔是一个更为典型的过程思想家，因而是从属于后一传统的。①

在布洛赫看来，黑格尔哲学的中心思想就是：实在是一个主体—客体过程。② 凭借这一观念，黑格尔粉碎了传统哲学的难题，即作为独立于人而存在的客观实在与人的主观实在之间的二元对立。他把外部世界作为客体引进到一个总的运动过程之中，这一过程就是主体—客体辩证运动的过程。正如卢卡奇在《历史与阶级意识》中的看法一样，布洛赫也认为，黑格尔正是通过主体—客体的过程理论超越康德的不可知论和实证主义的。③

对于布洛赫来说，黑格尔的《精神现象学》提供了一个世界分别以主体和客体的方式进行旅行的过程模式。布洛赫还认为，堪与《精神现象学》的旅行模式相比较的是歌德的《浮士德》。布洛赫又分析说，黑格尔的主体—客体过程理论虽然是宏伟的，但在他那里，一方面主体是虚假的，它并不是真实的人或社会实在，而是世界精神；另一方面对客体的扬弃也是虚幻的，归根结底，这一过程体现为绝对知识的生产过程。马克思批判地改造了黑格尔的理论，把这一神秘的精神运动的过程倒转为世俗的过程。④

---

① ［德］恩斯特·布洛赫：《主体—客体：对黑格尔的解释》，见《布洛赫全集》第 8 卷，1962 年德文版，第 412 页。(Ernst Bloch, *Subjekt-Objekt*：*Erläuterungen zu Hegel*, *Gesamtausgabe*, Band 8, Frankfurt am Main：Suhrkamp Verlag, 1962, s. 412. ——编者注)

② 同上书，第 32—43 页。

③ 同上书，第 109—120 页。

④ 同上书，第 409—410 页。

2. 对辩证法问题发表的新看法

正是从黑格尔和马克思的主体—客体理论出发，布洛赫对辩证法问题发表了看法。作为辩证唯物主义的拥护者，他与卢卡奇不同，他承认自然辩证法的存在，但他又强调，辩证法的根本内容是历史中主体与客体之间的矛盾关系。在现代社会中，主体—客体的辩证法主要奠基于工人阶级。工人阶级在自己的劳动中发现周围的客观化的世界是不充分的，在需要和希望的驱使下，工人阶级力图克服这个不充分的世界。①与卢卡奇和萨特一样，布洛赫也力图使历史中的辩证法脱离庸俗的经济决定论的影响，强调主体介入的决定性作用。历史并不是按照某种逻辑必然性向前发展的，在历史过程中，充满了各种可能性，人的自由意志和选择将直接对历史本身发生作用，或者毋宁说，这种选择本身就是历史。历史并不在主体之外，历史本身就是主体的活动。工人阶级正是通过积极的介入作用，使主客体的矛盾不断地向更高的阶段发展。与萨特不同的是，布洛赫并没有把历史中的主客体辩证法归结为人学。对于他来说，这种辩证法并不纯然是主观的，他虽然抨击庸俗经济决定论的错误倾向，但也承认，人的活动，特别是工人阶级的革命活动不能脱离客观法则来讨论。全部问题在于不把客观法则绝对化。

总之，对于布洛赫说来，历史中主体—客体辩证法是引导整个历史进程的关键，但他同时声明，这一能动的、构成性的辩证法概念不能同黑格尔的辩证法模式混淆起来。这种辩证法并不是神秘的精神主体的异化和复归，它体现在人的操作活动中，而这些活动又是由人在客观法则的基础上做出的一系列决定所决定的。

布洛赫从自己的乌托邦哲学出发，给予主体—客体的"同一性"（identity）问题以独特的理解。在德国传统哲学中，对同一性的理解主要有两种方式，一种是莱布尼茨式的，以形式逻辑的方式来建立主体与客

---

① ［德］恩斯特·布洛赫：《主体—客体：对黑格尔的解释》，见《布洛赫全集》第 8 卷，1962 年德文版，第 512 页。(Ernst Bloch, *Subjekt-Objekt*：*Erläuterungen zu Hegel*, *Gesamtausgabe*, *Band* 8, Frankfurt am Main：Suhrkamp Verlag, 1962, s. 512. ——编者注)

体、思维与存在的同一性；另一种是黑格尔式的，以辩证法的方式来理解主体与客体、思维与存在的同一关系。布洛赫则对这一传统提出了不同的看法。

首先，他不同意传统哲学把同一性理解为已完成的东西，他说"S还不是P"意味着现存的实在的本质还未生成，过程还未完成，因为按照他的乌托邦的逻辑，本质不是在现存的实在之中，而是在现存的实在的前面，即在它向前发展的趋向中，因此，不能把同一理解为一种已经封闭的状态，同一是一个不断向前敞开的动态的过程。

其次，同一不是形式逻辑的同义反复，是一个辩证的过程。在这方面，黑格尔的目光要比莱布尼茨来得深刻，黑格尔把客体看作主体异化的产物，客体作为一种不充分的东西与主体相对立。但在他那里，主客体之间的这种差异表达得很神秘，因此他对扬弃异化的基础上主体与客体达到的同一的理解，同样是神秘的。布洛赫认为，应当在现代社会发展的真实历史中来体验主体与客体之间存在的裂痕和差异。这样，同一就不是一种逻辑上的自我回旋，更不是像莱布尼茨那样的简单等同或平列，同一是主体在真实的历史生活中对客体的扬弃，是一个辩证转化的过程。

最后，同一的基础不是逻辑，不是精神，也不是僵死的物的世界，而是人的行动，是人的实践活动。人的实践活动则是人在乌托邦情绪，即对前面新奇的东西的追求和渴望的驱迫下进行的。把人的活动理解为同一的基础，同一就不会局限在过去或现在，而是面向将来的辩证过程。①

3. 对黑格尔"实体即主体"思想的新解释

布洛赫还从乌托邦哲学出发，对黑格尔在《精神现象学》中提出的"实体即主体"的思想进行了新的解释。既然主体能够成为实体，那么，乌托邦的精神就会通过人的活动而转化为实在。在布洛赫看来，黑格尔

---

① ［德］恩斯特·布洛赫：《主体—客体：对黑格尔的解释》，见《布洛赫全集》第8卷，1962年德文版，第365页。(Ernst Bloch, *Subjekt-Objekt*: *Erläuterungen zu Hegel*, *Gesamtausgabe*, *Band 8*, Frankfurt am Main: Suhrkamp Verlag, 1962, s. 365. ——编者注)

的上述思想正是其学说中"秘密的乌托邦主义"的一种表现。如果认真分析，不光在《精神现象学》，而且在《现实哲学》和《逻辑学》中都可发现这方面的痕迹，所以他主张，马克思主义应当继承黑格尔体系中的这种秘密的乌托邦主义。①

总之，布洛赫主张，马克思主义应当在批判的基础上续承黑格尔的主体—客体过程理论，发展出一种新的面向未来的哲学。② 他把这种新的哲学称为"开放体系"（open system）。这种新哲学要抛弃传统哲学"回忆"过去或拘执于现在的风格，把未来作为思考的基地和中心。布洛赫还主张以这种新哲学为出发点来建设马克思主义的伦理学、美学、宗教观等。正如 W. 赫德森所说："开放体系是布洛赫对自己的乌托邦哲学、过程哲学和马克思主义的一种成熟的融合，是他在《乌托邦的精神》中规划的哲学见解的直接的继续。"③

布洛赫在本书中对黑格尔的解释具有很大的主观随意性，他常把自己的观点糅合进去，使人分不清究竟哪些观点是黑格尔的，哪些观点又是他自己的。正因为如此，他对马克思和黑格尔相互关系的解释也有片面性。

（三）《希望的原理》（1954—1959）

在布洛赫的这部巨著中，乌托邦哲学的核心——希望的原理得到了系统的、详尽的论述。在论证过程中，布洛赫提出了许多新概念和新见解，我们只能择其要者进行介绍。

1. 对"希望"的探讨

如前所述，布洛赫把一切事物都描述为尚未完成的过程。那么，这

---

① ［德］恩斯特·布洛赫：《主体—客体：对黑格尔的解释》，见《布洛赫全集》第 8 卷，1962 年德文版，第 453—473 页。（Ernst Bloch, *Subjekt-Objekt*: *Erläuterungen zu Hegel*, *Gesamtausgabe*, Band 8, Frankfurt am Main: Suhrkamp Verlag, 1962, ss. 453-473.——编者注）

② 同上书，第 22、第 23 章。

③ ［英］W. 赫德森《恩斯特·布洛赫的马克思主义哲学》，1982 年英文版，第 180 页。（W. Hudson, *The Marxist Philosophy of Ernst Bloch*, London: The Macmillan Press LTD., 1982, p. 180.——编者注）

一过程究竟是什么力量在驱动呢？这里涉及他提出的一个新概念，即"倾向—潜在性"(tendency-latency)。其中"倾向"是指物质在运动中能量的扩张，像莱布尼茨一样，布洛赫没有把"倾向"理解为一种被动的趋向，而是理解为一种能量不断向前向外扩张的能动的态势；"潜在性"指物质潜在的隐德来希，即潜藏在物质内部的目的。"倾向—潜在性"表明，世界充满了作为倾向扩张着的尚未完成的东西，它作为过程有一个显现自己目的的基本倾向。① 布洛赫认为。"倾向—潜在性"主要表现在人类历史中。人生活在这个世界上是受种种需要驱动的，如生理上的需要（饥、渴、性等），情感上的需要（艺术、宗教等），求知的需要（各种科学、哲学等）。尽管过程中的"此刻"被包裹在黑暗之中，可是，"倾向—潜在性"总是以"需要"的形式驱迫人打破"此刻"的黑暗，去寻求前面的光明。

为了描述这种现象，布洛赫又引入了"期待"(anticipation)这一新概念。他说："具体的想象和它的间接的期待的意象正在实在本身的过程中骚动，并在朝着将来的具体梦想中表现着自己；期待因素是实在本身的组成部分。"②布洛赫在这里说的实在指的正是人类社会，不用说，对未来的期待在人的各种活动中表现出来。但他强调的是，期待不是一种外加的、偶然的东西，不是一种可以略去不计的东西，相反，它是实在的本质要素之一，是实在的一个不可或缺的向度。

那么，在社会历史生活中，始终作为主体出现的人究竟在期待什么呢？布洛赫认为，无非是在期待一种新的可能性的出现，期待生活进程朝某一个可能的方向发展。布洛赫认为，存在四种不同的可能性：第一种是"形式的可能性"(formal possibility)，它是虚假的、不现实的；第二种是"事实的认识论的可能性"(factual epistemological possibility)，它是

---

① ［德］恩斯特·布洛赫：《希望的原理》，见《布洛赫全集》第 5 卷，1959 年德文版，第 357—358 页。(Ernst Bloch, *Das Prinzip Hoffnung*, *Gesamtausgabe*, Band 5, Frankfurt am Main: Suhrkamp Verlag, 1959, ss. 357-358.——编者注)

② 同上书，第 227 页。

假设性的判断,是关于事物的不完整的知识;第三种是"依据对象的可能性"(possibility according to object),它是对对象的实在主义式的复制,未真正注意到实在中"尚未"的维度;第四种是"客观的真正的可能性"(objective real possibility),这种可能性的条件还未在对象本身中积聚起来。布洛赫说:"真正的可能性就是其条件还未在对象本身的范围内凝聚起来的一切;这些条件仍然处在成熟的过程中;重要的是,新的条件——尽管以那些已然存在的东西为中介——突然跳出来宣布新的现实的到来。"①在布洛赫的目光中,只有客观的真正的可能性才是实在过程的合理的表达,人们的期待意识只有朝着这种可能性扩张,才是科学的。按照他的看法,马克思主义就是争取客观的真正的可能性得以实现的一种学说。

在这样的思考的基础上,布洛赫引入了"希望"(hope)这一中心概念。正如 W. 赫德森所说:"开放体系是建基于希望原理之上的。"②然而,布洛赫的希望概念遭到了人们的普遍的误解。其实,在他那里,希望不仅是一个心理学的概念,而且在一般的情况下,它是内在于客观实在的一个基本的决定因素:"对还未生成的可能性的期待、希望和向往,不仅是人的意识的根本特征。如果具体地进行调查和把握的话,它也是客观实在整体内部的一个基本规定。"③

布洛赫区分了两种希望:一种是"主观的希望"(subjective hope);另一种是"客观的希望"(objective hope)。前者是人心中的一种期待意识。人心中有各种情绪,如恐惧、烦恼、希望、焦虑、痛苦等。在这些

---

① [德]恩斯特·布洛赫:《希望的原理》,见《布洛赫全集》第 5 卷,1959 年德文版,第 225—226 页。(Ernst Bloch, *Das Prinzip Hoffnung*, *Gesamtausgabe*, Band 5, Frankfurt am Main: Suhrkamp Verlag, 1959, ss. 225-226. ——编者注)

② 转引自[英]W. 赫德森《恩斯特·布洛赫的马克思主义哲学》,1982 年英文版,第 104 页。(W. Hudson, *The Marxist Philosophy of Ernst Bloch*, London: The Macmillan Press LTD., 1982, s. 104. ——编者注)

③ [德]恩斯特·布洛赫:《希望的原理》,见《布洛赫全集》第 5 卷,1959 年德文版,第 5 页。(Ernst Bloch, *Das Prinzip Hoffnung*, *Gesamtausgabe*, Band 5, Frankfurt am Main: Suhrkamp Verlag, 1959, s. 5. ——编者注)

情绪中，唯有希望把人推向未来，因而在布洛赫看来希望是一种最重要的情绪。主观的希望产生的是尚未意识的知识；后者即客观希望是指主观希望关联到真正的可能性时的希望，也就是被希望的希望。① 这就是说，实际上，希望只有一种，它总是主观的，但当它契合客观实在时，它同时又是一种客观的希望，即真正有希望的希望。

布洛赫认为，希望的实现是不能得到保证的。事物发展的过程不仅包含着成功的可能性，而且包含着失败的可能性。② 即使是客观的希望也不能保证一定会实现，希望只是对事物将来发展趋向的一种把握。尽管如此，它却不是一种可有可无的、偶然的东西，它是一种本体论的现象。对于人的存在和人类社会的存在来说，希望不但是不可或缺的，而且人们要真正理解人性和人类社会的本质，就必须从希望的维度去进行思考。

在分析希望这一本体论现象时，布洛赫又指出，希望不仅是在"倾向—潜在性"的驱迫下，从"此刻"的黑暗中逃遁出来的，希望的出现还有另一个前提，即在作为希望的主体的人的面前，一定要有一个什么东西引导着。这个东西是什么呢？布洛赫又引入了"新奇的事物"（novum）这一概念来进行说明。如果说，"倾向—潜在性"是人的希望的一种内驱力的话，那么，新奇的事物则为激发希望提供了一个预设的目标。布洛赫说："世界充满了对某些东西的意向、倾向和潜在因素……但是这种倾向的产生是因为在它面前已经有新奇的东西——现实性'向何处'发展的问题最初在新奇的事物中显露出根本的目标规定，并且激励了人性。"③

什么是新奇的事物呢？布洛赫认为，它是真正的将来或完全新的内

---

① ［德］恩斯特·布洛赫：《希望的原理》，见《布洛赫全集》第 5 卷，1959 年德文版，第 1624 页。（Ernst Bloch, *Das Prinzip Hoffnung*, *Gesamtausgabe*, *Band 5*, Frankfurt am Main: Suhrkamp Verlag, 1959, s. 1624.——编者注）

② 同上书，第 227—230 页。

③ 同上书，第 17 页。

容，是作为客观的真正的可能性而出现的，它正向它的条件的完成的方向发展。新奇的事物之所以能激发起希望，因为它和旧的事物比较起来在性质上是根本不同的，它是一种跳跃，一种连续性的中断，一种突然爆发出来的新的东西。所以，它的历史意义不仅在于它能唤醒人们理论追求的热情，而且也能唤起人们在实践方面的热情。所有这些热情，一言以蔽之，也就是乌托邦的热情。乌托邦正是扎根于人的希望沃土之中的。

2. 通过对"希望"的探讨引申出的乌托邦理论

他认为，对于一个未完成的、永远处在过程中的世界的本体论来说，乌托邦是根本的："乌托邦扩张得如此之远，它对所有人的行为的影响是如此有力，以致对人和世界的每一种说明本质上都包含着它。不存在人们通常认为的那种实在论，真正与这一名称相符合的实在论应当从实在的最强烈的要素中抽取出来，这种要素就是某种未完成的东西。"①

布洛赫认为，人类文明史是由无数乌托邦所构成的，如宗教乌托邦、社会乌托邦、技术乌托邦、地理乌托邦、戏剧乌托邦、音乐乌托邦等等。这些乌托邦可以分为两种类型，一种是"抽象的乌托邦"（abstract utopia），也叫"静态的乌托邦"或"非辩证的乌托邦"，这种乌托邦由于没有奠基于真正的可能性之上，它仅仅是一种主观的希望；另一种是"具体的乌托邦"（concrete utopia），它由于建基于真正的可能性之上，不仅是一种主观的希望，也是一种客观的希望。在《乌托邦的精神》中，布洛赫认为马克思主义缺少面向未来的一维，因而主张用乌托邦主义去补充马克思主义，在《希望的原理》中，布洛赫改变了自己的看法。他主张，马克思的全部著作都是面向未来的，当然，马克思主义不是抽象的乌托邦，而是具体的乌托邦："马克思再一次揭示了作为所有真正的哲学的

---

① ［德］恩斯特·布洛赫：《希望的原理》，见《布洛赫全集》第 5 卷，1959 年德文版，第 728 页。(Ernst Bloch, *Das Prinzip Hoffnung*, *Gesamtausgabe*, *Band* 5, Frankfurt am Main：Suhrkamp Verlag，1959，s. 728.——编者注)

方法和主题的总体性。但在他那里，总体性第一次不是作为某种静态的东西，不是作为这一整体的已完成的原则出现，而是作为乌托邦的总体，确切些说，是作为具体的乌托邦的总体，作为一个仍然未完成的世界的过程的潜在性而出现的。"①

为什么马克思能摆脱抽象的乌托邦的影响而达到具体的乌托邦呢？布洛赫认为，马克思引入了以经济学及生产和交换的内在革命为基础的历史辩证法，从而在乌托邦和革命之间建立了某种张力。布洛赫认为，马克思的具体乌托邦的理论蕴含着三层基本含义：第一，马克思主义需要一个乌托邦的形而上学，即非静态的形而上学，它能把世界描述为一个过程并揭示出它向前发展的真正可能性；第二，马克思主义能在新的基础上继承传统形而上学的意向性，即传统哲学对目的性的研究，而不把历史活动简单地归结为某种必然性；第三，马克思主义需要一个末世学的观点，因为在当代世界乌托邦是不可能实现的。在这里，布洛赫实际上把马克思主义与宗教等同起来了。

布洛赫还认为，马克思的具体乌托邦的理论，在他的追随者那里失落了，他们满足于庸俗的经济决定论，从而把未来和过去一样看作已经决定了的东西。希望的贫乏也伴随着创造性和想象力的贫乏，因而布洛赫希望，他的乌托邦哲学能够重新唤起马克思主义的生命力和创造力，以便自觉地推动人类社会向前发展。

就这样，经过冗长的论证，他的最终目的还是用他的乌托邦哲学来改造马克思主义。但这样做，绝不会重新唤起马克思主义的生命力和创造力，而只能是向马克思主义以前的乌托邦人道主义的复归。

(四)《图宾根哲学导论》(1963—1964)

这部著作是布洛赫晚年思想的代表作，全书包括两卷；第一卷在1970 年被译为英文，取名为《一种未来的哲学》。在本书前面的出版说明

---

① ［德］恩斯特·布洛赫：《希望的原理》，见《布洛赫全集》第 5 卷，1959 年德文版，第 229 页。(Ernst Bloch, *Das Prinzip Hoffnung*, *Gesamtausgabe*, *Band* 5, Frankfurt am Main：Suhrkamp Verlag, 1959，s. 229.——编者注)

中，布洛赫指出，以哲学导论为书名的著作已经不少，他并不想步这些著作的后尘，面面俱到地去论证哲学中出现的一些基本问题。他的目的是倡导一种新的形而上学，"它不是关于过去的静态的形而上学，而更多的是一种不满足的、开放形式的形而上学，它仅仅可以被描绘成一个过程，这个过程还没有被决定，它的各个方面还处在粗略的预测和实验中，即处在刚开始的阶段上"①。这种新的形而上学是一种关于未来的哲学，一种乌托邦哲学。

在《图宾根哲学导论》中，布洛赫的乌托邦哲学获得了更思辨化的形式，它不像《希望的原理》那样，用大量的篇幅来描述各种乌托邦的现象，而是注重理论上的分析。这部著作的主要内容如下。

1. 需要是思想之母

布洛赫开宗明义地说："我存在，但是并不拥有我自己。我存在的存在是内在的，而每一样内在的东西都包裹在自己的黑暗中。它必须冒出来看到自己；看到它是什么及它周围存在着什么东西。"②自我发现，在它周围存在着许多类似于它自己的自我，于是，我存在就变成了我们存在。

人是赤裸着来到这个世界上的，他生活在此刻的黑暗中，只是在"需要"(need)的驱迫下，人才慢慢地向前移动。"所有有生命的东西都必定会趋向某些东西，或是处在朝某些东西移动的路上；在它自己的不安宁中，来自它自己的需要超越它自己而填满了空隙。"③人有各种各样的需要，满足饥饿的需要是最基本的需要，其他需要都从它那里产生出来。人类所具有的一切，包括思想，都是在需要的驱迫下产生出来的。"一旦需要被唤醒，思想就变得深刻了。"④需要是思想之母。

如果说，需要是思想形成的深层动因的话，那么，奇迹或令人惊奇

---

① ［德］恩斯特·布洛赫：《一种未来的哲学》，1970 年英文版，第 viii 页。(Ernst Bloch, *A Philosophy of the Future*, New York: Herder and Herder, 1970, p. viii. ——编者注)

② 同上书，第 1 页。

③ 同上书，第 3 页。

④ 同上书，第 4 页。

的事物则是思想形成并发展的直接原因。能激发人的好奇心的东西并不一定是神秘的、高深莫测的东西，它们在生活中是随处可见的。如一个小孩对时间感到惊奇，引起了思索。什么是时间呢？他说："时间就是没有数字的钟。"

人面对着新奇的东西必然会产生疑问，当人沿着疑问探索下去的时候，又显露出他的一种基本的情绪——"怀疑"（doubt）。布洛赫说："怀疑是科学进步的最重要的刺激，是推动科学的刺激物和激励物。有见解的学者从来不是已被大家接受的观念的虔诚的领受者和单纯的占有者。"①真正的怀疑并不导向不可知论，而是力图揭示出新奇的东西的本质和秘密。

在怀疑中，在思想本身的发展中，必然出现主体与客体、自我与非我、内在性与外在性的关系问题。从思想史上看，哲学家们在这一问题上形成了许多不同的见解。奥古斯丁在《忏悔录》中主张："不要向外寻求，真理居留在你的内部。"又说："我已知道上帝和我的灵魂，其他东西我一概不知道。"②如果说，托马斯·阿奎那从上帝存在推出世界存在再推出我存在，那么笛卡尔则从我存在推出上帝存在再推出世界存在。笛卡尔之后，在休谟和康德那里，主体性就被牢牢地确立起来了。费希特主张用自我设定非我，把非我即客体仅仅看作主体的创造物，这就把主体的地位提到前所未有的高度上。

然而，黑格尔用一种客观唯心主义的理论取代了费希特的主观唯心主义的理论，黑格尔不仅重视主体，也同样重视客体。他引入了异化概念来说明主体与客体之间的关系。在《精神现象学》中，主体在其发展过程中先异化出客体，然后再扬弃它而复归到自身之内。在这里，主体与客体的统一过程也就是主体认识自己的过程。布洛赫认为，《精神现象学》包含着一个基本的重要见解，即思想不是静态的，这是一个"旅程"

---

① ［德］恩斯特·布洛赫：《一种未来的哲学》，1970 年英文版，第 12 页。（Ernst Bloch, *A Philosophy of the Future*, New York: Herder and Herder, 1970, p.12.——编者注）

② 同上书，第 28 页。

（journey）。

2. 思想是求知的"旅程"

在《图宾根哲学导论》中，过程理论是布洛赫重点阐发的一个问题。他不仅把物质和个人的意识理解为一个尚未完成的过程，而且，从《精神现象学》出发，把思想理解为一个不断认识自己的求知的"旅程"。

布洛赫用一个人外出散步的比喻来阐发自己的见解。一个人在外出散步的过程中丰富了他自己，他可能到过田野、森林和山岭，了解到走哪些路是对的，走哪些路则是错的，最后，他回到整个旅行的目的地——他的家中。他的家并不是一个中途的避难所，而是他所要达到的目的。

布洛赫认为，黑格尔的《精神现象学》正是与散步相类似的旅程："在黑格尔的教育手册中，目标或'精神的自为存在'被以下六个步骤所达到，即感性确定性、知性、自我意识、理性、精神和绝对知识。"[1]事实上，黑格尔本人也把《精神现象学》称作为"发现的旅程"。布洛赫强调，思想的旅程并不是一个空洞的形式化的过程，在这一过程中，主体丰富了自己，主体与客体之间的关系也获得了新的意义："这种经过中介的主体—客体关系是一个更新的过程：前面的目标被更新了。"[2]

3. 乌托邦：世界的人道化

布洛赫认为，生活中到处充满了乌托邦，比如，在人们的梦境（包括白日梦）中，在各种关于仙女的故事中，在各种科学的假设和虚幻的小说中，在各种艺术作品，甚至在风景画中也洋溢着乌托邦的意识和热情。当然，这种热情最典型地表现在"社会乌托邦"中，即表现在人类对理想社会的憧憬中。布洛赫认为，在评价各种乌托邦时，一个关键问题是，我们是否正确地理解了人性，是否看到了自己在使世界人道化中的

---

[1] ［德］恩斯特·布洛赫：《一种未来的哲学》，1970 年英文版，第 46 页。（Ernst Bloch，*A Philosophy of the Future*，New York：Herder and Herder，1970，p. 46.——编者注）

[2] 同上书，第 44 页。

地位和作用。人道主义是在乌托邦中发展起来的，如果我们理解得正确的话，乌托邦在人类历史上就是革命的、建设性的。[①] 在布洛赫看来，使世界人道化，从哲学上看，也就是强调实践理性的优先性。对于以客观的真正的可能性为导引的具体乌托邦来说，它的使命不光是解释世界，而且要在实践中改变世界，使世界按照人道的方向发展。

布洛赫所鼓吹的"使世界人道化"，毕竟只是一种离开了客观必然性的主观想象，所以，对此到底有没有实现的可能，连他自己也没有什么把握。他的口号是："我们没有信心，我们唯有希望。"马克思主义在任何时候都必须把理想主义和现实主义结合在一起。布洛赫把他的哲学纯粹建立在理想主义与乌托邦主义的基础之上，最后不能不走向悲观主义。

---

① ［德］恩斯特·布洛赫：《图宾根哲学导论》，见《布洛赫全集》第 13 卷，1970 年德文版，第 94 页。（Ernst Bloch, *Tübinger Einleitung in die Philosophie*, *Gesamtausgabe*, *Band* 13，Frankfurt am Main：Suhrkamp Verlag，1970，s. 94.——编者注）

匈牙利布达佩斯学派[①]

　　布达佩斯学派是与西方马克思主义的奠基人卢卡奇的早期著作及晚年的思想经历紧密联系在一起的。

　　1945 年，卢卡奇从苏联返回匈牙利后，在布达佩斯大学任教。起先，他在学术上是比较活跃的，但在 1949 年，匈牙利人民民主政权建立后，卢卡奇在政治、哲学、文学批评等方面的见解与党的领导之间发生了严重的冲突，他被作为修正主义者而受到批判，他本人也做了自我批评。这样一种局面直到苏共二十大后才被打破。当时，卢卡奇积极参加裴多菲俱乐部的活动，发表反斯大林主义的演说，并抨击了匈牙利党内严重的教条主义倾向。1957 年，在匈牙利事变时，卢卡奇担任了纳吉政府的文化部部长。事变失败后，他从罗马尼亚回到匈牙利。匈牙利当时正在开展一场大规模的反修正主义运动，卢卡奇又作为重要对象受到批判，他的一些学生由于见解与他相同也受到了批判。这场运动直到 20 世纪 60 年代初才平息下去，但卢卡奇和他的一些学生的观点却被公认为是与官方的马克思主义不同的非

---

　　① 本文为《国外马克思主义哲学流派》（俞吾金、陈学明著，复旦大学出版社 1990 年版）第二部第五章（该书第 653—680 页）。——编者注

正统的马克思主义。随着卢卡奇的美学著作的出版和社会存在本体论理论的逐步成熟，这一马克思主义的派别以其鲜明的特征出现在国内和国际思想舞台上。在国际上，人们通常称这一派别为"卢卡奇派"或"布达佩斯学派"。

这一学派主要是由卢卡奇的学生和追随者组成的，其主要代表人物有 A. 黑格杜斯、赫勒、M. 马尔库什、M. 瓦伊达等。1968 年，苏联入侵捷克的事件爆发后，布达佩斯学派的人纷纷起来抗议苏联的侵略行为，党的领导则对这些抗议采取了严厉的制裁措施，正在匈牙利科学院哲学研究所工作的马尔库什被开除出党。党的领导开始掀起一个反对"敌对的"意识形态影响的运动，并谴责科学院哲学和社会学研究所背离党的政策，坚持了政治上有害的右倾观点，还批评布达佩斯学派的成员使马克思主义"多元化"，曲解了马克思主义的基本原理，拥护了一种非科学的观点等。

1971 年，卢卡奇去世，这一学派的成员们不仅在思想上、理论上失去了一位导师，而且也失去了一位国际权威的保护。1972 年，党的中央委员会宣布向"敌对观点"和任何想"在意识形态内部搞调和的企图"进行斗争。这一决议公布后，布达佩斯学派成员的活动越来越退居幕后。1973 年，出版禁令公布后，黑格杜斯和瓦伊达都被清除出党，赫勒在1958 年时就被开除出党，这时又遭到了批判。不久以后，赫勒、马尔库什和瓦伊达都离开了匈牙利，迁居到西方。黑格杜斯作为东欧著名的社会学家仍然留在匈牙利，成了党的持不同政见者。从 20 世纪 70 年代初起，布达佩斯学派在组织形式上已不复存在，但在思想上却继续存在着并在国际上产生了广泛的影响。从 60 年代以来，这一学派的成员在匈牙利和其他西方国家发表了大量著作和论文，其中赫勒发表的论著最多，影响最大。黑格杜斯于 1966 年发表于匈牙利的著作《社会主义社会的结构》1977 年在纽约出了英译本。1976 年，他在伦敦出版了《社会主义和官僚主义》一书，在国际上引起了较大的反响。黑格杜斯、赫勒、马尔库什和瓦伊达在 20 世纪 60 年代后期和 70 年代初发表的一些论文也被汇编成册，取名为《社会主义的人道化：布达佩斯学派的作品》，于1976年在伦敦出版。

布达佩斯学派的基本观点如下。

第一，提出"回到马克思去"的口号。在苏共二十大和匈牙利事变之后，匈牙利知识界对斯大林模式及匈牙利党内的教条主义倾向越来越不满。布达佩斯学派提出的"回到马克思去""改革马克思主义""马克思主义的复兴"等口号正迎合了这样的心态。这一学派的成员们力图表示，他们要彻底抛弃官方的马克思主义，回到马克思的马克思主义那里去。这尤其反映在匈牙利理论界关于连续性与非连续性问题的讨论上。所谓"连续性"（continuity），就是仍然坚持过去的斯大林主义的思想路线，只是在一些局部问题上做一些调整和改良；所谓"非连续性"（discontinuity），就是强调与过去的斯大林主义传统的断裂关系。卢卡奇和布达佩斯学派的成员都主张非连续性的必要性，从而根据整个东欧，特别是本国的国情，形成对马克思主义的新的解释。

第二，把马克思主义理解为社会理论。布达佩斯学派的成员大多是哲学家和社会学家，由于受到卢卡奇出版于20世纪20年代的著作《历史与阶级意识》的影响，都把马克思主义理解为一种社会理论。他们对卢卡奇晚年的遗著《社会存在本体论》采取了一种矛盾的态度。一方面，他们肯定卢卡奇的探讨重点始终落在社会问题上，他对日常生活、社会存在、劳动、再生产、异化、意识形态等问题的论述为他们的哲学、社会学研究提供了巨大的灵感和启发；另一方面，他们又批评卢卡奇晚年重新承认了自然辩证法和反映论，认为《社会存在本体论》也未跳出思维与存在关系这一传统哲学的基本思维模式，因此主张回到卢卡奇20年代的遗产上去，即回到《历史与阶级意识》那里去。这样，对于这一学派说来，外部世界或自然的问题、物质概念及运动规律等问题都失去了哲学上的重要性。

第三，社会主义社会是主要研究对象。在布达佩斯学派的成员那里，劳动、实践、需要、再生产、社会结构、行政制度和官僚主义等问题都是他们经常探讨的主题。但他们并不在一般社会的背景下泛泛地来讨论这些问题，而是把它们置于社会主义社会这一特殊的社会形态之下来讨论。黑格杜斯就断言，马克思主义的最紧迫的任务之一是给社会主义社会做出某种自我分析和自我批评，从而使其制度完善化。而马克思主义本身也只有在深入反思社会主义社会实践的基础上，才能不断得到丰富和发展。

第四，致力于社会主义的人道化。犹如南斯拉夫实践派一样，布达佩斯学派也把异化和人道主义作为自己探讨的社会问题中的核心环节。这一学派的成员都肯定在社会主义社会里存在着异化现象，但又表明，社会主义社会中的异化与资本主义社会中的异化有本质的区别，他们对社会主义制度的批评是比较克制的。当然，他们都主张，在社会存在本体论的基础上，在批判苏联模式的马克思主义的前提下，来重新恢复人在社会主义社会中的地位和作用，致力于使社会主义社会的全部制度和生活人道化，为共产主义社会中人的全面发展创造条件。

在布达佩斯学派中，我们探讨其主要代表人物赫勒的思想。

赫勒

阿格妮丝·赫勒是蜚声国际理论舞台的女哲学家。出生于 1929 年，在 1958 年以前她一直是卢卡奇的学生和助手。1958 年，她因为"错误的和修正主义的观念"被布达佩斯大学开除公职并被匈牙利社会主义工人党清除出党。1958—1963 年，她在布达佩斯的一所中学里任教。1963 年，她的工作重新得到了安置，她进入了匈牙利科学院从事研究工作。1968 年，她签署了一个宣言，抗议苏联入侵捷克。1973 年，她又受到官方的指责，说她的思想既具有左的偏向，又具有右的偏向。1977 年，赫勒离开匈牙利，迁居到澳大利亚，在当地的一所大学里教哲学与社会学。

赫勒是个思路敏捷的、多产的理论家，20世纪50年代以来她写下了大量著作和论文。其中主要的著作有《日常生活》(1970)、《马克思的需要理论》(1976)、《激进的哲学》(1978)、《历史理论》(1982)等。我们主要考察她在以下两部代表作中的基本思想。

(一)《日常生活》(1970)

在卢卡奇的晚年思想中，"日常生活"(everyday life)是一个基本概念，他出版于1963年的《审美特征》就是以对"日常生活"的分析为出发点的，但他并没有对日常生活的机制进行系统论述。赫勒的这部著作，正如她在"英文版序言"中所说的那样，试图采用现象学方法和亚里士多德式的分析程序，对她的老师提出的问题进行系统地、深入地探究。对于赫勒说来，《日常生活》这部著作之所以显得十分重要，是因为它为她以后的理论研究奠定了基础。在这部著作中，赫勒主要阐发了下面这些问题。

1. 日常生活：特殊性、个体性和类本质

什么是"日常生活"呢？赫勒写道："如果个体想要再生产社会的话，他们就必须再生产作为个体的自身。我们能够把'日常生活'定义为个体再生产因素的集合体，正是它，使社会的再生产成为可能。"①

赫勒接着说："每个人都是一个特殊的人，他带着一套既定的素质、能力和自然倾向来到这个世界上。"②这些特征是天赋的，它们将伴随他度过一生。"人的唯一性，他的不可重复性是一个本体论的事实。"③对于不同的人来说，他的性格、气质、倾向和动机是不同的，正是这些差异构成了某人之为某人的唯一性，或用赫勒的比较规范的术语来说，就是"特殊性"(particularity)。

在这里，赫勒又提出了另一个重要概念，即"个体性"(individuality)。

---

① ［匈]阿格妮丝·赫勒：《日常生活》，1984年英文版，第3页。(Agnes Heller, *Everyday Life*, London：Routledge and Kegan Paul, 1984, p. 3.——编者注)

② 同上书，第8页。

③ 同上书，第9页。

她说:"个体性是一个发展,它是一个个体的逐渐生成。在不同的时代,这一生成过程采取了不同的形式。但不论具体的个体性或理想的个体性采取什么形式,个体性从来不是完成了的,它总是处在不断变动的状态中。这一不断的变动乃是超越特殊性的过程,是'综合'进个体性的过程。"①

赫勒认为,在具体细节上把特殊性和个体性区分开来是困难的,应当从大的方面来认识这两者的不同。如果说,特殊性是个人的自我维护的话,那么个体性则是人的自我开放,它体现了人这一族类的发展。对于个人来说,"超越自己的特殊性,构成对类的意识关系,也就是成为一个个体性"②。人尽管诞生在一个或多或少地异化了的世界中,但并不是每个人都必然地会与这个世界保持一致。

在这样分析的基础上,赫勒得出结论说:"个体性是这样的个人,他与族类有意识关系,并在此基础上'安排'(自然是在既定的条件和可能性中)自己的日常生活。这一个体是这样的人,他在自己之内把特殊性的偶然的怪癖和类的普遍性综合起来。"③要真正把握个体性,还得了解赫勒在这里论述到的族类问题。她申明,她是从马克思那里引入这一问题的。马克思在《1844年经济学哲学手稿》中指出,人与动物不同的地方在于人是有意识的,人是类的存在物,人具有"类本质"(species-essence)。赫勒认为,个体性对族类的意识关系,也就是对自己的"类本质"的意识。在异化社会中,类本质与个体是相异化的,因此,个体要意识到自己的类本质并不是很容易的。从这样的角度来认识个体性与特殊性的差异就比较容易了。前者是在意识类本质的基础上,即按照自己人格的必然性来指导生活中的选择,后者则是仅仅从自己的需要出发进行选择。

---

① [匈]阿格妮丝·赫勒:《日常生活》,1984年英文版,第15页。(Agnes Heller, *Everyday Life*, London: Routledge and Kegan Paul, 1984, p. 15.——编者注)

② 同上书,第19页。

③ 同上书,第20页。

在阐述了上面这些基本概念之后，赫勒接着就来讨论了人与世界的关系。在她看来，这些关系是多方面的。

第一，个人是一个阶级的单位。在有文字记载的历史发展以来，个人总是"一个阶级的单位"（a class-unit）。这就是说，阶级的价值和倾向总是制约着个人的日常生活，并为其个体性的发展划定了界限。

第二，个人总是生活在一定的"团体"（group）之中。个人并不与他所属的阶级发生直接的联系，与之直接发生联系的是各种团体，如家庭、学校、足球队等。赫勒说："团体是社会综合的最低、最基本和最原始的等级。"①

第三，个人与"人群"（crowd）。为了某一共同的行动（如示威游行），一些素不相识的人聚集在一起。赫勒把这样的群众称作人群。在人群中，某些共同的目标或利益被强化了，因此，它是日常生活中的一种重要的组织形式。

第四，"共同体"（community）中的个人。赫勒认为，共同体是人与世界关系中最重要的媒介，它是结构化、组织化了的团体，具有个人必须遵从的价值体系。它的形式是多种多样的，如古希腊的城邦、基督教团体、法西斯帮派组织等。

赫勒分析说，个人之所以具有"我们-意识"（we-consciousness），是因为他生活在各种团体和组织中。个人与各种团体的认同和冲突，构成了现代社会日常生活中最常见的现象。

2. 从日常生活到族类活动

赫勒认为，人们的日常生活具有"异质性"（heterogeneity），是千姿百态、迥然各异的，但不管如何，任何日常生活都表现为对象化。这里的对象化有两方面的含义：一是主体在日常生活中不断地使自己的本质力量外在化；二是在这一过程中，主体不断地被再创造。这两方面的含

---

① ［匈］阿格妮丝·赫勒：《日常生活》，1984 年英文版，第 32 页。（Agnes Heller, *Everyday Life*, London：Routledge and Kegan Paul，1984，p. 32.——编者注）

义是不可分割地统一在日常生活中的。

赫勒强调，说日常生活是对象化，并不意味着说每一个日常活动都是对象化，举例说来，睡觉是每个人的日常生活中不可缺少的活动，但它不过是人的一种生物性的活动，不能说它就是对象化。在日常生活中，要明确地把人的活动划分为"对象化"或"非对象化"是困难的，只能从总体上去理解日常生活的对象化。

赫勒又指出："像日常生活一样，日常思维也是异质的。"[①]日常思维具有各种不同的形式。就日常思维始终作为日常生活的一种功能而言，它是不变的；就它本身的内容和结构而言，则是一直在变化的，结构变得慢一点而内容变得快一点。日常思维的本质特征是"拟人化"（anthropologicalness）。毋庸讳言，人们每天的实践活动都依赖于自己的知觉，人总是以自己的体验为依据去看待并描绘外部世界。尽管科学的发展不断克服人的思维的拟人化的倾向，但这种倾向在普通人的生活中始终保持着。

赫勒还论述日常生活中异质性和同质化（homogenization）的关系。从总体上看，日常生活是异质的，但它也包含着同质的领域，比如，法的体系就是一种同质的对象化，它以相同的方式制约着每个人的日常生活。没有这种基本的同质的因素，日常生活就会失去其异质性和多样性。赫勒说："没有异质的人的活动，日常生活就不可能被再生产出来；同样，没有同质化的过程，'自为的'对象化也不可能被再生产出来。"[②]同质化意味着个体被吸引到一个既定的同质性的对象化领域中，当个体把他的活动贯注到这个领域中去的时候，他也就处在与族类的直接关系之中，人的活动就成了一般的实践活动的一部分，"这种发生在同质化

---

① ［匈］阿格妮丝·赫勒：《日常生活》，1984 年英文版，第 49 页。（Agnes Heller, *Everyday Life*, London: Routledge and Kegan Paul, 1984, p. 49.——编者注）

② 同上书，第 57 页。

过程中的人的活动乃是创造或再创造"①。

那么，在人们的日常生活中，哪些活动最容易发展到意识到人的类本质的族类活动的高度上去呢？赫勒认为，主要是以下的活动：

第一，劳动。劳动是人的一切实践活动的基础和前提。赫勒认为，马克思区别了两个不同的劳动概念：一个是 labour，指日常生活中的生产活动，作为异化劳动，它并不满足劳动者本人的需要，相反，它把人贬低为动物，在这种劳动中，人不但不能超越日常生活的水平，反而把自己牢牢地限制在特殊性的范围之内；另一个是 work（工作），它是一个关系到类本质的范畴，体现了人的自我创造、自我实现，在 work 中，个人的特殊的愿望与动机被提高到普遍性的共同的水平上。它引导人普遍化，也就是引导人社会化。

第二，道德。赫勒强调，一方面，道德不是一个孤立的领域，另一方面，它虽然包含意识形态因素，但却不能被认为就是意识形态。道德体现了个人与社会—族类的规范要求之间的关系，这种关系出现在人的日常生活的各种活动中。赫勒说："良心是道德的中心范畴。正是在良心这种形式中，社会—族类出现在主体中。"②

第三，宗教。赫勒把宗教称为"观念的共同体"。宗教是一种集体意象，它体现了人类对超验的力量的依赖，然而在实际生活中它却起着十分重要的作用："宗教一直是日常生活的组织者，而且经常是它的主要组织者。"③宗教本质上是一种有意识的族类的活动，它的伦理观念超越了日常生活中的伦理观念，体现出净化人性、完美人格的深沉的精神力量。

第四，政治和法。赫勒认为，政治活动在日常生活中起着重要的作用，它的一个基本功能就是使人们不满足于自己的日常生活，或者它至

---

① ［匈］阿格妮丝·赫勒：《日常生活》，1984 年英文版，第 57 页。（Agnes Heller，*Everyday Life*，London：Routledge and Kegan Paul，1984，p. 57.——编者注）

② 同上书，第 79 页。

③ 同上书，第 93 页。

少激发人们的一种想象力，即日常生活是可以改变的，它直接体现出一种"我们—意识"，因而是族类活动的典型表现。同样，法的活动就是对人们的日常生活的普遍制约，作为一种同质化，它直接消解人的特殊性，而把他推向普遍性，推向对类本质的直接意识。

第五，科学、哲学和艺术。赫勒说："科学、艺术和哲学是人的知识和自我知识的类的对象化。"①自然科学的基本信念是"非拟人化"（to de-anthropocentralize），也就是说，人们只有撇开自己的各种情感因素和价值因素，才能客观地揭示出外部自然界运动变化的规律。因此，自然科学的基本要求是超越日常生活经验的狭隘的眼界，达到普遍思维的高度。艺术作为日常生活的一个不可或缺的组成部分，它的情况又如何呢？赫勒说："艺术是人类的自我意识，艺术作品总是'自为的'类本质的承担者。"②艺术作品总是把世界描绘成人创造的世界，它压抑特殊性，通过审美的媒介，把人性提高到一个完善的境界中。至于哲学，它统一了科学和艺术的功能，它是对人类发展的意识和自我意识。哲学思维总是超越日常思维，直接进到对类本质的自觉的把握中。

3. 日常生活的结构

如前所述，日常生活就是对象化。在分析日常生活的机制时，赫勒又提出了以下四个新概念。

第一，类本质的"自在的"对象化（species-essential objectivations "in itself"）。它们既是人类活动的结果，又是一切人类活动的前提，它们主要包括工具和产品、风俗习惯、语言三大部分。这是一个必然性的领域，虽然它们蕴含着人的有目的的活动，但它们是作为每一个人必然面对的给定的东西的方式出现的。它们具有本体论上的优先性，没有它，任何人类社会都不可能存在。

第二，类本质的"自为的"对象化（species-essential objectivations "for

---

① ［匈］阿格妮丝·赫勒：《日常生活》，1984年英文版，第99页。（Agnes Heller, *Everyday Life*, London: Routledge and Kegan Paul, 1984, p. 99.——编者注）

② 同上书，第107页。

itself")。它们在本体论上是第二性的，并不是社会性的必要的组成部分：它们关涉到人的自觉的意识和行为，关涉到人的自由，而这样的自由并不是任意的，它是以"类本质的'自在的'对象化"为基础的。赫勒申明，"自为的"并不是"非异化"的同义词，同样，"自在的"也不是"异化"的同义词。比如，语言是"自在的"，但也能成为人的"自为的"活动的基础；科学是"自为的"，但也可能被异化。

第三，"自在的"和"自为的"对象化（objectivations both "in itself" and "for itself"）。赫勒说："各种一体化，政治结构和法律等是'自在的'和'自为的'对象化。"①它们把必然与自由统一起来，从而为自由的程度提供了尺度。

第四，为我们的存在（Being-for-us）。它不是一个类本质的对象化的范畴，它意味着在人的实践活动中，某些事物和规范被内在化了。"从个人的立场来看，实在不可能作为绝对的'为我们的存在'而被构成：在任何给定的时代，包括将来，在可以达到的'为我们的存在'的层面上，总有一些'不为我们'的事实。"②这就是说，"为我们的存在"是有限度的，但从实在的自在的存在中达到"为我们的存在"，正体现了人在生活中的积极的创造精神。

如前所述，类本质的自在对象化包括物（生产工具和产品）、风俗习惯和语言三项，它们各有自己的特征，但又有如下共同的特征：

第一，重复性。赫勒说："类本质的'自在的'活动是重复的活动。"③

第二，规则性和规范性。类本质的"自在的"对象化总是把规则提供给人的活动，这就像维特根斯坦讲到的游戏规则一样。

第三，符号系统。赫勒说："作为重复交往的承担者，类本质的对

①　[匈]阿格妮丝·赫勒：《日常生活》，1984 年英文版，第 120 页。（Agnes Heller, *Everyday Life*, London：Routledge and Kegan Paul，1984，p. 120. ——编者注）
②　同上书，第 121 页。
③　同上书，第 134 页。

象化也是符号系统。"①

第四，经济性。赫勒说："经济性是类本质的'自在的'对象化的各个环节所共有的特征。"②所谓经济性就是以最简要的符号、最简便的方法在日常生活中发挥作用。

第五，情景性。赫勒认为，类本质的"自在的"对象化总是与各种具体的情景关联在一起的。她说："作为一种普遍的规则，每一种风俗习惯都关系到一个情景。"③

在论述了类本质的"自在的"对象化的共同特征后，赫勒又探讨了人们在日常生活中的行为和知识的一般结构。她认为，这些一般结构通常是由以下要素组成的：

第一，实用性。赫勒说："我们的日常思维和行为从根本上看都是实用性的。"④各种物（工具和产品）、风俗习惯和语言都在人的活动中发挥着不同的功能。如果有什么东西是不能用的，它们就会渐渐地退出人们的日常生活。在这个意义上也可以说，人们不可能对每种对象化采取纯粹理论的态度。在日常生活中，理论和实践总是统一在一起的。

第二，概率性。赫勒指出："在关系到类本质的'自在的'对象化时，不管我们做的是什么，总是奠基于概率性之上的。"⑤在抽象的理论思维中，人们总是去寻求具有普遍必然性的真理，但在日常生活中，人们必须做出选择和决定，因此总是根据概率来办事，寻求成功的最大可能性而不幻想成功的必然性。

第三，摹仿。赫勒认为，摹仿总是在人们的日常生活中起着重要的作用，它表现为三种形式：一是"行动的摹仿"，比如，人要学习语言，就必须摹仿他人的发音；二是"行为的摹仿"，这是一种比较复杂的摹

---

① ［匈］阿格妮丝·赫勒：《日常生活》，1984 年英文版，第 138 页。（Agnes Heller，*Everyday Life*，London：Routledge and Kegan Paul，1984，p. 138.——编者注）

② 同上书，第 143 页。

③ 同上书，第 146 页。

④ 同上书，第 166 页。

⑤ 同上书，第 168 页。

仿，它涉及人的整个行为模式；三是"激起的摹仿"，它主要表现在思想认识和激情方面。在现代社会的日常生活中，第三种摹仿所占的比例越来越大。

第四，类比。在赫勒看来，"日常活动的相当一部分都是被类比所引导的"[①]。在日常生活中，某人之所以这样行动而不是那样行动，之所以这样决定而不是那样决定，通常是基于与他人行为的类比。在语言的隐喻中，类比表现得尤为突出，它为人们的日常思维的扩张和发展创造了条件。

第五，过度概括。人在行动和选择时，通常把自己所处的特殊环境设想为典型的一般环境，赫勒把这种情况称为过度概括。人们所据以行动的道德规范和生活理想都具有过度概括的特征。当人们用它们来支配自己的特殊行为时，可能有两方面的结果：一方面，这些规范落后于生活，会给行动带来不利的影响；另一方面，这些规范是合理的、必要的，给行动带来了预期的结果。总之，在日常生活中既要撇开过度概括中的偏见，又要坚持其合理的部分。

第六，对单一情况的粗略处理。赫勒声明，前面论述到的问题都涉及类本质的"自在的"对象化，而现在讨论的问题则属于类本质的"自为的"的对象化。后者包含着人与对象化之间的意识关系。在意识关系中，起决定性作用的是概念，而概念总是以粗略的方式处理日常生活中的特殊的、单一的情况，它们不能描述出某人在某时某刻的特殊感情，但却极大地改变了人们与日常生活之间的关系，为他们提供了从总体上把握它的途径。

4. 日常知识、日常联系和日常生活中的人格

前面赫勒对日常知识的基本特征已有所论及，现在她要进一步讨论日常知识的内容。一个人如要在某一特定的社会中生活下去，他就需要

---

① ［匈］阿格妮丝·赫勒：《日常生活》，1984 年英文版，第 174 页。（Agnes Heller, *Everyday Life*, London：Routledge and Kegan Paul，1984，p. 174. ——编者注）

有最必要的日常知识，其中包括关于本地语言的知识，关于基本的风俗习惯的知识，关于制造某些工具和使用某些产品的知识等。不用说，这种最起码的知识随人所处的时代、地方及他所属的阶级的不同而不同。

赫勒接着说："日常知识总是意见，绝不可能是哲学的或科学的知识。"①它是从日常活动而不是从严格的理论思维中产生出来的，与它相伴随的则是信念。赫勒把信念称为"确定性的感觉"，认为它在人们的日常知识的整体中起着举足轻重的作用。赫勒进一步把信念划分为两种：一种是"盲目的信仰"，它是特殊性的个人的信念；另一种是"信赖"，它是个体性的个人的信念。前者使人拘执于日常生活，后者则使人超越于日常生活之上。在赫勒看来，日常知识还不是世界观，真正的世界观是在宗教和哲学对日常经验的综合和提高中达到的。

什么是"日常联系"呢？赫勒强调，不能把它理解为不同个人之间的交往关系，它是指在社会劳动分工中，处在不同岗位上的人相互之间的关系，比如，总经理与部门负责人的关系，乘客与售票员的关系等。人们在劳动分工中的关系有两种基本形式：一种是平等基础上的关系；另一种是不平等基础上的关系。后一种关系又可细分为依赖关系和等级关系。

在赫勒看来，日常联系主要有以下四种样态：偶然的联系、习惯性的联系、依附性的联系和组织化的联系。在日常生活中，这些样态并不是截然可分的，而是混杂在一起的。如果从感情上分，日常联系又表现为以下三种类型，即爱、恨和冷淡。赫勒认为，正是这些日常联系成了我们了解人与人之间的全部社会联系的出发点。

赫勒对日常生活的研究是很有意义的，也取得了不可忽视的成果。但是，同"西方马克思主义""东欧新马克思主义"的其他理论家一样，她是从一种浪漫主义的情绪出发加以研究的，以致把社会的一切矛盾和动

---

① ［匈］阿格妮丝·赫勒：《日常生活》，1984 年英文版，第 203 页。（Agnes Heller, *Everyday Life*，London：Routledge and Kegan Paul，1984，p. 203.——编者注）

力都融合到日常生活领域中去了。

(二)《历史理论》(1982)

《历史理论》是赫勒 1976 年出版的一部著作。在这部著作中，她对当前哲学家、史学家和历史编纂学学者所共同关心的基本历史问题进行了系统的论述。这部重要的著作既显示出赫勒思想的最新发展，也表明她以前形成的日常生活理论始终是她探讨各种更为复杂、更为专门的理论问题的出发点。在这部著作中，赫勒主要讨论了以下四个基本问题。

1. 历史性

什么是"历史性"(historicity)呢？赫勒解释道："历史性不是某种我们碰巧遇到的东西，不是我们像穿外套一样'滑进去'的一种癖好。我们就是历史性，我们就是时间和空间。"①在赫勒看来，康德视为"知觉形式"的时间和空间不过是对我们存在的意识，而对我们存在的意识也就是我们的存在。从本体论立场看来，康德所说的四组先验的范畴(量、质，关系、模态)都是第二性的，它们并不是对我们存在的意识，而是对我们存在的有意识的反思的一种表达。人们可以脱离这些范畴来想象时、空，但却不能在时、空之外来想象这些范畴。正是在这个意义上，可以说，我们就是时间和空间。

赫勒强调：个人的历史性必须以人类的历史性为前提。在这里，复数优先于单数：当我们存在时，我才存在，当我们不存在时，我便不存在。历史性的基本问题就是高吉恩(Gaugin)提出的问题："我们来自何处，我们究竟是什么人，我们往哪里去？"②在赫勒看来，这个问题是不会变化的，但对它的回答却是会变化的。对这一问题的解答就是历史意识，在不同的时代，历史意识是不同的。

在讨论历史性的部分中，赫勒主要阐述了三个问题。

第一，历史意识发展的阶段。

---

① ［匈］阿格妮丝·赫勒：《历史理论》，1982 年英文版，第 3 页。(Agnes Heller, *A Theory of History*, London: Routledge and Kegan Paul, 1982, p. 3. ——编者注)

② 同上书，第 4 页。

赫勒认为，历史意识的发展经过了六个阶段。

一是，无反省的一般性的意识：神话。

赫勒说："在无反省的一般性的层面上，历史意识是在关于发生的神话中表现自己的。"①这里的"一般性"（generality）意味着某一团体的价值体系、习惯和制度的发生包含在世界或宇宙发生的规划之中；"无反省的"（unreflected）则指把人直接安置在神话所描述的环境中。在这个阶段上，人们还不能把空间的意象与时间的意象区分开来，将来、过去和现在还是混杂在一起的。神话故事正是原始人的集体的历史意识的一种表达。

二是，反映在特殊性中的一般性的意识：作为前历史的历史意识。

赫勒认为："历史意识的基本点在于变化的意识。"②在第一阶段中，人们的思想被封闭在一种不变化的神话体系中，在第二阶段中，人们通过在"特殊性"（particularity）中反省一般性的途径，把变化的意识引进到神话之中。这里的特殊性是指"我的城市""我的人民"等。特殊性本身是变动不居的，它促使人们注目于周围发生的事实，从而从神话这种虚假的历史意识开始向真正的历史意识过渡。

三是，无反省的普遍性的意识：宇宙神话。

什么是"普遍性"（universality）呢？赫勒说："造物主就是普遍性本身。"③在上一阶段中，人们虽然通过在特殊性中反省一般性的途径，使神话走向崩溃，但人们的反省还完全未触及另一个世界，即上帝或造物主的世界。在这第三阶段中，人们虽然意识到了普遍性（上帝），但还不可能把上帝作为反省的对象，因此仍然信奉宇宙神话所编造的关于整个人类的创造、堕落、救赎和最后审判的"历史"。

四是，反映在一般性中的特殊性的意识：严格的历史意识。

① ［匈］阿格妮丝·赫勒：《历史理论》，1982 年英文版，第 6 页。（Agnes Heller, *A Theory of History*, London：Routledge and Kegan Paul，1982，p. 6.——编者注）

② 同上书，第 8 页。

③ 同上书，第 13 页。

在这个阶段中，人们意识的重点不再落到原始的一般性（神话体系上），而是落到了特殊性上，落到了事实上。这样一来，真正的历史便开始了："过去渐渐地从前历史、从人为的虚幻的构想、从神话转变为历史。"①

五是，反省的普遍性的意识：世界历史意识。

赫勒说："世界历史意识是世俗的。它既不是宗教也不是神话，它基本上是历史哲学。"②在这个阶段上，上帝创造世界的宇宙神话被抛弃了，普遍性与特殊性不再对立，相反，历史发展中的普遍的精神开始通过特殊性表现出来。

六是，反省的一般性的意识：今日历史研究的新任务。

赫勒认为，以往的各种历史哲学的理论在 20 世纪的两次世界大战中幻灭了。两次世界大战不仅给人们的生活造成了空前的劫难，而且也使人们的历史意识陷入了空前的混乱之中。赫勒说："历史意识的混乱并不是绝对的。一个新的意识，反省的一般性的意识，将会诞生出来。"③所谓"反省的一般性"主要是指对人性的自觉的思考：人类是生而自由并具有理性的，因而他们必须成为他们是的东西，即自由的和有理性的存在物。这一理论作为对反省的一般性的意识的充分表达，为彻底的人类学和社会—政治的实在主义提供了思想前提。

第二，现在、过去和将来。

在历史理论的研究中，现在、过去和将来都是基本概念。赫勒说："历史性的现在的各种形式能够被下面的术语来表达，即'眼下'（just now）、'此刻'（now）和'当下存在'（being now）。第一个术语关系到通常意义上的过去和将来；第二个术语关系到'以往的境况'和'正在到来的境况'；第三个术语关系到开端和结果。"④

---

① ［匈］阿格妮丝·赫勒：《历史理论》，1982 年英文版，第 16 页。（Agnes Heller, *A Theory of History*, London：Routledge and Kegan Paul, 1982, p. 16. ——编者注）

② 同上书，第 22 页。

③ 同上书，第 33 页。

④ 同上书，第 36 页。

在他看来，"眼下"意味着行动。比如，"我正坐在火车上想着你"，这里的两个行动都具有"眼下"的特征。每一个"眼下"的行动都必然会成为过去；同时，"眼下"并不是静止的，它又在向前延伸，在这个意义上说，它又具有将来的特征："每一个'眼下'的行动都有一个将来，这就是我们的历史性的旋律。"①

"此刻"是一个界限，是已经发生的事情和尚未发生的事情之间的分界线；是回忆的对象和作为目的的对象之间的分界线；是已知的东西和未知的东西之间的分界线："'此刻'既不是回忆的对象，也不是行动的目的。"②"此刻"的基本特征是力图超越界限。当我回忆过去的时候，我就超越现在进入过去；当我设想将来的时候，我就把将来转变为现在，如此等等。赫勒说："我们的历史性的不安宁是自我矛盾的。如果我们知道自己的将来，我们也就没有一个将来了，如果我们能够改变我们的过去，那也就没有一个过去了（它不再是我们的过去）。我们总是只能有我们的'此刻'，但'此刻'是过去的境况与正在到来的境况的分界线，所以我们甚至连'此刻'也没有。"③然而，赫勒又指出，我们不能改变我们的过去和知道我们的将来的说法只是相对的。我们在回忆过去的时候，也就重新构筑了过去；同样，虽然我们不能知道我们将来的命运，但对今后几年中的发展还是可以设想的。

所谓"当下存在"，就是把"此刻"植入"存在"的背景中。我们存在的过程表现为以下的序列：儿童时期，童年时期，成年时期，老年时期。儿童时期是开端，老年时期是结果。"此刻"进入存在，也就是进到开端和结果之间的序列之中："我们的现在总是我们的'当下存在'，'当下存在'限制我们，把我们封闭在一个有限的可能性的圆圈之中。"④在每一

①　[匈]阿格妮丝·赫勒：《历史理论》，1982 年英文版，第 36 页。（Agnes Heller, *A Theory of History*, London: Routledge and Kegan Paul, 1982, p. 36. ——编者注）

②　同上书，第 37 页。

③　同上书，第 37—38 页。

④　同上书，第 38 页。

分钟中，我们总是"眼下"和"当下存在"；同样，在每一个"当下存在"中，我们都是"眼下"。我们总是被圈在开端和结果、过去和现在之间的时间和空间之中。

赫勒又强调："历史性是历史的，在再生产社会的过程中，我们把我们的历史性确定为历史。"①但我们生活、奋斗、创造、思考，以及经受痛苦和享乐的这个社会仅仅只是永恒性中的一个时刻，而这就是我们的世界。赫勒还强调，单个人的历史性总是植根于周围人的历史性之中。所以，"每一个'眼下此刻'和'当下存在'都是'共在'（being-together），亦即'共同性'（togetherness）"②。共同性没有过去也没有将来，它是绝对的现在或"此刻"。那些"此刻"在一起的人，过去或将来并不总是在一起的。这就告诉我们，归根结底，历史性所重视的是"此刻"或现在，因为我们生存的焦点总是在"此刻"之中。

第三，日常历史意识。

赫勒说："历史意识就是对历史性的意识，它是包罗万象的。在每一个阶段上，历史意识都在被共同性创造和同化的每一种文化的对象化中显现自己。"③历史编纂学和历史哲学都是以日常生活中的历史意识为前提的。

但一个关键性的问题产生了，那就是客观性问题。赫勒说："客观性的问题不仅从各种陈述中产生出来，而且也在对过去事件的每一种再构成中产生出来。"④比如，两个小孩打了一架，双方的父母在陈述这一事件时，在大多数情况下都会因袒护自己的小孩而做出不客观的陈述。在这里，实际需要和利益总是高于客观性。这是不奇怪的，因为日常意识的基本特征是实用性："我们早已断定，在日常生活中，在对事实的陈

---

① ［匈］阿格妮丝·赫勒：《历史理论》，1982 年英文版，第 41 页。（Agnes Heller, *A Theory of History*，London：Routledge and Kegan Paul，1982，p. 41.——编者注）

② 同上书，第 41 页。

③ 同上书，第 51 页。

④ 同上书，第 59 页。

述中，我们的兴趣是实用的和实践的，而不是理论的和目的明确的。"①日常历史意识的这一特征为我们理解各种历史理论提供了一把钥匙。

从日常历史意识的实用性中可知，我们从不以纯粹的理论方式来陈述某些东西，我们总是把我们所要陈述的现象和体验植入我们的世界之中，从而把它们变成对于我们来说是有意义的东西。我们可以采用各种方法来达到这个目的：一是"类比"（analogy），当我们说"x 像 y"或者说"x 使我们想起 y"时，我们已假定 y 是我们已经熟悉的东西，通过类比，我们把 x 也引进到我们的世界之中；二是"因果性"（causality），我们总是习惯于从结果去寻求原因，从而把原因从未知的东西转变为已知的东西，移植到我们的世界之中；三是"模态"（modality），当我们说某个事件的发生是偶然的时候，我们已通过模态描述的方式确定这个事件是不重要的；四是"一般的描述"（general sketches），它把前几种方式综合起来，"从形式上看，一般的描述是关于事实的一个陈述，但它总具有掩藏着的价值取向"②。谚语是最典型的"一般描述"，如"恶有恶报"这句谚语就体现出某种价值观。

总之，根据赫勒的看法，历史性对于我们来说是不可摆脱的，它深深地扎根于我们的存在之中，在日常历史意识中表现出来，应当在这一基础上去认识各种历史理论。

2. 作为真正的知识的历史编纂学

赫勒引入了一个古希腊的术语 epistémé（知识）来描述历史编纂学，把它理解为一种真正的知识。赫勒说："我关于历史编纂学中的真正的知识的观念是三个因素的结合。"③第一个因素她称为"应用理论"（applied theory），这是波普尔所主张的。这种理论更多地关系到日常的历史意识，它注重的是经验事实本身；第二个因素她称为"较高的理论"（higher

①　[匈]阿格妮丝·赫勒：《历史理论》，1982 年英文版，第 63 页。（Agnes Heller, *A Theory of History*, London: Routledge and Kegan Paul，1982，p. 63.——编者注）。

②　同上书，第 63 页。

③　同上书，第 67 页。

theory），这是科恩所主张的。这种理论更多地具有世界观的性质，更重视的是历史事实的理论意义，它常为"应用理论"提供分析史实的原则和方法；第三个因素是"价值理论"（theory of value），这是赫勒自己所主张的。

赫勒认为，如果人们深入地加以思索的话，就会发现，她关于历史编纂学的论述已包含着一种二律背反：一方面，她肯定，历史编纂学就是历史意识的表现，历史意识作为日常意识的一个组成部分具有明显的实用倾向和价值因素；另一方面，她又主张，历史编纂学应当成为真正的知识，从而必须与日常的历史意识区别开来，必须对日常意识取批判的态度。如何解决这个二律背反呢？赫勒认为，有三种比较典型的解决办法。

第一，"如果一个人避免做出任何评价的话，把历史编纂学与实用的和实践的兴趣分离开来是可能达到的"①。在这里，不应当把内含有价值倾向的范畴应用到历史研究中去。

第二，"不使用一整套的价值的话，历史资料不可能以一种有意义的方式组织起来；在这种情况下，甚至连分期问题都解决不了"②。

第三，"甚至试图使我们对历史的重构摆脱我们的价值、世界观和偏见也是徒劳的"③。

按照第一种解决方法，只要不作评价就可以获得真正的知识。但这是可能的吗？历史编纂学者是置身于现在的生活之中的，他要整理史料，决定取舍，不可能没有一个评价史料的尺度，而不管他意识到与否，这种尺度总是和实际生活中的某种兴趣联系在一起的。按照第二种解决办法，必须有一整套的价值才能整理、组织史料。但是，我们既然存在于历史中，我们的一套价值观能完成这个任务吗？显然不能。因为

---

① ［匈］阿格妮丝·赫勒：《历史理论》，1982 年英文版，第 75 页。（Agnes Heller, *A Theory of History*, London：Routledge and Kegan Paul, 1982，p. 75.——编者注）。

② 同上书，第 93 页。

③ 同上书，第 93 页。

过去的历史时期要被理解就不得不利用过去的一套价值观。如果把我们的一套价值观应用到过去时期，那历史编纂学的科学性和真理性就被取消了。这就是说，仅仅只有一种价值体系的应用能使我们把史料组织起来，为了不损害科学史，这个价值体系必须在历史之外，它不是历史的，而是永恒的。正如李凯尔特所说的，这一价值公式本身应该是非历史的。按照第三种解决办法，既然史料编纂者无法摆脱自己的成见，那么历史知识的真理性还有统一的衡量标准吗？历史编纂学还可能成为真正的知识吗？

赫勒认为，通过对上述三种解决办法的考察，至少可以达到这样的一种见解，即历史编纂学的科学性必须加以维护，但编纂者的价值观又是不可能取消的。既然价值观是不可能被取消的，那么能不能寻求一种普遍的价值观呢？这种价值观不但不应消解历史编纂学的科学性，反而要维护其科学性。在赫勒看来，这种价值观是存在的："从经验上看，在我们的历史意识中存在着一种普遍的价值观，那就是自由的价值观念。"①自由的价值观是每个人都具有的，事实上也没有一个人会选择它的对立面作为自己的价值观，所以它具有普遍的有效性，当然，这并不等于说这种价值观会不受侵犯。然而，它的普遍性是无可置疑的："如果一种价值观关系到自由的价值观念而没有任何矛盾，它就应该作为真正的价值观而被接受。"②如果我们在对史料做出评价时，都能依据这种自由的价值观，那么历史编纂学就可能成为一种真正的知识。

在探讨了历史编纂学的二律背反之后，赫勒又论述了一些比较具体的问题。

第一，历史性中的道德判断问题。对于历史编纂学者来说，必然会有一个责任心的问题，而责任心本身就是一个道德承诺的问题。在历史编纂学中，道德判断是经常出现的，特别在以前，道德成了历史编纂学

---

① ［匈］阿格妮丝·赫勒：《历史理论》，1982 年英文版，第 114 页。（Agnes Heller, *A Theory of History*，London：Routledge and Kegan Paul，1982，p. 114.——编者注）

② 同上书，第 114 页。

的主要解释原则。赫勒认为，在任何历史的再构造中，道德不应具有解释的价值，这不仅仅是因为它不能作为历史事件的充分的依据，还因为它超越了我们的范围。

第二，历史编纂学研究中的具体规范。赫勒认为，这个具体的规范也就是客观性的规范。她说："历史编纂学中的客观性的规范蕴含着对无矛盾的和反思的价值的应用；换言之，是对'正确的'价值的应用。"①历史学家的思想由于扎根于日常生活之中，容易受到日常意识中的实用倾向的影响，因此有一个价值观的提高的问题，如前所述，只有自觉地依据自由的价值观念，才能摆脱日常历史意识中的各种意见的影响，保证历史编纂学知识的客观性和可靠性。

第三，历史编纂学中的理论原则。历史编纂工作表现为一个接受信息、考证史料、整理并概括史料，然后诉诸文字的复杂的过程。在这一过程中，历史编纂学知识的客观性要得到贯彻，还必须贯彻以下三项理论原则：

一是"组织原则"（the organizing principles）。赫勒说："不运用组织原则，就没有历史编纂学。"②任何历史都是作为不间断的事件的链条出现的，要把史料组织起来，就必须把事件流割断，在其连续性中把握非连续性。

二是"解释原则"（the explanatory principles）。在广义上，"解释"（explanation）这一概念的含义就是使某些东西变得容易理解，历史的解释就是使我们理解发生在时空维度中的各种事件的结局。从狭义上，根据人们普遍接受的当代释义学的观点，要把 interpretation（理解）和 explanation（解释）区分开来。前者主要是对历史信息本身进行分析、理解；后者则主要致力于分析历史信息和周围各种其他信息之间的因果联系。赫勒认为，理解和解释是统一于整个解释原则之中的，两者是缺一不可的。

---

① ［匈］阿格妮丝·赫勒：《历史理论》，1982 年英文版，第 131 页。（Agnes Heller, *A Theory of History*，London：Routledge and Kegan Paul，1982，p. 131.——编者注）

② 同上书，第 158 页。

三是"定向原则"(orientative principles)。赫勒认为,"概括就是历史编纂学的定向原则"①。在接触实际史料之前,历史编纂学者已有自己的世界观,这是前面提到的"更高的理论"所提供的,这一世界观必然在"应用的理论"即对历史资料的组织、分析,尤其是概括中表现出来。

3. 历史哲学

赫勒认为,历史哲学和历史编纂学虽然都致力于探讨我们的历史性的变化,但两者还是有重大区别的。历史编纂学已经有 2000 多年的历史,但历史哲学则是在近代才兴起的;历史编纂学是一门独立的科学,而历史哲学则是哲学的一个分支。因此,关于历史哲学的讨论需要一个与对历史编纂学的分析不同的方法。在历史哲学部分,赫勒主要论述了以下问题。

第一,历史哲学的基本特征。它的中心范畴是带有大写字母"H"的历史。也就是说,它不深入探讨具体的历史细节,它探讨的是人类发展的整个历史;这一带有大写字母"H"的历史被理解为受到普遍法则支配的一种变化;这种历史通常被理解为一个总体,而不是理解为一堆杂乱的史料的堆积。

第二,历史哲学的普遍发展观念。各种历史哲学理论都有自己的普遍发展观念,概括起来,有以下三种不同的类型。一是进步的类型,即主张历史发展的总趋势是由低级阶段向高级阶段发展。历史越向前发展,人所获得的自由就越多,人性就越完善。康德、黑格尔、马克思、胡塞尔、布洛赫、卢卡奇、萨特都主张这种类型的发展观;二是退化的类型,即主张历史的发展是从高级阶段向低级阶段的退化,历史越发展,人性就越会遭到损害和破坏,人的自由就会越来越多地受到压抑。按照这种见解,发展仅仅意味着人类的自我毁灭。所有的浪漫主义的历史学家都赞成这种类型的发展观,在哲学中最大的代表是海德格尔;三

---

① [匈]阿格妮丝·赫勒:《历史理论》,1982 年英文版,第 178 页。(Agnes Heller, *A Theory of History*, London: Routledge and Kegan Paul, 1982, p.178.——编者注)

是永恒重复的类型，即历史是同一发展程式"进步→退化"的无限的重复。在总体的意义上，既无所谓进步，也无所谓退步。汤因比和列维-斯特劳斯是这种发展观的杰出代表。

第三，历史哲学的普遍的法则。在各种不同的历史哲学理论中，大致上可以概括出四种普遍的法则：一是逻辑必然性理论，即从逻辑上的真与假来判断将来可能还是不可能发生某些事件，亚里士多德就持有这种见解；二是普遍目的论，即更多地从人类活动的目的性的角度去解释历史，康德和黑格尔的历史哲学都有这种倾向；三是普遍决定论，它仅仅是普遍目的论的一种倒转，它主张每一历史事件的发展都先入为主地被某些因素所决定，马克思的某些追随者，如伯恩施坦、普列汉诺夫都坚持这种见解；四是历史发展的内在逻辑的展开，即把历史的发展理解为某些潜在的东西的展开，马克思有时（如在《1844 年经济学哲学手稿》中）也采用这种见解。

第四，历史哲学中的整体主义和个体主义。在这个问题上，大致上有三种不同的意见：一是强调世界历史整体的绝对的优先性，所有特殊的文化都是这一整体的展开和表现，这种见解尤以黑格尔为代表；二是强调历史活动中个体的至上性，个体本身就是最高的总体，人类的一切活动都通过个体表现出来，这种见解以费尔巴哈和克尔凯郭尔为代表；三是强调把个体的活动和世界历史整体结合起来，避免出现前面两个极端，这是康德和马克思所坚持的见解。

第五，历史哲学和社会主义的观念。赫勒认为，社会主义的观念是在资本主义社会中产生出来的，它的基本特征是对资本主义社会的现实取批判的态度。社会主义的观念从一开始就具有多样性，主要表现为以下四种类型：①主要批判目标是基于剥削之上的个人主义和利己主义；②主要批判目标是财富的不平等；③主要批判目标是商品生产制度；④主要批判目标是政治统治。

赫勒认为，在所有的社会主义者的历史哲学的模式中，马克思的模式是最伟大、最值得研究的。马克思对以往历史哲学提出的问题都进行了思考，但由于他本人主张的仍然是一种历史哲学，因而并未摆脱以往历史哲学的弱点，即把将来作为某种实在的东西加以推断，这表现在马克思对未来的共产主义社会的不少描述中。赫勒说："毫无疑问，从《巴黎手稿》开始，在马克思的学说中就出现了一种历史理论，可是它是隶属于历史哲学的。"①

在赫勒看来，历史理论和历史哲学是不同的。历史理论虽然也属于哲学的范围，但它是一种未完成的哲学，它不像历史哲学一样，热衷于从现在推断将来，在它那里，将来仅仅是一种观念，而不是一种理想状态的最高的实在。马克思历史哲学中包含的历史理论的最典型的表现是，他在有的场合下并不把共产主义作为已经解决的谜，而是作为一种实际的运动。

赫勒认为，当代史学研究的中心任务是在批判以往的形形色色的历史哲学的基础上，形成一种新的历史理论，这种理论以自由的价值观念作为普遍的指导原则，以便对历史事实做出科学的研究和解释。

到这里可以看出，赫勒的历史理论是建立在贬低马克思的历史哲学的基础上的。她的根本目的是，在宣布马克思主义的历史理论具有这样那样的局限性以后，由他们来"重建"历史理论。那么，他们的历史理论究竟是什么东西？她上述关于历史编纂学等的冗长论述已经告诉我们，就是撇开对历史规律等重大问题的研究，而一头栽进琐碎的日常生活中去漫游。

---

① ［匈］阿格妮丝·赫勒：《历史理论》，1982 年英文版，第 269 页。（Agnes Heller, *A Theory of History*, London：Routledge and Kegan Paul, 1982, p. 269. ——编者注）

1992年

葛兰西的意识形态学说[①]

安东尼·葛兰西是西方马克思主义的早期代表人物之一。他在长达 2848 页的《狱中札记》(1929—1935)中，结合意大利的革命斗争的现实情况，系统地探讨了哲学、政治、文化、历史、知识分子、政党、国家等问题。《狱中札记》表明，葛兰西十分重视对意识形态问题的研究，并且提出了一些新的、对指导西方工业社会的革命具有重要理论意义和现实意义的见解。正如 F. 哈利戴说的："柯尔施和葛兰西都主张，无产阶级革命的主要任务是开展意识形态战线的斗争。"[②]葛兰西关于意识形态的主要见解如下。

一、对意识形态概念的新的理解

葛兰西的意识形态理论，主要是在批判第二国际经济主义思潮的基础上形成起来的。这一思潮把意识形态仅仅看作对经济基础的机械的消极的反应，看作一种附带的现象，认为它在历史进

---

① 载《毛泽东邓小平理论研究》1992 年第 4 期。——编者注
② ［德］卡尔·柯尔施：《马克思主义和哲学》，1970 年英文版，第 11 页。(Karl Korsch, *Marxism and Philosophy*, New York: Monthly Review Press, 1970, p. 11. ——编者注)

程中并不能起什么作用。作为意大利人，葛兰西的思想深受克罗齐、拉布里奥拉重视精神、实践的传统的影响。在总结中西欧革命失败的经验教训时，他更深刻地感受到，意识形态和文化问题在无产阶级夺取政权斗争中的重要地位，因而反复批评了经济主义者贬低意识形态作用的种种谬见。他既反对把意识形态看作经济基础的附带现象，从而把政治和意识形态领域里的每一个微小的变动都直接地归于经济基础的幼稚的行为，也不同意把意识形态仅仅看作一堆错误的观念。他主张把意识形态定义为"一种在艺术、法律、经济行为和所有个体的及集体的生活中含蓄地显露出来的世界观"①。意识形态主要包括四个层面，即哲学、宗教、常识和民间传说。他认为，马克思仅仅是在论战的意义上把意识形态看作幻想，看作一些颠倒的、错误的观念，实际上，马克思也看到了意识形态是一种现实的力量，是一个战斗的领域，"在这个领域里，人们活动着，斗争着，并获得关于他们自己地位的意识"②。在这里，葛兰西强调了意识形态与实践的密切关系，或者换一种说法，强调了意识形态的实践功能。一方面，人们在社会实践的过程中，必然会在观念上进入意识形态领域，因为人正是在意识形态的教育中成长起来并获得一定的世界观的；另一方面，人们又在他们已获得的世界观的支配下行动。C. 穆福认为，在葛兰西的意识形态理论中，体现出这样的思想，即"正是意识形态创造了主体并使他们行动"③。

葛兰西还认为，他所重视的意识形态作为具有实践意义的世界观并不是个别人的，并不是"任意的意识形态"（arbitrary ideologies），即单个人的成见，而是一定的社会团体的共同生活在观念上的表达。正是在这

---

① ［意］安东尼奥·葛兰西：《狱中札记选》，1971 年英文版，第 328 页。（Antonio Gramsci, *Selections from the Prison Notebooks*, London: International Publishers Co, 1971, p. 328.——编者注）

② 同上书，第 377 页。

③ ［英］C. 穆福：《葛兰西和马克思主义理论》，1979 年英文版，第 157 页。（Chantal Mouffe, *Gramsci and Marxist Theory*, London: Routledge & Kegan Paul Books, 1979, p. 157.——编者注）

个意义上，他把这样的意识形态称为"有组织的意识形态"（organic ideol-ogies）①。正是通过对这样的意识形态的接受，单个人获得了自觉的团体的意识，从而投入集体活动。葛兰西还进一步指出，制作并传播这些"有组织的意识形态"，主体是知识分子，这些意识形态的物质载体则是教会、学校、各种宣传媒介、工会、党派等组织或团体。葛兰西是第一个强调意识形态的物质载体的人，他这方面的见解尤其对后来的阿尔都塞的意识形态理论产生了重要的影响。

二、市民社会与意识形态

葛兰西不仅赋予传统的意识形态概念以新的含义，而且也阐述了意识形态在西方工业社会结构中的特殊的地位和作用。要了解葛兰西这方面的思想，先要搞清楚他所使用的"市民社会"概念的特殊含义。众所周知，在马克思那里，市民社会是物质生活关系的总体，是从属于经济基础的，葛兰西则把它归到上层建筑的范围内。"目前我们能做的是确定上层建筑的两个主要的层面：一个被称作'市民社会'（civil society），即通常被称作'民间的'社会组织的集合体，另一个则是'政治社会'（politi-cal society）或'国家'。"②政治社会的执行机构是军队、法庭、监狱等，它作为专政的工具代表暴力；市民社会是由政党、工会、教会、学校、学术文化团体和各种新闻媒介构成的，它作为宣传和劝说性的机构代表的是舆论。在马克思关于社会结构的分析中，意识形态属于第三位，即经济基础—政治、法律上层建筑—意识形态。也就是说，意识形态归根到底受制于经济基础，直接受制于政治、法律上层建筑；在葛兰西关于

---

① ［意］安东尼奥·葛兰西：《狱中札记选》，1971年英文版，第376页。（Antonio Gramsci, *Selections from the Prison Notebooks*, London: International Publishers Co, 1971, p. 376.——编者注）

② 同上书，第12页。

社会结构的分析中，意识形态居于第二位，即经济基础—市民社会（意识形态）—政治社会（相当于马克思说的政治、法律上层建筑）。也就是说，在整个上层建筑的范围内，市民社会是政治社会的基础。按照葛兰西的看法，在西方资本主义社会中，资产阶级的统治主要不是靠政治社会，即军队和暴力来维持的，而在相当程度上是靠他们广为宣传，从而被人们大众普遍接受的世界观来维持的。这就在西方社会的革命中，把市民社会，即意识形态—文化问题空前地凸显出来了。

三、意识形态领导权

在把整个上层建筑划分为市民社会和政治社会的基础上，葛兰西提出了新的领导权理论，即相对于政治社会的"政治的领导权"（political hegemony）和相对于市民社会的"文化领导权"（cultural hegemony）或"精神的和道德的领导权"（intellectual and moral leadership）[①]。后者的实质也就是意识形态领导权。正如大卫·麦克莱伦所分析的："葛兰西把当时第二国际的失败归咎于工人阶级运动在抵抗资产阶级意识形态领导权（ideological hegemony）渗透上的无能。"[②]如果说在俄国，政治领导权比意识形态的领导权起着更为重要的作用的话，那么在工业国家，情形正好相反。葛兰西说："在俄国，国家就是一切，市民社会是初生的和凝结的；在西方，国家和市民社会有一个适当的关系，当国家不稳的时候，市民社会的坚固结构立即就显露出来了。国家仅仅是一条外部的壕

---

① ［意］安东尼奥·葛兰西：《狱中札记选》，1971 年英文版，第 5 页。（Antonio Gramsci, *Selections from the Prison Notebooks*, London：International Publishers Co, 1971, p. 5.——编者注）

② ［英］大卫·麦克莱伦：《马克思以后的马克思主义》，1979 年英文版，第 186 页。(David McLellan, *Marxism after Marx*, Palgrave Macmillan press Ltd，1979, p. 186.——编者注）

沟，在它后面耸立着一个强有力的堡垒和土木工程系统。"①正是从西方社会的现实出发，葛兰西提出了与列宁不同的领导权理论，把问题的焦点集中到市民社会的领导权，即意识形态的领导权上。这就是说，西方无产阶级革命的目标并不是直接夺取政治社会的领导权，而是先在市民社会的各个环节中逐步破坏资产阶级在文化、意识形态上的领导权，然后才有可能在适当的时候掌握政治社会的领导权。正如科拉柯夫斯基所指出的："无论如何，在葛兰西的学说中，这是一个重要的论点，即工人们只有在获得文化领导权之后，才能获得政治上的权力。"②

在葛兰西看来，意识形态领导权的实质是一种教育关系，而这种关系是靠先进的知识分子批判旧的意识形态并传播新的意识形态的方式来实现的。葛兰西写道："这种批判使旧的意识形态已拥有的重要影响的分化和变化的过程成为可能。先前是第二位的，从属的甚至是附带的东西现在变成了主要的东西，变成了一个新的意识形态的和理论的复合体。"正是通过这种意识形态的转换，无产阶级逐步掌握了意识形态的领导权，把各种不同的社会团体团结在一种新的世界观之下，从而完成夺取政治的领导权的最重要的准备工作。

四、夺取意识形态领导权的新的战略

正是从市民社会和意识形态领导权的理论出发，葛兰西借用西方军事史上的术语"运动战"（war of movement）和"阵地战"（war of position）来阐述革命战略的新转变。所谓运动战就是直接发动政治革命和武装起

---

① ［意］安东尼奥·葛兰西：《狱中札记选》，1971 年英文版，第 238 页。（Antonio Gramsci, *Selections from the Prison Notebooks*, London：International Publishers Co, 1971，p. 238.——编者注）

② ［波兰］L. 科拉柯夫斯基：《马克思主义的主要潮流》第 3 卷，1978 年英文版，第 241 页。（Leszek Kolakowski, *Main Currents of Marxism Vol.* 3, Oxford：Oxford University Press，1978，p. 241.——编者注）

义夺取资产阶级国家的领导权;所谓阵地战就是坚守自己的阵地,逐步扩大,先夺取市民社会的领导权,最后在条件成熟时夺取国家的领导权,这种战略特别适合于西方资本主义社会。葛兰西说:"在政治这门艺术和科学中,至少在最发达国家的情况下,'市民社会'已变成一个非常复杂的结构,一个抵挡直接经济要素的灾难性的'入侵'(危机、萧条等)的结构。市民社会的上层建筑像现代战争中的堑壕体系。在战争中有时会发生这样的情形:一场猛烈的炮火攻击似乎已经摧毁了敌人的整个防御系统,而事实上只是破坏了它的外表,在攻击者前进和进攻时,会发现自己面对着一条仍然有效的防御线。"在西方发达国家中,由于市民社会的强大,俄国十月革命式的运动战必须让位于以争夺意识形态领导权为前提的阵地战。这样一来,葛兰西为西方发达社会提供了一整套新的革命理论。

尽管葛兰西没有系统地建立意识形态理论,但他关于市民社会和意识形态领导权的见解,作为对西方社会现实的深刻反省,至今仍具有一定的理论意义和现实意义。

阿尔都塞的意识形态学说[①]

阿尔都塞作为结构主义的马克思主义者，结合心理分析学派的无意识理论，对意识形态问题进行了开拓性的研究。他进行这方面研究的代表作《保卫马克思》产生了巨大的国际影响。正如 J.拉雷所指出的："在最近的二十年里，阿尔都塞对意识形态做了最有影响的探讨。"[②]下面，我们主要分析阿尔都塞在《保卫马克思》(1965)一书中的意识形态学说，并简略地论述这一学说在他以后的论著中的发展。

一、意识形态与科学

"意识形态"(ideology)和"科学"(science)是贯穿《保卫马克思》全书的相互对立的两个基本概念。

什么是意识形态？阿尔都塞说："一个意识形态是具有自己的逻辑和严格性的表象（意象、

① 原载《江苏社会科学》1992 年第 6 期。收录于《俞吾金集》，黑龙江教育出版社 1995 年版，第 423—433 页。——编者注

② ［英］汤姆·博托莫尔：《马克思主义思想辞典》，1983 年英文版，第 233 页。(Tom Bottomore, *A Dictionary of Marxist Thought*, Cambridge: Harvard University Press，1983，p. 233. ——编者注)

神话、观念或概念)体系，它在既定的社会中历史地存在并起作用。"①
意识形态是人类社会存在并发展的一个不可或缺的方面，它是一个严格的表象体系，规约并支配着每个人的思想。它具有如下的特征。

第一，意识形态有普遍性。意识形态作为社会生活的一个基本方面，是无处不在、无时不在的。这里说的普遍性有两方面的含义：一是任何个人出生后都不可避免地要落入意识形态的襁褓。阿尔都塞认为，费尔巴哈的悲剧是最终未能突破意识形态的包围，马克思虽然"在诞生时被包裹在一块巨大的意识形态的襁褓中，但他成功地从中解脱出来了"②。二是意识形态不会消失，任何社会形式都不能没有它，"历史唯物主义不能设想共产主义社会可以没有意识形态"③。当然，在共产主义社会内，意识形态的内容和功能将会发生变化，但它始终是存在着的。

第二，意识形态的主要功能表现在实践方面。阿尔都塞说："意识形态作为表象体系之所以不同于科学，是因为在意识形态中，实践—社会职能比理论的职能(认识的职能)要重要得多。"④也就是说，人们为了生活在一个既定的社会中，总得与该社会的意识形态认同。如果他完全不懂得或不接受这种意识形态，他就无法建立任何社会联系，从事任何实践活动。

第三，意识形态以神话的方式反映着世界。阿尔都塞谈到传统戏剧从意识形态中借取素材时说："具体地说，这种未经批判的意识形态无非是一个社会或一个时代可以从中认出自己(不是认识自己)的那些人所共知的神话，也就是它为了认出自己而去照的那面镜子，而它如果要认识自己那就必须把这面镜子打碎。"⑤说意识形态是神话，也就是说，它

---

① ［法］路易·阿尔都塞：《保卫马克思》，1977 年英文版，第 231 页。(L. Althusser, *For Marx*, trans. Ben Brewster, London: Verso Books, 1977, p. 231. ——编者注)
② 同上书，第 72 页。
③ 同上书，第 232 页。
④ 同上书，第 231 页。
⑤ 同上书，第 144 页。

像神话一样用颠倒的、幻想的方式反映着现实世界，要认识真实的世界，必须砸碎意识形态这面不真实的镜子。

第四，意识形态有强制性。意识形态并不是供人们自由选择的东西，它是强加在人们身上的，是人们必须接受的赠品。阿尔都塞写道："意识形态是一个表象体系，但在大多数情况下，这些表象与'意识'毫无关系——它们通常是意象，有时是概念，但首先是作为结构，不通过'意识'而强加给绝大多数人。"①可见，意识形态涉及人类同世界的体验关系，这种关系只是在无意识的条件下才以"意识"的形式出现。

第五，意识形态在阶级社会中有阶级功能。阿尔都塞说："当我们说，一个意识形态具有阶级职能时，应该被理解为，占统治地位的意识形态是统治阶级的意识形态，它不仅帮助统治阶级统治被剥削阶级，而且使统治阶级把它与世界之间的活生生的关系作为真实的和合理的关系加以接受，从而构成统治阶级本身。"②在阶级社会中，意识形态是统治阶级根据自己的利益调整人类对其生存条件的关系所必需的接力棒和跑道，但统治阶级力图掩饰自己与占统治地位的意识形态之间的关系，把自己的权利要求说成是所有人的权利要求，借此蒙蔽大多数人。

那么，在阿尔都塞那里，科学这个概念到底又是什么意思呢？他这样写道："马克思的立场和他对意识形态的全部批判都意味着，科学（对现实的认识）就其含义而言是同意识形态的决裂，科学建立在另一个基地之上，科学是以新问题为出发点而形成起来的，科学就现实提出的问题不同于意识形态的问题，或者也可以说，科学以不同于意识形态的方式确定自己的对象。"③这就是说，意识形态是就幻想的现实提出问题，而科学则是就真正的现实提出问题。科学具有如下特征。

第一，科学是在抛弃意识形态问题框架的前提下形成起来的。阿尔

---

① ［法］路易·阿尔都塞：《保卫马克思》，1977 年英文版，第 233 页。（L. Althusser, *For Marx*, trans. Ben Brewster, London: Verso Books, 1977, p. 233.——编者注）

② 同上书，第 235 页。

③ 同上书，第 78 页。

都塞说:"谁如果要达到科学,就要有一个条件,即要抛弃意识形态以能接触到实在的那个领域,即要抛弃自己的意识形态问题框架(它的基本概念的有机前提及它的大部分基本概念),从而'改弦易辙',在一个全新的科学问题框架中确立新的理论活动。"①人们通常用"颠倒"这个词来比喻马克思对哲学意识形态,特别是对黑格尔哲学的批判。阿尔都塞认为,这种比喻是不合适的。科学并不就是把意识形态的问题框架倒过来,如果这样的话,科学仍然停留在意识形态的基础上,也就是说,它本身还不可能是科学。科学建立在一个新的地基上,它有自己独特的问题框架和思考方向。

第二,科学只有在与意识形态的不懈斗争中才能获得生存和发展。如前所述,科学是在抛弃意识形态问题框架的前提下形成起来的,但科学形成后仍处在意识形态的包围之中。意识形态如同浓雾一般包裹、污染并曲解着科学。所以,科学只有持之以恒地与意识形态斗争才能保持自己的独立地位。"科学只是在不断摆脱那些窥伺、袭击和缠绕它的意识形态的条件上,才能成为在历史的必然中的自由的科学。"②

第三,科学认识的过程不是从具体到抽象,而是从抽象到具体。阿尔都塞说:"试图从诸多具体的个体中引申出纯粹本质的抽象行为是一个意识形态的神话。"③科学的、排除意识形态影响的认识过程,正如马克思在《〈政治经济学批判〉导言》中所倡导的那样,是从抽象到具体。在这里,阿尔都塞揭示了科学与意识形态的正相对立的认识路线。

在阿尔都塞看来,科学与意识形态之间横着一条鸿沟。从意识形态到科学必须经历一种认识上的质的飞跃,这种飞跃他称为认识论的断裂。

---

① [法]路易·阿尔都塞:《保卫马克思》,1977年英文版,第192—193页。(L. Althusser, *For Marx*, trans. Ben Brewster, London: Verso Books, 1977, pp. 192-193.——编者注)
② 同上书,第170页。
③ 同上书,第191页。

二、认识论断裂与问题框架

什么是"认识论断裂"（epistemological break）呢？阿尔都塞说："一种科学的理论实践总是完全不同于它史前的、意识形态的理论实践，这种区别从理论和历史上看采取了一种'质的'中断的形状，按照巴什拉的提法，就是一个'认识论断裂'。"①显然，阿尔都塞引入这一概念的目的是要说明意识形态与科学的界限及在发展中的非连续性。那么，认识论断裂的标志究竟是什么呢？这里又涉及阿尔都塞的另一个重要的概念——"问题框架"（problematic）。

问题框架又是什么意思呢？阿尔都塞这样写道："问题框架并不是作为总体的思想的抽象，而是一个思想以及这一思想所可能包括的各种思想的特定的具体的结构。"②也就是说，问题框架是一种思想的基础结构，它规约着这一思想可能展开的逻辑可能性的空间。问题框架并不是一目了然地可以见到的，"它隐藏在思想的深处，在思想的深处起作用，往往需要不顾思想的否认和反抗，才能把问题框架从思想深处挖出来"③。在一般情况下，一个思想家总是在一个特定的问题框架之内思考，而不反思这一问题框架本身。对于他来说，问题框架居于他的无意识的心理层面上。把问题框架挖掘出来，就是要使它上升到意识的层面上，然后才能断定以它为基础的那种思想是否与意识形态实现了认识论断裂。

阿尔都塞说："为了认识一种思想的发展，必须在思想上同时了解这一思想产生和发展时所处的意识形态环境，必须揭示出这一思想的内

---

① ［法］路易·阿尔都塞：《保卫马克思》，1977 年英文版，第 167—168 页。（L. Althusser, *For Marx*, trans. Ben Brewster, London: Verso Books, 1977, pp. 167-168. ——编者注）

② 同上书，第 68 页。

③ 同上书，第 69 页。

在整体，即它的问题框架。要把所考察的思想的问题框架同属于意识形态环境的各种思想的问题框架联系起来，从而确定所考察的思想有何特殊的差异，即是否有新意义产生。"①如果在某一特定的意识形态环境中产生出来的某一思想所内含的问题框架与该意识形态所内含的问题框架是一致的，这就表明，这一思想完全从属于该意识形态；如果两者的问题框架从根本上是相冲突的，那就表明，认识论断裂已经出现。归根结底，认识论断裂的根本标志是问题框架是否从总体上发生转换。也就是说，科学与意识形态的根本差异正是由认识论断裂和问题框架的转换来判定的。

正是从这样的见解出发，阿尔都塞对马克思思想的发展做出了新的解释。他强调，马克思的著作中存在着两个认识论断裂，其标志是《关于费尔巴哈的提纲》和《德意志意识形态》。在这两部著作之前，包括马克思在写作《1844 年经济学哲学手稿》时，他的思想依然是前科学的，并没有突破当时的意识形态的问题框架，特别是没有突破费尔巴哈关于异化和人道主义为核心的问题框架，直到上面两部著作，马克思才与整个德意志意识形态彻底决裂，形成了以历史唯物主义为核心和基础的新的问题框架。

值得注意的是，阿尔都塞把马克思实现认识论断裂后的著作作为科学与断裂前的体现人道主义精神的著作尖锐地对立起来。他说："最重要的是认识到，人道主义的本质是一种意识形态。"②因为它是从孤立的个人和人的抽象的本质出发的，它是资产阶级意识形态的理论基础。

三、理论实践：走出意识形态之路

马克思是如何通过认识论断裂从意识形态达到科学的呢？阿尔都塞

---

① ［法］路易·阿尔都塞：《保卫马克思》，1977 年英文版，第 70 页。（L. Althusser, *For Marx*, trans. Ben Brewster, London: Verso Books, 1977, p. 70.——编者注）

② 同上书，第 231 页。

认为，在这一飞跃过程中，理论实践起着决定性的作用。要明白这一概念的含义，先得从他关于实践的看法说起。

在阿尔都塞那里，实践主要有四种形式：一是"经济实践"（economic practice），即把一定的原料加工为日常生活用品；二是"政治实践"（political practice），即加工、改造旧的社会关系的政治运动；三是"意识形态实践"（ideological practice），意识形态表现为宗教、政治、法律、艺术、哲学、伦理等，都在加工自己的对象，即人的意识；四是"理论实践"（theoretical practice）。阿尔都塞说："理论实践的最广泛的形式不仅包括科学的理论实践，而且包括前科学的，即'意识形态的'理论实践（构成科学的史前时期的'认识'方式以及它们的'哲学'）。"①这就是说，广义的理论实践包括意识形态的实践，这里主要指狭义的或科学的理论实践，即通过对意识形态的加工和改造创立科学理论的实践活动。

在阿尔都塞看来，认识论断裂正是在科学的理论实践中完成的。那么，这里的"理论"又是指什么呢？"这种不同于意识形态实践的理论实践的理论，是唯物辩证法或辩证唯物主义，是马克思的辩证观的独特之处。"②理论实践也就是用唯物辩证法加工思想材料，沿着马克思说的从抽象到具体的途径，把原有的思想材料改造为科学，而原有的思想材料总是从属于一定的意识形态的，因而这一改造工作正是从意识形态向科学飞跃的过程。

阿尔都塞说："在认识论、科学史、意识形态史、哲学史、艺术史等方面，马克思主义的理论实践大部分还有待开创。"③这并不等于说，马克思主义者在这些方面没有开展过任何有重要理论意义的活动，而是表明这些方面的研究远未达到像马克思在政治经济学批判的理论实践中达到的辉煌成果。也就是说，上面提到的这些领域仍然或多或少地处在

---

① ［法］路易·阿尔都塞：《保卫马克思》，1977 年英文版，第 167 页。（L. Althusser, *For Marx*, trans. Ben Brewster, London: Verso Books, 1977, p. 167.——编者注）

② 同上书，第 171—172 页。

③ 同上书，第 169 页。

传统的意识形态的笼罩下，而未达到真正的科学境地。

在 1970 年出版的长篇论文《意识形态和意识形态国家机器》中，阿尔都塞从马克思的生产关系的再生产的理论出发，结合对国家问题的探讨，就意识形态理论提出了不少新见解。下面我们做一个简要的介绍。

首先，阿尔都塞提出了"意识形态的国家机器"(the ideological state apparatuses)这一新概念，用以补充马克思的国家理论。他认为，宗教、教育（各种国立和私立的学校）、家庭、法律、政治（不同党派的政治体系）、工会、交往（出版与电台及电视）和文化（文学艺术和体育运动）等都属于意识形态的国家机器。阿尔都塞认为，意识形态的国家机器是确保生产关系的再生产得以进行的基本条件，因为生产关系的再生产也就是资本主义剥削关系的再生产，它必须由意识形态来论证其合理性。"据我所知，没有一个在意识形态国家机器之中并在它之上发挥作用的领导权，任何阶级都不可能在长时间内掌握国家权力。"①

其次，在现代社会中，教育成了最重要的意识形态国家机器。从再生产的观点看，意识形态本身也有一个不断地被再生产并一代一代地传递下去的问题。这一工作主要是靠学校里的教育活动来进行的。阿尔都塞说："事实上，在今天，学校已经取代了教会，作为占优势的意识形态国家机器发挥着作用。"②

最后，阿尔都塞论述了他在《保卫马克思》中未曾深入探讨过的关于意识形态的一些新见解，如一般意识形态没有历史，意识形态有一个物质存在（如教堂、印刷机等），意识形态是个体与他们的真实生存条件之间的想象关系，意识形态通过教育等途径进入个体，使个人成为一个有见解并能行动的主体，然而真正的主体却是意识形态，因为它始终支配着人的思想和行为。所以阿尔都塞说："人本质上是一个意识形态动物

---

① ［法］路易·阿尔都塞：《意识形态论文集》，1984 年英文版，第 20 页。(L. Althusser, *Essays on Ideology*, trans. G. Lock, London: Verso Books, 1984, p. 20. ——编者注)

② 同上书，第 31 页。

(man is an ideological animal by nature)。"①所有这些见解都是阿尔都塞在研读马克思的《德意志意识形态》的基础上提出来的。

在 1974 年出版的《自我批评材料》中，阿尔都塞认为自己的一个重要失误是，在阐述认识论断裂的现象时，没有把它表述为谬误与真理的对立，而是糟糕地采用了意识形态与科学相对立的提法。实际上，在马克思的《德意志意识形态》中，"意识形态以同一个名称起着两种不同的作用，它一方面是个哲学范畴（幻觉、谬误），另一方面又是个科学概念（上层建筑的一个领域）"②。阿尔都塞又说，在马克思那里出现这种含混的用法是可以理解的，"而我却把意识形态这个含混的概念抬上了谬误和真理相对立的理性主义舞台，这就实际上把意识形态贬低为谬误，反过来又把谬误称作意识形态，并且在理性主义的舞台上开演了一出冒牌马克思主义的戏剧"③。这表明，阿尔都塞越来越倾向于把意识形态作为一个中性的概念来看待。

总括起来看，阿尔都塞的意识形态理论是富于创发性的，特别是他关于意识形态深处的问题框架（居于无意识心理层面上）的见解，关于意识形态国家机器和人是意识形态动物的见解，关于意识形态的实践功能的见解等，都深化了对意识形态本质属性的理解。其不足之处是把科学与意识形态的对立绝对化了，从而对马克思思想发展的解释也有很大的片面性。另外，他把虚假性作为一切意识形态的共有特征的做法表明，他对马克思的意识形态学说采取了教条主义的态度，他并没有深刻领会列宁的意识形态学说的理论意义和现实意义。

从历史上来看，阿尔都塞的意识形态学说的意义是复兴了意识形态研究这个 20 世纪以来最重要的课题。自从马克思的手稿《德意志意识形

---

① ［法］路易·阿尔都塞：《意识形态论文集》，1984 年英文版，第 45 页。（L. Al-thusser, *Essays on Ideology*, trans. G. Lock, London：Verso Books，1984，p. 45.——编者注）

② ［法］路易·阿尔都塞：《保卫马克思》，顾良译，商务印书馆 1984 年版，第 230 页。

③ 同上书，第 230—231 页。

态》于 1932 年首次全文发表以来，意识形态问题立即成了哲学家们关注的热点，奥地利的弗洛伊德主义的马克思主义者威尔海姆·赖希于 1933 年出版的《法西斯主义群众心理学》一书已致力于把马克思的意识形态见解和弗洛伊德的心理分析方法结合起来，分析法西斯主义的实质和原因。从 20 世纪 40 年代起，德国学者 T. 盖格尔继承了韦伯的"价值中立说"和曼海姆的旨在淡化意识形态的"知识社会学"，从而把意识形态仅仅看作"虚假的意识"，提出了"从意识形态中解放出来"的口号。50 年代，在美国社会学家丹尼尔·贝尔、李普塞特等人中掀起了一股"意识形态终结"的思潮，不管这一思潮的发起者动机如何，客观上，意识形态的冲突被作为一个不重要的问题而搁置起来。进入 60 年代后，这一思潮遭到了广泛的批判，意识形态的研究重新出现了复兴的局面，在这一复兴的大潮中，阿尔都塞的具有创造性的学说扮演了重要的角色，它使当代哲学家认识到，马克思在 19 世纪就已提出的意识形态学说是意义深远的，也是无法超越的，它为当代哲学研究的深化提供了重要的启示。

曼海姆与霍克海默关于
新意识形态概念的论战[①]

　　20 世纪 30 年代初，在德国思想界爆发了一场关于新意识形态概念的论战。这场论战起因于卡尔·曼海姆在 1929 年出版的《意识形态与乌托邦》一书中提出的新意识形态概念和理论。曼海姆的新意识形态学说一诞生就遭到了人类学家赫尔穆特·普莱斯纳（Helmuth Plessner）和法兰克福学派的早期代表人物霍克海默和阿多诺的批评。这场论战主要是在曼海姆和霍克海默之间展开的。了解他们之间的争论对于我们认识意识形态概念发展史来说，具有重要意义。

一

　　20 世纪 20 年代，德国出现了一股由马克斯·舍勒开创的知识社会学思潮。这一思潮对意识形态问题的思考既不同于完全从经验的科学出发的实证主义的社会学，又不同于从经济基础决

---

　　① 原载《学术月刊》1992 年第 6 期。收录于《俞吾金集》，黑龙江教育出版社 1995 年版，第 402—411 页。——编者注

定上层建筑的基本理论出发的马克思主义，它形成了一种以形而上学为基础的力图在社会历史的空间内透视各种知识（包括意识形态）的新的社会学理论。曼海姆正是这新思潮的另一名重要的代表。在《意识形态与乌托邦》中，曼海姆系统地阐述了知识社会学关于意识形态问题的新见解。在曼海姆看来，意识形态概念的发生史最早可以追溯到弗兰西斯·培根。从特拉西创立意识形态学说及拿破仑对这种学说的非难，一直到今天，这一概念的含义已经发生了许多变化，有必要从社会学角度对这一概念的含义做一分析，而"这样的一个分析告诉我们，一般说来，人们能够区分出'意识形态'的两种相互之间可以分离的意义来"①。这个词的意义的第一种类型是"个别的意识形态概念"（der partikulare Ideologiebegriff），第二种类型是"总体的意识形态概念"（der totale Ideologiebegriff）。

关于"个别的意识形态概念"，曼海姆回答说："我们在这里涉及的个别的意识形态概念这个词仅仅表明，人们不愿意相信敌对者规定的'观念'和'表象'。这些观念和表象之所以被敌对者所坚持，或多或少地是出于对一个事实状况的有意识的掩盖，而关于这一事实的真实认识是不适合敌对者的利益的。"②个别的意识形态概念具有多方面的内容和意义，但有一点是可以肯定的，它与以相互敌对的方式出现的人们的利益是密切相关的，因而一般说来，其内容上的真实性是可疑的。

关于"总体的意识形态概念"，曼海姆说："人们能够谈论一个时代或一个以历史的社会的方式具体地确定了的团体（可能是一个阶级）的意识形态，他指的正是这个时代或确切地说是这个团体的总体的意识结构的特征和状态。"③也就是说，总体的意识形态概念意谓一个时代或一个团体的总的意识结构。

---

① ［德］卡尔·曼海姆：《意识形态与乌托邦》，1991 年英文版，第 53 页。（Karl Mannheim, *Ideology and Utopia：An Introduction to the Sociology of Knowledge*，Florida：Routledge & CRC Press，1991，p. 53.——编者注）

② 同上书，第 63 页。

③ 同上书，第 54 页。

在曼海姆看来，这两个意识形态的共同点在于，它们都是从个体的或集体的主体的存在状况出发的，因而都具有功能的特征，它们的区别主要表现在三个方面。第一，个别的意识形态概念从内容上看仅仅是敌对者的各种观念的一部分，总体的意识形态概念指的是敌对者的整个世界观，包括其范畴体系及从集体主体出发对这一范畴体系的理解。第二，"在个别的意识形态概念那里，功能化的活动仅仅出现在心理学的层面上"①。但是总体的意识形态概念与个别的意识形态概念不同："在那里，功能化在纯粹心理学的范围内，在这里，功能化仅仅在理论的层面上。"②曼海姆还引证了马克思在《哲学的贫困》中关于经济范畴仅仅是社会生产关系的抽象和理论表达的见解，来证明功能化在总体的意识形态概念那里如何出现在理论的而不是心理学的层面上。第三，"与上述差异相应的是，个别的意识形态概念主要带着利益心理学在起作用，与此相反，总体的意识形态概念则带着以前构成的，可能具有客观的结构联系的意向性的功能概念在起作用"③。个别的意识形态概念从来不可能离开心理学的层面，它关系到的是作为个体的"主体"（das Subjekt），而总体的意识形态概念则始终在理论的层面上发生作用，是理论思维的总体结构，因而既有研究的价值，又有从知识社会学角度加以改造和提高的可能。

曼海姆认为，推动这种总体的意识形态概念不断向前发展并在理论的、本体论的层面上逐步改变自己特征的有各种因素。自培根、洛克和法国启蒙学者以来对各种意识形态偏见的批判、怀疑和否定，无疑是促使总体的意识形态的概念向纯粹观念的、形而上学的方向靠拢的一个重要原因。但人们也应当看到，更重要的原因是，哲学本身参与了改造总

---

① ［德］卡尔·曼海姆：《意识形态与乌托邦》，1991 年英文版，第 54 页。（Karl Mannheim, *Ideology and Utopia: An Introduction to the Sociology of Knowledge*, Florida: Routledge & CRC Press, 1991, p. 54.——编者注）

② 同上书，第 55 页。

③ 同上书，第 55 页。

体的意识形态概念的过程，并成了它的发展的至关重要的推动力。当然，曼海姆也强调，人们无论如何不应当忽视来自现实的历史—社会运动的推动力，这种推动力在最根本的层次上发挥着它的作用。概括起来说，曼海姆认为，有三个步骤是促使总体的意识形态概念形成和演化的主要原因：

"第一个最重要的步骤是在意识哲学的出现中完成的。"①如果人们从心理感受的角度来看待世界，通常观察到的总是世界的无穷无尽的多样性，从而破坏了世界图式在本体论上的客观的统一性。在思想中，意识是统一的，意识哲学所寻求的，正是从主体的角度来拯救世界图式的统一性。"在这里，特别是在康德那里，理论的层面从纯粹的心理学的层面显现出来。"②而"从现在起，这个世界仅仅是一个关系到主体的'世界'，这一主体的意识能力为的是构成世界图式。如果人们愿意的话，这已经是总体的意识形态的概念，不过是在非历史的和非社会学意义上被观察的总体的意识形态概念"③。这就是说，通过意识哲学对心理层面的剥离，总体的意识形态概念已完全在理论的层面上发挥作用。

"第二个步骤是，这一总体的（但仍然是超时间的）'意识形态视界'（Ideologiesicht）被历史化。"④这一步骤主要是在历史学派和黑格尔的著作中达到的。曼海姆说："作为意识统一性的承担者的主体，在启蒙阶段完全是一个抽象的、超时间的、超社会的统一体——'一般意识'。在这里，'民族精神'变成了已经以历史的方式自我区分开来的意识统一性的代表，它的完成了的、较高的统一则是黑格尔的'世界精神'"⑤。总

---

① ［德］卡尔·曼海姆：《意识形态与乌托邦》，1991年英文版，第61页。（Karl Mannheim, *Ideology and Utopia*: *An Introduction to the Sociology of Knowledge*, Florida: Routledge & CRC Press, 1991, p. 61.——编者注）

② 同上书，第62页。

③ 同上书，第62页。

④ 同上书，第62页。

⑤ 同上书，第62页。

体的意识形态概念的历史化主要不是通过哲学，而是通过每一时代的政治、历史思想资料的切入而达到的。这一历史化的过程正是通过从人的抽象的世界图式向具体的民族精神的转换来实现的。

"但是，第三个步骤，造成现代的总体的意识形态概念的最后的也是最重要的步骤，正是在历史—社会的运动中出现的。"①现在，作为历史意识或精神的承担者的，不再是人民或民族，而是阶级，包罗万象的民族精神的概念也为阶级意识的概念所取代。这种阶级意识也就是"阶级意识形态"(die Klassenideologie)②。

总体的意识形态概念的形成和发展是一个双重运动。一方面，世界的无限的多样性在意识和精神中获得了统一和综合；另一方面，在这种统一体中又出现了结构上的松动和重新组合的种种趋向。也正是在这一过程中，"个别的意识形态概念消融在总体的意识形态概念中"③。于是，人们对意识形态的批判也进一步深化了。原先，人们总是从心理学的层面出发去批评敌对者的意识形态，指责它是某一确定的社会立场的代表，因而它总是竭力掩盖事实的真相。现在，人们的批判则深入理论的层面，开始分析意识形态的总体结构是不是正确的。所以，曼海姆说："总体的意识形态概念复兴了一个实际上很老的，但在思想史的当今发展阶段又获得了一个相应的意义的问题，即很早人们已经提示过的'虚假的意识'的可能性问题。"④这个问题对于总体的意识形态概念来说是一个难以摆脱的困境。

在曼海姆看来，只有知识社会学才能把意识形态概念从困境中拯救出来。曼海姆写道："知识社会学是一门新出现的社会学学科，它提出了所谓知识的'存在的联系'(Seinsverbundenheit)的学说，并把这种学说

---

① ［德］卡尔·曼海姆：《意识形态与乌托邦》，1991 年英文版，第 63 页。（Karl Mannheim, *Ideology and Utopia : An Introduction to the Sociology of Knowledge*, Florida : Routledge & CRC Press, 1991, p. 63.——编者注）

② 同上书，第 63 页。

③ 同上书，第 64 页。

④ 同上书，第 64 页。

构成一种理论,这种'存在的联系'作为历史的社会学的研究已经出现在过去和现在的各种知识的内容中。"①这就是说,知识社会学主张从整个"存在的联系"出发,在历史的社会的大空间里,研究各种知识形式和内容。这一知识社会学的定义实际上已显示出曼海姆解决意识形态问题的基本方向。

曼海姆说:"通过'存在的联系的思维'这一术语,我试图把意识形态概念的纯粹的知识社会学的内容从特殊的政治鼓动的框架中分离出来。"②曼海姆认为,人们在分析一种总体的意识形态概念时,就会自觉地或不自觉地把它与其一敌对者(很可能是一个党派)的立场联系起来,曼海姆称此为"对总体的意识形态概念的特殊的领悟",即把所有党派的思想和整个时代的人的思想都视为意识形态,这乃是精神发展史上出现的一种不可避免的趋势。"正是随着对总体的意识形态概念的普遍领悟的出现,知识社会学从纯粹意识形态学说中产生了。"③

知识社会学先是把一切知识都看作意识形态,继而又把意识形态与特定的党派立场分离开来,并把它们看作对"存在的联系"的思考。这样也就完成了意识形态概念在价值上中立化的过程。这一过程完成后,曼海姆又从认识理论的形而上学的角度引入新的价值观念,并从这一角度再把意识形态概念价值化。这样一来,曼海姆的意识形态概念也就成了一种形而上学的知识的代名词。

曼海姆的意识形态理论明显地受到韦伯的"价值中立性"学说的影响,其基本思想倾向,是更靠拢实证主义思潮的,但也掺和了传统的德国形而上学的某种成分。他的意识形态理论对 20 世纪 50 年代兴起的,以"意识形态终结"作为口号的社会学思潮产生了不可低估的影响。与此

---

① 〔德〕卡尔·曼海姆:《意识形态与乌托邦》,1991 年英文版,第 227 页。(Karl Mannheim, *Ideology and Utopia*: *An Introduction to the Sociology of Knowledge*, Florida: Routledge & CRC Press, 1991, p. 227. ——编者注)

② 同上书,第 71 页。

③ 同上书,第 70—71 页。

同时，他的理论也招致了多方面的批评，特别是来自西方马克思主义者的批评。在这些批评中，霍克海默的见解是最有代表性的。

二

霍克海默作为著名的法兰克福学派的创始人，其思想更倾向于维护马克思的社会理论。1930 年，在法兰克福社会研究所的刊物《社会主义和工人运动史文库》上，霍克海默发表了《一个新的意识形态概念》的论文，对曼海姆的知识社会学和意识形态理论提出了全面的批评。这一批评之所以具有重要的意义，因为它集中地体现出西方马克思主义者对知识社会学的意识形态理论的基本态度。霍克海默的批评主要是围绕以下三个方面展开的。

第一，对曼海姆的知识社会学理论的驳斥。曼海姆的意识形态理论是以知识社会学为基础的，这使霍克海默不得不花一定的力气来批判这一基础本身。

霍克海默在分析曼海姆的思想与狄尔泰思想的内在联系时指出："曼海姆的知识社会学和狄尔泰的精神科学一样，是古典唯心主义哲学的继承者。"①因为知识社会学并不研究人们的实际生活过程，而只满足于在纯粹精神的圈子内兜来兜去。比如，"现实"(Wirklichkeit)这个词是知识社会学的基本概念，可是，它既没有被用来指称真实的历史事件，也没有被用来指称从事实际活动的民族、阶级，更没有被用来指称饥饿、战争、经济危机和政治革命。在曼海姆看来，所有这些都不是现实的，真正现实的东西植根于精神和概念之中，因为正是我们的思想才使经验的事实成为可能。由于人的一切行动都是受思想支配的，因而思想

---

① ［德］K. 兰克：《意识形态》，1984 年德文版，第 232 页。(Kurt Lenk, *Ideologie*: *Ideologiekritik und Wissenschaftssoziologie*, Frankfurt am Main: Campus Verlag, 1984, s. 232.——编者注）

构成真正的现实，而实际则成了可有可无的东西。霍克海默指出，曼海姆真正关心的是"形而上学的现实"①。霍克海默还分析了知识社会学的最基本的概念——"存在的联系"（Seinsgebunden）②，认为曼海姆试图把它作为所有的思想、所有的知识形式的基点，但实际上它像黑格尔《逻辑学》开头的"Sein"（存在）概念一样是空洞的、无内容的。显然，在这一基点上形成的，霍克海默称为的"存在的有联系的意识形态"（Seinsverbundenen Ideologien）③，同样是空洞无物的。

第二，对曼海姆的意识形态理论的非难。首先，霍克海默分析了曼海姆关于"个别的意识形态概念"和"总体的意识形态概念"的提法，认为这一提法，特别是"总体的意识形态概念"的提法是从康德的唯心主义哲学中获得启发的。在康德那里，经验是通过知性范畴来构成的，并不是对现成世界的反映。"正是在这个意义上，主体对世界图式的结构的依赖性在总体的意识形态概念中被论述到了。但是这个主体在认识时，不再像在康德那里一样是无条件的和普遍的，而是依赖于历史和社会条件的整个认识工具、所有的范畴和观念的形式。"④乍看起来，在曼海姆那里，总体的意识形态的概念有一个广阔的社会的和历史的背景，实际上，这一背景并不是指真实的生活世界，而只是指纯粹的精神运动史。在这个意义上，曼海姆并没有比康德提供更多的东西。其次，霍克海默批评曼海姆把意识形态变成超党派的观念体系。霍克海默写道："按照曼海姆的观点，知识社会学的规定是使意识形态学说从'一个党的斗争武器'转变为一个超党派的'社会学的精神历史'。"⑤曼海姆把心理的东西和理论的东西尖锐地对立起来，并通过对心理的东西的否定，既撇开

---

① ［德］K. 兰克：《意识形态》，1984 年德文版，第 233 页。（Kurt Lenk, *Ideologie*：*Ideologiekritik und Wissenschaftssoziologie*，Frankfurt am Main：Campus Verlag，1984，s. 233.——编者注）

② 同上书，第 242 页。

③ 同上书，第 243 页。

④ 同上书，第 228 页。

⑤ 同上书，第 227 页。

了"个别的意识形态概念"，又创制了"对总体的意识形态概念的普遍领悟"的新提法，清除掉"总体的意识形态概念"中的心理的、经验的东西的残余，从而把意识形态变成一种超党派的，只具有认识理论的和形而上学的价值的东西。曼海姆还把意识形态学说的发展史理解为"个别的意识形态概念"逐步融入"总体的意识形态概念"的历史，理解为意识形态本身不断地摆脱党派的政治影响，逐步中立化的过程。在霍克海默看来，沿着这样的方向思考下去，必然把意识形态概念变成一个空洞的符号。最后，霍克海默批评曼海姆试图在总体的意识形态概念的历史发展中探索人的本质生成的错误观点。霍克海默认为，在观念史中寻找人的本质是可笑的："不是人的'本质'，而仅仅是人们本身，即那些在一个确定的历史时期，在外在的本性和内在的本性上现实地相互依赖的人们才是历史的活跃的有情感的主体。"①这就是说，只有对社会生活中的现实的人及其历史活动的探索，才可能揭示出人的真正的本质。

第三，对马克思的意识形态学说的澄清。霍克海默认为，在最近几年中，马克思的理论在德国产生了更广泛的影响，而曼海姆的《意识形态与乌托邦》既是对马克思理论的最新研究，也是对它，特别是对它的意识形态学说的一个挑战，因而有必要澄清已被曼海姆曲解了的马克思的意识形态理论。

霍克海默说："按照曼海姆的看法，总体的意识形态概念在马克思那里是作为阶级意识出现的。"②这就是说，曼海姆把马克思主义看作否定意义上的意识形态，显然从根本上误解了马克思主义，也误解了它的意识形态理论。霍克海默认为，马克思与曼海姆一样研究存在，但他对存在有完全不同的理解。"马克思的唯物主义把世俗的现实中的事物的不能令人满意的状态表述为真实的存在（das wahre Sein），同时不赞成把

---

① ［德］K. 兰克：《意识形态》，1984 年德文版，第 234—235 页。（Kurt Lenk, *Ideologie*：*Ideologiekritik und Wissenschaftssoziologie*, Frankfurt am Main：Campus Verlag, 1984，ss. 234-235.——编者注）

② 同上书，第 228 页。

人的不论哪一种的思想假定为较高意义上的存在。"①如果说曼海姆的"存在的联系"是一个空洞的字眼的话，那么马克思的"真实的存在"指的正是人们的实际生活过程。马克思正是以此为出发点来批判资产阶级意识形态对真实的存在状况的掩蔽的，而在马克思生活的时代，资产阶级的意识形态在德国的思辨形而上学中得到了最充分的表现。所以，霍克海默说："马克思已经尝试用意识形态的概念去摧毁形而上学的权威。"②可是，在曼海姆那里，人们看到的是一个相反的过程，即把一切知识形式都看作意识形态，并使之形而上学化。

曼海姆的意识形态理论，特别是他的总体的意识形态概念表明，他无批判地接受了德国唯心主义哲学对总体、对绝对真理的崇拜心理，从而根本不能理解作为科学理论与这样的意识形态对立的马克思主义的实质。霍克海默指出："不是关于一个'总体'或一个总体的绝对的真理的认识，而是对现存的社会状态的改变是马克思的科学目标。"③马克思主义作为科学不但不是曼海姆所说的否定意义上的意识形态，相反是它的真正的对立面和批判者。曼海姆把意识形态作为超阶级、超党派的观念体系来谈论，正表明他自己坚持了一种纯粹的资产阶级意识形态的立场。

总体来看，霍克海默对曼海姆的所谓"新的意识形态概念"即"总体的意识形态概念"的批判是具有积极意义的，在一定的范围内捍卫了马克思的意识形态学说，但霍克海默的批判主要限于理论的方面，因而没有进一步阐明曼海姆意识形态理论的社会认识根源。事实上，曼海姆的意识形态理论乃是现代社会中社会主义意识形态和资本主义意识形态冲突的一个缩影。

---

① ［德］K. 兰克：《意识形态》，1984 年德文版，第 235 页。（Kurt Lenk，*Ideologie*：*Ideologiekritik und Wissenschaftssoziologie*，Frankfurt am Main：Campus Verlag，1984，s. 235.——编者注）

② 同上书，第 234 页。

③ 同上书，第 234 页。

马尔库塞和哈贝马斯的
意识形态学说剖析①

赫伯特·马尔库塞和尤尔根·哈贝马斯是法兰克福学派的重要成员，也是从科学技术和工艺的合理性入手，对西方发达的工业社会的意识形态进行创造性研究的哲学家。在当前，了解并把握他们的意识形态学说，既能深化我们对发达工业社会的认识，又能深化我们对马克思的意识形态理论在当代的历史命运的思索。

一、工艺的合理性是新
意识形态的内核

马尔库塞在《单向度的人》一书中谈到随着科学技术的进步，意识形态愈益融入实在的情况时说："无论如何，把意识形态吸收到实在中去并不标志着'意识形态的终结'。相反，在一个特定的意义上，发达的工业文化是比以前的文化更意识形态的，因为在今天，意识形态是在生产过程

---

① 原载《社会科学》1992 年第 9 期。收录于《俞吾金集》，黑龙江教育出版社 1995 年版，第 412—422 页。——编者注

本身中。这一见解以富于刺激的形式揭示了普遍工艺的合理性的政治方面。"①在谈到科学技术的广泛使用所引起的种种进步时，他认为，传统的意识形态已不再起什么作用了，工艺的合理性已锻造出一种以自己为基础和核心的新的意识形态。那么，在发达工业社会里，工艺的合理性是如何对社会生活和意识形态的各个不同层面产生巨大的决定性影响的呢？

第一，异化和物化的进一步加深。在发达工业社会中，随着科学技术的高度发展，人们同强制他们接受的存在状况越来越一致，并从中获得了才能上的发展和各种需要的满足。这种一致是否意味着异化已经不存在了呢？马尔库塞的回答是否定的。他认为，"这种实在构成了异化的一个更进步的阶段"②。在这一阶段中，被异化了的主体被完全异化了的存在所吞没。

马尔库塞认为，异化的最普遍最基本的表现是日常生活中的物化，而这种普遍的物化现象正是和工艺的高度发展联系在一起的。技术和工艺的高度发展所造成的物化，既使人们在劳动中成了自动机的附庸，也使他们在生活中成了他们所需要的物的工具。这种普遍的物化把人与物的关系完全颠倒了。从表面上看，人似乎是物（如消费品）的主人，实际上，物反而驾驭了人的主体和灵魂。

除了探讨异化的基本形式——物化外，马尔库塞还提出了"艺术的异化"问题。他认为，艺术的异化是对异化了的存在的一种意识上的超越，在这个意义上，艺术似乎具有某种批判、否定社会现实的作用，但是，"艺术的异化与其他否定的模式一起，屈服于工艺的合理性的过程"③。发达工业社会中的工艺的合理性是渗透一切的巨大力量，它弥

---

① ［美］赫伯特·马尔库塞：《单向度的人》，1964 年英文版，第 11 页。（Herbert Marcuse, *One-Dimensional Man*: *Studies in the Ideology of Advanced Industrial Society*, Boston: Beacon press, 1964, p. 11. ——编者注）
② 同上书，第 11 页。
③ 同上书，第 65 页。

合了艺术作品与社会生活之间的裂痕，使艺术作品成为新的意识形态的一个组成部分，从而归根到底对社会现实取容忍的态度。所以，马尔库塞把艺术的异化看作一种间接的、更高水平上的异化。

第二，极权主义倾向的进一步加剧。与技术上、工艺上的合理化和标准化同步发展起来的是政治上、文化上的极权主义。这种极权主义不光以传统的恐怖主义的政治统治方式表现出来，而且也以非恐怖主义的、经济上和技术上的协调，通过对人们既得利益的需要的支配来发生作用；它不仅是政府和党派统治的一种特殊形式，而且也是生产和分配的一种特殊的制度，正是这种制度能够把不同党派、政治力量和新闻宣传媒介的多元化倾向协调起来，实行一体化的统治。

马尔库塞又指出："在文化的领域里，这种新的极权主义恰恰呈现为一种和谐化的多元主义，最矛盾的作品和事实和平地、冷漠地共存着。"①许多人都为发达工业社会中政治、文化的多元主义的外观所迷惑，从而看不到其新的极权主义的实质。所以马尔库塞说："这种多元主义的实在成了意识形态的、骗人的东西。"②

第三，社会、思想和人的单向度化。随着科学技术的发展和普及，工艺的合理性成了发达的工业社会的全部生活的唯一向度。马尔库塞不仅把发达的工业社会称作"单向度的社会"，把实在称作"单向度的实在"，把文明称作"单向度的文明"，而且也把思想称作"单向度的思想"，把人称作"单向度的人"。

马尔库塞认为，工艺的合理性通过科学的管理和组织达到了直接的自动的一体化。这种一体化不仅渗透到人的全部行为中，也渗透到人的全部思想中。随着工艺的合理性向度的扩张，随着人们的物质需要的不断满足和扩张，人们在思想上已习惯于容忍和安于现状，从而失去了理

---

① ［美］赫伯特·马尔库塞：《单向度的人》，1964年英文版，第61页。（Herbert Marcuse, *One-Dimensional Man: Studies in the Ideology of Advanced Industrial Society*, Boston: Beacon press, 1964, p. 61.——编者注）

② 同上书，第51页。

性的批判和否定的向度。在马尔库塞看来，这一向度的失去也正是发达工业社会的意识形态的普遍特征。当人们还在理论上争论科学技术是否属于意识形态的范围时，马尔库塞却已告诉我们，科学技术已经以自己的逻辑改造了整个意识形态，并使工艺的合理性成了发达工业社会的意识形态的真正灵魂。

二、新的意识形态在当代西方哲学中的表现

如前所述，单向度不仅是发达的工业社会现实的基本特征，也是其全部意识形态的基本特征。这一基本特征以最典型的方式表现在当代西方哲学以下思潮中。

一是总体的经验主义。马尔库塞认为，在发达的工业社会中，人的思想和行为的单向度化这种倾向"可能关系到科学方法中的一个发展：物理学中的操作主义和社会科学中的行为主义。它们的共同特征是具有在概念处理时的一种总体的经验主义；概念的意义被限制在特殊的操作和行为的显示上"[1]。操作主义的思想模式今天已经成了哲学、心理学、社会学和其他社会科学的主导性倾向，"但是，甚至就对事实的描述而言，操作的概念也不是充分的"[2]。因为它们仅仅达到了对事实的某些方面和某些片段的把握，就自以为在总体上把握了整个经验世界，其实，一些具有决定意义的、重要的事实仍然停留在操作概念的范围之外。所以，"在当代哲学中，总体的经验主义显示出其意识形态的功能"[3]。

---

① ［美］赫伯特·马尔库塞：《单向度的人》，1964 年英文版，第 12 页。（Herbert Marcuse, *One-Dimensional Man*: *Studies in the Ideology of Advanced Industrial Society*, Boston: Beacon press, 1964, p. 12.——编者注）
② 同上书，第 118 页。
③ 同上书，第 169 页。

二是以形式逻辑和符号逻辑为基础的注重形式化的哲学思潮。人们一般认为，形式逻辑是思维的工具，马尔库塞则认为，它同时是统治社会的工具。"思想的逻辑也就是统治的逻辑。"为什么这么说呢？由于形式逻辑所蕴含的形式化、抽象化和数学化的倾向，它对外部世界，尤其是社会生活所取的中性的态度，它对抽象的思想次序和法则的维护，都使它缺少对实在本身进行批判和否定的向度。所以，在马尔库塞看来，以形式逻辑和符号逻辑为基础的注重形式化的哲学思潮，在当代西方社会中发挥着意识形态的功能。

三是当代分析哲学。当代分析哲学是从属于实证主义这一重大哲学思潮的。"实证主义是反对所有的形而上学、先验主义和唯心主义的一个努力，它把它们认作蒙昧主义的和退化的思想模式。"①这种与自然科学，尤其是物理学的发展相契合的实证主义思潮在当代发达工业社会里具有很大的影响，因为它的基本思想和随着科学与技术发展而发展起来的工艺的合理性正好是一致的。也正是在这个意义上，马尔库塞把实证主义称作"单向度的哲学"。这种实证主义思潮在当代哲学中的最典型的表现是分析哲学。在马尔库塞看来，当代分析哲学正是一种新的意识形态。

三、社会批判理论对意识形态的超越

马尔库塞在批判工艺的合理性以及以这种合理性为基础的发达工业社会的意识形态时，提出了"历史的合理性"的概念。如果说，工艺的合理性对现存的社会取认同和肯定的态度的话，那么，按照历史的合理性对现存社会所进行的分析则"把批判、矛盾和超越这一否定的因素引进

---

① ［美］赫伯特·马尔库塞：《单向度的人》，1964 年英文版，第 172 页。（Herbert Marcuse，*One-Dimensional Man*：*Studies in the Ideology of Advanced Industrial Society*，Boston：Beacon press，1964，p. 172.——编者注）

到概念之中"①。这正是马尔库塞所强调的第二个向度，也正是法兰克福学派的核心思想——社会批判理论的宗旨之所在。

那么，人们究竟如何具体地促成工艺的合理性向历史的合理性的转化，从而超越那种与现存社会认同的单向度的意识形态呢？马尔库塞认为比较重要的做法有如下几点。

一是在意识中认出并激发起追求自由的潜能。人们不应当满足于现实中按照工艺的合理性强制他们接受的那些需要和选择，他们在意识中应当始终保持一种突破现状，追求更高的合理性的自由，只有这种自由才能真正使人类和社会进步。

二是确立理性的新观念。艺术蕴含着一种否定的因素。在发达的工业社会中，由于工艺的合理性的推动，理性仅仅成了科学的理性、操作的理性，从而与艺术分离开来并对立起来。马尔库塞试图确立的新的理性观念体现为科学的理性与艺术的理性的统一。当然，这里说的艺术的理性并不是已经被科学的理性改造过的，专门美化现存的事物的理性，而是破坏这种现存事物的理性。

三是询问技术的目的。从工艺的合理性以及以这一合理性为核心的意识形态中解放出来，并不意味着要把人类已创造的技术的基础统统破坏掉。事实上，这一基础也正是人类追求新的自由和更高的合理性的出发点。问题是要通过对技术发展的目的的询问，植入一种新的价值观。马尔库塞强调，这样做并不意味着用价值去补充科学和工艺对人与自然的改造。相反，科学和工艺的发展已经把价值物质化，即已按照技术的要求重新定义了价值，并把它作为工艺过程中的一个要素。

马尔库塞说，社会批判理论并不能为发达工业社会的发展提供一套蓝图，它的作用仅仅是否定的。它通过对以工艺的合理性为基础和核心的新的意识形态的批判，激发一种与现存的事物状态相抗争的力量，从

---

① ［美］赫伯特·马尔库塞：《单向度的人》，1964 年英文版，第 225 页。（Herbert Marcuse, *One-Dimensional Man*: *Studies in the Ideology of Advanced Industrial Society*, Boston：Beacon press，1964，p. 225.——编者注）

而引导社会向更合理的方向发展。

马尔库塞从以科学技术为基础的工艺的合理性出发，去揭示发达工业社会的意识形态的本质，无疑是有意义的，他对发达工业社会的意识形态的种种新的表现形式的批判也是富有见地的，问题在于，他寄予厚望的社会批判理论是否真能扬弃发达工业社会的意识形态呢？按照马克思的唯物史观，不论是物质力量还是精神力量，都不可能通过单纯的精神上的批判加以消除，也就是说，改造资本主义社会的意识形态的根本出路是废除资本主义私有制。马尔库塞的批判理论并不打算触及这个基本点，因而他对发达工业社会的意识形态的批判仍具有乌托邦的性质。

《作为"意识形态"的科学与技术》是哈贝马斯为纪念马尔库塞 70 周年诞辰所写的长篇论文。在这篇论文中，他扬言马克思的唯物史观，尤其是其阶级斗争和意识形态理论不再适合于晚期资本主义社会，并大致上沿着马尔库塞的思路，结合科学技术的发展，阐述了晚期资本主义社会中意识形态的新的表现形式和基本特征。

1. 对马克思的意识形态理论的非难

哈贝马斯认为，资本主义社会以前的传统社会的政治统治是靠对世界做神话的、宗教的和形而上学的解释来论证其合法性的。在这样的社会中，意识形态是自上而下地发挥作用的。资本主义社会兴起后，提供了一种与传统社会完全不同的统治的合法性。这种合法性不是依靠宗教和文化的力量从上灌输下来的，而是在以新的方式进行的劳动和商品交换中自然地形成起来的，"现在，财产制度已能够从一种政治关系变为生产关系，因为它已按照市场的合理性，按照商品交换社会的意识形态，而不再按法的统治制度把自己合法化了"①。与这种合法化观念一起成长起来的早期资本主义社会的意识形态也是自下而上的，但主要是在商品交换的基础上发挥其作用的。这种意识形态由于适应了近代科学

---

① ［德］尤尔根·哈贝马斯：《作为"意识形态"的技术与科学》，1970 年德文版，第 70 页。(Jürgen Habermas, *Technik und Wissenschaft als "Ideologie"*, Frankfurt am Main: Suhrkamp Verlag, 1970, s. 70. ——编者注)

的要求而取代了传统的意识形态，但直到 19 世纪末期前，科学与技术都尚未形成独立的力量，蕴含在科学与技术中的合理化的表现还不是直接的、十分明显的，从而也不可能成为当时的意识形态的根本特征。

在 19 世纪中叶，资本主义的生产方式在英国和法国取得了巨大的发展，同时也暴露出不少的问题。在这种情况下，"马克思以政治经济学的形式对资产阶级的意识形态进行了批判"①。这种批判在当时是无可非议的，但随着资本主义的新的发展，问题就起了变化。哈贝马斯说，从 19 世纪七八十年代起，资本主义的发展出现了两种新的趋向：一是国家干预活动的增加；二是技术的独立性的增长使科学成了第一生产力。这两种趋向都改变了资本主义自由竞争阶段的劳动和交往方式。在新的情况下，"马克思从理论上揭示的与交换相适应的基础意识形态在实际上已陷于崩溃"②。现在，私人经济对资本的利用要通过国家的干预才能实现，经济制度与统治制度之间的关系已经改变了，政治不再仅仅是一种上层建筑的现象，它已直接地渗透到经济基础之中。在这个意义上，哈贝马斯认为，马克思关于经济基础与上层建筑关系的理论已不再适用。"当适合于交换的意识形态瓦解的时候，对统治制度的批判也不再能根据生产关系直接地进行。"③

在以交换为基础的意识形态瓦解以后，政治统治必然会寻求一种确立新的合法性的意识形态。这种意识形态又是什么呢？哈贝马斯说："接替自由交换的意识形态位置的是一种补偿程序，这种程序不遵循市场制度的社会结果，而遵循一种补偿交换关系的机能紊乱的国家活动。"④这种补偿程序正是通过以合理化为标志的科学与技术进行的，所

---

① ［德］尤尔根·哈贝马斯：《作为"意识形态"的技术与科学》，1970 年德文版，第 73 页。（Jürgen Habermas, *Technik und Wissenschaft als "Ideologie"*, Frankfurt am Main：Suhrkamp Verlag, 1970, s. 73. ——编者注）
② 同上书，第 75 页。
③ 同上书，第 76 页。
④ 同上书，第 76 页。

以，对于马尔库塞来说，"技术与科学起着意识形态的作用"①。哈贝马斯还强调，当科学技术的进步变成独立的剩余价值的来源时，马克思关于剩余价值来源于直接的劳动力的论述也失去了它原有的意义。另外，在马克思那里，科学技术能发展生产力，因而仅仅是作为革命的因素出现的，但在晚期资本主义社会中，它同时也是作为维护资产阶级政治统治的意识形态而出现的。正是基于上述种种原因，哈贝马斯说："马克思理论中的两个关键性的范畴，即阶级斗争和意识形态，不再能够被运用了。"②

哈贝马斯对马克思意识形态理论的非难显然是站不住脚的。尽管资本主义社会在其发展中出现了他上面提到的两种新的趋向，但不管科学技术如何发展，剩余价值仍然来源于直接生产中的劳动的物化；也不管国家如何干预经济活动，资本主义社会固有的基本矛盾依然是存在的。这表明，马克思意识形态理论的基本原则在晚期资本主义社会仍然是有效的。

2. 合理化：探讨新的意识形态的入口

马尔库塞肯定了韦伯在研究当代社会时引入合理化概念的重要意义，但又批评他未看到隐藏在合理化背后的强制性的政治统治的问题，从而未意识到合理化本身的意识形态特征。哈贝马斯认为，如果全面地分析马尔库塞关于科学技术发展所导致的合理化问题的见解，就会发现，他肯定了科学技术进步的双重功能：一是科学技术已成了重要的生产力；二是科学技术本身已成了意识形态，蕴含在科学技术中的合理化成了新的意识形态的灵魂。

在哈贝马斯看来，劳动和交往是晚期资本主义社会中人的行为的两种不同的类型。在合理化的问题上，这两种行为类型有根本的区别。劳动的合理化意味着生产力的提高，技术力量的扩张和人的自我物化的加深，交往的合理化则意味着人的解放、个体化和非统治形式的交往的扩

---

① ［德］尤尔根·哈贝马斯：《作为"意识形态"的技术与科学》，1970 年德文版，第 70 页。(Jürgen Habermas, *Technik und Wissenschaft als "Ideologie"*, Frankfurt am Main: Suhrkamp Verlag, 1970, s. 70. ——编者注)

② 同上书，第 84 页。

张。因而对合理化不能取笼统否定的态度，要看到它在两种行为类型上的差异，而"技术统治意识的意识形态的力量正表现在对这种差别的掩蔽上"①。劳动的合理化会引起交往的非合理化，因为国家对经济的干预和科学技术的意识形态化都不利于合理的交往行为的发展。这样，揭示晚期资本主义社会交往的不合理性，并为合理的、自由的交往而呼吁，就成了意识形态批判的一个基本任务。

3. 新的意识形态及其主要特征

如前所述，哈贝马斯把以不同于（非）自由交换为基础的意识形态称为"补偿程序"，这种程序正是通过科学与技术本身蕴含的合理性来达到的，在这个意义上，新的意识形态也就是科学与技术，说得更确切一些，就是"技术统治的意识"。这种作为新的意识形态的技术统治的意识是通过作为非政治力量的科学与技术，潜移默化地发生作用的。但在客观上，它既维护了现行的政治统治的合法性，又成功地压制了人们寻求解放的观念和努力。新的意识形态在推进劳动的合理化的过程中，使目的合理的行为所蕴含的物化意识渗透到人的交往行为中，损害了交往的合理性。因而需要通过对这种新的意识形态进行批判，扩大并发展交往的合理性，并使这种合理性反作用于劳动过程，以扬弃人的自我物化，实现人性的真正解放。

哈贝马斯主张对传统和语言都要进行反思，主张把释义学与意识形态批判紧密结合起来。这些见解表明，哈贝马斯力图形成以意识形态批判为核心的社会批判理论，使之与发达工业社会的意识形态对立起来。

尽管哈贝马斯对意识形态问题做出了新的思考，但由于他以发达工业社会的特殊性为借口，宣布马克思的唯物史观和意识形态学说已经过时，因而他既不能揭示发达工业社会的意识形态的本质，也不可能为扬弃这种意识形态指出一条明确的道路。事实上，不改变资本主义的私有制，是不可能出现真正自由的交往方式的。

---

① ［德］尤尔根·哈贝马斯：《作为"意识形态"的技术与科学》，1970 年德文版，第 84 页。（Jürgen Habermas, *Technik und Wissenschaft als "Ideologie"*, Frankfurt am Main：Suhrkamp Verlag, 1970, s. 84. ——编者注）

1995年

古尔德《马克思的社会本体论》评析[①]

　　美国女哲学家古尔德（Carol C. Gould）于
1978 年出版的《马克思的社会本体论》一书无疑
是西方马克思主义思潮在当代发展中的一部重要
文献。近年来，这部文献已引起国内学术界的注
意，然而遗憾的是，还没有论文对这部著作的基
本思想进行比较系统的介绍和评论。本文尝试在
这方面做一些初步的工作，以求正于专家。

一

　　古尔德的这部著作在 20 世纪 70 年代出版并
不是偶然的，而是有深刻的思想文化史方面的背
景的。人所共知，如果我们跳出哲学史就是唯物
主义和唯心主义的斗争史的简单的思维框架的
话，换一个角度去看问题，哲学史也是绝对主义
和相对主义相互交替的历史。所谓绝对主义，乃
是对某种确定性的界定和追求，这种确定性可以
是理念、绝对、上帝或某个别的东西；所谓相对
主义则是对绝对主义或其在不断扩展中导致的独

---

　　① 原载《马克思主义与现实》1995 年第 1 期。收录于《俞吾金集》，黑龙江教育出版社
1995 年版，第 434—446 页。——编者注

断主义的怀疑、批判乃至否定。绝对主义和相对主义的冲突实际上正是哲学的两种功能——建构和消解功能的辩证的统一。有了前一种功能，哲学史在其不同的发展阶段才会留下不同的、十分丰富的成果；同样，有了后一种功能，哲学思想才不会陷于僵化，而是如黑格尔所言，成为一股生命的激流，不断地超越障碍，向前发展。

在 19 世纪上半叶，黑格尔的泛逻辑主义把绝对主义的发展推向顶点，哲学所探究的一切似乎都沐浴在绝对理念的光辉之下。然而，正如中国的先哲老子所指出的：反者道之动。以克尔凯郭尔、尼采为代表的相对主义思潮很快地推倒了以黑格尔为集大成者的绝对主义的权威。如果说，克尔凯郭尔的"非此即彼"的跳跃式的辩证法解构了黑格尔的"正题—反题—合题"的著名辩证法公式的话，那么，尼采的"上帝死了"和"一切价值重估"则把苏格拉底、柏拉图以来的整个理性绝对主义传统推入了硫酸池。在尼采的相对主义洪水泛滥之后，一切都飘浮起来了，宾克莱的《理想的冲突》一书对这种状态做出了很恰当的说明。

然而，正如哲学史上其他时期发生的情况一样，这种相对主义的思潮不会在 20 世纪一直延续下去。事实上，一股新的绝对主义思潮又开始兴起了，这一思潮在哲学上的集中表现就是对本体论的探讨。从欧洲大陆哲学的情况看，海德格尔把胡塞尔的现象学方法引进到对存在问题的探索之中，从而创立了基础本体论，之后，N. 哈特曼、萨特、马塞尔、英伽登、伽达默尔等哲学家都推进了这方面的研究。从英美分析哲学的情况看，他们更接近由孔德肇始的实证主义传统，从而对形而上学问题（当然包括本体论问题）持拒斥的态度。然而，到美国哲学家奎恩那里，分析哲学由于和实用主义合流而发生了重大的转折，奎恩提出"本体论承诺"的思想，从而出现了与大陆哲学趋同的发展倾向。

大陆哲学和英美哲学中出现的这一倾向也在当代西方马克思主义的研究中表现出来了。如果说，卢卡奇早年的代表作《历史与阶级意识》主要是从方法论角度来研究马克思的哲学的话，那么，他晚年的巨著《社会存在本体论》则对马克思的哲学做出了新的研究和说明。虽然卢卡奇的学生赫勒等对他晚年的这部著作有不少保留意见，当赫勒于1966年把这部书的大致内容告诉哈贝马斯时，后者对这本书采取了否定的态度，然而，这部著作仍然拥有广大的读者和广泛的影响，至少可以说，这部著作打开了马克思哲学研究的新视域。

《社会存在本体论》在20世纪70年代初的出版无疑地启发了古尔德的思路。在她的《马克思的社会本体论》书尾所附的参考书目中，我们发现了卢卡奇的如下论著：《历史与阶级意识》《作为社会实践模式的劳动》(1972)、《思想和行为的本体论基础》(1975)，以及《马克思的本体论》(1972)，另外还有伦敦麦林出版社出版的《与卢卡奇谈话》(1974)一书。我们知道，在上述参考书中，除《历史与阶级意识》这部著作外，其他论著都涉及对马克思本体论的研究。可以断言，它们一定对古尔德的思想产生了影响。然而，有趣的是，古尔德在她的著作正文中从来没有提到卢卡奇。我认为，这种回避恰恰暴露了古尔德思想的卢卡奇来源。在后面的论述中，我们还有机会回到这个有趣的问题上来。

在书前写下的"鸣谢"中，古尔德对哈贝马斯、M. 马尔科维奇等人的启发和讨论给予了充分的肯定，另外，她把自己撰写此书的灵感归于对1974年在纽约成立的马克思的《大纲》(《1857—1858年经济学手稿》)研究小组的讨论活动的参与。《大纲》最初在1939年以德文本出版于苏联，直到1953年在德国出版时才引起学术界的注意，而第一个完整的英译本则是1973年出版的。然而，不管怎么说，马克思的《大纲》从未提到本体论的问题，所以，古尔德仍然没有告诉我们，她从本体论角度去理解马克思的灵感来自何方。

假如我们撇开这些细节来看待古尔德的这部著作，那么我们还得承认，古尔德对20世纪哲学运动的脉搏，即向绝对主义的回归还是把握得十分准确的。难怪《马克思的社会本体论》出版后在国际学术界受到了广泛的重视。波士顿大学的麦金太尔(A. C. MacIntyre)认为："这是一本一流的重要的、值得认真对待的著作。"贝尔格莱德大学的马尔科维奇(M. Markovic)则肯定："这确实是一部原创性的著作。就我的了解而言，这是在西方和世界上的任何其他地方尚没有的、在《大纲》的基础上重新建构马克思哲学的第一次尝试。"

不管这些评价是否有言过其实之处，古尔德紧随卢卡奇之后，进一步拓展了从社会实在本体论的角度出发来探讨马克思哲学的新道路，在马克思哲学研究的诸多角度的选择中无疑地具有特别重要的意义。

二

古尔德的《马克思的社会本体论》除了导论外，共分五章，依次探讨了马克思社会本体论的五个基本概念，即社会、劳动、因果性、自由和公正，并力图揭示出这些概念之间的内在的逻辑联系。

在古尔德看来，社会本体论(social ontology)可以在三种不同的意义上被理解。第一种意义是：它是对社会实在本质的研究，也就是对个体、制度及其社会发展过程的研究。这种研究的目的是确定社会生活的基本实体，不管它们是人、制度，还是社会互动的基本形式。在这个意义上的社会本体论乃是一般本体论(general ontology)的一个分支。第二种意义是：它是一种社会化的本体论(ontology socialized)，是对实在的一种研究，换言之，是对实在概念的社会之根的反思。举例来说，把实在看作由孤立的、原子式的个人构成的本体论在资本主义或自由市场的社会中可以找到其根源。在这种意义的社会本体论中，实在的理论被看作处于社会情景的影响之下的，比如，对个体及他们之间的关系的考察和说明必须置于具体的历史—社会的结构中来进行。第三种意义是由第一种意义和第二种意义结合而成的，"在这种意义上，社会本体论凭借以社会的方式被说明的范畴和途径来分析社会实在的本性"①。

---

① Carol C. Gould, *Marx's Social Ontology*, Cambridge: The MIT Press, 1978, p. xvi.

古尔德认为，马克思正是从上述第三种意义来确定并论述其社会本体论思想的；马克思与传统的本体论学者的本质差异在于，他关注的实在是社会实在，他考察的本体论范畴都具有具体的社会—历史的含义。

1. 社会(Society)范畴

古尔德认为，在马克思的社会本体论中，社会是由处于社会关系中的个体构成的，这种个体如同在亚里士多德的哲学中一样，具有本体论上的优先性，而且他们所处的关系并不是不变的，而是历史地变化着的。古尔德根据马克思在《大纲》中提出的三大社会形态理论，做了进一步的发挥。她认为，在第一种社会形态，即前资本主义社会形态中，个人之间的关系是内在的、自然的依赖关系，这种关系是具体的、特殊的。在第二种社会形态，即资本主义社会形态中，个人之间的关系是外在的、依赖于物的，由于追求交换价值的实现是资本主义社会的基本动机，因而这种关系是抽象的、普遍的。在第三种社会形态，即公有化的社会中，个人之间的关系是内在的、充分和谐的，通过对异化的扬弃，这种关系成了具体的、普遍的。古尔德十分强调马克思的社会本体论的动态性，她说："马克思的社会实在本性的理论同时是社会变化的理论。也就是说，他的哲学本体论本身与对社会—历史的发展的应用性说明是不可分离的。"[1]

2. 劳动(Labour)范畴

古尔德认为，当我们沿着马克思的思路，进一步考察社会关系中的个人的活动时，我们发现，劳动乃是个人的最基本的活动，在这个意义上，也可以把马克思的社会本体论称作"劳动本体论"(ontology of labour)[2]。在马克思那里，劳动起着两方面的作用：一方面，劳动经由生

---

[1] Carol C. Gould, *Marx's Social Ontology*, Cambridge：The MIT Press，1978，p. 27.

[2] 其实，早在 1932 年，马尔库塞在《历史唯物主义的基础》一书中论述到马克思关于劳动的定义时就说："这些定义清楚地表达了劳动这一概念的本体论性质。"《西方学者论〈一八四四年经济学-哲学手稿〉》，复旦大学出版社 1983 年版，第 103 页。

产工具而加工原料，从而生产出新的产品，创造出新的价值；另一方面，人也改变并创造了自己，如学会了新的技能，提高了精神境界等。然而，古尔德指出："按照马克思的见解，在资本主义社会中，这种活动采取了异化的形式，个体在异化中与他或她自己的创造力相分离。"①

在对劳动范畴的考察中，古尔德强调了马克思如下思想，即劳动是时间的源泉，是人类时间意识和对时间的客观测量的源泉。马克思的时间观既不同于康德把时间视为先天的、感性直观的纯形式的先验唯心主义的观点，也不同于海德格尔撇开人的劳动的对象化而表达出来的、具有"此在"体验倾向的存在主义见解。马克思的时间观强调，时间是由劳动本身创造出来而又反过来度量劳动过程及人类的其他一切活动的东西。在资本主义生产方式的前提下，工人的劳动时间被分为两个部分：一部分是为自己的生存而劳动，即"必要劳动时间"（necessary labor time）；另一部分是为资本家生产剩余价值而劳动，即"剩余劳动时间"（surplus labor time）。但是，工人的劳动情况是各不相同的。马克思对时间概念的这种理解，是否会像康德一样导致主观化的倾向呢？古尔德的回答是否定的。她指出："对于马克思来说，既然对象化的活动并不是一个孤立的个体的活动，而是一个社会的活动，那么时间就不应该被理解为只是行动者的一个主观特征。这种活动的社会性必然会使时间进到对这种劳动活动本身和这一活动的客观条件的共同的测量之中。"②在古尔德看来，马克思的"社会必要劳动时间"（socially necessary labor time）概念乃是其时间的客观性的最好证明。这就告诉我们，考察马克思的"劳动"范畴必须在其特定的时间地平线上展开。

3. 因果关系（Causality）范畴

古尔德强调，马克思的因果关系理论虽然受到了亚里士多德、康德、黑格尔的影响，但由于他是从社会本体论，尤其是劳动本体论出发

---

① Carol C. Gould, *Marx's Social Ontology*, Cambridge: The MIT Press, 1978, p. 40.

② Ibid., p. 62.

去看待这种关系的，因而他赋予这种关系以全新的、本体论的含义。

与传统的因果关系理论不同，马克思的因果关系理论并不以与人相分离的自然存在物之间的关系体为考察对象，"马克思把因果关系问题置于人类活动本身的范围内，因此他把这一问题从一般本体论转到我称为社会本体论的情景之中"①。古尔德认为，要把握马克思因果关系理论的核心内容，必定要把这一关系（因与果的关系）放在对象化的过程，亦即劳动的过程中来考察，而正是通过这一考察，我们发现，理应以内在关系方式出现的这一关系在资本主义生产方式中被外在化和物化了，人的劳动结果转过来压抑人的健康发展，而对交换价值的追求又成了人们的唯一目的，这正是我们称为异化的现象。在古尔德看来，马克思的见解是：只有扬弃异化，使每个人的自由成为一切社会成员自由的前提，才能克服因果关系的外在性和对物的崇拜，使之获得全新的社会历史内涵。

4. 自由（Freedom）范畴

古尔德认为，与以前的哲学家对自由概念的理解不同，马克思把自由看作人在劳动过程中的自我实现，从这一角度出发，自由具有两方面的含义：一是否定性的含义，即自由总是对某种障碍性的东西的克服，比如，人在劳动中如果不克服原料的障碍作用，就不可能创造出新的产品；二是肯定性的含义，即自由不仅创造了新的价值，而且在某种意义上也创造了人类本身。这两方面的自由是统一的，从马克思的社会本体论立场看来，由于劳动者是处在各种社会关系中的个人，因而真正具体的自由又关系到作为劳动者的每一个个人之间的关系，以及他们和共同体的关系。然而，在资本主义生产关系中，由于人与人之间关系的异化，人们只是处在抽象的自由之中，即在外观上人们拥有充分的自由，而在实质上，人们无法避免自己的本性遭到扭曲，因而真正自由的实现

---

① Carol C. Gould，*Marx's Social Ontology*，Cambridge：The MIT Press，1978，p. 69.

也关涉到异化劳动的扬弃和对社会公正的肯定。

5. 公正(Justice)范畴

古尔德认为，在《大纲》中，马克思虽然没有专门讨论公正理论，但无论如何，在对马克思的社会本体论的建构中，这一范畴具有根本性的意义。马克思的公正理论主要表现在以下三方面：一是他对作为不公正的集中表现的资本主义异化和剥削的批判；二是他对肯定意义上的自由的论述，而这种创造新价值的自由要得到充分的发展，正是以日益扩大的社会公正为前提的；三是他对未来的共同体社会的规划，在他设想的未来社会中，由于对私有财产的扬弃而达到充分的社会公正，这使每个人获得了真正的自由。

三

我们认为，古尔德这部著作的意义首先在于，她没有把马克思的《大纲》看作纯粹的经济学著作，而是看作一部哲学著作来阅读，这等于向马克思主义研究者提出了一个富有挑战性的问题，即马克思的系统的哲学思想并不是在他们常常依凭的《大纲》以外的著作中提出来的，于是必然随之产生出一个重新读解马克思的问题。其次，古尔德把马克思的哲学理解为社会本体论，不但和卢卡奇的社会存在本体论有不少共同之处（如对劳动、因果关系、异化等问题的探讨），而且她还像卢卡奇一样领悟了马克思哲学的本质，即马克思哲学乃是一种社会哲学，社会历史性是马克思透视一切问题（包括自然问题）的前提。这为我们跳出"辩证唯物主义与历史唯物主义"的二元论的教科书体系提供了重要的启发。最后，古尔德对劳动和时间问题的探讨具有特别重要的意义，尤其她关于劳动是时间的源泉的思想乃是重构马克思哲学体系的关键之所在。

然而，平心而论，这部著作也存在不少问题。

第一，古尔德重视马克思《大纲》一书的作用是有积极意义的，我们知道，A. 施密特和卢卡奇等人的哲学见解都不同程度地受到这部著作的影响，然而，仅仅依据这部著作来建构马克思哲学体系是不够的。事实上，在《1844 年经济学哲学手稿》《德意志意识形态》《资本论》等著作中，马克思关于实践、劳动、异化、自由等问题做过大量精辟的论述，撇开这些论述就不可能完整地理解马克思的哲学。

第二，也正是由于撇开了马克思的其他重要著作，古尔德未能告诉我们，马克思的社会本体论是如何产生并发展起来的。即使在论述马克思社会本体论的基本范畴时，古尔德也未深入阐明这些范畴之间的逻辑联系，基本上是把这些概念平列起来。其实，举例来说，劳动和自由的概念就有着十分紧密的联系，在资本主义生产关系中，劳动时间划分为必要劳动时间和剩余劳动时间两部分，因此自由的一个基本含义是缩短必要劳动时间。这样一联系我们就能理解，为什么社会主义者把缩短工作日作为自己的第一个口号。

第三，古尔德虽然提到了"物化"（reification）概念，却未予以充分的重视。具有异化意的物化在拜物教，尤其是在商品拜物教当中得到了最集中的表现。众所共知，马克思全部著作的一个目的就是使人们认清资本主义社会中人与人之间的现实关系，而这一关系正处在物与物之间的关系的掩盖下，即物化现象的掩盖下，所以，马克思哲学理论的一个中心问题是批判拜物教，这也正是马克思的物的理论关注的焦点。可惜的是，不少学者误解了马克思，把马克思的物的理论导向抽象物质论，这就表明，他们从来就没有真正地理解马克思。

第四，古尔德虽然富有创见地把劳动理解为时间的源泉，从而为我们抛弃从亚里士多德，尤其是从 17—18 世纪唯物主义者那里借鉴过来的时间理论提供了启示，然而，她对时间概念的理解仍然是有问题的。首先，她认为只有从马克思所说的第二大社会形态开始，时间才以劳动为基础，从而否定了在前资本主义社会形态中劳动和时间的内在联系。其实，只要人类社会存在，不管它处在哪一个发展阶段上，时间总是在相应的劳动方式上展开的。其次，她对马克思的"社会必要劳动时间"的哲学含义未加以重视，事实上，马克思的劳动本体论乃至实践本体论正是在这一特定的时间地平线上展开的。同时，这一地平线也构成马克思全部价值理论的基础。正是在可以用这一时间概念重塑马克思哲学基础的时候，古尔德却把注意力转移到其他地方去了。最后，古尔德只分析了马克思的时间概念，却没有分析马克思的空间概念及这两个概念之间的内在联系。比如，马克思在《大纲》中说过："资本一方面要力求摧毁交往即交换的一切地方限制，夺得整个地球作为它的市场，另一方面，它又力求用时间去消灭空间，就是说，把商品从一个地方转移到另一个地方所花费的时间缩减到最低限度。"①可见，全面阐述时空理论是重构马克思社会本体论的基本环节。

综上所述，古尔德的这部著作为我们突破从苏联传承过来的旧的教科书体系，从本体论角度重构马克思的哲学提供了重要启发。

---

① 《马克思恩格斯全集》第 46 卷下册，人民出版社 1980 年版，第 33 页。

2000年

向生活世界的辩证法复归^①

在以往的哲学研究中，人们热衷于把辩证法从其载体——生活世界中剥离出来，单独地加以发挥，结果导致了诡辩。但人们在拒斥诡辩时，又走向另一个极端，即干脆否定了生活世界的辩证法，把婴儿和洗澡水一起倒掉了。于是，各种非此即彼的、肤浅的意见和争论便到处泛滥。事实上，要认识生活世界的本质，就不得不复归到它的辩证法上面去。以下从四个不同角度探索生活世界的辩证法。

一、全球化与区域化

在当前各种哲学、文化的刊物上，讨论"全球化"已经成了一种新的时尚。其实，马克思和恩格斯早在150多年前出版的《共产党宣言》中已经预见到这种必然趋势。他们在分析资产阶级的历史作用时这样写道："不断扩大产品销路的需要，驱使资产阶级奔走于全球各地。它必须到处

---

① 原载《探索与争鸣》2000年第11期；中国人民大学复印资料《哲学原理》2001年第1期全文转载。收录于俞吾金：《哲学随感录》，北京师范大学出版社2016年版，第277—285页。——编者注

落户，到处创业，到处建立联系。资产阶级，由于开拓了世界市场，使一切国家的生产和消费都成为世界性的了。"20 世纪 70 年代，美国学者沃勒斯坦在他的著作《现代世界体系》中，超越了以前的学者把一个主权国家、一个地区或一个文明作为分析单位的研究方法，主张把整个世界体系作为分析单位来探讨现代世界的演化。这些预言和见解显示出卓越的眼光。20 世纪六七十年代以来，随着跨国公司、国际贸易、世界金融体系、计算机技术和全球信息网络的飞速发展，世界变得越来越小了，"地球村"已成了人们生活中的惯用语。一言以蔽之，这种在世界经济一体化推动下日益逼近的"全球化"趋势确实应该引起我们的高度重视。为了维护我们的生存，必须采取相应的措施来适应这种发展趋势。

然而，如果人们在当前的生活世界中只见到这种趋势，那么，其思维、决策和行为必将陷入错误之中，因为与政治、经济、文化上的全球化趋势同时并存，且作为一种强大的制衡力量出现的是"区域化"的趋势。从政治、经济上看，欧洲联盟，北美自由贸易区，北约（北大西洋公约组织），亚洲、非洲和拉丁美洲的各种政治的或经济的联盟，都是维护各自区域的政治、经济利益的联合体。这种区域性的联合体是在各个主权国家的基础上形成和发展起来的，因而是制衡经济全球化的一种现实的、重大的力量。从文化上看，人类在长期的历史发展中形成的不同的种族、传统、习俗、宗教、语言、哲学和价值观念也是制衡经济全球化的一种巨大的力量。要言之，在当今世界上，政治、经济和文化上的区域化，也是一个不争的事实。

这就告诉我们，在当前的生活世界中，全球化和区域化形成了一对矛盾：一方面，它们相互依赖、相互渗透；另一方面，它们又相互对立、相互制衡。在观念上，我们既不能撇开全球化来思考区域化，也不能撇开区域化来思考全球化；在行为方式上，我们既不能脱离区域化的现实去捕捉全球化的幻影，也不能脱离全球化的背景去营造区域化的堡垒。总之，只有正确地理解全球化与区域化之间的辩证关系，我们才会在现实生活中做出合理的选择。

二、中心与边缘

不知从什么时候起，"中心"和"边缘"这两个地域性的概念在哲学、文化讨论中变得时髦起来。在一般的情况下，"中心"指的是欧洲文化中心主义或西方文化中心主义，"边缘"指的是西方以外的文化，特别是东方的文化。我们发现，在当前的哲学、文化讨论中，这两个概念始终以僵硬的方式对峙着。人们撰写了大量的论著来批判西方文化中心主义，但遗憾的是，并没有从这种批判中引申出合理的、积极的结论。在这个领域里起作用的与其说是冷静的理智，不如说是偏狭的情感。

众所周知，斯宾格勒早在 20 世纪初就对西方文化中心主义进行了激烈的批判。他曾在《西方的没落》一书中写道："这种使各大文化把我们当作全部世界事变的假定中心，绕着我们旋转的流行的西欧历史体系的最恰当的名称可以叫作历史的托勒密体系。"他试图取代这种体系，做出"历史领域中的哥白尼发现"。在他看来，印度文化、中国文化、巴比伦文化、埃及文化、阿拉伯文化、墨西哥文化等都具有与西方文化同样的重要性，没有任何理由把西方文化置于世界文化的中心，西方文化中心论不过是西方人自欺欺人的幻觉而已。后来，李约瑟在研究中国古代科技史时，有感于中国古代文化所取得的辉煌成就，也对西方文化中心主义做过恳切的批判。但这些批判都没有引起西方人的普遍关注，直到萨义德的《东方学》于 1978 年问世，局面才为之一变。西方学者仿佛在同一个时刻突然惊醒过来，开始大张旗鼓地批判西方文化中心主义，美国学者 P. A. 柯文甚至在 20 世纪 80 年代出版的《在中国发现历史：中国中心观在美国的兴起》一书中，试图用"中国中心观"来取代西方文化中心主义。这也着实使不少中国学者亦步亦趋，对西方话语霸权主义大加挞伐，并扬言"21 世纪将是中国文化的世纪"。

然而，只要稍加分析，就会发现，这里起作用的乃是两个极端天真的、幼稚的见解。第一个见解是：西方文化中心主义不过是一种观念，只要我们抛弃了这种观念，我们也就不再受它支配了。按照这种见解，人类历史仿佛是由纯粹的观念构成的，人们只要任意地接受或抛弃某一个观念，现实的历史也就发生了相应的变化。马克思早就嘲讽过这种天真的见解："有一个好汉一天忽然想到，人们之所以溺死，是因为他们被关于重力的思想迷住了。如果他们从头脑中抛掉这个观念，比方说，宣称它是宗教迷信的观念，那末他们就会避免任何溺死的危险。"①其实，西方文化中心主义不仅是一种观念，也是在经济、科学技术、政治、军事等方面表现出来的综合的、现实的力量。只要这种现实的力量还存在着，那么单纯观念上的批判并不能消除西方文化中心主义。

第二个见解是：提出东方文化中心论或中国文化中心论来对抗西方文化中心论。所谓"三十年河东，三十年河西""21世纪是中国文化的世纪"等提法均是这一见解的具体表现。这一见解的天真之处正在于把东方文化中心主义或中国文化中心主义看作可以任意加以制造的观念，其实，任何一种文化中心主义都不可能通过纯粹观念上的批判加以否定，也不可能通过纯粹观念上的倡导而得以确立。在汉唐时期，从来没有人谈"中心"，但当时的中国却是世界文化的中心之一；今天，许多中国人都在谈"中心"，但世界文化的中心并不在中国。中国今后能否再度成为世界文化的中心，完全取决于它在经济、科学技术、政治、军事等方面的综合力量。

综上所述，中心与边缘并不只是抽象的观念，而是对应于现实生活的。这两者并不僵硬地对峙着，而是处在辩证的互动关系中。在一定的历史时期，如果一种文化没有处在中心的位置上，那么它实际上就处在边缘状态中。人们即使在情感上讨厌边缘状态，在观念上成千次地抛弃这种状态，也不等于他们在现实生活中已经脱离了这种状态。现实的状态是不能用单纯的观念加以改变的。认识到这一点，我们也就从关于中

---

① 《马克思恩格斯全集》第3卷，人民出版社1960年版，第16页。

心与边缘的无谓争执中走出来了。

三、普遍性与特殊性

在当前关于现代化理论的哲学反思中，学术界存在着两种对立的见解。一种见解认为，现代化就是西方化，非西方国家只有按照西方的模式进行现代化建设，才可望获得成功。人们通常把这种见解称为"全盘西化论"。而另一种则认为，在非西方地区和国家，存在着与西方现代化完全不同的道路，即所谓"完全拒斥西方现代化论"。从哲学上看，这两种见解涉及对普遍性与特殊性关系的理解。如果把现代化理解为一种普遍性的趋向，那么在不同的地区或国家，现代化的不同道路或模式就以特殊性的方式表现出来。

按照上面提到的第一种见解，如果"现代化就是西方化"，那么现代化这种普遍性与西方化这种特殊性就直接等同起来了。这种等同导致的结果是：从一方面看，现代化这种普遍性失去了它的普遍性并被下降为西方化这种特殊性，这一下降实际上取消了普遍性本身。从另一方面看，西方化作为特殊性被提升为现代化这种普遍性，这一提升实际上取消了特殊性本身。由此可见，"全盘西化论"是站不住脚的，事实上，现在已经很少有人再坚持这种见解了。按照上面提到的第二种见解，如果非西方地区和国家"存在着与西方现代化完全不同的道路"，那就等于宣布，在西方现代化这种特殊的模式中，并不存在其他模式中也存在的任何共同的、普遍的东西。易言之，西方化这种特殊性与现代化这种普遍性完全无关，也即西方现代化的模式不能为任何其他地区或国家的现代化道路提供任何有益的启示。所谓特殊性之为特殊性，既与其他特殊性无涉，也与普遍性无涉。从哲学来看，这是一种蛮横的思维方式，黑格尔在批判那类把特殊性与普遍性割裂开来并对立起来的学究时，曾经写道："由于他厌恶或害怕特殊性，不知道特殊性也包含普遍性在内，他是不愿意理解或承认这普遍性的，——在别的地方，我曾经把他比做一个患病的学究，医生劝他吃水果，于是有人把樱桃或杏子或葡萄放在他前面，但他由于抽象理智的学究气，却不伸手去拿，因为摆在他面前的，只是一个一个的樱桃、杏子或葡萄，而不是水果。"①所以，"完全拒斥西方现代化论"走到与"全盘西化论"相反的另一个极端上，即认为在西方现代化中根本不存在其他地区和国家可以借鉴的任何有普遍性价值的东西。这就等于把特殊性完全放到普遍性外面去了，换言之，这种观点把两者的关系完全割裂开来并对立起来了。事实上，现代化作为普遍性应体现为如下的因素，对世界市场经济的参与、贸易和货币的国际化、市民社会与契约关系的形成、对个体本位与自由意识的认同，法权人格和道德实践主体的确立、民主政体和法制的建设等。这些普遍性的因素既包含在西方现代化的特殊模式中，也必然包含在任何其他地区或国家现代化的模式中。

由此可见，无论是萨义德的东方主义理论，还是我们自己的，建基于偏狭的情感基础之上的幻觉都不能帮助我们逃离普遍性。特殊之所以特殊，是因为它包含着普遍性；而普遍之所以普遍，是因为它无例外地贯穿于所有的特殊性之中。明白了普遍性与特殊性的辩证关系，许多无谓的争论也就自行消解了。

四、现象与本质

在当前的哲学、文化讨论中，现象与本质也是一对使用率极高的概念。人们随心所欲地运用它们描述或解释生活世界，但由于理解上的偏差，这类描述或解释常常陷入误区，从而引申出似是而非的结论来。

---

① ［德］黑格尔：《哲学史讲演录》第 1 卷，生活·读书·新知三联书店 1956 年版，第 23 页。

在对现象与本质关系的探索上，大致存在着三种不同的理解模式。第一种是独断论的理解模式。按照这种模式，事物完全是独立于人的意志而存在的。它们包含着现象与本质这两个方面，现象是事物在运动和变化中表现出来的各个片段，为我们的感觉器官所把握。本质则是事物内部比较稳定的、隐蔽的联系，必须通过正确的理性思维才能把握。当人们通过现象认识本质时，这里所说的本质也就是事物自身的本质。我们之所以把这种理解模式称为独断论的，因为它从不反思人的思维与外部世界是否具有同构关系，但却武断地认定，人的思维能把握外部事物乃至整个外部世界的本质。第二种是批判的、现象学意义上的理解模式，这是在康德的批判哲学的基础上发展起来的。按照这种理解模式，现象也就是人感知外部世界的表象，本质并不是事物本身的本质，而是现象即表象的本质。也就是说，本质并不躲藏在现象的背后，它就在现象之中。这种理解模式使人不再以独断论的方式谈论事物本身的本质，而只谈论现象范围内的本质。第三种是出现在维特根斯坦后期哲学中的"反本质主义"的理解模式，它在当前的哲学界、文化界遭到普遍的误解和误用。按照这种模式，在现象世界的范围内，我们能够看到各种各样的游戏方式，如棋类游戏、牌类游戏、球类游戏等，但这些游戏方式并不存在共同点或共同本质，存在着的只是某些相似性。维氏说："我想不出比'家族相似'更好的说法来表达这些相似性的特征；因为家庭成员之间各种各样的相似性：如身材、相貌、眼睛的颜色、步态、禀性等等，也以同样的方式重叠和交叉。——我要说：'各种游戏'形成了家族。"①平心而论，这种"反本质主义"的理解模式强调了同类现象在细节上的差异，从而在一定程度上遏制了人们如下的思维习惯：在同类现象中只注意共性，不注意差异。如只注意拿破仑和克劳塞维茨都是军事家（本质），但完全忽略了两人在生活中的其他方面存在的差异。

---

① 转引自[英]维特根斯坦：《哲学研究》，汤潮等译，生活·读书·新知三联书店1992年版，第46页。——编者注

毋庸讳言，"反本质主义"的理解模式在使思想避免凝固化和僵化方面是有其积极意义的，但如果从这种理解模式中引申出这样的结论，即在现象世界中，可以存在无本质的现象，那就变得很荒谬了。众所周知，在任何语言中，一旦人们用某一概念去命名同一类对象，这一概念便成了这类对象的本质。如果不存在本质，这样的概念乃至整个语言系统都将失去其存在的理由。维氏试图用"家族相似"的概念来说明不同游戏之间的相似性，但只要一用这个概念去解释其他的现象，它马上也会被本质化，因为它显示出同类现象之间的共同点。甚至人们只要在两个不同的场合下使用"反本质主义"的概念，这一概念也就不可避免地被本质化了。反本质主义自身的本质化，这并不是危言耸听，而是生活世界和语言自身的辩证法使然。质言之，本质与现象是不可分离地联系在一起的，如果把这两者割裂开来，人们就无法对生活世界做出合理的说明。在现象与本质的关系上，需要的是一种双向式的思维：一方面，要从丰富的、杂多的现象出发去追寻本质；另一方面，又要善于从本质的抽象性出发，溯回到现象世界的丰富的杂多性中间去。在这方面，萨特的"前进—逆溯"的方法为我们提供了极其有益的启示。

综上所述，由于当前的哲学、文化探讨与辩证思维方式的分离，各种肤浅的见解便到处蔓延。如果我们要从这种"黄钟毁弃，瓦釜雷鸣"的困境中摆脱出来，那就应该坚定不移地返回到生活世界的辩证法中去！

哈贝马斯现代性理论的启示①
——《走出时代的困境——哈贝马斯
对现代性的反思》推荐序

在某种意义上，人生就是缘。有时候有缘，有时候则无缘。我与当代思想大师哈贝马斯及其思想的关系就处在这种有趣的状态之中。1988年冬季学期，哈贝马斯在法兰克福大学哲学系开设了题为"20世纪的美学理论"（Ästhetische Theorien im 20 Jahrhundert）的讨论班。当时，我作为联合培养的博士生，刚到哲学系报到，自然成了这个讨论班的常客。这不仅因为我对哈贝马斯心仪已久，希望有更多的机会去感受大师的灵气，也因为美学是我比较感兴趣的学科之一。我猜想，一定有不少参与者怀着与我同样的心情走向教室。但有时候，慕名而来的人实在太多了，哲学系的小教室无法容纳那么多人，于是，大家不得不转移到学校的大梯形教室去。此情此景还深深地留在我的记忆中。在长达两年的留学生涯中，我差不多搜集到了哈贝马斯已出版的全部著作。当时主要读了他的《交往行为理论》（*Theorie*

---

① 原见汪行福：《走出时代的困境——哈贝马斯对现代性的反思》，上海社会科学院出版社 2000 年版，序言。收录于俞吾金：《传统重估与思想移位》，黑龙江大学出版社 2007 年版，第 132—139 页；《散沙集》，人民出版社 2004 年版，第 153—161 页。——编者注

des kommunikativen Handelns)和《作为"意识形态"的技术与科学》(*Technik und Wissenschaft als "Ideologie"*),特别是后面一本书关系到我撰写的博士论文(《意识形态论》),所以读得比较细致。

1990 年回国并完成博士论文后不久,我开始把一部分精力转移到对哈贝马斯的研究上。我对他关于现代性问题的探讨有着特别的兴趣,并应一家出版社之约开始翻译他的 *Der philosophische Diskurs der Moderne*(《关于现代性的哲学演讲》)。这本书是由 12 篇讲稿组成的,我已译出它的"前言"和第一个讲稿的第一、第二部分,但繁忙的行政工作终于使我不得不搁下了笔。有趣的是,我的一位博士生,即本书的作者汪行福,他对哈贝马斯的哲学也怀有特别的兴趣。他在复旦大学哲学系攻读硕士学位时,其学位论文就是研究哈贝马斯的。他从 1995 年开始攻读博士学位的时候起,就向我提出,他的博士学位论文打算研究哈贝马斯的现代性理论。我对他的想法非常支持,何况,《关于现代性的哲学演讲》也已有英译本,这就为他的研究工作铺平了道路。经过三年的艰苦努力,汪行福非常出色地完成了博士学位论文。在答辩时,他的论文得到了与会专家的一致好评。在我和另一位教授的推荐下,这篇论文获得了上海市马克思主义学术著作出版基金的赞助,很快就面世了。当汪行福博士希望我为他的论文写序时,我欣然同意了。

有趣的是,1999 年,即在我初次见到哈贝马斯后的第 11 个年头,已 70 高龄的哈贝马斯,在经过好多年的犹豫之后,终于决定访问中国。大约 1999 年 4 月初的时候,中国社会科学院的一位朋友把这个消息告诉了我,我当然很高兴。事实上,我们这里已多次邀请他来访问,但由于各种原因,均未成行。我和那位朋友大致商定了哈贝马斯在复旦大学和上海社会科学院讲学的日程。德国驻上海总领事馆也给我寄来了哈贝马斯在《时代》周刊 1999 年第 14 期(3 月 31 日)上发表的文章《注意:德国人和他们的纪念物》("Der Zeigefinger. Die Deutschen und ihr Denkmal"),这是他为纪念推倒柏林墙十周年而写的,其中包含着他在政治哲学和文化方面的新思考。期盼已久的哈贝马斯的来访似乎已成定局,然而，好事多磨。在 4 月下旬，我突然得到消息，由于身体不适，哈贝马斯已在医生的劝告下放弃了这次出访的机会，并把对中国的访问无限期地推迟了。这不禁使我联想起卡夫卡笔下的土地测量员，他希望进入城堡中，但实际上他一直围绕着城堡在兜圈子。哈贝马斯也希望进入中国，但除了他的著作和思想外，他本人则始终在外面徘徊。他是否愿意再向命运索取类似的机遇呢？换言之，我们是否有缘在中国再见到他呢？当时我们不得而知。

　　在感叹命运之神奇和缘之悭吝之后，我们不得不使自己的注意力重新返回到汪行福博士的论文所探讨的哈贝马斯的现代性理论上。为什么哈贝马斯要把现代性作为一个重要的问题提出来？按照他自己在《关于现代性的哲学演讲》"前言"中的说法，一方面是为了回应以德里达为代表的新结构主义对传统理性主义的批判，因为这一批判在公众意识中产生了越来越大的影响；另一方面，也是为了回应利奥塔在《后现代状态》(1979)一书中提出的"后现代性"的概念，因为这一概念得到了越来越多的人的认同。哈贝马斯写道："因此，我尝试着从由新结构主义的理性批判引发的挑战所构成的视角出发，渐渐地形成关于现代性问题的哲学演讲。在这一演讲中所涉及的现代性问题，从 18 世纪后期起已经被提升为一个哲学课题。关于现代性的哲学演讲常常关涉到美学问题，并与之交织在一起。这一课题必须加以限定，我这里的讲座并不涉及艺术和文学中的现代主义。"①这段话明确地告诉我们：第一，哈贝马斯对现代性问题的关注特别受到新结构主义的影响；第二，现代性作为哲学问题始于 18 世纪后期；第三，关于现代性问题的探讨不涉及艺术和文学中的现代主义。显然，做这样明确的限定是必要的，因为文学艺术中的现代主义是一个极为复杂的问题，它和哲学意义上的现代性概念之间不但存在着内涵上的差异，也存在着时间差。当然，它们之间也存在着不可

---

　　① ［德］尤尔根·哈贝马斯：《现代性的哲学话语》，1985 年德文版，第 7 页。(Jürgen Habermas, *Der philosophische Diskurs der Moderne*：*Zwölf Vorlesungen*，Berlin：Suhrkamp Verlag，1985，s. 7.——编者注)

忽视的内在联系。所以，哈贝马斯指出："关于现代性的根据问题最初是在美学批判的领域里被意识到的。……虽然'现代性'这一名词（它总是与一对反义的形容词'古代的'和'现代的'一起出现）在古代的后期已经在编年史的意义上被使用，但在欧洲新时代的语言中，形容词'现代的'（modern）的形成是很晚的，大约在19世纪中期才出现，而且它最初出现在美的艺术的领域里。这就可以理解，为什么像'现代性'（Moderne）、'现代性'（Modernität）和'现代性'（modernité）这样的表述形式直到今天仍然保留着美学上的核心意义，而这方面的意义正是通过对先锋派艺术的自我领悟而产生出来的。"①

在哈贝马斯关于现代性的十二个演讲中，前面四个演讲是于1983年3月在巴黎的法兰西学院做的，其余则是在美国的康奈尔大学和波士顿学院做的。与此同时，他在法兰克福大学也开设了同样的讲座。这使他关于现代性的观点在世界范围内产生了广泛的影响。从他第五讲"神话的纠缠和启蒙：霍克海默和阿多诺"的内容来看，哈贝马斯关注现代性问题的一个深层动因是：试图通过对现代性问题的诊断，超越霍克海默和阿多诺在《启蒙辩证法》《否定辩证法》等著作中把社会批判理论引向单纯的批判和否定的悲观主义的倾向，重振社会批判理论和德国理性主义传统的雄风。

那么，现代性问题的本质含义是什么呢？哈贝马斯的论述是从韦伯意识到的西方现代社会的发展与合理化之间的内在联系出发的。"马克斯·韦伯不仅从合理化的观点出发论述了西方文化的世俗化，更重要的是论述了现代社会的发展。这种新的社会结构是通过那些双重功能交织在一起的制度形成起来的，而那些制度又是从资本主义企业和官僚国家机器的组织核心的周围结晶出来的。韦伯把这一行为理解为目的合理的经济行为和管理行为的制度化。在这样的范围内，这种文化的和社会的

---

① ［德］尤尔根·哈贝马斯：《现代性的哲学话语》，1985年德文版，第16—17页。(Jürgen Habermas, *Der philosophische Diskurs der Moderne*：*Zwölf Vorlesungen*，Berlin：Suhrkamp Verlag，1985，ss. 16-17. ——编者注)

合理化的日常生活被把握住了，而那些传统的、在近代初期首先表现为职业等级差异的生活形式则已经自行解体了。但是，生活世界的现代化不仅仅是通过目的合理性的结构来确定的。涂尔干（E. Durkheim）和米德（G. H. Mead）已经发现，合理化的生活世界是通过一种愈益趋向反思性的，并已失去了其质朴性传统的交往而产生出来的；通过行为规范和价值的普遍化，交往行为从限定的、狭隘的前后联系中摆脱出来，进入更宽泛的选择游戏的空间中；最后，通过各种社会化的模式，着眼于抽象的、自我同一性的培养，大大地促进了人的成长的个体化。正如社会理论方面的经典作者已经指出过的那样，这大致上就是现代性问题的图像。"①这段话表明：第一，现代性问题的核心是合理化问题。第二，现代性问题有两个侧面。一个侧面是被韦伯揭示出来的，即现代社会在文化上和社会制度上的合理化；另一个侧面是被涂尔干和米德揭示出来的，即现代生活世界的合理化主要是在新的交往行为以及与这种行为相关的、普遍的行为规范和价值的导向下形成并发展起来的。在哈贝马斯看来，把这两个不同侧面合起来也就构成了现代性问题的全部内容。第三，涂尔干和米德关于交往行为理论的见解对哈贝马斯产生了重要的影响，从这种理论中，哈氏找到了超越韦伯关于目的合理的经济行为和管理行为的分析，扬弃霍克海默和阿多诺关于工具理性的批判，抗衡后现代主义和新结构主义对现代性的非难的重要理论武器。

在搞清楚现代性的本质含义之后，我们还要继续追问：现代性和人们通常使用的"现代化"（Modernisierung）之间又有什么关联和区别呢？哈贝马斯写道："'现代化'这个词是在 20 世纪 50 年代作为专门术语被引进来的；从那时候起，它标志着一个理论上的开端，即人们已接受了韦伯的课题，但是人们是以社会科学的功能主义为手段来探讨这个课题的。现代化的概念涉及一系列积累起来的、彼此之间不断强化的过程，

---

① ［德］尤尔根·哈贝马斯：《现代性的哲学话语》，1985 年德文版，第 9—10 页。（Jürgen Habermas, *Der philosophische Diskurs der Moderne*: *Zwölf Vorlesungen*, Berlin: Suhrkamp Verlag，1985，ss. 9-10.——编者注）

即资本构成和资源转化为资金；生产力的发展和劳动生产率的提高；政治中心权力的实施和民族认同性的培养；政治参与权、优雅的生活方式和程序化的学校教育的扩展；价值和规范的世俗化等。现代化的理论赋予韦伯的'现代性'概念以内涵十分丰富的抽象性，它把现代性与其新时代的欧洲的起源分离开来，使之成为一种对一般社会发展过程来说在时空上都中性化的模式。此外，它以现代化过程不再作为能被把握的合理化(对理性结构的一个历史性的客观化)的方式破坏了现代性和西方理性主义的历史连贯性之间的相互关系。"①在这段重要的论述中，哈贝马斯告诉我们：第一，现代化概念是在20世纪50年代起才被提出来的，因而比起现代性来，它是一个比较晚出的概念；第二，现代化的概念也是在韦伯思想的背景下形成的，但这一概念主要是按照功能主义的思路被阐释出来的，这种阐释方法已为现代化和现代性两个概念的分离乃至对立埋下了根子；第三，现代化包括政治、经济、生活方式、学校教育等方面的有序化和世俗化；第四，通过功能主义的阐释，把现代性与西方理性主义传统对立起来了，并进而把只体现经济、技术和国家功能的现代化与失去了理性主义传统的现代性对立起来了。在哈贝马斯看来，现代化概念的出现以及它与现代性概念的对立是导致后现代主义思潮产生的一个重要原因。

我在上面之所以不厌其烦地对哈贝马斯现代性理论的最基本观点做一回顾，目的是论述它的意义，尤其是它对正在从事现代化事业的当代中国社会的意义。换言之，我真正关心的是，哈贝马斯的现代性理论究竟为我们提供了哪些有益的启示。

首先，哈贝马斯使我们对自己的历史处境获得了一种清醒的自我意识。中国作为一个后发的国家，其现代化的进程处在一个巨大的历史错位中。19世纪后半叶，当中国知识分子开始认识到发展科学技术和商

---

① ［德］尤尔根·哈贝马斯：《现代性的哲学话语》，1985年德文版，第11页。(Jürgen Habermas, *Der philosophische Diskurs der Moderne：Zwölf Vorlesungen*，Berlin：Suhrkamp Verlag, 1985, s. 11.——编者注）

品经济的重要性时，西方国家已出现了一个强大的批判资本主义的社会主义思潮。中国知识分子歧路亡羊，最后选择了社会主义的道路。到了20世纪六七十年代，在中国知识分子意识到传统的、苏联模式的社会主义只能把政治、经济和社会生活导向死胡同，从而提出了现代化的口号的时候，西方已出现了后现代主义思潮，并对现代化与现代性的主导价值进行批判。在当代中国，前现代的（传统的）价值体系、现代性的价值体系和后现代主义的价值体系纷然杂陈，我们应当作何选择？哈贝马斯给我们的启示是：我们应该坚持现代性的价值体系，但又必须从前现代的价值体系，特别是从后现代主义的价值体系中吸取合理的因素，以便不断地完善现代性的价值体系，用以指导现代化的实际进程。

其次，哈贝马斯使我们意识到，必须认真地反思现代性与现代化的关系，并对这一关系进行协调。在某种意义上，现代性是现代化的理念，现代化则是现代性的现实。这两者之间常常会出现差异。比如，当代中国的现代化是以市场经济的发展为基础的。但这种中国式的市场经济又是从传统中国社会的自然经济和后来的计划经济的基础中脱胎并发展起来的，所以其根本特征是行政权力对经济生活的干预，由此引起了现代化实际进程的变化，并使这种进程与通过现代性表现出来的现代化的理念发生了冲突。所以，一方面，要从现代性出发，对现代化的实际进程进行批评性的检视；另一方面，又要把现代化进程中出现的新的、越出传统的现代性视野的东西吸纳进来，不断地丰富现代性的内涵。如果现代性与现代化之间不能实现动态的协调，那么前现代的、传统的价值体系和后现代主义的价值体系必然会应势而起，产生越来越大的影响。

再次，哈贝马斯对工具理性的批判也为我们重新反思现代化进程中理性的含义和作用提供了重要的思想资源。中国人的简朴生活通常是以实用理性为指导的，比如，"无事不登三宝殿""古为今用""洋为中用"等惯常的说法都体现出这种理性的无处不在。这种注重实用的理性本身已蕴含着把他人和周围的一切都视为工具的强烈意向。随着市场经济、科学技术的发展，行政管理方式的改变和个体意识的觉醒，工具理性在社会生活和文化观念中产生越来越大的影响。西方社会发展的现实告诉我们，这种工具理性的发生是必然的，它在经济行为、管理行为和科学技术发展等方面的作用是不可或缺的，但它对整个生活世界的渗透，必然导致哈贝马斯所说的"生活世界的殖民化"，导致人的贬值和人文价值的失落。在这个意义上，工具理性批判是我们面临的一项长期的、重要的任务。

最后，在对现代性的诊断中，哈贝马斯强调，应"把研究的焦点从认识的—工具的合理性转向交往的合理性"（kognitiv-in-Strumentellen zur kommunikativen rationalitat）①。这表明，他力图通过工具理性和交往理性的两分来丰富理性概念的内涵，并通过对交往理性地位的高扬来重建理性的尊严。虽然交往行为理论不是哈贝马斯首创的，他实际上受到马克思、雅斯贝尔斯、米德等人的重大影响，虽然这一理论也遭到不少人的批评，甚至有人认为，这种理论在最好的情况下也不过是无法实现的乌托邦，但不管如何，强调人与人之间的沟通，强调沟通所遵循的行为规范和价值的重要性，是有普遍性意义的，而在中国文化的语境中，我们一定会特别深刻地感受到这一点。众所周知，作为中国传统哲学和文化的核心概念的"道"的初始含义就是路，而路的最本质的含义就是通达。"道"的含义也衍化为"说"。老子说，"道可道"，这里的第二个"道"就是"说"的意思，而"说"也就是沟通。但中国历代知识分子在释"道"的过程中，把"道"仅仅解释为"规律"，从而忽略了我们前面提到的"道"的两个基本含义。由于这种阐释方式，中国哲学文化中的"道"的精神陨落了，实用性的、知性的思维方式占了主导地位。在当代中国社会的语境中，要恢复"道"的初始的、基本的含义和精神，不但要重视对各种传统的、阻碍生产力发展的制度进行改革，从而疏通各方面的关系，更重要的是要疏通人与人之间的关系，重视市民社会的建设、民法的制定、新闻法的出台、道德行为规范的确立、政治制度的民主化等方面的工作。

---

① ［德］尤尔根·哈贝马斯：《交往行为理论》，1988 年德文版，第 525 页。（Jürgen Habermas, *Theorie des kommunikativen Handelns*, Berlin：Suhrkamp Verlag, 1988, s. 525.——编者注）

可以断言，中华民族的伟大复兴与道的伟大精神的恢复是不可分割地关联在一起的，而正是在这一方面，哈贝马斯的交往行为理论为我们提供了重要的启示。

在对哈贝马斯现代性理论的意义做了简略的分析之后，我们把注意力重新转回到汪行福博士的论文上来。在这里，我们感兴趣的并不是对他的论文内容再做什么评价，如前所述，这种评价早就已经由答辩委员会做出了，读者也可以通过对他的文本的解读，自行做出判断。我在这里感兴趣的是他的研究方法的现实意义。我觉得，他的研究方法具有如下特征。

第一，他善于把自己的注意力集中起来，锲而不舍地长期研究同一个课题。正如我在前面已经提到过的，他的硕士论文和博士论文都是研究哈贝马斯的。尽管从他的论文中可以看出，他对西方哲学史、现代西方哲学，特别是对与哈贝马斯同时代的哲学家的思想都能做出准确的评论，从而表明他的涉猎是很广泛的，但他还是严格地区分了了解的领域和研究的领域，牢牢地把自己的注意力集中在研究的领域里。我们常常见到一些青年学者自恃聪明而试图把一切领域都转化为自己的研究领域，这样做当然只能是在一切领域中都浅尝辄止。滥用聪明的结果是使生命和智慧都成了碎片。正如黑格尔所指出的："一个志在有大成就的人，他必须如歌德所说的，懂得限制自己。反之，那些什么事情都想做的人，实际上什么事都做不成而最终归于失败。世界上有许多有趣味的东西，西班牙诗、化学、政治、音乐都很有趣味，假如有人对这些东西都感兴趣，我们当然不能说他不对。但在特定的环境内，一个人欲有所成就，他必须专注于一事，而不可分散他的精力于多方面。"①在哲学研究中，缺乏的也正是这种专注的、锲而不舍的精神。当然，研究者也可以转移自己的研究领域，但必须是在原来的研究领域中做出重要的成绩之后。浅尝辄止是任何研究工作的大敌。

---

① 《黑格尔全集》第 8 卷，1986 年德文版，第 170 页。(Georg Wilhelm Friedrich Hegel, *Gesammelte Werke*, *vol.* 8, Berlin: Suhrkamp Verlag, 1986, s. 170. ——编者注)

第二，他善于在叙述中把哈贝马斯的思想和他自己对哈贝马斯思想的理解区分开来。尽管诠释学告诉我们，在对任何一个研究对象进行描述时，要完全撇开我们自己的理解是不可能的。正是在这个意义上，人们可以说，存在着无数个孔子或海德格尔。然而，在叙述中尽量把这两者区分开来仍然是必要的。我们常常见到有些博士论文自觉地或不自觉地把这两者混淆起来，使你无法判断他叙述的究竟是他研究的对象的思想还是他自己的思想。在我看来，这种混淆不单纯是一个叙述方式的问题，而且是一个理解问题，这表明作者对自己的研究对象还缺乏足够的理解和批判的能力，以至于还不能把自己的想法和研究对象的思想严格地区分开来。

　　第三，他善于在自己的研究工作中做到"走进去，又走出来"。所谓"走进去"，就是读懂所要研究的文本，并把这些文本的内容融贯起来。所谓"走出来"，就是对所研究的对象保持一种批判的意识。他的论文的结束语"谁之现代性，谁之启蒙"集中表述了他自己对哈贝马斯现代性理论的批评性见解。实际上，当人们解读一篇博士论文的时候，最关注的正是作者自己的见解。但我们常常见到，不少博士论文"走进去"了，却没有"走出来"。研究尼采，就崇拜尼采；研究胡塞尔，就崇拜胡塞尔。总之，研究什么，就消失在什么中，至多引证别的批评家的话做一些表面文章，从而给人留下"大山分娩，生出来的竟是老鼠"的印象。当然，提倡批评意识并不是做无病呻吟的文章，归根结底还是要读懂文本，对对象做出切实的批评。

　　总之，汪行福博士的论文有自己的特点，但也存在不足之处。他论文中涉及的其他哲学家的思想，大多是通过他们与哈贝马斯之间的对话或争论展现出来的，这里关注的面还不够宽，对哈贝马斯置身于其中的时代虽有一定的分析，但语焉不详。这在一定程度上影响到哈贝马斯理论形象的完整性。此外，他基本上没有涉及中国理论界研究哈贝马斯的现状及这一研究本身的意义。我相信，作者在今后还会把这些未竟的工作继续进行下去。

　　是为序。

2001年

从外在的对峙到内在的对话[①]

——对西方马克思主义与西方现代哲学关系的新思考

近年来，在我国的哲学研究中，西方现代哲学研究和西方马克思主义研究都已经取得了一定的成绩。然而有趣的是，这两个不同的领域中从事研究活动的学者却常常处在"鸡犬之声相闻，老死不相往来"的状态中，偶尔有一些对话或交流，但与其说它们是学术性的，毋宁说是礼节性的；人们是如此专心致志地在自己的领域中进行耕耘，以至于很少去反思这两个研究领域之间的关系。我们这里说"很少去反思"，表明这样的反思仍然是存在的，但处在边缘化的状态中，既没有引起人们足够的重视，也没有产生出任何积极意义上的成果。

据笔者所知，有学者主张西方马克思主义应当从属于马克思主义哲学史，但这一主张一提出来便遭到了许多学者的批评。按照他们的观点，西方马克思主义者提出了一系列具有异端性质的观点，怎么能把它放进马克思主义哲学史的范围中去呢？这些学者的批评意见使西方马克思主义成了卡夫卡笔下的土地测量员，他只能围着马克

---

① 原载《学术月刊》2001 年第 8 期。收录于俞吾金：《散沙集》，人民出版社 2004 年版，第 94—100 页，题为"从对峙到对话"。——编者注

思主义哲学史的"城堡"兜圈子，却始终走不进去。

另有学者主张，西方马克思主义应当从属于西方现代哲学，成为西方现代哲学的一部分，但这一主张却遭到了大部分从事西方现代哲学研究的学者的反对。按照他们的看法，西方现代哲学研究具有某种科学意义上的严格性，而任何关于马克思主义的研究（当然也包括西方马克思主义者的研究在内）都具有意识形态的特征；把西方马克思主义归属于西方现代哲学，势必损害西方现代哲学研究的科学性和纯洁性。显然，这一看法基于双重的误解：一方面，人们把本真意义上的马克思的学说与完全意识形态化的、苏联模式的马克思主义等同起来了；另一方面，即使是西方现代哲学家，他们的观点也不可能完全超越西方国家的意识形态，如杜威之于自由主义传统的意识形态、海德格尔之于纳粹主义的意识形态，等等。不应当把哲学的科学特征与意识形态的特征抽象地对立起来。然而，这种看法虽然与误解相伴，但其影响是如此之大，以至于西方马克思主义亦被逐出了西方现代哲学研究的范围，成了到处飘荡的游魂。

还有学者主张，把西方马克思主义看作介于西方现代哲学和马克思主义哲学之间的中间环节、交叉学科或新的学科生长点。然而，这些新名词并没有真正地把西方马克思主义从学科分类的窘境中拯救出来，也没有真正地消除西方马克思主义与西方现代哲学之间存在着的抽象的、对峙的关系。其实，这种紧张的、不正常关系的存在，无论是对西方哲学的研究来说，还是对于马克思主义哲学的研究来说，都是十分不利的。

据笔者看来，西方马克思主义与西方现代哲学研究的分离与对立至少显露出以下消极因素。首先，在西方现代哲学的研究中，一旦抽去了马克思的学说，这个研究领域便变得残缺不全。众所周知，西方现代哲学大致上发端于19世纪三四十年代，一般认为其肇始人是唯意志主义的代表人物叔本华和实证主义的代表人物孔德。其实，如果我们以更开阔的眼界来看问题的话，就会发现，作为存在主义鼻祖的克尔凯郭尔和作为实践唯物主义创始人的马克思都是西方现代哲学的开启者。在《西方哲学史》这部名著中，罗素虽然没有论述克尔凯郭尔在西方现代哲学中的地位和作用，但却专门辟出一章来评述马克思的哲学思想。尽管罗素对马克思的评论是片面的，但他还是独具慧眼地看到了马克思创立的唯物史观的重要价值及其对整个西方现代哲学发展的影响。他这样写道："这是一个非常重要的论点；特别说，它和哲学史家是有关系的。我个人并不原封不动地承认这个论点，但是我认为它里面包含有极重要的真理成分，而且我意识到这个论点对本书中叙述的我个人关于哲学发展的见解有了影响。"①按照罗素的看法，在西方现代哲学的研究中，一旦抽去了马克思的重要学说，西方现代哲学发展的脉络就再也没有办法准确地加以把握了。人所共知，波普尔是西方现代哲学领域中科学哲学研究方面最有影响的重要人物之一，尽管他在《历史决定论的贫困》和《开放社会及其敌人》这两部著作中对马克思的学说取批判的态度，但他坦然承认："与马克思主义的邂逅是我智力发展中的一件大事。"②即使像海德格尔、萨特、德里达这样的大思想家，也深受马克思哲学思想的影响。在《马克思的幽灵》一书中，德里达这样写道："如果人们不以超越学院化的方式去阅读、再阅读和讨论马克思及其他一些人，那么这将永远是一个错误。这个错误作为理论上的、哲学的和政治责任方面的错误，将会越来越严重。"③在德里达看来，当代西方思想家是无法绕过马克思去思考问题的，不管他们对马克思的学说采取什么样的态度，他们实际上都已经置身于马克思的学说传统之中，而且只有自觉地、不断地阅读马克思，才能在理论问题研究和现实问题研究中做出新的创造。总之，西方现代哲学的研究既无法回避马克思的思想遗产，也无法回避西方马克思主义的思想资源。

---

① ［英］罗素：《西方哲学史》下卷，马元德译，商务印书馆 1982 年版，第 340 页。

② ［英］卡尔·波普尔：《无穷的探索——思想自传》，邱仁宗、段娟译，福建人民出版社 1984 年版，第 34 页。

③ Jacques Derrida，*Specters of Marx*，London：Routledge，1994，p. 13.

其次，西方马克思主义的研究如果脱离西方现代哲学这一总体背景，就无法准确地勾勒出自身的发展脉络。如前所述，西方现代哲学滥觞于19世纪三四十年代，而西方马克思主义则发轫于20世纪20年代。众所周知，卢卡奇、柯尔施和葛兰西是公认的西方马克思主义的奠基人。柯尔施在1930年重版的《马克思主义和哲学》一书的新增补材料《问题的现状：一个反批评》中第一次明确地提出了"西方马克思主义"的概念，并使之与"俄国的马克思主义"对立起来。以后，梅洛-庞蒂在1955年出版的《辩证法的历险》、佩里·安德森于1976年出版的《西方马克思主义探讨》中，相继使用了这一新概念，于是，西方马克思主义这一思潮才广为人知。我们在检视这一思潮发展轨迹的时候，就会发现，它的演化主要有两个内驱力：一是马克思的原始文本（如《资本论》）和新发现的手稿（如《巴黎手稿》《伦敦手稿》等）；二是西方现代哲学发展中出现的新流派。几乎可以说，西方现代哲学中每一个新流派产生后，都会与马克思主义结合起来，从而形成西方马克思主义思潮中的新方向。如黑格尔主义的马克思主义、韦伯主义的马克思主义、弗洛伊德主义的马克思主义、新实证主义的马克思主义、现象学的马克思主义、存在主义的马克思主义、结构主义的马克思主义、分析派的马克思主义、解构主义的马克思主义、女权主义的马克思主义、生态学的马克思主义、后马克思主义等等。这种相互结合的亲和性表明：一方面，马克思和马克思主义的学说具有无限的生命力；另一方面，西方马克思主义的研究如果脱离西方现代哲学这个总体上的背景，实际上是无法进行的。

最后，由于西方马克思主义研究和西方现代哲学研究处于这种分离的，甚至对峙的状态，我们对有些流派和人物的归属就难以形成一致的意见。比如，法兰克福学派究竟从属于西方马克思主义，还是从属于西方现代哲学。如果人们把法兰克福学派中与马克思主义相关的部分放在西方马克思主义中来探讨，把其余的部分放在西方现代哲学中来探讨，这个学派岂不成了支离破碎的东西？同样的，如果我们在研究波普尔、海德格尔、阿多诺、哈贝马斯、萨特、德里达等重要人物时，也把他们论述马克思主义的著作放到西方马克思主义的范围内去研究，而把其余的著作放到西方现代哲学中去研究，那么这些重要人物的思想岂不也成了支离破碎的东西了吗？

按照笔者的看法，西方马克思主义应当放在西方现代哲学这个总框架内部来进行研究，从而使这两个研究领域从外部对峙的关系转变为内在对话的关系。之所以这样建议主要是基于以下的考量。第一，确保西方现代哲学研究领域的完整性。对于这一点，西方学者早就达成了共识。如波亨斯基在1947年初版的《当代欧洲哲学》一书中专门辟出一章篇幅论述"辩证唯物主义"，并强调说："在欧洲哲学中，辩证唯物主义拥有自己相应的地位。"[1]在兰克和施纳德合著的出版于1983年的《哲学史》一书中，作者在论述当代哲学时也辟出专节来叙述"辩证唯物主义"学派。[2] 施杜里希在1989年出版的《世界哲学简史》中的最后部分讨论了当代西方哲学，并辟出题为"今日马克思主义哲学"专章，对卢卡奇、布洛赫、霍克海默、阿多诺、马尔库塞等西方马克思主义者的思想进行了论述。[3] 这些例子表明，我国的西方现代哲学研究要确保其整体性和科学性，也应该把西方马克思主义包含在自己的研究领域内。第二，确保西方马克思主义的研究不断地向纵深发展。无数事实告诉我们，研究西方马克思主义的学者如果对西方现代哲学，甚至对整个西方哲学传统缺乏必要的知识，将不但难以获得创发性的学术成果，而且连准确理解西方马克思主义者的思想的可能性也会消失。事实上，只有依托西方现代哲学这一总的背景，西方马克思主义的研究才不会流于形式。第三，确保对西方现代哲学家和西方马克思主义者思想的完整理解。众所周知，马克思主义、叔本华的唯意志主义、孔德的实证主义、弗洛伊德主义、

---

① I. M. Bochenski, *Contemporary European Philosophy*, Oakland: University of California Press, 1957, p. 61.

② J. Rehmke F. Schneider, *Geschichte der Philosophie*, Wiesbaden: VMA Verlag, 1983, ss. 352-358.

③ Hans Joachim Störig, *Kleine Weltgeschichte der Philosophie*, Berlin: Fischer Verlag, 1987, ss. 620-636.

爱因斯坦的相对论、弗雷格和罗素的分析哲学，都对 20 世纪哲学的发展产生了重大影响。许多西方现代哲学家或深受马克思思想的影响，或在自己思想发展的某个阶段上对马克思的学说进行过深入研究，如果抽去马克思学说这一因素，我们就无法对他们思想的实质和发展脉络做出合理的分析和说明。同样的，如果从西方马克思主义者的思想背景中抽去西方哲学文化传统和上述西方思潮的影响，我们同样无力勾勒出其思想演化的实际情形。

总之，我国的西方马克思主义的研究应该成为西方现代哲学研究中的一个重要分支。这样一来，分别在这两个领域中进行耕耘的学者就将从外在的对峙走向内在的对话，这种对话必将激发起更多的创造性研究的灵感。正如海涅所说，钻石之间的摩擦将会使所有的钻石都发亮。与此同时，西方现代哲学这一研究领域也将因之获得更加丰富的内涵。

2002年

埃尔斯特的《理解马克思》述评[①]

众所周知，在 20 世纪 70—80 年代兴起的"分析的马克思主义"（analytical Marxism）思潮，已经成为当代马克思主义研究中的一个重要流派。正如这一思潮的重要代表人物之一 J. E. 罗默在其主编的《分析的马克思主义的基础》（1994）一书的"导论"中曾经指出的那样："分析的马克思主义学派是在 1978 年诞生的，其标志是 G. A. 柯亨的《卡尔·马克思的历史理论：一个辩护》和乔恩·埃尔斯特的《逻辑与社会》这两本书的出版。"[②]在罗默看来，虽然埃尔斯特的《逻辑与社会》没有像柯亨的《卡尔·马克思的历史理论：一个辩护》那样聚焦于马克思的基本著作和理论，但它在社会分析中所运用的严格的演绎方法却成了"分析的马克思主义"的一个主要标志。然而，遗憾的是，我国理论界对埃尔斯特其人几乎还没有什么了解。

埃尔斯特（Jon Elster）的主要研究方向是"合

---

① 原载《云南大学学报（社会科学版）》2002 年第 2 期。收录于俞吾金、陈学明：《国外马克思主义哲学流派新编·西方马克思主义卷》下册，复旦大学出版社 2002 年版，第 553—566 页。——编者注

② ［美］J. E. 罗默：《分析的马克思主义的基础》第 1 卷，1994 年英文版，第 ix 页。（John E. Roemer, *Foundations of Analytical Marxism*, Vol. 1, Cambridge：Edward Elgar Publishing Ltd，1994，ix. ——编者注）

理选择的理论"（theory of rational choice）和"分配正义理论"（theory of distributive justice）。埃尔斯特在其长期的研究生涯中已经出版了一系列的学术著作，如《社会黏合剂》（1989）、《所罗门的判断》（1989）、《地方正义》（1992）、《政治心理学》（1993）、《精神的炼金术》（1999）、《被解放了的尤利西斯》（2000）等。值得注意的是，贯穿埃尔斯特研究生涯的一个重要侧面是他对马克思主义的经济思想和政治思想的研究。他自己坦然承认，柯亨于 1978 年出版的《卡尔·马克思的历史理论：一个辩护》和罗默于 1982 年出版的《剥削和阶级的一般理论》两书曾对他的思想发展产生过决定性的影响。1985 年，他出版了马克思主义研究方面的代表作《理解马克思》。这部百科全书式的研究专著显示出埃尔斯特深厚的学术功底和他对马克思主义著作的全面把握。这部著作的出版把"分析的马克思主义"推进到一个新的阶段。

这部著作出版后，立即被外界认为是"分析的马克思主义"的经典作品之一。与柯亨和罗默比较起来，埃尔斯特对马克思思想的研究具有更宽广的视野。《理解马克思》全书除讨论"解释与辩证法"的《导论》和总结性地论述资本主义、共产主义和革命关系的《结论》外，正文由两个部分组成：第一个部分探讨马克思的哲学人类学和经济学理论，尤其论述了剥削、自由、公正等问题；第二个部分探讨马克思的历史理论，包括生产方式、阶级、政治、国家和意识形态等问题。全书构成对马克思哲学、经济学和政治学观念的全面的反思。

一、重视对马克思的方法论的研究

在这部著作的"导论"中，埃尔斯特指出，在对马克思思想的研究中，人们经常会碰到这样的观点，即马克思曾经提出的那些实质性的观点已经失去了它们的有效性，但马克思的方法在今天仍然拥有广泛的影响并被普遍地用于对各种社会现象的分析。为此，他写道："我确信，对于社会现象的研究来说，存在着一种特殊的马克思的方法，这种方法能够普遍地被运用，甚至能够被那些持有与马克思的根本观点不同的人所运用。事实上，在今天，这种方法被如此普遍地加以应用，以至于几乎没有人在涉及它时再把它称作'马克思的方法'。"①

首先，在讨论马克思的方法论时，埃尔斯特论述了两种不同类型的学说，即"方法论的个体主义"和"方法论的集体主义"。他指出，"方法论的个体主义这种学说的意思是：所有的社会现象——它们的结构和变化——原则上能够按如下的方式来解释，即它们仅仅关涉到各个个体——他们的特性、他们的目的、他们的信念和他们的行动。因此，方法论的个体主义能够被想象为还原论的一种形式"②。埃尔斯特认为，这种方法论的个体主义具有如下四个特征：第一，这种学说并不在个体行为的层面上预设自私自利或合理性这样的前提，也不对人性做出任何实质性的界定，它仅仅是探索问题的角度和方法。第二，这种学说只能在具体的语境中被坚持和使用，不能把人们对那些"超个体的实体"的信念还原为对个体的信念；第三，这种学说并不停留在单一的个体上，它必定会涉及不同个体之间的关系；第四，这种学说虽然是还原主义的，但并不主张"不成熟的还原主义"，即在解释社会现象时经常出现的那种不考虑任何条件和界限的简单化的归约。③

至于"方法论的集体主义"，他这样写："方法论的集体主义——作为其自身的目的——假定存在着超个体的实体，在解释的次序中，这些实体是优先于个体的。"④也就是说，在这种学说所蕴含的解释过程中，解释总是从这些超个体的实体自我规则或发展出发，而个体的行为则导源于这些实体。这一学说频繁地采用了"功能解释的形式"，即以实体

---

① ［美］J. 埃尔斯特：《理解马克思》，1985 年英文版，第 3 页。（Jon Elster, *Marking Sense of Marx*, London: Cambridge University Press, 1985, p. 3. ——编者注）
② 同上书，第 5 页。
③ 同上书，第 6 页。
④ 同上书，第 6 页。

的、客观的利益的方式来解释人们的行为。

在埃尔斯特看来，在马克思的著作中，这两种学说，即"方法论的个体主义"和"方法论的集体主义"是并存的，但常常有人把马克思的方法理解为单纯的"方法论的集体主义"。针对这种片面的理解，埃尔斯特指出："人们不应该忘记，马克思至少有时候也诉诸方法论的个体主义。"①比如，在《1844年经济学哲学手稿》《德意志意识形态》等著作中，马克思就十分强调个体的境况和作用："马克思从来没有在下述观点上发生过动摇，即共产主义的主要吸引力就是使个体得到充分的和自由的实现；然而，在对通向共产主义阶段的历史过程的解释中，他并没有相应地把个体放到中心的位置上。"②总之，按照埃尔斯特的看法，在马克思的思想中，方法论的个体主义的存在是一个无法抹杀的事实。

其次，在讨论马克思的方法论时，埃尔斯特又论述了"意向性的解释"和"功能的解释"这两种不同的解释方式。他指出："意向性的解释运用行为的意向结果来说明行为。功能的解释则运用行为的现实结果来说明行为。"③所谓"意向的结果"，指的是行为者在其行为之前的动机，行为者在其行为中虽然不一定能实现其"意向的结果"，但这种结果却以观念的方式存在于行为者的行为之前或行为之中。也就是说，"意向性的解释"注重的是行为的动机。也正是在这个意义上，埃尔斯特说："一个意向性解释的关键性的步骤就是对行为得以进行的事态的目的和将来状态做出说明。"④这种解释方式的长处是把人们的行为理解为有目的性的活动，尽管行为的结果可能异于行为的动机，但人们并不能证明这种方式是无效的。显而易见，埃尔斯特更注重的是这种"意向性的解释"。

所谓"功能的解释"，指的是从行为者的行为已经达成的现实结果出

---

① ［美］J. 埃尔斯特：《理解马克思》，1985年英文版，第7页。（Jon Elster, *Marking Sense of Marx*, London：Cambridge University Press，1985，p. 7. ——编者注）
② 同上书，第8页。
③ 同上书，第27页。
④ 同上书，第8页。

发，倒过来解释行为者的行为及其动机。换言之，"功能的解释"注重的是行为的实际效果。"非常清楚，功能的解释是一种极端不能令人满意的解释模式。许多行为的有利结果出于一种纯粹的偶然性，出于一种非功能解释的方式。"①既然行为的结果与行为本身及行为的动机常常存在着差距，所以从行为的结果出发逆向地解释行为的"功能的解释"是难以对社会现象做出准确的说明的。

埃尔斯特认为，马克思在对社会现象的研究中，既使用"意向性的解释"方式，也使用"功能的解释"方式。比如，在探讨人们的经济行为时，马克思就非常重视分析人们行为的动机和意向；在对人们的政治行为的探讨中，马克思的做法就不同了。埃尔斯特这样写道："马克思的政治著作是富有创见的，从而也常常是辉煌的，然而在方法论上却是含糊的，常常徘徊于意向性的解释方式和功能的解释方式之间。"②就埃尔斯特的看法而言，他似乎更倾向于"意向性的解释"方式。他在谈到"功能的解释"方式时指出："马克思对使用这种解释方式具有强烈的嗜好，他总是提供各种支持它的理由，而许多非马克思主义的功能社会学的拥护者也提供了类似的解释方式。"③与柯亨对马克思的功能解释的肯定性的态度不同，埃尔斯特对功能解释的基本态度是否定性的，但他也同意，在对功能解释中可能出现的各种情况做出严格限定的情况下，这种解释方式有一定的合理性。

最后，在讨论马克思的方法论时，埃尔斯特又论述了因果分析的两种变体，即"亚意向性的因果性"和"超意向性的因果性"。他写道："首先，存在着关于偏爱和其他精神状态，如信念、激情等的因果解释。我把这方面的因果解释称为亚意向性的因果解释。其次，也存在着把聚集的社会现象理解为许多个体的行为结果的因果解释，我把它称为超意向

---

① [美]J. 埃尔斯特：《理解马克思》，1985 年英文版，第 28 页。(Jon Elster, *Marking Sense of Marx*, London: Cambridge University Press, 1985, p. 28. ——编者注)

② 同上书，第 15 页。

③ 同上书，第 28 页。

性的因果性。"①

埃尔斯特认为，在马克思的著作中，存在着这种"亚意向性的因果性"。事实上，马克思在探讨"商品拜物教"现象、犹太人问题、各种历史事件，如路易·波拿巴的政变时，都十分注重对行为者的信念、偏爱、欲望、激情的分析。他引证了马克思于1870年4月9日写给齐格弗里特·迈耶尔和奥古斯特·福格特的信中对当时英国工人的情绪的分析："普通的英国工人憎恨爱尔兰工人，把他们看作会降低自己生活水平的竞争者。英国工人在爱尔兰工人面前觉得自己是统治民族的一分子，正因为如此，他们就把自己变成了本民族的贵族和资本家用来反对爱尔兰的工具，从而巩固了贵族和资本家对他们自己的统治。他们对爱尔兰工人怀着宗教、社会和民族的偏见。他们对爱尔兰工人的态度大致像美国以前的蓄奴州的白种贫民对待黑人的态度。而爱尔兰人则以同样的态度加倍地报复英国工人。同时他们把英国工人看作英国对爱尔兰统治的同谋者和愚笨的工具。报刊、教堂讲坛、滑稽小报，总之，统治阶级所掌握的一切工具人为地保持和加深这种对立。这种对立就是英国工人阶级虽有自己的组织但没有力量的秘密所在。"②在埃尔斯特看来，马克思的这段话乃是他运用"亚意向性的因果性"分析社会现象的经典性论述。这一论述表明，情绪、信念、偏爱这些因素在人们的行为中起着重要作用。

那么，在马克思的著作中，是否也存在着"超意向性的因果性"呢？埃尔斯特的回答是肯定的。他认为，在马克思之前，亚当·斯密关于"看不见的手"的说法、黑格尔关于"理性的狡计"的说法实际上都是这种"超意向性的因果性"的具体表现，即个人按照自己的意向在行动，但行动的结果却超出了个人的意向。他认为，在马克思的著作中，更是充满了这种"超意向性的因果性"的解释方式。马克思强调经济发展的规律不

---

① ［美］J. 埃尔斯特：《理解马克思》，1985年英文版，第18页。(Jon Elster, *Marking Sense of Marx*，London：Cambridge University Press，1985，p. 18. ——编者注)

② 同上书，第21页。

以个人的意志为转移，强调社会形态的发展是一种自然历史过程等都体现出他对这种因果分析方式的运用。在埃尔斯特看来，马克思常常把"亚意向性的因果性"和"超意向性的因果性"混合在一起解释各种社会现象，但他缺乏对自己所运用的方法的深入的反思和严格的界定。

二、马克思的哲学人类学思想

埃尔斯特认为，马克思的"哲学人类学"思想是以其唯物主义立场作为基础的，但与以费尔巴哈为代表的唯物主义者不同，马克思特别重视实践活动，尤其是生产劳动的作用。在他看来，马克思的哲学人类学思想主要关注以下问题。

一是"人性"。埃尔斯特认为，正是人性的理论构成了马克思哲学人类学的基础和核心。他强调，人性是人之为人的基本特性，需要通过对人和其他动物的区别来加以认识，"马克思在下述基本点上把人与其他动物区别开来：（1）自我意识；（2）意向性；（3）语言；（4）使用工具；（5）制造工具；（6）协作"①。他认为，马克思在不同的场合下论述人与动物的区别时，是从上述不同的基本点出发的，而马克思在写于1879—1880年的《评阿·瓦格纳的"政治经济学教科书"》中，对这一区别做了比较全面的论述。他这样写道："人们绝不是首先'处在这种对外界物的理论关系中'。正如任何动物一样，他们首先是要吃、喝等等，也就是说，并不'处在'某一种关系中，而是积极地活动，通过活动来取得一定的外界物，从而满足自己的需要（因而，他们是从生产开始的）。由于这一过程的重复，这些物能使人们'满足需要'这一属性，就铭记在他们头脑中了，人和野兽也就学会'从理论上'把能满足他们需要的外界物同一切其

---

① ［美］J.埃尔斯特：《理解马克思》，1985年英文版，第62页。（Jon Elster, *Making Sense of Marx*, London: Cambridge University Press, 1985, p. 62.——编者注）

他的外界物区别开来。在进一步发展的一定的水平上，在人们的需要和人们借以获得满足的活动形式增加了，同时又进一步发展了以后，人们就对这些根据经验已经同其他外界物区别开来的外界物，按照类别给予各个名称。"①在这段重要的论述中，马克思既揭示了人和其他动物之间的共同点，也阐述了他们之间的区别，而这种区别正是从人的生产劳动和对外部事物的命名，即对语言的发明和使用开始的。

在阐述人和其他动物区别的基础上，埃尔斯特进一步指出："根据马克思的观点，人性能够按照需要和能力得到描述和评价。"②也就是说，人性的发展正是被需要和能力这两者之间的互动关系所推动的。一方面，需要促使人的能力的发展；另一方面，人的能力的发展又使新的需要得以产生。比较起来，需要是一种更始源性的因素，所以埃尔斯特说："在马克思的人性理论中，需要这个概念是一个根本性的概念。"③需要又可以进一步被划分为"物质的需要"和"社会的需要"，它们成了人类和人类社会发展的强大的内驱力。然而，在马克思看来，在资本主义社会中，人性却以异化的、片面发展的方式表现出来，人们甚至连自己的基本需要也得不到满足，更谈不上自己的能力的全面发展。埃尔斯特认为，"马克思赞成共产主义，因为他确信，在很多重要的方面，共产主义都是比任何资本主义社会更好的社会"④。在这样的社会里，不但人的各种需要能够得到满足，人的能力能够得到全面的发展，而且在异化中丧失了的人性也能重新得以复归。

二是人与人之间的"社会关系"。埃尔斯特认为，马克思的哲学人类学重视的并不是单个的人，而是人与人之间的社会关系。然而，在资本主义社会中，由于异化现象的普遍存在，人与人之间的社会关系常常通

---

① ［美］J. 埃尔斯特：《理解马克思》，1985 年英文版，第 64 页。(Jon Elster, *Marking Sense of Marx*, London：Cambridge University Press，1985，p. 64.——编者注)
② 同上书，第 61 页。
③ 同上书，第 70 页。
④ 同上书，第 82 页。

过物与物之间的关系表现出来，马克思把这种倾向称为"拜物教"。正如埃尔斯特所说的："所谓拜物教的意思是人与人之间的社会关系以对象之间的（自然的）属性的方式表现出来。"①为了说明这种现象，埃尔斯特引证了马克思在《资本论》第 1 卷第一章中的论述："可见，商品形式的奥秘不过在于：商品形式在人们面前把人们本身劳动的社会性质反映成劳动产品本身的物的性质，反映成这些物的天然的社会属性，从而把生产者同总劳动的社会关系反映成存在于生产者之外的物与物之间的社会关系。……商品形式和它借以得到表现的劳动产品的价值关系，是同劳动产品的物理性质以及由此产生的物的关系完全无关的。这只是人们自己的一定的社会关系，但它在人们面前采取了物与物的关系的虚幻形式。因此，要找一个比喻，我们就得逃到宗教世界的幻境中去。在那里，人脑的产物表现为被赋有生命的、彼此发生关系并同人发生关系的独立存在的东西。在商品世界里，人手的产物也是这样。我把这叫做拜物教。劳动产品一旦作为商品来生产，就带上拜物教性质，因此拜物教是同商品生产分不开的。"②在马克思那里，拜物教有三种具体的表现形式，即"商品拜物教""货币拜物教"和"资本拜物教"，它们以不同的方式折射出资本主义条件下人与人之间的社会关系，同时也深化了马克思的异化理论。埃尔斯特认为，"从资本主义中产生出来的异化是马克思的著作，即从《1844 年经济学哲学手稿》到成熟时期的经济学著作的不变的主题"③。

三是"历史的目的论观念"。埃尔斯特认为，在研究马克思的哲学人类学及其所蕴含的历史哲学思想时，研究者提出了不同的见解，但他们在下面的见解上却是一致的，即认为"马克思确实被一种历史的目的论

---

① ［美］J. 埃尔斯特：《理解马克思》，1985 年英文版，第 95 页。(Jon Elster, *Marking Sense of Marx*, London: Cambridge University Press, 1985, p. 95.——编者注)

② 同上书，第 88—89 页。

③ 同上书，第 74 页。

观念所引导"①。在埃尔斯特看来，马克思的历史哲学理论并不源于他对经验生活的考察，而是深受莱布尼茨和黑格尔的思辨的历史哲学理论的影响。当马克思对这种思辨的历史唯心主义理论取批判的态度时，他对目的论也取批判的态度。比如，在《德意志意识形态》中，他指出："历史不外是各种世代的依次交替。每一代都利用以前各代遗留下来的材料、资金和生产力；由于这个缘故，每一代一方面在完全改变了的条件下继续从事先辈的活动；另一方面又通过完全改变了的活动来改变旧的条件。然而，事件被思辨地颠倒成这样——好像后一个时期的历史乃是前一个时期的历史的目的，例如，好像美洲的发现的根本目的就是要引起法国革命。"②从这段论述可以看出，马克思明确地反对在对历史现象的解释中引入目的论的观点。但埃尔斯特认为，从 20 世纪 50 年代起，目的论的观念又逐步在马克思的著作中出现了，最为典型的则是马克思在《1857—1858 年经济学手稿》中关于社会发展三大形态的论述。马克思这样写道："人的依赖关系（起初完全是自然发生的），是最初的社会形态，在这种形态下，人的生产能力只是在狭窄的范围内和孤立的地点上发展着。以物的依赖为基础的人的独立性，是第二大形态，在这种形态下，才形成普遍的社会物质变换、全面的关系、多方面的需求以及全面的能力体系。建立在个人全面发展和他们共同的社会生产能力成为他们的社会财富这一基础上的自由个性，是第三个阶段。第二个阶段为第三个阶段创造条件。"③在埃尔斯特看来，马克思的三大社会形态的理论充分体现出他的哲学人类学对人的发展的目的论期待。当然在这种期待中，马克思对个体的自由和全面发展的论述是值得重视的，但他对人类历史的这种目的论解释和对前共产主义社会中个体发展的可能性的否认却是缺乏说服力的。

---

① ［美］J. 埃尔斯特：《理解马克思》，1985 年英文版，第 107 页。（Jon Elster, *Marking Sense of Marx*，London：Cambridge University Press，1985，p. 107.——编者注）
② 同上书，第 110 页。
③ 同上书，第 113 页。

三、马克思关于剥削和生产方式的理论

在《理解马克思》中，埃尔斯特全面地论述了马克思的经济学思想，包括经济学研究的方法论、劳动价值理论、简单和扩大再生产、技术的变化、剥削的机制、生产方式、资本主义经济危机等问题。我们的论述将围绕埃尔斯特探讨得比较深入的剥削的机制和生产方式来展开。

先来看看埃尔斯特是如何在罗默之后探讨马克思的剥削理论的。他指出："剥削理论在马克思的著作中具有核心的重要性，它仍然是当今认真的研究著作讨论的焦点。"①埃尔斯特承认，自己对剥削理论的认识是有一个过程的："以前我主张把剥削定义为通过市场交易对剩余劳动的攫取，因而有效地否认了奴隶是受剥削的。现在我确信这是一个错误。"②正是在罗默的剥削理论的影响下，埃尔斯特否定了自己先前的看法，对剥削做出了更为宽泛的理解。

他主张把剥削分为下面两种不同的类型：一种是"非市场的剥削"，即剥削过程是在直接的、超经济的强制状态下发生的，一般说来，这种状态指的是前资本主义的社会形式。另一种是"市场的剥削"，即剥削过程是在市场的、非强制状态下发生的，一般说来，这种状态主要是指资本主义社会形式。当然，必须注意，不能在"非市场剥削"与前资本主义社会的剥削之间、"市场的剥削"和资本主义的剥削之间简单地画等号。这是因为在前资本主义社会中，在一定的范围内也存在着市场，而在资本主义社会中，也存在着某些剥削现象，它们是以"非市场的剥削"方式展开的。但埃尔斯特区分这两个概念的根本意图是把剥削理论扩大到资本主义社会以外的其他社会形式中去。他认为，对剥削概念的这种理解

---

① ［美］J. 埃尔斯特：《理解马克思》，1985 年英文版，第 166 页。（Jon Elster, *Marking Sense of Marx*, London: Cambridge University Press, 1985, p. 166. ——编者注）

② 同上书，第 168 页。

也是契合马克思的本意的。他引证了马克思在《资本论》第1卷中的下述见解："资本并没有发明剩余劳动。凡是社会上一部分人享有生产资料垄断权的地方，劳动者，无论是自由的或不自由的，都必须在维持自身生活所必需的劳动时间外，追加超额的劳动时间来为生产资料所有者生产生活资料，不论这些所有者是雅典的贵族，伊特剌斯坎的僧侣，罗马的市民，诺曼的男爵，美国的奴隶主，瓦拉几亚的领主，现代的地主，还是资本家。"①

埃尔斯特还深入地探索了剥削和权力之间的关系。他写道："在非市场的剥削中，权力是以实质性的、明显的方式被涉及的。因此，我在这里主要聚焦于权力和市场剥削的关系。"②他认为，在市场剥削中，权力通过三种方式强化了剥削关系：一是通过国家权力加强所有权；二是通过垄断权的存在；三是通过对生产过程的支配。在探讨权力与剥削之间的关系时，埃尔斯特很自然地引申出下面的问题，即"国家本身是否可能成为一个剥削者"③。他分析了国家税收的种种用途：民众的健康、教育、社会安全、国防和国际和平，积累资本以改革交往方式、研究条件等，强化压迫机构以不使受剥削者组织起来，为统治阶级提供用于消费目的的额外收入，用于政府官员的消费等。从政府对税的不同使用方式可以看出，政府剥削民众的可能性也是存在的，但这种剥削方式不是"市场的剥削"，而是"非市场的剥削"，因为政府主要是通过对暴力的垄断来实施这种剥削的。从上面的论述可以看出，埃尔斯特主要是追随马克思和罗默的思路来探讨剥削问题的。

下面我们再来看看埃尔斯特又是如何理解马克思关于"生产方式"的理论的。他认为，生产方式的核心问题也就是生产力和生产关系（或经济结构）之间的关系问题。马克思一方面肯定了生产力的决定性作用，

---

① ［美］J. 埃尔斯特：《理解马克思》，1985年英文版，第168页。(Jon Elster, *Marking Sense of Marx*, London: Cambridge University Press, 1985, p. 168. ——编者注)

② 同上书，第197页。

③ 同上书，第197页。

另一方面又肯定了生产关系对生产力发展的促进或阻碍作用，这就使许多研究者在理解这个问题时陷入困境。埃尔斯特认为，很可能柯亨的最大成就就是通过对"功能的解释"的重新采纳，肯定了生产力的优先性。① 埃尔斯特没有把自己对生产方式问题的探讨局限在柯亨所思考的层面上，他更关注的是马克思关于"生产方式的演进次序"的见解。正如我们在前面已经指出过的那样，埃尔斯特并不赞成马克思在《1857—1858年经济学手稿》中提出的三大社会形态理论，他比较赞成的是马克思在1859年的《〈政治经济学批判〉序言》中写下的这段话："大体说来，亚细亚的、古代的、封建的和现代资产阶级的生产方式可以看作是经济的社会形态演进的几个时代。"②但他强调，马克思并没有把历史理解为单线进化论，比如，马克思在给俄国学者米海洛夫斯基的信中，便批评了米氏试图把马克思关于欧洲资本主义的起源史搬到俄国去的错误做法。

　　埃尔斯特认为，马克思关于"生产方式的演进次序"可以通过以下五个阶段得到更为明确的说明。在第一个阶段上，生产的出现仅仅为了满足生产者的生存需要。不论这时候的生产是以共同的方式还是以个体的方式进行的，其目的都是满足生产者的直接需要，不可能有贸易、投资和攫取他人的剩余劳动这样的事情发生。在第二个阶段上，出现了不同的共同体之间的贸易。在第三个阶段上，共同体之间的贸易从偶然的现象转变为规则性的现象，用于交换的货物成了商品。换言之，一部分生产的目的转变为交换价值。在第四个阶段上，商品生产普遍化了，不但有了共同体之间的交换，也有了共同体内部的交换，商业资本也随之出现了。在第五个阶段上，生产中出现了剩余价值。通过对这五个阶段的分析，埃尔斯特得出了如下结论："这一过程的动态要素既不是阶级

---

　　① ［美］J. 埃尔斯特：《理解马克思》，1985年英文版，第268页。（Jon Elster, *Marking Sense of Marx*, London: Cambridge University Press, 1985, p. 268.——编者注）

　　② 同上书，第303页。

斗争，也不是生产力的发展，而是外在的和内在的贸易。"①其实，埃尔斯特的这一结论割裂了马克思在不同的场合下所做的论述之间的融洽性。

四、马克思关于阶级、国家、意识形态和革命的理论

首先，埃尔斯特考察了马克思的"阶级"理论，因为这一理论和剥削理论一样，是"分析的马克思主义"者最感兴趣的理论之一。在这部著作中，他全面地探讨了阶级的定义、阶级的意识和阶级斗争等问题，其中最富有创发性的是对阶级定义的讨论。埃尔斯特指出，马克思把阶级理解为集体行为的动因和形式，在《共产党宣言》中，他谈到前资本主义社会的阶级——自由民和奴隶、贵族和平民、领主和农奴、行会师傅和帮工；在《资本论》中，他谈到资本主义社会中的三大阶级——雇佣劳动者、资本家和地主。然而，埃尔斯特认为："马克思从来没有对阶级的含义下过定义。"②这就使当代人对马克思的阶级定义的"分析的重构"成为可能。埃尔斯特认为，在对马克思的阶级定义的理解上，存在着四种可能的定义。

第一种可能的定义是按照"财产"来划分阶级。这种定义的缺点是无法根据财产来区分地主和资本家，也无法区分小资产阶级和拥有少量生产资料的雇佣劳动者。事实上，马克思本人也不赞成只按照财产的种类和数量来给阶级下定义。

第二种可能的定义是按照是否进行"剥削"或受"剥削"来划分阶级。这种定义的优点是揭示了社会生活中的"剥削阶级"和"被剥削阶级"，但其缺点是无法在"剥削阶级"中区分地主阶级和资产阶级，也无法在被剥

---

① ［美］J. 埃尔斯特：《理解马克思》，1985 年英文版，第 317 页。（Jon Elster, *Marking Sense of Marx*, London: Cambridge University Press, 1985, p. 317.——编者注）

② 同上书，第 319 页。

削阶级中区分奴隶和可怜的自由民。

第三种可能的定义是按照人们的"市场行为"来划分阶级。这种定义的优点是根据人们在市场上是出卖、购买，还是既不出卖、也不购买劳动力的行为来定义阶级，可以对资本主义社会做深入细致的分析，但"一个明显的异议是：这个定义对非市场经济中阶级问题的研究提供不了任何帮助"①。也就是说，我们无法根据这个定义来探索前资本主义社会中的阶级状况。

第四种可能的定义是按照人们是否拥有"权力"来划分阶级。这种定义的长处是比较适合非市场经济的社会，因为在带有个体所有权的非市场经济中，权力关系对于阶级归属来说，是一种决定性的要素，然而，"在以生产资料的私人所有权为基础的市场经济中，权力对于阶级来说并不是决定性的要素"②。

既然上面列举的阶级的四种可能的定义都有局限性，那么，埃尔斯特又如何对阶级的定义进行"分析的重构"呢？他试图依据"基质"（endowment）③和"行为"提出关于"阶级的一般定义"。他写道："基质包括有形的财产、无形的技能和更为细微的文化性格。行为则包括工作的对不工作的、出卖劳动力的对购买劳动力的、借出资本的对借进资本的、出租土地的对租进土地的、在共同财产的管理中发布命令的对接受命令的。"④正是在综合考察人们的"基质"和"行为"的基础上，埃尔斯特提出了关于阶级的新定义："一个阶级就是由这样的人们组成的一个群体，如果他们要使自己的基质得到最佳的使用的话，他们就不得不依据他们

---

① ［美］J. 埃尔斯特：《理解马克思》，1985 年英文版，第 324 页。（Jon Elster, *Marking Sense of Marx*, London: Cambridge University Press, 1985, p. 324. ——编者注）

② 同上书，第 327 页。

③ endowment 在汉语中通常有两重含义：一为"捐款""资助"；二为"天赋""天资"。埃尔斯特在这里使用这个词时，试图把其两重含义都表达出来，但在汉语中很难找到能把这两重含义统一起来的对应词。我们考虑再三，决定把它译为"基质"。

④ ［美］J. 埃尔斯特：《理解马克思》，1985 年英文版，第 330—331 页。（Jon Elster, *Marking Sense of Marx*, London: Cambridge University Press, 1985, pp. 330-331. ——编者注）

所拥有的东西从事同样的活动。"①埃尔斯特认为，这一新定义比上面列举的四个可能的定义更全面、更确切地重构了马克思的阶级定义。正如我们在前面已经指出的那样，罗默在《剥削和阶级的一般理论》一书中并没有对阶级的概念进行深入的探讨，但在埃尔斯特这里，这一探讨却获得了实质性的进展。

其次，埃尔斯特考察了马克思的"国家"理论。他指出："马克思国家理论的核心问题是，国家究竟是独立自主的，还是完全归属于阶级利益的。"②在他看来，马克思更多的是从功能的角度来理解国家的存在和发展。他写道："我首先从马克思最著名的国家理论出发，按照这一理论，国家仅仅是在经济上占支配地位的阶级的工具，它本身并不是独立自主和实质性的。"③埃尔斯特认为，马克思有时也把国家理解为平衡各个阶级之间的关系的工具。不管哪一种理解，马克思都忽略了国家的公共性质及它对公共事务的处理。埃尔斯特写道："我们需要一个国家的定义，这个定义能够使我们把国家置于与它所服务的利益相独立的位置上。"④他提出了"国家的观念上的自主性"，并主张在这一自主性的基础上形成"国家的解释上的自主性"。所有这些观念无非是要淡化马克思对国家的阶级属性的强调，从一种更中性化的立场出发来描述国家的功能。毋庸讳言，埃尔斯特的国家理论在新的历史条件下，特别是在解释当今社会主义国家的实质时，具有某种积极的意义。

再次，埃尔斯特考察了马克思的"意识形态"理论。他指出："马克思对意识形态的解释可以区分为两种不同的方式。一方面，我们能够区分涉及信奉者（或某些其他的行动者）的利益的解释和涉及其经济和社会地位的解释。我将分别称为利益的解释和立场的解释。另一方面，我们

---

① ［美］J. 埃尔斯特：《理解马克思》，1985 年英文版，第 331 页。（Jon Elster, *Marking Sense of Marx*, London：Cambridge University Press, 1985，pp. 331. ——编者注）

② 同上书，第 402 页。

③ 同上书，第 408 页。

④ 同上书，第 402 页。

也可能像在第一章中那样区分因果的解释和功能的解释。……一切立场的解释都是因果的，但利益的解释可能是因果的，也可能是功能的。"①在他看来，如果要深入地探索个人意识形态信仰的微观基础，就不得不诉诸认知心理学。埃尔斯特还指出，"颠倒的理论"构成马克思意识形态理论的重要特征。什么是"颠倒的理论"呢？那就是说，特殊的阶级利益的承担者总是通过意识形态把自己阶级的利益说成是全社会的普遍利益。埃尔斯特认为，这是马克思意识形态理论中最为精深的见解。埃尔斯特还强调，马克思主义的意识形态理论，还蕴含着一种"观念的帝国主义"。这究竟是什么意思呢？他写道："所谓'观念的帝国主义'也就是生活在一个社会中的人们所具有的自然倾向，即运用与他们的社会主要结构相一致的范畴，去理解其他社会的结构或同一个社会的第二层次的结构。"②他认为，在各种意识形态中，这种"观念的帝国主义"倾向是普遍存在的。比如，马克思的不少追随者把马克思研究西方历史的观念简单地套用到对非西方历史的研究上。总之，埃尔斯特从新的视角出发，对马克思的意识形态学说做出了全面的、富有创发性的反思。

最后，埃尔斯特考察了马克思的革命理论。在探讨马克思的革命理论时，他特别深入地反思了革命的动机问题。他指出："革命的动力问题是核心的问题。"③在讨论革命的动力问题时，他并没有停留在对生产力和生产关系之矛盾的泛泛谈论中，他从新的角度出发，指出了马克思所倡导的共产主义革命的三个基本动力：第一，"异化作为革命的动力"④，也就是说，共产主义的革命就是克服资本主义的异化，实现人性的复归；第二，以正义作为动力⑤，也就是说，共产主义革命要伸张

---

① [美]J. 埃尔斯特：《理解马克思》，1985 年英文版，第 465 页。(Jon Elster, *Marking Sense of Marx*, London: Cambridge University Press, 1985, p. 465.——编者注)
② 同上书，第 490 页。
③ 同上书，第 529 页。
④ 同上书，第 529 页。
⑤ 同上书，第 529 页。

正义，追求个体自由；第三，"把资本主义的无效作为消灭它的动机"①，也就是说，共产主义革命要使人的能力全面发展，物质财富充分涌流。

埃尔斯特的《理解马克思》是"分析的马克思主义"的一部百科全书式的著作。在全书的"结论"部分，他强调："无论如何，马克思的影响还没有枯竭。"②当然，在今天，要在道德上和理智上成为一个传统意义上的马克思主义者是不可能的，"但是，从我自己的情况来说，成为一个与这个术语的意义不同的马克思主义者还是可能的。我发现，我坚持的大部分观点是真实的和重要的，而它们都可以回溯到马克思，包括方法论、实质性的理论，尤其是价值，而马克思对剥削和异化的批判仍然具有核心意义"③。这充分表明，"分析的马克思主义"者在大多数情况下是以同情的、理解的态度来解读马克思的著作的。

---

① ［美］J. 埃尔斯特：《理解马克思》，1985 年英文版，第 530 页。(Jon Elster, *Marking Sense of Marx*, London：Cambridge University Press, 1985, p. 530.——编者注)。

② 同上书，第 531 页。

③ 同上书，第 531 页。

解读罗默的"一般剥削理论"①

  在"分析的马克思主义"的阵营中，罗默是最活跃的成员之一。他1966年毕业于哈佛大学数学系，1974年于加利福尼亚州州立大学伯克利分校获得经济学博士学位，此后担任加州大学政治科学和经济学教授。他的研究主要涉及"政治经济学"（political economics）、"分配正义"（distributive justice)等领域。他对马克思的经济理论、政治理论、社会主义和共产主义的理论怀有浓厚的兴趣。1981年，他出版了《马克思经济理论的分析的基础》一书；1982年，又出版了《剥削和阶级的一般理论》，后一部著作被公认为是柯亨以后"分析的马克思主义"的最重要的著作。罗默本人也具有强烈的学派意识，1986年他主编了《分析的马克思主义》一书，共收入研究论文十四篇；1994年，他又主编了《分析的马克思主义的基础》（两卷本），共收入研究论文三十一篇。1989年后，罗默对社会主义的前景和命运进行了深入的思考，他对市场社会主义这种新的发展模式寄予厚望，并进行了认真的探索。1993年，他和另一位学者一起主

  ① 原载《上海交通大学学报(社会科学版)》2002年第3期。收录于俞吾金、陈学明：《国外马克思主义哲学流派新编·西方马克思主义卷》下册，复旦大学出版社2002年版，第538—547页。——编者注

编了《市场社会主义：当前的争论》一书，共收入论文十八篇。此外，他还出版了《自由地损失：马克思经济哲学导论》(1988)、《社会主义的未来》(1994)、《分配正义理论》(1996)、《机会平等》(1998)、《政治竞争》(2001)等一系列重要的学术著作。罗默扩大了"分析的马克思主义"的影响，使之成为一股世界性的潮流。在这里，我们主要评述他的代表性著作《剥削和阶级的一般理论》中的主要观点。

在这部富有原创性的著作中，罗默运用新古典主义的经济学理论和数学中的博弈理论，借助于分析哲学的方法，把马克思的古典剥削理论放在更一般化的历史条件下来考察，从而提出了一般的剥削理论。这一理论可以对任何形式的剥削概念——封建主义的、资本主义的或社会主义的剥削概念——进行解释。罗默提出的一般剥削理论既是对马克思的经典剥削理论的挑战，也是在新的历史条件下对这个问题做出的新思考，特别是他对社会主义社会的剥削现象的分析，值得我们重视和研究。

罗默的《剥削和阶级的一般理论》出版后，在理论界引起了广泛的争论，可谓仁者见仁，智者见智。但一般说来，人们把这部著作看作"分析的马克思主义"的历史学和经济学的代表作。正如耶鲁大学教授 H. E. 斯卡夫所说："在这部著作中，罗默教授以与数理经济学相一致的精确性和概括性，为马克思主义的经济理论提供了一个比较重大的再叙述。"[①]

一、马克思主义的危机和出路

罗默在"导论"中指出："在马克思主义的理论中存在着一个危机，这一危机由于其缺乏对当代社会主义国家的行为和发展的成功说明而得到

---

① ［美］J. E. 罗默：《剥削和阶级的一般理论》，1982 年英文版，背签。(John E. Roemer, *A General Theory of Exploitation and Class*, Cambridge：Harvard University Press, 1982.——编者注)

证实。"①在他看来，在当代社会主义国家的内部政治行为中，"民主的匮乏"(lack of democracy)不说是一个普遍性的问题，至少也以十分严重的方式存在着；在对外的政治行为中，很少有马克思主义者会赞同苏联和中国的外交政策。他还认为，运用传统的马克思的理论也无法解释越南和柬埔寨之间的战争。此外，当代社会主义国家在经济领域中，虽然取得了一定的成绩，如苏联的工业化为第二次世界大战中打败希特勒提供了重要的物质基础，而中国经济的发展与印度比较起来，也出现了较好的发展态势，但存在的问题也是不可忽视的，比如，"低效率"(inefficiencies)的问题、"物质刺激"(material incentives)的问题等等。"这样一来，问题也就随之产生了：难道经典的马克思主义准备让我们期待的东西也就是我们在当代社会主义中已经见到的东西?"②罗默自己的回答是否定的。在他看来，正是当代社会主义的上述种种行为构成了马克思主义的危机。如果这些现象无法得到解释和解决的话，马克思主义又如何充当革命学说呢？

罗默认为，当代马克思主义者试图克服马克思主义面临的危机，他们对当代社会主义国家的现状做出了各种批评或辩护，但却无法在以下问题上达成共识：一是社会主义社会的阶级属性；二是社会主义社会在行为方式上偏离正路的原因；三是社会主义社会偏离正路究竟是从什么时候开始的。在罗默看来，当代马克思主义者对批评或辩护之所以无助于马克思主义脱离危机，是因为他们在研究方法上存在着两个根本性的错误。

第一个错误是，他们认为，既然正在被讨论的这些国家显露出种种坏的特征，那么它们本来就不是真正意义上的社会主义国家。他们的推论是十分简单的，即如果两个这样的国家之间发生了战争，那么至少其

---

① ［美］J. E. 罗默：《剥削和阶级的一般理论》，1982 年英文版，第 2 页。(John E. Roemer，*A General Theory of Exploitation and Class*，Cambridge：Harvard University Press，1982，p. 2.——编者注)

② 同上书，第 3 页。

中的一个就不是社会主义国家；如果这样的一个国家中的特权和不平等的情况是严重的，那么它也不可能是社会主义国家；如果这样的一个国家采取了帝国主义式的兼并政策，那么它也不可能是社会主义国家。罗默指出："这种探讨方法的缺点是，它解释不了任何东西。'社会主义'被断定为一系列的结果，而不是被理解为一种生产方式。事实上，我们也无法以任何严格性来理解这些结果。"①对于采用这样的方法来研究当代社会主义国家的人来说，完全可以提出这样的疑问：究竟什么是社会组织的形式，这种形式将会导致一系列的结果，而人们又可以根据这些结果来断定这一社会组织的形式是社会主义的？罗默强调，这样的探讨方法实际上是对所要探讨的问题本身的一种回避。

第二个错误是，他们在解释当代社会主义国家发生的种种现象时，着眼点无例外的是政治的或社会学的，而不是经济学的或唯物主义的。比如，使用"精英""官僚主义""控制"等概念，而不是用"阶级""所有权"这样的概念。

罗默指出，只有把新古典主义经济学、数学中的博弈理论和分析哲学的方法结合成一个新的、独特的视角，尤其是偏重于从基础性的经济理论，即剥削和阶级的理论上来重新探讨、解释当代社会主义国家出现的种种现象，才能真正地克服马克思主义或历史唯物主义面临的危机，使之找到新的出路。罗默猜想，自己的研究方法也可能在以下四个方面遭到其他马克思主义者的质疑："(1)这一分析明显地不是历史的分析；(2)这些概念明显地不是来自马克思的，而是对马克思的概念的一般化；(3)在涉及马克思的文本时，并没有做注释以支持自己的论证。……第四个异议应该被归约为一个更基础性的异议，如果一个人坚持的某个结论是非马克思主义的(un-Marxian)，那么他在方法或前提上的某些东西想必

---

① ［美］J. E. 罗默：《剥削和阶级的一般理论》，1982 年英文版，第 4 页。(John E. Roemer, *A General Theory of Exploitation and Class*, Cambridge: Harvard University Press, 1982, p. 4.——编者注)

早已是非马克思主义的了。"①罗默对上述可能产生的质疑逐一加以解答。首先，他认为自己的研究方法之所以不是历史的，部分原因是出于自己对方法的限定，部分原因则是时间和篇幅的限制。事实上，在对马克思主义的研究中，更需要的是理论上的抽象，而不是单纯的历史上的回顾。其次，他认为，历史唯物主义是马克思的核心理论，马克思的经济理论乃是其运用历史唯物主义分析19世纪经济现象的结果，而在20世纪的背景下，再用马克思用过的经济概念并不是必要的。"我们的任务不可能是把'马克思主义'应用到20世纪晚期的境况中，而是要把历史唯物主义的假设应用到这些境况中。我们这里运用的方法的产物是一个一般的历史唯物主义的剥削理论(a general historical materialist theory of exploitation)。"②再次，他认为他的著作就是要避免对马克思的文本做出注释性的研究，所以只在必要的时候他才做注释。最后，他强调，尽管自己提出的某些结论超越了当时的马克思的想法，但这并不能表明，他的研究方法就是非马克思主义的，"如果这一剥削理论确实能够帮助我们理解当代社会主义社会，那么它总是增强了历史唯物主义方法(a historical materialist approach)的有用性"③。也就是说，在他看来，走出马克思主义的危机的出路也就是重新复兴其历史唯物主义的方法。

二、如何理解马克思的剥削理论

罗默写道："为了理解我为什么要选择构成一个一般的剥削理论的方式来研究当代社会主义的问题，人们就必须回过头去看马克思在研究资

---

① ［美］J. E. 罗默：《剥削和阶级的一般理论》，1982年英文版，第24页。(John E. Roemer, *A General Theory of Exploitation and Class*, Cambridge: Harvard University Press, 1982, p. 24.——编者注)

② 同上书，第24页。

③ 同上书，第24页。

本主义时是如何面对这个问题的。"①罗默认为，在自由资本主义的历史条件下，马克思所要解答的经济谜语是：在并不采取强制性方式的劳动交换制度中，工人所生产出来的、超过自己的生存需要的那部分剩余产品是如何系统地被剥夺的？"为了解答这个疑问，马克思形成了自己的价值理论和剥削理论。"②马克思建立自己的价值理论的目的是要表明，在资本主义的背景下，交换不是强制性的，而是竞争性的，而所有商品的交换也是按照它们的价值来展开的。而马克思的剥削理论又是建基于其劳动价值理论之上的，即剥削也就是对被剥削者在剩余劳动时间里所创造的剩余价值的一种剥夺。而在马克思看来，这样的剥削之所以可能，正是以资本主义制度中生产资料的私人所有权为前提的。如果生产资料被国有化了，处在工人阶级的控制之下，那么剥削也就变得不可能了。罗默指出："马克思和恩格斯的贡献就在于主张，这样的一种发展是可能的，甚至是不可避免的，因而揭示出一种机制，而按照这种机制，这样的转变总是会发生的。马克思和恩格斯提出的一系列主张正是他们的历史唯物主义理论的必然结果。"③

然而，在当代社会主义国家的背景下，生产资料的私人所有权已经被取消了。换言之，资本主义式的剥削的前提已经不存在了。罗默指出，如果按照马克思的经典剥削理论来思考问题，那么在当代社会主义社会中剥削现象已经消失了。然而，假如人们引申出这样的结论的话，那么他们又如何理解当代社会主义国家的政治行为，如何理解这些社会中存在的不平等现象呢？罗默认为，按照马克思的历史唯物主义理论，政治、社会生活中的不平等归根结底是由经济生活中的不平等导致的。那么，这是否意味着在当代社会主义国家中仍然存在着经济上的剥削现象呢？

---

① ［美］J. E. 罗默：《剥削和阶级的一般理论》，1982 年英文版，第 6 页。（John E. Roemer，*A General Theory of Exploitation and Class*，Cambridge：Harvard University Press，1982，p. 6.——编者注）

② 同上书，第 6 页。

③ 同上书，第 7 页。

如果回答是肯定的，那就不能像马克思一样，仅仅把剥削理解为在资本主义条件下独有的现象，而应该以更一般的方式来理解剥削理论。换言之，就应该提出一个一般的剥削理论，使之适应各种不同的社会形态，也包括当代社会主义的形态。罗默认为，形成一个关于剥削问题的一般理论，与马克思的经典剥削理论比较起来，至少有以下三个优点。

第一，马克思把生产资料的私人所有权理解为剥削现象得以发生的必不可少的背景，而罗默却把马克思作为背景看待的生产资料私人所有权（在罗默的话语中则是"财产关系"）理解为剥削的前提，这就使剥削现象获得了更宽泛的理解。

第二，马克思的剥削理论是以劳动价值理论为前提的，事实上，马克思正是通过对资本主义社会中的具体劳动过程和价值转移过程的分析，揭示出剩余价值的起源的。在罗默看来，马克思对剥削概念的含义的理解还是狭隘的，在方法论上也是朴素的，而他则引入了博弈理论，特别是这一理论的选择原则，从而给予剥削理论以更抽象化的、一般化的说明。他还强调，在做这样的说明的时候，马克思十分重视的劳动价值理论完全可以被弃置在一边而不加考虑。他写道："博弈理论的构成独立于劳动价值理论。确实，它并不关涉到劳动价值，它只是依据对财产关系（property relations）的选择性说明（也就是说，对于所有的生产者来说，在生产资料的可让渡性方面都应该是平等的）来考察剥削问题。"[①]

第三，马克思关注的主要是资本主义背景下的剥削现象，而罗默关注的则是一种对封建主义、资本主义具有普遍性的一般剥削理论。在罗默看来，他自己的剥削理论具有更宽泛的解释权，尤其是他提出的、关于社会主义社会中的剥削问题完全超越了马克思当时对剥削理论的狭隘的理解。当然，罗默也肯定，在不同的社会形态下，劳动是异质的，从而剥削的具体方式也存在着差异，但剥削现象的存在却始终是以财产关

---

① ［美］J. E. 罗默：《剥削和阶级的一般理论》，1982 年英文版，第 20 页。（John E. Roemer, *A General Theory of Exploitation and Class*, Cambridge：Harvard University Press，1982，p. 20.——编者注）

系的存在作为前提的。正如罗默在谈到自己的一般剥削理论时所说的那样："它是一个博弈理论的定义，在这个定义中，财产关系，而不是劳动价值理论，是核心概念。"①

三、罗默的"一般剥削理论"

在弄清楚罗默的剥削理论的思考起点以后，现在我们要进一步追问：究竟什么是"一般剥削理论"（a general theory of exploitation）？罗默指出："这个剥削的一般定义是一个博弈论的定义（a game-theoretic one），它与劳动价值理论并没有特殊的关联。这一分析的一个惊人的结果是一个不涉及剩余劳动概念的、马克思主义的剥削概念的构成。这很可能使有些读者认为我把婴儿和洗澡水一起倒掉了。在剥削的一般理论中，取代劳动的转移，首先呈现在我们面前的概念是财产关系。"②在这里，罗默无非是表明，他要撇开劳动价值理论和具体的劳动过程，仅从财产关系的角度来建立自己的一般价值理论。那么，为什么他要把自己的剥削定义称为'博弈论的定义'呢？罗默写道：

> 当人们说一个人或一个团体在某种境况下被剥削时，究竟是什么意思呢？在我看来，剥削这个概念必须具备如下这些条件，即当且仅当下面这些条件存在时，一个群体（coalition）S 在一个较大的团体（society）N 中才是受剥削的：
>
> （1）假定存在着这样一种选择（an alternative），在这样的选择中，S 总是比现在的状态更好。

---

① ［美］J. E. 罗默：《剥削和阶级的一般理论》，1982 年英文版，第 19—20 页。(John E. Roemer, *A General Theory of Exploitation and Class*, Cambridge：Harvard University Press, 1982, pp. 19-20. ——编者注）

② 同上书，第 192 页。

（2）在这样的选择中，群体 S'作为 N 减去 S 后的剩余物，即作为 S 的补充物，总是比现在的状况更坏。

（3）S'在与 S 的关系中占据优势（dominance）。①

显然，罗默之所以把自己关于剥削的一般定义称为"博弈论的定义"，是因为他做出了这样的假定，即如果群体 S 能够做出一种更好的选择，那么，它现在总是处于受剥削的状态之下。反之，如果群体 S 的选择有可能使作为 S 补充物的 S'处在比目前更坏的状态下，那么 S'就处在剥削的状态下。这就对剥削群体和被剥削群体之间的关系做出了最一般的假定。我们特别需要注意罗默定义中的第三条，即 S'与 S 之间的不平等的关系。其实，这一条把马克思关于资本主义剥削中的背景——生产资料的私人所有稀释为"不平等"（in-equality）。罗默认为，在每一种经济体制或社会状态中都存在着不平等，当然不能把所有的不平等都看作剥削意义上的不平等，"然而，毫无疑问的是，剥削的概念总是以某种方式牵涉到不平等"②。

有趣的是，在阐述一般剥削理论的时候，罗默提出了一个"社会必要剥削"（socially necessary exploitation）的新概念。这个概念也是从博弈的角度加以论定的。他这样写道："如果一种剥削形式的取消总是会改变物质刺激和制度，以致使被剥削的群体处于更坏的情况下，这种剥削形式就是社会必要的。"③也就是说，罗默并不主张对一切剥削形式都采取全盘否定的态度，他认为"社会必要剥削"就是一种合理的剥削现象。他还进一步把这种剥削形式分为两种不同的类型：一种是"静态意义上的社会必要剥削"（socially necessary in the static sense），即一个群体做

---

① ［美］J. E. 罗默：《剥削和阶级的一般理论》，1982 年英文版，第 194—195 页。
（John E. Roemer, *A General Theory of Exploitation and Class*, Cambridge：Harvard University Press，1982, pp. 194-195. ——编者注）

② 同上书，第 194 页。

③ 同上书，第 22 页。

出选择后，情况立即变得更坏；另一种是"动态意义上的社会必要剥削"（socially necessary in the dynamic sense），即一个群体做出选择后，起初情况好转，但随之又变坏了。罗默在这里的分类仍然给人以含糊不清的感觉，因为他没有对变好或变坏的时间长度做出确定性的说明。

四、罗默对三种不同的剥削形式的解析

罗默并没有停留在对一般剥削理论的抽象的讨论中。在他看来，一般的剥削理论蕴含着以下三种不同的、具体的剥削形式。

一是"封建的剥削"（feudal exploitation）。在罗默看来，"如果一个群体按照这样的规则——它能带走自己的资金来利用份地——从更大的团体中撤出来，从而对份地进行改良的话，那么它就是以封建的方式受到了剥削"①。也就是说，在封建社会的经济博弈中，假定农奴们（serfs）从封建的财产关系中撤离出来，其处境比目前更好的话，那么他们就是以封建的方式受到了剥削。与此相应的是，当领主们（lords）因为上面提到的、农奴的撤离的选择而受到损害的话，他们也就是封建剥削关系中的剥削者。罗默认为，新古典主义的剥削概念实际上与"封建的剥削"的含义是一致的。他写道："结果是——封建剥削等同于新古典主义的剥削概念：如果一个生产者的边际产量没有得到支付，那么这个生产者就是受剥削的。新古典主义的陈述是：一个行动者只要接受了他的边际产量的支付，他就没有受到剥削。"②这里说的"边际产量"构成农奴劳动成果的一部分，他们往往以实物的方式为领主所占有，而在封建的财产关系中，农奴的劳动是以受强制的方式展开的，这就与资本主义条件下的

---

① ［美］J. E. 罗默：《剥削和阶级的一般理论》，1982 年英文版，第 199 页。（John E. Roemer, *A General Theory of Exploitation and Class*, Cambridge：Harvard University Press，1982，p. 199.——编者注）。

② 同上书，第 20 页。

自由劳动形成了重大的差别。

二是"资本主义的剥削"（capitalist exploitation）。罗默认为，与封建主义相比较，资本主义不仅劳动性质起了变化，而且在假定的经济博弈中，财产关系中的可让渡性的内涵也发生了重大的变化。如果说，在封建社会的经济博弈中，一个群体能够在一种假定的选择中带走自己的私有财产的话，那么，在资本主义的经济博弈中，一个群体在假定的选择中就能带走社会人均可让渡的财产或可转让的、非个人的财产。所以罗默这样写道："资本主义剥削的严格的定义需要在假定的选择中具备资本的人均分配方式。"①罗默自己认为，他对"资本主义剥削"的解释比马克思的剥削定义更为优越。

三是"社会主义的剥削"（socialist exploitation）。与封建主义和资本主义不同，在社会主义的财产关系中，财产，特别是生产者的"技能"（skills）是不可让渡的，而"当不可让渡的财产以有差异的方式被赋予的时候，社会主义的剥削也就随之而产生了"②。在罗默看来，不能因为在社会主义的经济博弈中，作为财产的生产资料是不可转让的，就断言剥削的不存在。他认为，剥削仍然会存在，因为人与人之间的不平等的关系还在相当程度上存在着。一方面的原因是自然的，即人们在"技能"上存在着重大的差异；另一方面的原因是社会的，即人们在身份上的差异决定着他们在分配上的差异，从而也决定着他们在社会主义的财产关系中的不同地位。

综上所述，罗默试图以自己提出的"一般剥削理论"来超越马克思的剥削理论，从而对当今的社会主义国家的现状做出经济学上的合理说明。他认为，当他做到这一点的时候，他也为历史唯物主义的危机找到了出路。不能否认，罗默的这一新理论的提出体现出他的思想的原创

---

① ［美］J. E. 罗默：《剥削和阶级的一般理论》，1982 年英文版，第 211 页。（John E. Roemer, *A General Theory of Exploitation and Class*, Cambridge：Harvard University Press，1982，p. 211.——编者注）。

② 同上书，第 21 页。

性，但这一理论仍然存在着种种困难。首先，数学上的博弈方法并不能反映出社会生活中的错综复杂的现象及其变化。怎样来判定群体选择后的"更好"或"更坏"？主要的判定要素是什么？判定的时间框架如何确定？这些问题都不是用简单的、划一的方法能够解决的。其次，"社会必要剥削"虽然可以为当今社会主义国家或其他社会形态中存在的某些剥削现象辩护，但也把在马克思那里如此重要的剥削概念变成了一个轻飘飘的、无意义的词。最后，罗默在这部著作中的论述重点始终放在剥削理论上，对阶级理论并没有提出实质性的、推进性的意见。他主要从经济上，特别是从财产关系上去论述阶级的形成、发展及在不同的社会形态中的表现方式的差异。

后现代视野中的马克思①

　　正如古代的"智者"不构成一个确定性的哲学派别一样，活跃在当代思想界的所谓"后现代理论家"也不从属于任何一个确定的哲学派别。也许我们只能把他们理解为一些具有类似理论倾向的学者。显而易见，不管这些学者在思想上是多么偏激或怪异，他们都无法绕过下面这个话题，即他们和马克思的关系问题。正如法国哲学家德里达所说的："地球上所有的人，所有的男人和女人，不管他们愿意与否，知道与否，他们今天在某种程度上说都是马克思和马克思主义的继承人。"②这充分表明了马克思遗产的普遍性和其无所不在的特征。

　　在通常情况下，人们习惯于把后现代理论与马克思的思想尖锐地对立起来。正如美国哲学家詹姆逊所批评的：面对马克思主义与后现代主义，"人们往往感到这是一种罕见的或悖论的结合，是缺乏牢固基础的，以致有些人认为，当我现在'成为'后现代主义者时，一定不再是任何含

---

　　① 原载《天津社会科学》2002 年第 5 期。收录于俞吾金：《被遮蔽的马克思》，人民出版社 2012 年版，第 351—361 页；俞吾金：《哲学随想录》，北京师范大学出版社 2016 年版，第 387—397 页。——编者注

　　② ［法］雅克·德里达：《马克思的幽灵——债务国家、哀悼活动和新国际》，何一译，中国人民大学出版社 1999 年版，第 127 页。

义(用其他一些传统字眼)上的马克思主义者了"①。其实，这是一种很肤浅的看法。诚然，后现代理论与马克思的思想之间存在着重大的差异，但人们并不能因此而否定这两者之间存在着的某些相似点，乃至共同点。

事实上，那些富于原创性的后现代理论家总是沿着以下两个不同的方向来反思他们与马克思之间的关系的：一方面，他们激烈地批判马克思思想中存在的、与现代性的主导性价值相契合的观念；另一方面，他们又热情地肯定马克思思想中存在的、与后现代的价值取向一致的见解。这两个方面的内容构成了他们和马克思之间错综复杂的关系。全面地探索并理解这些关系，不但能加深我们对后现代理论的本质特征的把握，而且也能使我们更深刻地领悟马克思思想的当代意义和价值。

一、肯定性的叙事与否定性的叙事

众所周知，马克思的理论陈述包含着两种不同的叙事方式：一种是"肯定性的叙事"，即马克思对自己的新理论的陈述，如历史唯物主义、剩余价值理论、共产主义学说等等；另一种是否定性的陈述，如意识形态批判、资本主义批判、政治经济学批判等等。当然，这两种叙事方式并不是截然可分的，而是相互贯通、相互渗透的。但人们在从分析的理性角度出发进行探讨的时候，还是可以区分出这两种不同的叙事方式的。后现代理论家常常拒斥蕴含在马克思的理论陈述中的肯定性的、宏大的叙事方式，而对其否定性的、批判性的叙事方式大加赞赏。在这方面，法国哲学家利奥塔是一个典型的代表。

利奥塔把传统的、肯定性的大叙事分为两个主要派别：一派倾向于政治；另一派则倾向于哲学。在他看来，马克思既继承西方传统政治和

---

① ［美］詹姆逊：《马克思主义与后现代主义》，《马克思主义与现实》2002 年第 2 期。

哲学中的宏大叙事，又以自己的方式对传统的叙事方式进行了改造。然而，马克思只是改造了传统叙事方式的内涵，却没有触动它的形式。也就是说，马克思自己的学说也构成一种新的宏大叙事，而在这种新的叙事方式中，"共产党""无产阶级""辩证唯物主义""社会主义"成了基本概念，而"解放""救赎"则成了核心观念。利奥塔明确表示，他对蕴含在马克思学说中的这些肯定性叙事表示怀疑，尤其是当斯大林主义成为马克思主义思想的一个结果的时候，这种疑虑进一步增强了。"不过，我们所以质疑，是因为我们不再像马克思那样，相信人类可以在矛盾斗争中得到救赎。"①利奥塔对马克思的肯定性叙事的拒斥在后现代理论家那里引起了广泛的共鸣。比如，詹姆逊认为："陈旧的马克思主义文化范式已经起不了什么作用了。"②他主张，必须站在新的时代高度上，对马克思当时的叙事方式和阐释方式进行必要的改造。英国哲学家吉登斯在探讨现代性问题时也强调，尽管马克思十分关注现代性的断裂特征，但仍然未摆脱达尔文的进化论这一宏大叙事的影响。他写道："即使是那些强调断裂变革之重要性的理论（如马克思的理论），也把人类历史看作是有一个总的发展方向，并受着某种具有普遍性的动力原则所支配的过程。进化论的确表述了这种'宏大叙事'，尽管它不一定属于受宇宙目的论影响的理论。"③在吉登斯看来，人们应当在解析现代性问题时，超越这种单线性的进化论的宏大叙事方式，更多地注意到现代社会与传统社会之间的鸿沟，同时更多地检讨现代性蕴含的风险和种种不确定性。美国哲学家凯尔纳和贝斯特在谈到利奥塔的后现代理论时，也写道："从这一点看，后现代应该被界定为'对元叙事的怀疑'，对形而上学哲学、历史哲学以及任何形式的总体化思想——不管是黑格尔主义、自由主

① ［法］让-弗朗索瓦·利奥塔：《后现代状况——关于知识的报告》，岛子译，湖南美术出版社 1996 年版，第 30 页。

② Fredric Jameson, *The Political Unconscious*, New York: Cornell University Press, 1985, p. 11.

③ ［英］吉登斯：《现代性的后果》，田禾译，译林出版社 2000 年版，第 4—5 页。

义、马克思主义还是实证主义——的拒斥。"①总之，后现代理论家对马克思思想中所蕴含的肯定性的、宏大的叙事采取排斥的态度。然而，有趣的是，他们对马克思思想中显露出来的批判性的、否定性的叙事方式却表现出真诚的认同。这一点甚至连利奥塔都不例外。他在批评马克思的宏大叙事的同时，还指出："马克思主义也能够发展成一种批判性的知识形式，认为社会主义就是由自治主体所组成的，而科学存在的唯一理由是要让经验主体（无产阶级）从异化与压迫中获得解放。"②利奥塔认为，法兰克福学派所发展和推进的正是蕴含在马克思的学说中的这种否定性的、批判性的叙事方式。詹姆逊认为，在马克思的否定性叙事方式中，最有价值的学说就是他对意识形态的整体性批判，这一批判深刻地揭示了一切文本或观念与意识形态之间的内在联系。也正是在这个意义上，他把马克思的学说称为"否定的诠释学"。他这样写道："这就是一般的理论构架，我总是愿意在这一理论架构中，阐明我自己的、可以概括如下的方法论的命题：一个马克思主义的否定的诠释学（a Marxist negative hermeneutic），一种准确的马克思主义式的意识形态分析的实践，在阅读和解释的实际工作中，必须与一种马克思主义的肯定的诠释学（a Marxist positive hermeneutic）或对相同的意识形态的文化的文本中的乌托邦的冲动的破译同时进行。"③在詹姆逊看来，一旦人们抛弃了这种否定性的叙事方式的视角，就不可能全面把握马克思思想的意义了。事实上，詹姆逊更感兴趣的是马克思学说中的否定性的叙事方式。按照

---

① ［美］道格拉斯·凯尔纳、斯蒂文·贝斯特：《后现代理论——批判性的质疑》，张志斌译，中央编译出版社 2001 年版，第 216 页。罗蒂也认为，"在重要的法国哲学家和社会批评家利奥塔的后期著作中，马克思主义成了关于'人性'和'人类历史'的伟大的'元叙事'之一。利奥塔认为，在尼采、海德格尔和福柯以后，我们再也不能相信这样的元叙事了"。［美］理查德·罗蒂：《后哲学文化》，黄勇编译，上海译文出版社 1992 年版，第 137 页。

② ［法］让-弗朗索瓦·利奥塔：《后现代状况——关于知识的报告》，岛子译，湖南美术出版社 1996 年版，第 117 页。

③ Fredric Jameson, *The Political Unconscious*, New York: Cornell University Press, 1985, p. 296.

法国哲学家德勒兹的看法，在马克思的否定性叙事方式中，最有价值的应当是他对资本主义的分析和批判。他写道："我认为费利克斯·加达里和我一直都是马克思主义者，也许方式不同，但是我们俩都是。我们不相信那种不以分析资本主义及其发展为中心的政治哲学。马克思著作中最令我们感兴趣的是将资本主义作为内在的体系加以分析。"①这里所说的"内在的体系"也就是把资本主义作为一个有机的整体加以解剖和反思，而马克思的否定性叙事方式正是通过这样的解剖和反思展现出来的。

每一个不存偏见的研究者都会发现，马克思是康德所肇始的批判精神的伟大继承者，他的主要著作的正标题或副标题几乎都有"批判"这个词。实际上，早在 1843 年致卢格的信中，马克思已经指出："新思潮的优点就恰恰在于我们不想教条式地预料未来，而只是希望在批判旧世界中发现新世界。"②正是这种大无畏的批判性的、否定性的精神和叙事方式成了后现代理论家抨击现代性的重要思想资源。

二、权力化的话语与反权力化的话语

正如诸多西方马克思主义者所指出的那样，马克思思想在被他的追随者意识形态化的过程中，已经转化为一种权力化的话语。西方马克思主义的早期代表人物之一、德国哲学家柯尔施早已注意到这种把马克思思想权力化的倾向，并发出了警告。③

但这种警告在当时并没有引起充分的重视。事实上，一旦人们把马

---

① ［法］吉尔·德勒兹：《哲学与权力的谈判——德勒兹访谈录》，刘汉全译，商务印书馆 2000 年版，第 195 页。

② 《马克思恩格斯全集》第 1 卷，人民出版社 1956 年版，第 416 页。

③ 俞吾金、陈学明：《国外马克思主义哲学流派》，复旦大学出版社 1990 年版，第 73 页。

克思思想意识形态化或权力化，并把它作为判断一切是非的标准，马克思思想本身也就从一种批判性的意识转化为被批判的意识。特别是在后现代理论家那里，被权力话语化的马克思和马克思主义遭到了广泛的批评。

众所周知，在后现代理论家中，法国哲学家福柯对权力化的知识和话语的抵制最强烈。他指出："1968年以前，至少在法国，你如果要做一个哲学家的话，就必须是一个马克思主义者，或是现象学家，或是结构主义者。可我不是这些学派的信徒。……1968年以后，第一个变化就是马克思主义在学界一统天下的局面结束了，新的关心个人兴趣的政治文化倾向开始产生。正是这个原因，我的著作在1968年以前除了在很小的圈子以外，几乎毫无反响。"①在这里，福柯以1968年为界，表明了自己的思想与已经在某种程度上被权力化和意识形态化了的马克思思想之间的差距。事实上，作为法国结构主义的马克思主义者阿尔都塞的学生，福柯并没有简单地认同他的老师的学说，而是试图通过对尼采的解读，超出已被权力化的马克思主义的话语系统。对这样的话语系统的批评也见于其他的后现代理论家。德里达就说过："对于我们中的许多人而言，某种（我在此强调的是某种）共产主义的马克思主义的终结并不需要等到苏联以及全世界完全依赖于苏联的所有一切的最近解体。所有的一切在20世纪50年代初就已经开始——所有的一切甚至在那时就已经不容置疑的是'可见的'了。因此，使我们今晚聚集在一起的这个问题——'马克思主义向何处去'——其实是一个重复已久的话题的回声。"②德里达在这里说的早已解体了的马克思主义，实际上也就是斯大林模式化的、权力话语化的马克思主义，而他真正关心的乃是马克思主义的本真精神的恢复，而"马克思主义向何处去"所要解答的也正是这样

---

① 转引自包亚明：《权力的眼睛——福柯访谈录》，严锋译，上海人民出版社1997年版，第6页。

② ［法］雅克·德里达：《马克思的幽灵——债务国家、哀悼活动和新国际》，何一译，中国人民大学出版社1999年版，第22—23页。

的一个问题。

后现代理论家拒斥已经以某种方式被意识形态化或权力话语化的马克思主义，并不等于他们对蕴含在马克思学说中的反权力话语的见解取漠视的态度。事实上，马克思在历史唯物主义的基础上阐述出来的权力理论至今仍然是无法超越的。一方面，马克思指出，无论是国家，还是权力，都不是第一性的东西，那些绝不依个人"意志"为转移的个人的物质生活，即他们的相互制约的生产方式和交往方式，是国家的现实基础，而且在一切还必须有分工和私有制的阶段上，都是完全不依个人的意志为转移的。这些现实的关系绝不是国家政权创造出来的，相反地，它们本身就是创造国家政权的力量。① 这段重要的论述从根本上消除了笼罩在政治权力上的灵光圈，把它化为日常生活中可以理解的一个问题，从而为关于政治权力问题的任何讨论澄明了前提。另一方面，马克思也告诉我们，一个阶级是社会上占统治地位的物质力量，同时也是社会上占统治地位的精神力量。支配着物质生产资料的阶级，同时也支配着精神生产的资料，因此，那些没有精神生产资料的人的思想，一般的是受统治阶级支配的。② 马克思的这一重要的研究结论启示我们：统治阶级在物质资料生产上的领导权决定着其相应的精神生产上的领导权。这一点决定了，不管人们是否意识到，精神生产总是在无所不在的宏观政治权力的支配下进行的。换言之，占支配地位或主流地位的话语本质上就是权力话语。正是在这个意义上，我们可以说，真正现实的诠释学乃是权力诠释学。③ 毋庸讳言，马克思关于权力问题的批判性观点对当代学者产生了深刻的影响。无论是尼采的"权力意志"的理论，还是葛兰西的"文化领导权"理论；无论是阿多诺的"否定的辩证法"的构想，还是马尔库塞关于"大拒绝"的呼吁，都在一定的意义上回应了马克思的宏观

---

① 《马克思恩格斯全集》第 3 卷，人民出版社 1960 年版，第 377—378 页。

② 同上书，第 30 页。

③ 俞吾金：《马克思的权力诠释学及其当代意义》，《天津社会科学》2001 年第 5 期，第 17—21 页。

政治权力理论。正如许多研究者已经意识到的那样："马克思对权力之经济关系的重要性的强调，被尼采对权力和统治形式之多样性的强调所取代。"①当然，后现代理论家仍然以怀疑的目光来看待马克思对宏观政治权力的倚重。利奥塔并不否认，马克思通过对剩余价值的揭露，对现代性进行了深入的批判，然而，他写道："今天我们知道，在马克思主义的庇护之下'十月革命'只是成功地再次打开了同一个伤口。问题的确定和诊断可以变化，但在这一重写中，同一疾病又再次出现。马克思主义者认为他们在努力清除异化，但人的异化几乎以毫无变化的形式被重复了。"②显然，在利奥塔看来，仅仅从宏观上改变权力的形式和构成，并不能从根本上消除宏观权力造成的异化。众所周知，福柯对马克思的宏观政治权力理论同样抱着一种疑虑的态度。事实上，他更关注的是在生活中到处显现出来的、多元的、微观政治权力。正如凯尔纳和贝斯特所指出的，为替代马克思主义有关对立阶级之间的阶级斗争的二元模式，福柯呼唤一种在社会的所有微观层面上，在监狱、精神病院、医院和学校中发展起来的多元的自主斗争。他用后现代微观政治概念取代了现代的宏观政治概念，因为在现代宏观政治概念中，冲突力量之间争夺的是对扎根于经济和国家中的中心化权力之源的控制权，而在后现代微观政治概念中，无数的局部群体争夺的是散布于整个社会中的分散的、非中心化的权力形式。③ 按照福柯的理解，微观政治权力起着比宏观政治权力更为重要的、基础性的作用。

无疑，以福柯为代表的后现代理论家提出的微观权力理论，是一种极富创见的政治文化批判理论。然而，只要人们公正地对待马克思的宏观权力理论的话，就会发现，单纯的微观权力的批判，与单纯的宏观权

---

① ［美］道格拉斯·凯尔纳、斯蒂文·贝斯特：《后现代理论——批判性的质疑》，张志斌译，中央编译出版社 2001 年版，第 31 页。

② 转引自包亚明：《后现代性与公正游戏——利奥塔访谈、书信录》，谈瀛洲译，上海人民出版社 1997 年版，第 158 页。

③ ［美］道格拉斯·凯尔纳、斯蒂文·贝斯特：《后现代理论——批判性的质疑》，张志斌译，中央编译出版社 2001 年版，第 72—73 页。

力批判一样是有自己的限度的。这里会出现循环论证，即宏观权力的有效改变依赖于微观权力的改变；反之，微观权力的彻底改变也依赖于宏观权力的改变。因此，对于后现代理论家来说，对马克思的宏观权力批判理论采取简单的态度是不行的，应当在两种权力的辩证关系中把握微观权力批判的作用和局限性。

三、确定性的偶像化与对偶像化的确定性的消解

人所共知，在对确定性与非确定性之间的关系的思考上，马克思留下了极为丰富的思想遗产。然而，在他的后继者那里，情况又发生了重大的变化。一方面，马克思视为确定性的内容在他的追随者那里被简单地、无条件地夸大了，甚至可以说，确定性已经被偶像化了；另一方面，马克思对历史上的某些确定性的结论的消解却没有引起人们的充分重视，直到后现代理论家那里，这方面的思想资源才引起他们的巨大兴趣。

就马克思学说的前一个方面而言，最广为人知的一个例子是：马克思对经济关系在社会生活中的基础性作用的确定被偶像化为所谓"经济决定论"。恩格斯为此写道："根据唯物史观，历史过程中的决定性因素归根到底是现实生活的生产和再生产。无论马克思或我都从来没有肯定过比这更多的东西。如果有人在这里加以歪曲，说经济因素是唯一决定性的因素，那么他就是把这个命题变成毫无内容的、抽象的、荒诞无稽的空话。"①显然，在恩格斯看来，他和马克思所强调的不过是经济关系在社会历史现象中的基础性的、归根结底层面上的作用。正如马克思在别处所指出的："例如只要对罗马共和国的历史稍微有点了解，就会知

---

① 《马克思恩格斯选集》第 4 卷，人民出版社 1995 年版，第 695—696 页。

道，地产的历史构成罗马共和国的秘史。"①在这里，马克思只是强调地产的问题在罗马共和国的历史的演化中起着基础性的作用，但并没有把它理解为决定罗马共和国演化的唯一因素。同样的，也不能把马克思的历史唯物主义曲解为"经济决定论"。然而，遗憾的是，恩格斯对马克思的追随者在理论上曲解马克思的做法的强烈抗议却在以后愈演愈烈的曲解活动中被淹没了。

后现代理论家们感兴趣的正是马克思对传统中的、已经被统治阶级偶像化了的确定性的东西的消解。在《共产党宣言》中，马克思在论述资产阶级的历史作用时，充分强调了这一历史作用中所蕴含的、对传统的确定性的消解。他写道："生产的不断变革，一切社会状况不停的动荡，永远的不安定和变动，这就是资产阶级时代不同于过去一切时代的地方。一切固定的僵化的关系以及与之相应的素被尊崇的观念和见解都被消除了，一切新形成的关系等不到固定下来就陈旧了。一切等级的和固定的东西都烟消云散了，一切神圣的东西都被亵渎了。人们终于不得不用冷静的眼光来看他们的生活地位、他们的相互关系。"②马克思甚至指出，资产阶级在反对封建主义的过程中，也锻造了最后埋葬自己的武器——无产阶级。总之，资产阶级以一种变动不居的方式摧毁了传统社会中确定不移的东西，同时也为否定关于自己的确定性神话奠定了基础。加拿大哲学家泰勒对马克思的上述见解做了进一步的诠释："大约在150年前，马克思在《共产党宣言》中写道，资本主义发展的结果之一就是'一切固定的东西都烟消云散了'。该断言是指，过去服务于我们的那些可靠的、持久的、总是意味深长的东西，正在让位给那些堆积在我们周围的快捷的、廉价的、可替换的商品。"③泰勒在这里强调的、由人的行为方式引起的不确定性，在吉登斯那里则表现为"人造的不确定性"

---

① 马克思：《资本论》第1卷，人民出版社1975年版，第99页注33。
② 《马克思恩格斯选集》第1卷，人民出版社1995年版，第275页。
③ ［加拿大］查尔斯·泰勒：《现代性之隐忧》，程炼译，中央编译出版社2001年版，第7—8页。

（manufactured uncertainty）。他认为，随着科学技术的发展，这种"人造的不确定性"几乎无处不在："核战争的可能性，生态灾难，不可遏制的人口爆炸，全球经济交流的崩溃，以及其他潜在的全球性灾难，对我们每一个人都勾画出了一幅令人不安的危险前景。"①在某种意义上，人们可以说，"切尔诺贝利事故"无处不在，面对着全球性的风险和不确定性，即使一个人拥有特权也无法幸免。后现代理论家对风险和不确定性的认同，在自然科学家那里也引起了共鸣。耗散结构理论的创始人普利高津认为，从古希腊至今，对确定性的认可和追求一直是西方思想的主脉。然而，在当今，这种确定性正面临着挑战："人类正处于一个转折点，正处于一种新理性的开端。在这种新理性中，科学不再等同于确定性，概率不再等同于无知。"②无疑的，在后现代理论家关于不确定性的论述中，马克思的某些反确定性的话语也是重要的思想来源之一。

综上所述，后现代理论家从自己的视角和理解的前结构出发，对马克思思想做出了修正和选择。诠释学启示我们，任何历史的文本，在被以后的世代不断地进行诠释的过程中，其意义总是开放的。马克思的文本和思想也面临着同样的命运。只有充分地认识到这一点，我们才不会沉湎于"回到马克思"的幻梦中。我们所要做的，不是抽空自己，返回到纯粹的、不受任何认识"污染"的马克思那里去，而是自觉地运用马克思的话语和思想，回应当今世界中引发我们兴趣的、有待解决的问题，从而阐明马克思思想的当代意义。事实上，我们对马克思和后现代理论之间的关系的反思也正从属于这一根本性的任务。

---

① ［英］吉登斯：《现代性的后果》，田禾译，译林出版社 2000 年版，第 110 页。
② ［比利时］伊利亚·普利高津：《确定性的终结——时间、混沌与新自然法则》，湛敏译，上海科技教育出版社 1998 年版，第 5 页。

分析的马克思主义[①]

  一般认为，"分析的马克思主义"思潮是在一些杰出的英美社会科学家和哲学家中形成并发展起来的。这些学者差不多都在 20 世纪 60 年代接受研究生教育，他们与过去时代的英美的马克思主义者不同，传统的共产党组织及其思想观念对他们几乎没有任何影响。他们自己也不构成一个严密的团体或学派。与此相应的是，他们在研究主题和观念上也互有差异。然而，他们的论著却反映出一种共同的思想倾向，即运用分析哲学的方法，重新解读马克思的经典文本。

  正如任何一种思潮的发展都有其起点一样，"分析的马克思主义"思潮的发展也有自己的起点。作为这一思潮的重要代表人物之一的罗默在其主编的《分析的马克思主义的基础》一书的"导论"中曾经指出："分析的马克思主义学派是在 1978 年诞生的，其标志是 G. A. 柯亨的《卡尔·马克思的历史理论：一个辩护》和乔恩·埃尔斯

---

  ① 本文为《国外马克思主义哲学流派新编·西方马克思主义卷》（俞吾金、陈学明著，复旦大学出版社 2002 年版）第七章（该书第 501—572 页）。其中关于罗默的《剥削与阶级的一般理论》的部分请见本卷《解读罗默的"一般剥削理论"》一文，关于埃尔斯特的《理解马克思》的部分请见本卷《埃尔斯特的〈理解马克思〉述评》一文，本文不再收入这两部分。——编者注

特的《逻辑与社会》这两本书的出版。"①在罗默看来，虽然埃尔斯特的《逻辑与社会》没有像柯亨的《卡尔·马克思的历史理论：一个辩护》那样聚焦于马克思的基本著作和理论，但它在社会分析中所运用的严格的演绎方法却成了"分析的马克思主义"的一个主要标志。不管如何，这一活跃在英美理论界的"分析的马克思主义"思潮，发展至今不过 20 余年的历史，它完全可以说是西方马克思主义阵营中最年轻的、最有发展潜力的思潮之一。② 那么，与"传统的马克思主义"(conventional Marxism)比较起来，"分析的马克思主义"究竟有哪些特点呢？罗默在其主编的另一部著作《分析的马克思主义》的"导论"中，对"分析的马克思主义"的基本特点做出了经典性的说明。

罗默认为，"分析的马克思主义"的第一个特点是"对抽象观念的必要性有一种泰然的承诺"(an unabashed commitment to the necessity for abstraction)。③ 罗默这里说的"抽象观念"究竟是什么意思呢？意思就是："分析的马克思主义"十分注重对马克思的经典文本的解读。事实上，马克思的经典文本是由一系列抽象观念组成的，这些抽象观念，特别是马克思常用的、基本的抽象观念，如生产力、生产关系、生产方式、经济基础、上层建筑、意识形态等，其确切的含义究竟是什么？当马克思在不同的场合下使用同一个抽象观念时，其含义是否存在着差异？马克思又是如何界定不同的抽象观念相互之间的关系的？按照分析的马克思主义者的看法，在人们对马克思的经典文本中的抽象观念获得清晰的把握之前，他们是不可能准确地理解马克思学说的。然而，在传

---

① ［美］J. E. 罗默：《分析的马克思主义的基础》第 1 卷，1994 年英文版，第 ix 页。(John E. Roemer ed. , *Foundations of Analytical Marxism Vol*. 1, Cambridge：Edward Elgar Publishing Ltd, 1994, ix. ——编者注)

② 余文烈先生撰写的《分析学派的马克思主义》(重庆出版社 1993 年版)是国内第一部比较系统地介绍这一思潮的基本观点的著作。书后还附有"主要参考书目"，从而为读者进一步了解这一思潮的本质和发展趋向提供了有益的帮助。

③ ［美］J. E. 罗默：《分析的马克思主义》，1986 年英文版，第 1 页。(John E. Roemer ed. , *Analytical Marxism*, London：Cambridge University Press, 1986, p. 1. ——编者注)

统的马克思主义者那里，却存在着一种普遍的倾向，即对抽象观念和文本分析的忽视。这种普遍的倾向似乎又根源于一种普遍的误解，似乎对马克思的经典文本和抽象观念的任何探索都必定会导致经院哲学式的烦琐论证，似乎只要强调理论联系实际也就永远封闭了对马克思的经典文本的纯理论分析的必要性。正是基于这样的误解，传统的马克思主义者唯一重视的工作就是把马克思的基本理论与历史和现实生活结合起来，换言之，用马克思的基本理论去解释历史和现实生活中的各种现象。这样一来，人们就走向另一个极端，即对马克思的基本理论的信仰取代了对其基本理论的考察和分析。于是，对马克思经典文本和抽象观念的研究反而成了一块无人问津的飞地。长期以来，传统的马克思主义者不重视这方面的研究，造成了对马克思的经典文本和抽象观念的普遍误解，而这种普遍误解又导致了实践活动中的偏差，从而给现实生活带来了灾难性的影响。有人也许会辩解说：并不是所有的传统的马克思主义者都是忽视文本解读和观念分析的，如法国的结构主义的马克思主义者阿尔都塞的《读〈资本论〉》就是这方面的代表作。在我们看来，这种辩解可能是有一定的道理的，但在分析的马克思主义者看来，这却是一种无效的辩解。比如，柯亨虽然承认阿尔都塞的《保卫马克思》曾经对自己产生过重大的影响，"但是当我阅读阿尔都塞和其他人一起撰写的论文集——《读〈资本论〉》时，我却大失所望"①。为什么柯亨会大失所望呢？因为阿尔都塞的法语虽然是优雅的，但他对《资本论》的解读是不清晰的，对马克思的抽象观念的分析也通常是不准确的。因而，从总体上看，传统的马克思主义者对抽象观念的分析确实是不够重视的，而"分析的马克思主义"恰恰通过对"抽象观念的必要性"的认可，确立起自己的特色。

罗默认为，"分析的马克思主义"的第二个特点是"探寻基础"（the

---

① ［英］G. A. 柯亨：《卡尔·马克思的历史理论：一个辩护》，1978 年英文版，第 x 页。（G. A. Cohen, *Karl Marx's Theory of History*：*A Defence*，Oxford：Clarendon Press，1978，p. x. ——编者注）

search for foundations)①。这里说的"探寻基础"究竟是什么意思呢？也就是说，在阅读马克思的经典文本时，应该有一种刨根究底的精神，而这种精神在"传统的马克思主义"者那里是最为匮乏的。他们总是以一个或一些问题作为切入点，来研究马克思的经典文本。但在这样的研究过程中，或就事论事，或浅尝辄止，对马克思的基本理论缺乏认真的、深入的探索。比如，他们几乎从来不去思考下面这样的问题：为什么阶级是作为重要的集体行动者而出现的，或阶级是作为重要的集体行动者出现的吗？为什么说剥削作为剩余劳动的系统转移是错误的，或剥削就是剩余劳动的系统转移吗？在现代资本主义中，社会主义契合工人们的利益吗？社会主义的革命或社会主义的转变是否可能？无产阶级是不自由的吗？马克思的伦理学的目标是平等吗？等等。在分析的马克思主义者看来，不但应该询问并深思这样的问题，而且应该进一步探索马克思在解答这些问题时所显露出来的更为始源性的、前提性的理论基础，并通过对这些基础的把握，创造性地理解和推进马克思的思想。如果说，"传统的马克思主义"者更注重从实践活动中的结果来检验马克思的基本理论的话，那么，"分析的马克思主义"则更注重从理论上的分析来考察马克思的基本理论。

罗默认为，"分析的马克思主义"的第三个特点是"以非教条主义的方式探讨马克思主义"（a non-dogmatic approach to Marxism）②。一般说来，传统的马克思主义者是在设定马克思写过的东西和说过的话都是正确的前提下来研究马克思的思想的。这种理论上的预设必然导致对马克思思想的教条主义的理解。与此相反，分析的马克思主义者却拒绝做出这样的承诺和设定，他们只是把马克思的思想作为科学研究的对象，他们只服从理论推演自身的严格性和融洽性，哪怕理论研究引申出对马克

---

① ［美］J. E. 罗默：《分析的马克思主义》，1986 年英文版，第 1 页。(John E. Roe-mer ed. , *Analytical Marxism*, London：Cambridge University Press，1986，p. 1.——编者注)

② 同上书，第 2 页。

思思想极为不利的结论。有人也许会提出这样的疑问：既然分析的马克思主义者并不一定同时也是马克思主义的信仰者，那么，为什么要用"分析的马克思主义"这一概念来命名这些学者所从事的工作呢？罗默写道："为什么这类工作能够被称作是马克思主义的呢？我不能确定它应该是怎样的；但是'分析的马克思主义'这个标记至少告诉我们，它的某些基本的洞见都来自马克思。"①事实上，"分析的马克思主义"所涉及的历史唯物主义、阶级、剥削等问题都是马克思思想中的核心问题。更何况，像罗默这样的分析的马克思主义者还自觉地或不自觉地继承了马克思的历史使命感，所以，他满怀激情地写道："确实，今天的马克思主义的最伟大的使命恐怕就是建构一种现代的社会主义理论。这样的理论必须包括对现代资本主义的无效性和不公正性的解释，也必须包括一套能在可行的社会主义社会中消除这些缺陷的理论蓝图。我认为，分析的马克思主义的方法和工具就是为这样的理论的诞生提供必需的东西。"②

　　如前所述，"分析的马克思主义"诞生至今不过二十多年的历史，它之所以会在国际学术界产生广泛的影响，并不是偶然的。以弗雷格、罗素、维特根斯坦等人为代表的分析哲学自诞生以来，取得了长足的发展，并成了 20 世纪英美的主导性哲学思潮。美国哲学家怀特于 1955 年出版了《分析的时代》一书，在国际学术界产生了广泛的影响。另一位美国哲学家穆尼茨在 1981 年出版的《当代分析哲学》一书中指出："有时候人们把我们的哲学时代描述为'一个分析的时代'。尽管这种描述过于简单，但它促使人们注意到这样一个事实，即当代哲学的一个显著的特点是占统治地位的分析哲学的出现。"③在分析哲学不断发展和扩张的过程

---

① ［美］J. E. 罗默：《分析的马克思主义》，1986 年英文版，第 2 页。(John E. Roemer ed. , *Analytical Marxism*, London：Cambridge University Press，1986，p. 2.——编者注)

② 同上书，第 2 页。

③ ［美］M. K. 穆尼茨：《当代分析哲学》，1981 年英文版，第 3 页。(Milton Karl Munitz, *Contemporary Analytical Philosophy*, New York：Macmillan USA，1981，p. 3.——编者注)

中，也出现了这样一些学者：一方面，他们在分析方面有深厚的学养和造诣；另一方面，他们对马克思主义的学说又保持着强烈的兴趣。于是，在他们的研究中，就自然而然地把分析哲学的方法和对马克思主义的研究结合起来了。柯亨在《卡尔·马克思的历史理论：一个辩护》一书的"序言"中就这么说过："我在这部著作中的论述受到两方面的约束：一方面是马克思所写下的东西；另一方面是 20 世纪的分析哲学据以为特征的清晰性和严格性的标准。"①也就是说，英美分析哲学所倡导的精湛的、严密的分析方法为"分析的马克思主义"思潮的诞生提供了现实的条件。

　　"分析的马克思主义"应运而生的另一个重要因素是"传统的马克思主义"者在研读、解释马克思的经典文本时所持的那种粗疏的、肤浅的、浮躁的作风。正是这种作风使得马克思的基本思想长期以来处在被曲解，甚至被遮蔽的状态之下。记得马克思在世的时候，就已经严厉地批评过那些追随马克思、但又曲解马克思的基本思想的所谓"法国的马克思主义者"："我只知道我自己不是马克思主义者。"②19 世纪 70 年代，当德国社会民主党的领导人背着马克思和恩格斯，与拉萨尔派制定《哥达纲领》时，马克思写下了著名的《哥达纲领批判》，对哥达纲领逐条进行批驳。马克思的最后一句话是："我已经说了，我已经拯救了自己的灵魂。"③在马克思逝世后，有些以"正统的马克思主义者"自诩的人更是肆无忌惮地篡改并曲解马克思的基本思想。在这样的情况下，准确地诠释马克思的基本思想就上升为一个重大问题。在某种意义上可以说，"分析的马克思主义"正是对"传统的马克思主义"在解读马克思的经典文本时的粗疏的作风的一种反拨。尤其是 20 世纪 80 年代末以后，对马克

---

　　① ［英］G. A. 柯亨：《卡尔·马克思的历史理论：一个辩护》，1978 年英文版，第 iv 页。(G. A. Cohen, *Karl Marx's Theory of History*: *A Defence*, Oxford: Clarendon Press, 1978, p. iv.——编者注)

　　② 《马克思恩格斯选集》第 4 卷，人民出版社 1995 年版，第 691 页。众所周知，就是马克思比较赞赏的拉法格居然也把马克思的学说阐发为"经济决定论"。

　　③ 《马克思恩格斯选集》第 3 卷，人民出版社 1995 年版，第 319 页。

思的经典文本的准确解读显得越来越重要。这也向我们预示："分析的马克思主义"将会在西方马克思主义的未来发展中充当越来越重要的角色。

在西方马克思主义的研究中，认真地探讨"分析的马克思主义"思潮和著作无疑是有益的。首先，这一思潮为我们深入研究马克思主义的学说提供了新的视角和方法。事实上，这一视角和方法与我们历来倡导的"理论联系实际"的研究方法并不是矛盾的。一方面，马克思的理论确实要联系实际，但另一方面，我们对马克思的理论也必须获得准确的理解。如果没有后一条，前一条就会谬以千里。① 现实生活中的无数例子已经向我们证实了这一点。其次，一般说来，深受中国传统文化熏陶的当代研究者，特别是从事马克思主义研究的人员，大多缺乏分析哲学和逻辑研究方面的严格训练，这从他们对英美分析哲学的冷漠态度中也可见端倪。与此相反的是，他们对欧洲大陆哲学家的那种模糊的语言风格却情有独钟。这就使我国的马克思主义的研究老是纠缠在枝节上，在一些重大的、基本的理论上缺乏突破性的进展。在"分析的马克思主义"的研究成果的冲击下，相信我们这里的研究作风也会渐渐地得到端正和提升。最后，我国哲学界近年来出现了一股重新返回去解读马克思的经典文本的思潮。② 这种解读要成为可能，就一定要认真地借鉴分析的马克思主义者的研究成果，当然，也要总结他们的偏失与教训。舍此，马克思主义的研究便无法真正地向前迈进。

在"分析的马克思主义"思潮的发展中，已有一大批学者脱颖而出。我们在这里主要考察其代表人物柯亨、W. H. 肖、罗默、埃尔斯特的一些重要论著，从而揭示这一思潮的思想振幅和发展线索。

---

① 我国在马克思主义研究上的浮躁是显而易见的。要说明这个问题，或许只要指出一点就行了。研究马克思和恩格斯的专家有多少是懂德文的呢？研究列宁和斯大林的专家又有多少是懂俄文的呢？又有多少译者对相关的专业知识有精确的了解呢？如果连语言上的障碍还没有完全消除，怎么可能对马克思的经典文本做出准确的诠释呢？

② 拙文：《向经典马克思主义回归》，《马克思主义与现实》1995 年第 2 期。

一、柯亨的理论贡献

柯亨出生于加拿大的蒙特利尔，从麦吉尔大学毕业后，赴英国牛津大学深造，后担任伦敦大学教职。当代分析哲学和政治哲学，尤其是诺齐克的著作曾给予他深刻的影响，把他从"独断论的社会主义的迷梦"中惊醒过来。

1978年，他运用分析哲学的方法研究马克思思想，出版了重要著作《卡尔·马克思的历史理论：一个辩护》，创立了"分析的马克思主义"的新思潮，成为这方面研究的一代宗师。随即，他与埃尔斯特、罗默一起联合主编了"马克思主义和社会理论研究丛书"，强调："这套丛书试图在马克思主义的社会理论的研究中建立一种新的规范。它们采取的并不是教条主义的或单纯注释式的研究方法，相反，它们将依据与历史对话的原则，以非马克思主义的社会科学和哲学作为工具，检讨并发展由马克思开创的理论。"①

从1985年起，柯亨成为牛津大学万灵学院的研究员。此后，他又出版了《历史、劳动和自由：来自马克思的论题》(1988)一书。近年来，柯亨主要从政治哲学的视角，批评资本主义，赞成社会主义，努力建构一种关于分配正义的平等主义的观念，为此他出版了《如果你是一个平等主义者，为何如此富有》(2001)一书，力图在马克思和罗尔斯的自由主义之间建立理论上的联系。我们在这里介绍的主要是他的代表作《卡尔·马克思的历史理论：一个辩护》和代表性论文《历史唯物主义的再探讨》(1988)。

---

① ［美］J. 埃尔斯特：《理解马克思》，1985年英文版。（Jon Elster, *Marking Sense of Marx*, London：Cambridge University Press, 1985.——编者注）扉页后有对这套丛书的基本宗旨的介绍。

1.《卡尔·马克思的历史理论：一个辩护》

在这部著作的"序言"中，柯亨说明了自己撰写这部著作的动因。他认为，马克思是一位富于原创性的思想家，一生中提出了许多新的观点，但由于历史条件的限制，特别是现实生活的动荡，马克思不可能静下心来，把自己的全部思想加以整理，并清晰地表述出来。然而，在今天，在分析哲学的背景下，用一种比当时的马克思所使用的更清晰的语言和方式来表述马克思本人的基本思想的条件已经成熟，而他柯亨，作为一个对马克思的基本思想怀着强烈兴趣的研究者，愿意冒着种种被误解的可能性来从事这方面的工作。

当然，柯亨坦率地承认，他的这部著作并不打算全面地研究并澄清马克思的基本思想，它的主要研究对象是马克思的历史唯物主义的理论。柯亨强调，他之所以对马克思的历史唯物主义理论具有强烈的兴趣，是因为阿尔都塞的影响，然而，他与阿尔都塞之间又存在着重大的理论分歧，"因为我要为之而辩护的是一种旧时尚的历史唯物主义（an old-fashioned historical materialism），一个传统的观念。在这种观念中，历史从根本上来说就是人的生产力的增长，而社会形态的兴盛和衰落则取决于它们究竟是促进还是阻碍了这种增长。我将把探讨的焦点放在历史唯物主义理论的更基础性的概念——生产力和生产关系上，像一些论述马克思和社会的著作一样，较少地涉及阶级冲突、意识形态和中国问题"①。在这部著作的"序言"之前，柯亨还摘引了马克思于 1859 年写下的《〈政治经济学批判〉序言》中关于历史唯物主义理论的经典性论述。这实际上暗示我们，柯亨辩护的所谓"旧时尚的历史唯物主义"，也就是马克思在《〈政治经济学批判〉序言》中关于历史唯物主义所做的经典性论述。这也表明，柯亨的研究是对马克思的经典文本的一种回归，其主旨是恢复马克思历史唯物主义基本概念的原始含义。

---

① ［英］G. A. 柯亨：《卡尔·马克思的历史理论：一个辩护》，1978 年英文版，第 x 页。（G. A. Cohen, *Karl Marx's Theory of History：A Defence*, Oxford：Clarendon Press, 1978, p. x. ——编者注）

由于柯亨运用分析哲学的方法对历史唯物主义的基本概念进行了富有独创意义的分析，所以，这部著作一出版就引起了国际学术界的广泛的重视。佩里·安德森评价道："柯亨著作的理智上的力量实质上已经取代了以前这方面所有的讨论。"①

这部著作除"序言"和两个"附录"（一是发表于1972年的《卡尔·马克思和社会科学的衰亡》；二是《一些定义》）外，全书共十一章。第一章论述马克思与黑格尔的历史理论的关系；第二、第三、第四、第五、第六、第七章论述马克思历史理论中的基本概念；第九、第十章论述功能解释问题；第十一章论述当代资本主义问题。下面，我们对柯亨这部著作中的基本观点做一个简要评述。

（1）马克思和黑格尔在历史观上的异同。

探讨马克思的历史理论必定会涉及黑格尔的历史理论。在传统的马克思主义者那里，对马克思的历史理论和黑格尔的历史理论的关系主要存在着两种对立的看法。一种见解肯定马克思继承了黑格尔的历史理论，另一种见解则强调马克思和黑格尔在历史理论上的断裂关系。柯亨并没有认同这两种见解中的任何一种：一方面，他坚持这样的观点，即不了解黑格尔的历史哲学理论，也就不可能真正地领悟马克思的历史理论。因此，在这部著作中，他专门辟出第一章"黑格尔和马克思著作中关于历史的意象"来讨论这个问题；另一方面，他又认定，马克思的历史唯物主义理论是对黑格尔的历史哲学理论的彻底改造。总之，他反对以非此即彼的简单化方法来看待这个问题。

在柯亨看来，黑格尔的历史理论可以概括如下："历史是世界精神（the world spirit）的历史（因而也可以衍生为人的意识的历史），而世界精神在自我认识的过程中经历了成长的过程，它的动力和载体是文化（culture），当一种文化造成了它自己无法容纳的世界精神的更剧烈的生

---

① ［英］佩里·安德森：《英国马克思主义内部的争论》，1980年英文版，第72页。（Perry Anderson, *Arguments Within English Marxism*, London: Verso Books, 1980, p.72.——编者注）

长时，它就会衰亡。"①按照黑格尔的看法，历史就是世界精神自我运动、自我认识的过程，世界精神以不同历史时期的文化作为自己的载体，一旦世界精神超越了某一时期的文化所能容纳的范围，这种文化也就被扬弃了。

柯亨认为，马克思的历史唯物主义理论的表述方式几乎和黑格尔是完全一致的。他认为，马克思的历史唯物主义理论可以概括如下："历史是人类产业（human industry）的历史，人类产业在生产力（productive power）中经历了自己的生长过程，其动力和载体是经济结构（economic structures），当经济结构造成了它自己所无法容纳的生产力的更剧烈的生长时，它就会衰亡。"②与黑格尔的历史理论相对的是，在马克思的历史理论中，充当主角的不是"世界精神"而是"生产力"，作为生产力的载体的，不是"文化"，而是"经济结构"。然而，马克思的表述方式又和黑格尔特别接近。这使我们很容易联想起马克思在《资本论》第二版"跋"中提到人们像对待一条"死狗"似地对待黑格尔时所说的："因此，我要公开承认我是这位大思想家的学生，并且在关于价值理论的一章中，有些地方我甚至卖弄起黑格尔特有的表达方式。"③也就是说，马克思自己也承认，在有些地方，他故意模仿了黑格尔的表述方式。

也许为了表明马克思在表述方式上与黑格尔的类似性，柯亨引证了马克思在《政治经济学批判》序言中的一段话："无论哪一个社会形态（social order），在它所能容纳的全部生产力发挥出来以前，是绝不会灭亡的。"④他认为，马克思的这段话在表述方式和思想内涵上直接源自黑

---

① ［英］G. A. 柯亨：《卡尔·马克思的历史理论：一个辩护》，1978 年英文版，第 26 页。（G. A. Cohen, *Karl Marx's Theory of History：A Defence*, Oxford：Clarendon Press，1978，p. 26.——编者注）

② 同上书，第 26 页。

③ 马克思：《资本论》第 1 卷，人民出版社 1975 年版，第 24 页。

④ ［英］G. A. 柯亨：《卡尔·马克思的历史理论：一个辩护》，1978 年英文版，第 27 页。（G. A. Cohen, *Karl Marx's Theory of History：A Defence*, Oxford：Clarendon Press，1978，p. 27.——编者注）

格尔的下面的论述：“在漫长的时间跨度中，世界精神耐心地经历了这些［文化的］形式（cultural forms），并承担了构成世界历史的巨大的劳动，而在世界历史中，世界精神传递给每个形式的内容就像该形式所能容纳的内容那么多。”①在这里，差别只在于，马克思所说的、围绕着“经济结构”建立起来的“社会形态”取代了黑格尔的“文化形式”，而“生产力”则取代了“世界精神”。

经过上述分析，柯亨引申出了自己的结论：“我们说，马克思的历史观念保留了黑格尔的历史观念的结构（the structure），但却赋予黑格尔的历史观念以崭新的内容（fresh content）。”②在柯亨看来，马克思创制的“经济结构”“生产力”和“社会形态”等新概念不仅翻转了黑格尔的历史理论的唯心主义基点，而且为合理地、明晰地解释社会历史的运动提供了一种有力的工具。柯亨为此总结道：“黑格尔对整体历史和特殊的社会形态的解读，仅仅是一种解读，一种或多或少地吸引着我们的解释。但是，马克思不仅提供了对历史和社会的一种解读，而且也是某种更严密的东西的开端。”③这充分表明，在柯亨的心目中，马克思的历史唯物主义的科学性是不言而喻的。

（2）“质料性”和“社会性”的区分。

在这部著作的第四章“社会的质料性和社会性”中，柯亨发掘出马克思在阐述自己的历史唯物主义理论时的一个重要思想，即对社会的“质料性”和“社会性”这两种不同属性的区分。这种区分是如此之重要，以至于它关系到我们能否正确地理解历史唯物主义的整个理论。

什么是“质料性”（material properties）呢？柯亨认为，按照马克思的看法，“质料性”也就是指社会和社会现象的物质基础或物质存在，它是

---

① ［英］G. A. 柯亨：《卡尔·马克思的历史理论：一个辩护》，1978 年英文版，第 26 页。（G. A. Cohen, *Karl Marx's Theory of History：A Defence*, Oxford：Clarendon Press, 1978, p.26.——编者注）

② 同上书，第 26 页。

③ 同上书，第 27 页。

事物的自然属性或事物所处的自然关系。当我们从内容的角度去看待社会和社会现象时，我们见到的正是这种"质料性"。什么是"社会性"呢？柯亨认为，在马克思那里，"社会性"指的是社会和社会现象在特殊的历史时期体现出来的特殊的社会关系，它实际上是事物的社会本质。当我们从形式的角度去看待社会和社会现象的时候，我们见到的正是这种"社会性"。

柯亨列举了马克思著作中的大量论述来说明马克思对"质料性"和"社会性"的区分。比如，马克思在《雇佣劳动与资本》一书中这样写道："黑人就是黑人。只有在一定的关系下，他才成为奴隶。纺纱机是纺棉花的机器。只有在一定的关系下，它才成为资本。脱离了这种关系，它也就不是资本了，就像黄金本身并不是货币，砂糖并不是砂糖的价格一样。"①在这里，"黑人"的质料性或自然属性就是"黑人"的有机体，只有在特殊的社会形态，即奴隶社会中，"黑人"这一有机体才成为"奴隶"，而"奴隶"这种特殊的身份也就是"黑人"在奴隶社会中的"社会性"。同样的，"纺纱机"的质料性或自然属性也就是由各种材料构成的一架机器，只有在资本主义雇佣劳动的特殊关系中，这架纺纱机才可能成为资本家手中的"资本"。于是，"资本"就构成了这架纺纱机在资本主义社会中的社会性。与此类似的是，"黄金"的质料性或自然属性不过是一种金属，只有在一定的社会形态中，如封建社会和资本主义社会中，它才能够成为"货币"。

又如，柯亨也引用了马克思在《1857—1858 年经济学手稿》中的一段重要的论述："[下面的这种说法是错误的]即从社会的立场来看，既没有奴隶，也没有市民——两者都不过是人。按照这样的说法，他们也就在社会之外了。事实上，一个人成为一个奴隶，还是成为一个市民，全都是由社会决定的，即由人 A 和人 B 之间的关系决定的。人 A 本身并不是这样的一个奴隶，他只是在社会中并因为社会才是一个奴隶……实

---

① 《马克思恩格斯选集》第 1 卷，人民出版社 1995 年版，第 344 页。

际上也只有从社会的观点看问题时，资本家和工人之间的差异才存在。"①在这里，马克思实际上区分了观察和思索社会问题的两种不同的眼光。一种是非社会的眼光，即仅仅从"质料性"或自然属性的层面上去理解社会和社会现象；另一种是社会性的眼光，即从特殊的社会形态的角度出发去观察、思索和解释一切社会现象。显然，马克思赞成的是后一种眼光，而这种眼光也正是他的历史唯物主义理论所蕴含的。

　　为了说明"质料性"和"社会性"之间的判别，柯亨自己也举了如下的例子进行说明："假定我主持一个委员会。那么，在进行一个被任命的社会过程后，我就成了主席，然而，我之所以成为主席，不是根据我的生物学特征。人们能够说，我之所以适宜于担任'主席'是从社会的观点看问题的结果。但是，这并不意味着我的有机体不是主席，它当然是。问题在于，我们需要从社会的观点出发来辨明生产资料的资本状态或一个人的奴隶状态。这并不意味着这一生产资料不是资本或这一个人不是奴隶。每一个视角揭示出物的特殊性质，但是物具有所有这些性质。"②柯亨的这段话深刻地启示我们，事物的性质是与我们观察事物的角度关联在一起的。我们越能从更多的角度去观察事物，事物也就具有更多的性质。不同的性质当然都是事物的性质，但每个不同的性质总是在人们的特定的视角中显现出来的。在柯亨看来，在所有的不同视角中，马克思最重视的是社会的视角，但马克思强调这一视角，并不意味着他要擦去社会和社会现象的"质料性"，恰恰相反，他从历史唯物主义的立场出发，十分重视这种"质料性"，全部问题在于，他反对人们只看到社会和社会现象的"质料性"，而不关注其"社会性"。事实上，撇开这种"社会性"，资本主义的本质和资本主义社会的许多神秘现象也就无法索解了。

　　在柯亨看来，马克思对"商品拜物教"（commodity fetishism）和"资本

---

　　①　［英］G. A. 柯亨：《卡尔·马克思的历史理论：一个辩护》，1978 年英文版，第 89 页。（G. A. Cohen, *Karl Marx's Theory of History：A Defence*, Oxford：Clarendon Press, 1978, p. 89.——编者注）

　　②　同上书，第 91 页。

拜物教"(capital fetishism)的批判就是他区分"质料性"和"社会性"的必然结果。马克思认为，"商品拜物教"和"资本拜物教"是人们把商品和资本的神奇特点归结为它们的"质料性"或自然属性的结果。其实，这种神奇性来源于商品和资本的"社会性"。换言之，"商品拜物教"和"资本拜物教"是资本主义社会特有的现象。一旦认识到这一点，"商品拜物教"和"资本拜物教"也就自行破解了。事实上，在这部著作中，柯亨把"拜物教"作为第五章放在第四章的后面，其用意也正在这里。

在《剩余价值学说史》中，马克思在批评庸俗经济学家把价值这一"社会性"理解为物在任何时候都具有的内在属性时，这样写道："以私人交换为基础的劳动的特征是，劳动的社会特性以扭曲的形式'显现'为物的'属性'；一种社会关系显现为物（产品、使用价值、商品）之间的关系。这种现象被我们的拜物教徒接受为真实的东西，并且他实际上也确信，物的交换价值是由物作为物的属性所决定的，即完全是由物的自然属性所决定的。"①

在柯亨看来，庸俗经济学家之所以会成为商品拜物教徒，是因为他们把物或商品的"社会性"与其"质料性"混同起来了。仿佛物本身靠自己的自然属性就会拥有自己的交换价值，就会拥有一种神奇的力量似的。

在《资本论》中，马克思也对"资本拜物教"进行了透彻的批判。马克思指出："资本并不是一个物，而是一种确定的社会生产关系，这种关系属于确定的社会历史形态，它在一个物中显现出来，并使这个物具有了特殊的社会性质。资本并不是质料和被加工过的生产资料的总和。毋宁说，资本是已经转化为资本的生产资料，生产资料本身并不是资本，就像金或银本身不是货币一样……"②在这里，需要指出的是，当物以"资本"的方式出现时，"资本"只是物的"社会性"，如果把这种"社会性"

---

① ［英］G. A. 柯亨：《卡尔·马克思的历史理论：一个辩护》，1978 年英文版，第126—127 页。（G. A. Cohen, *Karl Marx's Theory of History: A Defence*, Oxford: Clarendon Press, 1978, pp. 126-127. ——编者注）

② 同上书，第89 页。

曲解为物或生产资料和"质料性"或自然属性，从而撇开任何特定的社会形态来高谈物或生产资料作为"资本"的神奇力量，那就必定会陷进到"资本拜物教"的泥坑里去。

（3）生产力、生产关系和经济结构。

柯亨认为，在马克思的历史理论中，生产力、生产关系和经济结构是三个最基本的概念，这三者之间的关系也是根本性的关系，必须准确地加以理解。按照柯亨的看法，马克思在《政治经济学批判》"序言"中的一段话集中地说明了这三者之间的关系："人们在自己生活的社会生产中发生一定的、必然的、不以他们的意志为转移的关系，即同他们的物质生产力（productive forces）的一定发展阶段相适合的生产关系（relations of production）。这些生产关系的总和构成社会的经济结构（economic structure），即有法律的和政治的上层建筑竖立其上并有一定的社会意识形式与之相适应的现实基础。"①在马克思看来，生产力是社会发展中的根本性的因素，生产关系是在适应生产力的基础上形成和发展起来的，而全部生产关系的总和则构成经济结构。

基于马克思的上述论断，柯亨发挥道："马克思这里说的经济结构（或'现实的基础'）是由生产关系构成的。马克思没有说任何其他的因素参与了经济结构的构成。毋庸讳言，我们能够引申出这样的结论，单单生产关系就足以构成经济结构。这意味着，生产力并不是经济结构的一部分。"②也就是说，柯亨把生产力与生产关系及作为生产关系总和的经济结构严格地区分开来了。这一区分正是在肯定马克思"质料性"和"社会性"这两种属性的基础上做出来的。其实，柯亨在这部著作的"序言"中已经指出："假如人们深入马克思的思想，就会发现，生产力和生产关系之间的区分只是社会的质料性和社会性这一更一般的区分中显现出

---

① ［英］G. A. 柯亨：《卡尔·马克思的历史理论：一个辩护》，1978 年英文版，第 28 页。（G. A. Cohen, *Karl Marx's Theory of History: A Defence*, Oxford: Clarendon Press, 1978, p. 28.——编者注）

② 同上书，第 28 页。

来的特殊的情况。"①在柯亨看来，生产力体现的是社会的"质料性"，而生产关系、经济结构体现的则是社会的"社会性"。应该在这一根本性区分的基础上认识这三个概念的关系。在上述区分的基础上，柯亨还进一步列举了不能把生产力归属于生产关系或经济结构的理由：一是生产力作为"力"只是一种属性，不是一种关系；二是既然生产关系是在适应生产力发展的基础上形成起来的，而经济基础又是生产关系的总和，当然不能把生产力纳到生产关系或经济结构中去。

在做了上述分析之后，柯亨又提出了如下问题：为什么不少马克思思想的研究者会把生产力看作经济结构的一个组成部分呢？他认为，人们把经济结构看作基础性的因素，把生产力也看作基础性的因素，因而自然而然地把生产力看作经济结构的一个组成部分。问题的症结在于如何理解"基础"(basis)这个术语？柯亨非常机敏地陈述道："如果 X 是 Y 的基础，那么 Y 依赖于 X。现在，Y 所依赖的东西(即 X)可能是也可能不是 Y 的一部分。——无可争辩的是——一座房屋的基础是房屋的一部分，但是一个塑像的底座却并不是这个塑像的一部分。"②显而易见，柯亨认为，生产关系、经济结构和生产力的关系就像塑像和底座之间的关系一样：生产力是生产关系和经济结构的基础，但生产力并不包含于生产关系和经济结构之中。

在辨明生产力与生产关系及经济结构的根本区别以后，柯亨又进一步运用他的分析方法来消除围绕着这些概念产生的种种误解。我们先来看他如何消除人们对生产力概念的两个误解。一个误解是与马克思在《1857—1858 年经济学手稿》中所说的"人本身是首要的生产力"(man himself is the chief productive force)这句名言联系在一起的。③ 基于对马

---

① ［英］G. A. 柯亨：《卡尔·马克思的历史理论：一个辩护》，1978 年英文版，第 xi 页。(G. A. Cohen, *Karl Marx's Theory of History: A Defence*, Oxford: Clarendon Press, 1978, p. xi. ——编者注)

② 同上书，第 30 页。

③ 同上书，第 45 页。

克思的这一说法的误解，人们常常把"人"作为生产力的要素之一。柯亨认为，马克思所要表达的真实的意思是：人的劳动力是首要的生产力（man's labour power is the chief productive force），因为只有人的劳动力才实际地参与到生产力当中去，但并不是人以及人的一切活动都可以纳进到生产力中间去。柯亨澄清了马克思思想研究中长期以来盛行的误解，显示出柯亨在分析哲学研究中的深湛的造诣。

另一个误解是对科学与生产力关系的误解。柯亨写道："有些马克思主义者总是拒绝把科学（science）包括在生产力之中，而有些马克思主义的批评者又总是发现科学在生产力中的地位是可疑的。当然，我们并不是要证明全部科学都从属于生产力，在我们看来，只有与生产相关的部分的科学才是生产力。"①在这里，柯亨的见解是非常明确的，即他不赞成人们把科学理解为与生产力无关的因素。他强调，与生产相关的科学知识从属于生产力。那么，为什么人们看不到或怀疑科学对生产力的归属关系呢？因为人们通常把科学理解为精神性的东西，从而把它归属为上层建筑和意识形态的一部分，而生产力既然是"质料性的"，又处在与上层建筑和意识形态相对的基础性的位置上，当然不能把科学归属于生产力。柯亨认为，这样的理解方式是缺乏理据的。上层建筑是制度，科学作为知识是不可能成为上层建筑的一个组成部分的。此外，虽然意识形态和科学一样是精神性的东西，是观念，"但科学并不是意识形态，因为意识形态的一个确定性的特征是非科学的。科学可能包含着非科学的意识形态的因素，尽管如此，它还是科学，并且对生产是有用的，因而是一种生产力。科学具有生产力并不在它的意识形态中的因素"②。在这里，柯亨的分析同样是十分深入的，也是令人信服的。一方面，他肯定与生产相关的科学是一种生产力；另一方面，虽然他承认在科学中

---

① ［英］G. A. 柯亨：《卡尔·马克思的历史理论：一个辩护》，1978 年英文版，第 45 页。（G. A. Cohen, *Karl Marx's Theory of History: A Defence*, Oxford: Clarendon Press, 1978, p. 45. ——编者注）

② 同上书，第 46 页。

也可能包含意识形态的因素，但在生产过程中真正发挥作用的却不是这些意识形态的因素。这就使长期以来争论不休的科学与生产力的关系得到了清晰的说明。

我们再来看柯亨如何运用分析哲学的方法来消除人们对生产关系概念的误解。众所周知，马克思常常从财产关系或所有权关系的角度来谈论生产关系，由于财产关系或所有权关系在本质上是一种法律关系，而法律关系又是从属于上层建筑和意识形态的，这就容易形成术语上的混乱：一方面，生产关系的总和构成经济结构，即现实的基础；另一方面，生产关系作为财产关系或所有权关系似乎又应该在上层建筑的层面上加以讨论。究竟应该如何理解生产关系的本质及其地位呢？柯亨指出："生产关系是对个人和生产力的有效的权力关系（relations of effective power），不是法律的所有权的关系（relation of legal ownership）。"①在柯亨看来，"所有权"（ownership）关系到权利（rights）的问题，属于法律乃至整个上层建筑讨论的范围，而"有效的权力关系"则属于生产关系讨论的范围。虽然在现实的社会生活过程中，这种"有效的权力关系"必定会打上法律的烙印，但却绝不能因此而把生产关系划到上层建筑的范围内去。就好像社会生活中的所有一切都打着法的烙印，都可以从法的角度来论定，但却不能因此而把全部社会生活都归结为上层建筑一样。

（4）运用分析哲学的方法消除人们对经济结构概念的误解。

众所周知，"传统的马克思主义"者通常把生产方式理解为生产力和生产关系的总和。柯亨既然从"质料性"和"社会性"的两分出发，区分了生产力和生产关系，当然不主张使用生产方式这个含混的概念，更不主张人们粗率地把生产方式与作为生产关系的总和的经济结构混同起来。柯亨写道："一种生产方式（A mode of production）是不可能等同于一个经济结构的，因为一种方式是一条途径或一种样式，并不是一套关系。

---

① ［英］G. A. 柯亨：《卡尔·马克思的历史理论：一个辩护》，1978 年英文版，第 63 页。（G. A. Cohen, *Karl Marx's Theory of History：A Defence*，Oxford：Clarendon Press，1978，p. 63.——编者注）

经济结构并不是生产的一条途径，而是生产在其中进行的一个权力的框架。不管结构和方式之间存在着什么关系，它们并不是一个东西。"①在柯亨看来，对这些基本概念的内涵的明确界定，可以消除马克思历史理论中原来存在的一些不清晰的成分。

马克思的历史理论是"功能解释"理论。柯亨认为，一般说来，"传统的马克思主义"者并不主张把马克思的历史理论所蕴含的解释方式理解为"功能解释"（functional explanation）。恩格斯强调经济基础决定着上层建筑，实际上等于把经济基础的作用缩减为社会发展的起始点上的决定作用。换言之，除了在开端上经济基础的决定作用外，在其他场合下发生的都是经济基础与上层建筑之间的交互关系。这就在某种意义上软化了马克思历史理论的硬度。同样地，阿尔都塞主张"结构的因果性"（structural causality），认为人类社会在其发展的进程中各种因素共同参与了对它的决定。这样一来，在生产力、生产关系、经济基础、上层建筑这些概念中，任何一个概念都失去了自己的优先性或基础性。在柯亨看来，以这样的方式去理解马克思的历史理论，完全有可能牺牲掉这一理论的本质性内容。

柯亨主张，只有回到"功能解释"上去，才能确保马克思历史理论的锋芒不被钝化。他写道："马克思的核心解释是功能的解释，它的粗略的意思是，被解释的东西的特征是由它对解释它的东西的作用决定的。这样解释马克思主义的一个理由是，如果解释关系的方向像已经确定的那样，那么对这种关系的本性的最好的说明就是，它是一种功能性的解释。"②既然生产关系对生产力、上层建筑对经济基础存在着反作用，那么倒过来也就表明，生产力对生产关系、经济基础对上层建筑的作用是根本性和首要性的。

---

① ［英］G. A. 柯亨：《卡尔·马克思的历史理论：一个辩护》，1978 年英文版，第 79 页。（G. A. Cohen, *Karl Marx's Theory of History*: *A Defence*, Oxford: Clarendon Press, 1978, p. 79.——编者注）

② 同上书，第 278 页。

在这部著作的第六章"生产力的首要性"中，柯亨写道："在这一章中提到的首要性是指生产力对生产关系，或生产力对由生产关系构成的经济结构的首要性。这个首要性的命题在于，一组生产关系的本性是由它与之相适应的生产力的发展水平来说明的。"①在这里，与传统的马克思主义者不同，柯亨在他所坚持的"功能解释"中突出了生产力的始源性的、首要性的作用。那么，当一个社会的发展在必须改革生产关系或经济基础以发展生产力的情况下，生产力是不是还具有首要性呢？柯亨所主张的"功能解释"是否还有效呢？他的回答是这样的："经济结构促进生产力发展的这一明显的事实并不损害生产力的首要性，因为生产力是按照经济结构促进生产力发展的能力来选择经济结构的。"②也就是说，生产关系或经济结构对生产力的反作用不但不能说明生产关系或经济结构具有首要性，反而说明，相对于生产力来说，它们始终只是功能性的存在，始终是为生产力的发展服务的。

那么，这种"功能解释"有没有可能导向"经济决定论"呢？柯亨表示，他不愿意涉足决定论的问题，他要恢复的只是马克思的历史理论的本意。他从马克思的《〈政治经济学批判〉序言》和其他著作中引证了马克思的大量论述，表明马克思始终坚持生产力的首要性，坚持"功能解释"的立场和方式。

综上所述，柯亨的《卡尔·马克思的历史理论：一个辩护》是西方马克思主义发展史上的一部极为重要的理论著作。他促使人们重新去解读马克思的经典文本，并对马克思的种种表述做出严格的分析，以避免曲解马克思的基本思想。当然，这部著作也存在着一些问题，其结构上显得比较松散。柯亨完全可以把"质料性"和"社会性"的区分放到前面来论述，然后再论述其他问题，而且"质料性"和"社会性"的两分完全可以从

---

① ［英］G. A. 柯亨：《卡尔·马克思的历史理论：一个辩护》，1978 年英文版，第 134 页。（G. A. Cohen, *Karl Marx's Theory of History: A Defence*, Oxford: Clarendon Press, 1978, p. 134.——编者注）

② 同上书，第 162 页。

马克思关于商品的"使用价值"(质料性或自然属性)和"交换价值"(社会属性)的区分上开始,而马克思在《1857—1858 年经济学手稿》中强调的古代社会更重"质料性"、现代社会更重"社会性"的论述也没有引起柯亨的充分重视。此外,柯亨的"功能解释"理论如何与"经济决定论"区分开来,这是一个无法回避的问题,但恰恰是在这一重要的问题上,这部著作缺乏令人信服的说明。事实上,这部著作出版后,"功能解释"的问题引起了广泛的争论。但不管如何,这部著作无可争辩地启发我们,运用分析哲学的方法来研究马克思主义是绝对必要的,舍此,我们便无法对马克思主义的基本概念和理论获得清晰的认识。

2.《历史唯物主义的再探讨》

《历史唯物主义的再探讨》是柯亨于 1988 年出版的著作《历史、劳动和自由:来自马克思的主题》中的一部分,被罗默作为马克思的历史唯物主义探讨的重要论文收入他所主编的《分析的马克思主义的基础》一书。我们之所以选择这篇论文(确切地说是这部著作的一个片段)来探索柯亨思想的发展,主要是基于下面的原因:第一,这篇论文是在柯亨的著作《卡尔·马克思的历史理论:一个辩护》出版 10 年后撰写的,这里已经存在一个不算短暂的历史跨度;第二,这篇论文在一些本质性的维度上继续了《卡尔·马克思的历史理论:一个辩护》一书的思考,也就是说,它体现出柯亨对马克思的历史理论思考上的连贯性;第三,在柯亨的《历史、劳动和自由:来自马克思的主题》这部著作中,《历史唯物主义的再探讨》这一部分集中地体现了他对马克思的历史理论的新的批判性思索。事实上,作为"分析的马克思主义"的奠基人,柯亨的主要贡献正是在马克思的历史理论研究的领域中。在《历史唯物主义的再探讨》一文中,柯亨主要阐述了下面一些重要的观点。

(1)从"辩护"到"再探讨"。

柯亨在这篇论文中开宗明义地指出,他之所以在他以前写的关于马克思的历史理论的那部著作的书名中加入"一个辩护"(a defence)这样的字样,因为在那部著作中,他的基本立场和出发点是维护马克思的历史理论。事实上，在撰写那部著作之前，他确信马克思的历史理论是一种真理性的知识。然而，柯亨也十分坦率地承认，10年来，他的思想，包括他对马克思的历史理论的信念也正在发生变化。他写道："我并不相信历史唯物主义是错误的，但又不能以确定的方式告诉人们，马克思的历史理论是不是真理性的知识。"①这段话表明了柯亨的矛盾心理：一方面，他愿意继续确信马克思的历史理论的正确性，但另一方面，他又感觉到很难再以10年前自己做过的那种方式来为马克思进行辩护。为什么会出现这种情况呢？因为有些论述已经构成了"对历史唯物主义的强有力的挑战"（a strong challenge to historical materialism）②。在这里，柯亨实际上已经承认，他在10年前对马克思的历史理论的"澄清"（clarify）并不是完全有效的，而面对着这些"挑战"，对马克思的历史唯物主义理论的"再探讨"（reconsidering）也就变得不可避免了。

现在我们要进一步追问：10年后，当柯亨再度把自己的思维聚焦于马克思的历史理论的时候，他自己的立场有没有什么变化呢？我们知道，在《卡尔·马克思的历史理论：一个辩护》一书的扉页上，柯亨引用了S. 博恩和M. 阿谢德合著的《一个小男孩和他的房屋》一书中的一段话作为警句。这段话是这样的："因为他们全都说过——它取决于……它完全取决于……它完全取决于你生活在什么地方和不得不用什么东西来建造房屋。"③10年后，在这篇论文中，柯亨再度引证了这段话，并对《一个小男孩和他的房屋》一书的故事情节做了一个简要的介绍：一个不知名的小男孩处在无家可归的悲惨状态下。他去看他的叔叔，他叔叔同意为他找到一个可以住的地方，但世界上有各种不同的房屋，预先对其

---

① ［美］J. E. 罗默：《分析的马克思主义的基础》第1卷，1994年英文版，第67页。(John E. Roemer ed., *Foundations of Analytical Marxism Vol*. 1, Cambridge：Edward Elgar Publishing Ltd, 1994, p. 67. ——编者注)

② 同上书，第67页。

③ ［英］G. A. 柯亨：《卡尔·马克思的历史理论：一个辩护》，1978年英文版，第6页。(G. A. Cohen, *Karl Marx's Theory of History：A Defence*, Oxford：Clarendon Press，1978，p. 6. ——编者注)

中的一些房屋进行考察，从而决定自己应该住在什么样的房屋里显然是明智的。他们到九个不同的国家去参观，发现了九种不同的房屋。这个小男孩发现，这些房屋或者是缺乏吸引力的（如低矮的帐篷），或者是非常昂贵而他根本不可能住进去的。回来后，他和他叔叔一起建造了一个用红砖砌成的平房，然后邀请九个不同国家的朋友来参观，这些朋友对他们的红房子留下了深刻的印象，纷纷表示回去后也要造成这样的房屋，然而当他们回到自己的国家后，他们全都改变了自己的看法，觉得自己原来住的房屋是很便利的，而建造小红屋是不切实际的。

在10年时间里，在两部不同的著作中，柯亨都引证了《一个小男孩和他的房屋》一书中的同一段警句，那么他思考问题的立场和出发点是不是变化了呢？我们的回答是肯定的。乍看起来，这段警句是对历史唯物主义的一个很好的说明，即你对房屋的选择完全取决于你生活在什么地方和不得不用什么样的东西来建造你的房屋。事实上，柯亨自己也十分坦诚地承认，他引证这段警句就是为马克思的历史唯物主义理论进行辩护。但是，柯亨又指出，当《卡尔·马克思的历史理论：一个辩护》一书还在印刷的时候，甚至更早的时候，他已经意识到，他对这段话的理解存在着偏颇之处。他写道："当这段话从它的上下文中被抽取出来的时候，它对《卡尔·马克思的历史理论：一个辩护》这本书来说，是一段非常合适的警句。然而，当这段话在其上下文中被考察的时候，它可能构成对我们这里正在进行讨论的历史唯物主义的挑战的出发点。"①

为了弄清问题，我们必须进一步询问：为什么在其初始意义上是为历史唯物主义辩护的这段警句，同时也构成对历史唯物主义进行挑战的一个出发点呢？柯亨做了如下解释，即人们对房屋样式的选择完全取决于他们生活在什么地方和不得不用什么材料来建造自己的房屋，在这里，"他们生活在什么地方"这个说法既可以从历史唯物主义的角度加以

---

① ［美］J. E. 罗默：《分析的马克思主义的基础》第1卷，1994年英文版，第68页。(John E. Roemer ed. , *Foundations of Analytical Marxism Vol*. 1，Cambridge：Edward Elgar Publishing Ltd，1994，p. 68. ——编者注)

理解，也可以从其他的角度，如他们的自我意识、他们对自己生活传统的认同等不同的角度加以理解，而当人们从这些不同的角度去思考问题的时候，那些被历史唯物主义理论所忽略的因素就呈现出来了，它们直接构成了对历史唯物主义理论的挑战。这充分表明，在《卡尔·马克思的历史理论：一个辩护》一书出版 10 年后，柯亨探讨马克思的历史理论的立场和出发点已经发生了微妙的变化。虽然从总体上看，他对历史唯物主义理论仍然保留着自己的某种信念，但一种批判的意识已经渗透到他的思想中。

（2）马克思的哲学人类学。

在《历史唯物主义的再探讨》一文中，不但柯亨的立场和出发点发生了变化，而且其探讨的出发点也发生了变化。在他看来，对马克思的历史唯物主义理论的挑战更多地来自哲学人类学方面的思索，如上面提到的人的自我意识，特别是自我认同，就是哲学人类学研究方面的核心话题。这就自然而然地促使柯亨把自己的视角转向马克思的哲学人类学，并从马克思这方面的理论出发，向他的历史唯物主义理论迂回。

柯亨指出："马克思至少创造了四套观念，即一个哲学人类学（a philosophical anthropology），一个历史理论，一个经济理论和一个关于未来社会的见解。"①在他看来，这四套观念之间虽然存在着重大的差异，但又存在着共同点："尽管这四套观念中的每一套都有自己独特的表述方式，但每一套观念的重点都放在生产活动上，部分地由于这个原因，每套学说都是唯物主义的学说。"②柯亨认为，马克思的哲学人类学郑重强调人在本质上是创造性的存在物；马克思的历史理论把生产力的增长理解为一切其他的社会变化的原因；马克思的经济理论围绕人的劳动来展开；而马克思关于未来社会的理论则强调了个人在活动中的潜

---

① ［美］J. E. 罗默：《分析的马克思主义的基础》第 1 卷，1994 年英文版，第 71 页。(John E. Roemer ed. , *Foundations of Analytical Marxism Vol.* 1, Cambridge：Edward Elgar Publishing Ltd, 1994, p. 71. ——编者注)

② 同上书，第 71 页。

能、个人对自由的追求等等。在这四套学说中,哲学人类学起着十分重要的作用,也是柯亨在这篇论文中重点探讨的对象。

柯亨写道:"我要指责马克思的哲学人类学的是,它只强调人性中的创造性的方面,忽视了在黑格尔哲学中占主导地位的人的需要和追求。"①事实上,在《卡尔·马克思的历史理论:一个辩护》一书中,柯亨在比较马克思和黑格尔的历史理论时,已经批评马克思对人的更多的关注是人与世界的关系,而不是人与自我的关系。而在现在这篇论文中,柯亨以更直率的方式指责道:"马克思在唯物主义的方向上走得太远了。"②他认为,马克思在追随费尔巴哈批判黑格尔的唯心主义的过程中,只关注主体与客体之间的关系,却忽略了主体与自己之间的关系以及一个主体与其他主体之间的关系。然而,柯亨强调:"一个人不仅需要发展和欣赏自己的能力,也需要知道他是谁,也需要知道他的同一性如何把他与特殊的他者联系起来。"③柯亨指出,他的意思并不是说马克思完全不考虑人的自我认同的问题,而是说在马克思的整个理论框架中,这方面的思考并没有像在黑格尔那里一样,得到充分的展开,而马克思理论的追随者由于受到马克思这方面思想倾向的影响,同样对人的"自我确定的需要"(a need for self definition)缺乏相应的重视。

为了避免引起人们的误解,柯亨进一步做出了两点声明:第一,他强调人的需要,并不一定是指人对宗教、民族主义或其他类似的东西的需要,他肯定的只是人一定会有了解"我是谁"的需要;第二,他强调人对自己的理解,并没有肯定这种理解一定是正确的,实际上,人在自我理解的过程中,也会产生许多幻觉或错误的观念。他肯定的只是人有理解自己的强烈的愿望。

---

① [美]J. E. 罗默:《分析的马克思主义的基础》第 1 卷,1994 年英文版,第 72 页。(John E. Roemer ed. , *Foundations of Analytical Marxism Vol*. 1, Cambridge: Edward Elgar Publishing Ltd, 1994, p. 72. ——编者注)

② 同上书,第 72 页。

③ 同上书,第 72 页。

总之，柯亨认为，马克思的哲学人类学思想只关注人与世界的关系，不重视人的需要和追求，特别是不重视人的自我认同的内在需要，因而是片面的。在这篇论文的结论部分，他这样写道："马克思的哲学人类学是片面的。他关于人性和人的善良的观念忽视了人的自我认同的需要（the need for self identity），但对于人来说，没有任何东西比这种自我认同来得更重要了。"①而马克思哲学人类学的这种缺陷是值得深入地加以反思的。

（3）哲学人类学的片面性对历史理论的消极影响。

柯亨认为："虽然历史唯物主义和马克思的哲学人类学各自具有自己的独立性，但它们相互之间还是关联在一起的。"②在对这种关联性的考察中，柯亨特别感兴趣的是，马克思哲学人类学思想的"片面性"（one-sidedness）究竟对其历史理论造成了哪些消极的影响。他认为，这些消极的影响主要表现如下。

其一，柯亨认为，马克思哲学人类学的片面性忽视了宗教和民族主义的重要性。柯亨指出："马克思和他的追随者已经低估了像宗教和民族主义这类现象的意义，而这类现象所满足的正是人的自我认同的需要。"③在他看来，黑格尔对宗教和民族主义的现象是十分重视的，而马克思则坚持了"一种非黑格尔的人类学"（an un-Hegelian anthropology），他关注的主要是人在物质生活方面的需要，但对人在精神上、情感上的需要却没有给予足够的重视。尽管马克思在《黑格尔法哲学批判》一书中的许多论述表明，他意识到宗教是人类心灵上的一种需要，但他主要强调宗教是人的精神异化的一种方式，是人民的鸦片，这就在相当的程度上把宗教的意义弱化了。同样的，当马克思看到一个民族的文学艺术作

---

① ［美］J. E. 罗默：《分析的马克思主义的基础》第 1 卷，1994 年英文版，第 89 页。(John E. Roemer ed., *Foundations of Analytical Marxism Vol.* 1, Cambridge: Edward Elgar Publishing Ltd, 1994, p. 89.——编者注)

② 同上书，第 89 页。

③ 同上书，第 89 页。

品能够得到另一个民族的理解和欣赏时，他对文学艺术作品的世界性获得了夸大性的理解。与此相应的是，在《共产党宣言》中，马克思强调工人没有祖国，从而也过分地夸大了工人阶级的国际性，忽略了民族主义情绪对工人阶级的深刻影响，而在第一次世界大战中工人阶级的沙文主义和民族主义思想倾向的暴露，表明马克思对人民，甚至工人阶级对偏狭的民族主义认同缺乏足够的估计。

其二，柯亨认为，马克思哲学人类学的片面性导致对未来共产主义社会中人的情况的片面性描述。在马克思和恩格斯合著的《德意志意识形态》一书中，马克思这样写道："在共产主义社会中，没有专门的画家，但绝大部分人在从事其他活动的时候也从事绘画。"[1]柯亨认为，马克思的这一论述意味着：第一，在共产主义社会中，没有一个人会把自己所有的活动时间都花到绘画上去；第二，在共产主义社会中，也不存在业余的画家，因为成为一个画家就意味着对自我的一种认同，意味着一个人只进行绘画，从而与他的全面发展的存在方式发生了矛盾。所以，柯亨写道："在共产主义社会中，人们不停地绘画，但没有一个人，哪怕是在短暂的时间内具有画家的身份。"[2]柯亨为此而提出了疑问：为什么在共产主义社会中一个人不可以成为画家呢？在他看来，马克思重视的是个人能力的全面发展，但他对不同个人之间在心灵追求上的差异显然缺乏深入的体会。

其三，人们认为，马克思哲学人类学的片面性使下面这个问题成了历史唯物主义思考的盲点，即为什么人们对不同的生活方式的追求、人们赋予生活以不同的意义这样的现象难以从历史唯物主义的角度得到解释？在柯亨看来，这样的问题虽然还不足以使历史唯物主义理论变得不可信，但对于很少考虑人自身的兴趣和需要、始终把自己的考察重点放

---

① ［美］J. E. 罗默：《分析的马克思主义的基础》第 1 卷，1994 年英文版，第 76 页。(John E. Roemer ed. , *Foundations of Analytical Marxism Vol*. 1，Cambridge：Edward Elgar Publishing Ltd，1994，p. 76.——编者注)

② 同上书，第 77 页。

在人和世界关系的哲学人类学及与此有类似倾向的历史唯物主义来说，这种回答确实是有难度的，这也表明在历史唯物主义的理论中仍然包含着某些不明晰的成分。

综上所述，在《历史唯物主义的再探讨》这篇论文中，柯亨已从10年前对马克思的历史唯物主义理论的积极的"辩护"走向怀疑和批评性的思考。但从总体上来说，他既不赞成从政治方面，即从资本主义或社会主义实践的得失着手，对马克思的历史唯物主义理论做出简单的判断，也不赞成因为这一理论包含着某种不明晰性而对它全盘加以否定，他写道："我仍然确信，马克思已经做过的结论，即历史的基础性的过程是人类的生产力增长的物质过程。"①

二、W. H. 肖《马克思的历史理论》(1978)

W. H. 肖从青年时期起就对马克思的思想具有浓厚的兴趣。他曾就学于英国伦敦经济学院，于1975年获得博士学位。1978年，他出版了《马克思的历史理论》一书。从这部著作的行文风格及注释可以看出，他的思想深受分析哲学传统，尤其是柯亨的研究方法的影响。虽然他的著作与柯亨的《卡尔·马克思的历史理论：一个辩护》是在同一年出版的，但他对柯亨的著作做出了高度的评价。从1986年开始，W. H. 肖任教于圣何塞州立大学（San Jose State University），为该校哲学系主任。他的主要研究对象是"政治和社会哲学"（political and social philosophy）、"伦理学"（ethics）和"马克思"（Marx）。他还出版了《企业中的道德问题》（1988）、《穆尔论正确与错误：G. E. 穆尔的规范伦理学》（1995）、《社会的和政治的哲学》（1997）、《当代伦理学》（1998）、《解读法哲学》（2000）

---

① ［美］J. E. 罗默：《分析的马克思主义的基础》第1卷，1994年英文版，第68页。(John E. Roemer ed. , *Foundations of Analytical Marxism Vol*. 1, Cambridge：Edward Elgar Publishing Ltd，1994, p. 68. ——编者注）

等著作，在美国哲学界、伦理学界和马克思主义研究界拥有广泛的影响。下面，我们介绍 W. H. 肖的代表作《马克思的历史理论》一书中的基本观点。

这是与柯亨的《卡尔·马克思的历史理论：一个辩护》同年发表的另一部"分析的马克思主义"的重要著作，但令人感到困惑难解的是，在罗默主编的《分析的马克思主义》和《分析的马克思主义的基础》两书中均未收入 W. H. 肖的相关论著，甚至这两本论文集中的作者都未提到 W. H. 肖的名字。如前所述，罗默在论述"分析的马克思主义"的起源时，也只追溯到柯亨的上述著作和埃尔斯特的《逻辑与社会》，没有涉及 W. H. 肖的上述著作，而埃尔斯特在《理解马克思》一书中也未提到这部著作，仿佛它从来就没有存在过似的。[①] 然而，读过 W. H. 肖的《马克思的历史理论》一书的人都对它留下了深刻的印象。

这部著作除"导论"外，共五章。第一章论述生产力和生产关系概念的内涵，第二章论述马克思的技术决定论，第三章论述从资本主义到社会主义的发展问题，第四章论述了资本主义前的社会形态的发展问题，第五章是全书的结论。在这部著作中，W. H. 肖主要阐述了如下观点。

1. 聚焦马克思历史理论的意图

在《马克思的历史理论》的"导论"中，W. H. 肖开宗明义地指出："本书的意图是研究卡尔·马克思的历史理论。尽管研究马克思的文献是十分丰富的，但几乎没有什么著作以系统的和持续的方式涉及这个特殊的主题，而这种研究方式正是这样的主题所需要的。大部分介绍马克思其人和探讨其主要观念的第二手资料，并没有对马克思的那些理论信条做出令人满意的分析，而这些信条对于试图对马克思的历史理论做出

---

① 倒是 W. H. 肖在《马克思的历史理论》一书中提到了柯亨以前的一些观点。[美] W. H. 肖：《马克思的历史理论》，1978 年英文版，第 47、188 页。(W. H. Shaw, *Marx's Theory of History*, California: Stanford University Press, 1978, p. 47, p. 188. ——编者注)

令人满意的评价来说，是十分必要的。"①在对马克思的研究中，为什么对其历史理论的研究会出现这种冷落的局面呢？W. H. 肖认为，在学者们中间流行着一种观念，即指责马克思的历史理论的含义是不明确的，马克思在不同的场合下表述自己的思想时是不一致的，而学者们对马克思的历史理论的理解也存在着种种偏颇。这就造成了这一研究领域中思想的混乱。

W. H. 肖强调："尽管我以同情的态度来探讨马克思的历史理论，但我的意图并不是为它辩护或对它进行修正，毋宁说，我的意图是试图发掘马克思的理论所说的东西，阐明它的意义，揭示它的细微差别，并使它的某些内在困难凸显出来。从根本上说，我把历史唯物主义看作一种经验的、科学的理论（或者试图往这个方向努力的一种理论）。我确信，这种理解方式连马克思本人也会赞同。"②从这里我们可以看出，W. H. 肖与当时撰写《卡尔·马克思的历史理论：一个辩护》的柯亨比较起来，其立场是更为客观，也更为超脱的。

在 W. H. 肖看来，他在试图把马克思的历史理论理解为"一种经验的、科学的理论"（an empirical，scientific theory）时，肯定会遭到一些学者的反对，因为他们始终抱着这样的观点，即马克思的历史理论只能根据某种假定的哲学框架来理解和解释。这种假定的哲学框架可以是某种形而上学的观点，也可以是某种犹太—基督的末世论的世俗化的版本，也可能是一种哲学上的异化理论。W. H. 肖认为自己并不会屈从于这样的反对意见。在他看来，虽然马克思的历史理论中包含着一定的哲学见解，但撇开马克思的历史理论本身而去追寻其形而上学的或宗教的背景是徒劳无益的。他写道："一种鲜明的经验的理论能够（而且确实必须）与它的形而上学的背景或其作者的非经验的信念分离开来加以评价。如果这种理论在科学上是不可靠的，那么这种理论在哲学上的体现同样是

---

① ［美］W. H. 肖：《马克思的历史理论》，1978 年英文版，第 1 页。（W. H. Shaw, *Marx's Theory of History*，California：Stanford University Press，1978，p. 1.——编者注）
② 同上书，第 2 页。

不可靠的，一种好的形而上学的理论是不可能补偿一种好的经验理论的。此外，如果人们发现这种理论（或它的一部分）在科学上是富有成果的，那么就可以把这种理论同它的哲学基础分离开来。当我把历史唯物主义当作一种经验的理论（因为马克思就是以这种方式提出它的）时，我承认我是从马克思观察事物视角的其他相关的、重要的方面把它抽取出来的。"①总之，在 W. H. 肖看来，他的这种把马克思的历史理论的经验的、科学的维度与哲学的、形而上学的维度分离开来的探讨方式可能会引起其他学者的批评，但实际上他注重的只是探讨问题的一个特殊的视角，而这一经验的和科学的视角也正是马克思的历史理论的根本性特征。

W. H. 肖认为，"目前只有少数人密切地关注着历史唯物主义，而这正是我现在坚持这个课题，而不从事关于马克思的其他野心勃勃的、包罗万象的课题的一个充分理由。我希望我的工作能够部分地填补这方面文献上的空白，并且鼓励其他人在这方面继续努力。然而，我并不探讨马克思的整个历史理论，我只探讨它的一个方面。我所关注的是马克思关于历史变化的一般的、基础性的模式以及提供历史统一性和推动它向前发展的那些要素。也就是说，我涉及的是经济上的动力机制，即生产力和生产关系之间的相互关系，马克思把这一动力机制理解为历史变化和进化的基础。这个论题之所以重要，正是因为历史唯物主义本身对这一特殊的动力机制给予了一种首要性的说明"②。在这里，W. H. 肖一再表明，他的意图并不是对马克思的历史理论进行泛泛的论述，而是对这一理论的基础的、核心的部分进行深入的考察和研究。那么，他这样做的深层动机又是什么呢？

W. H. 肖指出："尽管我在这里的探讨所涉及的领域并不是宽广的，然而，对于马克思的历史理论的重建（the reconstruction of Marx's theo-

---

① ［美］W. H. 肖：《马克思的历史理论》，1978 年英文版，第 3 页。（W. H. Shaw, *Marx's Theory of History*, California：Stanford University Press，1978，p. 3.——编者注）

② 同上书，第 4 页。

ry of history)来说，它却提供了一个决定性的基础。"①这就明确地告诉我们，他的深层动机是"重建马克思的历史理论"。为了达到这样的目的，也为了使读者更容易理解他的思想，W. H. 肖对自己即将展开的探索做出了以下说明和限定。

其一，他反复重申："一般说来，构成这部著作基础的一个原则是，马克思意味着他所说的东西，即没有必要按照所谓的'基础'哲学或某些词的独特的用法来解释马克思。"②这个原则无非是说，要认真地研读马克思的经典文本，尽可能地按照马克思的原意，即他的论述来阐释他的思想，而不用预设的理论框架对马克思的观点进行曲解。

其二，为了避免用语上的混乱，他主张把"马克思的历史理论"（Marx's theory of history）、"历史唯物主义"（historical materialism）和"唯物史观"（the materialist conception of history）当作同义词来使用。他还强调，他使用"马克思的历史理论"这个概念，并不意味着这一理论是一个严格的、由一系列公式组成的命题体系，也不打算在形式上把这一理论与马克思的其他思想，如辩证唯物主义分离开来，他只是从直观的层次上去理解这一理论与马克思的其他理论之间的界限。③

其三，他声明，在这部著作中，他将不参与关于"青年马克思"和"老年马克思"的关系的争论。在他看来，马克思的历史理论在他撰写《德意志意识形态》期间已经成熟，而他在这部著作中并不愿意涉及这一理论早期形成的情况，也不愿意涉及它后来的发展史。这似乎表明，他的主要探讨方法不是历史主义的，而是结构性的。④

其四，他坚持，在这部著作中只考察马克思本人的历史理论，而不考察马克思的追随者对这一理论的解释或发挥，除非在不得已的情况下

---

① ［美］W. H. 肖：《马克思的历史理论》，1978 年英文版，第 4 页。（W. H. Shaw, *Marx's Theory of History*，California：Stanford University Press，1978，p. 4.——编者注）
② 同上书，第 9 页。
③ 同上书，第 171 页。
④ 同上书，第 6 页。

才会有所涉及。他还指出，马克思与恩格斯在思想上的关系是复杂的，因而在引述恩格斯的见解时必须特别谨慎。①

其五，他断言，他将在这部著作中对马克思的历史理论做出"一个更具原教旨主义倾向的解释"（a more fundamentalist interpretation）②，而这种解释又集中表现在他对马克思的历史理论的"决定论解释"（a deterministic interpretation）③上。

2. 生产力和生产关系

W. H. 肖指出："人们为了充分地掌握历史唯物主义，就必须理解它的概念构架。'生产力'（productive forces）和'生产关系'（relations of production）这两个概念对于马克思的历史观，尤其是他的历史变化和社会进化的观念来说，是根本性的。澄清这两个概念的含义是必不可少的任务。"④

让我们先来看看，W. H. 肖是如何理解马克思的生产力概念的。他主张，人们不应该对生产力的概念做广义的解释，似乎它包含社会进行生产所必需的一切活动和因素，而应该对它做狭义的理解，即从构成直接生产过程本身所必需的因素的角度加以理解。所以，他这样写道："任何劳动过程都关涉到劳动力（labor-power）和生产资料（means of production）；这些因素将被视为构成马克思所说的'生产力'的东西。"⑤

W. H. 肖认为，在马克思那里，生产资料是生产过程中的物的因素，它又由"劳动工具"（the instruments of labor）和"劳动对象"（the object of labor）构成。在马克思看来，劳动工具和劳动对象之间的区分并不是十分严格的。在某一生产过程中作为劳动工具出现的东西，在另一

---

① ［美］W. H. 肖：《马克思的历史理论》，1978 年英文版，第 7 页。（W. H. Shaw, *Marx's Theory of History*, California: Stanford University Press, 1978, p. 7.——编者注）

② 同上书，第 6 页。

③ 同上书，第 5 页。

④ 同上书，第 9 页。

⑤ 同上书，第 10 页。

个生产过程中就可能成为劳动对象。事实上，所有的劳动工具也是作为对象被加工出来的。也就是说，只有在确定的生产过程的语境中，人们才能对劳动工具和劳动对象做出比较严格的区分。W. H. 肖还强调，一般说来，劳动工具这一概念的含义还是比较单纯的，而劳动对象则要复杂一些。按照马克思的看法，劳动对象可以分为两类：一类是自然界天然提供的劳动对象，如鱼、树木、矿藏等；另一类是被以前的劳动过滤过的对象，马克思通常称为"原料"（raw materials），并在《资本论》第 1卷中指出："一切原料都是劳动的对象，但并不是一切劳动对象都是原料。"①严格地说来，原料既可以构成生产的主要实体，也可以只是作为一种辅助的材料参加产品的形成。对这些细微的差别，都需要通过对具体的生产过程的考察来确定。

至于劳动力，作为生产过程中的能动的部分，它的确切含义又是什么呢？W. H. 肖援引了马克思在《资本论》第 1 卷中关于劳动力所下的定义："所谓劳动力或劳动的能力应该被理解为存在于人体之中的精神的和肉体的能力的总和。不管任何时候，当一个人生产任何种类的使用价值时，他都在运用这些能力。"②在马克思看来，生产过程也就是作为劳动者的人消耗自己的劳动力的过程。在这个意义上可以说，劳动力只是作为正在从事劳动的人的能力或力量而存在。正是基于马克思的上述见解，W. H. 肖强调：

其一，虽然劳动力是劳动的能力，而劳动是这种能力的具体表现，但"劳动"（labor）和"劳动力"（labor-power）这两个概念仍然应该被严格地区分开来。一方面，劳动只是一个过程，而劳动力则是作为劳动者的人所具有的力量和能力；另一方面，劳动以抽象的方式指称人的某种活动，而劳动力则是劳动过程中的不可或缺的要素之一。一个劳动者可以

---

① ［美］W. H. 肖：《马克思的历史理论》，1978 年英文版，第 12 页。（W. H. Shaw, *Marx's Theory of History*, California：Stanford University Press，1978，p. 12.——编者注）。

② 同上书，第 15 页。

出卖劳动力，但却不能出卖劳动。正是通过对这两个概念之间的差异的分析，马克思才可能揭示出剩余价值的秘密。

其二，虽然劳动力是人的力量和能力，但却不能以人去取代劳动力，从而把人作为生产力的要素之一。W. H. 肖写道："虽然人是劳动力的承担者，但属于生产力的不是人，而是劳动力。尽管只有通过人，劳动力才能进入生产过程，其结论也还是这样。"①因为在 W. H. 肖看来，人不仅仅是劳动力，还处在劳动或生产之外的各种关系和活动中。尽管人只有通过生产劳动才能生存，但人的全部存在却不能归结为生产劳动。正如法律和士兵也是确保劳动生产顺利进行的必需因素，但我们不能把法律和士兵都看作生产力的要素。当然，马克思在他的著作中的某一处曾经说过："在一切生产工具中，最强大的生产力是革命阶级本身。"②马克思的这一见解曾经引起广泛的误解。比如，卡尔·柯尔施在《卡尔·马克思》一书中就曾把革命无产阶级作为生产力的要素之一。W. H. 肖认为，马克思在这里的说法只具有夸张的、隐喻性的意义。事实上，在对生产力进行严格表述的情况下，马克思不可能采取这样的叙述方式。比如，在《德意志意识形态》一书中，马克思在提到全面革命的物质要素时，这样写道："就是说，一方面是现存的生产力，另一方面是革命群众的形成。"③在这里，马克思把"生产力"与"革命群众"严格地区分开来。

其三，强调"科学技术知识"（scientific and technological knowledge）是劳动力的一种属性。W. H. 肖指出："任何劳动过程都涉及有意识的行动者，他的意识、技能、经验和专门知识都是从事生产使用价值的劳

---

① ［美］W. H. 肖：《马克思的历史理论》，1978 年英文版，第 17 页。（W. H. Shaw, *Marx's Theory of History*, California：Stanford University Press, 1978, p. 17.——编者注）

② 同上书，第 14 页。

③ 同上书，第 15 页。

动力的一部分。科学技术知识不过代表了更高级的劳动力。"①在这里，他把与劳动生产过程直接相关的"科学技术知识"与"科学"这两个概念严格地区分开来。他不赞同波普尔把科学直接理解为一种生产力，他认为，科学知识只有借助于具体的劳动者才能进入劳动过程中。在这个意义上可以说，只有与直接的劳动过程相关联的"科学技术知识"才是劳动力的一种属性，从而才能成为一种生产力。但是，能不能把人们在劳动过程中形成的协作关系，作为一种具有技术含量的因素，引入劳动力概念的内涵，从而也引进到生产力概念中来呢？W. H. 肖的回答是否定的。他认为，协作乃是不以任何一个劳动者的意志为转移的一种社会劳动形式。但是，"这些社会形式只是关系，而这些关系并不等同于它们所关涉到的生产力。生产力和与生产关系关联在一起的技术的和社会的组织（both their technological and social organization）区分的可能性，对于马克思的理论来说，具有根本性的意义"②。

从上面的论述可以看出，W. H. 肖运用分析哲学的方法对生产力的两个要素——"生产资料"和"劳动力"概念的内涵做出了严格的界定，从而澄清了围绕生产力概念形成的种种误解。下面，让我们再来看看，W. H. 肖是如何理解马克思的生产关系概念的。他援引了马克思在《雇佣劳动与资本》中写下的一段重要的论述："为了进行生产，人们便发生一定的联系和关系；只有在这些社会联系和关系的范围内，才会有他们对自然界的关系，才会有生产。"③按照马克思的观点，没有任何生产关系作为媒介的、赤裸裸的社会生产是不存在的。人们要进行社会生产，就必定要结成一定的关系。

在 W. H. 肖看来，这种关系不仅包括人们用以改变自然界的实际的

---

① ［美］W. H. 肖：《马克思的历史理论》，1978 年英文版，第 21 页。（W. H. Shaw, *Marx's Theory of History*, California: Stanford University Press, 1978, p. 21.——编者注）。
② 同上书，第 26 页。
③ 同上书，第 28 页。

劳动关系，也包括他们用以调整他们彼此对生产力和产品之间的所有权关系。正是在这个意义上，W. H. 肖指出，马克思的生产关系概念，实际上蕴含着两种不同的关系："严格地说来，这两种关系——劳动关系和所有权关系——都包含在'生产关系'这一标题下。这两类关系虽然是可以区分的，但常常在同一行为中表现出来。因为从广义上说，'劳动'关系指的是生产中技术的、物质的或自然的方面，而'所有权'关系指的是标志着以社会的方式加以规定的特征。这可以与性交的现象加以类比。一方面，性交是一种'物质的'关系，另一方面，性交又是以私通、通奸或一夫一妻制这样的方式表现出来的社会关系。在任何类型的社会中，生产力都必定会被联结起来，或导致某些关系，而这些关系不仅包括生产中的劳动关系，而且包括生产中的所有权关系。"①

必须指出，劳动关系和所有权关系是不可分割地联系在一起的，特别是在现代社会中，一方面，任何劳动关系都不可能超越所有权的关系，即法律所规定的财产关系而被建立起来；另一方面，任何所有权的关系也不可能凭空地存在，在劳动过程中，它只能通过劳动关系来表现自己。正如马克思所说的："试图把所有权作为一种独立的关系、一个孤立的范畴、一种抽象的和永恒的观念来下定义，这只能是形而上学或法学的幻想。"②这就启示我们，不能以非此即彼的方式来看待这两种关系之间的相互关系。然而，正如 W. H. 肖所指出的，"它们之间的区别对于马克思的思想来说，具有核心的意义"③。在这里，我们发现，W. H. 肖和柯亨在对马克思历史理论的理解上存在着一种类似的洞察力。如果说，柯亨主张把社会的"质料性"和"社会性"区分开来的话，那么，W. H. 肖则主张把生产关系中的作为自然属性的"劳动关

---

① ［美］W. H. 肖：《马克思的历史理论》，1978 年英文版，第 31 页。（W. H. Shaw, *Marx's Theory of History*, California: Stanford University Press, 1978, p. 31. ——编者注）。

② 同上书，第 44 页。

③ 同上书，第 32 页。

系"和作为社会属性的"所有权关系"区分开来。在他们看来，不做出这样的区分，就无法理解马克思对资本主义社会中存在的种种神秘现象的批判。尤其是商品、货币和资本的拜物教现象，实际上都是把商品、货币和资本的自然属性与社会属性混淆起来的结果。一旦把自然属性与社会属性区分开来了，神秘的拜物教现象也就得到了合理的解释。

在上述区分的基础上，W. H. 肖进一步深入地剖析了"劳动关系"和"所有权关系"的具体内容。什么是劳动关系呢？他解答道："劳动关系是那些包含在物质对象的生产中的关系，是构成现实的生产过程，但又不同于其社会架构的关系。"①在他看来，劳动关系具有如下特征。第一，劳动关系是从生产特定的使用价值的角度着眼的，而不是从生产交换价值的角度着眼的。也就是说，当人们生产汽车、马靴等不同的商品时，他们所要结成的劳动关系是有差异的。第二，生产越是发展，生产的过程越是复杂，产品越是精细，劳动关系之间的相互联结也就越是复杂。第三，众所周知，银行业和零售业是为任何使用价值的持续生产所必需的，但这些关系不应被视为劳动关系的一部分。必须牢牢地扣住物质资料的直接生产（制造业、矿业、农业、交通运输业的）过程来理解劳动关系，不应该把那些间接的关系都纳入这个概念的范围。那么，什么是所有权关系呢？W. H. 肖写道："生产的所有权关系是调整物质生产过程中人们对生产力的控制和权利的关系。"②也就是说，所有权关系既涉及人们对生产力的权利关系，也涉及与生产过程直接相关的其他的权利关系。比如，一个人签约出卖自己的劳动力，他对自己的劳动力就有一种所有权关系。在这里，W. H. 肖同样主张，必须结合物质资料生产的直接过程来探讨所有权关系的范围，不能把企业与银行业之间的关

---

① ［美］W. H. 肖：《马克思的历史理论》，1978 年英文版，第 34 页。（W. H. Shaw, *Marx's Theory of History*, California：Stanford University Press, 1978, p. 34.——编者注）。

② 同上书，第 36—37 页。

系、生产与流通之间的关系、资本家和家中的仆人之间的关系等统统纳进到所有权的关系中。W. H. 肖认为，所有权关系也有如下特征：第一，"所有权关系不仅是人们之间的所有权关系（不论在何种历史的意义上），而且是构成劳动产品的社会分配和支配生产方式的一般运动的关系"①；第二，这里不是泛泛地讨论所有权关系，而主要是讨论生产中的所有权关系；第三，生产中的所有权关系实质上就是人们对生产力及其产品的控制关系；第四，在奴隶社会、封建社会和资本主义社会中，生产中的所有权关系是有差异的，不能抽象地加以论述，应诉诸具体的分析。

从上面的论述中可以看出，W. H. 肖对马克思的历史理论中的基本概念——生产力和生产关系的含义都做出了比较严格的界定。在他看来，马克思在使用这些概念时并没有赋予它们精确的含义，但这些概念的基本内容和相互之间的关系还是比较稳定的，因而可以用分析哲学的方式进行改造。他指出："马克思的理论之舟也许不可能永远漂浮在水面上，但它的各个部分却是相互般配的，并没有概念上的不当妨碍它继续出航。"②

3. 从生产力决定论到技术决定论

W. H. 肖认为，在对生产力和生产关系各自的含义做了深入的分析和严格的界定之后，现在有条件来探讨这两者之间的关系了。关于这个问题，在马克思历史理论的解释者那里，存在着几种不同的观点。第一种观点是生产力决定论，即在生产力与生产关系的相互作用中，生产力起着第一性的作用，而生产关系则起着第二性的作用。第二种观点是生产关系决定论，即生产关系在社会发展中起着基础性的作用：一方面，人们为了生产，就必须结成一定的生产关系，也就是说，任何生产力都

---

① ［美］W. H. 肖：《马克思的历史理论》，1978 年英文版，第 42 页。（W. H. Shaw, *Marx's Theory of History*, California: Stanford University Press, 1978, p. 42.——编者注）。

② 同上书，第 150 页。

只能在一定的生产关系中展开，在这个意义上可以说，没有生产关系，生产力本身就是不现实的；另一方面，生产关系的总和构成经济结构，而经济结构在与上层建筑的关系中也处在基础性的位置上。既然生产关系成了生产力和上层建筑之间的媒介，那么它的作用是决定性的。第三种观点是生产力和生产关系相互决定论，即两者之间的关系是可逆的，在不同的历史条件下，生产力或生产关系都有可能发挥第一性的作用。

在上面提到的三种理解方式中，究竟哪一种更契合马克思的本意呢？W. H. 肖引证了马克思的重要论述，即"人们所能达到的生产力的总和决定着社会的本性"①，指出："马克思发现，人类历史的关键在于人的生产力的发展。生产力是'一切社会组织的物质基础'；生产力的改进标志着社会的进展。"②虽然这段话的倾向已经十分明显，但有些内容仍然没有精确地传达出来。我们不妨看看 W. H. 肖的另一段论述："在我看来，这一点是确定无疑的，即马克思主张：生产力是历史中的动力性的总和以及决定性的因素，然而，正如我在前面指出过的那样，这种决定因素本性和后果并没有得到广泛的理解。"③在 W. H. 肖看来，毫无疑问，马克思的历史理论是一种"生产力决定论"（productive-force determinism）④，而这一理论最初出现在《德意志意识形态》中，后来在《〈政治经济学批判〉序言》中得到了经典性的说明。W. H. 肖认为，只要认真地解读这篇"序言"，就会发现，马克思的生产力决定论主要通过以下见解表现出来。第一，生产关系是以适应生产力的方式形成和发展起来的，渐渐地，随着生产力的发展，生产力和生产关系之间的矛盾就变得尖锐起来，而在任何情况下，这一矛盾都是按照有利于生产力发展的方式得到解决的。第二，无论哪一种社会形态，在它所能容纳的全部生产

---

① ［美］W. H. 肖：《马克思的历史理论》，1978 年英文版，第 55 页。（W. H. Shaw, *Marx's Theory of History*，California：Stanford University Press，1978，p. 55.——编者注）

② 同上书，第 55 页。

③ 同上书，第 54—55 页。

④ 同上书，第 64 页。

力发挥出来之前，它是不会灭亡的。在这里，判断一个社会形态是否具有生命力的根本标志仍然是生产力。第三，任何新的、更高的生产关系，在它的物质存在条件在旧社会的胎胞里成熟以前，是绝不会出现的。这里说的"物质存在条件"实际上也就是指新的生产力。① 因此，在W. H. 肖看来，任何不存偏见的人都会发现，马克思在《〈政治经济学批判〉序言》中以经典性的方式叙述了他的生产力决定论的思想。

在论述生产力的决定性作用时，马克思还强调，对于每一个确定的历史时期来说，生产力都是一种既定的、人们无法凭自己的主观意志加以选择的东西。在W. H. 肖看来，马克思既没有询问为什么生产力在不同的历史时期是一种既定的力量，也没有去寻求更为始源性的因素来解释生产力为什么能发挥这样的作用。普列汉诺夫继承了法国启蒙思想家的余绪，试图把地理环境理解为一种比生产力更为基础性的因素，但W. H. 肖认为，他的观点不能被看作对马克思的历史理论的准确性的解释，因为地理环境在人类发展的早期虽然起过非常重要的作用，但是它的变化太缓慢了，以致不可能把它理解为生产力发展的决定性因素。

与此相应的是，马克思历史理论的许多解释者还试图通过对"因素论"（the theory of factors）的批判和对社会发展的整体性的强调，千方百计地弱化马克思的生产力决定论。比如，拉布利奥拉和普列汉诺夫就对所谓"因素论"做过猛烈的抨击，强调了社会历史的发展乃是各个不同的领域相互之间的综合作用的结果，这实际上等于退回到马克思的生产力决定论之前去了。在这一点上，奥尔曼（Ollman）也持类似的见解。"例如，奥尔曼采纳的思想路线是：马克思把整个资本主义体系，即它所有的经济的、社会的、政治的和意识形态的方面都看作一个有机体，而并

---

① ［美］W. H. 肖：《马克思的历史理论》，1978 年英文版，第 76 页。（W. H. Shaw, *Marx's Theory of History*，California：Stanford University Press，1978，p. 76.——编者注）

没有赋予任何单一的领域以因果关系上的优先性。"①如前所述，W. H.
肖之所以把自己对马克思的历史理论的解释称为"传统的"，实际上就是
要从马克思的某些错误的解释者那里重新返回到马克思历史理论的初始
意义上去，即返回到马克思的生产力决定论上去。正是在这个意义上，
W. H. 肖写道："不管马克思的'决定论的'解释家们如何地不充分，但
他们至少强调了这一事实，即马克思确实把生产力的增长看作社会发展
的始源性的推动者。把这一点同特定的社会形式和阶级斗争联系起来，
构成了马克思的视角的独特性。"②

那么，马克思的生产力决定论的实质又是什么呢？如前所述，这一
决定论的实质不可能再到生产力的外部去寻找，比如，我们不能像普列
汉诺夫那样，到地理环境中去寻找生产力的实质或起源。在 W. H. 肖看
来，生产力的实质是内在于其自身的东西，确切地说来，也就是"技
术"。也正是在这个意义上，他把生产力决定论的实质理解为"一个技术
决定论"(a technological determinism)。然而，有趣的是，在《马克思的
历史理论》的第二章，即"马克思的技术决定论"(Marx's Technological
Determinism)这一章中，W. H. 肖没有对他上面做出的结论做任何论
证。在这一章中，甚至连"技术决定论"这个术语都是很少出现的。也许
他认为，他在前面已经阐明"科学技术知识"是生产力的要素之一，所以
在这里无须进行任何论证了。然而，"科学技术知识"和"技术"这两个概
念之间毕竟存在着差异呀！也许他认为，"技术决定论"也不过是一个常
识性的提法而已，没有必要大张旗鼓地进行论述。不管如何，当 W. H.
肖在第二章的最后部分引申出以下见解时，我们感到他多少还是有点武
断的："既然生产力为历史的进程提供了基础性的节律，可见马克思主
义的理论能够被看作对历史的'技术决定论的'说明，然而这个标记似乎

---

① ［美］W. H. 肖：《马克思的历史理论》，1978 年英文版，第 70 页。(W. H. Shaw,
Marx's Theory of History，California：Stanford University Press，1978，p. 70.——编
者注)
② 同上书，第 81 页。

包含着令人不快的含义。这是因为那些已经把马克思的理论认作是技术决定论的人们，已经对它做出不合适的解释。一般说来，这种解释由于从生产力中忽略了劳动力（技能、知识、经验）或试图把它直接用于生产力或生产关系的特殊的、个别性的变更上去，因而使马克思的理论显得令人难以置信。因为这些解释显得如此不可靠，所以，马克思的朋友们常常采纳了这样的立场，即马克思并没有真正打算把生产力当作生产关系的决定性因素。"①从这段话中，至少可以引申出以下四层意思：第一，马克思的历史理论作为生产力决定论可以进一步还原为技术决定论；第二，这种对马克思的技术决定论的解释方式并不是 W. H. 肖首创的，已经有人先于他而采纳了这样的解释方式；第三，采纳这种解释方式的人通常忽略了生产力中除"技术"之外的其他要素的作用，从而使马克思的理论变得令人难以置信；第四，这导致了马克思的朋友们对马克思的历史理论的进一步的误解。

既然把马克思的历史理论理解为技术决定论有可能会引起种种误解，那么，W. H. 肖又打算如何来修正这种见解，使之更易为人们所接受呢？令人遗憾的是，我们在这部著作中并没有找到这样的论述。

4. 对历史演化的解释

在对马克思历史理论的基本概念——生产力、生产关系及其相互作用进行深入考察的基础上，W. H. 肖进一步把马克思的生产力决定论②作为基本的理论架构引进到对历史演化的解释中。他的解释主要是在第三章"从资本主义到社会主义"和第四章"向资本主义的长征"中展开的。这两章在篇幅上几乎占到全书的一半，但他的论述却枝蔓横生，经常游

---

① ［美］W. H. 肖：《马克思的历史理论》，1978 年英文版，第 81—82 页。（W. H. Shaw, *Marx's Theory of History*, California: Stanford University Press, 1978, pp. 81-82.——编者注）

② 有趣的是，W. H. 肖并没有把自己竭力主张的"技术决定论"作为考察历史演化的基本理论架构。如果他担心这一理论架构没有普遍的解释权的话，那么他为什么又要把它提出来，并作为第二章的标题呢？如果他怕它会引起误解的话，他为什么又不对它的含义做明确的说明和限定呢？

离于自己所要论述的主题之外。

首先，W. H. 肖考察了马克思关于前资本主义社会历史演化的见解。他指出，马克思认为史前人类社会是共产主义的原始模式，但"马克思本人从未对这种早期的共产主义展开过充分的讨论"①。虽然恩格斯做过这方面的尝试，但通过他所传达出来的马克思的关于原始共产主义的思想仍然语焉不详。在《1857—1858 年经济学手稿》中，马克思提出了亚细亚的、古代的和日耳曼式的社会形态序列。W. H. 肖认为，从马克思对亚细亚生产方式所做的评论可以引申出这样的结论来，即"亚细亚生产关系阻碍了生产力的任何真正的进展；虽然它们试图和生产力保持一致，但却并不推动生产力的发展"②。这样一来，亚洲就始终处于人类文明的主流之外。就古代的生产方式而言，虽然马克思在《资本论》第 1 卷中强调："地产的历史构成罗马共和国的秘史。"③但是，W. H. 肖认为，"马克思并没有对古代世界的经济动力、它的必然的演化及它与封建主义的关系给出明晰的分析"④。就日耳曼的生产方式而言，W. H. 肖肯定："马克思和恩格斯确实强调，封建所有制是依赖于当时的生产力的。"⑤尤其是当有些研究者把征服者的暴力理解为历史演化的根本因素时，马克思指出，定居下来的征服者不可能随心所欲地建立自己的社会制度，他们也不得不使自己建立的制度适应于被征服国家的生产力的发展水平。

其次，W. H. 肖考察了马克思关于从封建主义向资本主义转化问题的相关见解。他引证了马克思和恩格斯在《共产党宣言》中的一段话："由此可见，资产阶级赖以形成的生产资料和交换手段，是在封建社会

---

① ［美］W. H. 肖：《马克思的历史理论》，1978 年英文版，第 155 页。（W. H. Shaw, *Marx's Theory of History*, California：Stanford University Press, 1978, p. 155. ——编者注）
② 同上书，第 128 页。
③ 同上书，第 129 页。
④ 同上书，第 129 页。
⑤ 同上书，第 135 页。

里造成的。在这些生产资料和交换手段发展的一定阶段上，封建社会的生产和交换在其中进行的关系……封建的所有制关系，就不再适应已经发展的生产力了。……它变成了束缚生产的桎梏。它必须被炸毁，它已经被炸毁了。"①也就是说，他也承认，马克思是从生产力决定论的角度来解释封建主义向资本主义的发展的，然而他又坚持，马克思虽然描述了从封建主义向资本主义转化的历史过程，但"他并没有提供一种从封建主义向资本主义转化的理论"②。W. H. 肖甚至还坚持，"马克思是否相信资本主义能够从非封建的社会形式中产生出来，这还是一个悬而未决的问题"③。其实，W. H. 肖并没有注意到，马克思关于俄国是否可能跨过"卡夫丁峡谷"的设想、关于印度社会向资本主义过渡的见解等，都体现了他对这一问题的深入思考和解答。

最后，W. H. 肖考察了马克思关于从资本主义到社会主义发展的相关见解。他引证了马克思在《资本论》第 3 卷中的一段话："这种（从资本主义到社会主义的）转化导源于在资本主义生产的条件下生产力的发展，导源于这一发展所采取的途径和方式。"④无疑，马克思在解释人类社会从资本主义向社会主义的转化时，仍然是从生产力决定论的立场出发的，但 W. H. 肖认为，马克思没有想到，资本主义制度也具有调整自己的生产关系与生产力的相互作用的潜能；马克思也没有想到，在社会主义的背景下，确立与生产力的发展相适应的生产关系不是一件轻而易举的事情，"现实已经表明，就解决生产力和生产关系在竞争性的资本主义中的裂痕而言，社会主义并不是必要的"⑤。从这段论述可以看出，虽然 W. H. 肖接受了马克思的生产力决定论的观念，但他

---

① ［美］W. H. 肖：《马克思的历史理论》，1978 年英文版，第 139 页。（W. H. Shaw, *Marx's Theory of History*, California: Stanford University Press, 1978, p. 139. ——编者注）

② 同上书，第 138 页。

③ 同上书，第 140—141 页。

④ 同上书，第 103 页。

⑤ 同上书，第 107 页。

并不确信社会主义有能力协调生产力与生产关系之间可能出现的裂痕和冲突。

在《马克思的历史理论》的"结论"部分中，W. H. 肖做出了如下总结："虽然在马克思的历史理论中存在着许多明显的困难，……他的许多具体的历史的叙述也已经被一个世纪来的其他探索所超越，但是现在还没有真正可以与马克思竞争的历史理论。"①从总体上看，他对马克思的评价还是比较客观的，他运用分析哲学的方法研究马克思的历史理论的基本概念的做法也为我们提供了重要的启发。当然，我们也必须指出，尽管 W. H. 肖强调自己对马克思的解释是最符合马克思的本意的，但他把马克思的历史理论理解为"生产力决定论"或"技术决定论"却是我们所不敢苟同的。

三、罗默《共产主义后的社会主义可能存在吗》(1992)

这是罗默发表于《政治与社会》第 20 卷第 3 期（1992 年 9 月）上的一篇重要论文。稍后，这篇论文又被收入罗默和巴特汉（Pranab K. Bardhan）主编的《市场社会主义：当前的争论》一书（牛津大学出版社1993 年版）中。这篇论文反映了罗默在 20 世纪 90 年代初，对马克思主义、社会主义和共产主义问题的新的思考。所谓"共产主义后的社会主义"也就是指 1991 年后的社会主义。这篇论文的中心意思是：在局部共产主义衰亡后，社会主义是否还能存在下去并获得自己的发展。与罗默1982 年出版的著作《剥削和阶级的一般理论》一样，这篇论文也侧重于从经济理论的角度出发来探索新的现实问题。在这篇重要的论文中，罗默主要论述了下面这些观念。

---

① ［美］W. H. 肖：《马克思的历史理论》，1978 年英文版，第 167 页。（W. H. Shaw, *Marx's Theory of History*, California: Stanford University Press, 1978, p. 167.——编者注）。

1. 社会主义和公有制

罗默认为，苏联共产主义模式之所以在经济上陷于失败，因为它具有以下三个特征：一是公司的公有制；二是大量商品的调配不是靠市场，而是靠中央行政管理部门；三是政治上的专政。他强调，虽然他提到了这三个特征，但他并不像西方的大多数观察家所认为的那样，只要把上面三个特征颠倒为以下三个特征——公司的私人所有制、商品的市场调配和政治上的民主，就能造就一种高效的经济。罗默写道："我自己的观点是，商品和服务的市场调配（the market allocation of goods and service）、竞争的政治（competitive politics）是必要的，但公司的私人所有制（the private ownership of firms）并不一定是必要的。"①罗默这里说的"竞争的政治"有时候也被表达为"民主的政治"（democratic politics）。他之所以经常使用"竞争的"这个词无非是想说明不同党派之间的开放式的、灵活的关系。在罗默看来，市场经济和民主政治是他和其他研究者之间的共识，但在"公司的公有制"的问题上，他却存在着不同的看法。那么，罗默究竟是如何理解共产主义、社会主义与公有制之间的关系的呢？

在他看来，公有制通常被理解为国家对公司的政策和对它们的获利的权利的控制。然而，从总体上看，它却是一个含糊的概念，社会选择理论也告诉我们，这个概念的内容几乎是很难规定的。罗默认为，他并不想回避对社会主义与公有制关系问题的思考，恰恰相反，他要对这两者的关系做出与大多数研究者不同的、批判性的思考。他指出："我发现，不把社会主义定义为其中只存在着公有制的制度，而把它定义为下面这样的制度才是有用的。在这一制度中，存在着把集中起来的利润或多或少地、平等地在全体人员中进行分配的制度性的保证（institutional

---

① ［美］J. E. 罗默：《分析的马克思主义的基础》第 2 卷，1994 年英文版，第 261 页。（John E. Roemer ed., *Foundations of Analytical Marxism Vol. 2*, Cambridge: Edward Elgar Publishing Ltd, 1994, p. 261. ——编者注）

guarantees)。"①也就是说，罗默并不主张把社会主义和公有制看作完全等同的或可以互换的概念，恰恰相反，与大多数研究者不同，他主张把社会主义与公有制分离开来进行考察，而把平等地进行分配的制度性保证理解为社会主义的本质含义。在他看来，如果公有制总是能够导致上述结果，即成为平等分配的制度性的保证的话，那么它与社会主义的含义是一致的，但很可能某些其他的财产的分配得不到这样的保证。这就告诉我们，只有当公有制的问题关涉到是否能平等地进行分配时，它才是有意义的。

按照马克思对社会主义的理解，生产资料的公有制是一个绝对必要的前提，这一见解也在社会主义者中间流行，因为他们确信，只有通过公有制，才能对获得的总收入进行公平的分配。基于这样的理解，一些社会主义国家取消了任何形式的私人所有制。这样做的结果自然导致了共产主义在经济建设上的无效和失败。但近年来，也有一些社会主义国家通过对私有权的肯定，而找到了重新激活经济的途径，也有一些社会主义者认为，这样的做法并不与社会主义的根本内涵发生冲突。这样一来，社会主义与所有制的关系问题似乎正在失去它的重要性，而它能否平等地进行分配的维度却显得越来越重要了。正是在这个意义上，罗默指出："社会主义植根于平等主义，而不是植根于被社会主义者担保为实现平等主义的手段的公有制。"②但是，罗默为什么不把社会主义定义为一个更彻底的、把整个国家的收入放在全体人员中平等地进行分配的制度呢？因为在他看来，这样的社会制度在当今时代是不可能存在的，他写道："我愿意把社会主义定义为比资本主义更平等的制度，而这种

---

① ［美］J. E. 罗默：《分析的马克思主义的基础》第 2 卷，1994 年英文版，第 261 页。(John E. Roemer ed. , *Foundations of Analytical Marxism Vol. 2*, Cambridge：Edward Elgar Publishing Ltd, 1994 , p. 261. ——编者注)

② 同上书，第 262 页。

制度在当今又是不可能存在的。"①也就是说，罗默力图把自己对社会主义的批评奠基在现实主义，而不是浪漫主义的基础上。

2. 共产主义作为经济制度在部分国家遭到失败的原因

罗默认为："虽然共产主义经济没有达到布尔什维克认为可能的那种程度的平等，但其更大的弱点是其无效性（inefficiency），尤其是在技术上的落后。"②有人可能会申辩说，1950—1970 年，有些共产主义经济模式的发展是高效的，但在这个时期以后，情况就起了急剧的变化，即使人们在考察 20 世纪 80 年代东欧和苏联的经济机制时，也不得不承认，共产主义的经济制度从总体上看仍然是低效的，甚至是无效的。

在罗默看来，共产主义的经济体制在部分国家中不能处理当代经济发展中出现的许多新的问题，而它要完成自己的目标，就不得不聘用行动者来贯彻自己的意图。但行动者都有自己的目的，他们对具体的经济事务的运作也是政府无法直接地加以控制的。事实上，共产主义经济体制在部分国家中所蕴含的物质刺激也无法使这些控制变得更为有效。正如罗默所说的："共产主义社会面临着三个委托—代理问题（three principal-agent problems）：（1）工厂或集体农场中的管理者和工人之间的关系（the manager-worker relation）；（2）计划者和管理者的关系（the planner-manager relation）；（3）公众与计划者的关系（the public-planner relation）。管理者试图使工人贯彻自己的生产计划，计划者试图使管理者贯彻计划者的计划，而在整个社会体制中，计划者应该成为为他们的主要对象，即公众尽最大努力的行动者。"③然而，罗默认为，共产主义的经济体制在部分国家中无法处理好这"三个委托—代理问题"。

罗默对共产主义经济体制中的"三个委托—代理问题"进行了深入的

① ［美］J. E. 罗默：《分析的马克思主义的基础》第 2 卷，1994 年英文版，第 262 页。(John E. Roemer ed., *Foundations of Analytical Marxism Vol. 2*, Cambridge: Edward Elgar Publishing Ltd, 1994, p. 262.——编者注)
② 同上书，第 264 页。
③ 同上书，第 263 页。

分析。首先，在管理者与工人的关系中，管理者试图投入少量的物质刺激使工人努力地工作，但这种做法不能从根本上提高工人创造财富的效率。其次，在计划者和管理者之间的关系中，计划者或政治家依赖于他们所在地区的公司所提供的收入，而公司的管理者利用这样的情况与计划者建立了讨价还价的关系，从而不可能真正地贯彻计划者提出的计划，有的学者把这种现象称为"软预算约束"（soft budget constraint）。

那么，在资本主义社会中，这"三个主要的行动者的问题"又是如何得到处理的呢？罗默认为，就管理者和工人的关系而言，几乎是同样的，解决这个问题需要运用"胡萝卜和棍棒这两者"（both the carrot and stick）。当然，罗默认为，胡萝卜更好。他强调，在资本主义公司中，一个合理的工资和晋升机制对于调动工人的积极性来说是十分重要的。就计划者和管理者的关系而言，罗默认为，在资本主义的条件下，这一关系实际上也就是股票持有者和管理者（stockholder-manager）之间的关系。管理者应该实现公司的价值，使股票持有者获得最大的利益，而当管理者做不到这一点的时候，股票持有者就会通过种种途径把这些管理者"炒鱿鱼"，更换一个高效的管理者。就公众与计划者的关系而言，罗默认为，它类似于公众与股票持有者（public-stockholder）之间的关系。但这个类比的主要着眼点是：股票持有者实际上也就是公司的所有者，他们总是被亚当·斯密所说的"看不见的手"所引导，从而间接地调节着他们和公司里的工人之间的关系。

3. 朝着市场社会主义的方向

鉴于部分国家中共产主义经济体制的失败，也鉴于资本主义体制中大量不平等现象的存在，罗默希望给"共产主义后的"当今的社会主义国家指出一条经济上的出路。他写道："我的目的是设计出一种社会主义的体制，它依靠对自己的成功的微观机制中的某些因素的运用，以它所能达到的效率的水平进行运作。"①他把这种新的经济体制称为"市场社会主义":"我提出的这种市场社会主义(the market socialism)是马克思过去认为可能的东西和布尔什维克所梦想的东西的苍白投影。"②事实上,罗默之所以提出这个新概念,主要基于这样的信念,即"任何复杂的经济,要变得合理和有效,市场是必需的"③。罗默指出,他所组织的有关"市场社会主义"的讨论主要是围绕以下四个问题来展开的:

①在一个市场社会主义的经济中,什么东西应该被计划?

②如果资源是被市场所调配的,那么计划的余地还存在吗?

③市场社会主义必须有一个股票市场吗?

④如果市场社会主义需要一个股票市场,它又如何在利润的社会分配中维持大致上的平等呢?④

罗默对这些问题逐一做了解答。他对第一个问题的回答是:"在这种经济中,投资的模式和水准(the pattern and level of investment)应该被计划。"⑤为什么呢?在罗默看来,市场对投资的吸引是通过自发的方式进行的,对投资的总体计划之所以是必要的,是因为它可以减少这种自发性所引发的消极结果,从而促进市场健康发展。他对第二问题的回答是,他和他的合作者通过对投资计划获得成功的日本经济和法国经济的研究,发现"在这样的经济中,政府能够通过调整利息比率、直接把投资的资金调配给公司和命令公司在投资商品上花费基金等措施来影响投资的进行"⑥。他对第三个问题的解答是,一谈到股票市场,人们就会提到"工人所有的公司"(worker-owned firms),并认为在南斯拉夫就

---

① [美]J. E. 罗默:《分析的马克思主义的基础》第 2 卷,1994 年英文版,第 276 页。(John E. Roemer ed. , *Foundations of Analytical Marxism Vol. 2*, Cambridge: Edward Elgar Publishing Ltd, 1994, p. 276.——编者注)

② 同上书,第 275 页。

③ 同上书,第 266 页。

④ 同上书,第 266 页。

⑤ 同上书,第 267 页。

⑥ 同上书,第 268 页。

存在着这样的公司。罗默坚持,这类公司在运作上无一不是低效的,在利润的分配上则无一不是不平等的。所以,在他的市场社会主义的蓝图中,他并不打算引入这样的公司,他认为,任何股份公司都应该由那些追求最大利润的管理者来管理。接着他又指出:"对于训导管理者、提供刺激促使他们把利润最大化来说,一个股票市场是不是必要的,存在着不一致的观点。"①这实际上告诉我们,一个股票市场是否需要,要视市场社会主义的不同模式而定。换言之,对于市场社会主义来说,股票市场并不一定是必要的。他对第四个问题的回答是,如果市场社会主义拥有一个股票市场的话,"我建议股票市场应该做如下的限制:市民可以自由地交换不同的共同基金投放出来的股票,但他们不能清理自己的有价证券,即把它们转化为现金"②。罗默还建议采取其他相应的措施,以缩小贫富之间的差异。

综上所述,罗默这篇论文的重大意义在于,探索了他所谓的"共产主义后"的社会主义国家存在和发展的可能性。他从平等的角度出发去解释社会主义,并提出"市场社会主义"的新口号,表明他试图把资本主义的优点(由市场配置资源和民主政治)和社会主义的优点(平等地进行分配)综合起来,为歧路亡羊中的社会主义国家指出一条新的发展道路。但从罗默的行文和见解可以看出,他对当今社会主义国家经济生活的实际运行情况缺乏深入的了解,对市场原则与社会主义原则之间的冲突也缺乏细致的分析。当然,罗默毕竟迈出了重要的一步,即强调社会主义离开市场是无法向前发展的。这正是他的理论贡献之所在。

---

① [美]J. E. 罗默:《分析的马克思主义的基础》第2卷,1994年英文版,第269页。(John E. Roemer ed.,*Foundations of Analytical Marxism Vol. 2*,Cambridge:Edward Elgar Publishing Ltd,1994,p. 269.——编者注)

② 同上书,第162页。

四、J. 埃尔斯特《马克思主义和个体主义》(1989)

埃尔斯特的这篇论文被收入 M. 达斯加尔(Marcelo Dascal)和格鲁伍加特(Ora Gruengard)主编的《知识和政治：对认识论和政治哲学之间的关系的个案研究》一书。该书于 1989 年由 Westview Press 出版。这篇论文也作为"分析的马克思主义"的代表作被收入罗默主编的《分析的马克思主义的基础》第 2 卷中。它深入地探讨了埃尔斯特在《理解马克思》一书中已经涉及的"方法论的个体主义"的问题，并把它放在一个更一般化的哲学层面上进行论述。全文的主要观点如下。

1. 马克思主义中的活的东西和死的东西

埃尔斯特认为，在马克思主义的学说中，既存在着"活的东西"(living)，又存在着"死的东西"(dead)。那么，如何对这两者进行区分呢？他写道："从马克思到现在的马克思主义思想的肌体能够被划分为三部分：第一部分是历史变化的一般理论，通常关涉到历史唯物主义；第二部分是作为一个经济的、社会的、政治的和意识形态的制度的资本主义理论；第三部分是关于共产主义的一个规范的理论，而共产主义能够简洁地被描述为一个已经克服了异化和剥削的社会。"[①]

就第一部分而言，埃尔斯特认为，历史唯物主义主要涉及生产力和生产关系、经济基础和上层建筑的关系。柯亨对第一对关系的论述做出了重要的贡献，他也希望用同样的方式去解释第二对关系，许多马克思主义的追随者也持有与柯亨类似的观点，但埃尔斯特表示他并不完全同意这样的观点。他认为，历史唯物主义的困难在于具体的运用，比如，马克思既不能清晰地说明封建主义向资本主义的过渡，也不能清晰地说

---

① ［美]J. E. 罗默：《分析的马克思主义的基础》第 2 卷，1994 年英文版，第 289 页。(John E. Roemer ed. , *Foundations of Analytical Marxism Vol. 2*, Cambridge：Edward Elgar Publishing Ltd，1994，p. 289. ——编者注)

明资本主义向共产主义的过渡。他写道："我们无法回避这样的结论，即马克思处在历史的目的论理论的支配下。生产力发展的理论是一种世俗的神正论。而运用经济基础和上层建筑的理论的尝试也由于依赖于任意的功能解释或内在的阴谋式假定的倾向的存在而变得无效了。"①

就第二部分而言，埃尔斯特认为，马克思的伟大之处在于他在经济学上的渊博学识、精湛的分析技术和对种种细节的把握，在于他对 19 世纪中期的德国、法国和英国阶级结构和政治情况的精辟分析。但是，马克思的《资本论》第 1 卷并不是严格意义上的经济分析著作，而是经济史和经济社会学的著作，马克思提出的"劳动价值理论""利润率下降的理论"等在现实的经济分析中也逐渐失去了其有效性；而他的以阶级斗争为背景的功能解释也使其政治和国家理论显得偏颇。埃尔斯特写道："马克思的政治分析作为某种方式的阶级斗争的继续，是很难令人信服的。"②

就第三部分而言，埃尔斯特指出："我确信，如果说马克思的什么观念仍然是有用的话，那么两个规范性的观念——对异化和剥削的批判——是马克思主义中绝对不可或缺的东西。"③但他又强调，马克思关于共产主义的两个观念——按需分配和人的自我实现都阐述得不清楚，且带有乌托邦的因素。

通过上述分析，埃尔斯特引申出如下结论："就马克思主义的实证的和解释的观念而言，其中有效的部分应该成为主流社会科学的一部分，其中无效的部分则应该被抛弃。"④而在他看来，下面所要讨论的马克思主义与个体主义的关系问题显然是具有重要理论意义的话题。

2. 三种不同的个体主义

在探讨马克思主义与个体主义的关系之前，我们先来看看埃尔斯特

---

① ［美］J. E. 罗默：《分析的马克思主义的基础》第 2 卷，1994 年英文版，第 290 页。(John E. Roemer ed., *Foundations of Analytical Marxism Vol. 2*, Cambridge：Edward Elgar Publishing Ltd, 1994, p. 290. ——编者注)

② 同上书，第 291 页。

③ 同上书，第 293 页。

④ 同上书，第 293 页。

关于个体主义的论述。他开宗明义地写道："个体主义既是一种认识论的态度，又是一种政治的态度。"①而他写这篇论文的意图就是要对这两种态度之间的关系及这两种态度与马克思主义的关系做一个深入的探讨。有趣的是，我们发现，在这篇篇幅并不很大的论文中，埃尔斯特提出了以下三种不同的个体主义的概念。

一是"方法论的个体主义"（methodological individualism）。我们知道，这种个体主义在《理解马克思》一书的"导论"中已经提出，在本文中则得到了更为详尽的论述。埃尔斯特认为，这个术语是奥地利学者J. 舒佩特（Joseph Schumpeter）于20世纪初创制出来的。后来，奥地利的哲学家和经济学家，如波普尔、哈耶克及他们的学生也使用了这个术语。"方法论的个体主义"在20世纪50年代一度上升为学术界讨论的热点问题。今天人们似乎对它不再关注，这也许表明，它已经得到了普遍的认可，然而，在那些把社会规范理解为"不可还原的、超个体的实体"的马克思主义者、社会学家和社会人类学家那里，这种个体主义仍然是质疑的对象。埃尔斯特指出："方法论的个体主义是这样一种主张，即所有的社会现象——事件、潮流、行为模式、制度——原则上都能按照只涉及个体（他们的特性、目的、信念和行为）的方式得到说明。此外，方法论的个体主义也主张，按照个体的方式进行解释应该优先于按照群体的方式进行解释。要言之，这种（向个体的）还原是可行的和合意的。对方法论的个体主义的否定是方法论的整体主义（methodological holism）。"②我们发现，在《理解马克思》一书中，埃尔斯特把"方法论的个体主义"与"方法论的集体主义"对立起来，而在这里，与之对立的则是"方法论的整体主义"。在他看来，这种整体主义在解释任何社会现象时注重的都是群体，并不赞成进一步把群体的活动还原为个体的行为。

---

① ［美］J. E. 罗默：《分析的马克思主义的基础》第2卷，1994年英文版，第289页。（John E. Roemer ed. , *Foundations of Analytical Marxism Vol. 2*, Cambridge：Edward Elgar Publishing Ltd，1994，p. 289. ——编者注）

② 同上书，第295页。

二是"政治的个体主义"(political individualism)。埃尔斯特写道："舒佩特把政治个体主义定义为如下观念，即'自由优先地促使个人的发展和一般的福利'。"①这一观念在后来的发展中分裂为两种不同的见解：一种见解以 M. 弗里德曼(Milton Friedman)为代表，偏重于强调自由的市场竞争和福利；另一种见解以 R. 诺齐克为代表，偏重于强调作为价值和权利本身的自由。当然，像哈耶克等更多的学者则把上述两种见解融合起来，强调个体的自由和权利的始源性和不可转让性。

三是"伦理的个体主义"(ethical individualism)。埃尔斯特指出："这是一种元伦理的观念，即伦理的理论只能按照那些在个体的层面上(不论是个体的福利、个体的权利，还是个体的自立)被定义的观念而被陈述出来。"②也就是说，"伦理的个体主义"反对用"超个体的或非个体的观念"(supra-individual or non-individual concepts)来陈述伦理学的理论和规范。

就这三种个体主义而言，埃尔斯特更关注的是前两种个体主义之间的关系。一方面，他赞同舒佩特的观点，认为这两种个体之间存在着差别。"方法论的个体主义"注重的是研究上的规范，而"政治的个体主义"注重的则是个人行为上的规范。在现实生活中，既存在着拥护"方法论的个体主义"而反对"政治的个体主义"的学者，也存在着赞成"政治的个体主义"而反对"方法论的个体主义"的学者。由此可见，这两种个体主义之间的差异是显而易见的。但另一方面，埃尔斯特也指出："不管如何，在方法论的个体主义与政治个体主义之间存在着不可否认的社会学意义上的联系。"③像波普尔、哈耶克及其追随者就既赞成"方法论的个体主义"，也赞成"政治的个体主义"。

---

① ［美］J. E. 罗默：《分析的马克思主义的基础》第 2 卷，1994 年英文版，第 300 页。(John E. Roemer ed., *Foundations of Analytical Marxism Vol. 2*, Cambridge：Edward Elgar Publishing Ltd，1994，p. 300.——编者注)

② 同上书，第 303 页。

③ 同上书，第 301 页。

3. 马克思主义与三种个体主义的关系

首先，我们来看，埃尔斯特是如何理解马克思主义和方法论的个体主义的关系的。他在论文的开头处这样写道："在很长的时间里，传统的智慧就认定，马克思主义生来就是反对政治自由主义的，从而也是反对认识论的或方法论的个体主义的。"①也就是说，马克思主义不仅对政治的个体主义取排斥的态度，对方法论的个体主义也取排斥的态度。埃尔斯特并不否认，马克思的社会历史理论深深地植根于黑格尔的方法论的整体主义，但他认为，在马克思的思想中，方法论的个体主义的闪光也时常出现，所以今人完全有责任重建马克思的方法论。他写道："在我们已经讨论的情况中，马克思对方法论的整体主义的追随确实使他严重地、无可挽回地迷失了方向。但在另一些情况下，微观基础的匮乏却是可以弥补的，尤其是马克思的阶级斗争和阶级意识的理论能够按照重视方法论的个体主义的方式被重构。"②埃尔斯特认为，马克思的《路易·波拿巴的雾月十八日》就有对个体行为及其动因的细致的分析。在强调个体和微观基础研究的必要性时，他进而指出："从更一般化的角度来看，我确信，对于今天的马克思主义者来说，这个研究项目与方法论的个体主义是无法分离的。"③

其次，我们来看，埃尔斯特是如何理解马克思主义与政治的个体主义的关系的。他写道："马克思主义与政治的个体主义的关系似乎是十分明白的。"④因为正如他在前面已经指出过的那样，政治的个体主义的一个基本特征是对市场经济和自由竞争的肯定，而传统的马克思主义者由于对市场制度抱有敌意，因而对政治的个体主义的敌意是不言而喻的。然而，在埃尔斯特看来，马克思本人似乎试图用没有剥削和异化的

---

① ［美］J. E. 罗默：《分析的马克思主义的基础》第 2 卷，1994 年英文版，第 289 页。(John E. Roemer ed., *Foundations of Analytical Marxism Vol. 2*, Cambridge: Edward Elgar Publishing Ltd, 1994, p. 289. ——编者注)

② 同上书，第 300 页。

③ 同上书，第 300 页。

④ 同上书，第 302 页。

"市场社会主义"(market socialism)来取代资本主义。从马克思对未来共产主义社会中个性的自由和个体的全面发展的肯定可以看出来，马克思本人的思想与政治的个体主义并不是不相容的，但在如何实现共产主义的问题上，马克思更多地诉诸超个体的政治理念。所以，在埃尔斯特看来，有必要从马克思主义者对政治的个体主义所采取的简单排斥的态度返回到马克思本人与政治的个体主义之间的复杂关系上，并对这一关系重新进行反思，以便揭示马克思思想中与政治的个体主义之间的"可融洽的"(compatible)关系。

最后，我们来看，埃尔斯特是如何理解马克思主义与伦理的个体主义的关系的。他指出："记住马克思以及相当一部分后来的马克思主义者赞成人们可能称为伦理的个体主义这一点，是重要的。"①在他看来，当马克思不主张把社会看作单个人的抽象物时，他实际上表达的正是一种伦理的个体主义的见解。总之，埃尔斯特希望当代马克思主义者努力发掘马克思思想中的个体主义的资源，从而促进马克思主义在新的历史条件下的复兴。

---

① ［美］J. E. 罗默：《分析的马克思主义的基础》第 2 卷，1994 年英文版，第 303 页。(John E. Roemer ed., *Foundations of Analytical Marxism Vol. 2*, Cambridge：Edward Elgar Publishing Ltd, 1994, p. 303. ——编者注)

2003年

西方马克思主义：一个新的反思^①

  20 世纪七八十年代，随着分析的马克思主义学派的兴起，西方马克思主义正在经历着一场痛苦的转变。如果说由"冷战"和 1968 年的"巴黎风暴"所提供的思想资源已经被以前的西方马克思主义者的研究文本所耗尽的话，那么，正是上面所提到的七八十年代以来的新的历史情境和格局的形成，为已经衰弱不堪的西方马克思主义的理论神经的重新兴奋注入了巨大的动力。事实上，从那个时期以来．西方马克思主义阵营中的一些前卫性的学者已经开始结合时代的特征，以全新的方式研究并阐释马克思主义了。换言之，西方马克思主义的发展已经悄悄地改弦易辙了。作为西方马克思主义的研究者，我们必须对这样的转变获得清醒的认识和准确的判断。

  首先，必须对西方马克思主义和现代西方哲学的关系进行深入的反思。在某种意义上可以说，西方马克思主义的形成与发展乃是现代西方哲学和马克思主义相互渗透、相互冲撞、相互融合的结果。然而，在以往的研究中，人们注重的只是现代西方哲学和西方马克思主义之间的外在的、形式上的关系。比如，人们常常指责西方马

---

① 载《河北学刊》2003 年第 6 期。——编者注

克思主义者用弗洛伊德的理论、存在主义的理论、实证主义的理论等去"补充"马克思主义，从而形成了"弗洛伊德的马克思主义""存在主义的马克思主义""新实证主义的马克思主义"这样的流派。这里的所谓"补充"，仅仅着眼于西方马克思主义与现代西方哲学之间的外在的关系，完全忽略了马克思主义所蕴含的广阔的理论空间和它自己在发展中的内在的思想需求。易言之，马克思主义和现代西方哲学的不同流派之间的对话与融合乃是马克思主义理论的内在诉求，而不是某个西方马克思主义者对不同理论的强行"拼接"或"补充"。这种强烈的、具有极大的宽容度的理论诉求，正表明了马克思主义学说的强大生命力。实际上，我们对现代西方哲学与西方马克思主义的反思越深入，对马克思主义学说所拥有的理论潜力的认识就越乐观；同样，我们对西方马克思主义未来的发展态势的估计就越接近其实际上的变化。

其次，必须对西方马克思主义发展中出现的"语言学转向"进行深入的反思。20世纪七八十年代分析的马克思主义学派的出现并不是偶然的，而是西方马克思主义者在现代西方哲学思潮，特别是索绪尔的语言学理论的影响下长期研究的结晶。当然，分析的马克思主义学派的形成也是马克思主义理论本身的内在诉求的实现。事实上，人们对马克思主义的研究越深入，语言分析、概念分析、结构分析也就越易上升为重大的课题。对于任何马克思主义的研究者和解释者来说。这些课题都是绕不过去的，否则就绝不可能对马克思的文本做出准确的、合理的阐发。对于当代中国的理论界来说，深入研究这些课题具有特别重大的意义。众所周知，中国的思维传统是重直观、轻论证，重综合、轻分析，重顿悟、轻逻辑的。在这样的传统下，马克思主义研究上的任何创新，都有待我们对上述课题的普遍重视。只要这种普遍的重视是缺位的，那么，我们的研究恐怕永远只能处于原地踏步的状态。

再次，必须对西方马克思主义的社会理论进行深入的反思。我们必须获得的一种清醒的认识是：古代哲学在本质上是自然哲学，当代哲学本质上是社会哲学。为什么这么说呢？因为在古代哲学家的日常生活中，自然的关系处于支配性的地位。而在当代，人、物和事的一切关系无不处于社会关系的笼罩下，在这个意义上可以说，当代哲学本质上就是社会哲学。在考察西方马克思主义这一思潮时，我们在这方面的感触尤为深刻。人所共知，西方马克思主义理论探索的根本对象是西方资本主义和东方的社会主义社会。这就启示我们，西方马克思主义今后的发展仍然会深深地依赖西方马克思主义者对新的社会现象的考察和沉思。也就是说，只有当我们自己也积极地关注这些新的社会现象的时候，我们才能更准确地理解西方马克思主义及其今后的发展态势。

最后，必须对西方马克思主义的哲学观念进行深入的反思。西方马克思主义思潮之所以能够在国际学术界产生巨大的影响，一个重要的原因就是西方马克思主义者在哲学上提出了一系列原创性的思想，正是借助于这些思想，他们对不同对象的研究才达到了前所未有的理论深度。今天，我们欲领悟西方马克思主义发展中可能出现的实质性的转向，也必须对他们的哲学观念重新进行梳理和认识，尤其是对他们的意识形态理论进行深入的探索。因为，马克思本人的理论转变正发生在《德意志意识形态》一书中。所以，在某种意义上，我们要从总体上获得对西方马克思主义的新的认识，就必须诉诸其意识形态理论。正是基于上述思考，我们组织了这次笔谈。希望借此能实质性地推进我们对西方马克思主义这一思潮的深入探索。

西方马克思主义发展中的语言学转向①

  众所周知，在现代西方哲学的发展中出现了著名的"语言学转向"（the linguistic turn），这一转向是由大陆哲学家和英美哲学家共同促成的，表明人类思想史的发展达到了新的深度。有趣的是，这一转向也出现在西方马克思主义的发展史中，它主要是通过本雅明、詹姆逊、哈贝马斯、柯亨等人的思考和著述来完成的。下面，我们就对这一贯通于西方马克思主义发展史中的"语言学转向"做一个简要的考察。

一、本雅明：三种不同的语言

  作为法兰克福学派的思想家，本雅明敏锐地意识到了语言问题在当代哲学文化思考中的重要性。在《论语言本身和人的语言》（1916）这篇早期文献中，他对语言问题做出了新的思考："在这种或那种意义上，语言总是内在于人类思想表达的所有领域。然而，语言的存在不仅仅与所有领

---

  ① 原载《河北学刊》2003 年第 6 期。收录于俞吾金：《传统重估与思想移位》，黑龙江大学出版社 2007 年版，第 25—34 页；俞吾金：《哲学随想录》，北京师范大学出版社 2016 年版，第 349—360 页。——编者注

域的人类思想表达是共存的，而且与整个大千世界是共存的。在有生命或无生命的自然界，没有任何事实或者事物不以某种方式参与语言，因为任何一种事物在本质上是传达其思想内容。"①也就是说，本雅明并不赞成这样的做法，即把语言仅仅归结为人的语言，这从他的论文标题《论语言本身和人的语言》中也可以看出来，因为他试图把"语言本身"和"人的语言"分离开来。实际上，本雅明提出了"三种语言"的理论。

第一种语言是"上帝的语言"。上帝的语言也就是上帝的思想存在，它通过《圣经》表达出来，尤其通过上帝对人和万物的创造与命名及对人的启示表达出来。本雅明写道："上帝的思想存在是语言，创造发生于词语之中，而且上帝的语言存在就是词语。"②上帝的语言特征在于，它是直接的、内在的、原创性的和无条件的，它体现了语言之为语言的纯真的精神。

第二种语言是"人类的语言"。这种语言是人类的始祖在伊甸园中偷尝禁果，从而堕落时产生出来的："堕落标志着人类词语的诞生，……语言精神真正的堕落存在于那个事实中。词语就是外在地传达一些事物，就像明显是对上帝直接的、创造性的词语——通过间接的词语——的拙劣模仿，就像是处于人与词语之间的语言快乐的亚当精神的衰败。"③相对于上帝的语言来说，人类的语言是间接的、外在的、模仿的和有限的。人类的语言靠词语来言说，因此人类通过命名所有的事物来传达自己的思想。然而，这种命名并不是没有基础的，而是以上帝创造万物为前提的。区别在于，上帝创造万物时，他的词语和万物是内在地相契合的，而人类在命名万物时，注重的却是外在的契合，所以难免会造成语言精神本身的堕落。与此同时，在人类堕落的过程中形成的人类语言也是多元的，甚至是混乱的，正如本雅明所说："人的堕落在使语言间接化的过程中，为语言的多重性奠定了基础，此后，语言混乱就会只是咫

---

① 陈永国、马海良：《本雅明文选》，中国社会科学出版社1999年版，第263页。
② 同上书，第271页。
③ 同上书，第274页。

尺之遥。"①巴比伦塔建造的失败也印证了不同语言之间存在着沟通上的困难。

第三种语言是"事物的语言"。上帝在创造万物时，也用不同的词语指称不同的事物，从而赋予事物以语言，在这个意义上，事物的语言存在也就是事物的语言。然而，在本雅明看来，"语言自身在诸事物自身中并未完全表达。这一命题有双重含义，比喻的和字面的含义：事物的语言是不完美的，它们是无声的。事物被语言的纯形式规则——声音——所否定"②。由此可见，事物的语言特征是自然的、直接的、无声的、消极的。事物的语言与人类的语言之间的差异在于，人类的语言具有声音和言说的重要特征。然而，人类滥用名称于事物的做法，在相当程度上曲解了事物的语言，"因为上帝在其创造性的词语中点化它们成形，以它们专有的名称称呼它们。然而，在人的语言中，它们被滥加名称。在人类语言与事物语言的关系中，存在着可以被粗略描述为'滥加名称'的事物——所有感伤和（从该事物的角度而言）所有刻意哑言的最深刻的语言学原因"③。这充分表明，人类的语言并没有沿着原来上帝创造万物时的意图来译介事物的语言。

综上所述，本雅明对三种不同的语言的区分，尤其是把人类的语言理解为其堕落时的伴生物，其真正的意图并不是按照《圣经》的叙事方式来重述语言问题，而是蕴含着他对现代社会和现代性的深刻的批判。这种批判没有停留在对一些琐细的思想现象的抨击上，而是深入到了思想得以表达的语言的层面上。毋庸讳言，本雅明在这方面的思考拉开了西方马克思主义发展史上语言学转向的帷幕。然而，这一转向的最强音却是在 20 世纪 80 年代才爆发出来的。

---

① 陈永国、马海良：《本雅明文选》，中国社会科学出版社 1999 年版，第 275 页。
② 同上书，第 269 页。
③ 同上书，第 276 页。

二、詹姆逊：语言的牢笼

在《语言的牢笼》(1972)中，詹姆逊对在索绪尔语言理论的影响下发展起来的俄国形式主义和法国结构主义进行了系统的、批判性的考察。

詹姆逊清醒地认识到了运用语言学分析方法的紧迫性与重要性。他指出："强调意义抑或强调语言？诉诸逻辑学说还是诉诸语言学？这两项关键性的重大的选择构成了当今英国哲学和欧陆哲学之间的巨大差异，也构成了分析语言学派或日常语言学派和几乎就在我们眼皮底下发展起来的结构主义之间的悬殊区别。"①由于英美哲学忽视了欧陆哲学在语言学方向上的新的思考，因而也就失去了考察和分析问题的新的视角和方法，而在詹姆逊看来，这个新视角和新方法具有十分重要的意义。他这样写道："以语言为模式！按语言学的逻辑把一切从头再思考一遍！奇怪的倒是过去不曾有人想到这样做，因为在构成意识和社会生活的所有因素中，语言显然在本体意义上享有某种无与伦比的优先地位，尽管其性质尚待确定。"②显而易见，语言和语言学上的分析方法之所以具有本体论意义上的优先性，是因为任何思想、理论、学说都是通过语言表达出来的，如果对语言本身的性质不甚了了，表达出来的观念怎么可能是清晰的呢？正是基于这样的考虑，詹姆逊对索绪尔、俄国形式主义和法国结构主义的学说在语言学方面的贡献做了高度的评价和批评性的思考。

首先，他努力汲取索绪尔语言理论中的合理因素。他肯定索绪尔的语言学理论不光是对传统语言学的某些教条的突破，而且是思想上的一种大解放："索绪尔的创新就在于他坚持认为语言是一个有系统的整体，

---

① ［美］弗雷德里克·詹姆逊：《语言的牢笼：马克思主义与形式》，钱佼汝、李自修译，百花洲文艺出版社 1995 年版，第 1 页。

② 同上书，序言第 2 页。

任何时刻都是完整的，不管其内部在片刻之前发生过什么变化。这就是说索绪尔提出的时间模式是一个一系列完整的系统顺时相继出现的模式，也就是说在索绪尔看来，语言永远是此时此刻的存在，每一时刻都存在着产生意义的一切可能。"①在詹姆逊看来，这种视语言为系统或整体的见解正是索绪尔的新语言学理论的前提，它所蕴含的思想资源为俄国的形式主义和法国的结构主义的发展留下了广阔的理论空间。

当然，索绪尔的理论贡献并不限于这一前提性的层面，他还提出了语言和言语、能指和所指、历时与共时等新观念，尤其是历时与共时的关系在索绪尔的语言理论中发挥着基础和核心的作用。詹姆逊甚至指出："把共时和历时加以区分这一举动是索绪尔的理论首先能够成立的唯一基础。毫无疑问，这一区分是不顾历史的，也是不符合辩证法的，因为它的基点是一种纯粹的对立，是一对永远不可能以任何形式调和在一起的绝对的对立面。然而，我们一旦承认它是一个新起点，一旦进入共时系统本身之后，我们就会发现那里的情况大不相同。"②在詹姆逊看来，从语言的共时性结构出发来考察语言，这是索绪尔的伟大创新之所在，但是，他不赞成索绪尔把共时性和历时性简单地分割开来并对立起来，"尽管索绪尔的理论中暗含的历时模式，突变的理论，能够对历史变化做出复杂的和有启发性的生动解释，但最终还是不能解决把历时和共时在同一个系统中重新结合起来这一根本问题"③。从马克思主义的思想背景出发，詹姆逊坚持主张把共时性和历时性辩证地统一起来。

其次，他努力汲取俄国形式主义文学理论中的合理因素。在詹姆逊看来，俄国形式主义者继承了索绪尔的思路，但他们主要不是在语言学，而是在文学的范围内推进了这一套思路，因此，他们把"文学性"作为他们关注的核心课题。詹姆逊认为，什克洛夫斯基的观点构成了俄国

---

① ［美］弗雷德里克·詹姆逊：《语言的牢笼：马克思主义与形式》，钱佼汝、李自修译，百花洲文艺出版社1995年版，第4页。
② 同上书，第18页。
③ 同上书，第17页。

形式主义的出发点，他"把艺术定为陌生化（ostranenie），即使事物变得陌生，使感知重新变得敏锐。这个著名的定义是一条心理法则，但伦理含义深远"①。人们在生活中已经习以为常的、通常以无意识的方式在从事着的活动、在艺术作品中被陌生化，并被表现出来时，它们会重新唤起人们对这些活动的自觉的意识，从而给人们的心灵带来巨大的震撼。显然，俄国形式主义者把艺术理解为陌生化的观点具有重要的理论意义，至少什克洛夫斯基本人是这么看的。詹姆逊写道："陌生化起到了把文学（纯文学系统）与任何其他的语言使用形式区别开来的作用。因此，它首先是使文学理论得以建立起来的先决条件。"②

毋庸讳言，陌生化概念的提出蕴含着俄国形式主义者对文学本质的深入的反思，但一方面，他们没有严格地限定陌生化这个概念的内涵和它适用的范围，以致"陌生化既可应用于感知过程本身，也可应用于表现这种感知的艺术方式。即使假定艺术的本质就是陌生化，什克洛夫斯基在其著述中也从未清楚地说明被陌生化的究竟是内容还是形式"③。另一方面，他们没有深入地思考内容和形式之间的辩证关系，"从形式主义的观点看，所有这些显而易见的内容，不论是从神学的还是从政治角度表达的，不过是文本自身那些独特的结构问题在文本的创作中不断得到解决时产生的一种视觉幻象"④。按照这样的观点，文学艺术的形式就成了一切，内容却变得无足轻重的了。这种极端性的观点显然是荒谬的。所以，俄国的形式主义理论虽然在文学和语言学的研究中产生过重大的影响，但在詹姆逊看来，它仍然没有达到马克思主义式的辩证的思考方式。

最后，他努力汲取法国结构主义语言理论中的合理因素。他不赞成

① ［美］弗雷德里克·詹姆逊：《语言的牢笼：马克思主义与形式》，钱佼汝、李自修译，百花洲文艺出版社 1995 年版，第 41 页。

② 同上书，第 42 页。

③ 同上书，第 63 页。

④ 同上书，第 74 页。

美国学术界对结构主义所采取的那种意识形态式的冷漠态度:"我个人认为,对结构主义的真正的批评需要我们钻进去对它进行深入透彻的研究,以便从另一头钻出来的时候,得出一种全然不同的、在理论上令人较为满意的哲学观点。"①

詹姆逊认为,与俄国的形式主义一样,法国的结构主义也滥觞于索绪尔的语言学理论,然而,它们在方法上存在着差别:"形式主义者最终关心的是如何以整个文学系统(语言)为背景来区别看待每一部艺术作品(言语),而结构主义则将作为语言的部分表现形式的个别单位重新融入语言,以描述整个符号系统的结构为己任。"②结构主义把马克思所说的整个上层建筑,尤其是意识形态和作为意识形态的载体的语言作为自己研究的对象,作为一种方法,结构主义也许是人们为了建立一种(类似语言的)模式理论所做的最早的、不懈的和自觉的尝试之一,其前提是一切自觉的思维活动都是在特定模式的范围之内进行的,并且从这一意义上来说,是由该模式决定的。③ 结构主义的基本假定是,整个符号系统和它所意谓的对象是同构的或者完全一致的,但学者对这个基本假定可能存在的问题却缺乏深入的反思。

在法国结构主义者中间,阿尔都塞的作用是无与伦比的,正如詹姆逊所指出的:"在建立新的结构主义模式论方面,阿尔都塞的作用比任何人都重要。"④因为他对马克思提出的基础结构与上层建筑这对矛盾进行了新的思索,从而为思想史的研究,特别是不同历史阶段的思想结构之间关系的研究打开了全新的思路。

然而,结构主义的局限性在于,一方面,它试图形成一种反人本主义的学说,从而引起了当代学者的普遍反感;另一方面,它和俄国的形

---

① [美]弗雷德里克·詹姆逊:《语言的牢笼:马克思主义与形式》,钱佼汝、李自修译,百花洲文艺出版社 1995 年版,序言第 3 页。
② 同上书,第 83 页。
③ 同上书,第 83 页。
④ 同上书,第 111—112 页。

式主义一样把形式与内容分离开来，正如詹姆逊所批评的："最好把结构主义理解为一种哲学上的形式主义，是现代哲学中无所不在的那种脱离具体内容，脱离各种能指理论的普遍趋势的极点。"①

从詹姆逊的上述论述可以看出，他既对索绪尔的语言学理论、俄国的形式主义和法国的结构主义保持清醒的批判意识，又对这些思潮的合理方面做出了充分的评价。这种对欧陆语言学思潮的积极回应正表明，涌动在西方马克思主义阵营中的语言学转向变得越来越明显了。

三、哈贝马斯：普遍语用学

在《交往与社会进化》(1976)一书中，哈贝马斯通过对当时的语言学研究的积极回应和深入思考，提出了建立普遍语用学的新设想。该书的第一章"什么是普遍语用学"充分体现出哈贝马斯在这方面的独创性思考。

哈贝马斯认为："普遍语用学的任务是确定并重建关于可能理解 (Verständigung) 的普遍条件(在其他场合，也被称为'交往的一般假设前提')，而我更喜欢用'交往行为的一般假设前提'这个说法，因为我把达到理解为目的的行为看作是最根本的东西。"②众所周知，哈贝马斯把交往看作一种符号化的相互作用，如果说交往以理解为前提的话，那么理解又以语言这种符号为媒介，所以，对交往行为理论的深入探索必定会触及语言学这块基础性的领地。

为了便于读者理解，哈贝马斯区分了语言学和语用学这两个不同的研究领域。在他看来，这一区分是实质性的，一旦存在于句子中的语言学分析与话语的语用学分析间的区别依稀难辨，普遍语用学的对象领域

---

① ［美］弗雷德里克·詹姆逊：《语言的牢笼：马克思主义与形式》，钱佼汝、李自修译，百花洲文艺出版社 1995 年版，第 163 页。

② ［德］哈贝马斯：《交往与社会进化》，张博树译，重庆出版社 1989 年版，第 1 页。

就将面临崩溃的危险。① 他告诉我们，语言学有四个分支领域：一是语法学，二是语音学，三是句法学，四是语义学。语用学可以划分为以下两个领域：一是经验语用学，研究某一种具体语言中的言语行为；二是普遍语用学，研究一般话语中的句子的规则。而普遍语用学主要是由以下三个方面构成的："三项基本的语用学功能（借助于语句显示世界中的某种东西、表达言说者的意向、建立合法的人际关系）乃是话语在特定关联域中可能具有的全部特殊功能的基础。这些一般性功能的实现要依据真实性、真诚性和正确性等有效性条件来衡量。因此，每一个言语行为都可以从相应的分析角度加以研讨。"②基于这样的考虑，哈贝马斯把人们的交往模式分为三种：一是认识型的，在言语行为上突出的是断言性，强调的是陈述内容的真实性；二是相互作用型的，在言语行为上突出的是调整性，强调的是人际关系的适宜性和正确性；三是表达型的，突出的是言语行为的表白性，强调的是言说者意向的真诚性。这样一来，通过普遍语用学概念的提出，哈贝马斯在整个语言学的研究中开辟出一个崭新的方向。正如托马斯·默伽塞所评论的："从这种语用学观点出发，可以得出这样的结论，言语必然（尽管常常是隐含地）被提出、认可，乃至于兑现'有效性要求'的任务所缠绕。"③

四、柯亨：建立分析的马克思主义

在《卡尔·马克思的历史理论：一个辩护》一书中，柯亨引入了当代语言分析哲学的方法来研究马克思主义，从而不但对马克思主义的一系列基本理论做出了新的说明，也在总体上实现了西方马克思主义发展史

---

① ［德］哈贝马斯：《交往与社会进化》，张博树译，重庆出版社 1989 年版，第 27—28 页。
② 同上书，第33页。
③ 同上书，第13页。

上的语言学转向，因为在以柯亨为代表的分析的马克思主义中，语言分析、概念分析已经成为研究马克思主义的根本性的方法。下面，我们简要地考察一下柯亨语言分析的三个著名的观点。

一是区分社会现象的"质料性"（自然存在方面的特性）和"社会性"（社会存在方面的特性）。柯亨举例说："假定我主持一个委员会，那么，在进行一个被任命的社会过程后，我就成了主席，然而，我之所以成为主席，不是根据我的生物学特征。人们能够说，我之所以适宜于担任'主席'是从社会的角度看问题的结果。但是这并不意味着我的有机体不是主席，它当然是。问题在于，我们需要从社会的观点出发来辨明生产资料的资本状态或一个人的奴隶状态。这并不意味着这一生产资料不是资本或这一个人不是奴隶。每一个视角揭示出物的一个特殊的性质，但是物具有所有这些性质。"①这段论述表明，作为委员会主席的人，既具有质料性（有机体），又具有社会性（主席职位体现的是社会关系）。在柯亨看来，马克思的历史理论的一个核心观念就是要我们在观察社会现象时，不停留在现象的质料性上，而是要注重现象的社会性。比如，商品拜物教尽管要以商品的质料性作为承担者，但它并不源自这种质料性，而是源自商品的社会性。

二是澄清生产力、生产关系和经济结构这三个概念之间的逻辑关系。人们常常认为生产力是经济结构的组成部分，柯亨写道："马克思这里说的经济结构（或'现实的基础'）是由生产关系构成的。马克思没有说任何其他的因素参与了经济结构的构成。毋庸讳言，我们能够引申出这样的结论，单单生产关系就足以构成经济结构。这意味着，生产力并不是经济结构的一部分。"②柯亨还进一步区分了马克思所使用的"人"的概念和"生产力"的概念。马克思说过，"人本身是首要的生产力"，这句

---

① ［英］柯亨：《卡尔·马克思的历史理论：一个辩护》，1978 年英文版，第 91 页。(G. A. Cohen, *Karl Marx's Theory of History: A Defence*, Oxford: Clarendon Press, 1978, p. 91.——编者注)

② 同上书，第 28 页。

话常常引起人们的误解，以至于人们直接把人当作生产力或生产力中的根本性要素。柯亨强调，当人进入生产劳动的状态时他才是生产力，而当他处于非生产劳动状态时，他并不是生产力。因此，对马克思的上述表述应当准确地被理解为："人的劳动力是首要的生产力。"①

三是提出了"功能解释"的新观念。在解释马克思关于生产力与生产关系、经济基础与上层建筑的关系时，为了表明这种关系是辩证的，人们总是习惯于把它们解释为"相互作用"或"相互决定"关系。久而久之，这两者之中哪者是实体性的，哪者是功能性的，就显得不清楚了。为了恢复马克思历史理论的真实面目，柯亨指出："马克思的核心解释是功能解释，它的粗略意思是，被解释的东西的特征是由它对解释它的东西的作用决定的。这样解释马克思主义的一个理由是，如果解释关系的方向像已经确定的那样，那么对这种关系的本性的最好说明就是，它是一种功能性的解释。"②也就是说，在生产力与生产关系的关系中，生产力永远是实体性的因素，生产关系永远是功能性的因素；而在经济基础与上层建筑的关系中，经济基础永远是实体性的因素，而上层建筑则永远是功能性的因素。这种功能解释的观念维护了马克思历史理论的唯物主义本质。

综上所述，在西方马克思主义的发展历史上，从本雅明对语言问题的重视到柯亨创立分析的马克思主义的学派，清晰地显示出一条语言学转向的弧线。当然，如果我们能对卢卡奇、霍克海默、阿多诺、阿尔都塞等人的思想进行深入研究的话，那么我们还能以更具体的方式描绘出这条弧线。此外，必须指出，西方马克思主义发展史上的语言学转向并不仅仅是对现代西方哲学中的语言学转向的简单的模仿，还是一种创造性的推进，这尤其表现在哈贝马斯的普遍语用学理论和以柯亨为代表的分析的马克思主义学派中。总之，我们应该从新的视角出发来研究西方马克思主义。

---

① ［英］柯亨：《卡尔·马克思的历史理论：一个辩护》，1978 年英文版，第 44 页。(G. A. Cohen, *Karl Marx's Theory of History：A Defence*, Oxford：Clarendon Press, 1978, p. 44. ——编者注)

② 同上书，第 278 页。

2004年

阿尔都塞意识形态理论新探①

  在探讨西方马克思主义的意识形态理论时，阿尔都塞是一个绕不过去的主题。然而，人们在研究这个主题时，着眼点往往落在《保卫马克思》和《读〈资本论〉》这两部著作上，忽略了他在20世纪70年代出版的论著，尤其是长篇论文《意识形态和意识形态国家机器》中的新见解。如果在《保卫马克思》和《读〈资本论〉》这两部著作中，阿尔都塞把意识形态理解为一种隐藏在人们思想深处的、有待破解的深层语法，那么，在70年代，他对意识形态问题的探索又获得了新的进展。这些新的进展不仅引起了国际学术界的广泛兴趣，而且成了人们在新的时代条件下反思意识形态问题的新起点。本文认为，阿尔都塞在70年代的论著中对意识形态问题研究的新贡献主要在于以下三个方面。

一、作为国家机器的意识形态

  在《意识形态和意识形态国家机器》一文中，

---

  ① 原载《江西社会科学》2004年第3期。收录于俞吾金：《传统重估与思想移位》，黑龙江大学出版社2007年版，第140—149页。——编者注

阿尔都塞提出了"意识形态国家机器"（Ideological State Apparatuses）的新概念。这一新概念很容易使我们联想起马克思曾经使用过的"国家机器"（State Apparatuses）的概念。众所周知，马克思常常把军队、警察、法庭和监狱等机构视为"国家机器"。那么，阿尔都塞提出的"意识形态国家机器"这个新概念指称的对象究竟是什么呢？他这样写道："我把意识形态国家机器称作一个确定数量的实在，它们以特殊的、专门化机构的形式出现在直接的观察者面前。在这里，我提供一份关于它们情况的经验性的表格，当然，这份表格需要详尽地进行考察、检验、更正和重组。带着这种需要所蕴含着的种种保留，我们能够把下面的机构看作意识形态国家机器（下面的排列次序并不具有特殊的意义）：宗教的意识形态国家机器（各种教会系统），教育的意识形态国家机器（各种公立的、私立的学校的系统），家庭的意识形态国家机器，法律的意识形态国家机器，政治的意识形态国家机器（政治制度，包括不同的政党），工会的意识形态国家机器，通信的意识形态国家机器（出版社、无线电、电视等），文化的意识形态国家机器（文学、艺术、体育运动等）。"[①]显然，阿尔都塞的"意识形态国家机器"所指称的对象与马克思的"国家机器"所指称的对象存在着重大的区别。为了使这一区别显得更容易理解，阿尔都塞把马克思所说的"国家机器"称为"强制性的国家机器"（the repressive State Apparatus）。当然，阿尔都塞也承认，加上"强制性的"这一定语，也并不会使这一区别变得更为明晰，因为在"意识形态国家机器"的运作过程中，同样也在一定范围和一定程度上存在着"强制性的"状态，然而，比较起来，这种"强制性的"状态仍然与马克思所说的"国家机器"运作中的"强制性"状态存在着质和量上的差别。所以，经过反复考虑，阿尔都塞还是选择了"强制性的"这个形容词作为修饰马克思所说的"国家机器"这个名词的定语。他告诉我们，在马克思的"强制性的国家机器"和他的"意识形态国家机器"之间存在着如下的差异。

---

① L. Althusser, *Essays on Ideology*, London: Verso Books, 1976, p. 17.

第一，"强制性的国家机器"是单数，即只有一个。因为军队、警察、法庭、监狱等机构，虽然看上去是复数，实际上却是受政府的统一指挥的。也就是说，它有着多样性和差异性的外观，但实际上却是单一性的；与此不同的是，"意识形态国家机器"是以复数的形式呈现出来的，"即使我们假定存在着一个由复数形式的意识形态国家机器组成的统一体，这个统一体也不是直接可见的"①。

第二，"强制性的国家机器"属于"公共领域"（public domain），它高高在上，每个人都意识到它的存在和必须服从的权威性；然而，就"意识形态国家机器"而言，它们却从属于"私人领域"（private domain），它们以不起眼的、弥散的方式存在着。事实上，在西方国家中，教会、政党、工会、家庭、一部分学校、大部分报纸、文化事业等等，都具有私人的性质，从属于私人领域。阿尔都塞认为，就"意识形态国家机器"从属于私人领域这一新见解的形成而言，人们主要得益于葛兰西，充分地认识到这一点，也就把握了西方国家政治生活的本质特征。阿尔都塞所做的结论是："私人机构完全能够作为意识形态国家机器很好地'发挥作用'，对任何一种意识形态国家机器作充分合理的分析都能证明这一点。"②

第三，"强制性的国家机器"通过"暴力"（violence）发生作用，而"意识形态国家机器"则通过"意识形态"（ideology）发生作用。人们也许会这样说，任何一种国家机器，不管是"强制性的国家机器"，还是"意识形态国家机器"，都是既通过暴力，又通过意识形态发生作用的。实际上，"强制性的国家机器"不可能完全脱离"意识形态国家机器"所制造的意识形态单独地起作用；反之，"意识形态国家机器"一旦失去了"强制性的国家机器"这一背景性的力量，它们也会丧失自己的主导性，沦为轻飘飘的东西。也就是说，"意识形态国家机器"在发生作用的过程中，始终

---

① L. Althusser, *Essays on Ideology*, London：Verso Books, 1976, p. 18.

② Ibid., p. 18.

蕴含着"强制性的国家机器"的暴力支援因素。在有些情况下，甚至某些"意识形态国家机器"本身在运作中就直接采用了暴力的方式，如学校对学生的规训、体罚、除名、挑选等等。事实上，这两种不同类型的国家机器的配合是十分默契的，在主导价值上也是基本一致的。正是在这个意义上，阿尔都塞写道："据我所知，任何阶级如果不同时对意识形态国家机器施行霸权或通过意识形态国家机器施行霸权，它就不可能长时期地掌握国家权力。"①

然而，在阿尔都塞看来，不管这两种不同类型的国家机器在发挥作用时如何相互渗透、相互贯通，从总体上看，这种差异仍然是存在的，而"意识形态国家机器"之所以常常会引起人们的迷惑，就是因为它们在绝大多数的情况下不是通过暴力的方式，而是通过意识形态，以潜移默化的方式发挥作用的。所以，阿尔都塞总结道："所有的国家机器都是既通过强制，又通过意识形态发生作用的，其差异在于，强制性的国家机器大量地、主导性地依靠强制发生作用，而意识形态国家机器则大量地、主导性地依靠意识形态发生作用。"②

在充分论述"意识形态国家机器"的主要特征的基础上，阿尔都塞又提出了"支配性的意识形态"（ruling ideology）和"支配性的意识形态国家机器"（dominant ideological State apparatus）的新概念。在阿尔都塞的理论语境中，所谓"支配性的意识形态"也就是掌握国家权力的统治阶级的意识形态，正是通过这种意识形态的协调，"强制性国家机器"与"意识形态国家机器"之间、不同的"意识形态国家机器"之间可能出现的各种裂痕乃至冲突才可能被化解。所谓"支配性的意识形态国家机器"也就是"支配性的意识形态"的主要载体。

阿尔都塞指出："在我极为宽泛地考察过的前资本主义历史时期中，极为清楚的是，存在着一个支配性的意识形态国家机器——教会（the

---

① L. Althusser, *Essays on Ideology*, London: Verso Books, 1976, p. 20.
② Ibid., p. 23.

Church），它不仅集中地发挥着宗教的功能，而且也在相当程度上发挥着教育的、'文化'的功能。"①从 16 世纪到 18 世纪的欧洲，几乎所有的意识形态方面的斗争都集中在对宗教和教会的态度上，法国大革命不光把政治权力从封建贵族手中转移到资产阶级的手中，而且也对教会这一支配性的意识形态国家机器进行了猛烈的冲击，并力图以世俗化的支配性的意识形态国家机器取而代之。

那么，这里说的世俗化的支配性的意识形态国家机器又是指什么呢？阿尔都塞的解答是这样的："我确信，在成熟的资本主义社会形态占支配地位的社会中，有一种意识形态的国家机器，作为运用强有力的政治和意识形态方面阶级斗争的手段反对旧的支配性的意识形态国家机器的一个结果，已经被确立起来了，它就是教育的意识形态机器（the educational ideological apparatus）。"②也就是说，在当今西方社会中，学校—家庭的组合已经取代了教会—家庭的组合。说得更直截了当些，当代西方社会中支配性的意识形态国家机器就是"学校"（School），正如阿尔都塞所说："事实上，在今天，教会作为支配性意识形态国家机器的角色，已经被学校所取代。"③

应该指出，在考察阿尔都塞"意识形态国家机器"的学说时，我们必须注意到，他这方面的学说是奠基于其"再生产"（reproduction）理论的基础之上的。按照阿尔都塞的观点，任何一个社会形态的延续都是通过再生产的方式表现出来的，而再生产有两个不同的侧面：一是"生产资料的再生产"（reproduction of the means of production）；二是"劳动力的再生产"（reproduction of labor-power），而"劳动力的再生产"，不光包含着对劳动者的技能方面的训练，也包含着对劳动者的全部思想意识的训练，即训练他们服从支配性的意识形态，服从掌握着政治权力的统治阶级。而在这一训练和教化的过程中，"意识形态国家机器"起着根本性的

---

① L. Althusser, *Essays on Ideology*, London：Verso Books，1976，p. 25.

② Ibid.，p. 26.

③ Ibid.，p. 31.

作用。

　　总之，阿尔都塞关于"意识形态国家机器"和"支配性的意识形态国家机器"的新概念的提出、他对传统社会中的教会和当今社会中的学校的重要性的论述，为我们深入考察意识形态问题提供了极为重要的启发。

二、作为人的本质的意识形态

　　在《意识形态和意识形态国家机器》这篇极为重要的论文中，阿尔都塞提出了一个著名的观点，即"人本质上是一种意识形态的动物"（man is an ideological animal by nature）。① 显而易见，这个表述把人与意识形态之间的本质关系提升到前所未有的高度上。不管人们承认与否，他们实际上都生活在意识形态中，或者换一种说法，人无法以非意识形态的方式来生活。那么，阿尔都塞究竟是如何来论证他自己提出的这一重要观点的呢？

　　在他看来，前面关于"意识形态国家机器"这样的提法也是表面性的，就意识形态的实质而言，意识形态的真正载体永远是人。一方面，没有作为主体而行动着的个人对意识形态的认同和贯彻，也就不可能有意识形态的存在，即使它存在着也落不到实处；另一方面，个人也不可能以超意识形态的方式来生活，实际上，个人也只有隶属于、居留于意识形态中，才可能作为主体来言说和行动，并为他人所理解和认可。正是在这个意义上，阿尔都塞说："主体的范畴是一切意识形态的构成要素，但同时我立即要补充说，只有当一切意识形态具有把具体的个体'构成为'（定义为）臣民的功能时，主体范畴才是一切意识形态的唯一构

---

　　① L. Althusser, *Essays on Ideology*, London：Verso Books，1976，p. 45.

成要素。"①众所周知，在英语中，subject 这个词具有双重含义：作为哲学范畴，它可以解释为"主体"；作为社会学意义上的角色，它又可以解释为"臣民"。乍看起来，这两种含义是正相反对的，因为"主体"试图表明的是自己的主动性和能动性，而"臣民"所要表示的则是自己的从属性和被动性。实际上，在阿尔都塞看来，这两种含义正以辩证的方式统一在个体与意识形态的关系中。

一方面，正是意识形态使个人陷入这样的幻觉，即把自己想象为自由自在的主体，仿佛自己的行为完全是由自我决定的，任何外在的因素都无法支配自己；另一方面，也正是意识形态把个人作为"臣民"加以"质询"（interpellation）或"招呼"（hailing）。比如，当一个人在街上行走时，突然有人"招呼"他，他听到了，转过了身。正是这一转身表明他是某种意识形态的"臣民"，他认同于它，归属于它，并在这种认同与归属中与他人相互识别、相互理解。

在阿尔都塞看来，这种"主体"含义与"臣民"含义的统一，最明显不过地统一在基督教的意识形态中。基督教把上帝作为唯一的、绝对的"主体"而与他的"臣民"对置起来。比如，上帝（耶和华）在云中对摩西喊道："摩西!"摩西回答道："我在这里! 我是摩西，我是您的仆人，请您说话吧，我将聆听!"于是，上帝对摩西说："我是我所是（I am that I am）。"②正是通过这样的表达方式，上帝把他自己作为"主体"与作为"臣民"的摩西和其他人区别开来并对置起来。正如"主体"需要"臣民"一样，"臣民"也需要"主体"。

当然，在阿尔都塞看来，另一种更好的解释方式是：上帝将自己变为人，因为"主体"需要把自己变为"臣民"，以便通过"臣民"的眼睛和经

① L. Althusser, *Essays on Ideology*, London：Verso Books，1976，p. 45.
② Ibid.，p. 53. 这使我们很自然地联想起马克思在《资本论》中谈到不同商品之间的价值关系时所说的话："这种反思的规定是十分奇特的。例如，这个人所以是国王，只因为其他人作为臣民同他发生关系。反过来，他们所以认为自己是臣民，是因为他是国王。"马克思：《资本论》第 1 卷，人民出版社 1975 年版，第 72 页注 21。

验，在最终审判之日，重新进入主体的怀抱，也就是说，重新返回到"主体"。阿尔都塞发挥道："让我们将这种奇妙的必然性破译为理论语言，这种必然性就是，将主体复制为臣民，并且将主体本身复制成一个臣民—主体(a subject-Subject)。"①

在著名的法国心理学家拉康的影响下，阿尔都塞把个体在意识形态中呈现出来的"主体"和"臣民"的双重角色称作为"意识形态的双重镜子—结构"(duplicate mirror-structure of ideology)。正是这一结构，展现出四种关系：把"个体"作为臣民加以质询；他们归属于这个主体；臣民与主体之间的相互识别，不同的臣民之间的相互识别，以及主体最终的自我识别；绝对保证一切确实都是这样的，也绝对保证臣民们在识别自己是谁的条件下变得循规守矩，于是，一切都变得正常了；阿门——"它就是这样的"②。从论述中可以看出，阿尔都塞极其深刻地揭示出意识形态和个体之间的深层的、辩证的关系。个人处处把自己视为"主体"并陷入自己是无限自由的幻觉中，并试图从这样的幻觉出发去理解自己和他人、自己和世界之间的关系，然而，实际上，他们始终居留于、归属于某种意识形态，并成为它的忠实的"臣民"。在阿尔都塞看来，哲学家们常常觉得自己居留于任何意识形态之外，能够以完全超脱的方式来谈论哲学问题，事实上，他们的谈论完全是抽象的，因为作为意识形态的动物，或者换一种说法，作为某种意识形态的"臣民"，他们是不可能以一种超意识形态的、中立的方式来思考、言谈和写作的。阿尔都塞暗示我们，唯有在确定的意识形态的语境中来探讨"主体"的性质和作用，并进而谈论其他的哲学问题，这些问题的解答才具有现实性。

① L. Althusser, *Essays on Ideology*, London: Verso Books, 1976, p. 54.
② Ibid., p. 55.

三、作为不变形式的意识形态

把意识形态理解为"不变形式"(immutable form)究竟是什么意思呢？这里涉及阿尔都塞在其重要论文《意识形态和意识形态国家机器》中探讨的一个基本问题，即所谓"意识形态没有历史"(Ideology has no history)的问题。

众所周知，马克思在《德意志意识形态》一书中曾有过这样的论述："我们的出发点是从事实际活动的人，而且从他们的现实生活过程中还可以描绘出这一生活过程在意识形态上的反射和反响的发展。甚至人们头脑中的模糊幻象也是他们可以通过经验来确认的、与物质前提相联系的物质生活过程的必然升华物。因此，道德、宗教、形而上学和其他意识形态，以及与它们相适应的意识形式便不再保留独立性的外观了。它们没有历史，没有发展，而发展着自己的物质生产和物质交往的人们，在改变自己的这个现实的同时也改变着自己的思维和思维的产物。"①从这段论述中可以看出，马克思说意识形态没有自己的历史，主要是指：意识形态没有自己的独立发展的历史。换言之，不同历史时期的意识形态之间并没有实质性的联系，实质性的联系只存在于不同历史时期的现实生活和在其基础上产生的意识形态之间。一旦某一历史时期的现实生活被超越了，在这一现实生活的基础上产生出来的、相应的意识形态也就灰飞烟灭，成了历史的灰烬！显而易见，马克思是在历史唯物主义理论的基础上来阐述上述见解的。那么，阿尔都塞究竟是如何理解并阐发马克思的上述见解的呢？

在阿尔都塞看来，马克思在《德意志意识形态》中提出的意识形态没有历史的见解是"一个纯粹否定性的命题"(a purely negative thesis)，它

---

① 《马克思恩格斯选集》第1卷，人民出版社1995年版，第73页。

主要包含两层意思：一是意识形态是纯粹的梦幻，是虚无；二是意识形态没有自己的独立的历史。① 尽管阿尔都塞分析的第一点包含着对马克思的原意的曲解，因为马克思并没有把意识形态看作纯粹的梦幻，既然他承认意识形态对现实生活具有某种掩蔽和扭曲的功能，那么它就具有现实性的力量，绝不是一种纯粹的梦幻。当然，阿尔都塞是从自己的视角出发来解读马克思的，这不光表现在上述见解中，也表现在他对马克思的上述命题做出了完全不同的解释。他写道："虽然我愿意为之辩护的这一命题从形式上仍然采纳了《德意志意识形态》的术语（'意识形态没有历史'），但它完全不同于《德意志意识形态》中的这一实证主义的和历史主义的命题。"②

那么，阿尔都塞究竟是如何解释"意识形态没有历史"这一命题的呢？我们知道，阿尔都塞是一个对历史主义取严厉批判态度的结构主义者，所以他不赞成马克思从纯粹否定的意义上来理解并阐述这个命题，而是把它按结构主义的方式转换为一个肯定性的命题。他这样写道："意识形态的特征在于，它像一个非历史的实在（a non-historical reality，亦即一个全部历史的实在（a omni-historical reality）一样，具有自己的结构和功能。其意义在于，结构和功能是不变的，它始终以同样的形式出现在整个历史中。也正是在这个意义上，《共产党宣言》把历史定义为阶级斗争的历史，亦即阶级社会的历史。"③在阿尔都塞看来，在有阶级的社会中，不管历史时期如何变迁，意识形态的结构和功能总是不变的。也就是说，阿尔都塞是在这个确定的意义上来解读马克思的"意识形态没有历史"的命题的。

有趣的是，阿尔都塞并没有在这样的解释中停步，他继续往前走。他认为，"意识形态没有历史"这个命题，直接关系到弗洛伊德的另一个命题，即"无意识是永恒的"，它也没有历史。只要"永恒"（eternal）的含义

---

① L. Althusser, *Essays on Ideology*, London：Verso Books，1976，p. 34.

② Ibid. , p. 34.

③ Ibid. , p. 35.

不是指超越所有的历史，而是指在整个历史过程中存在着某种不变的形式，那么就可以这么说："完全像无意识一样，意识形态是永恒的。"①

如果我们把阿尔都塞和马克思关于"意识形态没有历史"这同一个命题的含义加以比较的话，就会发现，马克思主要是从意识形态的内容上来阐发这一命题的，即随着现实生活的变迁，意识形态也在不断地发生变化，在内容上，它没有自己独立发展的历史。而阿尔都塞则主要是从形式或结构上来阐发这一命题的，即不管现实生活和社会形态如何变化，整个意识形态的结构和功能总是保持不变的，而既然它是不变的，那么它也就没有自己的历史。

综上所述，尽管阿尔都塞从结构主义的视角出发来论述意识形态理论，带有对历史观念的过度排斥，但他对"意识形态国家机器"的论述、对个体与意识形态关系的辩证的考量、对意识形态与无意识在形式上的非历史性特征的揭示，都有其独到的见解，值得我们在考察意识形态问题时慎重思考。

---

① L. Althusser, *Essays on Ideology*, London: Verso Books, 1976, p. 35.

理性在现代性现象中的四个向度[①]

——从马尔库塞的《单向度的人》说起

众所周知，马尔库塞在其名著《单向度的人》中揭露了发达工业社会的现状，即人成了单向度的人，而人的思想和理性也成了单向度的思想和理性。马尔库塞号召人们对当代资本主义制度采取"大拒绝"（the great refusal）的态度。毋庸讳言，从否定方面看，马尔库塞的见解是有积极意义的，它蕴含着对资本主义的深刻批判；但从肯定方面看，他看到的只是理性的技术性向度，却忽略了理性的公共性向度、规则性向度和超越性向度。其实，在当代发达工业社会中人和理性遭遇到的困境，应该通过对理性的四个向度的全面认识而加以克服。

一、理性的技术性向度

众所周知，在《单向度的人》这部名噪一时的研究著作中，马尔库塞试图对发达工业社会的意

---

① 原载《求是学刊》2004 年第 4 期。收录于俞吾金：《传统重估与思想移位》，"单向度的人与多向度的理性"，黑龙江大学出版社 2007 年版，第 124—131 页；俞吾金：《哲学遐思录》，北京师范大学出版社 2016 年版，第 231—239 页。——编者注

识形态和现代性现象做出自己的诊断。从行文中可以看出，马尔库塞的思想深受两位前辈学人——马克斯·韦伯和海德格尔的影响。如果说，韦伯关于"合理性"（rationality）问题的论述引起了马尔库塞的巨大兴趣，那么，海德格尔对"技术"（technology）问题的反省同样激起了他的强烈共鸣。事实上，《单向度的人》正体现出马尔库塞在现代性现象的反思中对上述两大问题的综合性思考。

马尔库塞提出的新概念是"技术的合理性"（technological rationality）。他告诉我们，在发达工业社会中，理性的观念已经发生巨大的蜕变："理性观念最近已经蜕化为技术合理性的极权主义的领地。"①与此相应的是，在发达工业社会中，技术不但已经渗透到人们的日常生活中，而且已经扩展到整个社会的统治制度和意识形态的领域内，成为一种支配性的力量："技术的合理性已经成为政治的合理性"。② 在这样的情况下，一切现代性现象都被"技术的合理性"打上了烙印，从古希腊以来就以"理性的存在物"自诩的人失去了批判和否定的能力，而只满足于对现实生活采取实证主义式的服从态度。

总之，按照马尔库塞的看法，在发达工业社会中，理性只剩下"技术的合理性"这一个向度。这个向度膨胀得如此厉害，以至于它几乎占领了整个理性的领域，唯有法兰克福学派的社会批判理论所发出的微弱的、绝望的呼声与之相抗衡。因此，马尔库塞写道："社会批判理论并不拥有能够弥合过去和未来之间裂痕的种种观念；它既不做任何承诺，也无法指示出一条成功的道路，它始终是否定性的。它依然忠实于那些不抱希望、已经并还在献身于大拒绝（the Great Refusal）的人们。"③这里流露出来的正是马尔库塞的悲观主义情绪。尽管他把社会批判理论所蕴含的否定性的理性理解为占统治地位的"技术的合理性"之外的另一种理

---

① Herbert Marcuse, *One-Dimensional Man*：*Studies in the Ideology of Advanced Industrial Society*，Boston：Beacon Press，1964，p. 123.

② Ibid.，xvi.

③ Ibid.，p. 257.

性的向度，但除了这一向度借以表现自己的空洞形式——"大拒绝"之外，马尔库塞并没有留下什么实质性的、富有积极意义的论述。

毋庸讳言，马尔库塞对发达工业社会的意识形态和现代性现象的论断显示出他在理论上的高度敏感性，然而，贯通于现代性现象中的理性是否只剩下了"技术的合理性"的向度，而差不多丧失了其他一切向度了呢？正是在这个前提性的问题上，我们和马尔库塞发生了实质性的理论分歧。诚然，我们也承认，"技术的合理性""技术理性"或"科学技术理性"乃是现代性现象中理性的一个重要向度，然而，我们认为，不可忽视的是，理性还具有另外三个重要的向度——公共性的向度、规则性的向度和超越性的向度。所以，即使在发达工业社会中，只要一个人自觉地保持着理性的上述三个向度，他就不可能蜕变为"单向度的人"，而这正是现代性的自我治疗的功能之所在。下面，我们对理性的上述三个向度逐一加以论述。

二、理性的公共性向度

如果说，"理性的技术性向度"涉及的是人与自然界之间的关系，那么，"理性的公共性向度"涉及的则是人与共同体（community）或社会（society）之间的关系。按照德国学者汉娜·阿伦特的看法，在古希腊的城邦中，已经存在着"私人领域"（private realm）和"公共领域"（public realm）。假如说，私人领域主要涉及家庭生活和隐私，那么，公共领域则涉及人人都须关心的城邦的公共事务。在城邦这种共同体的形式中，理性的公共性向度起着极为重要的作用，它总是引导人们积极地去关心城邦的公共事务，甚至为之而献身，并按照一个人关切公共领域的程度来判断他的人格的完整性。正如阿伦特所说的："如果一个人像奴隶一样，不被允许进入公共领域，或者像野蛮人那样，选择了不去建立这样一个领域的做法，那么他就不是一个完整的人。"①由此可见，古代人对公共领域以及在公共领域中发挥作用的"理性的公共性向度"是十分重视的。

　　然而，随着人类历史的发展，尤其是近代以来市民社会和民族国家的形成，以传统的血缘关系和毗邻的地域关系为基础的古代共同体逐步转变为以陌生的个人为本位的现代社会，而在以现代性现象为基本特征的现代社会中，公共领域和私人领域都处于不断弱化的过程中。阿伦特认为，"自从社会兴起，家政和家政管理方面的活动被纳入公共领域，一种不可抗拒的倾向生长起来了，那就是吞没比较古老的政治领域和私人领域，同样也吞没了新近才建立起来的亲密关系的领域，这种倾向已经成了新的领域最明显的特征之一"②。比如，在古代共同体中，劳动是属于私人领域的，可是在现代社会中，劳动却成了公共领域关切的基本主题，因为现代社会本身就是在生活过程中形成的公共组织的基础上产生和发展起来的，"社会是这样一种形式，在这种形式中，人们为了生活而不是为了其他的原因而相互依赖这一事实便获得了公共的内涵，于是，与纯粹生存相关的活动被准许出现在公共的领域中"③。在阿伦特看来，这样的变化既造成了私人领域的萎缩，也造成了公共领域，尤其是政治领域的全面衰退。而在现代社会中，公共领域的全面衰退，必然会引起"理性的公共性向度"的边缘化，而这正是极权主义兴起的重要原因之一。也就是说，要从根本上遏制极权主义的泛滥，就要把"理性的公共性向度"中心化，把公共领域在现代社会中的重要性充分地凸显出来。

　　我们知道，德国的另一位著名的思想家哈贝马斯进一步推进了阿伦特对公共领域和"理性的公共性向度"问题的思考。哈贝马斯认为："本

---

　　①　H. Arendt，*The Human Condition*. London：The University of Chicago Press，1998，p. 38.

　　②　Ibid.，p. 45.

　　③　Ibid.，p. 46.

来意义上的公共性是一种民主原则，这倒不是因为有了公共性，每个人一般都能有平等的机会表达其个人倾向、愿望和信念——意见；只有当这些个人意见通过公众批判而变成公众舆论（opinion public）时，公共性才能实现。"①也就是说，真正意义上的公共性和公共领域应当体现出来的是民主的原则，而这一原则在政治领域里得到了最集中的表达。

然而，随着当代社会中的大众传媒和大众文化的发展，阿伦特已经指出的那种私人领域和公共领域全面萎缩的倾向表现得更严重了。在哈贝马斯看来，"大众性并不等于公共性；但是没有公共性，大众性也不能长久地维持下去"②。问题的关键还在于，以政治领域为核心的、真正体现民主精神的公共领域必须得到复兴。

正如我们在前面已经指出的那样，公共领域的运作是与"理性的公共性向度"密切相关的，因此，在这个意义上，当代社会中的公共领域的复兴也有待"理性的公共性向度"的发展。这充分表明，在现代性的总体话语框架中，通过一些批判性的思想家而被意识到的"理性的公共性向度"仍然具有发挥自己作用的巨大空间。

三、理性的规则性向度

假如说，"理性的技术性向度"关注的是人如何与自然界相处，那么，"理性的规则性向度"关注的则是一个人如何与他人相处。要言之，"理性的规则性向度"关注的是：人们应该制定出什么样的规则，才能使人与人之间和谐相处。众所周知，在"理性的技术性向度"的支配下，人们的主要努力是揭示出隐藏在自然现象中的 law。我们知道，law 这个词有两种不同的含义：一为"规律"，二为"法律"。显然，我们这里只是

① ［德］哈贝马斯：《公共领域的结构转型》，曹卫东等译，学林出版社 1999 年版，第 252 页。

② 同上书，第 251 页。

在第一种含义上使用 law 这个词。事实上，law 作为自然现象的规律，是客观存在的，人们只是通过探索把它发现出来而已。与此不同的是，law 作为法律却是人们通过主观方面的努力而制定出来的，也就是说，它是人类自己的创造物。其实，law 的第二种含义属于我们这里讨论的"理性的规则性向度"。

在"理性的规则性向度"的支配下，人们的主要兴趣是制定出对每个人以及人与人之间的行为具有约束力的"规则"（rule），如政治规则、经济规则、道德规则、法律规则等等，人们谈到法律规则时，涉及的正是 law 的第二种含义。有时候，人们也使用"规范"（norm）这个词，但其基本含义则从属于 rule。

"理性的规则性向度"的重要性在古代社会中已经得到了充分的认可。不言而喻，在任何一个共同体的内部，人的行为都会受到各种制定出来的规则的约束。事实上，没有这样的约束，任何共同体都是不可能存在的。在从共同体向现代社会转型的过程中，传统的血缘关系和地域关系被打破了，"普遍物已破裂成了无限众多的个体原子，这个死亡了的精神现在成了一个平等〔原则〕，在这个平等中，所有的原子个体一律平等，都象每个个体一样，各算是一个个人（Person）"①。在个体充分离散的现代社会中，"理性的规则性向度"的重要性进一步上升。之所以出现这样的局面，道理很简单，因为没有充分有效的规则的制定以及这些规则对每个人行为的约束，社会和社会生活都是难以想象的。

虽然近代以来的哲学家，如霍布斯、洛克、休谟、卢梭、孟德斯鸠、贡斯当、托克维尔、康德、黑格尔、边沁、穆勒等，没有使用过"理性的规则性向度"这样的概念，但实际上，他们都充分肯定了理性所制定的规则对人的行为约束的可能性和必要性。黑格尔对法国革命中的"绝对自由"倾向的批评，正是为了呼唤规则理性的苏醒。在当代哲学

---

① ［德］黑格尔：《精神现象学》下卷，贺麟、王玖兴译，商务印书馆 1981 年版，第 33 页。

家，特别是哈贝马斯那里，对"理性的规则性向度"的肯定和强调更是达到了前所未有的程度。哈贝马斯从交往理性出发，吸纳了奥斯汀的"以言行事"的学说，提出了普遍语用学的理论，强调个人之间如何进行积极而有效的沟通和商谈。

所有这些都表明，在现代性的总体语境中，"理性的规则性向度"的存在和发展是可能的。它与"理性的公共性向度"一起，在不同的层面上发挥着自己的作用。如果说，"理性的公共性向度"注重的是人与共同体或社会之间的关系，那么，"理性的规则性向度"注重的则是人与人之间的关系。比较起来，后者更具有现实性和可操作性。

四、理性的超越性向度

如果说，我们上面论述的"理性的技术性向度""理性的公共性向度"和"理性的规则性向度"都是理性在经验的层面上发挥作用的话，那么，我们这里所说的"理性的超越性向度"，则指理性在超越经验的、形而上学层面上的运用。换言之，"理性的超越性向度"涉及理性在宗教信仰、哲学思考和艺术创造方面的运用。

众所周知，康德在《纯粹理性批判》的第二版序言中曾经说过："因此，我必须扬弃知识，为信仰开拓地盘。"①显然，康德这里的"知识"是指理论理性的领域，即主要与数学和自然科学相关的领域，在我们的研究语境中，主要与"理性的技术性向度"有关。与此不同的是，"信仰"则主要与宗教和以宗教为前提的道德的领域有关。在康德看来，在以现代性为导向的现代社会中，理性仅仅在经验的层面上发挥作用是不行的，还应在超越的层面上，尤其是在宗教的层面上发挥作用。

---

① Immanuel Kant, *Kritik der Reinen Vernunft* （1），Berlin：Suhrkamp Verlag，1988，s. Bxxx-xxxi.

后来，尼采在《查拉图斯特拉如是说》一书中提出了"上帝已死"的著名命题，韦伯也曾把以现代性为导向的西方社会的发展理解为一个"祛魅"（Entzauberung）的过程，而"祛魅"蕴含着对传统宗教和神秘思想的消除。然而，实际情形告诉我们，宗教之"魅"在当代社会中仍然保留着，正如荣格早已断言的那样，上帝是不可能死的，也是不会死的，因为"理性的超越性向度"是永远不可能从人类理性中被抹去的。我们也知道，在"理性的技术性向度"空前发展的当代，当技术已经把人连根拔起的时候，海德格尔的态度又是怎么样的呢？他的回答是："只还有一个上帝可以救渡我们。"①

与上述哲学家的见解不同，按照谢林的看法，在"理性的超越性向度"中，艺术之追求拥有至高无上的地位："客观世界只是精神原始的、还没有意识的诗篇；哲学的工具总论和整个大厦的拱顶石乃是艺术哲学。"②确实，艺术活动是在"理性的超越性向度"的支配下，以自己的方式，大胆地创造世界，而作为"理性的超越性向度"活动的场所之一，艺术世界在人类的整个生活中也始终是一个不可或缺的环节。

尽管黑格尔与康德一样重视"理性的超越性向度"，但在对"超越性向度"的理解中，他更注重的不是宗教，也不是艺术，而是哲学。在《逻辑学》的第一版序言中，黑格尔在谈到科学与常识携手导致形而上学的崩溃时，曾经指出："一个有文化的民族竟没有形而上学——就像一座庙，其他各方面都装饰得富丽堂皇，却没有至圣的神那样。"③在这里，黑格尔肯定了"理性的技术性向度"与"理性的超越性向度"之间的冲突，即科学和常识试图以自己的方式否定宗教存在的合法性，然而，"理性的超越性向度"是不可能从人性和理性中彻底地被排除掉的。在黑格尔看来，不但一个民族不能没有形而上学，而且个人实质上也是形而上学

---

① 孙周兴：《海德格尔选集》下卷，上海三联书店 1996 年版，第 1289 页。

② ［德］谢林：《先验唯心论体系》，梁志学、石泉译，商务印书馆 1976 年版，第 15 页。

③ ［德］黑格尔：《逻辑学》上，杨一之译，商务印书馆 1980 年版，第 2 页。

的动物，所以，他在《小逻辑》一书中进一步发挥道："人乃是能思维的动物，天生的形而上学家。真正的问题，不是我们用不用形而上学，而是我们所用的形而上学是不是一种正当的形而上学。"①也就是说，在某些历史时期，"理性的超越性向度"和形而上学可能会因为各种原因而出现萎缩，但它们始终与人类的生存和思维结伴而行，这一点却是无可怀疑的。所有这些也表明，在以现代性为导向的现代社会的发展中，"理性的超越性向度"并没有消失，它始终发挥着自己的重要作用。

综上所述，马尔库塞在《单向度的人》中批判"理性的技术性向度"及其种种表现是有意义的，然而，他仅仅停留在这个向度中去理解理性又是片面的。事实上，这种理解方式必定会引申出悲观主义的结论。其实，在以现代性为导向的现代社会的发展中，理性的另外三个向度，即"理性的公共性向度""理性的规则性向度"和"理性的超越性向度"并没有消失，它们通过一些批判性的思想家的阐述而在人类意识中获得了普遍认同，从而成了制约"理性的技术性向度"无限制泛滥的重要力量。理性的这三个向度的存在也表明，现代性具有一种自我反思、自我治疗的功能，所以，我们不能轻易地对现代性做出"是"或"否"的简单结论。

---

① ［德］黑格尔：《小逻辑》，贺麟译，商务印书馆1980年版，第216页。

2005年

何谓"有机知识分子"①

　　众所周知，意大利学者葛兰西在《狱中札记》中使用过 organic intellectual 这样的术语。当然，这个术语也不是葛氏原初使用的术语。葛氏的《狱中札记》是用意大利语写成的，而 organic intellectual 这个术语只是出现在英译者翻译葛氏论著的译本中。有趣的是，国内不少研究者把 organic intellectual 这个术语译为"有机知识分子"，更有趣或更难以理解的是，人们目前仍然以无批判的方式沿用着这样的译法，使所谓"有机知识分子"这样的表达式差不多成了定译。比如，赵勇在《关于文化研究的历史考察及其反思》一文中谈到葛氏思想的时候写道："为获得这种文化领导权，培养'有机知识分子'（organic intellectual）的任务至关重要，因为只有他们，才能占领大众的'常识'和文化领域，也才能夺取资产阶级的文化霸权。"②

　　显然，把 organic intellectual 这样的英文表达式译为"有机知识分子"受到了《狱中札记》的中译本的影响。目前，在国内有两个不同的《狱中札记》的译本：一是葆煦的译本，它是从 1959 年

---

① 原载《社会观察》2005 年第 8 期。——编者注
② 赵勇：《关于文化研究的历史考察及其反思》，《中国社会科学》2005 年第 2 期。

出版的俄译本那里间接译出的，译本中出现了"'有机的'知识界"这样的译法①；二是曹雷雨等人的译本，它是根据伦敦 Lawrence And Wishart 出版社 1971 年出版的 *Selections from the Prison Notebooks of Antonia Gramsci* 译出的，译本中也出现了"'有机的'知识分子"和"'有机的'知识界"这样的译法②。

无论如何，把 organic intellectual 译为"有机知识分子"或"有机知识界"是不妥的。一方面，这种译法不符合葛氏的本意，好像他有意把知识分子划分为"有机知识分子"和"无机知识分子"似的；另一方面，这种译法也没有考虑到 organic 这个英语的形容词在不同语境中的用法和含义。实际上，organic 作为形容词，既可解释为"有机的"，又可解释为"有组织的"。一般说来，在 organic chemistry 的语境下，organic 应译为"有机的"，organic chemistry 则可译为"有机化学"；而在 organic intellectual 的语境下，organic 应译为"有组织的"，organic intellectual 则应译为"有组织的知识分子"或"（被）组织起来的知识分子"，译为"有机知识分子"显然是不妥的。

其实，只要我们注意到葛氏《狱中札记》的英译本中经常出现的动词 organize（使有机化、组织），我们就会明白，应把形容词 organic 译为"有组织的"，而把动词 organize 译为"组织"。毋庸讳言，也只有这样翻译，才切合葛氏的本意。只要我们认真阅读葛氏的《狱中札记》，就会发现，葛氏主张的是，西方国家的共产党只有使知识分子处于被组织起来的状态中，才有可能真正地夺取资产阶级市民社会的文化领导权。

多年来，笔者在讲课中一再对"有机知识分子"这类翻译中的表达式进行批评。今年，偶然浏览《王蒙读书》一书时，忽然发现，王蒙写于2000 年的《献疑札记（三）》中竟也谈到"有机知识分子"这个词的翻译问题，并发挥道："有机当然比无机好，有机就是有生命有活力有灵性嘛，

① ［意］安东尼奥·葛兰西：《狱中札记》，葆煦译，人民出版社 1983 年版，第 419 页。
② ［意］安东尼奥·葛兰西：《狱中札记》，曹雷雨等译，中国社会科学出版社 2000 年版，第 2 页。

无机就是五金矿物之司嘛，有机与无机知识分子我虽不甚了了，无机肥料与有机肥料之别还是略有所知，厩肥有机而化肥一般无机，我是主张舍化肥而多用动物大小便与绿肥的。"①这样的议论真令人啼笑皆非。既然承认自己"不甚了了"，何必再出来置喙呢？

事实上，类似于"有机知识分子"这样翻译上的错误也是随处可见的。比如，有人把 open question 译为"公开的问题"。尽管 open 这个形容词确实有"公开的"含义，但它与 question 搭配，即 open question 只能译为"悬而未决的问题"或"未解决的问题"。又如，有人竟把海德格尔 1933 年 5 月在弗赖堡大学的校长就职演说 Address of Rectorship 译为"教区长的演说"。尽管 Rectorship 也可译为"教区长"，但海氏从来没有做过教区长。在他生活经历的独特语境中，Rectorship 只能译为"校长"，Address of Rectorship 只能译为"校长（就职）演说"。再如，有人竟然把 post-industrial society 译为"邮政工业社会"，尽管 post 在英文中确有"邮政""邮局"的含义，但它与 industrial society 连用，即 post-industrial society 只能译为"后工业社会"。

综上所述，翻译中出现的问题多多，值得引起我们的高度重视。

---

① 崔建飞：《王蒙读书》，复旦大学出版社 2005 年版，第 197 页。

2006年

本体论视野中的国外马克思主义哲学①

从 20 世纪 90 年代以来，在胡塞尔、海德格尔、哈特曼、奎恩、卢卡奇、萨特、古尔德等人的本体论思想的影响下，国外马克思主义者的哲学研究也开始从认识论、方法论的维度转向本体论的维度。尽管马克思从未使用过"Ontologie"（本体论）这个德语名词，但在其早期著作中却使用过"ontologisch"（本体论的）这个德语形容词，但他并没有从理论上对本体论问题进行过专门的论述。② 然而，奎恩的"本体论承诺"的思想启发我们，任何一个理论体系都不可避免地会有自己的"本体论承诺"。在这个意义上可以说，马克思主义哲学也完全可以从本体论角度加以探讨。

一、三种流行的本体论见解

在对马克思主义哲学的本体论诠释中，国外马克思主义者主要存在着以下三种见解。

第一种见解把马克思主义哲学理解为"物质

---

① 原载《复旦学报》2006 年第 5 期。收录于俞吾金：《传统重估与思想移位》，黑龙江大学出版社 2007 年版，第 124—131 页，"本体论视野中的国外马克思主义哲学"，部分内容做了改动。——编者注

② 拙著《重新理解马克思》，北京师范大学出版社 2005 年版，第 197—216 页。

本体论"(ontology of matter)。显然，这是一种沿着传统的唯物主义路线，在恩格斯、列宁和苏联的马克思主义哲学教科书影响下形成起来的、占支配地位的理论见解。

按照这种物质本体论，哲学的使命乃是考察与人的活动相分离的自然界或物质世界本身。事实上，恩格斯坚持的正是这样的哲学立场。他在阐明社会与自然的共同点以后，笔锋一转，写道："但是，社会发展史却有一点是和自然发展史根本不同的。在自然界中（如果我们把人对自然界的反作用撇开不谈）全是没有意识的、盲目的动力。这些动力彼此发生作用，而一般规律就表现在这些动力的相互作用中。……相反，在社会历史领域内进行活动的，是具有意识的、经过思虑或凭激情行动的、追求某种目的的人；任何事情的发生都不是没有自觉的意图，没有预期的目的的。"[1]乍看起来，恩格斯对社会与自然的差异的论述是合乎常识的，但全部问题在于，在现代社会中，"把人对自然界的反作用撇开不谈"究竟是否可能？从马克思的论述中可以看出，这是不可能的。他这样写道："在人类历史中即在人类社会的产生过程中形成的自然界是人的现实的自然界；因此，通过工业——尽管以异化的形式——形成的自然界，是真正的、人类学的自然界。"[2]在《德意志意识形态》一书中，马克思在批评费尔巴哈对自然所采取的直观的态度时指出："费尔巴哈特别谈到自然科学的直观，提到一些秘密只有物理学家和化学家的眼睛才能识破，但是如果没有工业和商业，自然科学会成为什么样子呢？甚至这个'纯粹的'自然科学也只是由于商业和工业，由于人们的感性活动才达到自己的目的和获得材料的。……此外，这种先于人类历史而存在的自然界，不是费尔巴哈在其中生活的那个自然界，也不是那个除去在澳洲新出现的一些珊瑚岛以外今天在任何地方都不再存在的、因而对于费尔巴哈说来也是不存在的自然界。"[3]在马克思看来，社会不过

---

① 《马克思恩格斯选集》第4卷，人民出版社1995年版，第247页。
② 《马克思恩格斯全集》第42卷，人民出版社1979年版，第128页。
③ 《马克思恩格斯全集》第3卷，人民出版社1960年版，第49—50页。

是人和自然界的本质上的统一，因而不可能撇开人对自然界的反作用，把自然界与人分离开来，抽象地对自然界进行直观。马克思甚至告诉我们："被抽象地孤立地理解的、被固定为与人分离的自然界，对人说来也是无。"①尽管马克思反复说明不能离开人的目的活动抽象地考察自然界或物质世界本身，但恩格斯关于与人的反作用分离的自然界或物质世界的本体论理论在马克思主义的传播史上仍然产生了决定性的影响。众所周知，恩格斯把自己的辩证法称为"自然辩证法"，也试图像斯宾诺莎和18世纪的唯物主义者一样，从自然界或物质世界本身来说明自然界或物质世界。不用说，恩格斯反对沃尔夫式的神学目的论对自然或物质世界的干预是正确的，但他在这样做的时候，却把洗澡水和小孩一起倒掉了，即把人的目的性活动对自然的干预和影响也否定了。

正是在恩格斯的影响下，列宁为"物质"概念下了这样的定义："物质是标志客观实在的哲学范畴，这种客观实在是人通过感觉感知的，它不依赖于我们的感觉而存在，为我们的感觉所复写、摄影、反映。"②基于这样的理解，列宁总是沿着恩格斯关于"哲学基本问题"的思路，提出如下的问题：物质第一性，还是精神第一性？尽管列宁也赋予实践活动即人的目的活动以相当的重要性，但他主要是在认识论的范围内肯定实践活动的重要性的。在《哲学笔记》中，列宁写道："理论观念（认识）和实践的统一———要注意这点———这个统一正是在认识论中。"③也就是说，尽管列宁十分看重实践在认识论中的作用，但在本体论上，他始终坚持的是物质本体论的立场。

在恩格斯和列宁的影响下，苏联的马克思主义哲学教科书也坚持这种物质本体论，热衷于脱离人的实践活动，抽象地谈论如下的问题：世界统一于物质，物质是运动的，时间和空间是运动着的物质的存在形式，而物质运动是有规律的。显然，这种物质本体论并没有超越旧唯物

---

① 《马克思恩格斯全集》第42卷，人民出版社1979年版，第178页。
② 列宁：《列宁选集》第2卷，人民出版社1995年版，第89页。
③ 列宁：《哲学笔记》，人民出版社1956年版，第236页。

主义的基本立场和观点，从而也不可能真正地认同马克思的实践唯物主义理论。

第二种见解把马克思主义哲学理解为"实践本体论"（ontology of praxis）。这是在马克思本人的文本的影响下，从葛兰西实践哲学的背景中形成起来的一种新见解。

按照这种见解，实践不光是马克思主义认识论、方法论意义上的基础性概念，而且首先应该是马克思主义本体论意义上的基础性概念。实践活动，尤其是生产劳动，构成马克思主义哲学的出发点和核心。也就是说，应该从实践出发去看待并解释人、自然、文化、观念、范畴、国家等一切其他现象。正如马克思在论述自己创立的历史唯物主义的本质特征时所指出的："这种历史观和唯心主义历史观不同，它不是在每个时代中寻找某种范畴，而是始终站在现实历史的基础上，不是从观念出发来解释实践，而是从物质实践出发来解释观念的东西。"①毋庸讳言，与物质本体论比较起来，这种实践本体论触及了马克思的实践唯物主义的本质特征。然而，它仍然没有把这一本质特征完整地反映出来。因为本体论是关于存在的学问，而存在与存在物之间的差别正在于：存在物是可见的、可触摸的、可感觉的，而存在则是不可见的、不可触摸的、不可感觉的。马克思在《资本论》第一版序中曾经指出："分析经济形式，既不能用显微镜，也不能用化学试剂。二者都必须用抽象力来代替。"②显然，马克思在这里说的"抽象力"指的正是理性思维，而理性思维乃是人的感觉和知觉所无法取代的。这就启示我们，实践本体论涉及的还只是马克思本体论中的一个层面，即可感觉的实践活动的层面，而完全没有涉及另一个更重要的、超感觉的层面，即理性思维的层面。正是在这一层面上，我们在现象世界中考察的事物的本质才会显露出来。在这个意义上可以说，我们既要重视实践本体论的层面，又要超越这一层面。

---

① 《马克思恩格斯全集》第 3 卷，人民出版社 1960 年版，第 43 页。
② 马克思：《资本论》第 1 卷，人民出版社 1975 年版，第 8 页。

事实上，只有同时深入这一超感觉的层面，马克思本体论思想的全幅内容才会展现出来。

第三种见解把马克思主义哲学理解为"社会存在本体论"（ontology of social being），这是在卢卡奇晚期著作《社会存在本体论》的影响下形成起来的新见解。

显而易见，这里说的"社会存在"是相对于"自然存在"而言的。在卢卡奇那里，与人的目的活动相分离的"自然存在本体论"始终是"社会存在本体论"的基础。也就是说，社会存在本体论并不具有始源性的意义，它不过是自然存在本体论的派生物。其实，卢卡奇之所以以这样的方式理解社会存在本体论，是因为他晚年重新返回到恩格斯的物质本体论（这一本体论的另一种表达方式就是"自然存在本体论"）的立场上，因而把与人的目的活动相分离的自然存在本体论理解为社会存在本体论的基础。不用说，这一理解方式大大地弱化了马克思社会存在本体论的基础性意义。其实，"社会存在"与"存在"概念一样是不可感觉的，只有通过理性的思维才能加以把握。在马克思看来，人是社会存在物，所以当人把"存在"作为自己的思考对象时，"存在"实际上也就是"社会存在"。即使是"自然存在"也不意味着与人、社会无关，它实际上是"人化的自然存在"或"社会化的自然存在"。一般说来，当代中国的马克思主义者都不同意晚年卢卡奇的看法。他们认为，马克思主义哲学作为"社会存在本体论"应该是始源性的，并不存在可以与社会存在相分离的自然存在，更不存在可以作为社会存在基础的、与人的目的活动相分离的自然存在。事实上，人们根本不可能直接地去认识自然，而必须通过人的目的活动或实践活动的媒介去认识自然。

毋庸讳言，晚年卢卡奇把马克思主义哲学理解为社会存在本体论是理论上的重要贡献，因为他启示我们，必须重视对马克思本体论的另一个层面——超感觉的本质性层面的研究，并为这一研究打开了一条新的思路，然而，由于他晚年重新返回到恩格斯的物质本体论的立场上，也就在相当的程度上削弱了实践概念在马克思主义哲学中的地位和作用。

同时，也不可能再把"实践"和"社会存在"综合起来，理解为马克思主义本体论中的两个不同的层面。此外，晚年卢卡奇在自己的研究中，也没有进一步明确地揭示出"社会存在"概念在马克思主义哲学中的具体含义。综上所述，在当代中国马克思主义哲学的研究中，上述三种本体论见解是最具代表性的。然而，尽管它们各有自己的特点，但并未对马克思主义的本体论理论做出合理的、令人信服的说明。

二、对马克思本体论的新的理解

本文试图提出不同于上述三种见解的新观点。然而，为了使这一新观点得到更为严格的表述，必须先行澄清以下三个理论前提。

首先，我们要问：人们在自己的研究活动中涉及的真正对象究竟是什么？乍看起来，这个问题提得十分可笑。难道人们竟然糊涂到还没有弄清楚确切的研究对象是什么，就开始轻率地从事自己的研究活动了吗？但只要我们深入地思索一下，这样的提问方式并不是没有理由的。事实上，大量的研究活动表明，在它们开始之前，研究者对自己所要研究的"真正的对象"缺乏明晰的意识。在对马克思主义哲学的研究中，我们遭遇到的也是同样的现象。人们通常认为，他们研究的真正的对象是"马克思主义哲学"。我们在前面介绍本体论研究中的不同见解时，之所以沿用了"马克思主义哲学"这一概念，正是为了显露上述见解所蕴含的那种自然主义的、无批判的思想倾向。但当我们试图在这里以严格的方式阐述本体论理论时，真正的研究对象为何物的问题必定会先行地引起我们的批判性的反思。

显然，把"马克思主义哲学"作为自己的研究对象，乃是对对象的一个十分模糊的规定。众所周知，任何人只要愿意，都可以把自己称为"马克思主义者"或把自己信奉的哲学思想称作"马克思主义哲学"。然而，这种自我认同并不具有实质性的意义。正如恩格斯在 1890 年 8 月 5

日致康·施米特的信中所提到的，马克思曾就 20 世纪 70 年代末法国所谓的"马克思主义者"说过这样的话："我只知道我自己不是马克思主义者。"①马克思的这一富有调侃意义的说法本身就蕴含着如下意思，即"马克思主义"或"马克思主义者"都不具有严格的理论意义。同样的，"马克思主义哲学"也是一个含义模糊的概念。因此，我们主张，在确定我们的研究对象时，首先应该从"马克思主义哲学"这一含混的概念退回到含义比较明确的概念——"马克思主义的创始人马克思和恩格斯的哲学"上去。然而，由于马克思与恩格斯在哲学思想上存在着明显的差异②，所以，我们还得从"马克思主义的创始人马克思和恩格斯的哲学"这一概念进一步退回到"马克思哲学"这一更为狭小的概念上去。然而，我们必须看到，"马克思哲学"这一概念仍然是不明确的，因为它可以进一步被细分为"青年时期马克思哲学"和"成熟时期马克思哲学"，而这两种哲学之间存在着重要的区别。

综上所述，我们认为，如果我们希望自己的研究成果在学术上是严格的，在意义上是明晰的，那么，我们就不应该泛泛地谈论所谓"马克思主义哲学"，而应该把"成熟时期马克思哲学"作为自己真正的研究对象。

其次，我们要问：人们应该如何把握成熟时期马克思进行哲学研究的特殊思路？无数事实表明，人们对这个问题同样缺乏应有的思考。人们或者习惯于从传统哲学的思路出发去探索马克思哲学，或者自觉或不自觉地接受了传统哲学教科书中对马克思思想的三分法，即哲学、政治经济学和科学社会主义。由于这个三分法的影响是如此之大，以致人们在探索马克思的哲学思想时，总是把其哲学思想与政治经济学思想分离开来。这种根深蒂固的分离倾向表明，人们根本没有理解马克思哲学的特殊思路，因而也不可能对其哲学思想做出合理的说明。

---

① 《马克思恩格斯选集》第 4 卷，人民出版社 1995 年版，第 691 页。
② 拙著《重新理解马克思》，北京师范大学出版社 2005 年版，第 88—98 页。

其实，每一个不存偏见的人都会发现，马克思哲学，尤其是成熟时期马克思哲学有着自己特殊的思路，这就是经济哲学的思路。也就是说，在马克思的理论思考中，哲学与经济学的研究视角是不可分离地联系在一起的。比如，传统哲学热衷于谈论抽象的物质，而马克思则从经济哲学的视野出发，关注物质的具体样态——物，而物在现代资本主义社会中则表现为商品、货币和资本。并且马克思论述了"商品拜物教"的起源和本质，目的是揭示出现代资本主义社会中物与物之间的关系背后的人与人之间的真实关系。又如，传统哲学满足于泛泛地谈论实践概念，而马克思从经济哲学的视角出发，一开始关注的就是作为实践基本形式的生产劳动。在《德意志意识形态》中，马克思这样写道："这种活动、这种连续不断的感性劳动和创造、这种生产，是整个现存感性世界的非常深刻的基础，只要它哪怕只停顿一年，费尔巴哈就会看到，不仅在自然界将发生巨大的变化，而且整个人类世界以及他（费尔巴哈）的直观能力，甚至他本身的存在也就没有了。"[1]从这里可以发现，马克思非但不像传统哲学一样，从存在出发来谈论经济问题，反而从经济问题出发来谈论存在问题。再如，传统哲学谈论关系，马克思则谈论经济活动中的社会生产关系，并把这一关系理解为其他一切关系的基础。在《1857—1858年经济学手稿》中，马克思指出："在一切社会形式中都有一种一定的生产决定其他一切生产的地位和影响，因而它的关系也决定其他一切关系的地位和影响。这是一种普照的光，它掩盖了一切其他色彩，改变着它们的特点。这是一种特殊的以太，它决定着它里面显露出来的一切存在的比重。"[2]在这里，马克思把人们在生产中结成的一定的生产关系理解为解读一切哲学上所谈论的存在问题的前提。从上面的分析中可以看出，马克思哲学，尤其是成熟时期马克思哲学始终是沿着经济哲学的思路展开的。只有充分地了解这一点，才能从本体论上准确地

---

① 《马克思恩格斯全集》第3卷，人民出版社1960年版，第50页。
② 《马克思恩格斯全集》第46卷上册，人民出版社1979年版，第44页。

理解并阐发成熟时期马克思的哲学思想。

最后，我们要问：人们应该选择何种本体论理论来研究并叙述成熟时期马克思哲学呢？众所周知，自古至今，存在着各种不同类型的本体论理论，如宇宙起源本体论、物质本体论、理性本体论、情感本体论、生存论的本体论等等。我们认为，成熟时期马克思哲学本质上是一种生存论的本体论，因为马克思一生关注的是整个人类，尤其是现代资本主义社会中生活在最底层的无产阶级的生存、发展和自由的问题。在《德意志意识形态》中，马克思指出："任何人类历史的第一个前提无疑是有生命的个人的存在。"①因而人生存在这个世界上乃是我们探讨一切其他哲学问题的出发点，这正是马克思哲学不同于传统的烦琐哲学的一个根本性的标志。在这个意义上可以说，我们只有在准确地选择"生存论的本体论"这种特殊的本体论类型时，才可能对成熟时期马克思哲学做出合理的说明。

在澄清上述三个前提的基础上，本文提出的新见解是：成熟时期马克思哲学乃是"一种实践—社会生产关系本体论"（an ontology of relations of praxis-production）。这一本体论具有两个不同的层面。从现象或经验的层面看，成熟时期马克思哲学乃是一种实践本体论，实践构成马克思探索其他一切哲学问题的出发点和核心。正如马克思所反复强调的："全部社会生活在本质上是实践的。凡是把理论引向神秘主义的神秘东西，都能在人的实践中以及对这个实践的理解中得到合理的解决。"②实际上，正是实践这一理论基础的确立，使成熟时期马克思哲学与一切传统哲学区分开来。但值得注意的是，马克思的哲学探索并没有停留在实践的层面上。他从经济哲学研究的视角出发，深入地探索了作为实践的基本形式的生产劳动，并进而指出，生产劳动只有在一定的社会生产关系中才能得以实现。马克思写道："为了进行生产，人们相互之间便发

---

① 《马克思恩格斯全集》第3卷，人民出版社1960年版，第23页。
② 《马克思恩格斯选集》第1卷，人民出版社1995年版，第56页。

生一定的联系和关系；只有在这些社会联系和社会关系的范围内，才会有他们对自然界的影响，才会有生产。"①因此，在更深刻的超感觉的意义上，成熟时期马克思的本体论又是"社会生产关系本体论"。如果说，实践、生产劳动属于现象领域，是可感觉的，那么，社会生产关系则属于本质领域，是超感觉的，只有人的理性思维才能加以把握。完全可以说，把成熟时期马克思哲学理解为"实践—社会生产关系本体论"，完整地再现了马克思本体论的理论形象。

首先，"实践—社会生产关系"这一用语有它理论上的合理性。不但作为实践基本形式的生产劳动总是在一定的社会生产关系中展开的，而且任何形式的实践活动都直接地或间接地受制于一定的社会生产关系。当然，社会生产关系也不是一成不变的，在人类的实践活动的推动下，它也会发生缓慢的量的变化或某些特殊历史时刻的激烈的质的变化。后一种变化形式通常是在重大的历史事件中发生的。但是，在通常的情况下，每一代人都是在既定的、无法选择的社会生产关系的背景下从事思维活动和实践活动的。也就是说，只有深入地把握社会生产关系，才能对实践的动因、结果和界限做出令人信服的说明。

其次，"实践—社会生产关系本体论"充分体现出人的认识从现象（可感觉的实践领域）向本质（超感觉的形而上学领域）深入的过程，从而同时显示出马克思认识论的完整的理论架构。这也间接地表明，无论是把成熟时期马克思哲学理解为"实践本体论"还是理解为"社会存在本体论"，都未充分展示出马克思认识论的全部内容。

最后，"实践—社会生产关系本体论"也蕴含着马克思的完整的方法论理论，那就是他自己曾在《1857—1858 年经济学手稿》的"导言"中详尽地加以说明的"从抽象到具体"的辩证方法。显然，在马克思看来，如果人们仅仅注重经验的方法，仅仅停留在"实践"的层面上去考察人类社会，那么他们至多只能做到对各种感觉经验的直观、归纳和描述，却无

①　《马克思恩格斯选集》第 1 卷，人民出版社 1995 年版，第 344 页。

法达到对人类社会超感觉的本质领域的整体把握。

三、实践—社会生产关系本体论的当代意义

把成熟时期马克思哲学理解为"实践—社会生产关系本体论"究竟有何意义呢？

其一，"实践—社会生产关系本体论"这一新的提法超越了传统的"物质本体论"，正确地展示出实践概念在马克思哲学中的地位、作用和局限性。一方面，我们应该看到，实践概念在马克思哲学中拥有极为重要的地位和作用。它不光具有生存论的本体论方面的意义，而且也具有认识论和方法论方面的意义。何况，马克思正是借用这个概念与传统哲学划清界限的；另一方面，我们又必须意识到，实践概念的作用又是有限度的，因为它只与感觉经验或现象世界有关，它无法取代马克思在超感觉的本质领域里的思考。事实上，仅仅停留在实践的层面上去理解马克思哲学，就很难阐明马克思哲学与实证主义、实用主义的根本差别。只有在肯定实践概念重要性的前提下，进一步把对实践问题的探索引申到社会生产关系的这一本质性的领域中，马克思哲学的独特性和其特殊的理论贡献才会向我们显示出来。

其二，"实践—社会生产关系本体论"这一新的提法既超越了卢卡奇的"社会存在本体论"，又超越了科莱蒂的"社会生产关系"理论。正如我们在前面已经指出的那样，就卢卡奇而言，他只是把马克思哲学理解为社会存在本体论，未进一步揭示出社会存在的核心内容——社会生产关系。就科莱蒂而言，尽管他把社会生产关系理论的提出理解为马克思的伟大贡献，但他的实证主义倾向又使他拒绝谈论本体论，从而无法彰显出马克思哲学革命的真正意义之所在。科莱蒂指出："在任何根本的意义上，马克思主义至少不是一种认识论，在马克思的著作中，反映论几乎完全是不重要的，重要的是把认识论作为一个出发点，以便富有独创

性地、撇开整个思辨传统去理解像'社会生产关系'这样的概念是如何从古典哲学的发展和转变中产生出来的。"①这段论述表明，尽管科莱蒂意识到了"社会生产关系"概念的重要性，但他只是从认识论，而没有从本体论的高度上来理解这一概念。

其三，"实践—社会生产关系本体论"这一新的提法使我们对马克思哲学的本质获得了新的、全面的理解。一方面，实践概念构成马克思哲学的出发点，但马克思哲学又不能归结为单纯的实践哲学或实践本体论，因为它不是现象主义，也不是实证主义，更不是实用主义，它还有更重要的、涉及本质领域方面的内容。另一方面，从对"社会存在"的思考到对其核心内容——"社会生产关系"的揭示乃是马克思在本质领域内和理论思维上的重大贡献，但马克思哲学也不能被归结为形而上学理论或先验主义理论。在这个意义上也可以说，只有实践概念的引入，才能彰显马克思对现实生活的关切，才能把马克思哲学与传统的学院化的烦琐哲学严格地区分开来。

总之，马克思的本体论理论贯通现象、本质两大领域，因而唯有把它称为"实践—社会生产关系本体论"，才能充分地展示出这一本体论理论的全部内容。

---

① ［意］L. 科莱蒂：《马克思主义和黑格尔》，1973 年英文版，第 199 页。（Lucio Colletti, *Marxism and Hegel*, London：New Left Books，1973，p. 199.——编者注）

卢森堡政治哲学理论述要^①

随着对整个西方马克思主义思潮研究的深入，我们会发现，西方马克思主义的真正肇始人应该是出生于波兰的思想家和革命家罗莎·卢森堡。得出这样的结论并不是意气用事，首先，卢卡奇的思想深受卢森堡的影响，仅在收入《历史与阶级意识》的八篇论文中，就有三篇论文《作为马克思主义者的罗莎·卢森堡》《对罗莎·卢森堡〈论俄国革命〉的批评意见》《关于组织问题的方法论》直接涉及对卢森堡的政治哲学思想的探讨和评价。可见，卢森堡的思想资源对于卢卡奇来说是何等重要。其次，卢森堡的《俄国社会民主党的组织问题》(1904)和《论俄国革命》(1922)^②两篇长文，不但在社会民主党的建设问题上，而且在其他一系列重大的政治理论问题上，提出了与列宁不同的见解。最后，卢森堡的另一篇长文《社会改良还是社会革命?》则彻底清算了第二国际领袖伯恩施坦的机会主义思想。随后，她又与

---

① 原载《天津社会科学》2006 年第 6 期。收录于俞吾金：《传统重估与思想移位》，黑龙江大学出版社 2007 年版，第 49—61 页。——编者注

② 这是一篇未完成的手稿，是卢森堡在狱中写下的。她逝世后，保尔·列维于 1922 年第一次以《俄国革命：批评的评价》为书名出版了它。1963 年，西德法兰克福(美因河畔)出版了新版本，把卢森堡当时写在稿纸边缘的注和散页上的札记都插入了正文中。1974 年，民主德国出版的《卢森堡全集》第 4 卷收入了这篇手稿，把书名确定为《论俄国革命》，并把法兰克福版插入正文的注和札记再度从正文中剔出，作为脚注处理。

以考茨基为代表的机会主义路线展开了激烈的斗争，从而形成了自己独特的思想路向和独立的政治哲学理论。基于上述三方面的理由，我们完全可以把卢森堡视为西方马克思主义的真正肇始人和开拓者。

我们在研究中发现，卢森堡的政治哲学理论具有如下两个基本特征。一是坚信历史规律的客观性。在《卡尔·马克思》一文中，卢森堡写道："如果说今天的工人运动不顾敌人的种种镇压行动仍旧战无不胜地抖动它的鬃毛，那末，这首先是因为它冷静地认识到客观历史发展的规律性，认识到这样的事实：'资本主义生产由于自然过程的必然性，造成了对自身的否定'，也就是造成了对剥夺者的剥夺——社会主义革命。它通过这种认识看到了最终胜利的绝对保证，他从这种认识不仅汲取了激情，而且也汲取了耐心，行动的力量和坚持的勇气。"[①]正是出于对马克思揭示的资本主义经济发展的历史规律的确信，卢森堡在参加革命的过程中不论遇到什么样的挫折，包括多次入狱，也从来没有丧失过对革命的信心。二是充满理想主义的情怀。在1899年5月1日致利奥·约基希斯的信中，卢森堡写道："在波兰运动和德国运动中，我现在是一个理想主义者，将来仍然要做一个理想主义者。"[②]毋庸讳言，做一个理想主义者并不是容易的，因为在任何时候他都必须坚持自己的理想和原则。事实上，正因为卢森堡始终不渝地坚持了自己的理想，所以，她的思想，特别是政治哲学思想始终保持在原则性的高度上。这正是她与卢卡奇有重大差别的地方。上面两个基本特征交织在一起，形成了卢森堡政治哲学理论的独特路向。下面，我们就卢森堡政治哲学中涉及的四个主要问题进行论述。

---

① 中共中央马克思恩格斯列宁斯大林著作编译局国际共运史研究室：《卢森堡文选》上卷，人民出版社1984年版，第481页。

② ［德］罗莎·卢森堡：《论俄国革命·书信集》，殷叙彝等译，贵州人民出版社2001年版，第176页。

一、自发与自觉

众所周知，卢森堡是欧洲社会民主党运动的积极参与者和领导者。1894 年 3 月，她和约基希斯等人一起创建了波兰王国社会民主党。1898 年 4 月迁居德国后，她开始参加德国社会民主党的工作。同时，她也十分关注英国、法国、俄国、比利时等国的社会民主党的工作。而各国的社会民主党实际上都面对着同一个问题，即如何处理好群众运动的自发性和社会民主党引导的自觉性之间的关系。在卢森堡看来，肯定社会民主党在领导群众运动中的自觉性和首创精神是正确的，但这种自觉性和首创精神并不是党的领导人"设想"或"发明"出来的，而是奠基于群众运动的自发性之上，并对其进行积极引导的结果。

在《俄国社会民主党的组织问题》一文中，卢森堡写道："到目前为止，我们在俄国运动的变化中看到了什么呢？俄国运动近几十年来的最重要最有成效的策略上的变化不是由运动的某些领导人'发明'的，更不用说是由领导机构'发明'的，而它们每次都是已经爆发起来的运动本身的自发产物。"[①]比如，1896 年彼得堡爆发的纺织工人大罢工、1901 年彼得堡爆发的学生运动，以及后来的罗斯托夫的群众罢工、露天集会和公开演说等等，都是以自发的方式展开的，完全超出了社会民主党的预见。"在所有这些事件中，'运动'总是先行。社会民主党组织的首创性和自觉领导的作用是微乎其微的。"[②]那么，按照这样的论述，卢森堡是否主张群众运动的自发性决定一切，社会民主党的自觉领导是没有意义的呢？并不。

以德国社会民主党为例，卢森堡指出，它的一系列斗争策略也不是

---

① 中共中央马克思恩格斯列宁斯大林著作编译局国际共运史研究室：《国际共运史研究资料（卢森堡专辑）》增刊，人民出版社 1981 年版，第 46 页。

② 同上书，第 47 页。

党的领导人"发明"出来的，"而是在试验性的、常常是自发的阶级斗争中发生的一系列连续不断的巨大创造行动所产生的结果。这里的情况也是不觉悟的人先于觉悟的人，客观历史进程的逻辑先于历史进程的体现者的主观逻辑"①。卢森堡甚至认为，社会民主党在这里的自觉的指导行为带有保守的性质，因为它只能因势利导地把每一次自发斗争的内涵开发到尽头。

在《再论群众和领袖》一文中，卢森堡提到当时的"摩洛哥危机"。事情是这样的：1911 年 5 月法国军队开进了摩洛哥首都菲斯城，7 月 1 日，德国也把两艘战舰开往摩洛哥的阿加迪尔港，从而引发了"摩洛哥危机"。后来，由于英国的干预，德国和法国最后达成了妥协。显然，这一危机是由法国和德国的殖民主义政策引起的。在法国和西班牙，社会民主党的抗议活动在 7 月的第一周已经达到了高潮。7 月 15 日，德国斯图加特的社会民主党分部也召开了抗议大会，一致通过了卡·李卜克内西起草的反对德国帝国主义的摩洛哥政策的决议。然而，德国社会民主执行委员会却长时期保持沉默，直到 8 月 8 日才通过党的报刊号召群众起来反对德国帝国主义的摩洛哥政策，8 月下旬才开始组织集会。

不用说，德国社会民主党执行委员会对"摩洛哥危机"的态度，也反映出自发的群众运动与社会民主党的自觉领导之间的关系。一方面，卢森堡批评社会民主党的执行委员会没有自觉地理解并引导群众运动。她写道："我们不是在那时立即全力以赴地开始鼓动，而是落在后面，在事件的热潮中慢慢腾腾，至少晚了一个月至一个半月。我们在这一重要时刻的政治战斗准备还有很多不足之处。为什么？回答是：党的执行委员会令人遗憾地缺乏首创精神。"②另一方面，卢森堡也不主张把责任全部推到执行委员会的身上，即使执行委员会表现得缺乏决心和毅力，但各地的分部完全可以像斯图加特分部那样自觉地行动起来，为什么要等

---

① 中共中央马克思恩格斯列宁斯大林著作编译局国际共运史研究室：《国际共运史研究资料(卢森堡专辑)》增刊，人民出版社 1981 年版，第 47 页。

② 同上书，第 95—96 页。

待执行委员会下达指令才行动呢？这表明，德国社会民主党的分部，甚至基层党组织，也缺乏参与并指导自发的群众运动的自觉性。事实上，"世上没有一个党执行委员会能代替蕴藏在党的群众之中的、党的固有的行动能力"①。

总之，卢森堡高度评价了自发的群众运动，尤其是工人阶级的群众运动的政治意义和历史意义。她既反对社会民主党按照自己主观的"预想"或"发明"来指导群众运动，也反对在自发的群众运动起来后，党的领导仍然处于沉默或犹豫的状态中，不能对群众运动做出自觉的、有效的指导。在她看来，一个党，只有在既通晓马克思所揭示的历史运动规律，又保持在为最终目标奋斗的理想高度上，才可能真正地对群众的自发运动做出自觉的领导。正如卢卡奇所评论的："正是同一个卢森堡比许多人都早而且清楚地认识到群众革命行动的自发本性（此外，在这一点上她只强调以前论述过的那种意见的另一方面，即这些行动必然从经济过程的必然性产生出来），同样，她也比其他许多人较早地弄清了党在革命中的作用，这些都不是偶然的。"②

二、集中与民主

如果说，自发和自觉这两个观念关系到群众运动和社会民主党的关系问题，那么，集中与民主这两个观念则关系到社会民主党内部领导机构和群众的关系问题。毋庸讳言，这个问题也是卢森堡政治哲学理论中关涉的一个基本问题。

众所周知，在俄国社会民主工党召开的第二次代表大会上，列宁同

① 中共中央马克思恩格斯列宁斯大林著作编译局国际共运史研究室：《国际共运史研究资料（卢森堡专辑）》增刊，人民出版社 1981 年版，第 100 页。

② ［匈］卢卡奇：《历史与阶级意识——关于马克思主义辩证法的研究》，杜章智等译，商务印书馆 1992 年版，第 93—94 页。

马尔托夫等人在党章问题上发生了激烈的争论，社会民主工党分裂为布尔什维克和孟什维克。1904年2—5月，列宁撰写并出版了《进一步，退两步》一书，系统地阐发了党的组织原则。卢森堡读了列宁的著作后，立即撰写了《俄国社会民主党的组织问题》一文，于1904年7月10日刊登在俄国社会民主工党的机关报《火星报》第69号上。7月13日，德国社会民主党的理论刊物《新时代》杂志转载了这篇文章。正是在这篇文章中，卢森堡对列宁关于党的组织理论提出了异议，其焦点集中在如何看待社会民主党内部的民主与集中的关系上。

卢森堡在谈到列宁的《进一步，退两步》这部著作时，写道："这本书详尽而透彻地表达的观点正是无情的集中主义。它的基本原则是：一方面把态度明确的和活跃的革命家的有组织的部队同它周围的虽然还没有组织起来但是积极革命的环境完全区别开来，另一方面是实行严格的纪律和中央机关对党的地方组织生活的各个方面实行直接的、决定性的和固定的干预。只要指出一点就够了，例如中央委员会按照这个观点有权组织党的各个地方委员会，也有权确定从日内瓦到列日，从托木斯克到伊尔库茨克的俄国每个地方组织的人员组成，给它们提供准备好了的规章制度，通过一纸命令就可以完全解散它们并重新加以建立，最后还运用这种方式间接影响党的最高机关即党代表大会的组成。可见，中央委员会成了党的真正积极的核心，而其他一切组织只不过是它的执行工具而已。"①在卢森堡看来，党的组织建设，尤其是集中的问题，对于俄国社会民主党来说，确实是一个紧迫而又困难的问题，因为俄国是一个资本主义发展相对落后的国家，因而缺乏资产阶级民主的一切形式上的条件，而俄国领土的广袤又使党的集中的、统一的行动变得十分困难。在这样的情况下，把俄国社会民主党的分散的地方组织整合起来，使之成为全国范围内统一政治行动所需要的组织，是完全可以理解的。然

---

① 中共中央马克思恩格斯列宁斯大林著作编译局国际共运史研究室：《国际共运史研究资料（卢森堡专辑）》增刊，人民出版社1981年版，第41页。

而，卢森堡认为，问题出在列宁把党内要求"集中"的呼声转变成一种"极端集中主义"。

卢森堡强调，"社会民主党的集中制无非是工人阶级中有觉悟的和正在进行斗争的先锋队（与它的各个集团和各个成员相对而言）的意志的强制性综合，这也可以说是无产阶级领导阶层的'自我集中制'，是无产阶级在自己的党组织内部的大多数人的统治"①。显然，在卢森堡看来，在当时的俄国，建立这种"自我集中制"的条件还没有成熟。这种条件就是：拥有一个人数众多的、在政治斗争中受过训练的无产阶级阶层；他们有用直接施加影响（对公开的党代表大会和在党的报刊中等）的办法来表现自己的活动能力的可能性。事实上，明眼人一看就清楚，卢森堡这里所说的"自我集中制"和"党组织内部的大多数人的统治"，一方面，是以欧洲社会民主党内通行的集中与民主的理想关系作为参照系的；另一方面，在民主与集中的关系上，她更强调的是民主，即党内民主的重要性。在她看来，列宁所倡导的"无情的集中主义"必定会损害党内民主的开展。

在《论俄国革命》一文中，尽管卢森堡对列宁领导的俄国革命做出了高度评价，但她仍然坚持对列宁的组织理论的批评。在手稿页边的注中，她写道："只给政府的拥护者以自由，只给一个党的党员（哪怕党员的数目很多）以自由，这不是自由。自由始终是持不同思想者的自由。这不是由于对'正义'的狂热，而是因为政治自由的一切教育的、有益的、净化的作用都同这一本质相联系，如果'自由'成了特权，它就不起作用了。"②在这里，卢森堡的评论不仅涉及党内的自由和民主的问题，而且涉及党外的自由和民主的问题。诚然，卢森堡也看到了，在俄国革命的过程中，无政府主义的状态是非常严重的，从而列宁采取的无产阶级专政的措施也是必要的，但她认为，不应该把这些措施理解为对群众

---

① 中共中央马克思恩格斯列宁斯大林著作编译局国际共运史研究室：《国际共运史研究资料（卢森堡专辑）》增刊，人民出版社1981年版，第44页。

② 同上书，第87页。

监督和公共政治生活的取消。她强调说:"自由受到了限制,国家的公共生活就是枯燥的,贫乏的,公式化的,没有成效的,这正是因为它通过取消民主而堵塞了一切精神财富和进步的生动活泼的泉源。"①

显而易见,卢森堡对列宁的批评是以当时欧洲社会民主党所处的比较自由、民主、宽松的理想化的政治条件作为出发点的,而她的批评又是在狱中写下的,这使她对俄国革命的实际情况缺乏全面的、深入的了解,因而必定会使她的某些批评具有片面性。其实,在俄国革命这一特殊的历史过程中,情况要复杂得多,许多问题无法进行长久的思考就得立即做出非此即彼的决定。正如卢卡奇所说的:"罗莎·卢森堡关于批评必要性、关于舆论监督等所说的一切,每一个布尔什维克,尤其是列宁,都会同意——正如罗莎·卢森堡本人强调指出的。唯一的问题是这一切如何实现,如何使'自由'(以及与它有联系的一切)具有革命的、而不是反革命的职能。"②然而,当我们着眼于更长久的历史,特别是考察苏联建国后的发展史的话,又不得不佩服卢森堡当时的批评所具有的惊人的预见性。卢森堡从其理想主义的政治哲学的理论出发,向我们揭示了一个重要的真理,即一个在革命过程中不能正确地处理好集中与民主关系的政党,在建设时期同样会处理不好这一关系。也就是说,俄国社会民主工党在革命进程中出现的、党内政治生活过度集中的现象绝不是偶然的、暂时的,它是以后建设时期全部政治悲剧的一个序曲。

三、运动与最终目的

在欧洲各国的社会民主党所领导的群众运动中,究竟是"运动"本

---

① 中共中央马克思恩格斯列宁斯大林著作编译局国际共运史研究室:《国际共运史研究资料(卢森堡专辑)》增刊,人民出版社 1981 年版,第 88 页。

② [匈]卢卡奇:《历史与阶级意识——关于马克思主义辩证法的研究》,杜章智等译,商务印书馆 1992 年版,第 380—381 页。

身，如争取工资和福利待遇的改变、抗议政府出台的某个政策或某条法律、反对政府出兵侵略他国等，就是最终目的，还是坚持社会主义革命才是最终目的？毫无疑问，这是马克思主义政治哲学面临的根本性问题之一。我们发现，卢森堡的政治哲学理论也始终把运动与最终目的之间的关系作为自己探索的理论焦点之一。

凡是熟悉国际共运史的人都知道，1896—1897 年，爱德华·伯恩施坦在《新时代》杂志上以"社会主义问题"为标题，发表了一组论文，尤其是他的《社会主义的前提和社会民主党的任务》一书更系统地阐述了这方面的思想。卢森堡一针见血地批评道："这全部理论归结起来实际上无非是劝大家放弃社会民主党的最终目的即社会主义革命，而反过来把社会改良从阶级斗争的一个手段变成阶级斗争的目的。伯恩施坦自己最中肯地、最精确地表述了他的见解，他写道：'最终目的无论是什么对我说来都是微不足道的，运动就是一切'。"①伯恩施坦为什么会得出这样的机会主义结论来呢？

卢森堡认为，伯恩施坦的全部错误思想都源于他对马克思的资本主义理论的背叛。按照马克思的理论，由于资本主义内在的私人占有与社会化生产之间的矛盾，资本主义必然会陷入危机和崩溃。资本主义发展的这一必然趋势乃是社会主义革命得以可能的前提。然而，伯恩施坦对这个前提产生了怀疑。他看到当时资本主义发展中出现的某些复苏的现象，也看到工人阶级政治和经济地位的上升，便得出了资本主义不可能崩溃的结论。按照这一新的结论，社会民主党的任务就不再是通过社会主义革命去掌握国家政治权力，而是通过工会的作用，逐步改善工人阶级的状况，扩大社会监督，贯彻合作社的原则来推进社会主义的发展。正如卢森堡所批评的："就这样，伯恩施坦完全合乎逻辑地从头走到尾。开始，他为了运动放弃了最终目的，但是没有社会主义最终目的的社会

---

① 中共中央马克思恩格斯列宁斯大林著作编译局国际共运史研究室：《卢森堡文选》上卷，人民出版社 1984 年版，第 71 页。

民主运动实际上是不会有的，那么他的结局就必然是连运动本身也一起抛弃掉。"①

　　由此看来，伯恩施坦倡导的社会改良主义，最终只可能导致对社会主义革命这一社会民主党的最终目的的取消。卢森堡认为，伯恩施坦的改良主义归根到底是小资产阶级的思想倾向在社会民主党内的反映："伯恩施坦从理论上表述的党内机会主义思潮不是别的，正是让那些参加党的小资产阶级分子居于上风，按他们的精神来改造党的实际工作和党的目的的一种不自觉的意图。社会改良和革命的问题，最终目的和运动的问题，从另一方面看，就是工人运动的小资产阶级性质还是无产阶级性质的问题。"②事实上，在当时的德国，小资产阶级正是安于现状的阶级，这一阶级的成员害怕革命，只希望通过改良的途径逐步改变自己的政治生活环境。在这个意义上可以说，伯恩施坦实际上正是小资产阶级在德国社会民主党内的代言人。卢森堡也分析了伯恩施坦机会主义的认识根源。当伯恩施坦在其著作和论文中兜售他的改良主义理论时，总是援引英国社会民主党的情况作为他的论据。在《英国眼镜》(1899 年 5 月)一文中，卢森堡指出："伯恩施坦以英国的情况作为他的理论根据，他透过'英国眼镜'来观察世界，这种说法在党内已成为老生常谈了。"③卢森堡回顾了英国工人运动的历史，指出了英国工联主义与资产阶级之间曾经有过的妥协；并分析了 19 世纪 80 年代以来，随着俄国、德国、美国等资本主义国家的发展，英国资本主义正处于迅速衰退的过程中，从而英国工会与资产阶级的关系再度变得紧张起来。叙述了这些情况后，卢森堡总结道："为了有助于社会主义事业，不是德国工会应当效法英国工会，而是相反，英国工会应当效法德国工会。可见英国眼镜之所以对德国不适合，并不是因为英国的情况比德国先进，而是因为从阶

---

① 　中共中央马克思恩格斯列宁斯大林著作编译局国际共运史研究室：《卢森堡文选》上卷，人民出版社 1984 年版，第 140 页。
② 　同上书，第 72 页。
③ 　同上书，第 172 页。

级斗争的观点来看它比德国落后。"①这就启示我们，正因为伯恩施坦借用了"英国眼镜"，所以他的全部理论认识都陷入了误区。

作为一个彻底的理论家和思想家，卢森堡的批判并没有停留在伯恩施坦那里，她进一步指出了一切机会主义思想路线的共性："机会主义政策的根本标志，就是它总是要合乎逻辑地发展到为了工人阶级眼前的利益，而且是想象出来的利益而牺牲运动的最终目的，牺牲工人阶级解放的利益。"②无疑，正是通过与伯恩施坦及其他机会主义者的论战，卢森堡把一个根本性的观点，即社会主义革命是社会民主党的最终目的的观点深深地镌刻在工人阶级的心中，而她对社会民主党的最终目的的始终不渝的坚持充分证明，她是一个非常出色的理想主义者。

四、战争与革命

对于欧洲各国的社会民主党来说，帝国主义战争与社会主义革命之间的关系乃是它们面对的最根本的关系，而这一关系也始终是卢森堡的政治哲学理论关切的中心。1914 年 7 月，第一次世界大战爆发后，第二国际的领袖们和他们麾下的绝大部分社会民主党（包括当时最强大和最有影响的德国社会民主党）采取了以大国沙文主义为特征的机会主义立场，投票赞成军事拨款，完全背叛了社会主义的事业。列宁在《战争与俄国社会民主党》一文中指出："机会主义者撕毁了斯图加特、哥本哈根和巴塞尔代表大会的决议，这些决议责成各国社会党人在任何条件下都要反对沙文主义，责成社会党人要以加紧宣传国内战争和社会革命来回答资产阶级和各国政府挑起的任何战争。"③面对这样的局势，列宁迅速

---

① 中共中央马克思恩格斯列宁斯大林著作编译局国际共运史研究室：《卢森堡文选》上卷，人民出版社 1984 年版，第 181 页。

② 同上书，第 154 页。

③ 列宁：《列宁选集》第 2 卷，人民出版社 1995 年版，第 407 页。

地制定了"变帝国主义战争为国内革命"的重要策略,他写道:"变当前的帝国主义战争为国内战争,是唯一正确的无产阶级口号,这个口号是公社的经验所启示的,是巴塞尔决议(1912 年)所规定的,也是在分析高度发达的资产阶级国家之间的帝国主义战争的各种条件后得出的。"①在列宁看来,既然战争已经成为事实,那么不管把它转变成国内革命会遇到多大的困难,都应该坚定不移地做好这方面的准备工作。

那么,卢森堡又是如何看待这场帝国主义战争与可能引起的国内革命之间的关系的呢? 1915 年 4 月,卢森堡等第二国际的左翼激进派以"尤尼乌斯"(拉丁文的意思是"年轻人")的署名起草了《社会民主党的危机》这本小册子。这本小册子于 1916 年年初出版后,列宁于同年 7 月发表了《论尤尼乌斯的小册子》一文,既肯定了以卢森堡为代表的小册子的作者们对德国社会民主党的投降主义的思想倾向的揭露,又批评他们在这本小册子中没有提到"机会主义""考茨基主义"和"社会沙文主义"这些实质性的概念,因而断定:"对于熟悉 1914—1916 年在国外用俄文刊印的社会民主党著作的俄国读者来说,尤尼乌斯的小册子根本没有提供任何新东西。"②这就表明,尽管卢森堡在第一次世界大战爆发后,与第二国际和德国社会民主党的投降主义路线展开了坚决的斗争,但她对第二国际背叛社会主义革命的性质的认识还不是十分清楚,也没有像列宁那样迅速制定出"变帝国主义战争为国内革命"的新策略,直到卢森堡在狱中撰写《论俄国革命》的手稿时,她才对战争与革命的关系进行了全面的、深刻的反思。

首先,卢森堡肯定,在当时各国的社会民主党中,列宁的党是把帝国主义之间的战争转化为国内革命的唯一正确的党。她写道:"列宁的党是俄国唯一在那最初时期就理解革命的真正利益的党,它是革命的向

---

① 列宁:《列宁选集》第 2 卷,人民出版社 1995 年版,第 409 页。
② 同上书,第 690 页。

前推进的因素，因此在这一意义上说它是唯一真正实行社会主义政策的党。"①卢森堡发现，在革命开始时，布尔什维克还是到处受到迫害的少数派，但它之所以能够在很短的时间内处于革命的领导者的位置上，并把城市无产阶级、农民、军队、社会民主党的左翼、民主派中的革命分子等团结在自己的旗帜下，就是因为它制定了把战争转化为国内革命的正确策略。因此，卢森堡指出，"列宁的党是唯一理解一个真正革命党的使命和职责的党，它通过提出全部权力归无产阶级和农民的口号保证了革命向前的进程"②。正是在这个意义上，卢森堡认为，列宁领导的十月武装起义不仅挽救了俄国的革命，也挽救了国际社会主义的荣誉。

其次，卢森堡尖锐地披露了德国社会民主党的背叛行为："德国社会民主党在战争爆发时迫不及待地从马克思主义堆放废物的屋子里找出一副思想盾牌，把德帝国主义的掠夺进军打扮起来，他们宣称这次进军是我们的老导师们在 1848 年就已经憧憬的反对俄国沙皇制度的解放者远征。"③也就是说，当时德国社会民主党的领袖们完全无视第一次世界大战的本质是帝国主义国家之间的不义战争，为了支持本国的资产阶级政府，他们不惜把德国进攻俄国的战争理解为"反对俄国沙皇制度的解放者远征"。为什么德国社会民主党会在世界大战爆发的这个重要时刻背叛革命呢？根据卢森堡的分析，是因为领袖们得了"议会痴呆症"。卢森堡气愤地指出："德国社会民主党的议会痴呆症已经深入骨髓，它简单地把议会育儿室的平庸真理搬到革命中来，认为人们必须先取得多数，才能做到某件事。也就是说，在革命中也是：我们先要成为'多数'。但是革命的真正的辩证法却把这一鼠目寸光的议会真理颠倒过来

<hr />

① 中共中央马克思恩格斯列宁斯大林著作编译局国际共运史研究室：《国际共运史研究资料(卢森堡专辑)》增刊，人民出版社 1981 年版，第 66 页。

② 同上书，第 68 页。

③ 同上书，第 79 页。

了：不是通过多数实行革命策略，而是通过革命策略达到多数。"①在卢森堡看来，革命过程是瞬息万变的，它需要社会民主党从实际情况出发，制定出正确的、灵活的策略。只有正确的政策和策略才能确保革命政党的队伍在革命过程中不断地壮大起来，而德国社会民主党的领袖们却把议会式的"多数"理解为革命的前提，这就完全把事情搞颠倒了。

最后，在《俄国的悲剧》(1918)一文中，卢森堡几乎认定，俄国革命将归于失败。她写道："在单独一个受到顽固的帝国主义反动统治包围的、受到人类历史上最残酷的世界大战包围的国家建立无产阶级专政和实行社会主义改革，这是根本无法解决的问题。任何一个社会主义政党都必然要在这项任务上失败和垮台，不论它是具有胜利的意志和对国际社会主义的信念还是以自动弃权的态度来指导它的政策。"②为什么卢森堡会把俄国革命理解为一场悲剧呢？一方面，她看到了帝国主义势力的强大，它们已经团结起来，试图扼杀世界上第一个社会主义国家；另一方面，她把列宁与德国帝国主义签订的布列斯特条约理解为布尔什维克陷入绝境的一个标志："社会主义革命依赖德国的刺刀，无产阶级专政处在德国帝国主义的庇护下，这也许是我们可能经历的最骇人听闻的事了。而且这是纯粹的空想。且不说布尔什维克在本国的道德声誉可能被毁掉，他们也会丧失国内政策上的任何运动自由和任何独立性，并在最短的时间内从舞台上完全消失。"③那么，谁应该对俄国革命的危局负责呢？卢森堡认为，应该由国际无产阶级来负责，尤其是由德国社会民主党来负责。这个党在和平时期以全世界无产阶级的领导者自居，在本国至少也有一千万群众支持，"然而四年以来，它象卖身投靠的中世纪雇佣军一样，听从统治阶级的命令，一天二十四次地把社会主义钉在十字

---

① 中共中央马克思恩格斯列宁斯大林著作编译局国际共运史研究室：《国际共运史研究资料（卢森堡专辑）》增刊，人民出版社1981年版，第68页。
② 同上书，第107页。
③ 同上书，第106页。

架上"①。既然俄国革命已经处在这样危急的状态下，那么还有什么办法能够挽狂澜于既倒，扶大厦之将倾呢？卢森堡在《俄国的悲剧》一文的结尾处写道："席卷俄国的悲剧只有一个解决办法：在德国帝国主义的后方举行起义，在德国举行群众起义，作为以国际革命结束民族残杀的信号。在这决定命运的时刻拯救俄国革命的荣誉，这同拯救德国无产阶级和国际社会主义的荣誉是一回事。"②从这段话中，可以看出卢森堡作为无产阶级革命家的伟大胸怀。不幸的是，1919年初，这位伟大的思想家和革命家就被反动统治阶级夺去了宝贵的生命。毋庸讳言，卢森堡的被害乃是国际共产主义运动遭受的最惨重的损失之一。

综上所述，卢森堡的一生，是革命的一生，独立思考的一生。尤其是她对俄国革命的批评，时间越久就越表明她的见解，尤其是政治哲学方面的见解是何等正确，何等深刻。尽管她作为一个革命家和政治思想家也犯过这样那样的错误，但正如列宁所说的："她始终是一只鹰，不仅永远值得全世界的共产党人怀念，而且她的生平和她的全部著作……对教育全世界好几代共产党人来说都将是极其有益的。"③深入研究卢森堡的政治哲学理论，坚持党内民主的重要性，乃是社会主义政党维护自己的执政地位的根本性措施之一。

---

① 中共中央马克思恩格斯列宁斯大林著作编译局国际共运史研究室：《国际共运史研究资料（卢森堡专辑）》增刊，人民出版社1981年版，第108页。

② 同上书，第108页。

③ 列宁：《列宁选集》第4卷，人民出版社1995年版，第643—644页。

2007年

从意识形态的科学性到
科学技术的意识形态性^①

意识形态与科学技术之间的关系问题，无论是对意识形态概念的发展史来说，还是对科学技术的发展史来说，都是无法回避的。然而，在哈贝马斯的重要著作《作为"意识形态"的技术与科学》于 1968 年问世以来，这一关系问题仍未真正进入人们的眼帘，甚至在相当程度上还被人们的传统的偏见遮蔽着。事实上，正是这一关系问题为人们对意识形态概念史和科技史的研究是否真正进入当代视野画出了分界线。

一、特拉西：意识形态是
"观念的科学"

众所周知，"意识形态"（idéologie）这一概念是由法国启蒙学者特拉西于 1796 年最早提出来的。他把意识形态称为"观念的科学"（a science of ideals）或简称为"观念学"，并在《意识形态原理》一书中详尽地阐发了自己的观点。正如麦克齐

---

① 原载《马克思主义与现实》2007 年第 3 期。——编者注

（I. MacKenzie）所指出的："对于特拉西来说，意识形态的目的是'给出我们理智能力的一个完全的知识，再从这一知识中推演出其他所有知识分支的第一原则'。"①也就是说，特拉西试图通过其意识形态理论，以科学的方式重建整个知识体系。

在法国启蒙时期和法国大革命时期，特拉西创制出"意识形态"这一新的概念，并把它作为"观念的科学"与传统的思想观念对立起来。他这样做，至少从主观意图上来说是有积极意义的，因为他试图加以反对的正是以烦琐论证为特征的经院哲学和神学的残余思想观念。在他之前，已有不少思想家做出了开创性的努力：如法国哲学家笛卡尔提出了"普遍怀疑"的口号和"我思故我在"的第一真理，英国哲学家弗兰西斯·培根在柏拉图"洞穴比喻"的启发下提出了著名的"四假相"（洞穴假相、种族假相、市场假相和剧场假相）学说，以法国哲学家狄德罗为代表的"百科全书派"学者对"偏见"的声讨和对"理性法庭"的吁求，其宗旨都是批判经院哲学和中世纪神学，倡导新的科学和科学方法。显而易见，特拉西的意识形态理论，作为"观念的科学"也是顺应这一伟大的启蒙运动的潮流的。他也和同时代的其他启蒙学者一样，主张在可靠的感觉经验和理性知识的基础上，重建各种知识，把它们整合成"观念的科学"。这就启示我们，特拉西在创制"意识形态"这一新概念的时候，肯定并坚持的正是这一新概念的"科学性"，而在他看来，科学性也就是思想观念对现实生活的真实反映。

毋庸讳言，特拉西的"意识形态"或"观念的科学"，包含着相应的政治见解，即以自由、民主的政治理想为核心的共和主义，而这种政治见解与拿破仑的政治理念，特别是他恢复帝制的梦想构成了尖锐的对立。正是从这种对立的政治见解出发，拿破仑批评特拉西的意识形态理论是一种耽于幻想的、空洞的理论，并把与特拉西的"观念的科学"认同的那

---

① S. Malesevic and I. MacKenzie ed. , *Ideology After Post-structuralism*, London: Pluto Press, 2002, p. 1.

些人称为"意识形态家"或"空想家"（idéologue）。令人意想不到的是，拿破仑对特拉西的意识形态理论的批判，在欧洲思想发展史上产生了重大的影响。尽管特拉西和他的追随者们竭力把意识形态阐释为"观念的科学"，但拿破仑对特拉西的批评却使下面的观点——意识形态是一种虚假的观念，意识形态家是一些空想家——成了欧洲人家喻户晓的常识。

在这个意义上可以说，历史跟特拉西开了一个颠覆性的玩笑，即特拉西作为"科学的观念"确立起来的意识形态，从一开始就被人们理解为相反的东西——非科学的、虚假的观念。事实上，黑格尔、马克思和恩格斯都站在与拿破仑相近的立场上来理解并阐释"意识形态"理论，即把它作为一种非科学的、应予否定的理论加以批判，这在马克思和恩格斯合著的《德意志意识形态》一书中得到了经典性的表现。

二、阿尔都塞：意识形态与科学的对立

如前所述，在马克思和恩格斯的理论语境中，意识形态乃是一种颠倒的、虚假的意识。事实上，马克思提出的著名的"照相机之喻"就是对意识形态这一根本特征的形象说明。马克思写道："意识在任何时候都只能是被意识到了的存在，而人们的存在就是他们的实际生活过程。如果在全部意识形态中人们和他们的关系就像在照相机中一样是倒现着的，那末这种现象也是从人们生活的历史过程中产生的，正如物象在眼网膜上的倒影是直接从人们生活的物理过程中产生的一样。"[1]正是从这样的见解出发，马克思把颠倒地反映着外部世界的"意识形态"与正确地反映着外部世界的"科学"尖锐地对立起来。

几乎在所有的马克思主义哲学的教科书中，我们都能读到下面这样的结论：意识形态包括哲学、宗教、道德、艺术等具体的意识形式，科

---

① 《马克思恩格斯全集》第3卷，人民出版社1960年版，第29—30页。

学不但不属于意识形态的领域，而且与意识形态是根本对立的，水火不相容的。换言之，意识形态不但不可能像特拉西所设想的那样，成为"观念的科学"，相反，它根本不具有科学性，它甚至是与科学完全对立的。法国结构主义的马克思主义者阿尔都塞正是从这样的理论语境出发去思索意识形态和科学之间的关系的。在《保卫马克思》等一系列著作中，他把科学与意识形态尖锐地对立起来。

在这里，需要深入地加以追问的是：阿尔都塞究竟如何理解意识形态概念的含义？他写道："一个社会或一个时代的意识形态无非是该社会或该时代的自我意识，即在自我意识的意象中包含、寻求并自发地找到其形式的直接素材，而这种自我意识又透过其自身的神话体现着世界的总体。"①阿尔都塞之所以把意识形态阐释为总体性的"神话"，正是为了说明意识形态的虚假性和不可靠性。那么，阿尔都塞又是如何理解"科学"（science）这一概念的呢？他告诉我们："马克思的立场和他对意识形态的全部批判都意味着，科学（科学是对现实的认识）就其含义而言是同意识形态的决裂，科学建立在另一个基地之上，科学是以新问题为出发点而形成起来的，科学就现实提出的问题不同于意识形态的问题，或者也可以说，科学以不同于意识形态的方式确定自己的对象。"②在阿尔都塞看来，科学与意识形态有着根本不同的问题域。既然意识形态是以颠倒的、虚假的方式反映外部世界的，那么它所蕴含的整个问题域就是不可靠的、耽于幻想的。假如完全沿着它所设定的问题域进行思考，人们的思想就会被引上错误的轨道。与此相反，科学则是对外部世界的真实反映，因而科学本身所蕴含的问题域为人们认识和解决现实问题提供了正确的思想引导。

必须指出，阿尔都塞这里使用的"科学"概念主要是指马克思的学说，而特拉西使用的"科学"概念则具有更为宽泛的含义，它泛指整个自

---

① L. Althusser, *For Marx*, London：Verso Books，1977，p. 144.
② Ibid.，p. 78.

然科学和人文社会科学，而不专指某一种科学理论。不管如何，在阿尔都塞那里，意识形态缺乏科学性的特征进一步被转化为它与科学之间的外在的、尖锐的对立。阿尔都塞甚至认为："任何科学的理论实践总是同它的史前的、意识形态的理论实践划清界限，这种区分的表现形式是理论上和历史上的'质的中断'，用巴什拉的话来说就是'认识论断裂'。"①在这里，"认识论断裂"这一用语非常贴切地阐明了科学与意识形态之间的紧张关系。

在阿尔都塞那里，我们发现，特拉西视意识形态为"科学的观念"的初衷不但完全被否定了，而且其结论像钟摆一样荡向另一个极端，即意识形态不但不具有科学性，相反，它与科学是完全对立的。在它们之间，存在着一种不可逾越的"断裂"关系。

三、哈贝马斯：技术与科学本身就是意识形态

如果，在阿尔都塞的视野中，作为自然科学的"科学"和"技术"与意识形态之间的关系还没有得到深入的反省，那么，在《保卫马克思》出版三年后，哈贝马斯却在《作为"意识形态"的技术与科学》一书中全面地探索了这个当代社会越来越无法回避的问题。与阿尔都塞的理论背景不同，哈贝马斯是沿着韦伯的"合理性"概念、马尔库塞的"技术理性＝意识形态"的思路来探索技术、科学同意识形态之间的关系的。他写道："马尔库塞对韦伯的批判得出的结论是：'技术理性的概念，也许本身就是意识形态。不仅技术理性的应用，而且技术本身就是（对自然和人的）统治，就是方法的、科学的、筹划好了的和正在筹划着的统治。统治的既定目的和利益，不是后来追加的和从技术之外强加的，它们早已包含在技术设备的结构中。技术始终是一种历史和社会的设计；一个社会和

---

①　L. Althusser, *For Marx*, London: Verso Books, 1977, pp. 167-168.

这个社会的占统治地位的兴趣企图借助人和物所要做的事情，都要用技术加以设计。统治的这种目的是物质的，因此它属于技术理性的形式本身。'"①假如说，马尔库塞还是试探性地提出技术理性、统治的合法性与意识形态的关系，那么，在哈贝马斯那里，技术与科学就是意识形态的观点得到了十分明确的论述。

哈贝马斯还进一步论述了这种以技术理性或合理性为根本特征的新意识形态与传统的意识形态之间的重大差别："一方面，技术统治的意识同以往的一切意识形态相比较，'意识形态性较少'，因为它没有那种看不见的迷惑人的力量，而那种迷惑人的力量使人得到的利益只能是假的。另一方面，当今的那种占主导地位的，并把科学变成偶像，因而变得更加脆弱的隐形意识形态，比之旧的意识形态更加难以抗拒，范围更加广泛，因为它在掩盖实践问题的同时，不仅为既定阶级的局部统治利益作辩解，并且站在另一个阶级一边，压制局部的解放的需求，而且损害人类要求解放的利益本身。"②按照哈贝马斯的观点，在当代社会中，一旦技术与科学成了意识形态，与传统的意识形态比较起来，它就具有更多的中立性和隐形性，从而也就更容易迷惑人。哈贝马斯还一针见血地指出："技术统治意识的意识形态核心，是实践和技术差别的消失。"③众所周知，康德把理性区分为理论理性与实践理性，而技术、科学只与理论理性有关，当技术和科学作为意识形态涵盖当代社会意识的主要内容时，这必定会导致对实践理性及与之相应的整个人文价值领域的忽视。

---

① ［德］尤尔根·哈贝马斯：《作为"意识形态"的技术与科学》，李黎、郭官义译，学林出版社 1999 年版，第 39—40 页。
② 同上书，第 69 页。
③ 同上书，第 71 页。

四、技术与科学作为意识形态的理论启示

从特拉西于 18 世纪末提出意识形态概念，并把它理解为"观念的科学"，到拿破仑、黑格尔、马克思、阿尔都塞等人排除它的科学性，并把它与科学尖锐地对立起来，再到哈贝马斯把当代技术与科学理解为意识形态，意识形态概念的发展史仿佛完成了一个"圆圈"，即从肯定意识形态的科学性，发展到对它的科学性的否定，再发展到把科学性本身也理解为意识形态。当然，在特拉西那里，科学性是以肯定的方式出现的，但在哈贝马斯那里，科学性却是以否定的方式出现的。不用说，科学性含义的重大变化本身就蕴含着重要的理论启示。

首先，它启示我们，自海德格尔的《技术的追问》、马尔库塞的《单向度的人》和哈贝马斯的《作为"意识形态"的技术与科学》问世以来，人们对技术与科学的历史作用重新做出反省了。也就是说，他们再也不能像过去那样，满足于对技术的所谓"双刃剑作用"的谈论了，从根本上看，现代技术与科学是一种否定性的力量，作为意识形态，它已经蜕变为一种统治的合法性，必须通过对人文主义精神的弘扬来遏制现代技术的意识形态作用的蔓延。

其次，它启示我们，以技术与科学作为自己的灵魂和核心原则的现代意识形态从根本上改变了自己的内涵、特征和起作用的方式。从内涵上看，由于把理论形态的技术与科学接纳到自身之中，现代意识形态不再像传统的意识形态那样，是虚假的意识，而在相当程度上成了真实的意识。从特征上看，现代意识形态总是通过蕴含在技术与科学中的合理性来宣传自己，不再像传统的意识形态那样，诉诸神秘主义和奇迹。从起作用的方式来看，现代意识形态是通过技术与科学的有效性，以隐蔽的、潜移默化的方式发挥自己的作用的，这与传统的意识形态起作用的方式也存在着重大的差别。

最后，它启示我们，历史唯物主义的当代叙述形式也应该随之发生相应的变化，因为按照哈贝马斯的观点，现代技术是以双重身份的方式出现的：一方面，现代技术的实践形态构成了第一生产力，而生产力属于基础的部分；另一方面，现代技术的理论形态又成了现代意识形态的核心内容，而意识形态属于上层建筑的领域。由于现代技术把经济基础和上层建筑贯通起来了，所以以往关于历史唯物主义的简单表述，即"经济基础决定上层建筑"，必须在当代的叙述方式中发生相应的变化。①

总之，从特拉西对意识形态的科学性的肯定，到哈贝马斯对现代技术与科学的意识形态性的肯定，构成了一条值得我们深入地加以反思的思想发展路线。

---

① 拙著《从科学技术的双重功能看历史唯物主义叙述方式的改变》，《中国社会科学》2004 年第 1 期。

在重新理解马克思的途中[①]

——卢卡奇、德拉-沃尔佩、科莱蒂和
阿尔都塞的理论贡献

20 世纪 20—30 年代以来，随着马克思的手稿、遗著和笔记的陆续出版，随着卢森堡的《论俄国革命》一书的问世，随着人们对苏联出现的一系列重大政治事件的深入反思，随着西方资本主义国家出现的生态、女权、种族等一系列新形式的社会运动的发展，无论是马克思哲学的传统的阐释模式，还是正统的阐释者们对马克思和黑格尔关系的传统的理解方式，都面临着严峻的挑战。西方学者，尤其是对作为西方马克思主义思潮的重要代表人物的卢卡奇、德拉-沃尔佩、科莱蒂和阿尔都塞的深入思考，为我们走出传统阐释路线的阴影，重新理解马克思哲学提供了重要的启示。

一、卢卡奇的理论贡献

我们首先注意到的是作为西方马克思主义肇

[①] 原载《上海交通大学学报(哲学社会科学版)》2007 年第 5 期。收录于俞吾金：《传统重估与思想移位》，黑龙江大学出版社 2007 年版，第 3—17 页。——编者注

始人的卢卡奇。作为一个"黑格尔主义的马克思主义者"，尽管卢卡奇对马克思哲学中的黑格尔来源做过高的评价，也没有能够在一些重大的理论问题上把马克思思想与黑格尔思想严格地区分开来，但卢卡奇文本中的某些思想酵素仍然能够激励我们去重新探索马克思哲学的实质。

首先，在其早期代表作《历史与阶级意识》中，卢卡奇明确地提出，马克思主义是一种社会理论。正是从这一见解出发，他肯定了历史唯物主义理论的重要性。在收入该书的《历史唯物主义的功能变化》一文中，他写道："在这场为了意识，为了社会领导权的斗争中，最重要的武器就是历史唯物主义。"①在卢卡奇看来，历史唯物主义乃是资本主义社会的自我认识，它的最重要的任务是对资本主义社会制度做出准确的判断，以揭露其发展的必然的历史趋势，从而使无产阶级能够看清形势，并根据自己的阶级地位正确地去行动："这样，历史唯物主义的首要功能就肯定不会是纯粹的科学认识，而是行动。"②而第二国际理论家，如考茨基之流的一个普遍性的理论错误，就是把历史唯物主义阐释成一种对资本主义社会的"纯粹的科学认识"，而不同时把它理解为无产阶级行动的指南。事实上，马克思哲学，即历史唯物主义之所以在正统的阐释者们那里变质为学院化的高头讲章，是因为他们把理论和实践分离开来了。他们没有意识到，历史唯物主义既是马克思关于资本主义社会发展规律的科学认识，也是无产阶级的自觉的阶级意识。这就启示我们，即使是在社会主义社会里，历史唯物主义也不单是在课堂上被讲解、被传授的知识，更重要的是，它应该成为现实生活的指南，而它本身也应该在与现实生活的互动中不断丰富自己的内涵。

其次，在流亡苏联时写下的《青年黑格尔》这部名作中，卢卡奇说，黑格尔"是试图认真地把握英国工业革命的唯一的德国思想家，也是在

---

① ［匈］卢卡奇：《历史与阶级意识——关于马克思主义辩证法的研究》，杜章智等译，商务印书馆 1992 年版，第 311 页。

② 同上书，第 307 页。

古典经济学的问题和哲学及辩证法之间建立联系的唯一的人"①。卢卡奇深入地分析了青年黑格尔在《伦理体系》《耶拿实在哲学》和《精神现象学》中对劳动、异化问题的论述，强调："劳动的辩证法使黑格尔认识到，人类只能通过劳动走上发展的道路，实现人的人性化和自然的社会化。"②这就启示我们两点。一方面，青年黑格尔的思想，尤其是《精神现象学》对马克思的影响是巨大的。由于正统的阐释者们重视的只是成熟时期的黑格尔和成熟时期的马克思之间的理论关系，所以，无论是青年黑格尔，还是青年马克思的思想都逸出了他们的理论视野。另一方面，在黑格尔和马克思那里，辩证法的最根本的含义不是体现在抽象的、与人相分离的自然上，而是体现在人改造自然的最基本的社会活动——劳动和异化劳动上。当然，在黑格尔的思辨唯心主义哲学体系中，劳动不过是一种抽象的精神劳动，但在马克思的语境中，劳动乃是一种既改变人与自然之间的关系，又改变人与人之间关系的现实活动。

最后，在深入钻研马克思的《1857—1858年经济学手稿》的基础上撰写出来的《社会存在本体论》这部晚年巨著中，虽然卢卡奇主张"自然存在"是"社会存在"的一般前提，从而重新返回到他早期并不赞成的自然辩证法的立场上，但是平心而论，这部著作的重心始终落在社会存在问题上。卢卡奇写道："我们的考察首先要确定社会存在的本质和特征。然而，仅仅为了能够更明智地论述这样一个问题，就不应该忽视一般的存在问题，确切些说，不应该忽视这三大社会存在类型（无机自然、有机自然、社会）之间的联系和差别。如果没有把握这种联系及其动力，也就不能阐述真正的社会存在本体论问题，更不用说按照这种存在的性质相应地解决这类问题了。"③这段话表明，晚年卢卡奇的基本立场仍未脱出"自然存在本体论"的窠臼，但从他这部著作的书名可以看出，他关

---

①   Georg Lukacs, *The Young Hegel*, Cambridge：MIT Press，1976，xxvi.

②   Ibid.，p. 327.

③   Georg Lukacs, *Zur Ontologie des gesellschaftlichen Seins*（Band 1），München：Luchterhand Verlag，1984，s. 8.

注的重点始终落在"社会存在本体论"上。事实上，在这部著作的第二部分中，卢卡奇列出的最重要的问题，如劳动、再生产、意识形态、异化等，都关涉到社会存在问题。尽管晚年卢卡奇在理论上的某些失误引发了他的学生对他的批评，但无论如何，他把马克思哲学理解为"社会存在本体论"的做法打开了重新理解马克思的一条重要思想路径。在今天，从本体论视角出发来探讨马克思哲学已经成为一种时尚。显然，这种立场在很大程度上滥觞于卢卡奇晚年的这部重要的哲学著作。总之，卢卡奇对马克思主义发展的理论贡献是不可磨灭的。

二、德拉-沃尔佩和科莱蒂的理论贡献

在西方马克思主义者的阵营中，意大利的"新实证主义的马克思主义"者德拉-沃尔佩和科莱蒂的思想长期以来没有引起研究者们的充分重视。其实，在重新理解马克思的路途上，他们的理论观点起着十分重要的作用。正如阿尔都塞所说的："我认为，意大利的德拉-沃尔佩和科莱蒂的著作就非常重要，因为在我们时代，只有这两位学者有意识地把马克思与黑格尔的不可调和的理论区别，以及把马克思主义哲学的特殊性，作为他们探讨的中心问题。"[①]1950 年，德拉-沃尔佩出版了《逻辑是一门实证科学》一书，把马克思的哲学传统追溯到休谟、伽利略和亚里士多德，从而把马克思与黑格尔之间的哲学联系边缘化了。他认为，马克思与黑格尔之间的虚假的哲学联系是卢卡奇、柯尔施、葛兰西等人通过左翼黑格尔派的媒介建立起来的，而马克思实际上断然拒绝了黑格尔的思辨唯心主义学说。作为德拉-沃尔佩的学生，科莱蒂和他的老师一样确信，在马克思哲学与黑格尔哲学之间存在着根本性的区别。正是在阐明这种区别的过程中，他们对马克思哲学的实质做出了精辟的论述。

---

① L. Althusser, *For Marx*, London: Verso Books, 1977, pp. 37-38.

第一，肯定了马克思与卢梭在政治理论上的重要继承关系。在《卢梭与马克思》一书中，德拉-沃尔佩把重新理解马克思与卢梭之间在政治理论上的联系视为重新理解马克思哲学的一个重要开端。他认为，马克思和恩格斯都受惠于卢梭，但他们自己似乎并没有意识到这一点。他写道："在我看来，有充分证据表明，科学社会主义的创立者们对自己在历史上受惠于卢梭这一点的认识是混乱的。"[1]他甚至把马克思的《黑格尔法哲学批判》称为"一部完全充满了典型的卢梭人民主权思想的著作"[2]。在他看来，马克思在《哥达纲领批判》和列宁在《国家与革命》中关于资产阶级法权，尤其是"平等权利"的论述，卢梭在 1755 年出版的《论人类不平等的起源和基础》一书中早已论述到了。他引证了卢梭下面的论述："我认为在人类中有两种不平等：一种，我把它叫作自然的或生理上的不平等，因为它是基于自然，由年龄、健康、体力以及智慧或心灵的性质的不同而产生的；另一种可以称为精神上或政治上的不平等，因为它起因于一种协议，是由于人们的同意而设定的，或者至少它的存在是为大家所认可的。第二种不平等包括某一些人由于损害别人而得以享受的各种特权，譬如，比别人更富足、更显赫、更有权势，或者甚至叫别人服从他们。"[3]显然，马克思在《哥达纲领批判》中讨论的，正是卢梭上面谈到的第一种不平等。事实上，卢梭作为平民思想家，也像马克思一样，希望未来社会能达到一种充分认可每个人的才能和贡献的不平等的基础上的平等。德拉-沃尔佩认为，马克思继承了卢梭的思想遗产，扬弃了其资产阶级人道主义关于抽象的人和人性的说教，但马克思却未能对卢梭的贡献做出合理的评价，相反把卢梭看作一个二流的社会批评家。

事实上，正是在卢梭和马克思的启发下，德拉-沃尔佩提出了现代自由和民主具有"两个灵魂"的著名见解："现代自由和民主的两个方面

---

① Galvano Della-Volpe, *Rousseau and Marx*, London：Verso Books, 1978, p. 149.

② Ibid., p. 144.

③ Ibid., p. 139.

或两个灵魂：一个是公民的（政治的）自由［civil（political）liberty］，它是由国会的或政治的民主所建立的，在理论上是由洛克、孟德斯鸠、康德、洪堡和康斯坦特提出的；另一个是平等的（社会的）自由［egalitarian（social）liberty］，它是由社会主义民主所创立的，在理论上首先是由卢梭提出的，后来，马克思、恩格斯和列宁或多或少地做了论述。"①从上面的论述可以看出，德拉-沃尔佩所谓现代文明的"两个灵魂"，也就是指现代社会的"两种自由"：公民的自由或政治的自由，也就是资产阶级的自由，它是资产阶级通过革命而争得的；平等的自由或社会的自由，也就是社会主义社会所倡导的自由，那是绝大多数人享受的自由。德拉-沃尔佩认为，第二种自由是以第一种自由为基础的。显而易见，德拉-沃尔佩启示我们，应该用更宏大的视野来重新探索马克思与前人的思想遗产之间的关系。马克思不仅继承了德国古典哲学的思想遗产，也继承了像卢梭这样的社会政治思想家的重要思想遗产。

第二，论述了马克思辩证法与黑格尔辩证法之间的根本区别。德拉-沃尔佩不仅提出了"两种自由"的观念，也提出了"两种辩证法"的观念：一种是黑格尔所坚持的"先天的辩证法"（a priori dialectic），通常也可以称作"思辨的辩证法"；另一种是马克思所主张的"科学的辩证法"（scientific dialectic），通常也可以称作"分析的辩证法"。他认为，"先天的辩证法"的传统一直可以追溯到古希腊哲学家柏拉图，其特点是从先天的理念、目的出发来阐释各种经验现象。这种辩证法在黑格尔那里达到了顶峰。与此不同，"科学的辩证法"的传统则可以追溯到意大利科学家伽利略。伽利略方法的本质特征是诉诸经验，诉诸事实，诉诸实验。这正是现代实验科学的唯物主义的逻辑和方法。德拉-沃尔佩强调，马克思既继承了伽利略的科学实验的方法论传统，也融入了他自己关于社会历史的经验知识，从而以前所未有的彻底性批判了黑格尔辩证法的先天倾向。德拉-沃尔佩认为，在马克思批判黑格尔"先天的辩证法"的著

---

① Galvano Della-Volpe, *Rousseau and Marx*, London：Verso Books, 1978, p. 109.

作中，最重要的是《黑格尔法哲学批判》。正如他的学生科莱蒂所评论的：“对于德拉-沃尔佩来说，马克思早年的《黑格尔法哲学批判》是一个中心的出发点。”①为什么德拉-沃尔佩特别重视马克思的这部早期著作呢？在他看来，正是通过这部著作，马克思深入地批判了黑格尔的“先天的辩证法”，建立了自己的“科学的辩证法”，从而为其以后思想的发展奠定了基础。

德拉-沃尔佩写道：“之所以说《黑格尔法哲学批判》是最重要的文本，是因为它以批判黑格尔逻辑学（通过批判黑格尔的伦理—法哲学）的方式，包含着新的哲学方法的最一般的前提。凭借这一批判，马克思揭示了先验唯心主义的以及一般思辨的辩证法的‘神秘性’。这些神秘性就是黑格尔哲学的基本逻辑矛盾或实质性的（不仅仅是形式上的）同义反复，这些矛盾和重复来自黑格尔辩证法的概念结构的一般的（先天的）特征。与此同时，马克思建立了与之相对立的革命的‘科学的辩证法’。”②德拉-沃尔佩把马克思的《黑格尔法哲学批判》称作“最重要的文本”的说法是有片面性的，因为马克思在与恩格斯合著的《神圣家族》《德意志意识形态》等著作中也对黑格尔哲学，包括他的辩证法思想的神秘性做过透彻的批判。与这些著作比较起来，《黑格尔法哲学批判》中的思想应该是更不成熟的，至多只能说它是马克思批判黑格尔辩证法的神秘性的开端。当然，一方面，德拉-沃尔佩重视的是马克思一个人撰写的著作，他之所以在《卢梭与马克思》一书中还提到了《1844 年经济学哲学手稿》和《哲学的贫困》，因为它们都是马克思的著作；另一方面，把《黑格尔法哲学批判》理解为马克思清算黑格尔唯心主义辩证法思想的开端是有意义的。德拉-沃尔佩认为，黑格尔的“先天的辩证法”的要害是先把现实归结为理念，再把理念理解为真正的现实和活动的主体，而真正外在于人的观念的现实反倒成了宾语，成了逻辑范畴的工具。在《黑格尔法

---

① NLR edited, *Western Marxism: A Critical Reader*, London: Verso Books, 1977, p. 322.

② Galvano Della-Volpe, *Rousseau and Marx*, London: Verso Books, 1978, p. 162.

哲学批判》中，马克思写道："对现代国家制度的真正哲学的批判，不仅要揭露这种制度中实际存在的矛盾，而且要解释这些矛盾；真正哲学的批判要理解这些矛盾的根源和必然性，从它们的特殊意义上来把握它们。但是，这种理解不在于像黑格尔所想像的那样到处去寻找逻辑概念的规定，而在于把握特殊对象的特殊逻辑。"①德拉-沃尔佩认定，这段话是马克思对"科学的辩证法"的最初表述。它从一开始就与黑格尔的"先天的辩证法"截然相反，不是使思维起源于逻辑范畴，而是明确地主张要"把握特殊对象的特殊逻辑"。

科莱蒂在《马克思主义和黑格尔》一书中从不同的视角出发批判了黑格尔的辩证法。他把黑格尔的辩证法称为"物质辩证法"（dialectic of mater），并强调他是历史上第一个物质辩证法家，以后出现的、关于物质世界辩证法的理论都不过是他的辩证法的机械的抄本。那么，"物质辩证法"的基本含义是什么呢？科莱蒂写道："物质辩证法的要义，即有限的是无限的，实在的是合乎理性的。换言之，规定者或实在的对象，这个唯一的'这一个'不再存在；存在的是理性、理念、对立面的逻辑的包涵物，是与那一个不可分离的这一个。同时，存在一旦被归结为思想，思想倒过来就成了存在物，即获得存在并在一个实在的对象中具体化的对立面的逻辑统一体。"②这段话中包含着以下三层意思：一是，物质辩证法取消了个别有限事物的独立存在，使有限事物成了内在于无限的、从属性的东西；二是，思想和观念是唯一客观实在的东西；三是，思想和观念所固有的逻辑矛盾投射出来，成了世界万物固有的内在矛盾。在批判黑格尔的物质辩证法的基础上，科莱蒂进一步指出，恩格斯、普列汉诺夫和列宁的辩证唯物主义实际上就是黑格尔的物质辩证法："'唯物辩证法'在其严格的意义上，就是黑格尔自己的物质辩证法。"③他把黑格尔《逻辑学》中的论述与恩格斯在《反杜林论》和列宁在《哲学笔记》中的

---

① 《马克思恩格斯全集》第 1 卷，人民出版社 1956 年版，第 359 页。
② Lucio Colletti, *Marxism and Hegel*, London：New Left Books, 1973, p. 20.
③ Ibid., p. 103.

论述加以比较，确信以恩格斯、列宁为代表的辩证唯物主义几乎原封不动地搬用了黑格尔的物质辩证法。他还认为，虽然卢卡奇所开创的西方马克思主义在某些方面与恩格斯、普列汉诺夫和列宁有分歧，但卢卡奇也无批判地接受了黑格尔的物质辩证法："如果这一分析是正确的，那么，辩证唯物主义与西方马克思主义之间的差异就会显露出新的含义——它与其说是唯物主义模式的马克思主义和作为'实践哲学'的马克思主义之间的差别，毋宁说是同一个黑格尔传统的两个对立的和掺和了大量异物的分支之间的差别。"①与德拉-沃尔佩不同，科莱蒂没有提出其他的辩证法模式与黑格尔的物质辩证法相对立，但他强调，马克思主义者只有克服对黑格尔的迷恋，重新回到在康德哲学中已经显露出来的唯物主义的立场上去，才能坚持正确的哲学观点。

第三，强调了思维与存在的异质性。科莱蒂认为，沿着黑格尔的物质辩证法继续向前追溯，就会发现，黑格尔哲学的真正基础是思维与存在的同一性：一方面，实在的过程被归结为单纯的逻辑范畴的演化过程；另一方面，观念和逻辑的东西倒过来又成了实在的主体和基质。所以，他认为，回到真正的唯物主义立场上来的第一步就是中止思维对存在的吞并，承认思维与存在的异质性，从而从根本上切断把实在归结为观念，倒过来又把观念视为实在主体的唯心主义倾向。他这样写道："这是一个真正的、基本的两难问题：或者是思维与存在的同一性，或者是思维与存在的异质性（either the identity, or the heterogeneity, of thought and being），这个选择把独断主义与批判的唯物主义区分开来了。"②按照科莱蒂的看法，思维与存在异质性的基本含义是：实在是一个独立发展的过程，它存在于思维之外、观念之外、逻辑之外。实在的过程不能被归结为逻辑的过程，反之，逻辑上可能的东西并不意味着在实在中已经存在或必定会存在。在科莱蒂看来，正是从思维与存在的异

① Lucio Colletti, *Marxism and Hegel*, London: New Left Books, 1973, pp. 194-195.

② Ibid., p. 97.

质性的观念出发，马克思最终摆脱了黑格尔思辨哲学的影响，开始从事对资本主义社会现实的研究，并分析了"异化"这一重要的社会现象。事实上，异化现象的存在本身就是对思维与存在的异质性的一种确证。人们按照理性创造出来的世界倒过来成了压抑他们自己的异己的存在物，这本身就表明，实在居于理性和思维之外，是与理性、思维完全不同质的另一种东西。

必须指出，科莱蒂把"思维与存在的异质性"与"思维与存在的同一性"对立起来，在理论上并不是明晰的。其实，与"异质性"概念相对立的应该是"同质性"（homogeneity）。所谓"同质性"，也就是把思维与存在看作性质完全相同的东西。思维就是存在，存在就是思维。所谓"同一性"是指：思维可以认识存在，把握存在，向存在转化。因此，应该加以反对的不是"思维与存在的同一性"，而是"思维与存在的同质性"。说得明白一些，我们反对的是"以思维与存在的同质性为基础的思维与存在的同一性"，赞成的是"以思维与存在的异质性为基础的思维与存在的同一性"。不管如何，科莱蒂主张从黑格尔回溯到康德的批判的唯物主义的立场，把思维与存在的异质性理解为批判的唯物主义立场的根本要求，有着异乎寻常的重要性。①

第四，提出了"社会生产关系"理论。科莱蒂认为，要彻底地摈弃黑格尔的思辨唯心主义，深入地把握马克思哲学的真精神，就要把整个问题域从逻辑和思维的层面上拖下来，转移到现实生活中，尤其是转移到马克思的历史唯物主义所关注的核心问题——"社会生产关系"（social relations of production）——的探讨上。他写道："马克思第一次成功地把整个先前的哲学问题域转变为关于'社会生产关系'概念及分析这一概念的新的问题域。"②从上面的论述可以看出，"新实证主义的马克思主义"者德拉-沃尔佩和科莱蒂思想的深刻之处在于，他们试图通过向康德

---

① 俞吾金：《关于哲学基本问题的再认识》，《北京大学学报（哲学社会科学版）》1997年第 2 期。

② Lucio Colletti, *Marxism and Hegel*, London：New Left Books，1973，p. 248.

哲学的返回，阐明马克思哲学所从属的真正的传统，从而对马克思哲学的实质做出了新的阐释。

三、阿尔都塞的理论贡献

法国"结构主义的马克思主义"者阿尔都塞在对马克思哲学的重新探索中，提出了一系列富有启发意义的新观点。

第一，肯定了马克思哲学与黑格尔哲学之间的对立。《孟德斯鸠、卢梭、马克思：政治和历史》这部著作的第三部分的标题就是"马克思对黑格尔的关系"。在阿尔都塞看来，阐明这种关系始终是保卫马克思思想纯洁性的一个前提。他认为，从科学史上看，存在着三块"科学的大陆"：一是古希腊人开启的"数学的大陆"，在此基础上形成了柏拉图哲学；二是由伽利略开启的"物理学的大陆"，在此基础上形成了笛卡尔哲学；三是由马克思开启的"历史的大陆"，在此基础上形成了马克思主义哲学或辩证唯物主义。阿尔都塞强调："马克思对历史科学的奠基是当代历史中最重大的理论事件。"[①]人们也许会问，在西方哲学史上，黑格尔是把理性历史化的重要哲学家，为什么阿尔都塞不说是黑格尔开启了"历史的大陆"？道理很简单，因为在他看来，黑格尔哲学，尤其是他的神秘的辩证法思想，是不可能使他真正洞见历史的本质的，相反，只有马克思，从其历史唯物主义立场和合理的辩证法思想出发，才能成为"历史的大陆"的当之无愧的开启者。正是基于这样的考虑，阿尔都塞写道："在马克思的著作中，我们发现了下述实质性的东西，即一个非黑格尔的历史观念，一个非黑格尔的社会结构观念（一个占支配地位的结构整体），一个非黑格尔的辩证法观念。因此，如果这些就是很好的理

---

① L. Althusser, *Montesquieu*, *Rousseau*, *Marx*：*Politics and History*，London：Verso Books，1982，p. 166.

由的话，它们对于哲学来说已经产生了决定性的结果，这种结果首先体现为对古典哲学范畴的基本体系的拒斥。"①与德拉-沃尔佩和科莱蒂一样，阿尔都塞也认为，在马克思与黑格尔乃至整个德国古典哲学之间，存在着问题域的根本性的转变。

第二，论述了"意识形态"（ideology）与"科学"（science）之间的对立关系。什么是"意识形态"呢？阿尔都塞告诉我们："一个社会或一个时代的意识形态无非是该社会或该时代的自我意识，即在自我意识的意象中包含、寻求并自发地找到其形式的直接素材，而这种自我意识又透过其自身的神话体现着世界的总体。"②所谓"神话"，也就是通过幻想的、颠倒的关系反映着现实世界。意识形态具有普遍性（每个人都无法回避它）、实践性（拥有现实的力量）、强制性（人们无法对它进行选择）和虚假性（以幻想的关系表现现实的关系）等特点。那么，这里的"科学"又是指什么呢？阿尔都塞认为："谁如果要达到科学，就要有一个条件，即要抛弃意识形态以为能接触到实在的那个领域，即要抛弃自己的意识形态问题框架（它的基本概念的有机的前提及它的大部分概念）从而'改弦更辙'，在一个全新的科学的问题框架中确立新的理论活动。"③简言之，在"科学"与"意识形态"之间，存在着问题框架上的根本性区别。"科学"奠基于对未遭到意识形态扭曲的现实世界的正确认识。因此，要达到"科学"的问题框架，就要深入地反思并先行地超越意识形态的问题框架。在阿尔都塞看来，这种超越体现出质的飞跃，而马克思的科学理论正是在与意识形态决裂的前提下形成起来的。

第三，揭示了"问题框架"（problematic）与"认识论断裂"（epistemological break）之间的内在联系。阿尔都塞认为，问题框架是一个整体性的概念，它不是着眼于一位思想家著作中的某一个问题，而是着眼于整

---

① L. Althusser, *Montesquieu, Rousseau, Marx: Politics and History*, London: Verso Books, 1982, p. 173.

② L. Althusser, *For Marx*, London: Verso Books, 1977, p. 144.

③ Ibid., pp. 192-193.

个问题体系。阿尔都塞强调："问题框架并不是作为总体的思想的抽象，而是一个思想以及这一思想所可能包括的各种思想的特定的具体结构。"①比如，在费尔巴哈的著作中，人本主义和异化不仅是其宗教批判中的问题框架，也是贯通其政治、历史、伦理思想中的问题框架。判定一个思想家的某部著作的性质，归根到底取决于我们对他的思想中的问题框架的把握，因为问题框架是各种组成因素的前提。只有从它出发，各种组成因素才变得可以理解。此外，问题框架作为思想的内在结构，并不是一目了然的。在通常的情况下，一个思想家总是在问题框架内进行思考，而从不怀疑、反思问题框架本身，因为问题框架通常深藏于无意识的层面上，在意识层面上是接触不到它的。正如阿尔都塞所说："一般说来，问题框架并不是一目了然的，它隐藏在思想的深处，在思想的深处起作用，往往需要不顾思想的否认和反抗，才能把问题框架从思想深处挖掘出来。"②

那么，"认识论断裂"又是怎么一回事呢？阿尔都塞告诉我们："任何科学的理论实践总是同它史前的、意识形态的理论实践划清界限，这种区分的表现形式是理论上和历史上的'质的中断'，用巴什拉的话来说就是'认识论断裂'。"③显而易见，阿尔都塞引入"认识论断裂"这个术语，目的是要说明"意识形态"与"科学"之间的界限及认识进展过程中的非连续性。那么，"认识论断裂"的标志又是什么呢？阿尔都塞指出："认识论断裂标志着由前科学的问题框架转变到科学的问题框架。④ 也就是说，在分析一个理论家的思路历程时，重要的不是阐明其思想发展的连续性，而是判别其有否出现认识论的断裂，即有否出现问题框架的根本转变。如有，就要进一步判定"断裂"的确切位置。无疑地，"问题框架"和"认识论断裂"这两个术语为我们重新反思马克思哲学与黑格尔

① L. Althusser, *For Marx*, London: Verso Books, 1977, pp. 167-168.

② Ibid. , p. 69.

③ Ibid. , pp. 167-168.

④ Ibid. , pp. 32-33.

哲学之间的关系提供了重要的启发。

第四，提出了马克思思想发展的"四阶段论"。阿尔都塞引入"认识论断裂"这一术语，对马克思思想发展历程做出了新的说明："在马克思的著作中，确实有一个'认识论断裂'；按照马克思本人的说法，这一断裂的位置就在他生前没有发表过的、用于批判他过去的哲学（意识形态）信仰的那部著作《德意志意识形态》。总共只有几段话的《关于费尔巴哈的提纲》是这个断裂的前岸；在这里，新的理论信仰以必定是不平衡的和暧昧的概念与公式的形式，开始从旧信仰和旧术语中显露出来。"①正是通过认识论断裂，马克思的思想可以被划分为两大阶段，即"意识形态"阶段（1845 年断裂前）和"科学"阶段（1845 年断裂后）。在前一个阶段中，马克思的思想还未突破意识形态的氛围，其思想还是不成熟的、前科学的；在后一阶段中，马克思抛弃了意识形态的问题框架，退回到真正的现实中，形成了自己科学理论的新的问题框架。具体地说来，马克思的整个思想过程可以划分为以下四个阶段。

第一个阶段是青年时期的著作（1840—1844）。在这一阶段中，马克思首先采纳了康德、费希特的问题框架，即"理性和自由"。接着，他又接受了费尔巴哈的问题框架"人本主义和异化"。有趣的是，阿尔都塞坚持，马克思从来就不是黑格尔派，他在思想上始终与黑格尔保持着距离。他起先是康德和费希特派，后来又是费尔巴哈派。

第二个阶段是断裂时期的著作（1845），即《关于费尔巴哈的提纲》和《德意志意识形态》。这两部论著，首次出现了马克思的新的问题框架，但它还不是严格的、规范的，而是以批判的方式表达出来的。《关于费尔巴哈的提纲》可以被比喻为思想的闪电，其中还有好多谜没有解开。在《德意志意识形态》中，新术语和旧概念混合在一起，增加了阅读上和理解上的困难。但在马克思的思想发展史上，这两部论著的重要性是无与伦比的。

---

① L. Althusser, *For Marx*, London: Verso Books, 1977, p. 33.

第三个阶段是成长时期的著作(1845—1857)。这是马克思撰写《资本论》初稿前的那个阶段，其中包括《哲学的贫困》、《共产党宣言》等著作。事实上，马克思必须进行长期的、深入的理论思考，才能确立起一套适合于新的问题框架的概念和术语。

第四个阶段是成熟时期的著作(1857—1883)。这个阶段的主要代表作是《资本论》和《哥达纲领批判》。在这个阶段中，马克思与德国哲学意识形态完全分离，新的问题框架由假设转变为科学，马克思系统地表达了自己的科学理论。

尽管阿尔都塞提出的"四阶段论"还有不少可商榷之处，尤其是他认为马克思始终未受黑格尔影响的见解也与马克思本人的一些表述相冲突，但他把"认识论断裂"的观念引进对马克思思想发展进程的理解和阐释中，这对我们深入地把握马克思思想发展的脉络是有积极意义的。

第五，开创了从阅读《资本论》着手去把握马克思思想的新思路。众所周知，《资本论》是马克思花了大半生的精力研究政治经济学的结晶，也是马克思最重要的理论著作。阿尔都塞认为，《资本论》既是政治经济学著作，也是哲学著作。他甚至认为："如果没有马克思哲学的帮助，那是不可能读懂《资本论》的。"①那么，究竟如何借助马克思哲学来正确地阅读《资本论》呢？阿尔都塞认为，只注意马克思行文的字面含义和表层意思的"直接的阅读"(immediate reading)是不够的。为此，他提出了一种新的阅读方法——症候阅读法。他写道："我建议，我们不应该用直接阅读的方法来对待马克思的文本，而必须采取症候阅读法来对付它们，以便在话语的表面的连续性中辨认出缺失、空白和严格性上的疏忽。在马克思的话语中，这些东西并没有说出来，它们是沉默的，但它们在他的话语本身中浮升出来。"②按照阿尔都塞的观点，这里说的"缺

---

① L. Althusser, *Reading Capital*, New York: New Left Books, 1970, p. 75.
② Ibid., p. 143.

失""空白"和"严格性上的疏忽"等，就是"症候"的具体表现形式。他主张通过对这些症候的觉察来揭示隐藏在文本深处的问题框架。他认为，在"直接的阅读"中呈现出来的只是"第一文本"（the first text），即文本的表层结构和字面上的意思。尽管这种阅读方法也是必要的，但停留在这种阅读方法中又是不够的。因而，必须通过症候阅读法来捕捉隐藏在深处的"第二文本"（the second text）。通过这样的文本，问题框架才有可能浮现出来。

在阿尔都塞看来，一个给定的问题框架总是具有一个与之相应的视界。在这个确定的视界中，只有某些问题是可见的，另一些问题则是不可见的。因此，当读者阅读某个文本时，如果他本人赖以进行思考的问题框架与被阅读的文本所蕴含的问题框架是一致的，那么就能见到这个文本向他显现出来的全部问题；如果是不一致的，就只能见到他自己的问题框架允许他看到的问题，而对被阅读的文本所蕴含的问题框架和问题体系就可能失察。因此，阿尔都塞强调："要看见那些不可见的东西，要看见那些失察的东西，要在充斥着的话语中辨认出缺乏的东西，在充满文字的文本中发现空白的地方，我们需要某种完全不同于直接注视的方式；我们需要的是一种新的注视，即有根据的注视，它是由'视界的变化'对正在起作用的视野的思考而产生出来的，马克思把它描绘为'问题框架的转换'（transformation of the problematic）。"①这就启示我们，在阅读文本的过程中，读者首先要运用症候阅读法，追随并把握蕴含在文本深处的问题框架，从而超越自己固有的问题框架，转换到文本所蕴含的新的问题框架中。只有这样做才可能真正发现那些在自己的问题框架中必定处于失察状态的新问题。

阿尔都塞举了下面的例子来说明，马克思本人是如何运用症候阅读法来解读英国古典经济学的。众所周知，在古典经济学的文本中，劳动价值乃是一个基本问题。古典经济学家们普遍认为，劳动的价值相当于

---

① L. Althusser, *Reading Capital*, New York: New Left Books, 1970, p. 27.

维持和再生产劳动所必需的商品的价值。但马克思却看到了这一普遍性的结论所包含的"空白"。实际上，这个结论可以改写为：劳动（　）的价值相当于维持和再生产劳动（　）所必需的商品价值。因为"劳动"作为过程是无法被再生产出来的，"劳动"本身也是无法成为商品的，唯有"劳动力"才能成为商品。这样一来，上述结论就进一步被改写为：劳动（力）的价值相当于维持和再生产劳动（力）所必需的商品的价值。正因为马克思读出了英国古典经济学文本中的"空白"，所以他创立了"劳动力价值"的新理论，从而超越了英国古典经济学的问题框架和视界。阿尔都塞写道："马克思能够看到斯密的注视所回避的东西，因为他已经拥有一个新的视界，这一新的视界是从新的回答中产生出来的，是无意识地从旧的问题框架那里产生出来的。"①毋庸讳言，阿尔都塞运用结构主义方法重新阅读《资本论》，确实读出了新意。总之，阿尔都塞对马克思哲学的独特的探索路径，尤其是他对马克思哲学与黑格尔哲学关系的独特的理解方式，对我们重新理解并阐释马克思哲学的实质提供了许多宝贵的启示。

在当代哲学家中，能为我们重新理解马克思哲学提供启发性的思想酵素的，当然不只卢卡奇、德拉-沃尔佩、科莱蒂和阿尔都塞。在这里我们还没有涉及法兰克福学派，尤其是哈贝马斯重建历史唯物主义的努力，也没有涉及葛兰西对马克思哲学所做的实践哲学维度的诠释，更没有涉及后现代主义学者，尤其是鲍德里亚对马克思经济哲学思想的批评性重建。然而，不能否认，正是上述学者的思索，为我们重新理解并阐释马克思哲学的实质提供了极为重要的思想资源。

---

① L. Althusser, *Reading Capital*, New York: New Left Books, 1970, p. 28.

《传统重估与思想移位》自序^①

在我国，国外马克思主义思潮的研究滥觞于
20 世纪 70 年代末 80 年代初的"西方马克思主义
热"。近年来，随着改革开放的深入发展，除了
西方马克思主义以外，俄罗斯和东欧的新马克思
主义，越南、古巴、朝鲜等社会主义国家的马克
思主义，非洲、拉丁美洲的马克思主义也渐渐地
进入研究者们的眼帘。我们发现，国外马克思主
义研究正在成为一门显学。

国外马克思主义的研究之所以引起学术界的
高度重视，有各方面的原因。一是我国是以马克
思主义作为指导思想的，当然需要以开放的心态
去了解、研究国外马克思主义的各种思潮，包括
它们的代表人物、代表性著作和原创性的理论以
及最新的发展态势，并以它们作为参照系来反思
我们自己在马克思主义研究方面的得失，以便在
实践中丰富和发展马克思主义。二是自马克思和
恩格斯逝世，不但国际共产主义运动，而且整个
国际社会都发生了一系列重大的变化，其中很多
变化超出了马克思和恩格斯当时的预料，这就需
要研究者从新的时代和现实生活出发，对马克思

---

① 原载俞吾金：《传统重估与思想移位》，黑龙江大学出版社 2007 年版。收录于《哲学随想录》，北京师范大学出版社 2016 年版，第 342—348 页。——编者注

主义做出新的探索和阐释，而这些尝试性的探索和阐释本身就构成了国外马克思主义发展的新的轨迹。我国是发展中国家，发达国家在现代化道路上获得的经验、经历的挫折，通过国外马克思主义者的论著高度集中地展示出来，成为我国探索现代化道路的重要借鉴，也引起了我国的马克思主义研究者越来越浓厚的兴趣。三是马克思主义作为对资本主义的诊断和批判、对社会主义的预期和实践，始终保持着顽强的生命力，始终是当代形形色色的社会政治思潮的源头活水之一。换言之，流逝的时间不仅没有磨损马克思主义的棱角，降低它的价值，耗尽它的资源，反而使它更具有吸引力，更富于解释力，更显得光彩夺目。总之，谁都不会否认，马克思仍然是我们的同时代人，马克思主义仍然是这个时代的思想理论的制高点。

显然，人们对国外马克思主义的了解越是深入，就越会认识到，西方马克思主义是整个国外马克思主义中最富有理论原创性的部分。事实上，以卢卡奇为肇始人的西方马克思主义思潮本身就是在对传统的反叛和重估中诞生的。一方面，以伯恩施坦和考茨基为代表的第二国际理论家们，通过片面地强调马克思主义的"科学性"，即倡导所谓"科学的马克思主义"，把马克思主义曲解为绝对的决定论，曲解为对历史规律的盲目崇拜，完全忽视了马克思主义对人民群众的社会实践活动的倚重、对无产阶级巨大的历史创造作用的肯定。事实上，抽去马克思主义的实践性，片面地强调它的科学性，也就等于放弃革命，消极地等待历史规律本身发挥作用。正如古代诗人贺拉斯所描绘的：

> 乡下佬等候在河边，
> 企望河水流干；
> 而河水流啊，流啊，
> 永远流个没完。①

---

① 转引自［德］康德：《任何一种能够作为科学出现的未来形而上学导论》，庞景仁译，商务印书馆 1982 年版，第 5 页。

在这种情况下，西方马克思主义者如何重估传统？他们自然而然地把求助的目光转向列宁创办的第三国际，特别是转向列宁本人的思想，因为正是列宁复兴了马克思主义的"实践性"，而他领导的俄国十月革命的胜利本身就是对第二国际理论家们的错误观念的证伪。可是，与此相对照的是，在十月革命的影响下爆发的中欧、南欧革命却相继失败了。不用说，成功的经验要总结，失败的教训要记取。事实上，西方马克思主义早期代表人物卢卡奇、柯尔施和葛兰西的理论思考正是从这样的经验教训中起步的。然而，思想的更替比人们预期的情况要复杂得多。问题的另一方面是，列宁缔造的世界上第一个社会主义国家刚诞生不久，目光敏锐的卢森堡就写下了《论俄国革命》的手稿(首次出版于 1922 年)，就党的建设、党内民主、阶级关系、政权性质、国家关系等一系列重大理论问题对俄国革命党提出了批评。尽管这些见解不乏粗糙之处，甚至也有错误的地方，但其中有些批评确实切中了俄国革命党的要害，并在俄国社会以后的发展中得到了印证。无疑，卢森堡的见解对卢卡奇产生了深刻的影响。众所周知，卢卡奇早期的代表作《历史与阶级意识》是由八篇论文组成的，其中两篇论文《作为马克思主义者的罗莎·卢森堡》和《对罗莎·卢森堡〈论俄国革命〉的批评意见》都直截了当地探讨了卢森堡的思想，至于间接讨论的地方在书中就更多了。实际上，卢森堡关于俄国革命的批评性见解的影响是十分巨大的。柯尔施于 1923 年出版了其代表作《马克思主义和哲学》后，遭到了许多批评。1930 年，他发表了著名的《反批评》，其中也包含着对苏联的政治社会生活的深刻反省和批评。

总之，在对马克思主义传统的重估中，西方马克思主义者们既要批判第二国际的理论家们对马克思主义的曲解，又要警惕第三国际，尤其是苏联社会主义发展中出现的种种问题；既要总结俄国十月革命的伟大成就，又要反省中欧、南欧革命失败的经验教训；既要面对历史，又要向新发生的重大事件和新鲜经验敞开思绪。事实上，西方马克思主义的整个思潮也正是伴随着一系列重大的社会历史事件的发生而发展起来的。除了上面我们已经提到的那些重大的社会历史事件外，20 世纪的两次世界大战，1929—1933 年的经济危机，马克思的《1844 年经济学哲学手稿》和《伦敦经济学手稿》分别于 1932 年和 1939—1941 年问世，中国和东欧一系列社会主义国家的建立，1963 年的古巴导弹危机，1979 年入侵阿富汗，1968 年法国的五月风暴，20 世纪后半叶女性主义、生态主义、东方主义、晚期资本主义、后现代主义等思潮的兴起，苏联解体、东欧剧变，直到 21 世纪初的"9·11"事件，所有这些都为西方马克思主义者永不枯竭的原创性思维提供了现实基础和理论动力，也使他们的思想主题随着历史的发展而发生重大的移位。

如果说，西方马克思主义的早期代表们关注的主要问题是历史运动、阶级斗争、市民社会、实践活动、意识形态领导权、社会批判理论、社会革命及性格分析等的话，那么，20 世纪五六十年代以降，西方马克思主义者的思想则发生了重大的移位。频频出现的主题令人耳目一新，如全球化、现代性、种族冲突、生活政治、消费社会、景观社会、新帝国主义、符号经济学、资本与跨国公司、交往行动理论、技术拜物教、生态社会主义、女性主义、后现代主义、市场社会主义、国际恐怖主义，等等。

其实，西方马克思主义在发展进程中的思想移位正是其本质特征之一。我们知道，以卢卡奇、柯尔施和葛兰西为代表的早期西方马克思主义者常常被研究者们称为"黑格尔主义的马克思主义者"，因为他们的思想都有一个共同的特征，即深受黑格尔思维方式的影响。黑格尔哲学作为"同一哲学"（philosophy of identity），其思维方式的本质特征是"思维与存在的同质性"（the homogeneity of thinking and being），这里的"同质性"的含义是：思维即存在，存在即思维。正是在思维与存在同质性的基础上，黑格尔提出了"思维与存在的同一性"（the identity of thinking and being）的学说，即思维可以转化为存在，存在也可以转化为思维。黑格尔思维方式的根本缺陷在其"同质性"理论中暴露无遗：一方面，存在中具备的东西在思维中也必定会具备；另一方面，思维中蕴含的观念性的东西完全能够在存在中化为现实性的东西。总之，思维与存在的关系是一而二、二而一的。正是这种思维方式严重地阻碍了西方马克思主义的早期代表们真正从现实世界出发去提出问题和思索问题。

于是，一个重大的理论问题被提出来了，即究竟如何理解马克思哲学与黑格尔哲学之间的关系？在思维方式上，这个问题进一步被转化为：究竟把"思维与存在的同一性"奠基于黑格尔的"思维与存在的同质性"之上，还是奠基于马克思的"思维与存在的异质性"（the heterogeneity of thinking and being）之上。敏锐地发现并提出这个问题的是意大利的新实证主义的马克思主义者科莱蒂。科莱蒂通过向康德哲学的回归而深刻地认识到黑格尔思维方式的荒谬性，在其代表作《马克思主义和黑格尔》中，他这样写道："这是一个真正的、基本的两难问题——或者是思维和存在的同一性，或者是思维和存在的异质性，这个选择把独断主义与批判的唯物主义区分开来了。"①在这里，科莱蒂把马克思主义的思维方式作为"批判的唯物主义"与黑格尔的思维方式——"独断主义"尖锐地对立起来了。在他看来，马克思的批判的唯物主义正是以承认思维与存在的异质性为前提的。所谓"异质性"，意指思维与存在（现实生活）完全是不同质的东西；思维是服从逻辑规则的，而存在是不受逻辑规则制约的；思维中蕴含的东西并不一定能够转化为存在的东西。正是对这种异质性的充分肯定促使马克思脱离了黑格尔的思辨唯心主义哲学的藩篱，积极地参与现实斗争，并通过对市民社会的解剖，揭示了资本主义社会生活的全部奥秘。

科莱蒂的深刻之处是看到了马克思哲学与黑格尔哲学之间的根本性的对立，但他在表达上的不妥在于把"思维与存在的同一性"与"思维与存在的同质性"这两个不同的术语混淆起来了。其实，马克思也肯定了思维与存在的同一性。显而易见，要是这种同一性也不存在的话，那么

---

① L. Colletti, *Marxism and Hegel*, London: New Left Books, 1973, p. 97.

人们根本无法认识存在（现实生活），所以，问题的焦点不在于思维与存在之间是否具有同一性，显然，这种同一性是肯定存在的。问题的真正焦点在于：应该把"思维与存在的同一性"奠基于"思维与存在的同质性"之上，还是奠基于"思维与存在的异质性"之上。显然，假如把"思维与存在的同一性"奠基于"思维与存在的同质性"之上，人们就会满足于抽象的理论文本，以为自己只要熟读了文本也就等于了解了存在（现实生活），从而走向独断主义，亦即教条主义的死胡同；假如把"思维与存在的同一性"奠基于"思维与存在的异质性"之上，人们就会记住歌德关于"理论是灰色的，而生活之树是常青的"教诲，积极地关注并参与现实生活。毋庸讳言，当代中国的马克思主义者对"解放思想""实事求是""一切从实际出发""理论联系实际"的选择，也是以肯定"思维与存在的异质性"为前提的。事实上，当代中国社会自改革开放以来所取得的举世瞩目的成就表明，不从黑格尔式的独断主义的思维方式中解放出来，不批判本本主义，不面向现实生活，这样的成就是不可能取得的。

我们发现，正是通过对"思维与存在的异质性"的充分肯定，西方马克思主义者的思想主题发生了重大的移位。他们不再满足于到马克思的文本中去找问题的答案，而是在马克思主义理论的引导下，使自己的思想向丰富多彩的现实生活敞开。现实生活中的任何一个重大的事件、任何一个倾向性的问题都会引起他们的反思。有趣的是，这种思想的移位不但没有导致马克思主义研究的衰退，反而因为吸纳了新鲜的生活经验而使马克思主义的研究出现了新的复兴。国外马克思主义，尤其是西方马克思主义的发展历程深刻地启示我们，只有面向社会实践，不断地从现实生活中概括并提炼出重大的理论问题，才可能真正地推进并丰富马克思主义的思想，促使我国的现代化事业沿着健康的轨道向前发展。

2008年

功能解释理论的背景、宗旨和局限①
——兼论历史唯物主义作为决定论的新形式

众所周知，英国学者柯亨于 1976 年出版的《卡尔·马克思的历史理论：一个辩护》乃是 20世纪 70 年代后期兴起的"分析的马克思主义"（analytical Marxism）思潮的奠基之作。正是在这部重要的著作中，柯亨提出了著名的"功能解释"（functional explanation）理论，试图对作为决定论的马克思的历史理论，即历史唯物主义做出新的阐释。这种阐释理论究竟是在什么样的理论背景下产生的？它与人类学研究中久负盛名的"功能主义"（functionalism）学说之间究竟有什么差别？最需要加以追问的是，它究竟是否为历史唯物主义理论的当代阐释提供了新的、合理的路径？显而易见，在对马克思的历史唯物主义理论的当代反思中，探索并解答上述问题具有不可忽视的理论意义和现实意义。它不仅会加深我们对分析的马克思主义学派及其基本观念的了解，也会涉及我们对历史唯物主义理论的当代叙述方式的正确选择。

---

① 原载《复旦学报》2008 年第 4 期；《中国社会科学文摘》2008 年第 12 期全文转载。收录于俞吾金：《被遮蔽的马克思》，人民出版社 2012 年版，第 379—388 页。——编者注

一、功能解释理论出现的时代背景

人所共知，在 1859 年出版的《〈政治经济学批判〉序言》中，马克思对其历史唯物主义理论做出了经典性的论述。然而，马克思和恩格斯在生前就已觉察到，这一理论总是不断地遭到追随者们的曲解。针对当时法国那些自称为马克思主义的追随者，马克思不无遗憾地说过："我只知道我自己不是马克思主义者。"①

恩格斯也在 1890 年 9 月 21 日致约·布洛赫的信中表示："根据唯物史观，历史过程中的决定性因素归根到底是现实生活的生产和再生产。无论马克思或我都从来没有肯定过比这更多的东西。如果有人在这里加以歪曲，说经济因素是唯一决定性的因素，那么他就是把这个命题变成毫无内容的、抽象的、荒诞无稽的空话。经济状况是基础，但是对历史斗争的进程发生影响并且在许多情况下主要是决定着这一斗争的形式的，还有上层建筑的各种因素：阶级斗争的政治形式及其成果——由胜利了的阶级在获胜以后确立的宪法等等，各种法的形式以及所有这些实际斗争在参加者头脑中的反映，政治的、法律的和哲学的理论，宗教的观点以及它们向教义体系的进一步发展。这里表现出这一切因素间的相互作用，而在这种相互作用中归根到底是经济运动作为必然的东西通过无穷无尽的偶然事件（即这样一些事物和事变，它们的内部联系是如此疏远或者是如此难于确定，以致我们可以认为这种联系并不存在，忘掉这种联系）向前发展。否则把理论应用于任何历史时期，都会比解一个最简单的一次方程式更容易了。"②不难发现，在这段常常被人们引证的重要论述中，恩格斯把经济因素的决定作用退缩到"归根到底"的层面

---

① 《马克思恩格斯选集》第 4 卷，人民出版社 1995 年版，第 691 页。
② 同上书，第 695—696 页。

上。如果说，这段话的宗旨是批判人们把经济因素理解为"唯一决定性因素"的错误观点，那么，在同一封信中，恩格斯又对历史的发展提出了另一个肯定性的阐释方案——"意志合力论"，即单个意志之间总是处于冲突之中，这些冲突形成的合力则是历史的结果。尽管作为合力的意志的运动方向不同于每个意志的运动方向，但恩格斯强调，"每个意志都对合力有所贡献，因而是包括在这个合力里面的"①。

尽管恩格斯对历史唯物主义理论做出了上述补充性的阐释，然而，遗憾的是，在马克思和他相继去世后，历史唯物主义理论，像任何其他重要的理论一样，仍然难逃被曲解的命运。比如，法国马克思主义理论家拉法格就认为："经济决定论，这是马克思交给社会主义者的新工具，为的是靠它的帮助把秩序带进历史事件的混沌状态中去。"②显然，当拉法格把历史唯物主义理论称作"经济决定论"的时候，他还在坚持恩格斯曾经批判过的那种错误观念，即把经济因素理解为人类历史发展中的"唯一决定性因素"。

作为西方马克思主义思潮的肇始人，卢卡奇在《历史与阶级意识》一书中也沿着与恩格斯相同的方向来批判"经济决定论"。他指出："不是经济动机在历史解释中的首要地位（Vorherrschaft），而是总体的观点，使马克思主义同资产阶级科学有决定性的区别。总体范畴、整体对各个部分的全面的、决定性的统治地位（Herrschaft），是马克思取自黑格尔并独创性地改造成为一门全新科学的基础的方法的本质。"③在这里，卢卡奇通过对黑格尔和马克思的总体观点的回溯，否定了经济因素在历史阐释中的优先性，而用"总体决定论"取而代之。后来，卢卡奇又意识到自己的见解是背离马克思的历史唯物主义理论的，因而在 1967 年撰写

① 《马克思恩格斯选集》第 4 卷，人民出版社 1995 年版，第 697 页。
② ［法］拉法格：《思想起源论》，王子野译，生活·读书·新知三联书店 1963 年版，第 7 页。
③ ［匈］卢卡奇：《历史与阶级意识——关于马克思主义辨证法的研究》，杜章智等译，商务印书馆 1992 年版，第 76 页。这使我们很容易联想起意大利马克思主义者拉布里奥拉的一句名言："整个历史的基础是因素的总和。"［奥］安·拉布里奥拉：《关于历史唯物主义》，杨启潾等译，人民出版社 1984 年版，第 57 页。

的《历史与阶级意识》的"再版前言"中，卢卡奇检讨了当时自己"将总体在方法论上的核心地位与经济的优先性对立起来"①的理论错误。

在《保卫马克思》一书中，阿尔都塞批评了恩格斯在致约·布洛赫的信中提出的补充性观点。一方面，他批评恩格斯没有阐明上层建筑中的各种偶然因素与经济必然性因素之间的关系："因为恩格斯甚至把这一必然性当作完全是这些偶然事件外部的东西（作为在无穷无尽的偶然事件当中向前发展的一种运动），这就等于否认了这一关系以及由此提出的问题。于是，我们就不知道这种必然性是否就是这些偶然事件的必然性。假如是的，那又为什么是呢？这个问题仍旧悬而未决。"②另一方面，他也批评了恩格斯的"意志合力论"所预设的理论前提。阿尔都塞认定，"意志合力论"乃是对资产阶级经济学家关于"经济人"假设的改头换面的运用。他写道："马克思曾经批判过这个明显的前提假设，说它是经济人的神话。那么，恩格斯怎么可能会这样天真地把这个神话作为自己的论据呢？"③

与此同时，阿尔都塞也激烈地批评了卢卡奇在《历史与阶级意识》中提出的"总体决定论"，认定其深受黑格尔的唯心主义的总体理论的影响。作为结构主义的马克思主义者，阿尔都塞从自己所主张的"结构因果观"（structural causality）出发，强调了社会历史整体的不同部分之间的"多元决定"（overdetermination）。显而易见，尽管这种带有结构主义色彩的"多元决定"理论与卢卡奇的"总体决定论"比较起来，存在着明显的差异，但它们的共同点都是淡化了马克思历史唯物主义理论所强调的经济因素的优先性。

在《卡尔·马克思的历史理论：一个辩护》一书中，柯亨运用当代分

---

① ［匈］卢卡奇：《历史与阶级意识——关于马克思主义辩证法的研究》，杜章智等译，商务印书馆1992年版，第15页。

② ［法］路易·阿尔都塞：《保卫马克思》，顾良译，商务印书馆1984年版，第96页。

③ 同上书，第102页。

析哲学的方法，对马克思的历史唯物主义理论做出了新的阐释。

一方面，他不同意恩格斯在致约·布洛赫的信中把经济因素的作用限定在"归根到底"的层面上。在他看来，这样做的结果是，把经济基础对上层建筑的决定作用缩减为社会发展起点上的决定作用。换言之，除了在开端上经济基础有决定作用外，在其他所有的场合下，经济基础和上层建筑都处于交互关系中。这就在某种程度上软化了马克思历史理论的硬度。在柯亨看来，"归根到底"层面上的决定论有点像"自然神论"，神一旦创造了自然界，就再也不参与自然界的任何活动了。

另一方面，柯亨也不同意阿尔都塞从"结构因果观"出发，把生产力与生产关系、经济基础与上层建筑之间的关系表达为等价的相互关系，其中没有任何因素具有优先性。在柯亨看来，以这样的方式去阐释马克思的历史理论，完全有可能牺牲掉这一理论的本质性的内容。[1] 正是基于这样的考虑，柯亨主张，必须采纳"功能解释"的理论。他认为，只有坚持从功能解释的角度去阐释马克思的历史唯物主义理论，这一理论所拥有的始源性的锋芒才不会被钝化。

二、功能解释理论与功能主义的差异

柯亨表示，功能解释理论并不是自己提出来的，它实际上已经存在，但不少马克思主义者对这一理论持反对态度，因为他们把功能解释理论与功能主义理论简单地混淆在一起了："马克思主义者强烈地反对功能主义这一事实有助于说明，他们不承认自己的解释性命题的功能性质。"[2]柯亨强调，在功能解释理论与功能主义思潮之间，并不存在必然联系，人们甚至可以说，坚持功能解释与拒斥功能主义并不是矛盾的。

---

① G. A. Cohen, *Karl Marx's Theory of History: A Defence*, Oxford: Clarendon Press, 1978, pp. 279-280.

② Ibid., p. 284.

那么，在功能解释理论与功能主义之间到底有什么差别呢？柯亨指出："我们理解的功能主义是指人类学中的一种倾向，它的主要辩护者是马林诺夫斯基（Malinowski）和拉德克利夫-布朗（Radcliffs-Brown）。功能主义肯定三个命题，这里按强度上升的次序排列（其中③需要②，而②需要①）。①社会生活的所有因素都是相互联系的。它们彼此强烈地影响，整合成一个不可分离的整体（相互联系命题）。②社会生活中所有因素都彼此支持和加强，因而也支持和加强了由所有这些因素集合而成的整个社会（功能相互联系命题）。③每一个因素之所以是它现在的样子，是由于它对整体的贡献，就像命题②所描述的那样（解释的功能的相互联系的命题）。"①柯亨特别批评了功能主义的上述第二个命题。按照这个命题，应该肯定——社会生活中的所有因素都是彼此支持和加强的。然而，这样一来，就无法解释社会生活中存在着各种各样的冲突，从而也无法证明在某些情况下社会改革乃至革命是必要的。在这个意义上，柯亨断定这种功能主义在思想倾向上必定是保守的："功能主义的保守倾向在于，它把各种制度在功能上解释为维持（现存的）社会。当各种制度和社会本身被解释为权力的发展（这种权力的发展胜过抗拒它的社会形态）时，就不存在保守主义。"②

按照柯亨的看法，对历史唯物主义理论做功能解释，并不一定会导致功能主义必定陷入保守主义的倾向："在历史唯物主义中，功能解释在两个方面是革命的——一是它预言大规模的社会转变，二是它主张这些社会转变的过程是暴力的。"③总之，柯亨主张，应该把保守的功能主义和认同革命作用的功能解释严格地区分开来。

那么，柯亨所倡导的功能解释理论的主要内容究竟是什么呢？他这样写道："马克思的核心解释是功能解释，它的粗略的意思是，被解释

---

① G. A. Cohen, *Karl Marx's Theory of History: A Defence*, Oxford: Clarendon Press, 1978, pp. 283-284.

② Ibid., p. 285.

③ Ibid., pp. 284-285.

的东西的特征是由它对解释它的东西的作用决定的。这样解释马克思主义的一个理由是,如果解释的方向像已经确定的那样,那么对这种关系的本性的最好说明就是,它是一种功能性的解释。"①

显然,柯亨所倡导的功能解释包含以下几层意思。第一,按照功能解释,在生产力与生产关系两者中,生产力始终是首要的、决定性的因素;而在经济基础与上层建筑的关系中,经济基础则始终是首要的、决定性的因素。第二,按照功能解释,解释的方向始终应该是"生产力→生产关系""经济基础→上层建筑",而这一确定的解释方向是不可逆的。那么,当一个社会的发展到了必须改革生产关系以解放生产力、必须改革上层建筑以促进经济基础发展的时候,生产关系相对于生产力、上层建筑相对于经济基础,是否倒过来成了首要的、决定性的因素了呢? 柯亨的回答是否定的。他认为:"经济结构促进生产力发展的这一明显的事实并不损害生产力的首要性,因为生产力是按照经济结构促进生产力发展的能力来选择经济结构的。"②也就是说,生产关系对生产力的反作用、上层建筑对经济基础的反作用,不但不能说明它们具有优先性,反而说明,相对于生产力来说,生产关系始终是一种功能性的存在;相对于经济基础来说,上层建筑也始终是一种功能性的存在。

显而易见,柯亨的功能解释理论通过确定解释的基础与不可逆的解释方向,重新恢复了生产力相对于生产关系的首要性、经济基础相对于上层建筑的首要性,从而恢复了马克思的历史唯物主义理论作为决定论的本来面貌。然而,功能解释理论也带来了新的问题。

第一,当柯亨把生产关系理解为生产力的功能性存在时,这蕴含着一个自明性的前提,即唯有生产力是实体性的存在。这个前提忽略了以下的事实,即相对于生产力来说,虽然生产关系是一种功能性的存在,但生产关系一经形成,它自己也成了实体性的存在。同样的,柯亨在把

---

① G. A. Cohen, *Karl Marx's Theory of History: A Defence*, Oxford: Clarendon Press, 1978, p. 278.

② Ibid., p. 162.

上层建筑理解为经济基础的功能性存在时，也忽略了以下的事实，即相对于经济基础来说，虽然上层建筑是功能性的存在，但上层建筑一经形成，它自己也成了实体性的存在。事实上，无数历史事实告诉我们，在历史发展的某些时刻，相对于生产力的发展来说，生产关系的改革确实起着首要的、决定性的作用。同样的，相对于经济基础的发展来说，上层建筑的改革确实也起着首要的、决定性的作用。

第二，当柯亨确定了"生产力→生产关系""经济基础→上层建筑"这样的不可逆的解释方向后，生产力与生产关系、经济基础与上层建筑这两组概念的活生生的、辩证的关系就被固定化、僵化了。因而当柯亨把"实体性存在"和"功能性存在"作为两个永远固定的、不可更改的端点确定下来时，他必定会在自己的阐释活动中牺牲马克思的历史唯物主义所蕴含的历史新方法的精神。

由此可见，尽管柯亨的功能解释理论恢复了马克思所强调的生产力对生产关系的优先性、经济基础对上层建筑的优先性，但这种优先性同时又被僵化了。那么，在对马克思的历史理论的当代阐释中，究竟如何超越柯亨的功能解释理论，对作为决定论的历史唯物主义理论做出合理的阐释呢？这正是我们在下面部分的讨论中所要解答的问题。

三、作为"三阶决定论"的历史唯物主义

在认真探索马克思本人关于历史唯物主义理论的一系列陈述的基础上，在深入反思恩格斯、卢卡奇、阿尔都塞和柯亨的研究成果的基础上，我们发现，恩格斯关于经济因素在归根到底的层面上发生决定作用的见解、卢卡奇关于总体决定论的见解、阿尔都塞的结构因果观和多元决定论、柯亨的功能解释理论，都拥有一定的真理成分，不能简单地加以否定。黑格尔曾经说过："真理就是所有的参加者都为之酩酊大醉的一席豪饮，而因为每个参加豪饮者离开酒席就立即陷于瓦解，所以整个

的这场豪饮也就同样是一种透明的和单纯的静止。"①这段寓意深刻的话启发我们，应该把恩格斯、卢卡奇、阿尔都塞和柯亨的研究成果综合起来，以便对马克思的历史唯物主义理论做出全面的合理的阐释。我们把这种综合性的研究成果称作"三阶决定论"。在阐述这个新的研究结论之前，必须先行地澄清它得以可能的理论前提。

第一个前提是：必须把人类社会，即马克思的历史唯物主义理论的研究对象，理解为具有生命力的、变化着的有机体。事实上，马克思本人也是这么看的。他告诉我们："现在的社会不是坚实的结晶体，而是一个能够变化并且经常处于变化过程中的机体。"②一旦认可了这样的前提，人类社会就被视为一个有机的、变化着的整体或总体。

第二个前提是：人类社会作为有机体，是由各种因素构成的结构整体或系统整体。我们发现，马克思经常使用"社会结构"这一术语，并强调："不同要素之间存在着相互作用。每一个有机整体都是这样。"③这一前提启示我们，尽管马克思并不像后来的阿尔都塞一样，是一个结构主义者，但毫无疑问，马克思高度重视社会有机体的结构问题。

第三个前提是：在社会有机体中发挥作用的所有要素中，起首要动力作用和决定作用的是生产力。正如马克思在《〈政治经济学批判〉序言》中所说的："无论哪一个社会形态，在它所能容纳的全部生产力发挥出来以前，是决不会灭亡的；而新的更高的生产关系，在它的物质存在条件在旧社会的胎胞里成熟以前，是决不会出现的。"④这就启示我们，在社会有机体的变化和发展中，始源性的动力是由不断向前发展的生产力提供的。

正是基于上面提到的三个前提，我们把马克思的历史唯物主义理论

① ［德］黑格尔：《精神现象学》上卷，贺麟、王玖兴译，商务印书馆1981年版，第30页。

② 马克思：《资本论》第1卷，人民出版社1975年版，第12页。

③ 《马克思恩格斯全集》第46卷上册，人民出版社1979年版，第37页。

④ 《马克思恩格斯选集》第2卷，人民出版社1995年版，第33页。

综合性地理解为"三阶决定论"。所谓"三阶决定论",也就是在对人类社会历史的理解和解释中,坚持"总体决定—交互决定—最终决定"这一新的、综合性的阐释理论。下面,让我们逐"阶"进行论述:从第一阶的层面上看,社会有机体的发展是由"总体决定"的。所谓"总体决定",主要包含以下三方面的含义。

其一,社会有机体中的每一要素或多或少地参与了整个人类社会的发展。这实际上也就是恩格斯所说的"每一个意志都对合力有所贡献"。值得注意的是,历史学家们在把"历史事实"与"非历史事实"区分开来时,常常会造成一个错觉:似乎"非历史事实"从未对人类历史的发展产生过影响。其实,所有的事实都或多或少地参与了人类历史的发展,但历史学家们却没有意识到这一点。

其二,人类社会是一个普遍联系的整体。乍看起来,社会现象充满了偶然性,但它们之间绝不是漠不相关的,而是以直接的或间接的方式联系在一起的。

其三,总体大于部分,从总体上看问题的眼光把我们的注意力引向全局,而不机械地停留在某个局部上。由此看来,卢卡奇、戈德曼等人对总体性方法的倚重,自有其不可抹杀的重要意义。

从第二阶的层面上看,当从不同历史阶段的"截面"上去观察整个社会有机体的发展时,我们就会发现,每个不同的"截面"都显现出不同要素之间的、活生生的"交互决定"。所谓"交互决定",也就是社会结构中的不同的要素(也包括经济要素在内),在一定的范围内都可能拥有优先性,都可能发挥决定性的作用。从社会结构上看,到处都是错综复杂的交互作用,即具有可逆性的相互作用和反作用。因此,从第二阶的层面上看,阿尔都塞的"结构因果观"和"多元决定论"仍然拥有自己的阐释空间。

从第三阶的层面上看,社会有机体发展的"最终决定"因素乃是经济因素,而在经济因素中,首要的则是作为社会发展原动力的生产力。事实上,柯亨所主张的功能解释理论只能在"最终决定",即恩格斯所说的

"归根到底决定"的层面上获得自己的有限的解释权。假如柯亨试图把功能解释理论的解释权扩大到第一阶和第二阶的层面上，那么就会把马克思的历史唯物主义曲解为缺乏任何灵活性的、机械的决定论。马克思主义的经典作家之所以反复强调，要对具体问题做出具体的分析，原因正在于，历史唯物主义理论不是一套固定的、僵化的教条，而是体现为活生生的历史辩证法。综上所述，只有对前人提出的决定论的不同模式（当然也包括柯亨的功能解释模式在内）进行批判的、综合性的反思，才能对马克思的历史唯物主义理论的当代意义做出全面的、合理的阐释。

国外马克思主义研究三十年[①]

　　国外马克思主义研究是我国马克思主义整体研究的一个不可或缺的组成部分，改革开放三十年来，这门学科取得了长足的发展。三十年的研究聚焦了一些重大理论问题，而国内外学者的直接沟通为这些理论问题研究的发展注入了新的活力。

　　一是历史规律与革命实践的关系。

　　第二国际的理论家们阉割了马克思理论所蕴含的革命精神，正是基于对其的反对，卢卡奇提出资本主义社会是不会自行退出历史舞台的，无产阶级必须通过革命实践活动推翻资本主义社会以争取自己的解放。

　　二是马克思与黑格尔的关系。

　　在国外马克思主义者的争论中，马克思与黑格尔的理论关系始终是一个无法回避的问题，它直接决定着人们对马克思主义实质的理论理解。在国外马克思主义研究中，一直存在观点完全对立的两大阵营。正确结论是，马克思与黑格尔在理论立场和见解上是根本对立的，但马克思所创

　　① 原载《社会科学报》2008 年 12 月 18 日；《山西师大学报(社会科学版)》2009 年第 1 期。收录于俞吾金：《哲学随想录》，北京师范大学出版社 2016 年版，第 335—341 页；许明、段钢：《思想的力量——〈社会科学报〉十年精粹(学术卷)》，上海社会科学院出版社 2012 年版，第 22—27 页。——编者注

立的历史唯物主义理论正是在批判地继承黑格尔和其他思想资源的基础上形成并发展起来的。

三是科学技术与意识形态的关系。

国外马克思主义者深入探索了科学技术与意识形态在当代资本主义社会中的新颖关系。哈贝马斯在《作为"意识形态"的技术与科学》中对这一关系做出了原始性的论述，提出了科学技术的物质形态成了第一生产力，而其观念形态则成了意识形态的观点。这一观点启发我们，必须对马克思的意识形态学说与其整个理论架构的关系做出新的反思。

四是现代性与后现代性的关系。

自 20 世纪六七十年代开始，西方兴起了一股强大的后现代理论思潮，其焦点集中在对现代性与后现代性关系的理解上。在这一研究中，哈贝马斯坚决反对在现代性和后现代性之间画出一条鸿沟。而利奥塔则认为后现代性与现代性处于尖锐的对立状态中，强调后现代性与现代性之间的不可调和的断裂关系。其实，问题的关键在于现代性和后现代性都蕴含着双重性，应该运用马克思的辩证法思想来解读现代性和后现代性，不应该把它们割裂开来并抽象地对立起来。

五是新的社会运动和马克思主义的关系。

从 20 世纪后半叶起，国外兴起了形形色色的社会运动，在不同程度上对马克思主义理论提出了新的挑战。在国外马克思主义研究中，甚至出现了后马克思主义思潮。面对这些运动和挑战，当代国外马克思主义者以不同方式做出了回应，这些回应本身也构成了国外马克思主义理论的最新发展。在马克思的历史唯物主义理论的当代表述中，必须植入生态学的理论预设乃至整个语境。马克思和恩格斯所使用的发展概念将在当代通行的可持续发展的含义上重新得到阐释。

2009年

破解詹姆逊的思想悖论^①

——《詹姆逊文化理论探析》推荐序

在当代国际思想界和文化界，美国杜克大学教授弗雷德里克·詹姆逊是一个知名度很高的人物。当代另一位著名的英国左翼思想家佩里·安德森在为詹姆逊的著作《文化转向》所写的"前言"中曾经说过："詹姆逊的著作，犹如夜晚天空中升起的镁光照明弹，照亮了后现代被遮蔽的风景。后现代的阴暗和朦胧霎时变成一片奇异和灿烂。"^②尽管安德森的评价主要是就詹姆逊在《文化转向》一书中提出的后现代理论来说的，而对詹姆逊本人的理论兴趣又远远地超越了后现代文化这一主题，但这一评价仍然从一个侧面展示出詹姆逊的理论形象。

然而，当安德森赞扬詹姆逊的著作使"后现代的阴暗和朦胧霎时变成一片奇异和灿烂"时，他看到的却只是问题的一个方面。事实上，在另一些批评家看来，詹姆逊在欧内斯特·曼德尔的著作《晚期资本主义》提出的资本主义发展三阶段

① 原见张艳芬:《詹姆逊文化理论探析》，上海人民出版社 2009 年版。收录于俞吾金:《哲学随想录》，北京师范大学出版社 2016 年版，第 398—406 页。——编者注

② [美]弗雷德里克·詹姆逊:《文化转向》，胡亚敏等译，中国社会科学出版社 2000 年版，第 1 页。

（自由资本主义、垄断资本主义、晚期资本主义）理论的启发下提出的相应的文化发展三阶段（现实主义、现代主义、后现代主义）的学说乃是"詹姆逊自我认可的……神话"。① 史蒂文·康纳在谈到詹姆逊时还指出："或许，他的著述的最能够说明问题的、最具特点的策略——或者说外征——是该书所用时态的不确定性。大量的条件从句和将来完成时态用法使我们一直无法明白我们读到的是过去发生的，正在进行的，还是将要出现的事情。"②有趣的是，康纳对詹姆逊的后现代文化理论做出了与佩里·安德森完全不同的评价。在佩里·安德森认为詹姆逊已经驱散"后现代的阴暗和朦胧"的地方，康纳感受到的恰恰是更多的模糊性与不确定性。

　　毋庸讳言，初读詹姆逊著作的人，常常会迷惑于他所遭遇到的这类毁誉参半的、大起大落的评价。可是，随着阅读和思考的深入，人们渐渐发现，詹姆逊文化理论的深处，蕴藏着一系列他自己无法摆脱的思想悖论。事实上，正是这些思想悖论构成了詹姆逊文化理论的创造性的动力，也形成了他的独特文风。批评家们之所以对他的文化理论做出迥然各异的评价，是因为他们通常各执詹姆逊思想的某个片面，以"瞎子摸象"的方式，对其思想做出总体评价。不用说，这类评价的结果不但没有使我们走近詹姆逊，反而使他离我们更远了。这就启示我们，只有对隐藏在詹姆逊文化理论深处的思想悖论的探寻和发现，使它们从无意识层面上升到意识层面上来，才能全面地认识并准确地评价詹姆逊的文化理论。那么，詹姆逊的文化理论，究竟蕴含着哪些思想悖论呢？

　　第一个思想悖论是：任何文化理论都只能通过语言表达出来，而语言既是一个"牢笼"（the prison house），又隐藏着开启自身的钥匙。众所周知，詹姆逊的思想深受结构主义思潮，尤其是托马斯·库恩的结构主义思想的影响。在《语言的牢笼》这部著作中，他这样写道："这种结构

---

① ［美］史蒂文·康纳：《后现代主义文化——当代理论导引》，严忠志译，商务印书馆 2002 年版，第 66 页。
② 同上书，第 71 页。

主义模式论的最好的阐释之一是库恩的《科学革命的结构》一书。这是独立提出的一套理论，因此本身就证明存在着一个建立结构或模式的问题结构，这一问题结构以一种与正规的结构主义或潮流的影响没有多少关系的方式决定了我们这一代人的思维方式。"①詹姆逊不仅坦承自己的思维方式深受库恩的影响，而且他的《语言的牢笼》《马克思主义与形式》等著作都印证了这一影响的强烈和持久的程度。在《语言的牢笼》中，詹姆逊开宗明义地指出，思想史是思维模式的历史，而任何一种模式都有其形成、发展、衰弱，最后被新的模式取代的历史。詹姆逊认为，语言也可以被理解为一种结构、一个模式。瑞士语言学家索绪尔开启了以结构主义的方式解读语言模式的新思潮。通过对历时态/共时态（diachronie/synchronie）、语言/言语（language/parole）、能指/所指（significant/signifié）这三大关系的区分和分析，一方面，索绪尔构建了新的语言模式或新的语言牢笼；另一方面，他又为打开这一牢笼提供了新的钥匙。

正如詹姆逊所指出的，在后索绪尔时代中，"语言学家已经把索绪尔的整个体系推向其必然的结果，到了乔姆斯基，他就把它完全颠倒过来了，提出了一个全新的语言模式。而我们从现在开始则要研究这一原始理论后来在其他知识领域的情况，特别是它作为一种模式和比喻在文学批评、人类学以及最终在哲学本身这些领域中所产生的解放思想的巨大影响"②。詹姆逊着重分析了索绪尔的结构主义语言理论对俄国形式主义和法国结构主义所产生的巨大影响。尤其是在文学理论上，一方面，俄国的形式主义和法国的结构主义都自觉地置身于索绪尔创制的新语言"牢笼"之内；另一方面，它们又通过对隐藏在这一"牢笼"内的钥匙的寻觅，在某些点上突破，甚至整个地超越了索绪尔的语言理论模式。在俄国形式主义者中，什克洛夫斯基把艺术的本质解读为"陌生化"（ostranenie）；而在法国结构主义者中，列维-斯特劳斯提出的"能指过剩"

---

① ［美］弗雷德里克·詹姆逊：《语言的牢笼：马克思主义与形式》，钱佼佼、李自修译，百花洲文艺出版社1995年版，第113页。
② 同上书，第33页。

（surplus of signifier）、雅克·拉康在婴儿心理发展中设定的"镜像阶段"（Le stage du miroire）、A. J. 格雷马斯和罗兰·巴特对"情节语法"（grammar of plot）的分析、阿尔都塞和雅克·德里达创制的"问题框架"（problematique）和"延异"（différance）概念，既是对索绪尔所开创的结构主义语言模式的追随和认同，也是对它的改写和解构。其实，当像詹姆逊那样把语言理解为思维模式时，人们就会发现，任何一种有影响力的文化理论，既是对某种旧有的语言模式或牢笼的顺从，又是对它的新的修正或突破。

第二个思想悖论是：任何文化理论都蕴含着"意识形态素"（ideologeme），而它们的要旨又是识别并分析意识形态素。在《政治无意识》这部重要的著作中，詹姆逊这样写道："我们认为，每一既定时期的文化或'客观精神'都是一种环境，那里栖居的不仅是沿袭下来的词语和幸存的观念，还有那些社会象征类型的各种叙事单元，我们称为意识形态素。"①也就是说，文化作品（包括文化理论）本身就潜藏着意识形态素。然而，任何文化理论的要旨又恰恰是要把潜藏在文化作品中的意识形态素识别出来，加以批判性的考察。

这里假定存在着文化理论 A 和文化理论 B。在詹姆逊看来，文化理论 A 对文化理论 B 中所隐藏的意识形态素的识别是相对容易的。比如，他认为，19 世纪的文化作品就普遍地蕴含着一种关于"愤懑"（ressentiment）的意识形态素。②而难度较高的是文化理论 A 或文化理论 B 各自对自己内部所蕴含的意识形态素的识别和分析。比如，马克思主义作为一种文化理论，视意识形态为"虚假的意识"，它是人们用来识别蕴含在其他文化理论中的意识形态素的锐利的思想武器，但马克思主义能否识别出自身中蕴含着的意识形态素呢？詹姆逊认为："马克思主义的否定解释学、马克思主义意识形态分析的专门的实践，在对实际作品的解读

---

① F. Jameson, *The Political Unconsciousness*, New York: Cornell University Press, 1985, p. 185.

② Ibid., p. 88.

和阐释中，必须与马克思主义的肯定的解释学，或对相同的意识形态文化文本的乌托邦冲动的破译同时进行。"①詹姆逊这里所说的"马克思主义的肯定的解释学"指的是马克思主义关于未来社会的乌托邦思想，而"相同的意识形态文化文本的乌托邦冲动"指的则是马克思主义对那些有着与自己类似的乌托邦目标的意识形态文本的认同。在詹姆逊看来，这些因素实际上正是蕴含在马克思主义中的意识形态素。实际上，"唯有以此为代价——同时承认艺术文本的意识形态和乌托邦功能——马克思主义的文化研究才有希望在政治实践中发挥作用，当然，这种实践正是马克思主义的全部意义之所在"②。按照詹姆逊的观点，马克思主义文化理论的研究者不但没有必要回避马克思主义文化理论本身所蕴含的意识形态素，而且这种意识形态素体现出来的正是马克思主义的当代意义。

第三个思想悖论是：后现代主义文化必须从资本主义发展的三个总体性的历史阶段上进行确定，而后现代主义文化又是以反总体性的"戏仿/拼贴"（parody/pastiche）作为自己的本质特征的。正如我们在前面已经指出的那样，詹姆逊不仅把现实主义与自由资本主义、现代主义与垄断资本主义、后现代主义与晚期资本主义，从总体上一一对应起来，而且断言："后现代主义的叙事及其同晚期资本主义的关系是全部问题之所在。无论在世界的哪一个角落，人们都无法逃避晚期资本主义的引力场。"③然而，这种以总体化的思维方式来规范后现代主义的做法引起了不少人的异议。正如詹姆逊自己坦然承认的那样，"引人注目的是我对后现代主义的研究所采用的总体化的方式，今天令人感兴趣的问题不是

---

① F. Jameson, *The Political Unconsciousness*, New York: Cornell University Press, 1985, p. 296.

② Ibid., p. 299.

③ 《晚期资本主义的文化逻辑——詹明信批评理论文选》，陈清侨等译，生活·读书·新知三联书店 1997 年版，第 26 页。

我为什么采用这一视角，而是为什么激起了这么多人的反感（听说很反感）"①。其实，詹姆逊没有意识到，这种普遍的反感正是与人们对后现代主义文化的根本特征的理解关联在一起的。因为后现代主义文化的本质特征包含着对现代性所认同的总体性的颠覆，自然也蕴含着对总体化的思维方式的颠覆，而詹姆逊在探讨后现代主义文化时，恰恰是以这种总体化的思维方式作为出发点的。事实上，詹姆逊自己也已感受到后现代主义文化所具有的强烈的反总体化思维方式的特征，因为他把后现代主义文化的根本特征确定为"戏仿"和"拼贴"。

那么，什么是"戏仿"呢？詹姆逊在谈到现代文学艺术呈现出来的不同风格时指出："戏仿利用这些风格的独特性，占用它们的独特和怪异之处，制造一种嘲弄原作的模仿。……还有，戏仿通常的效果——无论是同情的还是恶意的——都是对人们通常说话或写作的方式中的文体癖性以及过分和怪异之处的私人性质报以嘲笑。"②至于"拼贴"，像戏仿一样，是对特殊风格的模仿，"但是它是一种中性的模仿方式，没有戏仿的隐秘动机，没有讽刺的冲动，没有笑声，甚至没有那种潜在的可与很滑稽的模仿对象相对照的某些'标准'东西存在的感觉。拼贴是空洞的戏仿，是推动了幽默感的戏仿：拼贴就是戏仿那些古怪的东西，一种空洞反讽的现代实践"③。虽然詹姆逊没有深入地分析蕴含在戏仿和拼贴中的思维倾向，但明眼人一看就知道，无论是戏仿，还是拼贴，认同的都是碎片式的思维方式。总之，在詹姆逊那里，一方面，后现代文化是从总体上加以认定的；另一方面，这种文化又是以颠覆总体化的碎片式思维方式作为自己的本质特征的。正如詹姆逊在《后现代主义与文化理论》(1986)一书中所说的："总之，在后现代主义的零散化中，一切都变得

① ［美］弗雷德里克·詹姆逊：《文化转向》，胡亚敏等译，中国社会科学出版社2000年版，第34页。
② 同上书，第4页。
③ 同上书，第5页。

把握不住了，而且也没有可能将诸种相异的碎片统一并协调起来。"①显然，詹姆逊没有明确地告诉我们，后现代主义文化究竟是一堆相互之间没有任何关联的思想的碎片，还是一个有机的整体。实际上，在不同的文本或不同的场合下，他的思想往往在两个相反的端点上滑动。正如康纳在解读詹姆逊的后现代主义文化理论时所指出的："在这个模式的中心有一个没有表达出来的矛盾：一方面后现代消费资本主义代表了物化逻辑的最后阶段（异化、区分、能指与所指的分裂）；另一方面，随着文化领域和社会—经济领域的同一化，将会出现区分的绝对瓦解。"②综观詹姆逊的整个文化理论，我们都会或隐或现地感受到内蕴于他思想深处的上述悖论，而正是这些悖论，构成了他的文化理论的独特的表述方式。事实上，詹姆逊自己也或多或少地意识到这些悖论，因而特别推崇马克思主义的辩证法，尤其是阿尔都塞的辩证法，并认定："阿尔都塞的结构的马克思主义必须被理解为辩证法传统内部的一次改造，而不是同辩证法的完全的决裂，它是一种生成性的突变，从而使一种与辩证哲学曾经隐含其中的那些经典范畴丝毫没有关系的全新的马克思主义从中脱颖而出。"③那么，阿尔都塞的结构主义辩证法能否消解蕴含在詹姆逊文本中的上述悖论呢？我们的回答是否定的。尽管在阿尔都塞的结构主义辩证法中蕴含着某些有价值的思想资源，如"多元决定""结构因果性"等，但他对"总体性"和"认识论断裂"的倚重，仍然无法使詹姆逊获得走出米诺斯迷宫的阿里阿德涅之线。

张艳芬的博士论文《詹姆逊文化理论探析》从文化理论的语言之维、

---

① ［美］杰姆逊：《后现代主义与文化理论》精校本，唐小兵译，北京大学出版社 1997 年版，第 237 页。詹明信又译为杰姆逊、詹姆逊。在该书中，詹明信谈到自我时，也指出："在后现代主义中，一旦你感到非爆发出来不可的时候，那是因为你无法忍受自己变成无数的碎片。"

② ［英］史蒂文·康纳：《后现代主义文化——当代理论导引》，严忠志译，商务印书馆 2002 年版，第 66 页。

③ F. Jameson, *The Political Unconsciousness*, New York: Cornell University Press, 1985, p. 49.

文化理论的意识形态之维、文化理论的后现代主义之维和文化理论的全球化之维这四个不同的维度出发，全方位地探索了詹姆逊的文化理论。完全可以说，这篇博士论文是迄今为止在国内理论界对詹姆逊的文化理论做出最全面、最深入探讨的理论著作。作者不仅对詹姆逊于不同时期出版的文化理论著作做出了细致的分析，而且始终紧紧地扣住他思想发展的脉络来展示其文化理论的各个侧面及这些不同侧面之间的内在联系。在充分肯定詹姆逊文化理论所拥有的创见和价值的同时，作者也对他理论中存在的问题做出了批判。在第五章中，作者指出："詹姆逊的文化理论在很多方面显得过于模糊和简单。我们看到，詹姆逊尽管提出了一些看起来比较新颖的概念，但实际上他并没有对概念本身做出清晰而充分的解释说明。"其实，詹姆逊文本中的种种不明晰之处正是其文化理论内蕴的思想悖论的显现。

当沿着这样的线索追问下去时，人们就会遭遇到与外观上的机智敏捷、无所不知、旁征博引、侃侃而谈的詹姆逊完全不同的另一个詹姆逊，即思想跳跃、浅论辄止、困惑重重，而又无力运用英美哲学传统对其基本概念做出明确阐释的詹姆逊。在这个意义上，理解詹姆逊无异于一次地狱之行，需要记住的是但丁在《神曲·地狱篇》中的告诫：你们走进这里的，把一切希望都捐弃吧。

2010年

究竟如何理解并翻译葛兰西的
重要术语 organic intellectual?[①]

一、问题的提出

众所周知，意大利马克思主义者葛兰西在《狱中札记》中提到意大利知识分子的时候，多次使用过 organic intellectual 这样的术语。当然，这个术语并不是葛兰西原初使用的术语，因为他是用母语——意大利语进行写作的，而 organic intellectual 这个术语则出现在葛兰西论著的英译本中。有趣的是，国内不少译者和研究者都把 organic intellectual 译为"有机知识分子"。

令人难以理解的是，"有机知识分子"这个看上去就成问题的表达式不但很少引起人们的深思和质疑[②]，反倒成了有些人说事的一个"道具"。比如，王蒙先生在写于 2000 年的《献疑札记(三)》中谈到"有机知识分子"这个术语时，竟然

---

① 原载《哲学动态》2010 年第 2 期。《中国社会科学文摘》2010 年第 7 期全文转载。——编者注

② 笔者曾撰写过一篇质疑性的文章《何谓"有机知识分子"?》，发表于《社会观察》2005 年第 8 期。

发挥道："有机当然比无机好，有机就是有生命有活力有灵性嘛，无机就是五金矿物之类嘛，有机与无机知识分子我虽不甚了了，无机肥料与有机肥料之别还是略有所知，厩肥有机而化肥一般无机，我是主张舍化肥而多用动物大小便与绿肥的。"①这样的议论真令人难以理解。既然承认自己"不甚了了"，何必再出来置喙呢？

事实上，迄今为止，人们仍然以无批判的方式沿用"有机知识分子"这样的译法，从而使这一成问题的表达式差不多成了"权威性的"定译。比如，赵勇先生在其论文《关于文化研究的历史考察及其反思》中谈到葛兰西思想时写道："为获得这种文化领导权，培养'有机知识分子'（organic intellectual）的任务至关重要，因为只有通过他们，才能占领大众的'常识'和文化领域，也才能夺取资产阶级的文化霸权。"②又如，在潘西华先生的译文《葛兰西知识分子思想的再审视》中，也出现了"有机的知识分子""批判的有机知识分子"这样的表达式。③

据我们了解，不少译者和研究者之所以把 organic intellectual 译为"有机知识分子"，显然是受到了《狱中札记》中译本的影响。目前，《狱中札记》在国内有两个不同的译本：一是葆煦先生的译本，它是从 1959 年出版的俄译本那里间接译出的，译本中出现了"'有机的'知识界"这样的表达式④；二是曹雷雨等人的译本，是根据伦敦 Lawrence And Wishart 出版社于 1971 年出版的 *Selections from the Prison Notebooks of Antonio Gramsci* 一书间接译出的，译本中也出现了"'有机的'知识分子"和"'有机的'知识界"这类表达式⑤。

---

① 崔建飞：《献疑札记（三）》，见《王蒙读书》，复旦大学出版社 2005 年版，第 197 页。

② 赵勇：《关于文化研究的历史考察及其反思》，《中国社会科学》2005 年第 2 期。

③ ［英］诺埃尔·E. 博尔汀：《葛兰西知识分子思想的再审视》，潘西华译，《教学与研究》2009 年第 5 期。

④ ［意］安东尼奥·葛兰西：《狱中札记》，葆煦译，人民出版社 1983 版，第 419 页。

⑤ ［意］安东尼奥·葛兰西：《狱中札记》，曹雷雨等译，中国社会科学出版社 2000 年版，第 2 页。

如果说《狱中札记》的葆译本和曹译本分别是从俄语版和英语版译出的，从而可能造成术语翻译上出现的偏差的话，那么最令我们感到惊奇的是，田时纲先生在其直接从意大利文译出的葛兰西的《狱中书简》（通常所称的《狱中书信》）的"译序"中也表示："葛兰西在'有机知识分子'和传统知识分子之间做了区分。所谓'有机'知识分子，就是新生阶级的知识分子；而传统知识分子是指与旧的经济基础相联系的知识分子。先进阶级为实现自己的战略总目标，就必须'同化'并在意识形态上战胜传统知识分子。"①从这段话可以看出，田时纲先生并不认为"有机知识分子"这样的表达式有什么问题。这就启示我们，准确地理解并翻译葛兰西文本中出现的 organic intellectual 这一术语，已经变得刻不容缓了。

二、Organic 的不同含义

众所周知，现代英语中的 organic 作为形容词，源自拉丁文 organicus；而 organicus 又源自希腊文 organikos，而 organiko 又源自希腊文 organon，有"工具"（tool，instrument）的含义。在现代英语中，organic 通常被解释为"器官的""有机体的"或"组织的"。当人们在生物学、生理学或化学的语境中使用这个形容词时，其含义通常被界定为"有机的"。如 organic chemistry 这样的表达式就只能被译为"有机化学"。

然而，按照我们的看法，一旦葛兰西用 organic 这个形容词来修饰 intellectual 这个名词，从而形成 organic intellectual 这一新的术语时，无论如何，人们再也不能把这个新术语译为"有机知识分子"了。我们的主要理由如下。

第一，这一译法既不符合相应的语境，也不符合生活中的常识。因为"有机的"这一译法主要适合于生物学、生理学和化学的语境，而 in-

---

① ［意］葛兰西：《狱中书简》，田时纲译，人民出版社 2007 年版，第 9 页。

tellectual，即"知识分子"这个术语主要是在社会学、文化学的语境中被使用的。尽管人们有时也把"社会"或"文化"视为"有机体"，但我们必须清醒地意识到，这只是在比喻的或引申的含义上，而不是在原初的或本来的含义上做这样的理解。更何况，从生物学、生理学或化学的角度来看，知识分子即 intellectual，作为人，本身就是血肉之躯，就是有机体。在这个意义上，在"知识分子"这个名词前再加上"有机的"，就好像说"有机的有机体"一样，完全是不必要的同义反复！更令人感到窘迫的是，一旦人们使用"有机知识分子"这一术语，不管他们是否愿意，实际上已默认了另一个术语，即所谓"无机知识分子"（inorganic intellectual）的合法性。所以当王蒙先生说"有机当然比无机好"时，正表明他已经屈从于"有机—无机"这样的思想逻辑了。这就启示我们，绝不能停留在生物学、生理学或化学的语境中去理解并翻译 organic 这个形容词。在解读葛兰西的文本时，我们必须超越上述语境，自觉地上升到社会学和文化学的原初的、本来的语境中去理解并翻译这个词。

第二，这一译法也不符合葛兰西的本意。实际上，葛兰西并没有像田时纲先生所说的，在"传统知识分子"与"有机知识分子"之间做出区分，而是在乡村知识分子（或传统知识分子）与城市知识分子（或现代知识分子）之间做出区分。葛兰西告诉我们："乡村型知识分子大多数都是'传统的'，也就是说他们与农民社会大众以及城镇（尤其是小城镇）小资产阶级相关联，还没有受到资本主义制度的熏染和驱动。"[①]所谓乡村型的知识分子，主要是指乡村里的教士、律师、公证人、教师、医生等等。虽然他们在乡村社会—政治生活中发挥着重要的作用，但这种作用主要是通过个人的魅力来实现的。而对于城市知识分子，尤其是资本主义国家的企业家来说，情形就不同了。"他必须是群众的组织者；他又必须是组织起其业务的雇主等人给予他'信任'的人物。如果不是所有的

---

① ［意］安东尼奥·葛兰西：《狱中札记》，曹雷雨等译，中国社会科学出版社 2000 年版，第 9 页。

企业家，那么至少也是他们中的精英分子必须具有组织整个社会，包括所有复杂的服务机构以至于政府机构的能力，这是因为有必要去创造最有利于扩大其所在阶级的条件；或者说他们至少必须具有选择代理人（特殊雇员）的能力，这样就可以把业务之外一般相互关系的组织活动委托给这些人。"①显然，在葛兰西看来，城市知识分子的根本特征和使命是自觉地把同阶级成员组织起来的意识和能力。要言之，乡村知识分子（或传统知识分子）与城市知识分子（或现代知识分子）之间的根本区别在于，前者常常以个人的方式进行活动并产生影响，而后者则体现出自觉的组织观念和组织能力。

那么，译者和研究者究竟应该选择哪个含义来理解并翻译 organic 这个词呢？

三、我们的解答

其实，当我们在前面叙述葛兰西关于知识分子的见解时，答案已经在他自己的论述中自然而然地显现出来。那就是把 organic intellectual 译为"有组织观念的知识分子"。我们的主要理由如下。

其一，如前所述，在现代英语中，organic 作为形容词，本来就有"组织的"含义。如果说，"有机的"这个形容词主要适合于由生物学、生理学和化学组成的语境中，同时也只是在比喻的或引申的含义上适用于社会学和文化学的话，那么，"组织的"这个形容词则不仅适合于生物学、生理学和化学，也在非比喻的或非引申的含义上适用于社会学和文化学的语境。事实上，人们常常把一个社会单位，甚至一个政党称为"组织"。这就启示我们，在 organic 的诸多含义中，恰恰是"组织的"这

---

① ［意］安东尼奥·葛兰西：《狱中札记》，曹雷雨等译，中国社会科学出版社 2000 年版，第 1—2 页。

一含义最适合于规范"知识分子"这个具有社会学和文化学含义的名词。当然，如果把"组织的"这个形容词和"知识分子"这个名词简单地拼接在一起，即成为"组织的知识分子"，对于读者来说，其含义又显得不够明确，所以，我们主张，把《狱中札记》这一特定语境中的 organic intellectual 译为"有组织观念的知识分子"。

其二，葛兰西之所以在《狱中札记》中创制出 organic intellectual 这个术语，他的意图也不是要读者把新的、现代的知识分子理解为"有机的知识分子"（正如我们在前面已经指出过的那样，由于每个知识分子作为血肉之躯都是有机体，所以"有机的知识分子"本身就是同义反复），而是要读者把它理解为"有组织观念的知识分子"。也正是在后一个意义上，葛兰西明确地指出："成为新知识分子的方式不再取决于侃侃而谈，那只是情感和激情外在的和暂时的动力，要积极地参与实际生活，不仅仅是做一个雄辩者，而是要作为建设者、组织者和'坚持不懈的劝说者'（同时超越抽象的数理精神）；我们的观念从作为工作的技术提高到作为科学的技术，又上升到人道主义的历史观，没有这种历史观，我们就只是停留在'专家'水平上，而不会成为'领导者'（专家和政治家）。"①显然，葛兰西认定，新的、现代的知识分子与传统的知识分子之间的根本差别并不在于其是不是一个"侃侃而谈"的"雄辩者"，即是否具有个人的魅力，而在于其是不是"建设者""组织者""劝说者"和"领导者"，而其中最主要的是"组织者"，即一个知识分子是否具有把同阶级的成员团结在自己周围的卓越的组织观念和组织能力。在谈到一个政党必定会拥有的知识分子群体时，葛兰西又明确地指出："政党应该拥有较多或较少的成员，其级别有高有低，但这并非关键。重要的是它在领导和组织方面的职能，即教育和知识的作用。"②在这些重要的论述中，现代知识分子在"领导和组织方面的职能"一再被凸显出来。

---

① ［意］安东尼奥·葛兰西：《狱中札记》，曹雷雨等译，中国社会科学出版社 2000 年版，第 5 页。
② 同上书，第 11 页。

其三，在《狱中札记》中，常常出现与 organic 处于同一个语词家族中的 organize，organizer，organization。试以 organize 这个及物动词为例，它既有"使……组织化"的含义，也有"使……有机化"的含义。但在对《狱中札记》的翻译中，很少有译者或研究者是在"使……有机化"这个含义上使用 organize 这个动词的。也就是说，在描述社会学、文化学语境中的各种现象时，人们总是习惯于从"使……组织化"这个含义上去使用 organize 这个动词的。同样的，人们也总是习惯于把名词 organizer 理解为"组织者"，而不是理解为生物学意义上的"形成体"；把名词 organization 理解为"组织"，而不是理解为生物学意义上的"有机体"。所有这些都启示我们，在《狱中札记》所蕴含的社会学、文化学语境中，无论是 organic 这个形容词，还是与它相关的家族性语词，都应该从"组织"这个核心含义出发去加以理解并进行翻译。

事实上，我们上述想法也得到了印证。众所周知，吕耐·劳纳 (Lynne Lawner)不仅把葛兰西的《狱中书信》从意大利文译为英文，而且在该译本的"导论"中这样写道："The 'organic intellectual' is one who works consciously for his own social class, convinced that it has a historical 'right' at a given moment."①这段话可以译为："这个'有组织观念的知识分子'是一个自觉地为自己的社会阶级工作的知识分子，他确信这一阶级在特定的时刻拥有历史的'权利'。"它表明，按照吕耐·劳纳的理解，葛兰西笔下的 organic intellectual 有很强的组织观念，他总是自觉地为自己所从属的组织——阶级或政党工作，他与我行我素的传统知识分子之间存在着根本性的区别。在对葛兰西 1930 年 11 月 17 日致塔吉亚娜(Tatiana)的信的一个注释中，吕耐·劳纳进一步指出："Gramsci defines as 'organic', that is to say, linked more or less closely to basic so-

---

① Antonio Gramsci, *Letters from Prison Selected*, translated and introduced by Lynne Lawner，London：Jonathan LTD，1973，p. 44.

cial getups, to classes。"①

　　这段话可以译为："葛兰西把'与基本的社会团体、阶级的或多或少的密切关系'定义为'organic'。"显然，这种"密切关系"也就是思想上、组织上的关系。由此可见，吕耐·劳纳也主要是从现代知识分子所拥有的自觉的组织观念（或意识）的角度来理解并阐释葛兰西所使用的 organic 这个形容词的。

　　综上所述，我们认为，在葛兰西的《狱中札记》所蕴含的社会学、文化学语境中，organic intellectual 不应该被译为"有机的知识分子"，而应该被译为"有组织观念的知识分子"。按照这样的译法，葛兰西的文本，尤其是其《狱中札记》中关于知识分子的诸多论述的含义也就变得容易理解了。事实上，在葛兰西的笔下，只有这类 organic intellectual 才是夺取市民社会领导权的中坚力量。

---

① Antonio Gramsci, *Letters from Prison Selected*, translated and introduced by Lynne Lawner, London: Jonathan LTD, 1973, p. 185.

对"马克思热"的冷思考①

  2008 年，美国爆发了由次贷问题引起的金融危机。这一危机很快就波及世界各地。各国政治家、经济学家和金融专家纷纷制定对策和措施，遏制危机的蔓延。与此同时，各国的思想家、理论家也开始苦苦地探索金融危机的实质和起因。他们在这样做的时候，不约而同地把目光投向马克思，尤其是他的皇皇巨著《资本论》。当《资本论》洛阳纸贵的时候，国外马克思主义者和左翼思想家们也组织了各种讨论班、研讨会和新闻访谈，试图运用马克思的经济理论来阐释这场金融危机。于是，在短时间内，"马克思"这个名字成了新闻媒体的关键词，"马克思热"拉开了帷幕。

  国内理论界也有不少人撰文，侈谈"马克思热"的意义，仿佛资本主义世界已全盘接受马克思，甚至接受了马克思宣判资本主义制度死刑的判决书《资本论》。显然，这样的结论与其说是理论思维的产物，不如说是浪漫主义的幻觉。在我看来，对"马克思热"这样的现象，需要的不是盲目的追捧，而是冷静的思考。

---

① 原载《探索与争鸣》2010 年第 10 期。——编者注

一、是核心，还是边缘

"马克思热"常常使国内理论界的不少人忘乎所以，以为在西方国家的大学里，关于马克思的思想，尤其是《资本论》的课程已经成为核心课程之一。实际上，迄今为止，关于马克思思想的课程从未进入西方大学的"核心课程"（core course），而始终只是边缘性的课程。美国学者大卫·哈维在《希望的空间》一书中谈到了这方面的情况。

哈维坦承，他从1971年起就在约翰斯·霍普金斯大学开设了关于马克思《资本论》第1卷的相关课程，也有许多其他大学开设了同样的课程。但在当时，无论是听这门课，还是读《资本论》这本书，都被理解为政治行为。正如哈维所说的："我们推断，马克思一定说出了什么重要的东西，否则，他的著作就不会如此长时间地被压制。我们的努力在许多大学遭到冷漠对待就更加证明了这一推断。我尽量掩饰课程的名称，经常将其安排在晚上，对于那些不愿在成绩单上提及这门课的同学，也给他们'独立学习'的学分（后来我从行政高层中得知，因为这门课被开在地理系并被命名为'解读资本'（Reading Capital），所以他们差不多花了十年时间才明白我所讲授的正是马克思的《资本论》！"[1]从这段话中可以看出：第一，关于马克思《资本论》的课程在许多大学都受到了冷遇；第二，哈维为了开设这门课程，不得不把它放到地理系，而且去掉了马克思的名字，也去掉了《资本论》的名字，用"解读资本"这一含混的短语来做课程的名称，而且瞒了学校行政高层整整十年；第三，从学生接受的心理来看，他们也不愿意"马克思""资本论"这样的字眼出现在他们的成绩单上。

---

① ［美］大卫·哈维：《希望的空间》，胡大平译，南京大学出版社2006年版，第3—4页。

20 世纪 80 年代早期，在柏林墙倒塌之前，马克思主义受到了批判，人们主要指责它对许多重要的问题，如性别、种族、欲望、宗教、生态环境、殖民统治等，缺乏关注。柏林墙倒塌后，到了 20 世纪 90 年代初，无论是马克思主义，还是共产主义，都被宣布"死亡"，几乎从理论舞台上消失了。

然而，到了 20 世纪 90 年代后期，情况又有了改观。哈维告诉我们："《资本论》纯粹被当作一门高雅的常规课程来讲授。听课的教师和同学也不再大量地从课堂上消失（以前只有打算与我共事的少数几个人，以及那些把这门课程当作进行更为重要事情之前的'例行公事'的人坐得住）。现在，其他系科大多数的研究生概况课程（survey course）也会分配给马克思一两个星期，安插在其他人中间，如达尔文和韦伯。马克思得到了关注。但在学术界，这种关注要么将马克思置于无足轻重的'后李嘉图'（Post-Ricardian）的位置上，要么把他看作一个过时了的'结构主义者'或'现代主义者'而不予理会。简言之，马克思在很大程度上被认为是一种无法想象的历史叙事的编造者，是某种根本不可能发生的历史变革的鼓吹者；而这一变革已经被现实证明，不论在理论上，还是在政治上、实践上都是谬误的。"①这表明，尽管关于马克思思想的课程在大学里的处境有了一定的改善，不必像以前那样偷偷摸摸地授课了，但是，第一，这一课程并未升格为"核心课程"，它至多不过是研究生"概况课程"（survey course）中可能涉及的一部分内容；第二，学术界对马克思的评价也不高，至多不过把他看作过时的学术流派的一个代表人物而已。

总之，在西方国家的大学里，关于马克思思想，特别是《资本论》的课程始终处于边缘的状态。即使是目前流行的"马克思热"也无法改变这种现状，因为大学课程的意识形态属性是人所共知的，即便是以"思想自由"自诩的西方国家也不能例外。

---

① ［美］大卫·哈维：《希望的空间》，胡大平译，南京大学出版社 2006 年版，第 5 页。

二、是树木，还是森林

众所周知，马克思的著作、随笔、手稿、笔记、书信等构成了篇幅浩大的文本。如果把马克思的整个思想体系理解为"森林"，那么他的个别观点或个别论著就是"树木"了。长期以来的研究经验表明，国外马克思主义者或左翼思想家在对马克思思想的研究中，常常采取只见树木、不见森林的片面的阐释方式。或者是攻其一点，不及其余；或者爱屋及乌，无限夸大。缺乏对马克思文本的全面的、完整的、准确的理解和阐释。可以设想，如果"马克思热"奠基于这样的研究方式和阐释方式之上，真正"热"起来的又是什么呢？

试以意大利早期的马克思主义者葛兰西为例。1917 年俄国"十月革命"胜利后，青年葛兰西在 1917 年 11 月 24 日的《前进报》上发表了一篇著名的文章，其标题为"反对《资本论》的革命"。在这篇文章中，青年葛兰西把"十月革命"称作"反对卡尔·马克思的革命"，为什么？因为按照马克思在《资本论》中所做的结论，在俄国这样资本主义经济还不发达的国家里要取得无产阶级革命的胜利是根本不可能的。在俄国，似乎先得创造条件发展资本主义，逐步达到西方资本主义国家的文明程度，然后再发展到阶级冲突尖锐化时才有可能爆发革命。但是，青年葛兰西认为，事件本身的发展已经超越了马克思的见解："布尔什维克驳斥了卡尔·马克思，他们以明确的行动和成功的结果证实，历史唯物主义的法则并不像人们将认为或已经认为的那样是一成不变的。"[1]青年葛兰西的结论真是够大胆的，但他这种无畏的态度暴露出来的恰恰是他对马克思的无知。

---

① ［意］P. 卡瓦隆甘地、［意］P. 皮科：《青年葛兰西论历史，哲学和文化》，1975 年英文版，第 123 页。(Pedro Cavalcanti and Paul Piccone, ed. *History*, *Philosophy and Culture in the Young Gramsci*, New York：Telos Press, 1975, p. 123. ——编者注）

一方面，青年葛兰西完全不了解，1871年法国巴黎公社失败后，欧洲陷入了沉寂，革命的希望转向东方，特别是俄国。在1881年2—3月撰写的《给维·伊·查苏利奇的复信》草稿中，马克思认为，俄国的农村公社是原始社会解体以来一直保持着土地公有制的基层组织，这种具有原始共产主义倾向的农村公社完全可以成为俄国跨越"资本主义制度的卡夫丁峡谷"的基础。然而，在资本主义因素的侵蚀下，俄国的农村公社已处于岌岌可危的状态下。所以，当时马克思就强调，"要挽救俄国公社，就必须有俄国革命"①。由此可见，马克思非但没有忽略俄国革命，反而在"十月革命"前30多年就预言了俄国革命。

另一方面，青年葛兰西对马克思在《资本论》中所做的结论的批评也是站不住脚的。事实是，马克思在《资本论》中所做的结论是针对欧洲社会，而不是针对东方社会（包括俄国在内）的。早在1877年11月致《祖国纪事》杂志编辑部的信中，马克思已阐明了东方社会与欧洲社会的发展所存在的重大差异。至于后来的苏联解体也证明了下述历史唯物主义结论的科学性："无论哪一个社会形态，在它所能容纳的全部生产力发挥出来以前，是决不会灭亡的；而新的更高的生产关系，在它的物质存在条件在旧社会的胎胞里成熟以前，是决不会出现的。所以人类始终只提出自己能够解决的任务，因为只要仔细考察就可以发现，任务本身，只有在解决它的物质条件已经存在或者至少是在生成过程中的时候，才会产生。"②青年葛兰西对马克思《资本论》和历史唯物主义理论的批评，可以说是只见树木、不见森林。与青年葛兰西那里出现的情形相反，当青年马克思撰写的《巴黎手稿》于1932年首次以德文原文出版时，法兰克福学派的马尔库塞、弗洛姆都把这部手稿称为"马克思的第二次降生"，并把《巴黎手稿》中马克思关于人道主义与异化的思想视为马克思最重要的思想。其实，马克思的《巴黎手稿》还处于费尔巴哈的影响下，

---

① 《马克思恩格斯全集》第19卷，人民出版社1963年版，第441页。
② 《马克思恩格斯选集》第2卷，人民出版社1995年版，第33页。

在思想上还不成熟，故意拔高它的地位和作用，只可能对马克思做出片面的评价。

总之，无论是青年葛兰西对马克思和《资本论》的非难，还是马尔库塞和弗洛姆对青年马克思和《巴黎手稿》的热捧，都是片面的，缺乏对马克思思想体系和本真精神的深刻领悟。显然，如果"马克思热"是以这种片面的研究方式和阐释方式为基础的，那么它是不可能持久的。

三、是形式，还是内容

目前的"马克思热"给人更多的印象是形式上的，而不是内容上的；是修辞性的，而不是纪实性的。具体表现如下。

一是国外马克思主义者和左翼思想家喜欢侈谈"主义"，而不接触具体的"问题"。无论是在学术论著或学术报告中，还是在理论对话或新闻采访中，他们都喜欢谈论大字眼，如"社会主义""共产主义""资本主义""后现代主义"等，可以说是"主义"满天飞，但很少或根本不触及具体的问题，更不用说就具体的问题提出相应的对策了。1996年，美国爆发了著名的"索卡尔事件"，纽约大学物理学家索卡尔向左翼思想家的代表性刊物之一《社会文本》，提交了一篇故意包含科学上的常识性错误但又十分迎合该刊思想倾向的论文，论文很快被发表了。随后，索卡尔又在其他刊物上披露了自己在《社会文本》上所做的"实验"，从而在美国学术界掀起了轩然大波。其实，《社会文本》的思想领袖——弗雷德里克·詹姆逊就是这样一位好谈"后现代主义"的"戏仿"和"拼贴"的左翼思想家。他在中国理论界广有影响，但是读他的著作，你会觉得概念模糊，见解含混，很难获得对某个问题的确切看法。这在以分析哲学传统自诩的美国理论界，实在是一件丢人的事情。

二是国外马克思主义者和左翼思想家喜欢"赶场子"，并利用新闻媒体，抛出一些耸人听闻的字眼，提出一些匪夷所思的见解，制造所谓

"观念秀"（show of ideas），但在这些观念秀的背后却见不到真正出于良知和责任心的严肃的理论探索。比如，2009年3月，左翼思想家中的明星人物，如齐泽克、巴迪乌、哈特、奈格里、朗西埃、吕克·南希、伊格尔顿等，在伦敦举行了"共产主义观念"大会。齐泽克明确地提出了"告别社会主义先生，欢迎共产主义先生"的口号①，故作耸人听闻之言，却对"社会主义""共产主义"这样的概念的历史渊源和基本内涵缺乏实事求是的阐释。其实，在《哥达纲领批判》中，马克思明确地告诉我们："在资本主义社会和共产主义社会之间，有一个从前者变为后者的革命转变时期。"②列宁把这个时期称作"社会主义"。作为历史阶段，"社会主义"不是齐泽克想取消就可以取消的。"告别"云云，不过是齐泽克本人的主观愿望，而重要的是认识历史演化的客观规律！遗憾的是，在目前当红的国外马克思主义者和左翼思想家那里，再也读不到他们的先驱者卢卡奇、阿多诺、本雅明、科莱蒂、阿尔都塞、哈贝马斯等人写下的那些既富有思想上的原创性、又有严格理论论证的著作了。形式已经取代了内容，现象已经取代了本质，纸币已经取代了黄金。

综上所述，我认为，当前的"马克思热"非但不是马克思研究复兴的一个契机，反而是滥觞于金融危机的综合性危机的一种表现形式。它就像各种时髦的"秀"（show）一样，是不可能持久的。在我看来，马克思研究的真正复兴寄希望于有责任心、有原创性的真正的思想家们。

---

① 俞吾金等：《国外马克思主义研究报告2010》，总报告部分，人民出版社2010年版。
② 《马克思恩格斯选集》第3卷，人民出版社1995年版，第314页。

2011年

究竟如何理解并翻译阿尔都塞的重要术语 Overdetermination/Overdetermined[①]

众所周知，法国马克思主义理论家阿尔都塞于 1965 年出版的《保卫马克思》(*For Marx*)一书[②]是由八篇论文构成的，其中第三篇论文的标题是"Contradiction and Overdetermination"。顾良的中译本把这个标题译为"矛盾与多元决定"[③]。在这里，把 Contradiction 译为"矛盾"没有什么分歧，但把名词 overdetermination 译为"多元决定"却缺乏充分的理论依据。与 overdetermination 属于同一个词汇家族的是形容词 overdetermined，我们将一并予以考察。

---

① 原载《当代国外马克思主义评论》第 9 辑，人民出版社 2011 年版，第 97—104 页。——编者注

② 当代中国的研究者都已经习惯于把这本书的书名 *For Marx* 译为《保卫马克思》。我认为，中国的译者对 for 这个英语介词施加了暴力。其实，在类似的情况下，for 通常被译为"为了""赞成""拥护"。因此，把 *For Marx* 译为《为了马克思》或《拥护马克思》已经使 for 的含义得到了充分的想象和发挥。但 for 并不含有 defend 或 safeguard 这样超强的含义。斟酌下来，我认为，《为了马克思》或《拥护马克思》这两个译名似乎比《保卫马克思》更契合阿尔都塞本人的原意。

③ [法]路易·阿尔都塞：《保卫马克思》，顾良译，商务印书馆 1984 年版，第 67 页。

一

从字源上来考察，overdetermination 这个英语名词是由前缀 over 与名词 determination 复合而成的。作为这个复合名词的前缀，over 也是一个介词，其主要含义是"在……上""超过""越过""在……对面""结束了"等。不管我们如何施展自己的想象力，都无法把 over 的含义解读为"多元的"。当然，把 determination 这个名词译为"决定"是无可厚非的。然而，把这个复合名词 overdetermination 译为"多元决定"，其合法性尚未得到论证。在普通容量的英语词典中，我们查不到 overdetermination 这个词，但在翻阅《韦伯斯特新国际英语词典》(第三版)时，这个词进入了我们的眼帘，但对它的解释很简单，只有一句话：the condition of being overdetermined。① 于是，问题的关键就从 overdetermination 这个名词转移到形容词 overdetermined 上。根据韦伯斯特词典的解释，这个形容词主要有以下两个含义：一是 too determined，可以译为"过于确定的"或"超越决定的"；二是 having more than one determining psychological faction，可以直译为"具有多个心理决定因素的"或简译为"多元决定的"。

由此可见，顾良的中译本对 overdetermination 这个复合名词的含义的解释主要源自对 overdetermined 这个形容词的上述第二种含义的理解。其实，overdetermined 的第二种含义主要适用于心理学。如果深入研读阿尔都塞的著作，尤其是他的《保卫马克思》(*For Marx*)一书的话，就会发现，他主要是在第一个含义上理解并运用 overdetermined 这个形容词的，即这个形容词应该被译为"超越决定的"，而 overdetermination 则应被译为"超越决定的境况"(the condition of being overdetermined)，

---

① Webster，*Webster's Third New International Dictionary*，G. &C. Merriam Company Publishers，1976，p. 1607.

简言之，则是"超越决定"。

按照上面的考察，我们认为，overdetermination 这个复合名词不应该被译为"多元决定"，而应该被译为"超越决定"；同样的，overdetermined 也不应被译为"多元决定的"，而应被译为"超越决定的"。从字义上看，我们还有另一重依据。众所周知，在英语中，表示"多"或"多重的""多元的"前缀应该是 multi-，但英语词典中并无 multi-determination 或 multi-determined 这样的复合词。

因此，勉强地把 overdetermination/overdetermined 译为"多元决定/多元决定的"显然是不妥的。

<h1 align="center">二</h1>

下面，我们通过阿尔都塞本人对这两个概念 overdetermination/overdetermined 的运用，进一步阐明，把它们理解并阐释为"超越决定/超越决定的"才是符合阿尔都塞本人的原意的。我们发现，在阿尔都塞那里，"超越决定/超越决定的"的含义是：在错综复杂的矛盾中，任何因素都不可能单独地起决定作用。正是在这个意义上，他把矛盾中的任何因素都理解为是"超越决定（的）"。

在《保卫马克思》（*For Marx*）中，阿尔都塞指出："I am not particularly taken by this term overdetermination（borrowed from other disciplines），but I shall use it in the absence of anything better，both as an index and as a problem，and also because it enables us to see clearly why we are dealing with something quite different from the Hegelian contradiction."①这段话可以译为："我并没有特别的理由采纳'超越决

---

① ［法］路易·阿尔都塞：《保卫马克思》，1977 年英文版，第 101 页。（L. Althusser, *For Marx*, trans. Ben Brewster, London：Verso Books, 1977, p. 101. ——编者注）

定'这个术语（它是从其他学科借过来的），在缺乏其他更合适的术语的情况下，我把它当作一个标志和问题，因为它能够使我们看清楚，我们这里涉及的矛盾完全不同于黑格尔的矛盾。"

正是在上面这段重要的论述中，阿尔都塞把马克思、列宁、毛泽东等经典作家谈论的矛盾与黑格尔谈论的矛盾尖锐地对立起来了。他认为，在黑格尔那里，比如，在《精神现象学》《历史哲学》等著作中，意识在不同的历史阶段中呈现出来的具体的意识形态始终是围绕意识这个唯一的决定因素展开的，"意识只拥有一个中心，而这个中心决定着意识，就像许多圆中的一个圆"①。也就是说，在黑格尔那里，乍看上去，矛盾显得错综复杂，似乎没有哪个因素是起决定作用的。但实际上，意识，更确切地说，绝对精神乃是世界万象（包括社会历史现象）的唯一中心和唯一决定因素。有鉴于此，阿尔都塞指出："A Hegelian contradiction is never really overdetermined。"②这句话可以译为："黑格尔式的矛盾从来不可能是真正地超越决定的。"

阿尔都塞确信，与黑格尔关于矛盾的学说比较起来，马克思、列宁、毛泽东都实质性地肯定了矛盾的复杂性，因而只有在他们那里，It might be called overdetermined in its principle。③ 这句话可以译为："矛盾（句中用 it 表示）才可能原则上被称作超越决定的。"正是基于这样的思考，阿尔都塞把"超越决定"视为马克思主义矛盾理论的重要内容："But if every contradiction appears in Marxist historical practice and experience as an overdetermined contradiction; if this overdetermination constitutes the specificity of Marxist contradiction; if the 'simplicity' of the Hegelian dialectic is inseparable from Hegel's 'world outlook', particularly the conception of history it reflects, we must ask what is the content, the raison

---

① ［法］路易・阿尔都塞：《保卫马克思》，1977 年英文版，第 102 页。（L. Althusser, *For Marx*, trans. Ben Brewster, London：Verso Books, 1977, p. 102.——编者注）。
② 同上书，第 101 页。
③ 同上书，第 101 页。

d'être of the overdetermination of Marxist contradiction, and how can the Marxist conception of society he reflected in this overdetermination. "①这段话可以译为："如果出现在马克思的历史实践和经验中的每个矛盾都是超越决定的矛盾；如果这种超越决定构成了马克思主义矛盾的特殊性；如果黑格尔辩证法的'简单性'与他的世界观，尤其是从中反映出来的历史观是不可分离的，那么，我们必须追问：马克思主义矛盾的超越决定的内容、根据究竟是什么？马克思主义的社会观又如何反映在超越决定中？"我们之所以在这里引证这段冗长的话，因为对于正在讨论的主题来说，这段话具有特别重要的意义。

在阿尔都塞看来，马克思主义的矛盾理论之所以贯穿着超越决定的思想，即不把任何一个因素单独地视为决定性的因素，目的是真实地还原现实生活中矛盾的复杂性及其瞬间性。也就是说，只有建基于超越决定之上的矛盾理论，才能保持其灵活性并体现出辩证法的精神。

三

那么，为什么阿尔都塞煞费苦心地引入 overdetermination/overdetermined 这两个术语呢？我们认为，一个十分重要的原因是对当时法国理论界流行的恩格斯的相关见解保持一种有差异的认同。众所周知，在1890 年 9 月 21 日致约·布洛赫的信中，恩格斯提出了一个著名的见解："根据唯物史观，历史过程中的决定性因素归根到底是现实生活的生产和再生产。无论马克思或我都从来没有肯定过比这更多的东西。如果有人在这里加以歪曲，说经济因素是唯一决定性的因素，那么他就是把这个命题变成毫无内容的、抽象的、荒诞无稽的空话……这里表现出这一

---

① ［法］路易·阿尔都塞：《保卫马克思》，1977 年英文版，第 107 页。（L. Althusser, *For Marx*, trans. Ben Brewster, London: Verso Books，1977，p. 107. ——编者注）

切因素间的相互作用，而在这种相互作用中归根到底是经济运动作为必然的东西通过无穷无尽的偶然事件(即这样一些事物和事变，它们的内部联系是如此疏远或者是如此难于确定，以致我们可以认为这种联系并不存在，忘掉这种联系)向前发展。"①阿尔都塞以更详尽的方式引证了恩格斯的上述见解后，指出："It seems to me that this clarifies the expression overdetermined contradiction，which I have put forward，this specifically because the existence of overdetermination is no longer a fact pure and simple，for in its essentials we have related it to its bases，even if our exposition has so far been merely gestural. This overdetermination is inevitable and thinkable as soon as the real existence of the forms of the superstructure and of the national and international conjuncture has been recognized —— an existence largely specific and autonomous，and therefore irreducible to a pure phenomenon. "②这段话可以译为："至此，我提出的超越决定的矛盾的表述才变得清晰起来，不只因为超越决定的存在不再是一个纯粹的、简单的事实，我们已把它的本质关联到它的基础上，尽管我们的说明还不过是一种提示。只要上层建筑的形式和国内、国际的局面在大多数情况下是特殊的、独立的，因而是不能归结为纯粹现象的真实存在，矛盾的超越决定就是不可避免的和合乎理性的。"

那么，阿尔都塞上面所说的那段话是否表明，他的想法与恩格斯是一致的呢？我们的回答是：既是一致的，也是不一致的。就反对"经济因素是唯一决定性的因素"这一观点来说，阿尔都塞与恩格斯是一致的，但只要深入讨论下去，两个人的见解就变得不一致了。细心的读者一定会发现，乍看起来，恩格斯是反对"经济因素是唯一决定性的因素"这一观点的，实际上，他并不完全反对这一观点，只是给它加上了一个著名的限制词——"归根到底"。所以，恩格斯说认为，在这种相互作用中归

---

① 《马克思恩格斯选集》第 4 卷，人民出版社 1995 年版，第 695—696 页。
② ［法］路易·阿尔都塞：《保卫马克思》，1977 年英文版，第 113 页。(L. Althusser, *For Marx*, trans. Ben Brewster, London：Verso Books，1977，p. 113.——编者注)

根到底是经济运动作为必然的东西通过无穷无尽的偶然事件向前发展。换一种说法，根据唯物史观，历史过程中的决定性因素归根到底是现实生活的生产和再生产。请注意，在这两个句子中都出现了"归根到底"这个限制词。这就启示我们，虽然恩格斯反对"经济因素是唯一决定性的因素"这一观点，但他实际上从不反对下述观点，即在归根到底的层面上，经济因素仍然是唯一决定性的因素。

由此可见，把 overdetermination/overdetermined 译为"多元决定/多元决定的"必定会造成这样一种理论错觉，即阿尔都塞只是不赞成恩格斯在归根到底的层面上把经济因素理解为唯一的决定性的因素。人所共知，"多元"是相对于"唯一"来说的，因此，"多元决定（的）"给人的印象是：阿尔都塞似乎只在意下面这一点，即在经济因素之外，还存在着其他决定性的因素。深入的研究表明，阿尔都塞不仅在这一点上不认同恩格斯，更重要的是，他强调，从来就没有纯粹意义上的经济因素，经济因素与其他因素始终是不可分离地交织在一起的。有鉴于此，紧接着我们前面引证的那段话，阿尔都塞又写道："We must carry this through to its conclusion and say that this overdetermination does not just refer to apparently unique and aberrant historical situations（Germany, for example）, but is universal; the economic dialectic is never active in the pure state; in History, these instances, the superstructures, etc. —are never seen to step respectfully aside when their work is done or, when the Time comes, as his pure phenomena, to scatter before His Majesty the Economy as he strides along the royal road of the Dialectic. From this first moment to the last, the lonely hour of the 'last instance' never comes."[①]这段话可以译为："我们必须把这一探讨贯彻到底并引申出如下的结论，即超越决定并不只涉及独一无二的、离奇的历史情景（例如，德国），而是具

---

① ［法］路易·阿尔都塞:《保卫马克思》，1977 年英文版，第 113 页。（L. Althusser, *For Marx*, trans. Ben Brewster, London: Verso Books, 1977, p. 113. ——编者注）

有普遍性的；经济的辩证法从来不在纯粹的状态中起作用；从历史上看，许多例子表明，上层建筑的各个领域在发挥自己的作用后从来不会谦恭地引退，也从来不会作为纯粹的历史现象消失在新来临的时代中，以便让经济这个君王沿着辩证法的皇家大道大步前进。其实，在'归根到底'的层面上起决定作用的经济因素从来都不可能单独地发挥作用。"

这样一来，我们就明白了，阿尔都塞之所以引入"超越决定/超越决定的"（overdetermination/overdetermined）这两个概念，目的是表明，他坚持了一种更加彻底的"反决定论"（anti-determinism）的立场。一方面，即使是在恩格斯所说的"归根到底"的层面上，他也不同意经济因素是唯一的决定性因素；另一方面，在他看来，经济因素根本不可能像恩格斯所说的，单独地发挥自己的作用。事实上，在错综复杂的矛盾中，各种不同的因素是交织在一起发挥作用的。在这个意义上，把任何一个因素抽取出来，单独谈论它的历史作用的做法都是错误的。有鉴于此，阿尔都塞才煞费苦心地提出了上述两个概念。

综上所述，把 overdetermination/overdetermined 译为"多元决定/多元决定的"显然是不妥的，因为这样做必定会导致对阿尔都塞的哲学立场的误解，似乎他坚持的仍然是决定论，不过这种多元决定论不同于恩格斯所坚持的一元决定论罢了。其实，阿尔都塞所要坚持的乃是一种激进的反决定论的立场，而在对这一立场的阐发中，overdetermination/overdetermined（超越决定/超越决定的）起着关键性的作用。

2012年

从意识形态终结到意识形态泛化①

　　1960 年，美国著名社会学家丹尼尔·贝尔出版了名为《意识形态的终结》(*The End of Ideology*)的论文集。1963 年，美国政治学家李普塞特出版了专著《政治人》，其中最后一章的标题也是"意识形态终结"。由此，"意识形态终结"不仅成了英美思想界争论的热点，也成了许多博士论文的主题。比如，C. I. 瓦克斯曼主编的《意识形态终结争论集》(1968)、摩斯塔夫·雷雅主编的《意识形态衰落了吗?》(1971)、乔布·L. 狄特贝尔纳撰写的《意识形态的终结和美国社会思想》(1979)等。

　　其实，意识形态终结的思潮的兴起并不始于美国。按照贝尔的看法，法国文学家阿尔伯特·加缪在 1946 年就使用了"意识形态的终结"的提法。随后，在法国社会党内部爆发了一场以"意识形态的终结"为主题的争论。法国社会学家雷蒙·阿隆于 1955 年出版了《知识分子的鸦片》，该书最后一章的标题是"意识形态时代的终结?"由此，"意识形态的终结"又成了 1955 年米兰国

　　① 原载《中国社会科学报》2012 年 2 月 29 日 B02 版，题为"'意识形态终结'：一个被误置的口号"；收录于汪行福、俞吾金、张秀琴：《意识形态星丛——西方马克思主义的意识形态理论及其最新发展态势》，人民出版社 2017 年版，第 523—526 页。——编者注

际会议的主题，而在该次会议递交的论文中，虽然阿隆、李普塞特和贝尔等人讨论意识形态问题的切入点迥然各异，但他们的基本观点却是一致的。正如贝尔指出的："在接下来的几年中，虽然侧重点和论题各有不同，但是这个核心思想在各种研讨会和著作中得到了精心的探讨。"①

需要加以追问的是：在 20 世纪五六十年代，为什么在西方国家，尤其是美国，会形成一股声势浩大的"意识形态的终结"的思潮？众所周知，自从列宁缔造了世界上第一个社会主义国家后，社会主义意识形态与资本主义意识形态的对立就成了这个时代政治文化叙事的根本出发点，而西方国家的不少知识分子对苏联模式的社会主义意识形态抱着朦胧的向往态度。然而，在斯大林时期发生的一系列事件，使他们不得不重新反思苏联模式的社会主义意识形态的本质。斯大林去世后，苏共二十大的召开和赫鲁晓夫反对斯大林的秘密报告，更是把苏联模式的意识形态的秘密公开化了。西方国家的知识分子突然发现，社会主义意识形态与资本主义意识形态的对立完全是虚假的。于是，他们对苏联模式的社会主义意识形态的态度由向往转变为怨恨和批判。

正是在这样的社会政治背景下，"意识形态的终结"成了一个十分流行的口号。然而，在我们看来，无论是当事人，还是后来的研究者，至今都没有意识到，用"意识形态的终结"的口号去概括当时的政治现实是多么错误，因为被终结的并不是意识形态，而是社会主义意识形态与资本主义意识形态的虚假的对立。所以，准确的提法应该是"社会主义意识形态与资本主义意识形态的对立的终结"（the end of antagonism of the socialist ideology and the capitalist ideology）。由于"意识形态的终结"是一个被错置的口号，所以它刚被提出来就成了思想学术界的笑柄，因为从 20 世纪 60 年代中期起，各种新的、具有马克思主义倾向的意识形态理论便应运而生。也就是说，意识形态非但没有被终结，反而得到了人

① ［美］丹尼尔·贝尔：《意识形态的终结》，张国清译，江苏人民出版社 2001 年版，第 473 页。

们更自觉的反思和研究。

然而，就像钟摆通常摆向另一个极端一样，英美马克思主义者也不约而同地从"意识形态终结"这个端点滑向另一个端点——"泛意识形态化"（ideologize），而通向另一个端点的路径则是"文化"（culture）。美国马克思主义者弗雷德里克·詹姆逊于 1998 年出版的《文化转向》便很好地印证了我们上面提出的见解，即"泛意识形态化"正是通过"文化"这一无所不在、无孔不入的酸性溶液而渗透到所有的领域中去的。具体说来，"泛意识形态化"是由以下三种不同的文化理论的兴起而促成的。

其一，葛兰西的"文化—意识形态领导权"理论。在西方马克思主义者的阵营中，葛兰西首先意识到，在西方资本主义国家发动革命时，有组织的知识分子夺取市民社会的文化—意识形态领导权的重要性和必要性。在他看来，西方资本主义国家的政治领导权奠基于文化—意识形态领导权，因此，不先行地掌握后一种领导权，就不可能最终夺取前一种领导权。

其二，法兰克福学派对大众文化的批判。在霍克海默、阿多诺和本雅明看来，在当代西方社会中，文化已经蜕变为文化产业，而艺术则通过复制而被批量生产。马尔库塞进一步指出，在西方发达工业社会中，人已经蜕变为单向度的人，大众文化也被单向度化了，成了统治阶级维护其统治的合法性的工具。由此可见，当代人要重新获得自己的革命意识和反抗意识，就要深入地反思并批判大众文化。

其三，以雷蒙德·威廉斯为代表的伯明翰学派对"文化研究"运动的倡导和推动。尽管这一学派思想的形成也受到了上面提到的葛兰西和法兰克福学派文化理论的影响，但它主要是在英国本土产生并逐步形成世界性影响的，因而我们的论述自然应该详尽一些。威廉斯本人把文化研究理解为对当代人的整个生活方式的意义探究，但实际上，文化研究主要触及的是传统文化研究所不愿意涉足的领域——大众文化及其表现形式，如电影、电视、通俗报刊、广告、购物等。如果说，法兰克福学派的成员主要致力于对大众文化与统治阶级意识形态的顺从关系的反思和批判，那么，伯明翰学派的成员则更重视对大众文化的反抗潜能的揭示。然而，我们发现，这种反抗潜能至多只是一些零星的、边缘性的、早已被文化的酸性溶液所软化的"消费者的抱怨"而已，根本不触及对资本主义意识形态和统治秩序的反抗。正如朗西斯·穆尔赫恩所指出的："文化研究从一开始就往往使政治消融于文化。现在看来，就连一直游离于文化领域之外积极从事政治活动的雷蒙德·威廉斯也承认，他夸大了文化层面的政治潜在价值，他的理论著作中一直未能很好地摆脱这一倾向。"①

有趣的是，正是通过"文化"这一无所不在的媒介物，在西方国家，尤其是讲英语的国家内，传统的、总体性的、剑拔弩张式的意识形态概念被化解为无数的碎片而渗透到当代人的日常生活中。当新的、以马克思主义思想倾向自居的意识形态概念为此而感到沾沾自喜时，它丝毫没有觉察到，它的真正被终结的时刻已经来临了。实际上，当它扩展到日常生活中的每个细节中去时，也正是它在整体上失去自己的独立地位之际。正如贝尔在评论克利福特·吉尔兹的《作为一个文化体系的意识形态》论文时所指出的："我认为，就强调意识形态的首要的文化的和象征的性质而不是把它看作对于社会结构的反映而言，尽管吉尔兹是正确的。他对这个术语进行了扩充，使其包含了为其拥护者提供出发点和意义的任何一套世界观，但是在这样做的过程中，他忽视了已经给予意识形态情感性和煽动性力量的那个特定的政治维度。"②也就是说，英美的马克思主义者们通过"文化"这个无所不包的概念极大地扩展了意识形态概念，实现了所谓"泛意识形态化"，但与此同时，他们也在"文化"这一酸性溶液中极大地稀释了意识形态概念的政治内涵，从而把它转化为一个没有任何意义的、空洞的文化符号。

---

① ［美］埃伦·梅克辛斯·伍德、［美］约翰·贝拉米·福斯特：《保卫历史——马克思主义与后现代主义》，郝名玮译，社会科学文献出版社2009年版，第59页。

② ［美］丹尼尔·贝尔：《意识形态的终结》，张国清译，江苏人民出版社2001年版，第506页注①。

这就深刻地启示我们，20世纪五六十年代，当英美知识分子提出"意识形态的终结"的口号时，恰恰是意识形态最具发展潜力的时候；反之，从20世纪90年代到21世纪初，当他们以为自己坚持的新的、具有反抗意识的意识形态已经渗透到资本主义社会的每个细胞中，即实现了"泛意识形态化"时，这才真正是这种意识形态衰弱和终结的时候。这就是历史的辩证法。

运用分析方法研究国外马克思主义①

　　如何把国外马克思主义的研究引向深入？这
是一个大家都在思索的问题。如果皮相地加以理
解，便会把对从流派及其代表人物思想的关注转
向对问题的关注理解为研究的深入。但这种理解
方式并没有考虑到方法论上的改弦更辙。其实，
无论是对国外马克思主义流派及其代表人物进行
研究，还是对国外马克思主义者提出的基础性
的、重大的理论问题进行研究，都离不开对基本
概念含义的理解和阐释。只要这方面的基础性工
作还没有做好，不管人们研究的对象是什么，都
无法使研究工作真正地深入下去，更有甚者，他
们还可能以自己的错误理解和阐释遮蔽了国外马
克思主义者的真实思想。因此，重要的是引入一
种研究方法，把整个国外马克思主义的研究奠基
于准确性和明晰性之上。

　　毋庸置疑，当代分析哲学家们所倡导的分析
方法对国外马克思主义研究具有非同寻常的意
义。当然，正如人们在现象学研究中把现象学的
哲学观念与现象学方法区分开来一样，我们也应
该把分析哲学的哲学观与分析方法区分开来。从

---

　　①　原载《马克思主义与现实》2012 年第 6 期；《马克思列宁主义研究》2013 年第 3 期
全文转载。——编者注

哲学史上看，分析哲学的哲学观从属于由法国哲学家孔德所开创的实证主义思潮，这种思潮只主张对周边世界进行描述，而不是真正地加以改变，因此它与马克思本人所倡导的、以改变世界为己任的哲学观是不相容的，但分析哲学家们所使用的分析方法却完全可以为我们所借鉴。事实上，以 G. A. 柯亨为代表的"分析的马克思主义"(the Analytical Marxism)思潮就试图运用分析方法重新解读马克思主义经典作家的文本，并取得了引人注目的成就。尽管对于国外马克思主义研究来说，分析方法主要被用于对国外马克思主义者的文本的分析，但也必定会涉及对马克思主义经典作家文本的分析，这就为分析方法的运用提供了更加广阔的舞台。

尽管分析方法的运用只是一种手段，但它对我们在国外马克思主义的研究中弄清问题、追求真理却具有基础性的、不可忽视的意义。实际上，只有借助这种方法，弄清楚国外马克思主义者提出的问题和概念的准确的含义，才能实质性地把国外马克思主义的研究向纵深推进。

一、从自然属性到社会属性

众所周知，在《卡尔·马克思的历史理论：一个辩护》中，柯亨区分了事物（包括人）具有的两种不同的属性：一是"质料属性"（material properties），即事物所由构成的质料或事物的自然属性。比如，对一个玻璃杯来说，玻璃构成了其质料属性；二是"社会属性"（social properties），即事物在社会关系中显现出来的特征。比如，当这个玻璃杯以商品的方式存在时，这涉及的便是它的社会属性。柯亨举例说："假定我主持一个委员会，那么，在经历一个被任命的社会过程后，我就成了主席。然而，我之所以成为主席，不是根据我的生物学特征。人们能够说，我之所以适宜于担任'主席'是从社会的观点看问题的结果。但是，这并不意味着我的有机体不是主席，它当然是。"①显而易见，在柯亨看来，质料属性（我的有机体）和社会属性（我担任的委员会主席的职务）统一在"我"的身上。尽管我不是因为自己的有机体而被任命为委员会主席的，但我能当上这个委员会主席却离不开我的有机体。也就是说，事物的质料属性与社会属性存在着明显的差异。然而，人们在探讨各种事物时，却经常把这两种不同的属性混淆起来。如果人们想追随马克思，对资本主义社会做出透彻的批判，他们就必须把这两种不同的属性严格地区别开来。

柯亨反复重申，在考察事物时区分质料属性和社会属性并不是自己的首创，而是马克思的专利。事实上，马克思并没有使用"质料属性"这一极易引起误解的概念，而是使用了含义相同的另一个概念，即"自然属性"（natural properties），并把它与"社会属性"（social properties）严格地区分开来。为便于理解，我们就按马克思的方式来区分事物的这两种不同的属性。

其一，马克思通过对这两种属性的区分建立起资本主义批判理论。在《资本论》中，马克思告诉我们，商品作为"社会的物"具有双重属性：一是它的自然属性，即使用价值，比如，玻璃杯由玻璃制成，人们可以用它来喝水等；二是它的社会属性，即交换价值。尽管这两个属性是迥然不同的，但人们经常会把它们混淆起来，从而形成商品拜物教。马克思指出："商品就它是使用价值来说，不论从它靠自己的属性来满足人的需要这个角度来考察，或者从它作为人类劳动的产品才具有这些属性这个角度来考察，都没有什么神秘的地方。……例如，用木头做桌子，木头的形状就改变了。可是桌子还是木头，还是一个普通的可以感觉的物。但是桌子一旦作为商品出现，就变成一个可感觉而又超感觉的物了。它不仅用它的脚站在地上，而且在对其他一切商品的关系上用头倒

---

① ［英］柯亨：《卡尔·马克思的历史理论：一个辩护》，1978 年英文版，第 91 页。(G. A. Cohen, *Karl Marx's Theory of History*: *A Defence*, Oxford: Clarendon Press, 1978, p. 91. ——编者注)

立着，从它的木脑袋里生出比它自动跳舞还奇怪得多的狂想。"①在马克思看来，商品的使用价值作为其自然属性并没有什么神秘性，即使从人类劳动的物化在商品中这一点来看，也没有什么神秘性，而神秘性却体现在商品的社会属性，即交换价值上。在传统的自给自足的社会中，如果人们生产某些物品只是为了给自己使用，这些物品也不会有什么神秘性，然而，在商品经济的社会中，当人们生产物品只是为了用于交换时，商品的神秘性，即商品拜物教就产生了。马克思在谈到宗教的神秘性时指出："人手的产物也是这样。我把这叫做拜物教。劳动产品一旦作为商品来生产，就带上拜物教性质，因此拜物教是同商品生产分不开的。商品世界的这种拜物教性质，象以上分析已经表明的，是来源于生产商品的劳动所特有的社会性质。"②由此可见，商品拜物教是由商品的社会属性引起的，但人们却错误地把这种拜物教视为由商品的自然属性引起的。

在商品拜物教的基础上形成并发展起来的货币拜物教和资本拜物教的情况也是如此。比如，拜金主义者认为，金子本身就其自然属性来说，就具有神秘的魔力。其实，金子的神秘性与它的自然属性无关，而完全是由它的社会属性引发的。正是在一定的社会关系中，金子作为贵金属才有可能充当货币，即一般等价物，因而人们可以通过它交换到任何东西。可见，正是金子的社会属性使金子成了万能的、神秘的东西，受到人们的顶礼膜拜。马克思在《1844年经济学哲学手稿》中便引证过莎士比亚在《雅典的泰门》一剧中对金子的评论。又如，资本常常以物的形式，如厂房、机器设备、原料、生产资料、产品等方式表现出来，因而人们错误地以为这些物在自然性质上就是神秘的。其实，资本的神秘性从来就不是其自然属性或质料属性所引起的，而是由其社会属性所引起的。正如马克思所说的："资本也是一种社会生产关系。这是资产阶

---

① 马克思：《资本论》第1卷，人民出版社1975年版，第87—88页。
② 同上书，第89页。

级的生产关系，是资产阶级社会的生产关系。"①在马克思看来，如果把资本的社会属性误认作自然属性，那就根本不可能准确地认识资本主义的本质。工人之所以在最初的反抗中捣毁机器设备，表明他们当时还不能把资本的自然属性与社会属性严格地区分开来。事实上，必须穿过物的自然属性，认识物的社会属性所掩盖着的人与人之间的社会关系，从而准确地认识资本主义社会的实质并对它进行革命性的改造。

其二，马克思通过对这两种属性的区分建立起价值理论。如前所述，商品拜物教已经蕴含着人们对商品的使用价值（自然属性）与交换价值（社会属性）的混淆，而商品的交换价值是奠基于商品的价值之上的，既然商品的价值取决于生产它的社会必要劳动时间的多少，因而价值所体现的完全是商品的社会属性。然而，人们也常常把商品的使用价值与价值混淆起来。在《评阿·瓦格纳的〈政治经济学教科书〉》一文中，马克思曾经指出："这就使他同样有可能像德国教授们那样传统地把'使用价值'和'价值'混淆在一起，因为它们两者都有'价值'这一共同的词。"②为什么价值和使用价值这两个概念不应该被混同起来呢？因为"使用价值表示物和人之间的自然关系，实际就是物和人相对来说的存在。交换价值是一个在那种把它创造出来的社会发展中后来才加到与使用价值同义的价值这个词中去的意义。它是物的社会性质的存在"③。由此可见，虽然自然属性与社会属性共存于同一个商品之中，但这两个属性之间却存在着根本性的差别。马克思认为，价值一开始就应该从商品的社会属性与这一属性所蕴含的人与人之间的关系出发去加以理解。概言之，使用价值涉及人与物之间的自然关系，而价值则涉及人与人之间的社会关系。

有趣的是，与阿·瓦格纳一样，当代研究价值理论的学者也经常把使用价值（自然属性）与价值（社会属性）混淆起来。比如，他们把价值定

---

① 《马克思恩格斯选集》第 1 卷，人民出版社 1995 年版，第 345 页。
② 《马克思恩格斯全集》第 19 卷，人民出版社 1963 年版，第 400 页。
③ 马克思：《剩余价值学说史》第 3 卷，人民出版社 1978 年版，第 329 页。

义为：物的属性对人的需要的满足。其实，这个定义涉及的只是使用价值，即物与人之间的关系，而价值之谜只能在人与人之间的社会关系中加以解读。由此可见，如果不能运用分析方法把作为自然属性的使用价值与作为社会属性的价值区分开来，那么根本就不可能准确地进入价值研究的领域。

其三，马克思通过对这两种属性的区分建立起人的理论。早在《雇佣劳动与资本》中，马克思已经指出："黑人就是黑人。只有在一定的关系下，他才成为奴隶。纺纱机是纺棉花的机器。只有在一定的关系下，它才成为资本。脱离了这种关系，它也就不是资本了。就像黄金本身并不是货币，砂糖并不是砂糖的价格一样。"①马克思这里所说的"一定的关系"就是指社会关系。黑人的皮肤是黑色的，这是黑人的自然属性，但黑人并不是因为这一自然属性才成为奴隶的，黑人成为奴隶，完全是社会属性使然。也就是说，黑人的本质完全是由他置身其中的社会关系所决定的。也正是在这个意义上，马克思指出："人的本质不是单个人所固有的抽象物，在其现实性上，它是一切社会关系的总和。"②弄清楚人的自然属性（通常被称为"人性"[human nature]，即"饮食男女"）与人的社会属性（通常被称为"人的本质"[human essence]，如社会身份、阶级归属等）的差别，就不会把这两种不同的属性混淆起来了。

总之，无论是马克思对自然属性与社会属性的区分，还是柯亨对质料属性与社会属性的区分，都是分析方法的基础性运用。没有这样的分析方法，人们既不可能准确地解读国外马克思主义者的文本，也不可能准确地理解马克思主义经典作家的文本。

---

① 《马克思恩格斯选集》第 1 卷，人民出版社 1995 年版，第 344 页。
② 同上书，第 56 页。

二、从问题意识到语法结构

人们在研究国外马克思主义者的文本时，总是先行地受到自己大脑中的"问题意识"（consciousness for problems）的引导。比如，有人对葛兰西的"意识形态—文化领导权"理论感兴趣；也有人对哈贝马斯的"公共领域"理论感兴趣；有人对阿多诺的"音乐哲学"感兴趣，也有人对哈维的"空间"理论感兴趣等。乍看起来，问题意识是原初性的，因为人们总是先提出问题，然后再去探寻答案的。实际上，至少在哲学思维中，人们通常是先有了答案，即先确立了"信念系统"（the system of belief），再回过头去设计问题的。也就是说，与问题意识比较，信念系统处于更原初的地位上。一个人拥有什么样的信念系统，就会拥有相应的问题意识，因为问题意识不是构成性的，而是被构成的东西。在这里，构成性的东西是信念系统。换言之，人们以为自己拥有任意提问的自由，事实上，这种自由只存在于他们的幻觉中。早在他们具有问题意识之前，他们的信念系统已经先行地划定了他们的问题意识的逻辑可能性的空间。也就是说，问题意识并不是任意的，它只能在已经确定的信念系统的基础上显现出来。比如，在马克思墓前的演说中，恩格斯曾经指出："正像达尔文发现有机界的发展规律一样，马克思发现了人类历史的发展规律，即历来为繁芜丛杂的意识形态所掩盖着的一个简单事实：人们首先必须吃、喝、住、穿，然后才能从事政治、科学、艺术、宗教等等；所以，直接的物质的生活资料的生产，从而一个民族或一个时代的一定的经济发展阶段，便构成基础，人们的国家设施、法的观点、艺术以至宗教观念，就是从这个基础上发展起来的，因而，也必须由这个基础来解释，而不是像过去那样做得相反。"①许多唯心主义哲学家每天也都在

① 《马克思恩格斯选集》第 3 卷，人民出版社 1995 年版，第 776 页。

吃、喝、住、穿，为什么他们看不到这个"简单事实"，而马克思却看到了？这里的差别正在于：马克思的信念系统与这些唯心主义哲学家的截然不同。这就深刻地启示我们：你拥有什么样的信念系统，就会拥有这个信念系统允许你看到的相应的问题意识。换言之，除非你改变了原有的信念系统，否则你根本就看不到原有的信念系统之外的任何问题。感性的目光自始至终受制于心灵的目光。

那么，信念系统又是如何形成并发展起来的呢？我们知道，任何个人出生后都会处于某个既定的文化共同体的教化中。即使被人们称为"文盲"的人也只是文字之盲，但绝不可能是文化之盲，因为每个人都是在他耳濡目染的文化环境中成长起来的。事实上，信念系统正是在个人受教化的过程中形成并发展起来的。一般说来，个人达到成人的年龄，也就具备了自己的信念系统。正如维特根斯坦所说的："孩子学会相信许多事情。也就是说，孩子学会遵循这些规则去做事。然后逐步形成一个信念系统，而在这个系统中某些信念占有不可动摇的稳固地位，而某些信念则或多或少可以发生变化。"①维特根斯坦所说的信念系统是由科学知识、宗教意识、道德规则、政治观念、传统思想、艺术爱好、生活习俗等各种要素构成的，而在相互交往中，不同个体的某些信念会被强化，另一些信念则会发生弱化等。

还需指出的是，尽管信念系统具有构成性，但这种构成性主要是在意识的层面上发挥作用的，而在更深的、无意识的层面上发挥初始性构成作用的乃是"语法结构"（grammatical structure）。众所周知，任何语言要被准确地表达出来并得到他人的理解，表达者就必须合乎语法地使用语言。概言之，语言的使用必须遵循语法规则。人们在使用语言时，经常会陷入一种错觉，即他们是语言的主体，而语言则是他们的工具。然而，实际情形正好相反，即语言成了主体，而人们却成了语言的工具。

---

① 《维特根斯坦全集》第 10 卷，涂纪亮等译，河北教育出版社 2003 年版，第217 页。

当人们熟练地使用自己的母语时，情形更是如此。比如，当某人在日常交谈中向自己的谈话伙伴提出某个问题时，他根本无须先考虑疑问句的结构，再提出自己的问题，因为对他来说，这种句型的结构已经烂熟于心，即完全沉落到无意识层面上去了。当人们不再像学习一门生涩的外国语言那样去思索语法结构时，这表明语法结构作为形式，不但牢牢地支配着信念系统，也牢牢地支配着问题意识，甚至包括问题的提法。为什么几千年来的哲学史总是重复地提出同样的哲学问题？维特根斯坦是这样解答的："人们经常听到这样的评论：哲学其实没有取得任何进步，我们仍然在探讨希腊人已经探讨过的那些相同的问题。然而，做出这种评论的人不懂得哲学为什么不得不如此。这是因为我们的语言没有变化，它不断地吸引人们提出同样的问题。只要继续有'是'这个似乎与'吃'、'喝'等词有相同功能的词，只要还有'同一的'、'真的'、'假的'这样一些形容词，只要我们继续谈论时间之流、空间的广延等等，大家就会不断碰到一些同等地难以捉摸的困难，凝视一些似乎不可能解释清楚的事物。"①在维特根斯坦看来，正是语法结构在冥冥中规定着人们的问题意识和他们表达思想（包括提问）的方式。

比如，当卢卡奇把自己早期的一本论文集命名为《历史与阶级意识》时，他并没有意识到语法结构对自己思想表达的限制。事实上，"与"（and）这个词暗示我们："历史"（history）和"阶级意识"（class consciousness）是两个相互外在的东西，即历史在阶级意识之外，而阶级意识也在历史之外。然而，实际情形却是：一方面，阶级意识是历史的一个组成部分，人们在描述有阶级冲突存在的社会历史时，不能不涉及不同阶级的阶级意识；另一方面，阶级意识中，必定蕴含着某个阶级对历史的自觉的反省意识。由此可见，历史、阶级意识是不可分割地缠绕在一起的，一旦卢卡奇用一个"与"插入其间，无论是历史，还是阶级意识，便都显得残缺不全了。基于这样的分析，我们就能理解，为什么海德格尔

---

① 《维特根斯坦全集》第 11 卷，涂纪亮等译，河北教育出版社 2003 年版，第 22 页。

用连字符号把作为人的存在的"此在"（Dasein）描述为"在世界上之存在"（das in-der-Welt-Sein）。因为通过反思，他已经意识到语法结构对思想表述的重大引导意义。不难发现，当人们谈论"人与世界的关系"时，语法结构已经对他们的思想做出了错误的引导，即把"人""世界"分离开来了。如果不怕表达上的烦琐，就应该把"人与世界的关系"置换成"由人的活动构成的世界与作为世界的组成部分的人的关系"。然而，众所周知，语言发展的自然趋向就是追求简洁。这样一来，语法结构对问题意识和思想表达的引导作用就越来越大了。① 海德格尔试图通过连字符号来抗衡语法结构对自己思想的引导，充分显示出他极其深厚的批判意识。

与海德格尔的思路不同，晚期维特根斯坦希望通过把哲学用语的含义还原到日常生活中的含义的方式来抗衡语法结构对思想表达的支配作用。他这样写道："当哲学家使用词——'知识'、'存在'、'对象'、'我'、'命题'、'名称'——并且试图把握事物的本质时，我们必须经常这样问问自己：这些词在作为它们的发源地的语言中是否真的这样使用——我们要把词从它们的形而上学用法带回到它们的日常用法上来。"②然而，维特根斯坦也意识到，要求哲学家们都这样做是不可能的，因而他无限感慨地写道："全部哲学的云雾凝结为语法的一滴水。"③也就是说，哲学上许多虚假的问题意识的产生都源于语法结构的导引。

这就深刻地启示我们，对国外马克思主义的研究仅仅停留在问题意

---

① 比如，人们喜欢把"非物质文化遗产"简称为"非遗"，其实，这种对表达上的简洁的追求是毫无道理的。为什么？因为"非遗"的直接含义就是"不是遗产"，而不是"非物质文化遗产"。即使是"非物质文化遗产"这个概念也是不确切的，因为任何一种民间艺术，如昆曲，或通过演员得以吟唱，或凭借乐器得以表演，或借助纸质文本、CD 或录像带得以传播，无论是演员、乐器、纸质文本、CD 或录像带，都是物质性的。世界上根本就不存在完全可以脱离物质的各种样态而存在的所谓"非物质文化遗产"。

② 《维特根斯坦全集》第 8 卷，涂纪亮等译，河北教育出版社 2003 年版，第 312 页。

③ 同上书，第 68 页。

识上是远远不够的，还必须由问题意识返回到对研究者自身的信念系统的反思，由信念系统再深入对语法结构的反思。只有这种批判性的反思才会使问题意识获得真正的生命力和原创性。

三、从知性思维到含义界定

从哲学史上看，分析方法是从属于"知性思维"（thinking of understanding）的，而知性思维的基本特征是"含义界定"（determination of implication），即对概念的含义进行明确的界定，扩而广之，则是追求知识的确定性。毋庸置疑，率先提出知性思维的是德国哲学家康德。正如黑格尔所说的："康德是最早明确地提出知性与理性的区别的人。他明确地指出，知性以有限的和有条件的事物为对象，而理性则以无限的和无条件的事物为对象。他指出只是基于经验的知性知识的有限性，并称其内容为现象，这不能不说是康德哲学之一大成果。"①黑格尔进一步从逻辑学的高度上肯定了知性的基础性作用："逻辑思想就形式而论有三方面：（a）抽象的或知性［理智］的方面，（b）辩证的或否定理性的方面，（c）思辨的或肯定理性的方面。"②也就是说，每个逻辑真理、逻辑概念都包含着这三个环节，而知性则是第一个环节。正是从这一逻辑思想出发，黑格尔写道："无论如何，我们必须首先承认理智思维的权利和优点，大概讲来，在理论的或实践的范围内，没有理智，就不会有坚定性和规定性。"③由于马克思倡导的是批判精神、革命精神，所以他重点发挥的是黑格尔逻辑思想中的第二个环节"辩证的或否定的理性的方面"，即辩证法。于是，许多人在追随马克思的辩证法思想时忽略了黑格尔逻辑思想中的第一个环节"抽象的或知性［理智］的方面"，即知性或知性思

---

① ［德］黑格尔：《小逻辑》，贺麟译，商务印书馆 1980 年版，第 126 页。
② 同上书，第 172 页。
③ 同上书，第 173 页。引文有改动。

维。于是，概念含义的明确界定被忽略了，辩证法成了无源之水、无本之木。在国外马克思主义研究中，匮乏的正是知性思维，尤其是对概念含义的明确界定，而泛滥成灾的则是对飘荡无根的辩证法的空谈。

比如，我们视为研究对象的"国外马克思主义"就不是一个含义明确的概念。显然，中国学者研究国外马克思主义时必定会撇开中国的马克思主义，俄罗斯学者研究国外马克思主义时也必定会撇开俄罗斯的马克思主义。也就是说，对于不同的国家来说，并不存在一个内涵相同的"国外马克思主义"。人们在使用"新马克思主义"这个术语时，也必须严格地界定这个术语所指称的对象和范围。而"新马克思主义"是相对于"旧马克思主义"来说的，因而也必须同时弄清楚，旧马克思主义的指称对象和范围是什么？就人们常用的"西方马克思主义"这个概念来说，它的含义和边界也是不明确的。这个术语中的"西方"究竟涵盖哪些国家？这个术语中的"马克思主义"指称的具体对象又是什么？此外，当人们谈论"马克思主义的时代化"时，他们的表述同样是不严格的。难道马克思主义诞生时不属于任何一个时代？换言之，难道马克思主义本身没有时代的归属？如果人们承认，马克思主义诞生时就是那个时代的时代精神的精华，那么现在他们就不应该谈论"马克思主义的时代化"，而应该谈论"马克思主义的再时代化"，否则，它在表述上就会缺乏逻辑上的自洽性。

又如，在葛兰西的《狱中札记》中，organic intellectual 是个基础性的用语。国内所有的译本几乎众口一词地把它译为"有机知识分子"，诚然，organic 这个形容词的确具有"有机的"含义，organic chemistry 就可以译为"有机化学"，但当它与 intellectual 搭配在一起时，无论如何都不应该译为"有机的"。难道世界上还有"无机的知识分子"？我们认为，organic 应译为"有组织的"。也就是说，葛兰西时代的意大利知识分子处于两种不同的状态中：或者是"有组织的"，即某个党派的成员，或者是无组织的，即没有加入任何党派或团体。毋庸置疑，organic intellectual 应该译为"有组织的知识分子"。①

再如，阿尔都塞的代表作 *For Marx*，中译为《保卫马克思》。其实，译者对 for 这个英语介词施加了某种暴力，因为 for 并不含有 defend 或 safeguard 这样超强的含义，它通常表示"为了""赞成""拥护"这样的意思。因此，如果译者尊重阿尔都塞的本意，*For Marx* 似应译为《为了马克思》或《赞成马克思》。此外，在这部著作中，overdetermination/overdetermined 是两个重要的术语，它们几乎无例外地被译为"多元决定/多元决定的"。不难发现，overdetermination/overdetermined 这两个术语的前缀都是 over，而不管人们如何施展自己的想象力，也无法把 over 的含义解读为"多元的"。一般说来，在英语中表示"多"或"多重的""多元的"前缀是 multi-，但英语词典中并无 multi-determination 或 multi-determined 这样的复合词。因此，勉强地把 overdetermination/overdetermined 译为"多元决定/多元决定的"显然不妥。从阿尔都塞使用这两个术语的上下文可以看出，应该把它们译为"超越决定/超越决定的"，因为阿尔都塞不赞成当时法国理论界流行的、把马克思理论简单化地理解为经济决定论的见解。

当然，我们提出的上述见解并不是定论，但至少反映出我们心中的一种愿望，即希望把"国外马克思主义"(在没有想出更合理的概念之前，我们仍然使用这个概念，但必须意识到这个概念的不确定性)研究领域中的一些基本概念的含义搞清楚。其实，这方面的工作完全属于知性思维的范围，而康德、黑格尔所说的知性思维，在当代分析哲学的发展中得到了充分的展开。只要人们希望与当代国外马克思主义者保持实质性的对话，那就应该高度重视知性思维，弄清楚国外马克思主义者所使用的基本概念的含义。否则，我们很有可能停留在"开放时代的自说自

---

① 俞吾金：《究竟如何理解并翻译葛兰西的重要术语 organic intellectual?》，《哲学动态》2010 年第 2 期。

话"中。①

综上所述，我们强调分析方法的重要性，并不等于说分析方法是唯一有效的方法。在国外马克思主义的研究中，人们还可能运用其他多种方法，如诠释学的方法、精神分析的方法、现象学的方法、结构主义和解构主义的方法等，但无论如何，分析方法作为基础性的方法是不可或缺的。只有努力运用分析方法，弄清楚国外马克思主义研究中必然会遭遇到的基本概念的含义，才能实质性地提升这个领域。

---

① 俞吾金：《告别"自说自话"的时代——社会转型与学术研究方式的嬗变》，《探索与争鸣》2005 年第 11 期。

左翼理论家的思想归宿①
——以对"占领华尔街"运动的评论为例

2011 年，在美国纽约发生了举世瞩目的"占领华尔街"（Occupy Wall Street）运动。尽管这个运动事先没有明确的领导者和组织者，但大家一般认为，这个运动是由加拿大的反消费主义组织"广告克星媒体基金会"（简称"广告克星"）在所谓"阿拉伯之春"，尤其是在埃及开罗塔利尔广场举行的示威活动的影响下发动起来的。这一运动始于 2011 年 9 月 17 日，当天有近千名示威者进入纽约金融中心——华尔街进行示威和抗议，示威者试图持续地占领华尔街，以抗议少数金融家、银行和大公司的贪婪不公及对美国政治、经济政策的操纵性的影响。11 月 15 日凌晨，美国纽约市警方出动数百名全副武装的防暴警察对聚集在华尔街的示威者进行了强制性的清场，警方与示威者爆发了冲突，约 200 名示威者被捕。尽管占领华尔街的运动持续约两个月后被驱散了，但它却产生了一定的影响。同类的占领活动不仅超出了纽约，扩展到华盛顿特区、旧金山、洛杉矶、芝加哥、波士顿、波特兰、西雅图、丹佛等城

---

① 复旦大学国外马克思主义与国外思潮研究国家创新基地等：《国外马克思主义研究报告 2012》，人民出版社 2012 年版，第 1—6 页。——编者注

市，而且也蔓延到南美洲、欧洲、亚洲、非洲、大洋洲等地。

如何看待这场突然爆发而又影响深远的占领运动呢？在某种意义上，左翼理论家们把这场运动理解为他们的盛大节日。2012年3月16—18日，一年一度的国际左翼论坛在美国纽约的佩斯大学举行，其主题是"占领制度：对抗全球资本主义"。围绕这一主题，论坛设立了400多个专题讨论会场，1400多人做了专题发言，来自全球的4500人参加了这次会议，堪谓盛况空前。2012年9月，左翼理论家们又通过举行游行、专题访谈、发表论文、撰写博客等方式纪念占领华尔街运动一周年。在左翼理论家中，最为活跃的是斯洛文尼亚的齐泽克（Slavoj Zizek）、加拿大的诺曼·克莱因（Naomi Klein）、美国的哈特（Michael Hardt）、意大利的奈格里（Antonio Negri）、美国的拉克劳（Ernesto Laclau）等人。值得注意的是，2011年10月19日，当占领华尔街的运动正在如火如荼地进行时，齐泽克在占领者的大本营——祖科蒂公园做了一个鼓动性的即席演讲。显然，我们有必要探讨一下，始终关注着这一占领运动的左翼理论家们究竟做了什么，他们的言行究竟对我们有什么启示。

一、态度与立场

毋庸置疑，占领华尔街的运动爆发后，左翼理论家们几乎都抱着极大的热情来颂扬这场运动。诺曼·克莱因称这场运动是"今天世界最美丽的事物"。奇怪的是，她竟然用这种文学和修辞学意义上的表达方式来称道这场运动，也许是因为她认为美国社会像一潭死水，而占领华尔街的运动则在这潭死水中激起了活的涟漪。与此相反的是，拉克劳却对这场运动做出了不同的描述，他在自己的博客中这样写道："Occupy Wall Street：Beyond the Rhetoric。"（占领华尔街：超越了花言巧语）显然，他想表达的意思是，占领华尔街是一种实际的、质朴的政治运动，它的意义在于诉诸实际行动，而不是口头上或纸面上的花言巧语。尽管拉克劳表达的方式似乎与克莱因相反，但他们的意思是相同的，即充分肯定了这场占领运动的意义。齐泽克在祖科蒂公园的即席演讲中也赞扬这次占领运动具有"节日般的气氛"。所有这些都表明，左翼理论家们是以积极的态度去看待这次占领运动的。然而，左翼理论家们似乎并没有意识到，以和平的，即非暴力的方式占领华尔街，仍然属于美国宪法所许可的合法斗争的范围之内。这场占领运动很容易使我们联想起 1968 年巴黎的"五月风暴"，那场风暴的影响也遍及全世界，它曾给欧洲，尤其是法国的许多理论家带来了取之不竭的思想灵感。然而，五月风暴也属于合法斗争的范围之内。尽管占领华尔街运动是在 2008 年以来的金融危机和阿拉伯之春的激发下爆发出来的、具有新的表现形态的示威抗议运动，但这样的运动不过是宣泄了示威者们心中积累起来的不满和怨恨的情绪，却并不会危及资本主义制度本身，尤其在这样一场声势浩大的运动完全缺乏严格的组织和明确的目标的情况下更是如此。如果人们换一个角度看问题，就会沮丧地发现，这样的占领运动正体现出资本主义制度自身的生命力和宽容度。正如传统的资本主义社会，如 19 世纪的英国社会允许马克思在伦敦撰写宣判资本主义死刑的判决书《资本论》一样，当代资本主义，如 21 世纪的美国社会，也允许示威者占领华尔街达两个月之久。这充分表明，当代美国资本主义仍然具有发现并治疗自身疾病的自组织能力。正如马克思所指出的："无论哪一个社会形态，在它所能容纳的全部生产力发挥出来以前，是决不会灭亡的；而新的更高的生产关系，在它的物质存在条件在旧社会的胎胞里成熟以前，是决不会出现的。"①在这个意义上，占领华尔街运动，作为抗议资本主义制度的一种合法的活动，始终不过是婴儿对母腹、麦子对镰刀的反抗，即注定是苍白无力的。由此可见，从实质上看问题，尽管左翼理论家们在态度上十分激进，但在基本立场上，他们依然是资本主义制度和秩序的

---

① 《马克思恩格斯选集》第 2 卷，人民出版社 1995 年版，第 33 页。

维护者。他们揭露资本主义制度本身存在的问题，目的并不是要颠覆这种制度，而是使这种制度完善化。也就是说，他们只是在做"女娲补天"的工作。事实上，当他们对占领华尔街这类合法的活动大加赞赏时，这表明他们自始至终只是资本主义制度和意识形态的积极的维护者。

二、理论与实践

占领华尔街的运动也为左翼理论家们批判资本主义提供了一个新的切入点。齐泽克在自己的即席演讲中表示同意金融大鳄索罗斯的观点。在索罗斯看来，在资本主义制度的环境中去赚钱是理所当然的，但不要停止反抗使赚钱变得理所当然的资本主义制度。齐泽克不同意华尔街的金融家们把示威者说成是生活中的失败者，在他看来，真正的失败者倒是华尔街的金融家们，因为他们要靠政府的救济才能摆脱金融运作上的困境和危机。有人说示威者是社会主义者，齐泽克却认为，华尔街早就在实行社会主义了，然而这种社会主义却是专为富人服务的社会主义。也有人说示威者不尊重私有产权，但齐泽克认为，在 2008 年以来的金融海啸中，许多人通过辛勤劳动获得的私有产业都被摧毁了。其数量之巨，就算示威者们天天都在破坏华尔街的设施，也是远远不如的。齐泽克的上述见解也可以在另一位美国左翼理论家迈克尔·穆尔那里得到印证。穆尔在左翼论坛的演讲中表示："直到最近，我们的绝大多数美国同胞还都相信靠艰苦奋斗发家致富的理论，相信在美国的任何人都能够成功实现自己的目标。现在他们知道，无论如何这种理论是毫无根据的。他们知道这场游戏是受到操纵的。"①尽管这些见解反映出左翼理论家们对资本主义的新的认识，但我们不得不承认，这些见解是十分肤

---

① 许宝友：《占领制度"高地"，对抗全球资本主义——2012 年纽约左翼论坛综述》，《当代世界与社会主义》2012 年第 2 期。

浅的。

更令人失望的是，左翼理论家们的活动始终是在单纯理论的范围内展开的，而即使是在单纯理论的范围内，他们也只是停留在天马行空、游谈无根的哲学文化见解上，没有像马克思那样，从政治经济学的研究切入，大量地占有材料，对资本主义的整个制度进行透彻的研究。事实上，马克思早已在《资本论》中阐述了资本主义危机的必然性及其表现形式。与此同时，马克思也通过对资本主义意识形态的批判，阐明了它所倡导的诸多观念，如人权、平等、民主、公正的伪善性。

值得注意的是，马克思不仅是理论家，而且他首先是实践家和革命家。恩格斯在马克思墓前的讲话中曾经指出："马克思首先是一个革命家。他毕生的真正使命就是以这种或那种方式参加推翻资本主义社会及其所建立的国家设施的事业，参加现代无产阶级的解放事业，正是他第一次使现代无产阶级意识到自身的地位和需要，意识到自身解放的条件。"①马克思不仅担任过《莱茵报》和《新莱茵报》的编辑工作，也参与了1848年的革命，而且热情地支持巴黎公社的起义，及时总结其经验教训。巴黎公社的起义失败后，许多成员流亡国外，马克思又通过国际千方百计地加以救援。所有这一切都表明，在马克思那里，理论与实践是密切地结合在一起的。

然而，当代的左翼理论家们大多是躲在自己的书房里发表议论的学者，他们至多只是当代革命斗争的旁观者、同路人，却很少是实际上的参与者，更不要说组织者了。在这一点上，他们比已经去世的卢卡奇、葛兰西、柯尔施、萨特、福柯等人远为逊色。事实上，在占领华尔街这一合法运动中，齐泽克也只是到场做了一个即席讲演。至于拉克劳，他在占领华尔街运动尚未结束时，就已在自己的博客中写道："A Short History of Occupy Wall Street。"（占领华尔街的短暂历史）他并没有考虑如何为这场运动提供使之进一步向前发展的思想动力。占领活动中的积

---

① 《马克思恩格斯选集》第 3 卷，人民出版社 1995 年版，第 777 页。

极分子约瑟夫·拉姆齐，在 2012 年 3 月的国际左翼论坛上做了题为"把理论带到街头"的讲演，听起来似乎很重视实践斗争，但他的实际主张究竟是什么呢？原来，他主张"用革命的方式进行改良斗争"，强调反对政府计划中的服务削减计划和波士顿公共交通费的上涨。这些主张不但缺乏理论上的融贯性，而且竟然落脚到对公共交通费这类琐细问题的讨论上。① 我们发现，无论是从理论上看，还是从实践上看，无论是左翼理论家，还是参与占领华尔街运动的积极分子，他们在思想上都是极端肤浅的。这里只有盲目的冲动和含混的激情，完全没有冷静的理论思考和思想上的真知灼见。

三、理想与现实

在占领华尔街运动中，许多人意识到，99％的人不能再继续容忍1％的人的贪婪与腐败了，希望建立一个美好的社会，而在这个社会中不再需要华尔街，也不再需要政治家。与此同时，左翼理论家们也在对占领华尔街运动的反思中，在对金融危机和资本主义制度的检讨中，提出了"另一个世界是否可能"的问题。② 然而，对于他们来说，另一个世界不过是一个空洞的、模糊不清的观念。哈特和奈格里在《外交季刊》上撰文赞扬参与占领华尔街运动的人："虽然他们目前还不能清楚地提出有别于现状的另一种社会模式，但已经非常有力地表达出一种对真民主的向往。"然而，哈特和奈格里这里提到的具有"真民主"的"另一种社会模式"究竟是什么呢？毋庸置疑，他们自己对这一心目中的理想社会也是说不清楚的。至于齐泽克，在他的即席讲演中已经表现出如下的担忧，即占领华尔街的运动可能变形为"一场简单的嘉年华"。齐泽克的担

① 许宝友：《占领制度"高地"，对抗全球资本主义——2012 年纽约左翼论坛综述》，《当代世界与社会主义》2012 年第 2 期。
② 《马克思恩格斯全集》第 1 卷，人民出版社 1956 年版，第 416 页。

忧并不是空穴来风，因为在这些占领者和示威者的心目中，并没有一个他们为之奋斗的理想社会的明确蓝图。众所周知，人是有目的的存在物。换言之，人的活动总是在他的目的和理想的指引下得以展开的。如果他心目中没有一个他为之而奋斗的明晰的理想，怎么可能会有明晰的行为呢？因此，在我们看来，没有明晰的目标或理想含量的占领华尔街运动一开始就注定是"一场简单的嘉年华"。

毋庸证明，作为理想的"另一个世界"要得到许许多多人的认同，就必须获得自己的合理性，而这种合理性并不来自左翼理论家们关在书房里的冥思苦想，而是来自他们对现实生活的严肃的、批判性的思索。马克思曾在 1843 年 9 月致卢格的信中写道："新思潮的优点就恰恰在于我们不想教条式地预料未来，而只是希望在批判旧世界中发现新世界。"① 这段重要的论述启示我们，"另一个世界"或"新世界"只能在批判旧世界的过程中才能被发现。在这个意义上可以说，左翼理论家们只有深入地研究资本主义社会的现实生活，尤其是由资本主义制度引发的各种重大的政治、经济、社会问题和危机，把握资本主义社会运作的客观规律，才可能提出关于另一个世界或新世界的合理模式。总之，不认真地研究资本主义社会的现实生活，就根本不可能确立关于另一个世界的合理模式。构成是以批判为前提的，而批判也需要受到合理的构成观念的引导。事实上，占领华尔街的运动非但不具有左翼理论家们所设想的伟大意义，反而暴露出示威者或占领者们思想上的空洞和理论上的贫乏，他们只是跟着自己的情绪和感觉行动而已。对于左翼理论家们来说，哲学就像黑格尔所说的，不过是黄昏到来时才起飞的密涅瓦的猫头鹰，他们满足于事后诸葛亮式的空洞说教，试图用夸张的言辞来吸引听众和读者的眼球。然而，他们忘记了，马克思也说过，哲学更应成为早晨啼叫的高卢雄鸡，即哲学应该为未来做出合理的预言。

综上所述，不但占领华尔街运动是在合法斗争的范围内发生的，而

---

① 《马克思恩格斯全集》第 1 卷，人民出版社 1956 年版，第 416 页。

且左翼理论家们的全部夸张性的言说也是在合法性的范围内展开的。这一切都表明，左翼理论家们从未真正地突破过资本主义意识形态的界限，他们也不敢用自己的脑袋去触碰资本主义制度，他们只是装出严肃的态度作秀而已。这就是他们在思想理论上的最后归宿。

2014年

探寻马克思的当代意义①

　　埃里克·霍布斯鲍姆(Eric Hobsbawm)是英国著名的马克思主义史学家,尤其精于对工业资本主义、社会主义和民族主义的研究,他最有影响的著作是关于被延长了的 19 世纪的三部曲——《革命的年代:1789—1848》《资本的年代:1848—1875》《帝国的年代:1875—1914》和被缩短了的 20 世纪的力作——《极端的年代:1914—1991》。众所周知,上述著作均已由江苏人民出版社引进出版。此外,上海人民出版社也引进出版了他的《民族与民族主义》和《史学家:历史神话的终结者》两书,译林出版社引进出版了他和其他学者合著的《传统的发明》一书,而新华出版社则引进出版了由意大利学者安东尼奥·波立陶撰写的《霍布斯鲍姆:新千年访谈录》一书。由此看来,霍布斯鲍姆这个名字在中国史学界似乎并不是一个陌生的名字。

　　霍布斯鲍姆 1917 年出生于埃及亚历山大一个犹太人家庭里,1919 年全家移居维也纳。1929年,他父亲去世;1931 年,他随母亲迁居柏林,同年母亲也去世了。两年后,由于希特勒掌握了德国政权,霍布斯鲍姆和他的妹妹又随收养他们

---

① 原载《马克思主义与现实》2014 年第 1 期。——编者注

的叔叔一家移居伦敦。作为年轻人，他很快就适应了伦敦的生活。1939年，他从剑桥大学获得史学博士学位。不久，第二次世界大战爆发，他应征入伍。战争结束后，他于 1947 年开始担任伦敦大学史学讲师，1959 年担任高级讲师，1970 年开始担任史学教授，1971 年被选为美国艺术和科学院外籍院士，1978 年成为英国科学院院士。1982 年退休，1984—1997 年被聘为纽约社会研究新学院教授，2012 年于伦敦皇家医院去世。①

霍布斯鲍姆勤于笔耕，堪谓著作等身。他晚年的主要出版物是《全球化、民主和恐怖主义》(2007)、《论帝国》(2008)和《如何改变世界：马克思和马克思主义的传奇》(2011)。毋庸置疑，摆在我们面前的《如何改变世界》乃是霍布斯鲍姆生前整理出版的最后一部著作。它既是作者对自己一生所坚持的史学观念的概括和总结，也是对自己史学研究的指导思想——马克思主义的当代意义的反思和探寻。正如作者在该书的《前言》中所说的："130 年来，马克思主义一直是现代世界思想乐章的重要主题之一，由于它动员社会力量的能力而成为 20 世纪历史上一种至关重要的存在，在某些时期成为一种决定性的存在。我希望本书会帮助读者反思马克思主义和人类在 21 世纪将会拥有何种未来的问题。"事实上，正是这部著作展示出一个世纪老人对马克思主义的历史命运和未来走向的思索，值得我们认真地加以阅读。

首先，霍布斯鲍姆以生动的笔触分析、比较了马克思逝世前后其思想在国际理论界的迥然不同的遭遇。尽管马克思活着时，其思想已通过《共产党宣言》《资本论》(第 1 卷)等重要著作产生了一定的影响，但晚年的马克思却徘徊于继续撰写《资本论》还是深入地探索民族学的"十字路口"，正如霍布斯鲍姆所指出的："在马克思生命的最后 10 年里，《资本论》的写作几乎没有任何进展。当一位拜访者向他询问他的著作时，马

---

① ［英］艾瑞克·霍布斯鲍姆、［意］安东尼奥·波立陶：《霍布斯鲍姆：新千年访谈录》，殷雄、田培义译，新华出版社 2001 年版，第 256—269 页。

克思苦恼地问道：'哪一部著作？'自从 1848 年革命失败后，马克思的主要政治努力——所谓的 1864—1873 年第一国际——以失败告终。尽管马克思在英国流亡了大半生，但在英国政治或思想生活中却没有确立其重要的地位。"然而，就像丹麦哲学家克尔凯郭尔一样，马克思在逝世以后却取得了巨大的哀荣。1918 年后，许多国家的工人阶级政党成了执政党。到 20 世纪 50 年代，人类中的三分之一已生活在共产党执政的社会中，而这些政党几乎都宣称自己是代表马克思思想的，并正在为实现马克思的理想而奋斗。即使到今天，全世界仍然有 20% 的人口生活在共产党执政的国家中。当然，除了极少数的例外，这些共产党已经吸取了以往的历史经验和教训，彻底改变了自己的政策。不管如何，如果说有一位思想家在 20 世纪留下了不可磨灭的痕迹，那么他就是马克思。19世纪的卡尔·马克思和赫伯特·斯宾塞都被葬在海格特墓地。走进海格特墓地，令人非常惊讶的是两人的坟墓都在彼此的视线内。在两人都在世的时候，斯宾塞是公认的 19 世纪的亚里士多德，而马克思则是一位依靠朋友资助而生活在汉普斯德低坡的穷人。今天，无人知道斯宾塞被葬在那里，但是来自日本和印度的年老朝圣者络绎不绝地瞻仰马克思的坟墓，流亡的伊朗和伊拉克共产党人坚持葬在他的坟墓旁边。

当然，人们无法漠视下面的现象，即 20 世纪 90 年代初，随着世界上第一个社会主义国家苏联的解体，弗朗西斯·福山误以为资本主义获得最终胜利的时刻已经来临。与此同时，所有视马克思主义为敌对意识的理论家们也开始额手称庆，为自己见证这一历史时刻而欣喜若狂。正如霍布斯鲍姆所描绘的："因此，在马克思逝世 100 年后的第一个 20 年里，他已经彻底变成了历史人物，不再令人不安。"在这样的历史背景下，即使人们举行专门的讨论会来谈论马克思，似乎也只是在做无效的努力，即把马克思从"历史的垃圾堆"里拯救出来，或至多只是在怀旧而已。然而，令福山们始料不及并大跌眼镜的是，几乎是在转瞬之际，仿佛像变魔术一样，马克思又成了无人可以望其项背的 21 世纪的思想家。诚如霍布斯鲍姆所感叹的："英国 BBC 的调查表明，英国广播电台的听众把马克思选为最伟大的哲学家。我从这个调查中没有想到太多的东西。但是，如果你把马克思的名字输入网络进行搜索，就会发现他仍然是搜索量最大的伟大思想家之一，只有达尔文和爱因斯坦超过他，但却远远高于亚当·斯密和弗洛伊德。"

霍布斯鲍姆认定，马克思主义之所以在 21 世纪得到了复兴，主要基于下面两个原因。一是苏联官方马克思主义的终结解放了马克思。也就是说，由于苏联官方马克思主义的垮台，马克思主义从其长期处于扭曲状态的斯大林主义中被拯救出来了。二是滥觞于 20 世纪 90 年代的资本主义的全球化，在一些基本点上恰好与马克思在《共产党宣言》中所预见的情形相契合。匪夷所思的是，1998 年是《共产党宣言》发表 150 周年，恰好也是全球经济剧烈动荡之年。公众的反应最清楚不过地体现出马克思在这本惊人的小册子中所做的预见。然而，吊诡的是，这一次是资本家，而不是社会主义者重新发现了马克思。社会主义者是如此之沮丧，以至于他们完全没有意识到这个纪念日。霍布斯鲍姆在谈到这样的历史现象时，又补充道："更令我惊讶的是，大约是在世纪之交的一次午餐会上，乔治·索罗斯问我怎么看马克思。我知道我们之间的观点没有什么共同之处，因而想避免争论，给出了一个含糊的回答。他说：'此人 150 年前发现了资本主义的一些事实，我们今天必须予以关注。'他的确是这样做的。"

其次，霍布斯鲍姆针对上述历史现象，提出了一个振聋发聩的问题：马克思在 21 世纪究竟具有什么意义？如果说，在 20 世纪最后的 15 年中，社会主义国家的发展遭遇了某种困境或挫折的话，那么，21 世纪初以来的 10 余年中，资本主义世界也面临着同样严峻的挑战。尽管全球化的发展加快了财富创造的速度，但贫富差异的加剧、文明冲突的升级、资源环境的破坏、资本主义制度的危机，也以前所未有的方式显现出来。在某种意义上，21 世纪是由"9·11"恐怖事件拉开帷幕的，2008 年以来由美国次贷危机引发的全球金融危机，不但粉碎了"福山们"心目中关于资本主义发展的理想图景，也重新唤起了人们对《资本论》的缅怀。发人深省的是，作为资本主义社会病理的出色的诊断书，《资本论》在问世 141 年后重又获得了它的殊荣。

在新世纪的地平线上，在变化了的历史环境中，人们应该怎样看待马克思主义，而马克思主义又会在历史舞台上扮演什么样的角色呢？霍布斯鲍姆认为：十分明显，马克思的许多论述已经过时，一些论述不再可能被人接受。同样明显的是，他的著作是尚未完成的作品，但像所有名副其实的思想一样，是一项永远在发展中的工作。没有人再会把它变成一种教条，更不用说变成一种获得制度支撑的正统了。这无疑会使马克思本人感到震惊。但是，我们还应当拒斥那种认为"正确的"马克思主义与"不正确的"马克思主义存在鲜明差别的观念。在霍布斯鲍姆看来，复杂多变的社会环境和丰富多彩的历史经验都启示我们，不要轻易地对各种马克思主义派别的思想倾向做出政治上"正确"或"不正确"的简单化的断言。事实上，马克思本人也曾设想过在英国和荷兰实现权力的和平的过渡，设想过俄国的农村公社能够"跨过卡夫丁峡谷"而有一个美好的未来。换言之，马克思本人的许多想法是探索性的，他并没有给出一个解决问题的固定不变的模式。正如青年马克思在 1843 年 9 月致卢格的信中所表明的："新思潮的优点就恰恰在于我们不想教条式地预料未来，而只是希望在批判旧世界中发现新世界。"①

然而，霍布斯鲍姆清醒地意识到，马克思作为一个旷古未有的伟大思想家，他对资本主义的富有远见的诊断结果远远没有被资本主义的最新发展超越："马克思的分析仍然具有许多有效和有意义的核心内容。显然，第一个内容是对资本主义经济发展不可阻挡的全球动力和摧毁挡在它面前的一切——保护那些资本主义自身曾经受益的人类历史遗产，例如，家庭结构——的能力的分析。第二个内容是对资本主义通过制造内部矛盾——无休止的紧张和临时的解决方案、危机和变革的增长，这一切在日益全球化的经济中带来了经济集中——实现增长的机制的分

---

① 《马克思恩格斯全集》第 1 卷，人民出版社 1956 年版，第 416 页。

析。"毋庸置疑，今天仍然有相当一部分人不喜欢马克思的思想倾向和写作风格，但这一切都不会减弱马克思在21世纪的意义和作用。事实上，作为一个渊博的史学家，霍布斯鲍姆坦承："我们无法预见21世纪世界所面临的问题的解决方案，但是，倘若这些解决方案要获得成功的机会，它们就必须提出马克思所提出的问题，即便它们不愿意接受马克思的各类信徒所给出的答案。"几乎可以断言，马克思在21世纪的思想界中仍将继续演奏第一小提琴。

最后，作为一个卓越的史学家，霍布斯鲍姆高度肯定了马克思、恩格斯和马克思主义的追随者们思想上的诸多亮点，实际上等于以具体而微的方式阐明了马克思的当代意义。其一，充分肯定了恩格斯在24岁撰写的《英国工人阶级状况》一书的思想理论价值。尽管从恩格斯生活的那个时代到今天，工人阶级的状况已经发生了巨大的变化，但是"就像在1845年那样，今天恩格斯的《英国工人阶级状况》仍然是描述当时工人阶级状况的最优秀的著作。……在每一位19世纪历史学家和每一个关注工人阶级运动的人的藏书中，没有哪一本书能够取代它的地位。在争取人类解放的斗争中，《英国工人阶级状况》是一部不可缺少的著作，是一座路标"。其二，高度赞扬了马克思和恩格斯合著的《共产党宣言》，肯定它是法国《人权宣言》以来最有影响力的单篇政治文献，尽管它的某些具体结论已经不再有效，但是，"即使在苏联的共产主义终结之后，即使世界许多地方的马克思主义政党和运动衰落之后，《共产党宣言》仍然没有失去它的经典著作地位。在没有出版审查的国家，任何人进入一家优秀的书店，或者进入一所优秀的图书馆——更不用说互联网了，几乎肯定可以找到《共产党宣言》"。其三，重点阐述了马克思《政治经济学批判大纲》(简称为《大纲》)的当代意义。《大纲》包含了各种分析和洞见，例如，关于技术的分析和洞见。这些分析和洞见使马克思对资本主义的分析远远超越了19世纪，进入了生产不再需要大量劳动的时代，进入了自动化、闲暇得以成为可能并在这样一些条件下消除异化的时代。《大纲》是在某种程度上超越马克思本人在《德意志意识形态》中对共产主义未来的暗示的唯一文本。总之，在他看来，《大纲》是一个真正的思想宝库，其中蕴藏的许多思想有待于研究者们做更深入的发掘和领悟。其四，从以卢卡奇为肇始人的西方马克思主义思潮中摘出葛兰西，对他的思想的当代价值做出了高度的评价："葛兰西已经成为我们思想世界的一部分。他作为原创性的马克思主义思想家的地位——在我看来是1917年以来西方最具原创性的思想家——已经得到相当普遍的承认。"在他看来，葛兰西对马克思主义的原创性贡献是创立了马克思主义的政治理论。虽然马克思和恩格斯都写过政治性的论著，但葛兰西把他们的观点系统化了，并使之适合于西方工业社会。

上面，我们简要叙述了霍布斯鲍姆探寻马克思当代意义的思路历程。一方面，我们看到了他留下的原创性思想的踪迹。与德国史学家兰克不同，霍布斯鲍姆不是用编年史的方式去真实地再现资本主义的发展史，而是独具慧眼地超越了编年史加诸史学家身上的机械的枷锁，他创制了"长19世纪"（Long Nineteenth Century，1789—1914）和"短20世纪"（Short Twentieth Century，1914—1991）的新术语，并在自己设定的时间框架里对资本主义的历史发展做出了独创性的考察。另一方面，毋庸讳言，我们也发现了霍布斯鲍姆作为史学家的"阿喀琉斯之踵"。尽管他思想渊博，旁征博引，但他对马克思本人及其追随者的思想却缺乏系统而深刻的理论反思。比如，他既没有注意到马克思思想在其青年、中年和晚期这些不同阶段上的差异和关联，也未对马克思和恩格斯思想之间的差异做出深入的解析。再如，他应该明白，西方马克思主义，乃至整个当代马克思主义的丰富的思想遗产不是葛兰西这个名字就可以完全无遗地加以概括的。事实上，他在单独地摘出葛兰西的思想加以论述时，已经违背了他自己前面提出的观念——不要简单地去区分"正确的马克思主义"和"不正确的马克思主义"。

不管如何，在阅读《如何改变世界》一书时，人们仍然可以深切地感受到霍布斯鲍姆与马克思主义的亲缘关系。作为中国的读者，我们完全同意他在书中引申出来的下述结论："然而，马克思最终应该出人意料地回到我们的世界。在我们的世界中，资本主义已经让人想起，它的未来之所以遭到了怀疑，不是因为社会革命的威胁，而是因为它的无拘无束的全球运作的性质。事实已经证明，对于资本主义的全球运作的性质，马克思是一位比自由市场的理性选择和自我纠正机制的信徒更敏锐的指导者。"

回到马克思的批判理论^①
——当代西方马克思主义意识形态理论探微

众所周知，法国学者特拉西于 18 世纪 90 年代创制出"意识形态"（Idéologie）概念和相应的学说。当时，拿破仑曾轻蔑地讥笑特拉西和其他意识形态学家为"幻想家"。然而，始料未及的是，经过 200 多年思想史的洗涤，意识形态概念竟然持久地上升为当代思想界和理论界的重大问题。尽管西方在 20 世纪 40—60 年代一度出现过"意识形态终结"（the end of ideology）的思潮，但有趣的是，意识形态并没有被终结，而真正被终结的却是这股短命的思潮。从 60 年代中期开始，西方又出现了意识形态研究的高潮，尤其是西方马克思主义者撰写的富有新意的研究论著如雨后春笋般地涌现出来。1968 年巴黎的"五月风暴"，苏联解体、东欧剧变更是为西方马克思主义意识形态理论的发展提供了新的思想动力。与某些学者的预期相反，意识形态概念非但没有黯然退出历史舞台，反而使更多的舞台灯光集中到自己的身上。进入 21 世纪以来，意识形态概念的重要性更是有增无减。无论是 2001 年震惊世界的

---

① 原载《国外社会科学》2014 年第 1 期；中国人民大学复印资料《哲学原理》2014 年第 4 期全文转载。——编者注

"9·11"恐怖袭击事件，还是2008年以来由美国的次贷危机引发的全球金融危机和欧洲的债务危机，抑或是2012年的"阿拉伯之春"和美国的"占领华尔街"运动，都为当代西方马克思主义意识形态理论的新发展提供了新的思想资源。然而，要解开当代西方马克思主义意识形态的发展之谜，我们仍然需要诉诸马克思的批判理论。

一、当代西方马克思主义意识形态理论的症候

只要人们对当代学者，尤其是西方马克思主义者提出的各种意识形态理论加以深入地探索，就会发现这些不同的理论拥有值得引起我们注意的某些共同症候。

1. 意识形态概念的学术化

人们记忆犹新的是，在20世纪资本主义阵营与社会主义阵营"冷战"期间，意识形态概念差不多成了政治斗争的别名。然而，随着"冷战"的结束，特别是在苏联解体以后，意识形态概念似乎也褪去了政治上的外套，作为一个学术性的术语受到西方马克思主义者的高度重视。他们论述意识形态理论的语境，悄然发生了如下变化。

首先，他们不再把提出意识形态概念的特拉西作为政治家，而是作为法国大革命时期的启蒙学者、深受洛克经验主义和孔迪亚克感觉主义影响的哲学家而进行论述。

其次，他们发现，传统的哲学史教材在叙述18—19世纪的法国哲学时，几乎从未提到特拉西的意识形态理论。然而，越来越多的当代思想家意识到了意识形态理论作为哲学理论的重要性。比如，当代法国思想家福柯在《词与物》中甚至把特拉西的意识形态理论与康德的批判哲学相提并论。福柯这样写道："在18世纪末，（特拉西和康德的）观念学（意识形态——引者注）与批判哲学的共存，在两种彼此外在但同时的思想形式中划分了科学反思在一个预期将立即分解的统一性中所保持的东

西。在德斯蒂或热朗多那里，观念学既作为哲学所能具有的唯一理性的和科学的形式，又作为能向一般科学和每个特殊认识领域推荐的唯一的哲学基础。"①福柯把观念学（意识形态）视为最后的古典哲学，就像他把萨德的《朱丽叶》视为最后的古典叙事一样。

最后，他们不再对政治史意义上的意识形态概念史，而是转而对学术史意义上的意识形态概念史产生了浓厚的兴趣。法兰克福大学的伊林·费切尔教授和阿尔弗莱特·施密特教授于 20 世纪 80 年代末联合主办的意识形态概念史讨论班，就是这类学术兴趣的最好佐证。总之，在当代西方马克思主义者那里，随着外在的、剑拔弩张的政治格局的淡化，意识形态理论越来越作为学术理论问题而得到相应的重视。

2. 意识形态概念的思潮化

人所共知，思潮化与学术化存在着一定的差异。尽管学术研究是在学术共同体内部展开的，但比较起来，学术更多地类似于当代美国哲学家罗蒂所说的私人活动，而思潮则通常是社会性的，它更多地涉及现实生活，从而也会引起更多人的关注和参与。自 20 世纪 50 年代以来，世界上出现了许多新的有影响的社会思潮，如新殖民主义、东方主义、生态主义、女性主义、新权威主义、新保守主义、新自由主义、民主社会主义等。任何一个社会思潮在其形成的过程中，都会致力于对意识形态问题的研究，从而建立相应的意识形态理论。在传统社会中，意识形态主要被理解为"官方的"思想，以便把它与"民间的"或"非官方的"思想区别开来。然而，在当代社会中，人们不仅把官方的思想称为意识形态，也把有一定社会影响力的、非官方的思潮称为意识形态。意识形态仿佛退回到它的另一个名称——"思想体系"上，即只要有影响、有体系的思潮都可以被纳入意识形态的范围。这样一来，当代西方马克思主义者的意识形态理论不仅扩大了意识形态概念的外延，也使它们在与各种社会

---

① ［法］米歇尔·福柯：《词与物——人文科学考古学》，莫伟民译，上海三联书店 2001 年版，第 314 页。

思潮结合后获得迥然各异的外在形式。

3. 意识形态概念与文化概念的融合

如前所述，西语中的 ideology 在汉语中既可译为"意识形态"，也可译为"观念学"或"思想体系"，从词源上看，意识形态本来就是由一组思想观念构成的。与此相应的是，"文化"（culture）这个概念有广义和狭义之分。广义的文化概念包括人的活动所接触或改变过的一切现象，而狭义的文化概念则主要涉及人们的观念，尤其是人们的价值观念。由此可见，意识形态概念和狭义的文化概念在内涵上本来就存在着相互重叠的部分。换言之，这两个概念之间的边界是不明晰的，也是不确定的，因而，当代西方马克思主义者常常把这两个概念混合在一起使用。实际上，西方马克思主义的早期代表人物之一葛兰西就已经使用"文化—意识形态领导权"（cultural-ideological hegemony）这样的概念。至于法兰克福学派的阿多诺、伯明翰学派的威廉斯、后现代主义的马克思主义者詹姆逊，更是把这两个概念如影随形地整合在一起加以使用。从一个角度看，意识形态似乎融化到文化概念中去了，随着它的外延的扩大，它的含义也变得越来越模糊；而从另一个角度看，文化也被凝聚到意识形态中去了，从而平时作为背景和细节起作用的文化也被提升并整合到意识形态的权力磁场之中。

二、对当代西方马克思主义意识形态理论的反思

毋庸置疑，上面提到的三个症候都扩大了当代西方马克思主义意识形态概念的外延，但同时也使它的含义变得模糊了。这样一来，它的地位也渐渐由中心滑向边缘。所以，值得我们认真加以反思的正是下面的问题，即当代西方马克思主义意识形态理论在凯歌行进和"不断扩容"的过程中，如何保持住自己在思想世界中的核心地位。我们认为，要解答好这个问题，就应该重视对以下四重关系的探索。

1. 意识形态与现实生活的关系

在马克思看来，意识和意识形态从来就不是独立自足的东西，它不过是物质生活过程中必然的升华物。"因此，道德、宗教、形而上学和其他意识形态，以及与它们相适应的意识形式便失去独立性的外观。它们没有历史，没有发展；那些发展着自己的物质生产和物质交往的人们，在改变自己的这个现实的同时也改变着自己的思维和思维的产物。不是意识决定生活，而是生活决定意识。"①显然，马克思这里所说的意识形态没有历史，是指意识形态没有自己绝对独立发展的历史，它在内涵上始终是由变化着的现实生活所决定的。事实上，现实生活不仅决定着意识形态的内涵，而且是促使各种意识形态理论得以产生并向前发展的根本动力。

这就深刻地启示我们，不但应该关注当代西方马克思主义的各种意识形态理论，更应该关注它们与现实生活之间的联系是否紧密。因为任何一种意识形态理论是否具有生命力和发展的潜力，全在于它与现实生活之间的联系是否密切。这种内在联系的存在也启示我们，尽管每一代人都在使用同一个意识形态概念，但已经赋予它以不同的社会历史内涵。所以，重要的不是停留在概念之争、文字之争上，而是要深入地考察每个时代赋予这些概念或文字的不同含义。总之，自觉地意识到现实生活与意识形态的关系，并以前者作为参照系和出发点来引导、批判或检验后者，乃是甄别当代西方马克思主义者提出的任何一种意识形态理论是否有潜在价值的根本标准。

2. 意识形态与政治权力的关系

不管人们对意识形态概念的内涵做多么宽泛的阐释，他们都应该清醒地意识到，意识形态所蕴含的各种要素并不是同等重要的，其中最重要的因素应该是政治权力。归根到底，意识形态不过是统治阶级的政治权力在思想观念上的集中表现。事实上，马克思早已告诉我们："统治

---

① 《马克思恩格斯全集》第 3 卷，人民出版社 1960 年版，第 30 页。

阶级的思想在每一时代都是占统治地位的思想。"①认识到这一点至关重要，因为唯有如此，才有可能洞见意识形态的本质。反过来说，只有清醒地认识到这一点，当代西方马克思主义者对意识形态的探索才不会停留在单纯的学术研究的领域里，而会进一步探索隐藏在它背后的政治权力结构。毋庸置疑，只要沿着这样的思路探索下去，统治的合法性问题就会上升为意识形态研究的主要内容。当代某些西方马克思主义者的意识形态理论存在的一个致命弱点是，它们只知道扩大自己的阵地，却不知道如何把自己的注意力聚焦在意识形态与政治权力关系这个核心问题上。显然，当代西方马克思主义者只有自觉地意识到意识形态与政治权力之间的内在联系，积极地探索这种联系，他们的意识形态理论才不会消散在细节和泡沫中。

3. 意识形态与科学技术的关系

在《技术的追问》一书中，当代德国哲学家海德格尔区分了"手工技术"（handwork technology）和"现代技术"（modern technology）。他认为，现代技术不再是一个中性的概念，而是一个否定性的概念，也不再是我们手中可以加以控制的工具，而是我们完全无法控制的巨大力量。在1966年接受西德《明镜周刊》记者的采访时，海德格尔表示："新时代技术的行星运动是一股力量，这股力量规定历史的伟大作用无论怎么估计也不会过的。我认为今天的一个关键问题是，如何能够为技术时代安排出一个——而且是什么样的一个——政治制度。我为这个问题提不出答案。我不认为答案就是民主制度。"②事实上，稍有观察力的人都会发现，现代技术不仅影响着人们对政治制度的选择，而且也通过其蕴含的主导性观念——合理性和有效性，从根本上改变了传统意识形态的内涵。如果说，传统意识形态需要戴上神秘主义的面纱，因而对科学技术采取排斥甚至打击的态度，那么，当代意识形态却抛弃了神秘主义面

---

① 《马克思恩格斯全集》第3卷，人民出版社1960年版，第52页。
② 孙周兴：《海德格尔选集》下卷，上海三联书店1996年版，第1303页。

纱，不但把科学技术迎进了自己的王国，而且恭恭敬敬地把它置于王座之上。著名的西方马克思主义者哈贝马斯于 1968 年出版的《作为"意识形态"的技术与科学》，印证的正是当代意识形态的这种历史性的嬗变。在这个意义上可以说，当代西方马克思主义者提出的任何一种意识形态理论，只要没有自觉地反思它自身与现代科学技术的关系，那么它还根本没有摆脱传统意识形态理论的樊篱。当代意识形态理论无法回避的历史使命是，探索科学技术与当代政治制度和意识形态之间的内在联系，并把探索的结果上升为新的理论。

4. 意识形态与心理分析的关系

在任何历史条件下，意识形态都与"意识"（consciousness）处于不可分离的内在联系中。自从心理分析的理论兴起以后，意识形态与心理分析的关系就成了意识形态研究中不可忽略的基本关系。正是这一关系的存在和发展，使当代西方马克思主义的意识形态理论获得了传统意识形态理论从未达到过的纵深度，尤其是对无意识的心理层面的分析，展示出意识形态与这一心理层面上的种种非理性因素的关系。其实，我们前面提到的蕴藏在政治权力深处的统治的合法性问题也关联到这个无意识的心理层面。由于法律是统治阶级意志的客观表现，而意志属于无意识心理层面上的非理性因素，因而合法性问题的根源也深藏于无意识的心理层面上。齐泽克之所以在当代西方马克思主义者对意识形态问题的探索中独树一帜，正是因为他娴熟地运用了弗洛伊德和拉康的心理分析方法。

三、朝着"元批判"和"去蔽"的思路

无数事实表明，对当代意识形态理论，尤其是西方马克思主义的意识形态理论的探索，仍然需要从马克思的批判理论中汲取灵感和思想资源。我们知道，马克思的批判理论本质上是意识形态批判理论。马克思继承了康德批判哲学以来的传统，并把这个传统提升到新的高度。

众所周知，在《纯粹理性批判》中，康德曾经庄严地宣告："我们的时代是真正的批判时代，一切都必须经受这种批判。通常，宗教凭借其神圣，立法凭借其威严，想要逃脱批判。但在这种情况下，它们就激起了对自身的正当怀疑，并无法要求获得不加伪饰的敬重，理性只把这种敬重给予能够经得起它的自由和公开检验的东西。"①康德在其"三大批判"和后续的著作中，对他置身于其中的整个时代的精神生活进行了全面的批判和反思。然而，在康德的批判哲学提出的四个基本问题——"我能知道什么""我应当做什么""我可以期待什么"和"人是什么"——中，"人是什么"这个基础性的问题被置于最后，而且由经验性的《实用人类学》一书加以探讨。由此可见，康德批判哲学的局限性是显而易见的。一方面，如果连"人是什么"这个基础性的问题还未先行地得到解答，怎么可能正确地解答前面提出的三个问题——"我能知道什么""我应当做什么"和"我可以期待什么"？另一方面，在海德格尔看来，实用人类学作为来自感觉经验的不确定的知识，根本无法解答"人是什么"的问题，要解答这个根本性的问题，必须诉诸以"此在"（Dasein）为基础和出发点的生存论的本体论。

由于批判地切入了黑格尔以来的历史哲学的视野和政治经济学的视角，马克思的批判理论不仅充满了现实主义的品格，而且在见识上也远远高于康德。马克思这样写道："我们首先应当确定一切人类生存的第一个前提也就是一切历史的第一个前提，这个前提就是：人们为了能够'创造历史'，必须能够生活。但是为了生活，首先就需要衣、食、住以及其他东西。因此第一个历史活动就是生产满足这些需要的资料，即生产物质生活本身。"②这就深刻地启示我们，应该从人类首先不得不从事的生存实践活动出发去解答"人是什么"的问题。正是基于这样的考虑，

---

① ［德］康德：《纯粹理性批判》，邓晓芒译，人民出版社 2004 年版，第 XII 页。
② 《马克思恩格斯全集》第 3 卷，人民出版社 1960 年版，第 31 页。

马克思在《关于费尔巴哈的提纲》中指出:"全部社会生活在本质上是实践的。凡是把理论引到神秘主义方面去的神秘东西,都能在人的实践中以及对这个实践理解中得到合理的解决。"①事实上,正是通过这些论述,马克思使自己的全部批判理论获得了确定的基础和明确的出发点。

马克思批判理论的另一个重大贡献是引入了特拉西创制的"意识形态"概念,并按自己的方式把它理解并阐释为指称一个时代的思想观念的总体性概念。在通常的情况下,当人们心安理得地以为自己的思想与意识形态毫无瓜葛时,正表明他们的思想完全处于这种意识形态的约束之下;反之,当他们自觉地起来反思并批判自己置身于其中的意识形态时,他们的思想才有可能真正地超越这种意识形态。

如前所述,在马克思的语境中,既然意识形态是一个总体性的概念,那么意识形态批判理论本质上就是一种"元批判"(metacriticism)理论,亦即最高层次的批判理论。事实上,不先行地实施这种批判,人们根本不可能同一个时代的精神生活保持思想上的距离,从而也根本不可能提出原创性的思想观念。因为意识形态总是通过它内蕴的"问题架构"操控着人们的全部思维活动和他们的问题意识,它只允许他们的思想永远在它许可的范围内绕圈子。由此可见,只有像马克思那样始终对意识形态保持元批评态度的思想家,才有可能突破意识形态的界限,独立地形成自己的问题意识,并建立起自己独创性的思想体系。

那么,元批判的本质又是什么呢?在马克思看来,这得从意识形态的本质说起。在《德意志意识形态》的一段被删去的文字中,马克思这样写道:"我们仅仅知道一门唯一的科学,即历史科学。历史可以从两方面来考察,可以把它划分为自然史和人类史。但这两方面是密切相连的;只要有人存在,自然史和人类史就彼此相互制约。自然史,即所谓自然科学,我们在这里不谈;我们所需要研究的是人类史。因为几乎整个意识形态不是曲解人类史,就是完全撇开人类史。意识形态本身只不

---

① 《马克思恩格斯全集》第 3 卷,人民出版社 1960 年版,第 8 页。

过是人类史的一个方面。"①在马克思看来，意识形态的本质就是扭曲乃至遮蔽真实的人类史和现实生活。这就等于明确地告诉我们，元批判的根本任务是"去意识形态之蔽"。打个比方，就像人们走进原始森林，他们通常见不到真实的地面，因为地面上覆盖着厚厚的、一层层的落叶，正是这些落叶把地面严严实实地遮蔽起来了。也就是说，只有先行地清除掉这些落叶，真实的地面才会向他们显现出来。同样的，只能通过元批判去意识形态之蔽，真实的人类史和现实生活才会向他们显现出来。

综上所述，元批判和去蔽是马克思对批判理论做出的重要贡献，也使其意识形态批判理论始终保持其历史的高度而不坠落下来。在这个意义上可以说，正是马克思的批判理论为我们走出当代西方马克思主义意识形态理论的迷宫提供了一条阿里阿德涅之线。

---

① 《马克思恩格斯全集》第 3 卷，人民出版社 1960 年版，第 20 页。

左翼理论家们的阿基里斯之踵①

——以对拉克劳思想的剖析为例

众所周知，法国结构主义的马克思主义者阿尔都塞在《读〈资本论〉》一书中提出了"症候阅读法"的著名的阅读方法。那么，阿尔都塞希望读者关注的"症候"究竟是指什么呢？也就是指文本中的空白、省略、跳跃、盲点、语焉不详或模棱两可的地方。其实，正是这些地方隐藏着批判性地解开文本秘密的钥匙。这种阅读方法确实有令人鼓舞之处。我们注意到，当代左翼理论家们，如拉克劳、齐泽克、巴特勒等，都十分娴熟地运用这种阅读方式去理解并阐释当今时代的各种文本，当然，也包含着对传统文本，尤其是马克思主义经典作家们的文本的理解和阐释。然而，令人费解的是，当人们去阅读、理解这些左翼理论家们的著作时，却发现他们专注于文本中明显地

---

① 原载《探索与争鸣》2014 年第 1 期；《马克思列宁主义研究》2014 年第 3 期全文转载。收录于复旦大学国外马克思主义与国外思潮研究国家创新基地等：《国外马克思主义研究报告 2013》，人民出版社 2013 年版。——编者注

被主题化的那些内容，并纠缠在这些内容上①，几乎没有人运用"根据症候阅读"的方法去揭示他们文本中存在的空白和盲点。本文试图通过对拉克劳这一新左翼领军人物的主要文本的解读，揭示出其文本中的空白和盲点，从而阐明新左翼理论家们是如何陷入迷思的。

一、自发性和自觉性

我们知道，列宁在《怎么办？》（1901—1902）这部重要的著作中提出了当时俄国革命斗争面对的五个重要的问题，其中第二个问题就是"群众的自发性和社会民主党的自觉性"。列宁十分明确地指出："我们说，工人本来也不可能有社会民主主义意识。这种意识只能从外面灌输进去，各国的历史都证明：工人阶级单靠自己本身的力量，只能形成工联主义的意识……而社会主义学说则是从有产阶级的有教养的人即知识分子创造的哲学理论、历史理论和经济理论中发展起来的。现代科学社会主义的创始人马克思和恩格斯本人，按他们的社会地位来说，也是资产阶级知识分子。俄国的情况也是一样，社会民主党的理论学说也是完全不依赖于工人运动的自发增长而产生的，它的产生是革命的社会主义知识分子的思想发展的自然和必然的结果。"②在这段重要的论述中，列宁激烈地批评了当时由俄国社会民主党主办的《工人思想报》，用工人运动的自发性来压倒社会民主党工作的自觉性的种种错误观念，并斩钉截铁

---

① 参见巴特勒、拉克劳、齐泽克：《偶然性、霸权和普遍性：关于左派的当代对话》（江苏人民出版社 2004 年版）的"导言"和"问题"部分。在"问题"部分中，巴特勒提出了十一个问题，拉克劳提出了六个问题，齐泽克提出了十个问题，均未涉及本文探讨的四个问题，而这四个问题正是第三国际的创立者——列宁和西方马克思主义的早期代表人物卢卡奇和葛兰西重点探索的问题。在当代左翼理论家们那里，为什么这些早期探索者积累的重要历史经验会被遗弃，甚至完全全地被遮蔽起来？这正是我们通过"症候阅读法"的方法所要弄清的问题。

② 列宁：《列宁选集》第 1 卷，人民出版社 1995 年版，第 317—318 页。

地表示："对工人运动自发性的任何崇拜，对'自觉因素'的作用即社会民主党的作用的任何轻视，完全不管轻视者自己愿意与否，都是加强资产阶级思想体系对工人的影响。"①因而列宁坚决主张："我们应当积极地对工人阶级进行政治教育，发展工人阶级的政治意识"②，同时也"需要同自发性进行殊死的斗争"③。毋庸置疑，列宁全面地阐述了自发性与自觉性之间的辩证关系。

然而，拉克劳却完全无视列宁在这方面留下的宝贵历史经验，在他与墨菲合作撰写的《领导权与社会主义的策略》一书中，他不但没有把"自发/自觉"这对概念作为未来社会主义策略中的重要问题提出来，只是附带地提到了自发性的问题，而且完全站在为自发性辩护的立场上。当拉克劳谈到卢森堡思想中的自发主义倾向时，他明确表示："然而自发性理论并没有在逻辑上支持她的结论，相反，正是自发性理论的逻辑意味着被统一起来的主体类型仍然会极大地处于不确定之中。在俄国专制国家的情形中，如果对抗点和多样化斗争的多元决定条件是压制性的政治环境，为什么阶级限制不能被超越并且导致产生以大众和民主为根本基础的、部分上被统一起来的主体？甚至在卢森堡的原文中——尽管作者教条僵化，对于她来说，每一个主体必须是阶级主体——还是在许多地方超出了阶级范畴。"④显然，在拉克劳看来，卢森堡的过失不在于她过度地赞扬并提倡工人阶级和其他群体的自发性的活动，而是她对这种自发性活动的丰富性和重要性还缺乏足够的认识。此外，她还以"教条僵化"的方式把群众性的自发性运动与阶级主体关联起来。而拉克劳则认为，像"阶级主体"这样的概念，尤其是视"工人阶级"为特权性的本体的传统观念，都应该被列入被解构的范围之内。一方面，拉克劳无限

---

① 列宁：《列宁选集》第 1 卷，人民出版社 1995 年版，第 325 页。
② 同上书，第 342 页。
③ 同上书，第 327 页。
④ ［英］恩斯特·拉克劳、查特尔·墨菲：《领导权与社会主义的策略——走向激进民主政治》，尹树广、鉴传今译，黑龙江人民出版社 2003 年版，第 6—7 页。

地扩大了工人阶级内部利益诉求的差异；另一方面，他又不恰当地夸大了第二次世界大战后兴起的新社会运动，如女性主义、生态主义、反种族歧视、后殖民主义等运动的重要性。

事实上，如果左翼理论家们全都像拉克劳那样停留在对多元的新社会运动的自发性的肯定和崇拜中，同时又解构了工人阶级在反对资本主义制度中的基础的、核心的地位和作用，那么作为工人阶级先锋队的社会民主党，尤其是共产党也就完全被解构了。由此，其知识分子代表把革命思想自觉地灌输到工人阶级队伍中去的方式也就完全失去了它的意义。不难看出，左翼理论家们对自发性的肯定和对政党工作中的自觉性的回避，在思想上只可能导致取消主义的结果。

二、合法性和非法性

如果说，传统的、患有幼稚病的"左派"理论家们总是不分青红皂白地排斥一切合法斗争的话，那么，以拉克劳为代表的当代左翼理论家们则完全迷恋于合法性范围内的斗争，即使在话语上也很少涉及非法性的领域。换言之，在他们的著作和演说中，非法斗争永远处于空白的、缺失的状态中。之所以出现这样的局面绝不是偶然的，它启示我们，当代左翼理论家们实际上早已把马克思主义、列宁主义的革命精神篡改为咖啡馆里的清谈或大学报告厅里的高头讲章。

在《共产主义运动中的"左派"幼稚病》中，列宁高度肯定了把合法性斗争与非法性斗争结合起来的革命策略的重要性和必要性："资产阶级君主制度正在维新的整个历史环境，使我们必须把合法的工作同不合法的工作配合起来。现在如果回顾一下这个十分完整的历史时期（它同以后各时期的联系也已经完全显示出来了），就会特别清楚地看出：假使布尔什维克当时没有在最严酷的斗争中坚持一定要把合法的斗争形式同不合法的斗争结合起来，坚持一定要参加最反动的议会以及其他一些受反动法律限制的机构(如保险基金会等)，那么他们就决不可能在1908—1914年间保住(更不用说巩固、发展和加强)无产阶级革命政党的坚强核心。"①列宁尖锐地批评了欧洲其他国家，尤其是德国社会民主党中的左翼理论家们："人们过分习惯于合法状态，习惯于由政党定期举行的代表大会自由地正常地选举'领袖'，习惯于通过议会选举、群众大会、报章杂志，通过工会和其他团体的情绪变化等方便办法来检验各政党的阶级成分。"②然而，在列宁看来，当革命形势急剧发展到引发内战的情况下，不得不交替地使用合法的和不合法的方式进行斗争时，他们便变得惊慌失措了。显而易见，按照列宁的看法，1918—1920年欧洲部分国家革命失败的一个重要原因是，这些国家社会民主党的左翼在策略上并不懂得如何把合法的斗争与非法的斗争紧密地结合起来。

我们发现，列宁总结的经验教训在今天仍然具有不可忽视的现实意义。众所周知，拉克劳之所以提出激进的多元民主政治作为社会主义的新策略，完全基于他对形形色色的新社会运动的认同。正如他告诉我们的："'新社会运动'一词是一个不能令人满意的术语，它把一系列极端不同的斗争汇集在一起，这些斗争包括都市的、生态主义的、反权力主义的、反制度化的、女性主义的、反种族歧视的、少数民族权力的、地区或少数性的斗争。它们的共同点就是它们与被当成'阶级'斗争的工人斗争有所区别。"③在这里，拉克劳列举了各种新的社会运动，并把它们与工人运动分离开来、对立起来。其实，明眼人一看就明白，这里谈到的所有种类的"新社会运动"，其性质都属于合法斗争，即在统治阶级法律许可的范围内展开的斗争，而这类斗争的共同目标——实现激进的多元民主，正如凯尔纳和贝斯特在分析拉克劳笔下的"民主"概念时所指出的那样："和所有其他词汇一样，民主也是一个'飘浮不定的能指'，

---

① 列宁：《列宁选集》第4卷，人民出版社1995年版，第146页。
② 同上书，第152页。
③ ［英］恩斯特·拉克劳、查特尔·墨菲：《领导权与社会主义的策略——走向激进民主政治》，尹树广、鉴传今译，黑龙江人民出版社2003年版，第177—178页。

可以在无数的方向上得到阐发。"①也就是说，所有这类新社会运动都不可能对统治阶级的利益造成根本性的威胁。

毋庸置疑，在以拉克劳为代表的当代左翼理论家们的著作中，"非法斗争"已经完全从社会主义策略中被排除了，这就表明，他们所说的"社会主义"不过是一个虚假的社会主义概念，归根到底，这种激进的多元民主政治是从属于资产阶级的意识形态的。

三、组织状态和非组织状态

在总结俄国"十月革命"取得成功的历史经验时，列宁反复强调了工人阶级的先进政党及其铁的纪律的重要性，而这一重要问题在卢卡奇的《历史与阶级意识》中则被表达为"组织问题"。卢卡奇指出："随着世界大战的爆发，随着国内战争的发生，这个过去的'理论'问题变成了非常迫切的实际问题。组织问题变成了政治策略之一。"②然而，卢卡奇又不无担忧地指出："组织问题虽然有时处于论争的中心地位（例如在讨论合并的条件时），然而是理论家们最不关心的问题。"③一方面，各国共产党的理论兴趣过多地为世界经济和政治形势的变化所吸引，因而忽视了对组织问题的深入探讨；另一方面，许多错误的策略观点也是从对组织问题的错误理解中形成并发展起来的。在卢卡奇看来，在组织问题上存在的这种"无意识的"状态，正是这些国家的共产党和工人运动不成熟的象征。卢卡奇之所以把组织问题视为当时各国共产党和工人运动不得不面对的重大课题之一，"因为组织是理论和实践之间的中介形式。正像

---

① ［美］道格拉斯·凯尔纳、斯蒂文·贝斯特：《后现代理论——批判性的质疑》，张志斌译，中央编译出版社2001年版，第258—259页。

② ［匈］卢卡奇：《历史与阶级意识——关于马克思主义辩证法的研究》，杜章智等译，商务印书馆1996年版，第377页。

③ 同上书，第385页。

在每一种辩证的关系中一样，这一辩证关系的两项只有在这一中介中和通过这一中介才能获得具体性和现实性"①。显而易见，如果把组织问题与理论分离开来，就会看不到它在理论上的重要意义；同样，如果把组织问题与运动的策略分离开来，运动就有可能陷入机会主义或启动主义。总之，必须高度重视组织问题在理论与实践之间的中介作用。

无独有偶，作为意大利共产党的领导人之一，葛兰西也十分重视组织问题，这充分体现在他创制出来而又频繁地加以使用的"organic intellectual"这个概念上。有趣的是，在葛兰西著作的中文译本中，这个英语短语几乎无例外地被译为"有机知识分子"。我们认为，这种译法显然是错误的，因为知识分子作为生命体，本身就是有机的，它应该被译为"组织起来的知识分子"或"有组织的知识分子"。② 正是我们的译法才充分体现出葛兰西对组织问题的高度重视。在《狱中札记》中，葛兰西明确地表示："某些社会集团的政党不过是它们直接在政治和哲学领域而非生产技术领域培养自己的有组织的知识分子（原译文为有机知识分子——引者注）范畴的特定方式。考虑到该社会集团的总特征以及形成、生活和发展的条件，这些知识分子便只能以这种方式而不能以其他方式形成。"③显然，在葛兰西看来，共产党需要的正是这样的"有组织的知识分子"：一方面，他们已经被组织起来受到共产党的领导和指引；另一方面，他们又积极主动地去组织其他人，从而团结越来越多的知识分子，不断地扩大有组织的知识分子的队伍，以完成革命事业。

然而，在拉克劳那里，尽管"社会主义的策略"是一个核心的话题，但由于他强调激进的多元民主政治是通过领导权对异质的新社会运动的"连接"（articulation）而形成的，而领导权作为"漂浮的能指"（floating sig-

---

① ［匈］卢卡奇：《历史与阶级意识——关于马克思主义辩证法的研究》，杜章智等译，商务印书馆1996年版，第389页。

② 俞吾金：《究竟如何理解并翻译葛兰西的重要术语organic intellectual?》，《哲学动态》2010年第2期。

③ ［意］安东尼奥·葛兰西：《狱中札记》，曹雷雨等译，中国社会科学出版社2000年版，第10页。

nifier)并不关涉到确定的主体，因为这些主体(如意志集团、工人阶级、共产党等)都已经为拉克劳所解构，因而在卢卡奇和葛兰西看来是如此重要的组织问题，在拉克劳那里却完完全全地成了一个边缘性的话题，甚至严严实实地被遮蔽起来了。拉克劳这样写道："对统一主体范畴的批判和对于每个主体立场赖以建立的话语分散性的认识，会包含比一般理论立场更多的东西：它们是思考多样性的必要条件。民主革命遭遇到某些障碍，而多样性则使对抗产生了出来。这给予我们一个理论空间，能够在激进的和多元的民主概念——这是我们从这一点出发论述的核心——的基础上，发现理解民主的首要条件。主体概念不能回到肯定的和统一的原则——只要接受这一点，多元主义就能被视为一个激进的概念。"[1]在这一长段阐明自己核心观念的论述中，拉克劳完全撇开了组织问题。

事实上，当他把社会主义革命理解为单纯话语上对资本主义的"批判"活动时，这种只依赖新的、碎片式的主体，而完全不依赖于任何组织(如工会，尤其是政党)的所谓"革命"不过是左翼理论家们的白日梦而已。

四、革命的条件和无条件的革命

在列宁看来，革命并不是随时随地都会爆发的，只有具备了一定的条件，革命才可能发生。在《共产主义运动中的"左派"幼稚病》中，列宁告诉我们："要举行革命，单是被剥削被压迫群众认识到不能照旧生活下去而要求变革，还是不够的；要举行革命，还必须要剥削者也不能照旧生活和统治下去。只有'下层'不愿照旧生活而'上层'也不能照旧维持下去的时候，革命才能获得胜利。这个真理的另一个说法是：没有全国

---

[1]　［英］恩斯特·拉克劳、查特尔·墨菲：《领导权与社会主义的策略——走向激进民主政治》，尹树广、鉴传今译，黑龙江人民出版社 2003 年版，第 186 页。

性的（既触动被剥削者又触动剥削者的）危机，进行革命是不可能的。"①
这就是说，要举行革命，第一，必须要多数工人充分认识到革命的必要
性，并有为革命牺牲的决心；第二，必须要统治阶级遭到政府危机，这
种危机甚至把最落后的群众也卷入了政治活动，从而削弱了政府的力
量，使革命者有可能很快地推翻它。然而，"左派共产主义者的错误目
前之所以特别危险，正是因为有些革命者对这两个条件都抱着一种不够
认真、不够重视、不够自觉、不够慎重的态度"②。列宁这里说的"四个
不够"充分反映出左翼理论家们的浮躁情绪和幼稚病症。

　　列宁的上述论断，尤其是他对共产主义运动中的"左派"幼稚病的批
判，对我们深刻认识以拉克劳为代表的当代左翼理论家们的思想局限性
具有十分重要的理论意义。在《领导权与社会主义策略》一书中，拉克劳
先把列宁的革命概念曲解为"按照雅各宾派模式铸造的经典的革命概
念"，然后指出："假如我们用这个概念来理解政治断裂点上的一系列斗
争的多元决定作用，这个断裂会伴随着横贯整个社会结构的多样化作
用，那么对于'革命'概念不会有任何异议。如果这就是它所包含的一
切，那么，毫无疑问，在许多情况下，用暴力推翻一个旧压迫制度正是
民主发展的条件。但是，传统革命概念的含义远远超过这一点：它包含
着革命行动的根本特征，即建立一种权力集中的制度，由此社会能够被
'合理地'组织起来。这个观点与激进民主所要求的多元性和开放性是矛
盾的。"③显然，拉克劳在这里把两个不同性质的问题——革命后权力的
集中与革命自身是否必要——混淆起来了，他试图用前一个问题否定后
一个问题。我们认为：一方面，从现实情形看，在革命刚取得成功的情
况下，如果权力完全分散而不集中，革命成果必定会很快地流失。例
如，俄国"十月革命"成功后曾经遭到了十四个国家的围攻。毋庸置疑，

---

　　①　列宁：《列宁选集》第4卷，人民出版社1995年版，第193页。
　　②　同上书，第193页。
　　③　[英]恩斯特·拉克劳、查特尔·墨菲：《领导权与社会主义的策略——走向激进
民主政治》，尹树广、鉴传今译，黑龙江人民出版社2003年版，第199—200页。

当时如果权力不集中，新政权很快会陷于瓦解；另一方面，从长远看，新政权在得到巩固之后，确实也应该逐步改变权力集中的现象。总之，应该用复杂性的眼光来看待革命与权力集中之间的关系问题，以便对历史经验做出合理的总结，而不是采取简单化的做法，干脆把传统意义上的革命概念加以贬损和否定。

事实上，拉克劳这样做已经从根本上否弃了传统的革命概念，代之以激进的多元民主的不断增殖，从而从根本上抹杀了革命和非革命状态的质的区别。换言之，从根本上取消了革命。

综上所述，我们发现，以拉克劳为代表的当代左翼理论家们坚持的是比列宁时代的左翼理论家们更幼稚的、更荒谬的立场。他们满足于"占领华尔街"这类自发的、从根本上未超越合法性观念的对抗，满足于非组织的、零星的、异质的新社会运动的此起彼落，满足于所谓的"领导权"对"漂浮的能指"的不确定的、不完全的缝合。概言之，他们坐在书斋里，用话语、清谈、解放的逻辑取代了一切。正如马克思在《黑格尔讽刺短诗》中撰写的：

> 我给你揭示一切，
> 我献给你的仍是一无所有！①

---

① 《马克思恩格斯全集》第 40 卷，人民出版社 1982 年版，第 651 页。

批判理论的界限①
——对法兰克福学派主导思想的反思

一、实践：理论的界限

"理论"是一个含义不明晰的概念，为便于探讨起见，我们在这里把它定义为一组体系化的、自洽的陈述。理论又可以被细分为以下两种不同的类型：一是"诉诸实践的理论"，意即这种理论之所以被提出来，其目的就是付之于实践活动；二是"与实践相分离的理论"，意即这种理论之所以被提出来，只是出于提出者的单纯理论上的兴趣，而与实践活动无涉。

众所周知，在《尼各马可伦理学》第六卷中，亚里士多德提出了灵魂把握真理的五种形式，其中"实践智慧"与其他四种能力不同，它显示的正是人们在处理日常事务，尤其是政治和道德上的事务的能力。后来，康德进一步把理性区分为"理论理性"和"实践理性"，并强调实践理性比理

---

① 原载《探索与争鸣》2014 年第 12 期；《哲学文摘》2015 年第 2 期全文转载。本文系俞吾金 2014 年 7 月在加拿大参加"法兰克福学派：对资本主义文化的批判"国际学术会议所撰写的论文，是先生生前撰写的最后一篇论文。——编者注

论理性更重要。黑格尔也在《逻辑学》中强调了实践的重要性，并对马克思的思想产生了重要的影响。

在马克思那里，实践概念获得了基础性的、核心的地位，这充分体现在马克思《关于费尔巴哈的提纲》的第十一条论纲中："哲学家们只是用不同的方式解释世界，问题在于改变世界。"①如果说，在这条论纲中，马克思肯定了"改变世界"（实践）比"解释世界"（理论）更重要，那么，在第八条论纲中，他又进一步强调："全部社会生活在本质上是实践的。凡是把理论引向神秘主义的神秘东西，都能在人的实践中及对这个实践的理解中得到合理的解决。"②显然，在马克思看来，即便是在"解释世界"的理论活动中，实践仍然起着基础性的、核心的作用。由此可见，把马克思的学说按他自己的想法称为"实践唯物主义"是完全正确的。

西方马克思主义的早期代表人物——卢卡奇、柯尔施和葛兰西，在批判以伯恩施坦为代表的第二国际右翼所倡导的"科学的马克思主义"的同时，在一定程度上复兴了马克思的实践唯物主义的理论。事实上，像马克思一样，卢卡奇、柯尔施和葛兰西都亲身参加了当时的革命实践。这样看来，马克思、卢卡奇、柯尔施和葛兰西的学说完全可以被称为"诉诸实践的理论"。然而，我们不得不承认，法兰克福学派的理论与上述理论不同，它应该从属于"与实践相分离的理论"。

平心而论，法兰克福学派的成员们也关注过理论与实践的关系。霍克海默认为："对大多数研究者来说，理论是关于某个主题的命题总汇；这些命题之间紧密相联，有几个是基本命题，其他命题由基本命题推出。与派生命题相比，基本原理的数目越少，理论就越完善。"③他区分了以笛卡尔为代表的传统理论和以马克思为代表的批判理论，认为前者

---

① 《马克思恩格斯选集》第 1 卷，人民出版社 1995 年版，第 57 页。
② 同上书，第 56 页。
③ ［德］马克斯·霍克海默：《批判理论》，李小兵等译，重庆出版社 1989 年版，第 181 页。

使理论与实践相分离，后者则"把一切为实践态度提出的理论与它们所反映的社会阶层联系起来"①。哈贝马斯在《理论与实践》中进一步指出："历史唯物主义可以被理解为一种以实践的意图拟定的社会理论"②，并从三个不同的方向探索了理论与实践的关系，甚至提出了"实践学"③的新概念。

然而，无论是霍克海默、阿多诺，还是哈贝马斯，当他们的著作唤起左派学生的思想热情，学生们走上街头，以实践活动的方式来对抗资本主义制度时，他们自己却退缩了。他们不但与任何政治性的实践活动相脱离，还与左派学生运动发生了激烈的冲突，阿多诺甚至表示："当我构造自己的理论模式时，我不能猜出人们想要用燃烧瓶去实现它。"④哈贝马斯则指责学生是"左派法西斯主义"。随后，他不得不为此而离开了法兰克福。⑤ 由此可见，法兰克福学派的理论不但与反抗资本主义统治的实践活动相脱离，甚至还是对立的。在这个意义上，实践成了法兰克福学派理论的界限。

二、革命：批判的界限

法兰克福学派的成员们以为自己继承了康德和马克思的批判传统，但他们并没有意识到，马克思的批判理论也包含着对批判的界限和有效性的自觉意识，而这种自觉意识正是在马克思反思以布鲁诺·鲍威尔为

---

① ［德］马克斯·霍克海默：《批判理论》，李小兵等译，重庆出版社1989年版，第220页。

② ［德］尤尔根·哈贝马斯：《理论与实践》，郭官义、李黎译，社会科学文献出版社2004年版，第3页。

③ 同上书，第6页。

④ ［美］马丁·杰伊：《阿多诺》，瞿铁鹏、张赛美译，中国社会科学出版社1992年版，第78页。

⑤ ［美］马丁·杰伊：《法兰克福学派史》，单世联译，广东人民出版社1996年版，第6—7页。

代表的青年黑格尔主义者的唯心主义思想倾向的过程中形成并发展起来的。在《德意志意识形态》的第一章"费尔巴哈"中，马克思明确地告诉我们："意识的一切形式和产物不是可以用精神的批判来消灭的，也不是可以通过把它们消融在'自我意识'中或化为'幽灵'、'怪影'、'怪想'等等来消灭的，而只有实际地推翻这一切唯心主义谬论所由产生的现实的社会关系，才能把它们消灭；历史的动力以及宗教、哲学和其他理论的动力是革命，而不是批判。"①

按照马克思的观点，批判是一种意识或精神范围内的活动，尽管批判可以在一定程度上唤醒人们的意识，使他们了解资本主义社会的真相，但了解真相，并不等于已经从该社会中解放出来了。有鉴于此，马克思曾以嘲讽的口吻写道："有一个好汉一天忽然想到，人们之所以溺死，是因为他们被关于重力的思想迷住了。如果他们从头脑中抛掉这个观念，比方说，宣称它是宗教迷信的观念，那末他们就会避免任何溺死的危险。……这位好汉就是现代德国革命哲学家们的标本。"②显然，在马克思看来，单纯思想范围内的批判活动是无法消灭这些错误观念的，资本主义社会由于其统治的需要而把这些观念不断地复制出来。也就是说，要从根本上消灭这些错误的观念，就不得不推翻它们得以产生的现实的社会关系。而当人们这样做时，他们就不是在诉诸批判，而是在诉诸革命了，因而马克思指出："实际上和对实践的唯物主义者，即共产主义者说来，全部问题都在于使现存世界革命化，实际地反对和改变事物的现状。"③由此可见，马克思的批判理论对批判和革命的不同的社会功能做出了明确的区分。对于他来说，批判本身并不是目的，而是手段，它不过是为革命做舆论上的准备罢了。

然而，对于法兰克福学派的成员们来说，对资本主义社会的批判本身却成了目的。他们重视的只是他们在从事批判，至于批判是否触及了

---

① 《马克思恩格斯全集》第 3 卷，人民出版社 1960 年版，第 43 页。
② 同上书，第 16 页。
③ 同上书，第 48 页。

现实、是否会导致对社会的颠覆、是否会引发推翻资本主义制度的革命，不仅不是他们所关心的，而且是他们竭力加以回避的。尽管霍克海默在谈到批判理论与之密切相关的经济领域时说："经济是灾难深重的首要原因，无论是理论的批判，还是实践的批判，都必须使自己首先致力于经济。"①但这里所说的"实践的批判"即革命始终只是一句空话。如果说，霍克海默借口历史条件的变化而不敢重新出版自己早期著作的话，那么，阿多诺则采取了所谓"冬眠战略"，拒绝对任何革命行动的参与。② 所有这些都表明，法兰克福学派的批判理论只是纯粹思想领域里的"革命活动"，而不是现实生活中的革命活动。在这个意义上，革命成了批判理论无法逾越的界限。

三、肯定：辩证法的界限

法兰克福学派的辩证法思想集中体现在霍克海默和阿多诺合著的《启蒙辩证法》和阿多诺独著的《否定的辩证法》中，是对黑格尔和马克思的辩证法传统的一个继承和发展。

很少有人注意到，黑格尔的方法论不等于黑格尔的辩证法。在《逻辑学》第 79 节中，黑格尔告诉我们："逻辑思想就形式而论有三方面：a. 抽象的或知性[理智]的方面，b. 辩证的或否定的理性的方面，c. 思辨的或肯定理性的方面。"③也就是说，黑格尔的方法论是由三个不同的环节组成的，而"辩证的或否定的理性的方面"，通常被黑格尔简称为"辩证法"，不过是黑格尔方法论的第二个环节。事实上，在黑格尔的方

---

① ［德］马克斯·霍克海默：《批判理论》，李小兵译，重庆出版社 1989 年版，第 235 页。

② ［美］马丁·杰伊：《法兰克福学派史》，单世联译，广东人民出版社 1996 年版，第 14 页。

③ ［德］黑格尔：《小逻辑》，贺麟译，商务印书馆 1980 年版，第 172 页。

法论中，第一、第三两个环节都起着肯定的作用，只有第二个环节起着否定的作用。如果说，黑格尔方法论中的第三个环节所蕴含的肯定的方面有可能导致折中主义（这通常被认作黑格尔思辨哲学的弊端），那么，第一个环节所蕴含的肯定的方面对于遏制辩证法滑向虚无主义来说，却绝对是必要的。作为一个革命者，马克思只重视黑格尔方法论中的第二个环节——辩证法，因为对他来说，"辩证法不崇拜任何东西，按其本质来说，它是批判的和革命的"①。但马克思的辩证法不会导致虚无主义，因为他有自己追求的肯定性的目标，即作为资本主义的取代方案的共产主义："共产主义对我们说来不是应当确立的状况，不是现实应当与之相适应的理想。我们所称为共产主义的是那种消灭现存状况的现实的运动。"②

然而，阿多诺的否定辩证法所主张的"否定"却是绝对排斥肯定的否定。他在该书的序言中指出："否定的辩证法是一个蔑视传统的词组，早在柏拉图之时，辩证法就意味着通过否定来达到某种肯定的东西；'否定之否定'的思想形象后来成了一个简明的术语。本书试图使辩证法摆脱这些肯定的特性，同时又不削弱它的确定性。展开这个自相矛盾的标题，是它的一个目的。"③

阿多诺之所以把自己的辩证法解释为绝对排斥任何肯定方面的否定辩证法，一是源自他对实证主义的敌对态度。实证主义的核心思想体现在"实证的"这个形容词上，而它同时也可解释为"肯定的"。在这个意义上，排斥肯定方面，也就是排斥实证主义。辩证法与实证主义的差别在于：前者既包括肯定的方面，又包括否定的方面；但后者只包括肯定的方面。因此，前者具有批判、否定资本主义的资源，后者却缺失这样的资源。尽管阿多诺与实证主义划清界限是正确的，但他的辩证法绝对地

---

① 马克思：《资本论》第 1 卷，人民出版社 1975 年版，第 24 页。
② 《马克思恩格斯全集》第 3 卷，人民出版社 1960 年版，第 40 页。
③ ［德］阿多尔诺：《否定的辩证法》，张峰译，重庆出版社 1993 年版，第 1 页。阿多尔诺，又译为阿多诺、阿道尔诺。

排斥肯定的方面显然是错误的。二是奥斯维辛集中营使阿多诺最终抛弃了事物的肯定方面得以存身的同一性："奥斯维辛集中营证实纯粹同一性的哲学原理就是死亡。"①然而，阿多诺混淆了两个不同的概念——同一性与同质性——之间的差别。他应该加以反对的是理论与现实的同质性关系，而不是它们的同一性关系。

事实上，假如理论与现实之间缺乏同一性，那么阿多诺撰写自己的著作去影响现实就变得完全不可能了。在我看来，我们应该区分两种不同的同一性：一方面，我们应该摆脱"以理论与现实的同质性为基础的理论与现实的同一性（黑格尔坚持的正是这种同一性）"；另一方面，我们应该追求"以理论与现实的异质性为基础的理论与现实的同一性（康德和马克思坚持的正是这种同一性）"。

正如黑格尔把怀疑主义理解为否定意义上的独断主义一样，阿多诺的否定的辩证法也可以被理解为否定意义上的实证主义。乍看起来，阿多诺拒斥任何肯定的方面，但在《启蒙辩证法》的新版前言中，他和霍克海默表示："连进步也不放过的批判思想，今天要求支持所剩不多的自由，捍卫现实中的人道倾向，而不管它们在历史的滚滚洪流中显得多么的苍白无力。"②也就是说，"自由"和"人道倾向"仍然是法兰克福学派追求的最低的肯定方面。事实上，无论是马尔库塞从否定现代资本主义的意义上提出的"大拒绝"，还是哈贝马斯从肯定现代资本主义的意义上提出的"交往行动理论"、韦梅尔的"坚持现代性"、霍耐特的"承认理论"等，追求的共同目标都是使现代资本主义社会进一步合理化，而不是像马克思那样，颠覆资本主义社会，以共产主义社会取而代之。

众所周知，辩证法是以人的实践活动为基础的，它的本质是批判的和革命的，而一个缺乏明确的肯定性的社会取代方案的辩证法归根到底是苍白无力的，尽管它竭力使自己与实证主义对立起来，但它充其量不

---

① ［德］阿多尔诺：《否定的辩证法》，张峰译，重庆出版社1993年版，第362页。

② ［德］马克斯·霍克海默、西奥多·阿道尔诺：《启蒙辩证法——哲学断片》，渠敬东、曹卫东译，上海人民出版社2003年版，第1页。

过是一种更隐蔽的实证主义罢了。

　　总之，在资本主义制度的大框架内，批判、抵抗、否定资本主义社会的某些现象，就是法兰克福学派的批判理论已经从事和目前正在继续从事的工作。不颠覆资本主义制度这个大框架，就是法兰克福批判理论的总体上的界限，而这一界限也正是它与马克思的批判理论的根本差异之所在。法兰克福批判理论仍然是富有潜力和影响力的，然而，它对现代资本主义的抵抗归根到底类似于麦子对镰刀、婴儿对母腹的抵抗，这种抵抗除了导致资本主义的完善化以外，是不会有其他结果的。

2017年

传统意识形态理论的回顾①

在论述当代西方马克思主义意识形态前沿理论之前，我们有必要对传统意识形态理论的缘起、演化以及在演化过程中出现的各种问题做一个简要的回顾。尽管西方马克思主义意识形态的各种前沿理论迥然各异，见仁见智，但它们的共同点是，都从传统意识形态理论的不同侧面汲取了自己的灵感。在这个意义上或许可以说，不了解过去，就不能透彻地理解当代。

一、意识形态概念史的回溯

如果人们对"意识形态"概念的缘起做一个更为自由的探索，或许可以一直追溯到古希腊的哲学家柏拉图。柏拉图在《理想国》中曾经提出了一个著名的比喻，即所谓"洞穴之喻"：假定一些囚徒坐在一个洞穴里，他们的身体由于被锁链锁住而无法转动脖子向后看，只能看到前面的墙壁。在他们的身后有一堆燃烧着的篝火，在他们的后背和篝火之间的地面上有一条深沟，另一些人的

---

① 汪行福、俞吾金、张秀琴：《意识形态星丛——西方马克思主义的意识形态理论及其最新发展态势》，人民出版社 2017 年版，第 10—29 页。——编者注

身体隐藏在沟里，只能把手里的各种牌子举到地面的一定高度上。火光把这些摇动着的牌子的影子照射到囚徒们面对的墙壁上。于是，囚徒们把前面墙上晃动着的影子误认为是真实的事物。其实，他们看到的不过是身后的人们举起的牌子通过火光照射到墙上的影子而已。柏拉图认为，普通人像这些囚徒一样，并没有认识真实的事物，他们看到的只是真实事物的幻影而已。今天我们已经充分地认识到，这种把幻影认作真实事物的倾向正是我们现在称为"意识形态"的东西所造成的。当然，在通常的情况下，研究者们对意识形态概念的缘起一般追溯到英国近代哲学家、经验论学说的开山祖弗兰西斯·培根。

众所周知，培根提出了著名的"四假相说"（Idolenlehre），这是把"虚假的意识""错误的观念"归结为社会环境影响结果的最初的尝试。培根认为，为了获得科学知识，人们应当摆脱以下四种假相，即"种族假相""洞穴假相""市场假相"和"剧场假相"。

在培根那里，"种族假相"意味着一种知识的形成，这种知识是通过我们人类的本性而产生出来的。我们的意识并不是一面反映宇宙的洁净的镜子，而是一面不平的、破碎的镜子。这种知识上的错误是不可能完全地被排除的，但是人们能够并应该估计到这种情况，以避免做出急躁的判断。按照培根的看法，一种不可避免的结果（以及随之而来的错误的知识）也来自人们借以观察自然的工具（如望远镜）。培根也论述到知识论的问题，这一问题后来被康德做了进一步的探讨和精确的思考。我们所认识的一切都是我们感觉的产物，而感觉材料又经过人的知性范畴和直观的"加工"。这既表明了具有正确的认识方法的科学家之间在知识上的一致性，又限制了这种知识，因为我们只能达到"现象"的层面上，并不能知道其他的知识形式和居于现象背后的东西。在培根看来，人的精神由于其本性很容易把一种次序和等同性赋予事物，但在自然中，许多事物是分离的，在形式上也是不相同的，人的精神所发现的那种平行、适应和关系，实际上是不存在的。

"洞穴假相"乃是一种偏见，这种偏见是我们不知不觉地从我们所从属的确定民族和时代的传统中接受过来的。人们有一种适应于传统的倾向，他们仿佛置身于他们的"洞穴"之中，抵制并拒斥不一致的见解。明眼人一看就知道，这个假相正是培根对柏拉图"洞穴之喻"的改写。

"市场假相"表明人们好像置身于人声杂乱、讨价还价的贸易集市上，来自各方面的声音都会对他们的观念产生影响。

"剧场假相"表明人们很像坐在剧场里欣赏戏剧的观众，舞台上变幻着各种布景、人物和思想，而所有这些因素都对观众发生了影响，而有些因素甚至是相互矛盾的，会引起观念思想的混乱。

不难发现，在培根那里，意识形态的概念已经包含了后来被青年马克思首先加以发展的两个方面：一方面，关系到"虚假的意识"问题；另一方面，关系到产生这些"虚假的意识"的原因。在培根以及培根以前的思想家的文献中，人们发现，这些原因不仅是由感觉的欺骗引起的，而且也是由荒谬的思维习惯和思维方式引起的。我们也发现，在培根那里，意识形态概念的心理学方面的含义已受到了注意，正如培根所说的："一个人倾向于认为是真实的东西，也正是他以前所相信的东西。"按照培根的观点，知识理想和知识目的是随着人对外部自然界的支配而逐步提高的。"知识就是力量"，但知识的力量仅仅来自对实在的准确洞见。

人所共知，18 世纪的法国处于启蒙运动狂飙的侵袭下。以狄德罗、霍尔巴赫为代表的百科全书派的学者向传统观念的种种偏见发起了更猛烈的冲击。他们不仅扩大了培根批判哲学和传统观念的战果，而且也普及了洛克的以感觉经验为基础的认识论思想。正是在这样的背景下，法国学者特拉西创制出"意识形态"的概念，并把它作为"科学的观念"与传统的种种妄见尖锐地对立起来。然而，政见不同而又极端务实的拿破仑却对以特拉西为首的意识形态家展开了激烈的批评，指责这些意识形态家都是不切实际的幻想家。

有趣的是，拿破仑对意识形态及意识形态家的批评却对欧洲社会，尤其是对德国产生了重要的影响。德国人从一开始就没有接受特拉西从正面去阐发意识形态概念的做法，却顺着拿破仑的思路，把意识形态视为幻想的同义词。黑格尔的历史思维并不十分关注科学对自然界的支配，而是致力于对人类所经过的不同的意识阶段的说明。他把世界历史上不同民族所经历过的不同的历史时代看作人类意识所经历过的同样多的阶段，在到达发展的目的地之前，这些阶段必定是不充分的。这些不同时代的历史意识按自己的主题创造了不同的制度、文化的外在表现形式等等。没有一个个体能够超越这样的意识或者从这样的意识之中摆脱出来。只有当一个历史时代已经结束时，人们才能意识到它的原则并超越它。于是，一种新的世界历史的意识和一个新的时代便开始了。因此，在黑格尔那里，每个时代的意识相对它的后来者都是"虚假的"，然而又都是必要的。正是在这样的意识中，同时代人成长起来，并获得了自己的发展。在每一时代结束的时候，这种以时代为局限的意识都变成了"虚假的"意识并被"新的意识"取代。

如果说，在培根那里，我们已经看到了虚假的意识与社会的（历史的）条件之间的联系，那么，黑格尔则把历史变化的新原则引入意识。假定世界历史在当代的发展（即首先从奠基于法国革命成就的拿破仑的世界帝国开始）已经达到了它的确定的目的，那么黑格尔就能为他的"哲学"提出变成"智慧"（Weisheit）的要求。真正的知识（即智慧本身）是从对知识的纯粹的爱出发形成起来的，因此，人们能够以回顾的方式谈到早期的知识阶段和思维方式，而这些知识阶段和思维方式已经变成了"意识形态的"，即有限的因而是不真实的东西，而黑格尔和黑格尔主义者的哲学则变成了卓越的智慧和"科学"（Wissenschaft）。

费尔巴哈把上帝的形象看作人的自我形象在天空中的投影，他由此而摈弃了黑格尔的上述见解。费尔巴哈试图通过如下的方式把人们从自我异化中解放出来，即人们应当把已赋予上帝的"各种本性"重新赋予自己，重新占有自己。黑格尔的"绝对精神"正包含着从有限性中解放出来的人的各种本性。全能、全知和至善的上帝正是人的知识、能力（力量）和爱的绝对化。

马克思最初是在黑格尔和黑格尔主义者（尤其是在批判的黑格尔主义者路德维希·费尔巴哈）那里发现意识形态概念的。在1844年出版的《〈黑格尔法哲学批判〉导言》中，马克思指出："就德国来说，对宗教的批判实际上已经结束；而对宗教的批判是其他一切批判的前提。"①费尔巴哈已经完成了这一批判，但是现在需要说明的是，为什么人们会把他们自己的最高的本性异化出去，并把它们"投射"到一个彼岸的存在物上去？费尔巴哈并没有回答这些问题，他完全像18世纪的启蒙学者一样坚信，人们能够通过纯粹的意识上的启蒙，通过对宗教的批判来克服这种异化。马克思指出："但人并不是抽象的栖息在世界以外的东西。人就是人的世界，就是国家，社会。国家、社会产生了宗教即颠倒了的世界观，因为它们本身就是颠倒了的世界。"②为了克服宗教这种虚假的意识形态，这个"颠倒了的世界"必须再度被颠倒过来，变成一个与人的需要和能力相适应的"真实的"世界。马克思说，"反宗教的斗争间接地也就是反对以宗教为精神慰藉的那个世界的斗争"③。他又说，"废除作为人民幻想的幸福的宗教，也就是要求实现人民的现实的幸福。要求抛弃关于自己处境的幻想，也就是要求抛弃那需要幻想的处境"④。对于马克思说来，意识形态批判仅仅是第一个步骤，其目的是号召人们（后来他更具体地称为"雇佣劳动者"）起来改变那种不断地生产着意识形态（幻想）的现实关系。

青年马克思也关涉到这种已经被历史化的意识形态概念。他最初称同时代的资产阶级哲学是意识形态的，同时他还论述了以下的问题：(1)"虚假的意识"；(2)"以社会为条件的意识"；(3)在意识中，正如在现实中一样，对历史的发展起决定作用的不是观念或"精神"，而是物质的关系（社会秩序、社会地位等等）。因此，从内容上看，马克思引入了

---

① 《马克思恩格斯全集》第1卷，人民出版社1956年版，第452页。
② 同上书，第452页。
③ 同上书，第453页。
④ 同上书，第453页。

第三个规定，这一规定后来被称作意识形态。当黑格尔把历史称作"自由在意识中的进步"时，他已认定，各种宗教观念正是同时代的社会关系的表现和基础。一个民族、一种文化的成员一旦想象出上帝这个绝对者，他们的宗教就以颠倒的方式表达了他们的"自我意识"。基督教的上帝形象达到了人性的高度，从而也被提升到更高的哲学阶段上。正如黑格尔所说的，如果一个文化上已经发展了的人是他的社会、国家（即"客观精神"）中的"主观精神"的话，那么这个"绝对者"就是"绝对精神"。

意识形态总是服务于这样的目的，即维护现存的关系（统治阶级的权力）的，要推翻这样的关系并消除与之相应的意识形态的影响并不是很容易的。在《德意志意识形态》中，马克思表述了下面这一重要的思想："统治阶级的思想在每一时代都是占统治地位的思想。这就是说，一个阶级是社会上占统治地位的物质力量，同时也是社会上占统治地位的精神力量。"①支配着物质生产资料的阶级，同时也支配着精神（意识形态）生产的资料。在统治阶级的思想家和准备以被动的方式接受这些思想和幻想的统治阶级其他成员之间的分工导致了这样的幻想，即占统治地位的观念似乎是与物质关系无关的。随着科学技术的进步和发展，随着一个新阶级的崛起（如欧洲资产阶级从 16 世纪以来的兴起），社会关系也发生了相应的变化，"革命思想"也出现在文化领域里，当新兴阶级成为统治阶级（如在资产阶级革命后）时，这种"革命思想"才可能发展起来。但是，这种可能被预见的发展表明，新兴阶级也急需把它的利益以尽可能"普遍的形式"伪装起来，以便用这种方式来获得该社会的观念上的领导权。

因此，革命的市民阶层的出现，并不伴随着"一切权力归市民阶层""一切生产资料归市民阶层"的口号，而是伴随着对一切人都适用的"自由、平等和博爱"的要求。普遍存在的情况是，"每一个企图代替旧统治阶级的地位的新阶级，就是为了达到自己的目的而不得不把自己的利益

---

① 《马克思恩格斯全集》第 3 卷，人民出版社 1960 年版，第 52 页。

说成是社会全体成员的共同利益，抽象地讲，就是赋予自己的思想以普遍性的形式，把它们描绘成唯一合理的、有普遍意义的思想"①。因此，革命的阶级总是作为"全社会的代表"而出现的，因为旧阶级的统治首先是被生产力的发展摧毁的，所以正如马克思所认为的那样，18世纪的资产阶级和现在的无产阶级事实上表达了一切非统治阶级的共同利益。

通向这一目标的成功道路是以对实在的清醒认识为前提的，马克思试图通过"政治经济学批判"的方式提供这样的认识。这一批判并不是意识形态式的，而是科学的洞见。政治经济学最初是一种批判性的知识，是从18世纪的市民阶层的进步思想中发展起来的，主要关系到亚当·斯密和大卫·李嘉图的政治经济学说，后来的资产阶级的科学不再能达到他们的认识高度。为了维护阶级权力的稳定，编造幻想是必要的。也就是说，斯密和李嘉图的学说后来被抛弃了，取代资产阶级"古典学者"的是所谓"庸俗经济学"，这种经济学完全退回到斯密和李嘉图的认识立场的后面去了。

卡尔·曼海姆已经区分了两种意识形式（Bewusstseinsformen）：一种是走向没落阶级的偏见，即"意识形态"（Idéologie）；另一种是新兴阶级的意识形式，即"乌托邦"（Utopie）。但是，与马克思不同的是，他把这两种意识形式仅仅归结为有限的实在知识，并从"抽象的理智"出发，期待对部分现实有所认识的意识形态和乌托邦达到一种综合。与此不同的是，马克思预见到了，随着阶级社会的终结，在将来的"无阶级社会"中，意识形态也必将终结。在这样的社会中，人们不再需要用普遍利益的幻想来掩盖相互之间不一致的特殊利益，因为把"特殊利益"扮作普遍利益或把"普遍利益"扮作统治阶级利益都不再是必要的了。到那时，观念也不再被想象为"统治的"观念，而自觉的和联合起来的人们将以非意识形态的（idéologiefrei）、科学的方式组织起共同的生活，并创造他们的产品。

---

① 《马克思恩格斯全集》第3卷，人民出版社1960年版，第54页。

路易·阿尔都塞把谈论异化、物化和解放的"早期的"马克思和已经抛弃了黑格尔主义外壳的"成熟的"马克思区分开来。通过这一区分，他试图回到马克思关于以科学的洞见来扬弃意识形态的见解上。从对资产阶级生产方式的批判的陈述出发，阿尔都塞提出了具有实证主义意义的"科学"概念，认为它正是由马克思的"纯粹的科学"发展而成的，而"意识形态"则绝不是科学的真理，它只是为社会的革命变化提供动机。我相信，阿尔都塞割裂了意识形态和科学之间的联系，而这种联系对于正确地理解马克思的批判来说是不可或缺的。阿尔都塞改铸马克思思想的动机是出于这样一种需要，即把马克思主义描述为"普遍认可的科学"，使之与近代资产阶级的科学理论对立起来。

不可否认的是，除了马克思主义者的讨论之外，关于意识形态和科学的争论也已经延续了很长的时间。尼采和弗洛伊德都已卓有见地提出了人类思维和推理的"合理性"的问题。尼采注意到，在人的所谓知识和似是而非的原则背后起作用的是"权力意志"，他并没有把这种意志赋予确定的社会团体，而是把它作为一种自然的、恒常的力量。他对西方基督教文明的总体的批判引出了这样的结论，即这一文明以反自然的方式损害了权力意志，它表现出来的只是软弱的怨愤和生命的无能，它反对的是强健的、伟大的个体，而只有这些个体才能使人达到"超人"的境界。弗洛伊德批判了人的理性的骄横，强调人的思想和感情都是被无意识的本能因素规定的，但是，像尼采一样，弗洛伊德并不愿意让非理性的欲望（或"权力意志"）显露出来，而是倒过来要给有意识的我以支配无意识的力量。

法兰克福学派的思想家已经以不同的方式试图把强化独立的和具有自我责任心的我（弗洛伊德）同社会解放的目标（马克思）结合起来。听凭其欲望支配的人不可能成为一个自由的、公正的社会的优秀的建设者。在这样的社会中，创造出各种不同的关系是必要的，在这些关系中，不仅观念的发展摆脱了虚假的意识形态（对统治的掩盖），而且"强健的"、具有"自我意识的"人能够成长起来，不再受欲望的支配，因而与一个强有力的"父亲"(或"领袖")保持一致也就变得不必要了。

许多思想家,像霍克海默、阿多诺、马尔库塞、弗洛姆和其他人等都致力于把马克思的批判思想同弗洛伊德的洞见结合起来。在德国法西斯主义盛行的时候,大多数德国人都无力发展自我意识,因而尝试同"强有力的领袖"保持"一致",大多数人反对谈论自己的利益,而是努力效忠于荒谬的掠夺和剥削计划。对小资产阶级和工人阶级意识经验的探讨在第二次世界大战后也导致了对依附于权威的人格结构的探讨,正是这种人格结构很容易引起对相应的"领袖"的盲从。法兰克福学派对希特勒的独裁帝国的意识形态的反思是富有教益的,也启发了第二次世界大战后的一大批学者,包括后现代主义者,如德里达、利奥塔、鲍德里亚、詹姆逊等。

二、意识形态与科学的互动

意识形态与科学技术之间的关系问题,无论是对于意识形态概念的发展史来说,还是对于科学技术的发展史来说,都是无法回避的。然而,在哈贝马斯的重要著作《作为"意识形态"的技术与科学》于1968年问世以来,这一关系问题仍未真正进入人们的眼帘,甚至在相当程度上还被人们的传统的偏见遮蔽着。事实上,正是这一关系问题为人们对意识形态概念史和科技史的研究是否真正进入当代视野画出了分界线。本文试图通过对意识形态概念史的反省,阐述这一关系问题的实质及其不可忽视的理论意义。

众所周知,"意识形态"这一概念是由法国启蒙学者特拉西于1796年最早提出来的。他把意识形态称为"观念的科学"(a science of ideals)或简称为"观念学",并在《意识形态原理》一书中详尽地阐发了自己的观点。正如麦克齐(I. MacKenzie)所指出的:"对于特拉西来说,意识形态的目的是'给出我们理智能力的一个完全的知识,再从这一知识中推演出其他所有知识分支的第一原则'。"①也就是说，特拉西试图通过其意识形态理论，以科学的方式重建整个知识体系。

在法国启蒙时期和法国大革命时期，特拉西创制出"意识形态"这一新的概念，并把它作为"观念的科学"与传统的思想观念对立起来。他这样做，至少从主观意图上来说是有积极意义的，因为他试图加以反对的正是以烦琐论证为特征的经院哲学和神学的残余思想观念。在他之前，已有不少思想家做出了开创性的努力，如法国哲学家笛卡尔提出了"普遍怀疑"的口号和"我思故我在"的第一真理，英国哲学家弗兰西斯·培根在柏拉图"洞穴比喻"的启发下提出了著名的"四假相"（洞穴假相、种族假相、市场假相和剧场假相）学说，以法国哲学家狄德罗为代表的"百科全书派"学者对"偏见"的声讨和对"理性法庭"的吁求，其宗旨都是批判经院哲学和中世纪神学，倡导新的科学和科学方法。显而易见，特拉西的意识形态理论，作为"观念的科学"也是顺应这一伟大的启蒙运动的潮流的。他也和同时代的其他启蒙学者一样，主张在可靠的感觉经验和理性知识的基础上，重建各种知识，把它们整合成"观念的科学"。这就启示我们，特拉西在创制"意识形态"这一新概念的时候，肯定并坚持的正是这一新概念的"科学性"，而在他看来，科学性也就是思想观念对现实生活的真实反映。

毋庸讳言，特拉西的"意识形态"或"观念的科学"，包含着相应的政治见解，即以自由、民主的政治理想为核心的共和主义，而这种政治见解与拿破仑的政治理念，特别是他恢复帝制的梦想构成了尖锐的对立。正是从这种对立的政治见解出发，拿破仑批评特拉西的意识形态理论是一种耽于幻想的、空洞的理论，并把与特拉西的"观念的科学"认同的那些人称为"意识形态家"或"空想家"（idéologue）。令人意想不到的是，拿破仑对特拉西的意识形态理论的批判，在欧洲思想发展史上产生了重大

---

① S. Malesevic and I. MacKenzie ed. , *Ideology After Post-structuralism*，London：Pluto Press，2002，p. 1.

影响。尽管特拉西和他的追随者们竭力把意识形态阐释为"观念的科学"，但拿破仑对特拉西的批评却使下面的观点——意识形态是一种虚假的观念、意识形态家是一些空想家——成了欧洲家喻户晓的常识。

在这个意义上可以说，历史跟特拉西开了一个颠覆性的玩笑，即特拉西作为"科学的观念"确立起来的意识形态，从一开始就被人们理解为相反的东西——非科学的、虚假的观念。事实上，黑格尔、马克思和恩格斯都是站在与拿破仑相近的立场上来理解并阐释"意识形态"理论的，即把它作为一种非科学的、应予否定的理论加以批判，这在马克思和恩格斯合著的《德意志意识形态》一书中得到了经典性的表现。

如前所述，在马克思和恩格斯的理论语境中，意识形态乃是一种颠倒的、虚假的意识。事实上，马克思提出的著名的"照相机之喻"就是对意识形态这一根本特征的形象说明。马克思写道："意识在任何时候都只能是被意识到了的存在，而人们的存在就是他们的实际生活过程。如果在全部意识形态中人们和他们的关系就像在照相机中一样是倒现着的，那末这种现象也是从人们生活的历史过程中产生的，正如物象在眼网膜上的倒影是直接从人们生活的物理过程中产生的一样。"[①]正是从这样的见解出发，马克思把颠倒地反映着外部世界的"意识形态"与正确地反映着外部世界的"科学"尖锐地对立起来。

几乎在所有的马克思主义哲学的教科书中，我们都能读到下面这样的结论：意识形态包括哲学、宗教、道德、艺术等具体的意识形式，科学不但不属于意识形态的领域，而且与意识形态是根本对立的、水火不相容的。换言之，意识形态不但不可能像特拉西所设想的那样，成为"观念的科学"，相反，它根本不具有科学性，它甚至是与科学完全对立的。法国结构主义的马克思主义者阿尔都塞正是从这样的理论语境出发去思索意识形态和科学之间的关系的。在《保卫马克思》等一系列著作中，他把科学与意识形态尖锐地对立起来。

---

① 《马克思恩格斯全集》第 3 卷，人民出版社 1960 年版，第 29—30 页。

在这里，需要深入地加以追问的是：阿尔都塞究竟如何理解意识形态概念的含义？他写道："一个社会或一个时代的意识形态无非是该社会或该时代的自我意识，即在自我意识的意象中包含、寻求并自发地找到其形式的直接素材，而这种自我意识又透过其自身的神话体现着世界的总体。"①阿尔都塞之所以把意识形态阐释为总体性的"神话"，其目的正是说明意识形态的虚假性和不可靠性。那么，阿尔都塞又是如何理解"科学"（science）这一概念的呢？他告诉我们："马克思的立场和他对意识形态的全部批判都意味着，科学（对现实的认识）就其含义而言是同意识形态的决裂，科学建立在另一个基地之上，科学是以新问题为出发点而形成起来的，科学就现实提出的问题不同于意识形态的问题，或者也可以说，科学以不同于意识形态的方式确定自己的对象。"②在阿尔都塞看来，科学与意识形态有着根本不同的问题域。既然意识形态是以颠倒的、虚假的方式反映外部世界的，那么它所蕴含的整个问题域就是不可靠的、耽于幻想的。假如完全沿着它所设定的问题域进行思考，人们的思想就会被引上错误的轨道。与此相反，科学则是对外部世界的真实反映，因而科学本身所蕴含的问题域为人们认识和解决现实问题提供了正确的思想引导。

必须指出，阿尔都塞这里使用的"科学"概念主要是指马克思的学说，而特拉西使用的"科学"概念则具有更为宽泛的含义，它泛指整个自然科学和人文社会科学，而不专指某一种科学理论。不管如何，在阿尔都塞那里，意识形态缺乏科学性的特征进一步被极端化为它与科学之间的外在的、尖锐的对立。阿尔都塞甚至认为："任何科学的理论实践总是同它的史前的、意识形态的理论实践划清界限，这种区分的表现形式

---

① ［法］阿尔都塞：《保卫马克思》，1977 年英文版，第 144 页。（L. Althusser, *For Marx*, trans. Ben Brewster, London：Verso Books，1977，p. 144.——编者注）

② 同上书，第 78 页。

是理论上和历史上的'质的中断'，用巴什拉的话来说就是'认识论断裂'。"①在这里，"认识论断裂"这一用语非常贴切地阐明了科学与意识形态之间的紧张关系。

在阿尔都塞那里，我们发现，特拉西视意识形态为"科学的观念"的初衷不但完全被否定了，而且其结论像钟摆一样荡向另一个极端，即意识形态不但不具有科学性，相反，它与科学是完全对立的。在它们之间，存在着一种不可逾越的"断裂"关系。

如果，在阿尔都塞的视野中，作为自然科学的"科学"和"技术"与意识形态之间的关系还没有得到深入的反省，那么，在《保卫马克思》出版三年后，哈贝马斯却在《作为"意识形态"的技术与科学》一书中全面地探索了这个当代社会越来越无法回避的问题。与阿尔都塞的理论背景不同，哈贝马斯是沿着马克思·韦伯的"合理性"概念、马尔库塞的"技术理性"等于"意识形态"的思路来探索技术、科学同意识形态之间的关系的。他写道："马尔库塞对韦伯的批判得出的结论是：'技术理性的概念，也许本身就是意识形态。不仅技术理性的应用，而且技术本身就是（对自然和人的）统治，就是方法的、科学的、筹划好了的和正在筹划着的统治。统治的既定目的和利益，不是后来追加的和从技术之外强加上的，它们早已包含在技术设备的结构中。技术始终是一种历史和社会的设计；一个社会和这个社会的占统治地位的兴趣企图借助人和物所要做的事情，都要用技术加以设计。统治的这种目的是物质的，因此它属于技术理性的形式本身'。"②假如说，马尔库塞还是试探性地提出技术理性、统治的合法性与意识形态的关系的话，那么，在哈贝马斯那里，技术与科学就是意识形态的观点则得到了十分明确的论述。

哈贝马斯还进一步论述了这种以技术理性或合理性为根本特征的新

---

① ［法］阿尔都塞：《保卫马克思》，1977 年英文版，第 167—168 页。(L. Althusser, *For Marx*, trans. Ben Brewster, London：Verso Books，1977，pp. 167-168.——编者注)

② ［德］尤尔根·哈贝马斯：《作为"意识形态"的技术与科学》，李黎等译，学林出版社 1999 年版，第 39—40 页。

意识形态与传统的意识形态之间的重大差别："一方面，技术统治的意识同以往的一切意识形态相比较，'意识形态性较少'，因为它没有那种看不见的迷惑人的力量，而那种迷惑人的力量使人得到的利益只能是假的。另一方面，当今的那种占主导地位的，并把科学变成偶像，因而变得更加脆弱的隐形意识形态，比之旧说的意识形态更加难以抗拒，范围更加广泛，因为它在掩盖实践问题的同时，不仅为既定阶级的局部统治利益作辩解，并且站在另一个阶级一边，压制局部的解放的需求，而且损害人类要求解放的利益本身。"①按照哈贝马斯的观点，在当代社会中，一旦技术与科学成了意识形态，与传统的意识形态比较起来，它就具有更多的中立性和隐形性，从而也就更容易迷惑人。哈贝马斯还一针见血地指出："技术统治意识的意识形态核心，是实践和技术差别的消失。"②众所周知，康德把理性区分为理论理性与实践理性，而技术、科学只与理论理性有关，技术和科学作为意识形态涵盖当代社会意识的主要内容，此时，必定会导致对实践理性及与之相应的整个人文价值领域的忽视。

从特拉西于 18 世纪末提出意识形态概念，并把它理解为"观念的科学"，到拿破仑、黑格尔、马克思、阿尔都塞等人排除它的科学性，并把它与科学尖锐地对立起来，再到哈贝马斯把当代技术与科学理解为意识形态，意识形态概念的发展史仿佛完成了一个"圆圈"，即从肯定意识形态的科学性，发展到对它的科学性的否定，再发展到把科学性本身也理解为意识形态。当然，在特拉西那里，科学性是以肯定的方式出现的，但在哈贝马斯那里，科学性却是以否定的方式出现的。不用说，科学性含义的重大变化本身就蕴含着重要的理论启示。

首先，它启示我们，自海德格尔的《技术的追问》、马尔库塞的《单向度的人》和哈贝马斯的《作为"意识形态"的技术与科学》问世以来，人

---

① ［德］尤尔根·哈贝马斯：《作为"意识形态"的技术与科学》，李黎等译，学林出版社 1999 年版，第 69 页。
② 同上书，第 71 页。

们必须对技术与科学的历史作用重新做出反省了。也就是说，他们再也不能像过去那样，满足于对技术的所谓"双刃剑作用"的谈论了，从根本上看，现代技术与科学是一种否定性的力量，作为意识形态，它已经蜕变为一种统治的合法性。必须通过对人文主义精神的弘扬来遏制现代技术的意识形态作用的蔓延。

其次，它启示我们，以技术与科学作为自己的灵魂和核心原则的现代意识形态从根本上改变了自己的内涵、特征和起作用的方式。从内涵上看，由于把理论形态的技术与科学接纳到自身之中，现代意识形态不再像传统的意识形态那样，是虚假的意识，而在相当程度上成了真实的意识。从特征上看，现代意识形态总是通过蕴含在技术与科学中的合理性来宣传自己，不再像传统的意识形态那样，诉诸神秘主义和奇迹。从起作用的方式来看，现代意识形态是通过技术与科学的有效性，以隐蔽的、潜移默化的方式发挥自己的作用的，这与传统的意识形态起作用的方式也存在着重大的差别。

最后，它启示我们，历史唯物主义的当代叙述形式也应该随之而发生相应的变化，因为按照哈贝马斯的观点，现代技术是以双重身份的方式出现的：一方面，现代技术的实践形态构成了第一生产力，而生产力属于基础的部分；另一方面，现代技术的理论形态又成了现代意识形态的核心内容，而意识形态属于上层建筑的领域。由于现代技术把经济基础和上层建筑贯通起来了，所以以往关于历史唯物主义的简单表述，即"经济基础决定上层建筑"，必须在其当代的叙述方式中发生相应的变化。

总之，从特拉西对意识形态的科学性的肯定，到哈贝马斯对现代技术与科学的意识形态性的肯定，构成了一条值得深入地加以反思的思想路线。

三、有待进一步探索的问题

毋庸置疑，在当代意识形态问题的研究上，西方马克思主义者一直起着"第一小提琴手"的作用。他们的研究活动主要集中在以下五个问题上。

其一，关于意识形态领导权的问题。这一问题主要是在意大利的马克思主义者葛兰西的倡导下提出来的，涉及如何在西方资本主义社会中开展意识形态斗争，逐步夺取资产阶级意识形态领导权。无疑，这一在西方发达国家如何夺取意识形态领导权的理论极大地丰富了列宁关于领导权的理论，对第二次世界大战后的西方马克思主义者，如阿尔都塞、普兰查斯、拉克劳、墨菲都产生了深刻的影响。由于当代法国哲学家福柯深受尼采的"权力意志"理论的启发，深入探讨了权力、知识、规训等关系，从而从另一个侧面深化了当代西方马克思主义者对意识形态领导权问题的理解。

其二，关于第二次世界大战后西方发达工业社会中意识形态的新特征和新作用问题。这一问题的探讨主要是由德国法兰克福学派的学者和美国社会学家发起的，逐渐成了西方大学哲学系和社会学系最热门的研究课题，其讨论的焦点集中在意识形态与科学技术的关系上。马尔库塞、哈贝马斯、阿尔都塞、詹姆逊、芬柏格、格里芬等人都对这一探讨做出了积极的贡献。此外，胡塞尔的《欧洲科学危机和超验现象学》和海德格尔的《技术的追问》的出版也对这一讨论向纵深发展起了推波助澜的作用。

其三，关于马克思主义意识形态的问题。不少论著致力于对苏联、东欧的马克思主义的意识形态理论的研究，以阿尔都塞、巴里巴尔为代表的一些学者深入地研究了《德意志意识形态》这部著作，着重探讨了意识形态与科学(成熟的马克思主义理论)之间的关系问题，并提出了"人是意识形态的动物""意识形态国家机器"等新概念。阿尔都塞的意识形态理论被西方评论家们认为是最有创见的理论之一，而以威廉斯为代表的英国伯明翰学派则从文化唯物主义的角度泛化了对马克思主义意识形态概念的理解，而这一研究又通过霍尔、伊格尔顿、佩里·安德森、麦克莱伦、拉瑞恩、帕雷克等人得到了进一步的深化。

其四，关于意识形态概念发展史的问题。随着当代西方马克思主义者们对意识形态问题兴趣的日益增长，对意识形态概念发展史的研究也成了一个热门课题。20世纪六七十年代，德国学者汉斯·巴尔特、K.兰克等学者就已经致力于这方面的研究。1988年冬季学期，法兰克福大学教授伊林·费切尔和阿尔弗雷特·施密特联袂主持了题为"意识形态概念史"的讨论班，参加这个讨论班的人很多，争论很激烈，这表明了人们对这一问题的普遍兴趣和关注。

其五，关于意识形态和心理分析理论的关系问题。第二次世界大战前的奥地利学者威廉·赖希和战后的德国学者弗洛姆、马尔库塞等都积极地推进了这方面的研究，其探讨的重点集中在意识形态与无意识、意识形态与社会性格的关系等问题上。此外，对弗洛伊德、拉康的心理学的研究，又为意识形态与心理分析理论关系的深入发展提供了新的助力。在这个研究领域里，斯洛文尼亚的齐泽克进一步把这一关系放在哲学思辨、文学作品、影视艺术、广告环境中进行考察，从而产生了巨大的社会影响。

除了西方马克思主义者提出的各种意识形态理论外，我们还应该关注作为西方社会的一面镜子的苏联和东欧在意识形态理论研究中形成的新的理论焦点。1955年，苏联《哲学问题》杂志第6期上刊登了谢列克托尔的一篇文章。这篇文章主张建设一种新的社会主义意识形态，这种意识形态应该是"真正人道主义的、深刻博爱的意识形态，因此它是各国人民之间的和平的意识形态"①。不能否认，这是斯大林逝世后在苏联理论界出现的一种新的意识形态理论，其哲学基础是在西方的启蒙运动中形成和发展起来的抽象的人道主义学说。这种新的意识形态的理论遭到了另一部分苏联理论家的反对和批判。康斯坦丁诺夫在《哲学问题》杂志1973年第6期上发表的《现阶段的意识形态斗争和哲学科学的任务》就是批评这一倾向的。他在论文中指出："哲学科学最重大的问题是意识形态斗争，亦即社会主义力量与资本主义势力之间的斗争在现阶段的地位、内容和作用的问题。"②他还进一步批判了资产阶级意识形态的哲学基础："哲学人本主义和抽象人道主义今天都是资产阶级意识形态、修正主义和其他反马克思主义学说的十分重要的组成部分。"③康斯坦丁诺夫的见解维护了列宁关于社会主义意识形态与资本主义意识形态相对立的学说。

值得注意的是，戈尔巴乔夫在1987年出版的《改革与新思维》一书中提出的意识形态理论是更接近谢列克托尔所倡导的新的意识形态理论的。戈尔巴乔夫指出："在政治方面、意识形态中，我们力求恢复生机勃勃的列宁主义精神。"④那么，他所说的"列宁主义精神"究竟是什么意思呢？在他看来，这种精神主要表现在以下两个方面：一是对内提倡公开性、批评和自我批评的准则，并认为"只有这样的态度才符合社会主义意识形态的原则"；二是对外倡导"必须使政治立场摆脱意识形态上的偏执"⑤的新的政治思维，而新的政治思维作为出发点的基本原则是，

---

① 贾泽林等：《苏联哲学纪事(1953—1976年)》，生活·读书·新知三联书店1979年版，第37页。
② [苏]Ф. В. 康斯坦丁诺夫：《马克思列宁主义哲学与现时代》，赵承先等译，上海译文出版社1986年版，第288页。
③ 同上书，第297页。
④ [苏]米·谢·戈尔巴乔夫：《改革与新思维》，岑鼎山等译，世界知识出版社1988年版，第52页。
⑤ 同上书，第65页。

"核战争不可能是达到任何政治的、经济的、意识形态的目的的手段"①。也许戈尔巴乔夫提出以新思维为基础的新的意识形态理论的目的是缓和国际、国内的紧张局势，但这种新理论能使苏联摆脱当时的困境吗？这种以共同的生存问题来取代社会主义意识形态和资本主义意识形态对立的善良愿望是否就是对生机勃勃的列宁主义精神的真正恢复呢？

有趣的是，在苏联意识形态格调的变化和西方意识形态渗透的双重冲击下，东欧各国的意识形态发展也出现了一些新的、值得引起重视的倾向。

一是在改革过程中出现了以"市场社会主义"为导向的新的意识形态概念。正如马·拉科夫斯基所指出的："尽管'市场社会主义'的一些主要思想在各国尚未组合成为自成体系的、占主导地位的意识形态，然而1953 年至 1968 年，即在斯大林机制开始瓦解到斯大林之后的体制最终确立这段时间，这些主要思想在东欧各国都已充分表现出来。"②尽管从20 世纪 60 年代后期起，由于改革中发生的种种挫折，这种新的意识形态理论逐渐衰落，但对于有着社会主义文化土壤的东欧各国来说，市场社会主义及其相应的意识形态始终是他们难以忘怀的一个重要话题。

二是出现了类似于谢列克托尔倡导的人道主义的意识形态的新理论，这种新理论在以科西克为代表的捷克存在主义人类学派、以马尔科维奇和弗兰尼茨基为代表的南斯拉夫实践派、以 A. 沙夫为代表的波兰哲学人文学派和以赫勒为代表的匈牙利布达佩斯学派中得到了充分的体现。

三是出现了从社会存在本体论的角度出发来研究意识形态的新理论，这主要体现在匈牙利哲学家卢卡奇晚年的巨著《社会存在本体论》中。在卢卡奇的影响下，美国学者古尔德的《马克思的社会本体论》一书

---

① ［苏］米·谢·戈尔巴乔夫：《改革与新思维》，岑鼎山等译，世界知识出版社 1988 年版，第 123 页。

② 同上书，第 120 页。

也进一步推进了这方面的研究。近年来，从本体论视角出发重新审视意识形态理论已经成为理论界的一种时尚。有趣的是，作为卢卡奇的学生，安格尼斯·赫勒等人更愿意肯定并弘扬卢卡奇在《历史与阶级意识》一书中提出的基本观点，当然也包括其当时提出的关于物化和意识形态的理论。

四是出现了以民主德国的哲学家恩斯特·布洛赫为代表的、从乌托邦精神的角度出发来研究意识形态的新理论。尽管布洛赫的乌托邦和意识形态理论没有在当时的民主德国形成一个学派，但其理论的影响却遍及欧洲，甚至延伸到拉丁美洲的一些国家中。布洛赫主要通过引入乌托邦精神中的"尚未意识"（consciousness of not yet）和"希望原理"（principle of hope），丰富了马克思主义的意识形态理论的内涵。布洛赫的研究和前面提到的曼海姆的研究相互补充、相互印证，从而使意识形态与乌托邦的关系问题成了当前意识形态研究领域里最有发展潜力的主题之一。

总起来看，苏联和东欧的意识形态理论是由以下两个部分组成的。一部分是正统的或官方的意识形态理论。这部分意识形态理论强调意识形态的阶级属性，肯定社会主义意识形态是阶级性和科学性的统一，坚持批判形形色色的资产阶级意识形态理论；其局限性则是失之僵化，失之褊狭，缺乏对意识形态问题深入的、创造性的研究。另一部分是非正统的或民间的意识形态理论。这部分意识形态理论主张淡化意识形态的阶级属性，借鉴西方学者关于哲学和意识形态研究的各种新见解；其局限性则是偏离了马克思的历史唯物主义的基本立场，否定了社会主义意识形态与资本主义意识形态相互冲突的基本事实。

在戈尔巴乔夫执政时期，非正统的或民间的意识形态逐渐上升为官方的意识形态。从 20 世纪 80 年代末到 90 年代初，苏联的解体和东欧的剧变表明，自觉地意识到社会主义与资本主义这两大意识形态的对立，自觉地维护社会主义意识形态，仍然是社会主义社会中理论研究者的重要使命。当然，从历史唯物主义的基本立场看来，维护社会主义意识形态的最根本的做法是使这种意识形态无条件地适应于并服务于社会主义经济建设这个中心任务。事实上，只有理顺意识形态与经济建设之间的关系，始终清醒地意识到意识形态作为观念形态的有限性，社会主义意识形态的发展才能进入健康的轨道。

综上所述，西方马克思主义者和苏联、东欧的马克思主义者关于意识形态问题的思考为我们全面地了解当代前沿的意识形态理论提供了重要的思想资源。

编者说明

（一）本卷收录了俞吾金先生 2004 年至 2014 年发表的国外马克思主义哲学研究相关论文 46 篇，以及在俞先生去世后面世的 1 篇论文，共计 47 篇，按首次发表时间排序。

（二）俞吾金教授与陈学明教授合著的《国外马克思主义哲学流派》和《国外马克思主义哲学流派新编·西方马克思主义卷》中俞吾金教授撰写的部分，以论文形式收入本卷。

（三）各篇文章的版本选择，以完整性和修改时间为标准。即如果不同版本差别较大，那么收录内容最完整的版本；如果各版本主体内容大致一致，只是有小的差别，那么收录时间上靠后的修订版本；如果各版本基本相同，那么收录最初发表的版本。

（四）各篇文章的格式按照《俞吾金全集》的统一体例进行了相应调整。由引文格式的时代差异等造成的引用文献版本信息不明确的注释，编者尽可能进行了查找和增补。

（五）每篇文章的版本信息以及注释等方面的调整，都以编者注的形式予以标注。编者对原文文字进行了校订。

（六）本卷由王凤才、葛欢欢、李明珠、刘梦、刘诗成、胡洁琼编校。

《俞吾金全集》编委会
2022 年 2 月

图书在版编目（CIP）数据

国外马克思主义研究文集/俞吾金著 . —北京：北京师范大学
出版社，2024.9
（俞吾金全集）
ISBN 978-7-303-29591-3

Ⅰ.①国… Ⅱ.①俞… Ⅲ.①马克思主义－理论研究－国外－
文集 Ⅳ.①A81-53

中国国家版本馆 CIP 数据核字（2023）第 239283 号

营 销 中 心 电 话 010-58805385
北 京 师 范 大 学 出 版 社
主题出版与重大项目策划部

GUOWAI MAKESI ZHUYI YANJIU WENJI

出版发行：北京师范大学出版社 www.bnupg.com
北京市西城区新街口外大街 12-3 号
邮政编码：100088

印 刷：北京盛通印刷股份有限公司
经 销：全国新华书店
开 本：730 mm×980 mm 1/16
印 张：50.5
字 数：733 千字
版 次：2024 年 9 月第 1 版
印 次：2024 年 9 月第 1 次印刷
定 价：208.00 元

策划编辑：祁传华 责任编辑：张 爽
美术编辑：王齐云 装帧设计：王齐云
责任校对：段立超 陶 涛 责任印制：马 洁 赵 龙